齐光 ◎ 编译

清代准噶尔情报满文档案译编

复旦大学出版社

前　言

齐　光

  2013年，本人曾利用相关满文史料及西藏自治区档案馆所藏蒙古文档案，论述过清朝利用西藏王公颇罗鼐家族，经由拉达克、叶尔羌一线，秘密收取准噶尔内部情报的事实。而在查阅《清代新疆满文档案汇编》的过程中，笔者发现清朝也在另从阿尔泰、巴里坤前线，通过审讯陆续投诚或脱出的人员，不断地收取准噶尔的最新消息，且其数量和内容远比经过拉达克、叶尔羌一线探取的消息要直接、密集、紧要。为此，笔者决定将清朝收取准噶尔情报的满文史料翻译成汉文，以便学界参考利用。

  著名军事家约米尼曾言："对于敌情的研究应极端重视，主要的对象就是统计和地理，目的是要知道敌人在攻守两方面的物质能力和精神能力，并且判断敌我双方在战略形势上的优劣。"① 对于情报在判断敌我形势及制订政策上的重要性，清朝的雍正帝、乾隆帝、老臣拉锡及前线指挥官们也持有同一的态度。但因清朝主要是通过审讯投诚或逃来人员收取准噶尔的内部情报的，故其工作程序稍微复杂，需经详细核对，反复斟酌，才可确认其真实动向。这就验证了克劳塞维茨所言："战争中得到的情报，很大一部分是互相矛盾的，更多的是假的，绝大部分是相当不确实的。这就要求军官们具有一定的辨别能力，这种能力只有通过对事物和人的认识和判断才能得到。"② 所以虽不能说被审讯者带来的消息绝对准确，但经过多方核实和筛选，仍可了解其实情。且最为重要的是，至少清朝是在收取提炼这种信息的基础上制订相关政策、研究兵力部署及进退事宜的，以此推进了历史向前发展。这从本译编中的以下档案也可看得出来："据刚刚投诚的阿玉希告称：亦是贼人将三千兵派往阿尔泰，于布拉罕等三地驻扎卡伦，等语。

---

  ① ［瑞士］安东·亨利·约米尼：《战争艺术》，钮先钟译，战士出版社1981年版，第32页，第二章"军事政策"第三节"军事制度"。
  ② ［德］克劳塞维茨：《战争论》第一卷，中国人民解放军军事科学院译，商务印书馆1978年版，第93页，第六章"战争中的情报"。

将此秘密札寄顺王及额驸策凌等：令考虑进剿贼卡伦，派兵立即整饬预备，详细据实打探消息，见机行事，固之又固，不可放过良机，亦万万不可掉以轻心，等语。""大学士伯臣鄂尔泰等谨奏。据查郎阿等奏称，从贼地脱出的厄鲁特达尔扎口供内称：以二策凌敦多布为首，引三万兵，被派往阿尔泰方面。小策凌敦多布子曼济领喀喇沙尔一千兵前往，其亲眼所见，等语。因有这些言情，故将此折子抄出，密送平王及额驸策凌等人，等语。"所以比起执着于情报的绝对真实度，考察清朝通过收取分析这种情报，制订相应的准噶尔政策的过程，对我们历史研究工作者来说更是十分重要的。

此外，出于史料的缘故，学界大体已能对清朝的准噶尔政策做出正确的概述。但是，对于当时的准噶尔面对强大的清朝及周边的哈萨克、俄罗斯等国家或布鲁特、土尔扈特等部落，怎样召开会议制订政策、怎样发兵迎战、怎样组织调换，而其内部民众生计如何、生产方式怎样、种植什么农作物、有何社会矛盾及冲突、怎样引起了内讧等事务，学界还尚未找到最接近事实的例子，相应地也没做出最前沿的研究。

关于被称为"最后的游牧帝国"的准噶尔的历史，苏联学者兹拉特金和日本学者宫胁纯子的论著现在仍据主导地位。但我们在充分尊重其学术贡献和学者品德的同时，需要思考进一步深入考察的可能性。以上两位学者活跃的时代，记录 18 世纪前后准噶尔人活动的以满文为主的清朝多语言档案尚未得到公开利用，因此也就自然而然地不可能超越其史料局限，探讨更加详细的问题。

值得庆幸的是，2012 年 12 月，中国第一历史档案馆和中国边疆史地研究中心合编的《清代新疆满文档案汇编》由广西师范大学出版社出版发行了。该史料集共 283 册，收录满文档案 72 812 件，时间跨度从清朝雍正八年(1730)至宣统三年(1911)为止，涵盖了大部分清朝统治期，为学界理解和考察清代新疆历史提供了极其宝贵的史料。毋庸赘言，其将大力推动学术研究向前发展。

《清代新疆满文档案汇编》中收录的有关清朝收取准噶尔情报的史料，从雍正八年开始，到乾隆二十年(1755)为止，时间跨度长达 25 年。为便于学术界参考利用，本人将其中相对有意义、有价值的收取情报的满文档案，以《清代准噶尔情报满文档案译编》之书名出版。

因清朝与准噶尔之间没有签订像清朝与俄罗斯那样互相遣返逃人的协议，故使准噶尔逃人大批逃往清朝成为可能，而这些逃人带来的各种情报，成为清朝了解准噶尔内部动向的重要消息来源。清朝收取情报的主要对象即被审讯的从准噶尔来投的逃人及被俘脱出的清朝人员，其身份各有不同，有台吉、有宰桑、有医生、有士兵、有商人、有农民、有家奴;按族别属性有准噶尔人、哈萨克人、布鲁特人、吐鲁番或哈密等地回子、内外扎萨克蒙古人、满人、锡伯人、汉人、俄罗斯人;按逃跑地点则有从游牧地逃来的、有从农田逃来的、有从军营逃来的、有从卡伦逃来的、有在战斗中被俘的。且其记录也很丰富,自政治、军事、外交、社会方面始,有牧业、农业、商业、手工业、饮食、风俗、礼仪等,供述内容可谓包罗准噶尔之万象。为此这一《清代准噶尔情报满文档案译编》不仅对深入研究清朝或准噶尔史,而且想必也会给其他相关学科的发展提供一丝线索。

这部《清代准噶尔情报满文档案译编》中的题名,大体直接引用了《清代新疆满文档案汇编》中的汉文题名,以便查阅原件,故人名中使用的文字有时不一,例如"札布"与"扎布"、"策凌"与"车凌"、"噶尔丹"与"噶勒丹"等,请留意此处。而文中出现的一般人名、地名等,俱综合参考清代文献,予以调适。因满文原件中的人名、地名、器物名等,即使是同一名称,有时也出现不同文字,故译者在译文下面加了注释。又,满文原件出现内容残缺、不明、前后换位等的,在译文后面切入〇给予了说明。再,为尊重满文论事特点及翻译惯例,多处使用了冒号和"等语",请予理解。另需说明的是,在满文中,情报称"mejige",清朝汉文文献大体以"消息"来指代,故本《译编》在文中也使用"消息"一词,以保其历史感。因多为经过审讯所得的情报,故译者参考汉文审讯奏折,保留了口头交流的白话特点,以求符合满文原意及其办事风格。

科学地求真务实,可谓我们历史研究工作者的宗旨。译者在此集中史料,尽量按照满文原件的意思、语言特点及其论述逻辑进行了翻译。如若出现译文不甚流利之处,还请多谅解。

目 录

雍 正 朝

1. 副都统格默尔等奏报来降准噶尔人彭楚克口供等情折
   雍正八年十二月二十日　　　　　　　　　　　　　　　/ 003

2. 副都统格默尔等奏逃回之三音扣本供准噶尔部噶尔丹策零家族内讧情形折
   雍正九年三月初三日　　　　　　　　　　　　　　　　/ 005

3. 驻藏大臣马喇奏报准噶尔派宰桑率三百余人赴叶尔羌等情折
   雍正九年四月十三日　　　　　　　　　　　　　　　　/ 007

4. 贝子颇罗鼐为报准噶尔派兵占叶尔羌等情事呈文
   雍正九年五月二十一日　　　　　　　　　　　　　　　/ 008

5. 驻藏大臣马喇奏报据称土尔扈特与天朝和好噶尔丹策零甚惧及其弟欲率兵征剿噶尔丹策零等事折
   雍正九年六月初一日　　　　　　　　　　　　　　　　/ 009

6. 驻藏大臣僧格奏报探获噶尔丹策零派苏尔杂回藏消息后在喀喇乌苏等处添设卡伦防范折
   雍正九年七月十三日　　　　　　　　　　　　　　　　/ 010

7. 抚远大将军马尔赛奏报拿获之厄鲁特人口供折
   雍正九年九月二十七日　　　　　　　　　　　　　　　/ 012

8. 振武将军锡保奏报拿获准噶尔人等口供折
   雍正九年九月二十九日　　　　　　　　　　　　　　　/ 013

9. 振武将军锡保奏报逃回之额林臣携有噶尔丹策零劝降亲王拉玛札布文书等

情折（附咨文一件）

雍正九年十月初三日 / 018

10. 振武将军锡保奏报公巴济喇嘛墨尔根绰尔济等叛附策凌敦多布等事折

雍正九年十月初九日 / 021

11. 振武将军锡保奏报准噶尔奸细巴彦供称贝子毛海等叛逃及防范准噶尔情形折

雍正九年十月十八日 / 024

12. 振武将军锡保奏报被掳去之杜噶尔札布放回携有劝降敏珠尔公等文书情形折（附劝降书三件）

雍正九年十月二十三日 / 029

13. 靖边大将军傅尔丹为拿获厄鲁特人并审取口供事咨文（缺文首文尾）

雍正九年十月二十四日 / 031

14. 靖边大将军傅尔丹奏报投诚之厄鲁特劳章等人口供折

雍正九年十一月初二日 / 035

15. 驻哈密办事员外郎永恒等奏闻审讯准噶尔人猛克并令哈密兵丁严加防范相机应战等情折

雍正十年正月二十三日 / 038

16. 驻哈密办事员外郎永恒等奏回子托克托自准噶尔归来并审明送交额敏暂管俟事定后照例办理折

雍正十年正月二十六日 / 039

17. 策旺札布密奏据称准噶尔地方难以为生俱愿归来欲差人赴彼处探听实情折

雍正十年四月十三日 / 041

18. 大学士鄂尔泰议奏北路应设卡防范准噶尔并继续探询哈萨克等抢劫噶尔丹策零牧场等事折

雍正十年四月十七日 / 043

19. 奏罗布桑等自准噶尔来归并审讯情形折（缺文首）

雍正十年七月 / 045

20. 奏闻审讯准噶尔敦多布等人情形片（缺文首）

雍正十年七月 / 047

目　录

21. 暂署绥远将军印务钦拜奏报派人拿获准噶尔人并审取口供等情折
    雍正十年十月初七日　　　　　　　　　　　　　　　　　　　　／048

22. 驻藏大臣青保奏据探报大军与准噶尔交战叶尔羌商人带马前往准噶尔处贩卖未归折
    雍正十年十一月初七日　　　　　　　　　　　　　　　　　　　　／050

23. 署宁远大将军查郎阿奏闻出征准噶尔时被俘索诺木等人脱回并解送京师等情形折
    雍正十年十一月二十八日　　　　　　　　　　　　　　　　　　　／051

24. 署宁远大将军查郎阿奏自准噶尔脱回回子苏布尔格口供并送原籍哈密安置折
    雍正十年十一月二十八日　　　　　　　　　　　　　　　　　　　／054

25. 署宁远大将军查郎阿奏闻回子莫罗阿布都力木自准噶尔来归并审讯情形片
    雍正十年十一月二十八日　　　　　　　　　　　　　　　　　　　／057

26. 署宁远大将军查郎阿奏闻回子库撒默特等四人自准噶尔来归并审讯情形片
    雍正十年十一月二十八日　　　　　　　　　　　　　　　　　　　／060

27. 署宁远大将军查郎阿奏闻出征准噶尔时被俘喀尔喀部绰伊扎布等人脱回并解往京师折
    雍正十年十一月二十八日　　　　　　　　　　　　　　　　　　　／062

28. 署宁远大将军查郎阿奏审问出征准噶尔被俘脱回兵丁巴图折
    雍正十年十二月十二日　　　　　　　　　　　　　　　　　　　　／066

29. 驻藏大臣青保奏闻准噶尔活动情形折
    雍正十年十二月十七日　　　　　　　　　　　　　　　　　　　　／069

30. 出使土尔扈特内务府总管来保奏出征准噶尔时被俘满洲镶红旗护军伊勒图脱回并审明解京折
    雍正十一年三月初四日　　　　　　　　　　　　　　　　　　　　／071

31. 靖边大将军锡保奏闻询问辉特部达克巴厄鲁特与哈萨克交战情形折
    雍正十一年四月十六日　　　　　　　　　　　　　　　　　　　　／072

32. 靖边大将军锡保奏审明投诚之达什等并送交厄鲁特王色布腾旺布安置折
    雍正十一年四月二十四日　　　　　　　　　　　　　　　　　　　／075

33. 靖边大将军锡保奏审明投诚之厄鲁特阿玉希等并解京等情折
   雍正十一年五月初四日 / 078

34. 大学士鄂尔泰奏辉特部台吉达尔玛达赖遣来之达克巴口供单
   雍正十一年五月十七日 / 084

35. 署宁远大将军查郎阿奏出征准噶尔时被俘之哈密回子丕尔尼杂尔脱回并审讯送回原籍折
   雍正十一年六月十二日 / 087

36. 署宁远大将军查郎阿奏出征准噶尔时被俘回子阿布都拉哈满等脱回并审讯送回原籍折
   雍正十一年六月十二日 / 090

37. 大学士鄂尔泰奏请令两路将军等嗣后若有大量准噶尔人来投务必查明情由再行迎接折
   雍正十一年六月二十四日 / 094

38. 署宁远大将军查郎阿奏出征准噶尔时被俘回子脱回并审讯安置折
   雍正十一年七月十五日 / 095

39. 署宁远大将军查郎阿奏暂将投诚之准噶尔人默尔根审明留营乘便解京折
   雍正十一年八月初七日 / 099

40. 署宁远大将军查郎阿奏将投诚之回子博屯审明留营乘便解京折
   雍正十一年八月十二日 / 102

41. 署宁远大将军查郎阿奏闻将投诚之准噶尔人查干库本审明并解往京师折
   雍正十一年九月初六日 / 106

42. 署宁远大将军查郎阿奏闻将抓获之厄鲁特俘虏厄珠伯克等审明解京折
   雍正十一年九月十五日 / 111

43. 副都统拉锡奏报准噶尔兵力不足三万人等情折
   雍正十一年九月二十一日 / 113

44. 署宁远大将军查郎阿奏平定准噶尔时被俘山西民人王孝忠脱回并审明送回原籍折
   雍正十一年十月初十日 / 114

目　录

45. 定边大将军福彭密奏投诚厄鲁特哈尔查海口供并将拿获之特古斯等一并解京备审折（附供单一件）
　　雍正十一年十月二十日　　　　　　　　　　　　　　　　/ 116

46. 定边大将军福彭奏闻拿获之准噶尔乌梁海人鄂勒锥等审明放回事折
　　雍正十一年十一月初二日　　　　　　　　　　　　　　　/ 120

47. 署宁远大将军查郎阿奏闻将投诚之土尔扈特部巴图特木尔审明解京折
　　雍正十一年十一月初四日　　　　　　　　　　　　　　　/ 124

48. 定边大将军福彭奏出征准噶尔时被俘披甲马尔泰脱回并审明送原旗安置折
　　雍正十一年十一月初九日　　　　　　　　　　　　　　　/ 129

49. 驻藏大臣青保奏闻颇罗鼐所得准噶尔信息折
　　雍正十一年十一月十五日　　　　　　　　　　　　　　　/ 137

50. 定边大将军福彭奏闻将抓获之准噶尔厄鲁特人罗卜藏等审明解往京师事折
　　雍正十一年十二月十三日　　　　　　　　　　　　　　　/ 139

51. 署宁远大将军查郎阿奏报来投厄鲁特纳木鲁及回子克什克口供折
　　雍正十一年十二月二十八日　　　　　　　　　　　　　　/ 145

52. 署宁远大将军查郎阿奏报投诚厄鲁特巴图济尔哈尔供词折
　　雍正十一年十二月二十八日　　　　　　　　　　　　　　/ 151

53. 定边大将军福彭奏报来投厄鲁特人特古思口供及防范准噶尔偷袭等情折
　　雍正十二年正月十一日　　　　　　　　　　　　　　　　/ 157

54. 定边大将军福彭奏报拿获审讯厄鲁特端多布等人及将其陆续解送京城折
　　雍正十二年二月十三日　　　　　　　　　　　　　　　　/ 160

55. 大学士鄂尔泰奏准噶尔罗卜藏五人口供并将此五人发遣折
　　雍正十二年二月十四日　　　　　　　　　　　　　　　　/ 165

56. 大学士鄂尔泰奏投来之巴图济尔哈尔回子克什克供词并安置片
　　雍正十二年二月十六日　　　　　　　　　　　　　　　　/ 166

57. 定边大将军福彭奏报拿获之厄鲁特人阿巴克供词及应备兵增援折
　　雍正十二年二月十七日　　　　　　　　　　　　　　　　/ 168

58. 定边大将军福彭奏报被拿获之厄鲁特西喇卜等供词折
　　雍正十二年二月二十五日　　　　　　　　　　　　　　　/ 170

59. 定边大将军福彭奏安置出征准噶尔时被俘脱回之兵丁敏济尔泰等折
    雍正十二年三月初一日 / 174

60. 定边大将军福彭奏安置出征准噶尔时被俘脱回之兵丁齐彻布等折
    雍正十二年三月初六日 / 179

61. 定边大将军福彭奏将投来之厄鲁特特古思济尔噶尔审明解京折
    雍正十二年三月初六日 / 182

62. 定边大将军福彭奏报拿获厄鲁特人和通等并解送京城折
    雍正十二年三月二十六日 / 187

63. 定边大将军福彭奏报投来之厄鲁特纳木什喜口供并将伊妻子解赴察哈尔地方安置折
    雍正十二年四月十三日 / 190

64. 定边大将军福彭奏报出征准噶尔被俘脱回兵丁车伯尔之供词并安插原部落折
    雍正十二年四月十三日 / 194

65. 定边大将军福彭奏审明出征准噶尔被俘脱回民人张明有并遣回原籍折
    雍正十二年四月二十二日 / 196

66. 定边大将军福彭奏安置出征准噶尔被俘脱回之喀尔喀兵丁等折
    雍正十二年四月二十二日 / 198

67. 定边大将军福彭奏分别安置出征准噶尔被俘脱回之土默特兵丁等折
    雍正十二年四月二十二日 / 201

68. 署宁远大将军查郎阿奏出征准噶尔被俘脱回厄鲁特兵达尔扎供词并解京折（附议复片一件）
    雍正十二年五月初二日 / 205

69. 定边大将军福彭奏出征准噶尔被俘脱回护军存格供词并将伊留军营安置折
    雍正十二年五月初四日 / 210

70. 定边大将军福彭奏报投来之厄鲁特衮楚克扎布等供词并安置折
    雍正十二年五月十一日 / 212

71. 署宁远大将军查郎阿奏报自准噶尔投来回子鄂罗思供词并差员将脱回披甲

目　录

　　　一同解送京城折

　　　　雍正十二年五月十七日　　　　　　　　　　　　　　　　　　/ 214

72. 定边大将军福彭奏安置出征准噶尔被俘脱回之特古思多尔济两人折

　　　雍正十二年六月十五日　　　　　　　　　　　　　　　　　　/ 218

73. 定边大将军福彭奏拿获之厄鲁特人扎尔布等五人供词并奖赏出力官兵折

　　　雍正十二年六月十五日　　　　　　　　　　　　　　　　　　/ 221

74. 大学士鄂尔泰奏解京之投诚回子照例安插于旗下其脱回披甲交奉天将军安置折

　　　雍正十二年七月三十日　　　　　　　　　　　　　　　　　　/ 224

75. 定边大将军福彭奏报出征准噶尔被俘脱回蒙古兵丁及来投厄鲁特人口供并安置折

　　　雍正十二年八月初一日　　　　　　　　　　　　　　　　　　/ 226

76. 定边大将军福彭将来投辉特部敦多克等审明解京折（缺文首）

　　　雍正十二年八月二十五日　　　　　　　　　　　　　　　　　/ 229

77. 驻藏大臣马喇奏颇罗鼐所报自拉达克处闻得准噶尔被重创策凌敦多布被参事折

　　　雍正十二年九月二十四日　　　　　　　　　　　　　　　　　/ 232

78. 署宁远大将军查郎阿奏报自准噶尔处脱回之回子图勒克玛木特等四人口供并安置折

　　　雍正十二年十一月初六日　　　　　　　　　　　　　　　　　/ 233

79. 大学士鄂尔泰奏自准噶尔投来之厄鲁特人特古勒德尔等口供并安置折

　　　雍正十二年十一月初十日　　　　　　　　　　　　　　　　　/ 239

80. 署宁远大将军查郎阿奏被俘脱回之土默特蒙古丹津供词及安置情形折

　　　雍正十三年四月初八日　　　　　　　　　　　　　　　　　　/ 241

81. 定边大将军福彭奏报出征准部时被俘脱回之喀尔喀披甲必齐汗扣等供词及遣回游牧折

　　　雍正十三年五月初九日　　　　　　　　　　　　　　　　　　/ 244

82. 署宁远大将军查郎阿奏闻蒙古济尔噶勒等二人自准噶尔来归折（缺文尾）

　　　雍正十三年五月十七日　　　　　　　　　　　　　　　　　　/ 247

83. 署宁远大将军查郎阿奏报自准噶尔来投回子土勒克玛木特供词折

  雍正十三年七月初三日   / 250

84. 驻藏大臣马喇奏由拉达克探得准部并未在叶尔羌预备兵马折（附议复片一件）

  雍正十三年七月二十二日   / 253

85. 驻藏大臣马喇奏报准噶尔在叶尔羌城信息折

  雍正十三年十二月十七日   / 254

乾 隆 朝

1. 管理归化城事务兵部尚书通智为报出征准部时被俘脱回土默特旗披甲章加供词及安置于原旗事咨呈

  乾隆元年正月二十二日   / 257

2. 管理归化城事务兵部尚书通智为报出征准部时被俘脱回土默特旗披甲纳木查布供词及安置于原旗事咨呈

  乾隆元年正月二十二日   / 258

3. 管理归化城事务兵部尚书通智为报出征准部时被俘脱回土默特旗披甲坎都供词并安置事咨呈

  乾隆元年二月十一日   / 260

4. 管理归化城事务兵部尚书通智为报出征准部时被俘脱回土默特旗领催博第素等供词并安置事咨呈

  乾隆元年二月十一日   / 261

5. 驻藏大臣马喇奏报叶尔羌商人多有赴拉达克地方者应酌情办理卫藏人等与其贸易事宜折

  乾隆元年三月十七日   / 262

6. 定边大将军庆复奏报自准噶尔投来之厄鲁特塔尔巴口供并安置在察哈尔旗折

  乾隆元年五月二十六日   / 263

7. 镇安将军常赉奏报自准噶尔来投回子克什克图等口供及解京安置事折

  乾隆元年六月初六日   / 267

目 录

8. 镇安将军常赉奏报由准噶尔来投之厄鲁特丹津等口供及乘便解京事折
   乾隆元年六月二十七日 / 270

9. 驻哈密办事员外郎扎西为报由准部脱出回子阿舒尔口供并遇有类似事件可否由樊廷专理等事呈文
   乾隆元年七月十一日 / 273

10. 定边左副将军策凌奏报由准噶尔来投厄鲁特人孟克口供及派员解京事折
    乾隆元年七月二十九日 / 275

11. 定边左副将军策凌奏报由准噶尔投诚之厄鲁特人伯勒克达什等口供及解京折
    乾隆元年八月初十日 / 278

12. 定边左副将军策凌奏报自准噶尔来投厄鲁特车林等供词并解京安置事折
    乾隆元年九月二十四日 / 281

13. 定边左副将军策凌奏报自准噶尔来投厄鲁特乌巴什等口供及解京事折
    乾隆元年九月二十四日 / 286

14. 定边左副将军策凌奏报自准噶尔来投厄鲁特绰罗岱等口供及派官解京折
    乾隆元年十一月初三日 / 290

15. 副都统那苏台奏报准噶尔人并未差人前往西藏折
    乾隆元年十一月初六日 / 295

16. 定边左副将军策凌奏报准噶尔脱出厄鲁特滚楚克及投诚之贡格供词并解京折
    乾隆二年正月二十三日 / 296

17. 定边左副将军策凌奏准噶尔释放被俘之津巴并带来噶尔丹策零文书折
    乾隆二年四月初九日 / 299

18. 定边左副将军策凌奏报准噶尔放回之津巴供词及派员将其解京折
    乾隆二年四月初九日 / 301

19. 定边左副将军策凌奏报由准噶尔脱回锡伯厄尔成贵及投诚之厄鲁特达什供词并将其解京折
    乾隆二年闰九月初三日 / 303

20. 定边左副将军策凌奏报由准噶尔脱回之多尔济及投诚之厄鲁特人策楞等供词并解京折
    乾隆二年十月十六日 / 306

21. 定边左副将军策凌奏报喀尔喀副台吉厄墨根到准噶尔地方情形折
    乾隆二年十一月十七日 / 309

22. 护理定边左副将军印务参赞大臣海兰奏报由准噶尔投诚厄鲁特巴雅尔口供并将其解京折
    乾隆三年三月十五日 / 315

23. 驻藏大臣杭奕禄探得准噶尔在叶尔羌喀什噶尔等地活动情形折
    乾隆三年四月二十日 / 320

24. 定边左副将军策凌奏报自准噶尔来投厄鲁特敦多克固木扎布供词并将其解京折
    乾隆三年八月二十七日 / 321

25. 定边左副将军策凌奏报自准噶尔来投厄鲁特人巴彦等供词并将其解京折
    乾隆三年八月二十七日 / 323

26. 定边左副将军策凌将自准噶尔来投厄鲁特喇嘛解送京城折
    乾隆四年六月十八日 / 325

27. 定边左副将军策凌将自准噶尔来投厄鲁特台吉孟克解送京城折
    乾隆四年八月三十日 / 327

28. 定边左副将军策凌将自准噶尔脱回之镶黄满洲旗护军厄尔德木图等解送京城折
    乾隆四年十月初六日 / 329

29. 定边左副将军策凌将自准噶尔来投厄鲁特人彭素克解往京城折
    乾隆五年八月二十九日 / 332

30. 驻藏大臣纪山奏准噶尔使者前往西藏熬茶及其商贾来到拉达克地方折
    乾隆五年九月十六日 / 334

31. 军机大臣鄂尔泰奏将自准噶尔来投厄鲁特人安置在察哈尔地方折
    乾隆五年十一月二十一日 / 336

目　录

32. 定边左副将军策凌奏闻由准噶尔来投厄鲁特罗卜藏口供并解送京师折
    乾隆六年三月初八日　　　　　　　　　　　　　　　　　／338

33. 军机大臣鄂尔泰奏请将由准噶尔脱回喇嘛勒克西特送交策凌安插折
    乾隆六年四月初六日　　　　　　　　　　　　　　　　　／340

34. 定边左副将军策凌奏厄鲁特乌巴什来归审明解京折
    乾隆六年六月二十四日　　　　　　　　　　　　　　　　／342

35. 定边左副将军策凌奏闻厄鲁特人孟克等自准噶尔来归询明原由解京折
    乾隆六年七月十一日　　　　　　　　　　　　　　　　　／344

36. 定边左副将军策凌奏闻由准噶尔投诚之厄鲁特阿古萨拉等供词并解送京师折
    乾隆六年九月二十日　　　　　　　　　　　　　　　　　／346

37. 驻藏大臣纪山奏报拉达克喇嘛噶津林沁等自准噶尔到藏安置于扎什伦布庙并所供准噶尔情形折
    乾隆七年四月初八日　　　　　　　　　　　　　　　　　／348

38. 定边左副将军策凌奏厄鲁特人散津等自准噶尔来归派人解京折
    乾隆七年七月初六日　　　　　　　　　　　　　　　　　／353

39. 定边左副将军策凌奏将自准噶尔脱回跟役拉齐赖及来投厄鲁特都噶尔解京折
    乾隆七年七月十九日　　　　　　　　　　　　　　　　　／355

40. 定边左副将军策凌奏厄鲁特散都布等自准噶尔来归请示安置何处折
    乾隆七年七月十九日　　　　　　　　　　　　　　　　　／357

41. 定边左副将军策凌奏厄鲁特巴图尔等自准噶尔来归派人解京折
    乾隆七年八月十九日　　　　　　　　　　　　　　　　　／359

42. 军机大臣鄂尔泰奏将自准噶尔脱回之和硕特达尔济等送回原籍安置折
    乾隆七年十二月初四日　　　　　　　　　　　　　　　　／361

43. 定边左副将军策凌奏厄鲁特巴图博罗特等自准噶尔来归派人解京折
    乾隆八年三月十二日　　　　　　　　　　　　　　　　　／364

44. 军机大臣鄂尔泰奏将自准噶尔脱回喇嘛送至当噶尔并将来归厄鲁特送交宁

古塔将军安置折

乾隆八年闰四月十八日　　　　　　　　　　　　　　/ 367

45. 定边左副将军策凌奏解送投诚厄鲁特鄂尔哲依进京折

乾隆九年四月初三日　　　　　　　　　　　　　　/ 370

46. 定边左副将军策凌奏解送投诚厄鲁特察罕库克新等进京折

乾隆九年十月初二日　　　　　　　　　　　　　　/ 372

47. 军机大臣讷亲议奏自准噶尔投诚之厄鲁特彭楚克等十四人安置事宜折

乾隆十年三月二十六日　　　　　　　　　　　　　/ 375

48. 定边左副将军策凌奏解送投诚厄鲁特伍巴什等人进京折

乾隆十年七月初八日　　　　　　　　　　　　　　/ 377

49. 军机大臣讷亲奏将投诚厄鲁特人博尔第等送往江宁安置折

乾隆十年十月二十六日　　　　　　　　　　　　　/ 379

50. 驻藏大臣傅清奏准噶尔熬茶使归途中人畜死亡颇多准回二部天花流行及准部内乱折

乾隆十年十一月初八日　　　　　　　　　　　　　/ 381

51. 定边左副将军策凌奏请将投诚厄鲁特博克等人由驿送京折

乾隆十一年四月初一日　　　　　　　　　　　　　/ 383

52. 军机大臣讷亲奏照例将自准噶尔来降之俄罗斯伊凡解送回国折

乾隆十一年六月二十七日　　　　　　　　　　　　/ 385

53. 定边左副将军策凌奏厄鲁特人巴勒布达西等自准噶尔来归请由驿送京折

乾隆十一年十月十七日　　　　　　　　　　　　　/ 387

54. 驻藏大臣傅清奏据报准噶尔噶尔丹策零确已病故部内倾轧人员更替等情折

乾隆十二年正月二十二　　　　　　　　　　　　　/ 389

55. 定边左副将军策凌奏将投诚厄鲁特多尔济解送进京并将巴颜等拟送宁古塔安置折

乾隆十二年十一月初四日　　　　　　　　　　　　/ 391

56. 定边左副将军策凌奏鄂尔多斯蒙古色楞扎布自准噶尔来归请送原籍安置折

乾隆十三年十月初四日　　　　　　　　　　　　　/ 393

目 录

57. 军机大臣傅恒奏将投诚之厄鲁特人沙喇扣等送往京口安置折
 乾隆十四年十二月十八日　　　　　　　　　　　　　　　　／395

58. 定边左副将军成衮札布奏罗卜藏等自准噶尔来归请予安置并将喀尔喀护军敦多克等解京折
 乾隆十五年九月初二日　　　　　　　　　　　　　　　　　／397

59. 定边左副将军成衮札布奏喀尔喀罗卜藏多尔济自准噶尔来归请安置折
 乾隆十五年九月初八日　　　　　　　　　　　　　　　　　／403

60. 西宁办事大臣班第奏阿玉锡等自准噶尔来投审明缘由折
 乾隆十五年九月十四日　　　　　　　　　　　　　　　　　／405

61. 西宁办事大臣班第奏闻投诚厄鲁特萨喇尔等供词并请示如何安置折
 乾隆十五年九月三十日　　　　　　　　　　　　　　　　　／407

62. 军机大臣来保奏闻投诚厄鲁特沃勒哲依等供词折
 乾隆十五年十月二十日　　　　　　　　　　　　　　　　　／411

63. 定边左副将军成衮札布奏厄鲁特布图逊等自准噶尔来归并请解京折
 乾隆十六年六月二十一日　　　　　　　　　　　　　　　　／413

64. 定边左副将军成衮札布奏闻准噶尔部内讧达瓦齐起事情形折
 乾隆十六年十一月十一日　　　　　　　　　　　　　　　　／415

65. 定边左副将军成衮札布奏准噶尔贸易回子阿克珠勒等返回及达瓦齐被擒折
 乾隆十六年十二月初九日　　　　　　　　　　　　　　　　／417

66. 定边左副将军成衮札布奏闻准噶尔台吉达瓦齐反叛噶尔丹多尔济率兵于科布多与其交战情形折
 乾隆十六年十二月二十九日　　　　　　　　　　　　　　　／419

67. 定边左副将军成衮札布奏令准噶尔回子商人驻牧卡伦外及达瓦齐逃往哈萨克折
 乾隆十七年正月十二日　　　　　　　　　　　　　　　　　／420

68. 定边左副将军成衮札布等奏闻达瓦齐袭杀拉玛达尔济并承袭准噶尔台吉折
 乾隆十八年五月十七日　　　　　　　　　　　　　　　　　／422

69. 定边左副将军成衮札布等奏闻达瓦齐确已自称准噶尔台吉折

乾隆十八年七月初三日 /424

70. 定边左副将军成衮札布等奏闻达瓦齐杀拉玛达尔济承袭台吉以来准噶尔地方太平安定折
乾隆十八年七月十六日 /426

71. 定边左副将军成衮札布等奏厄鲁特乌巴锡等自准噶尔来归请安置于察哈尔地方折
乾隆十八年七月十九日 /427

72. 定边左副将军成衮札布奏闻达瓦齐捉拿拉玛达尔济承袭准噶尔台吉等情折
乾隆十八年八月十二日 /429

73. 定边左副将军成衮札布奏闻准噶尔杜尔伯特台吉策凌等情愿率属来归等情折
乾隆十八年十一月十五日 /430

74. 定边左副将军成衮札布奏闻准噶尔达瓦齐阿睦尔撒纳讷默库等相残争位折
乾隆十八年十二月二十三日 /433

75. 定边左副将军成衮札布奏闻达瓦齐阿睦尔撒纳联兵击败阿布克列克等情折
乾隆十八年十二月二十三日 /437

76. 定边左副将军成衮札布奏闻噶尔丹多尔济阿睦尔撒纳并未来追三车凌等情折
乾隆十八年十二月二十三日 /439

77. 军机大臣舒赫德奏闻车凌等所告准噶尔内讧缘由等情片
乾隆十九年二月初二日 /441

78. 军机大臣傅恒议奏将来归之土尔扈特伯勒克等送往宁古塔安置折
乾隆十九年二月初七日 /442

79. 军机大臣舒赫德等奏报乌梁海库奔来投称阿睦尔撒纳抢掠乌梁海情形折
乾隆十九年二月初七日 /444

80. 理藩院左侍郎玉保奏报押送乌梁海部玛木特途中询问准噶尔部内讧情形折
乾隆十九年二月二十三日 /445

81. 军机大臣舒赫德等奏阿睦尔撒纳现在纳林布鲁勒尚未来归俟进兵乌梁海时

目 录

  探明缘由折

    乾隆十九年三月十五日 / 447

82. 定边左副将军策楞等奏闻达瓦齐阿睦尔撒纳并未和好等情折

    乾隆十九年五月二十八日 / 451

83. 定边左副将军策楞等奏闻厄鲁特巴勒桑自准噶尔来归并请解往避暑山庄折

    乾隆十九年六月初七日 / 454

84. 定边左副将军策楞等复奏鄂勒哲依哈什哈往探准噶尔消息尚未返回等情折

    乾隆十九年六月十九日 / 457

85. 定边左副将军策楞等奏报阿睦尔撒纳为达瓦齐所败及令乌勒登前往额尔齐斯河准备接其归附折

    乾隆十九年七月初一日 / 458

86. 定边左副将军策楞等奏报达瓦齐与阿睦尔撒纳于额尔齐斯河交战情况折

    乾隆十九年七月初一日 / 460

87. 定边左副将军策楞等奏报询问库克新玛木特仆人有关准噶尔内乱情形片

    乾隆十九年七月初九日 / 461

88. 副都统御史麒麟保奏报投诚厄鲁特赛音博勒克供阿睦尔撒纳战败及令其父子团聚折

    乾隆十九年七月初十日 / 463

89. 定边左副将军策楞等奏报向阿睦尔撒纳询问准噶尔部内乱情况商定明年征剿达瓦齐机宜折

    乾隆十九年七月二十三日 / 464

90. 署定边左副将军班第等奏闻达瓦齐避居特克斯地方等情折

    乾隆十九年九月二十六日 / 468

后记 / 469

清代准噶尔情报满文档案译编·雍正朝

雍正朝

副都统格默尔等奏报来降准噶尔人彭楚克口供等情折

雍正八年十二月二十日

奴才格默尔、福宁谨跪奏。为请旨事。雍正八年十二月十九日，前去打探消息的侍卫博罗绰、济尔噶朗回来时，引来一准噶尔人。奴才我等讯问准噶尔人：尔之名甚，军队共来多少，领兵而来者名甚，尔如实告来，等语。对此告称：我乃噶尔丹策零宰桑绰尔珲纳沁哈什哈属人①，小时我名叫巴雅斯瑚朗，现我已改名叫彭楚克，我乃和托辉特博贝勒宗亲，我亲兄是台吉图巴什齐，现在博贝勒处，我本人小时被掳去。彭楚克我在我处听得：主子似曼珠舍利佛，至天下蚁虫，亦好生养育，等语。思念我之骨肉，早就想来归顺主子。之前出兵时，丝毫不派我。今年九月，噶尔丹策零派往京城的使者特磊回来称看见三股军队后，噶尔丹策零立即召集台吉小策凌敦多布②、策布登、纳甘敦多克、宰桑哈雅尔图纳沁哈什哈、察衮、绰尔珲纳沁哈什哈等人议称：我等不可怠慢，速速出兵，正月里先抢掠彼等马匹，再围困其人，则易于事，等语。经如此商定，随即选派六千兵，令小策凌敦多布、墨霍赖宰桑、达克巴乌嫩哈什哈等人带领。噶尔丹策零宣称：尔等若能抢掠马匹，其后行文于我，我亲自引兵一同进击。尔等哪路兵力减弱，亦行文于我，我亲自前去支援，等语。小策凌敦多布率五千兵，于九月二十九日，自伊犁河朝巴里坤进发。墨霍赖宰桑、达克巴乌嫩哈什哈领一千兵，于十月初七日，从伊犁河向噶斯路启程而来。于是噶尔丹策零再次宣称：余下兵民，十三岁以上、七十岁以下，马三岁以上者，俱行预备，收到消息后，我亲自进兵，等语。再，因大策凌敦多布有病没来商议，故噶尔丹策零行文于伊，不知伊兵自哪路前行。现墨霍赖宰桑、达克巴乌嫩哈什哈等人拟将领来的一千兵，于哈玛尔岭那边的塔里木地方驻扎五十兵，察罕乌苏地方驻扎五十兵，噶斯地方驻扎二百余兵，剩余

---

① 此处"属人"的满文原文是"harangga niyalma"，即所属之人，在此难以分清两者是人身依附关系，还是行政隶属关系。

② 此处"小策凌敦多布"的满文原文为"bahan cering dondok"。

兵丁则为攻打哈济尔卡伦,已在哈济尔地方驻下三百兵。听说马群在德布特尔那边,故墨霍赖宰桑、达克巴乌嫩哈什哈领三百兵,前来掠取马群,到达德布特尔后,已虏获青海扎萨克策凌纳木扎尔,并抢掠马群。趁此机会,彭楚克我勉强逃出,奔来归顺主子,等语。奴才我等又讯问:尔等周边邻国有何消息,等语。对此告称:据说阿玉锡、哈萨克及俄罗斯此三国已进兵征讨噶尔丹策零,等语。奴才我等照投诚彭楚克之口供,已行文知会署大将军印务纪成斌。此外,是否将彭楚克暂留军营,或解往京城,或交办理青海事务达鼐、鼐满岱之处,谨奏请旨。

雍正八年十二月二十日

雍正朝

副都统格默尔等奏逃回之三音扣本①供准噶尔部噶尔丹策零家族内讧情形折

雍正九年三月初三日

奴才格默尔、福宁谨跪奏。为奏闻事。二月二十八日，卡伦处将被准噶尔人掳去的策凌纳木扎尔属人三音扣本，以从海都地方逃出为由，送至军营。讯问三音扣本：尔从何处出来，在贼地日久，是否听过什么，令将尔所闻之处告来，等语。对此告称：我至海都地方，寻得机会，偷盗两匹马逃出。往那边去时，贼人匆忙行进，途中马畜俱已消瘦，死的甚多。听说乌嫩哈什哈由噶斯路先走。到达哲斯肯图里地方后，彼等内部抱怨道：墨霍赖宰桑也已先走，墨霍赖宰桑为何先走，从土尔扈特地方逃出的罗卜藏舒努已来我内部，掳掠一千户，杀死五百余人，我等回去后，我等之妻孥不知怎样，等语。又向我问道：罗卜藏舒努其人是否已投靠满洲汗，是否派过使者，等语。如此询问，等语。奴才我等听到此话后，讯问投诚的彭楚克：听说噶尔丹策零弟罗卜藏舒努已领兵进攻尔等，此事如何，等语。对此告称：罗卜藏舒努去征讨哈萨克时，曾率三千兵前往，去了已有六年。据说罗卜藏舒努与哈萨克头人，一起顶礼佛像，起誓成为盟友。策妄阿喇布坦听到此话后言道：顶礼佛像，与哈萨克一起发誓，伊欲何为，等语。旋即差遣察罕哈什哈，令去逮捕罗卜藏舒努。巴图尔宰桑、台吉扎勒、讷默库三人听到此事后，前往罗卜藏舒努处告称：已派察罕哈什哈来逮捕尔也，等语。旋即罗卜藏舒努率营中七人，带上撒袋弓箭，出营投奔土尔扈特，走后次年到达伊外公阿玉锡汗处。接着，给伊小母色特尔扎布，伊姊车宗，弟大巴朗、小巴朗四人寄去药物，并嘱咐毒死伊父策妄阿喇布坦，是故策妄阿喇布坦身体不甚好矣。伊之小妻色特尔扎布，长女车宗，儿子大巴朗、小巴朗等人，在酒中掺药，以消化食物为由，欺骗策妄阿喇布坦饮下，当即毒死。此四人还商议称：向噶尔丹策零派人，去告伊父病重，其必前来，俟来时我等袖里藏刀，将其杀死，此人死后，由我等掌控准噶尔事务，等语。

---

① 原题名中是"三音鄂本"，因满文原文是"sainkeoben"，故在此改用"三音扣本"。

如此商定后,大巴朗藏刀于袖里。噶尔丹策零听到伊父病重后,立即前往,对此察衮宰桑知情后,急忙劝阻噶尔丹策零道:大巴朗藏刀欲要害尔,尔莫要进去,请速速返回,此母子四人商议,杀害尔等父子,试图要霸占准噶尔事务,等语。于是噶尔丹策零立即与察衮宰桑一同返回,第三天带兵逮捕伊之小母色特尔扎布及与其私通的男子锡喇穆济二人,裸抱捆绑一处,割下男子之肉令女子吞噬,割下女子之肉让男子吞噬,噶尔丹策零亲自监督,凌迟处死。捉捕大巴朗后,噶尔丹策零言道:尔曾藏刀欲要谋害我,现用此刀挖尔眼睛,等语。噶尔丹策零挖掉大巴朗双眼,囚禁于阿克苏城①。罗卜藏舒努若真领兵前来,我地之人投靠伊者居多,等语。为此,将奴才我等听闻之处,谨奏闻。

雍正九年三月初三日

---

① 满文原文是"asu hoton",应指阿克苏城。

驻藏大臣马喇奏报准噶尔派宰桑率三百余人赴叶尔羌等情折

雍正九年四月十三日

奴才马喇等谨密奏。为奏闻事。雍正九年四月初九日,贝子颇罗鼐对奴才我告称:我子头等台吉珠尔默特车登,自阿里地方,于三月十八日给我寄来一封文书已到,恳请大臣等转奏大主子,等语。如此呈文后,奴才我等大体翻译看得:先前我曾报称,准噶尔一宰桑,带领三百人,来叶尔羌驻扎,已于酉年返回,等语。前不久,叶尔羌商人告诉拉达克人:今年正月末,准噶尔又一宰桑,带领三百人,前来叶尔羌,对我人狂妄傲慢地言称,准噶尔兵已前往巴里坤,与大军交战,等语。还从我叶尔羌民众收集马驼,等语。再,拉达克之尼玛纳木扎尔已年老,故让伊次子拉锡纳木扎尔继位时,伊长子德忠纳木扎尔争斗称:照拉达克地方旧例,俱由长子继承,若不让我继位,我请来台吉珠尔默特车登之兵,征讨尔辈,等语。为此,尼玛纳木扎尔才与属下众人一同商议,让德忠纳木扎尔继位。分给巴克迪等四地,让尼玛纳木扎尔、拉锡纳木扎尔驻留,等情。为此谨密奏闻。此外,将贝子颇罗鼐所呈蒙古文书,一并谨奏闻。

雍正九年四月十三日

护军统领　臣　马喇

护军统领　臣　迈禄

总兵官　臣　包进忠

贝子颇罗鼐为报准噶尔派兵占叶尔羌等情事呈文

雍正九年五月二十一日

贝子颇罗鼐呈文总理召事大臣等。

贝子颇罗鼐之文，呈总理召事大臣等。颇罗鼐我之长子头等台吉珠尔默特车登，自阿里地方，于亥年三月十八日行文内称：以准噶尔一宰桑为首，带领三百厄鲁特兵，已长期驻守叶尔羌地方。去年曾行文呈报过彼等于酉年返回准噶尔之消息。今叶尔羌商人遇见拉达克人告称：从准噶尔又以一宰桑为首，带领三百厄鲁特兵，以镇守叶尔羌地方为由，于亥年正月末来至叶尔羌，并大言不惭地说道，我准噶尔兵与内兵交战，等语。还说从叶尔羌所属民众征收马驼乌拉等。再，据为确认拉达克尼玛纳木扎尔长子德忠纳木扎尔继其父位事收取之消息，拉达克尼玛纳木扎尔先让伊小儿子拉锡纳木扎尔即位，故长子德忠纳木扎尔声言：照我拉达克之例，向来由长子即父位，今若不让我即父位，我与头等台吉珠尔默特车登商议，请兵摧毁，等语。为此，拉达克尼玛纳木扎尔之大臣等经共同商议，仍由德忠纳木扎尔即其父位，事情如此，已将巴克迪地方四城分给尼玛纳木扎尔、小儿子拉锡纳木扎尔两人，使其另行居住，等语。恳请大臣尔等，转奏此消息。明鉴，明鉴。

驻藏大臣马喇奏报据称
土尔扈特与天朝和好噶尔丹策零甚惧及其弟
欲率兵征剿噶尔丹策零等事折

雍正九年六月初一日

奴才马喇等谨密奏。为奏闻事。雍正九年五月二十五日,大体翻译驻扎阿里头等台吉珠尔默特车登行奴才我等之蒙古文看得:阿里头等台吉珠尔默特车登之文。为给召地大臣等报告所获消息事。珠尔默特车登我派至拉达克地方探听消息之人回来告称:自叶尔羌有十七人来至拉达克,对德忠纳木扎尔告称,我等来时,因途中雪甚大,故骑的驮的牲畜,俱已死去。噶尔丹策零为问候尼玛纳木扎尔,送来一束哈达,一匹克什米尔绸缎。噶尔丹策零言道:令寄来卫藏所有消息,等语。无其他言辞。再,前不久有乌巴锡者自准噶尔来至叶尔羌,告知与伊交好之人:噶尔丹策零之弟苏努巴图尔驻扎哈萨克地方,带领众多军士,试图征讨伊兄噶尔丹策零,等语。还有,噶尔丹策零听到土尔扈特已倾向于大主子后,甚为恐惧,于哈萨克地方预备大量军队,等语。再,之前俱已将准噶尔派往巴扎汗的使者纳辛巴巴之消息报给大臣,据闻这几日内纳辛巴巴要到拉达克,俟到来后再报大臣等。为此呈文,等语。为此与珠尔默特车登所呈原文,一并谨密奏闻。

雍正九年七月十日钦奉朱批谕旨:知道了,钦此。

雍正九年六月初一日

驻藏大臣僧格奏报探获噶尔丹策零派苏尔杂回藏消息后在喀喇乌苏等处添设卡伦防范折

雍正九年七月十三日

奴才僧格谨密奏。为奏闻事。总理藏事护军统领马喇等行文称：为知会事。我处于七月初五日曾密奏：为奏闻事。雍正九年七月初五日，多罗贝勒颇罗鼐已将拉达克汗德忠纳木扎尔送伊的、报知纳辛巴巴消息及准噶尔消息之文书呈请由奴才我等转奏主子。为不致将此翻译具折延误上奏，故小心包扎颇罗鼐所奏蒙古文书，奏览主子。而文内事情，颇罗鼐已急忙派人告知内阁学士僧格，奴才我等亦已行文。为此谨密奏闻。为此护军统领马喇、护军统领迈禄、总兵官包进忠咨行，等情。此文及贝勒颇罗鼐所遣之人，于七月初八日晚到来，并向我告称：多罗贝勒颇罗鼐已将拉达克汗德忠纳木扎尔报知所获准噶尔消息之行文，呈给驻扎召地之大臣等，以奏行上曼珠舍利大主子。文内事情为：准噶尔噶尔丹策零派往巴扎汗处的使者纳辛巴巴，亲自带领三十人，于六月初四日，来到拉达克地方。彼等之驮物，已由前往巴扎汗处时的老路送往叶尔羌。自叶尔羌地方，前来接应纳辛巴巴的八人，于本月初八日，来到拉达克。此八人言称：准噶尔噶尔丹策零照看拉藏汗子苏尔杂甚好，今年噶尔丹策零配给苏尔杂五千兵，为使伊即其父拉藏汗位，要送往藏地，等语。是故贝勒颇罗鼐派我将此消息告知大臣，等语。为此奴才我立即行文领兵驻扎喀喇乌苏地方之诺颜和硕齐及带领蒙古兵驻扎达木地方的颇罗鼐次子珠密纳木扎尔：有准噶尔人来藏之消息，令将尔两地兵营及马匹，妥善加固防守。于尔等兵营对应的喀穆尼山口，增设卡伦，不可怠慢。准噶尔人若来，仍会越过去年走的哈玛尔岭，经由阿喀依路，来寻喀喇乌苏，亦未可料，此路甚是紧要。诺颜和硕齐，令从尔喀喇乌苏蒙古兵内选派精壮者十五人，从阿喀依路至哈玛尔岭为止，搜寻踪迹，探取消息，速速派往，等语。为此将拉达克汗德忠纳木扎尔所报准噶尔人要来藏地之消息，一并秘密具文行知。对应后藏纳克产设置的三卡伦，对应腾格里淖尔设置的三卡伦，对应喀喇乌苏设置的三卡伦，奴才我为巡查此三路九卡伦，给千总、把总配汉蒙兵丁，派去搜寻踪迹，探取消息。又行文驻扎召地之护军统领马喇等及贝勒颇罗鼐,令将预备前后藏之马步唐古忒兵,俱妥当速办,立即预备,等语。俟奴才我派去巡查卡伦,搜寻踪迹,探取消息之人获得准噶尔实情来报时,另行奏闻。此外,为此谨密奏闻。

雍正九年七月十三日

抚远大将军马尔赛奏报拿获之厄鲁特人口供折

雍正九年九月二十七日

抚远大将军大学士忠达公臣马尔赛谨奏。为奏闻事。雍正九年九月二十七日,办理扎克拜达里克粮饷事务原巡抚西林行文臣我内称:先前我处曾向大将军报称,本月十七日酉时,在我处商业街捕获之阿尔赛等三人,俱是策布登贝勒之人,等情。再次核实讯问得,彼等俱是贝勒多尔济色布腾之人,他处俱与先前之供述一样。据臣我处派去打探消息之蓝翎侍卫保平等报称:保平我等到达二十八驿站。驿站蒙古章京鄂勒济拜言道:据我听闻,四十二驿站人捕获一厄鲁特贼。带至将军王处刑讯时,厄鲁特人言称:我大策凌敦多布领兵来寻科布多,小策凌敦多布引兵由西尔哈戈壁来寻喀尔喀,二策凌敦多布商定,军队返回时,经过察罕廋尔,等语。再,已将从三十六驿站回送的、由内廷派发给督办振武将军印务和硕顺亲王锡保的蒙古包及侍卫一并送去。为此谨奏闻。

雍正九年九月二十七日

雍正朝

振武将军锡保奏报拿获准噶尔人等口供折

雍正九年九月二十九日

督办振武将军印务和硕顺亲王臣锡保等谨奏。为奏闻事。本月十二日，驻扎察罕托辉驿站原总管班第送来捕获的准噶尔贼巴颜，于是臣我等恐吓讯问贼人巴颜：尔等来兵多少，由谁带来，令将尔闻知之处，俱如实告来，等语。对此供称：我乃杜尔伯特台吉阿喇布坦属人，哈萨克族①。我大策凌敦多布②、小策凌敦多布、多尔济丹巴、阿喇布坦等人，率五万兵前来。到达科布多后，抢掠城外马群，交给我长官③达什敦多布一百余人，派去掳掠。先差我四人，遣去查看满洲兵、喀尔喀兵踪影。夜里急行时，我迷路至察罕托辉驿站而被捕，我兵早晚会到察罕廋尔，等语。臣我等立即交给土默特总管珠虎泰三百兵，令去查看察罕托辉、西喇布拉克等地。十四日，被贼捕获后脱逃回来的运粮汉人司国柱④告称：我从科布多返回时，二十九日于额克阿喇尔淖尔地方，贼人将我俘获，带至伊等驻扎的大营布延图地方。因我听得懂蒙古话，故听得彼等内部言论，前来的贼兵有三万，由大策凌敦多布、小策凌敦多布、多尔济丹巴等人带来，至库布克尔后安营。次日派去查看察罕廋尔之人回来告称：满洲兵阵势甚大，有两三万，等语。是故立即启程，奔西南方向，至西尔哈淖尔安营，夜里我逃出。次日朦胧看见贼人，向东南，寻大山隘而去。我步行五天五夜到来，等语。十六日，派去查看贼人踪影之土默特总管珠虎泰回来报称：我领兵于十五日到达库克辛乌讷克图山瞭望看得，鄂鲁克图地方有近七百贼人身影，等语。于是臣我等立即交给王罗卜藏喇锡、副都统额尔钦两千兵，经由舒鲁克图派去。另交给领兵驻扎布尔噶雅的贝子罗卜藏、副都统乌察喇一千三百兵，溯扎布坎河而上，令前去剿贼。接着，驻扎

---

① 此处的满文原文是"giranggi"，意思是"骨头"，对应的蒙古语是"yasun"，在18世纪前后的蒙古社会中，多指持有同一父系血缘关系的人群，"yasun"范围比较大，其下有"oboγ"这种更加亲近的血缘集团。
② 此处"大策凌敦多布"的满文原文为"amba ceringdondob"。
③ 此处"长官"的满文原文是"da"，即一般意义上的长官、头人。
④ 此处的满文原文是"Sy guwe ju"。

四十七驿站之原主事德洪,携来臣我等于十五日所奏折子并告称:百余贼前来,掠走四十三、四十四驿站马匹,因驿站道路不通,故将奏折送回,等语。十七日,额驸策凌呈文内称:由我处交给协理台吉厄墨根、罗卜藏二百喀尔喀兵,并嘱咐,令进贼人踪迹内,小心警惕行进,务必捉一贼活口带来,等语。厄墨根等人,于本月十六日来告称:我等按照将军王之吩咐,昼伏夜行,警惕前进,爬上高山之巅瞭望,看得西尔哈戈壁尘土冒得甚大。因开阔的戈壁地方,白天不可进,故于夜里行进,隐蔽在达甘德勒地方看时,因地凹陷,看不见,故派塞仁、墨尔根、巴图尔、乌纳甘等九人,白昼里即寻贼群,缓缓假装其人,进去捕捉活口。塞仁等人到达后瞭望看得,西尔哈戈壁地方人畜甚多,而这边济尔噶朗图之地有一群人,故缓缓前行,接近后迅速呐喊射箭而入,十余贼人慌忙逃跑,而将其中两人捕来,等语。讯问抓获的活口时供称:我是杜尔伯特车臣台吉子西迪属人,我名叫扎木产,是跟随大策凌敦多布兵来的人,等语。讯问另一人时供称:我是准噶尔噶尔丹策零所属额默根鄂托克之人,我名叫鄂济勒贝,亦是跟随大策凌敦多布兵而来之人。我等十一人,饲养疲惫的优劣马匹,驻在了我兵营边缘,看见近十人缓缓前来,以为是自己人,无意中到达跟前,突然呐喊射箭进来时,我等四处逃窜,我俩被追上逮住,等语。讯问扎木产、鄂济勒贝:二策凌敦多布现在何处,尔等共来多少兵,据实告来,等语。对此供称:二策凌敦多布共领兵三万,经由海拉图岭前来。八月二十九日,从布延图源头,交给海伦宰桑三千兵,派至科布多城偷盗马匹,所获马畜不甚多,回来说城门关闭,看守得甚严等。其后二策凌敦多布商议称:本来噶尔丹策零曾令我等攻取喀尔喀领地到克鲁伦为止,我等攻取喀尔喀边境地带,若能虏获众多战利品,则往里进,倘若所获不甚多,则立即返回,等语。以此为由,自哲尔格西喇呼鲁苏启程。交给海伦宰桑、鄂勒锥宰桑三千兵,派至喀喇阿济尔罕等地掳掠。二策凌敦多布之兵,奔着苏克阿勒达呼而去。海伦宰桑带两千兵走一路,鄂勒锥宰桑领一千兵走一路,分开行进,我等曾在鄂勒锥宰桑队伍中。沿着喀喇阿济尔罕山阳上去瞭望看得,喀尔喀游牧之人早已躲避,只有公通摩克从青海携来的额尔德尼代青台吉阿喇布坦等一百余户人留下来归顺。我等刚到与海伦宰桑约定的西尔哈戈壁即被捉住。听说二策凌敦多布已从苏克阿勒达呼返回,等语。如此送来。臣我等讯问俘获的活口扎木产、鄂济勒贝时,毫无异言,仍照前供述。接着,王罗卜藏喇锡、副都统额尔钦等来报称:我等领兵到达鄂鲁克图前,瞭望远处看得,贼人以十人、十五人之规模,站在山峰上。发现我兵踪影后,立即逃遁得无影无踪,等语。接着贝子罗卜藏、副都统乌察喇等人来报称:我等在前方设置哨探,我等亲自带兵,前往齐布察克、呼鲁木西、鄂鲁克图等地后，遭遇两三队百余贼人，围捕时贼折断长矛，丢下驮子，换乘光背马逃遁，此役获贼套马鞍的三匹马及七匹马的驮子，等语。据臣我等看得，大策凌敦多布等避开我兵，绕到哈萨克图山南躲藏，带兵驻扎于苏克阿勒达呼地方，并向各处派兵偷盗马匹，其乃特意让我兵阻截追击，以使马匹疲乏之谋。经臣我等共同商议，收回王罗卜藏喇锡、副都统额尔钦带去的兵丁，将兵力汇于一处，预备全体之大力，诱来贼人，以期剿灭。为此将王罗卜藏喇锡、副都统额尔钦调回。二十一日，额驸策凌呈文内称：将军王行文内称，贼人来至鄂尔海西喇乌苏、古尔班舒鲁克等地偷盗马匹，乃是特意翻山探路，以图攻入喀尔喀游牧地，亦未可定。派去侦查之人来报称：在扎布坎河，发现百余贼之踪影，等语。请额驸亲自带兵向博尔本进发，若贼势少，立即阻截剿杀，若贼势众，一边引诱，一边报我。贼人倘若进入鄂尔海、舒鲁克等地，尔等全力进攻，掩袭贼人尾部，或来我军营，整饬兵力，阻截贼人等处，尔等全体商议行事，并预先报我，等语。由我处派去侦查的护卫穆森等人来告称：苏克阿勒达呼那边，台西里这边，贼人尘土烟气甚多，等语。为此带我此处兵丁，行至苏克阿勒达呼地方，看贼形势以进剿，除已将此事报告将军王外，亦行文知会王丹津多尔济、桑里达等人，等语。如此呈来。接着王丹津多尔济呈文内称：本月十八日，我领我部兵，在阿里衮固济耶地方，与副将军王额驸策凌之兵会合。由我处派去瞭望贼人踪影的扎兰章京索诺木回来告称：我等在西喇达兰山脊，发现贼人踪影，而在苏克阿勒达呼那边，台西里这边，贼人尘土烟气甚多，等语。是故我两队兵马，于二十日一同进发。我等掂量贼人阵势，酌情剿杀，等语。如此呈来。二十三日，王丹津多尔济、额驸策凌派护卫乌巴锡、多尔济呈文内称：本月二十一日，我等亲自领兵行进至鄂登楚勒地方，面对台西里山阴有烟气之地，交给协理台吉巴海、厄墨根、孟古、罗卜藏、台吉阿南达、达什多岳特六百兵，为捕捉贼人活口，于夜晚起行。巴海等人夜里靠近大策凌敦多布军营，趁黑捕捉捡牛粪的三人后，马上回来时，由大策凌敦多布军营交给宰桑衮楚克扎布、锡喇巴图尔等人三千余兵前来追击。巴海等人将伊等诱来，于是我二人亲自率领吉林、黑龙江乌拉及喀尔喀兵丁，于鄂登楚勒地方，分成左右翼接战，从辰时到午时为止，一直互相放枪交战。我等再次按照蒙古方式，交给贝勒、扎萨克、台吉等人勇士，发起冲锋，故贼人立即大败而逃。我兵追赶击杀至对面山下后，由我处立即派人，将追击之兵撤回。此役杀贼二百余人，受伤之贼甚多。讯问我辈俘获的贼人时，异口同声地供称：二策凌敦多布、多尔济丹巴率领三万兵，于台西里山阴连接驻扎，等语。我辈俘获的贼人有伤，再加刑讯，故俱死去。将剩下的一乌梁海，送至将军王之兵营，等语。如此呈来。为此臣我处选取好马,陆续调派,尽全力前去支援王丹津多尔济及额驸策凌等人。接着,额驸策凌呈文称:由我处交给协理台吉拉玛札布、青衮杂卜等人一百五十兵,派至扎布坎、察罕托辉等地侦查。拉玛札布等人报称:我等白天瞭望,夜里行进,于本月二十日,到达察罕托辉地方。途经中间的巴勒噶台、呼鲁木西两地,朝鄂尔海方向去的踪迹甚多,故从我队里交给扎兰章京丹津扎布五十兵,派至图里根等地追踪,而我本人前往越过西鲁台山瞭望时,突然遭遇五十余贼,旋即射击追剿,贼人不敌,翻越西鲁台山,我等围住放枪交战,趁日落前,从四面进攻,贼不能支,败遁之际,我等杀死五贼,七贼受伤逃走,抢到贼五个骆驼的驮子、四匹马、五头牛,等语。我本人经与王丹津多尔济、桑里达、贝子罗卜藏、副都统乌察喇等人共同商议,丹津王与我本人领兵前去鄂尔海、西喇乌苏等地进剿贼寇,等语。如此呈来。二十六日,据王桑里达等处送来的投诚厄鲁特巴图策凌告称:我乃小策凌敦多布之阿勒巴图①,从军孟廓什宰桑队伍。以大策凌敦多布、小策凌敦多布、多尔济丹巴等人为首,共领三万兵前来,在索尔毕、乌拉克沁留下四千兵,作为返回时的后续部队。带两万六千兵到达舒鲁克图后,小策凌敦多布交给伊子曼济四千兵,放出去在前掳掠,没获多少马畜,还说科布多城坚固,曾从那里来取察罕厦尔,而在前派去侦查之人回来告称:扎布坎、察罕厦尔地方军士甚多,马畜亦多,防备甚严,等语。因此策凌敦多布等人带兵,为掳掠喀尔喀游牧,由西尔哈戈壁行进至苏克阿勒达呼,躲避大军,向各地派去掳掠之人,却皆无收获。再,交给曼济三千兵,派至鄂尔海、西喇乌苏等地掳掠马畜。后来听说,满洲兵与喀尔喀兵前来,捕捉我辈当活口而去,故大策凌敦多布给锡喇巴图尔宰桑委与兵丁,派去追击,遭遇满洲及喀尔喀兵交战,我方惨败,锡喇巴图尔宰桑亦阵亡。那天夜里,二策凌敦多布等人立即移营至台西里山岭,次日下至台西里山阳安营。据我辈言论,二策凌敦多布商议称:今天气已冷,马亦消瘦,掳掠又不得马畜,已入他人地界,倘若大军前来,唯恐艰难,等语。如此商议,有意撤回,等语。唯在等待派至西喇乌苏的三千兵,俟到来后即刻启程回去。返回时,走喀喇阿济尔罕,由哈布塔克、拜塔克而去,等语。我于二十四日,骑一匹马,牵两匹马,走了两夜一天到来。我从小就听我母亲说过,我等是阿喇布坦诺颜之人,我父亲是阿喇布坦诺颜之宰桑,名叫塔尔巴,现俱已归顺阿穆瑚朗汗②,安逸富裕生活等,为此我欲来投诚,等语。再讯问来投的孟古时,供词亦同。为此臣我等又派人,靠近贼地确查。此

---

① 此处"阿勒巴图"的满文原文是"albatu",即由来于蒙古文的"albatu"。
② 此处满文原文是"amuhūlang han",由来于蒙古文"amurulang qaγan",指清朝的康熙帝。

外，臣我等唯遵主子训旨，严上加严办事。眼前驿站道路不通，故臣我等差人，绕道寻找驿站，上送奏折。为此谨奏闻。

雍正九年九月二十九日

督办振武将军印务和硕顺亲王　臣　锡保

副将军　臣　罗卜藏喇锡

副将军　臣　策旺札布

副将军　臣　丹津多尔济

副将军　臣　策凌

参赞大臣　臣　博尔屯

参赞大臣　臣　查克丹

参赞大臣　臣　穆克登

参赞大臣　臣　桑里达

参赞大臣　臣　特古斯

参赞大臣　臣　罗卜藏

参赞大臣　臣　罗布桑

振武将军锡保奏报
逃回之额林臣携有噶尔丹策零劝降
亲王拉玛札布文书等情折（附咨文一件）

雍正九年十月初三日

督办振武将军印务和硕顺亲王臣锡保谨奏。为密奏闻事。雍正九年九月三十日，额驸策凌派人送来文书内称：由我处派至西鲁台山瞭望踪影的骁骑校根敦等人，解送从策凌敦多布军营来的亲王拉玛札布旗下叫额林臣的人。讯问额林臣时告称：我本人曾在库布克尔当兵，大将军进剿贼人时，将我等十人带去当向导的跟役。在和通淖尔地方交战时，我被贼人俘获，被一叫诺尔布诺颜的人带走。此次为使我给我主子王拉玛札布送文书礼物，大策凌敦多布交付我噶尔丹策零之文书礼物，让我骑乘两匹马放走，等语。再讯问：今贼兵共有多少，现驻扎于何处，彼等如何议论，彼等进退如何，等语。对此额林臣告称：二策凌敦多布、多尔济丹巴带领三万兵前来。交给诺尔布诺颜、海伦宰桑三千兵，已派至科布多城。二策凌敦多布、多尔济丹巴则率大队人马，由西尔哈戈壁前来，搜寻喀尔喀游牧。土尔扈特墨尔根绰尔济、辉特公巴济，已率彼等之旗归顺，由这些人当向导，已攻取公通摩克一佐领，墨尔根绰尔济跟随而来，还掳走公通摩克一半人。据说从贝勒车登扎布旗掳走一些，不知数量。据其长官等之言论：本想抵达克鲁伦，然前去掳掠之人没得多少重要马畜，且前日在苏克阿勒达呼交战时，多人受创，等语。以此看来，原来的锐气减弱，现有退回之势，等语。额林臣所携文书是厄鲁特文，不怎么认识，大体翻译后，将文书原件和额林臣一并送至将军王处。额林臣言称：据听彼等言论，试图将此类文书，向喀尔喀大人物，各送去一件，等语。此事或由将军王斟酌陈情上奏，或由我上奏之处，恳请将军王定夺，等语。如此呈来。臣我讯问拉玛札布亲王属人额林臣时告称：我于今年夏，在和通呼尔哈地方被贼俘获，曾在贼多尔济丹巴兵营，入秋后再带我往这边来。至台西里之察罕布尔噶台地方后，本月二十五日，大策凌敦多布等人唤我前去，将噶尔丹策零交给我拉玛札布王之文书礼物递给我，并对我言道：尔拿去此文书，勿要让人看阅,交给尔拉玛札布王。我等原曾驻在一处,互相结亲,生活得甚好。噶尔丹博硕克图汗与尔等交恶,从那时起,分别驻扎,这与我等何干。其后尔等归顺阿穆瑚朗汗,被人指使当差,骑乘尔等之马匹,吞食尔等之牛羊,我替尔等着想,甚是愤恨。尔等乃是成吉思汗之子孙,丝毫不是他人属下。将尔游牧,迁移至阿尔泰,我等居住一处,安逸生活,仍像以前那样,好好过活。若有兵事,我等一同抵挡为好,等语。令我如此说给我王。我在那边时,二策凌敦多布等人商议称:我等来时,噶尔丹策零曾吩咐,抢夺满洲兵之马畜,掳掠喀尔喀游牧至克鲁伦,请来葛根呼图克图,于杭爱地方过冬。倘若兵多,尔等不敌,尔等酌情行事,等语。如今看来,我等之马畜消瘦,且敌人兵力多得可怕,前日交战时,我方锁子甲被射穿,旗杆也被射断,我锡喇巴图尔宰桑等壮士多有阵亡,受伤的亦多。现不可在此地驻扎,暂时返回至阿尔泰那边过冬。派人至噶尔丹策零处,以使其裁定明年或撤回我等,或再次进兵之处,等语。如此商议决定后,从苏克阿勒达呼每天迁移,于二十五日安营察罕布尔噶台后,将我放回,等语。为此将喀尔喀额林臣所携噶尔丹策零送给拉玛札布王之厄鲁特文书原件及额驸策凌处翻译的文书,分别放入信封,一并上奏。此外,据查今年来的三地兵及内扎萨克兵,俱是好兵,各个效力。只是刚刚到来,马畜瘦弱,故就近调遣而行。此次喀尔喀人等,感戴主子隆恩,甚是效力行事。最先是策凌,接着是王丹津多尔济,不管何事,彼等亲自带领二部扎萨克台吉等官兵,靠近敌穴,引诱敌人,痛加歼灭。所杀厄鲁特人,彼等全体喀尔喀人憎恨之,割断拆散其骨肉拿来,然准噶尔贼人尚无胆敢来犯之处。臣我将彼等杀贼,抢夺驼马,效力行事之人,交给副将军等人记下。此外,为此谨密奏闻。

雍正九年十月初三日

致拉玛札布文书之情由。本来七和硕蒙古、四卫拉特,曾不受人控制,合一朝政与教法,友好而行也。我等之间,博硕克图汗时,互相争论,不和睦。其后我父台吉,念及原本友好之根基,即使发生战端,也千方百计、三番五次与雍正帝①讨论,以图将蒙古及青海,变回原先之状态。我与尔等全体,皆知情也。后来听到汉人向我进兵,上奏哲布尊丹巴呼图克图之前世,旋即降旨答复。再是台吉等能诉说心意,所以平安无事也。如今雍正帝来言:像蒙古、青海那般,编入佐领版籍,受封名号,食俸禄,归顺我,等语。对此我言,倘若大人能肃静,我即不冒

---

① 此时为"康熙帝"。

犯,现已成这样,倘若能成,试着使蒙古、青海变回原先之状态,即使不成,亦不会被人控制,以此为由,发动战争,派遣军队也。如今成吉思汗之子孙,且也作为他人奴隶过活而已。此刻念及卫拉特与蒙古,如原先旧俗友好而在,则我等友好,若不那样,不仅尔等本人与汉人交好,家畜亦被骑乘。我亦无奈。

振武将军锡保奏报公巴济喇嘛墨尔根绰尔济等叛附策凌敦多布等事折

雍正九年十月初九日

督办振武将军印务和硕顺亲王臣锡保等谨奏。为奏闻事。十月初四日,据来投准噶尔人吐尔纳希哈告称:我乃额尔克坦鄂托克宰桑固木扎布下人,自小我之父母俱已死去,我毫无兄弟及生计家畜,又很艰辛,故为归顺大国,择优生活而来投诚。我于今年春,跟随大策凌敦多布①前来从军,大策凌敦多布在和伯克赛尔地方生病,其兵由多尔济丹巴、小策凌敦多布等人带领,曾驻扎于华额尔齐斯、喀喇额尔齐斯等地。后来听到大国进兵,小策凌敦多布、多尔济丹巴等人,率领三万人前来迎战时,我看守驮子,曾在奇兰这边的罕达垓图地方。战况如何,我不知矣。战后策凌敦多布等人返回,大策凌敦多布、多尔济丹巴,驻扎于华额尔齐斯河源头齐伦阿尔噶台等地。小策凌敦多布渡过额尔齐斯,至库克辛托罗海地方。大策凌敦多布为再次进兵,曾向噶尔丹策零派遣策布克扎布者。据噶尔丹策零嘱咐:尔带兵惊扰喀尔喀游牧至克鲁伦,驱赶牲畜回来。倘若兵多,真的不敌,尔酌情行事,等语。如此派来巴图蒙克者,并送来两千峰骆驼及药丸。士兵每人分给二十剂火药、二十颗弹丸。策凌敦多布等人,令近一千人看守驮物,留在哈达青济勒、布拉克青济勒等地。派出三千兵,交给宰桑塔本额默根,留在索尔毕山口。从那里策凌敦多布等人率领两万六千兵,于八月启程。大策凌敦多布、多尔济丹巴翻越乌逊海拉图岭,会合于扎克赛等地,来至科布多后,获得少量牲畜,没有进犯城池。来寻察罕廆尔时,至纳玛岭后,哨探之人言道:扎布坎河地方军士甚多,等语。故从那里避开,朝喀喇阿济尔罕,搜寻游牧之人,由西尔哈戈壁行进,至济尔噶朗图地方后,照看投奔的巴济公游牧时,将吐尔纳希哈我留在济尔噶朗图地方。听说策凌敦多布等人到达苏克阿勒达呼地方后,毫无收获。尔兵过来交战时,宰桑衮楚克扎布、锡喇巴图尔宰桑、鄂勒锥、喀喇巴图尔等人带

---

① 满文原文为"amba ceringdondob"。

兵战斗,我兵阵亡者居多,受伤的亦多,喀喇巴图尔阵亡,锡喇巴图尔宰桑受重伤,近乎死去。交战那天立即迁移,安营在台西里山。策凌敦多布等人商议称:敌人兵多势众,不可在此驻扎,返回越过阿尔泰过冬,并向噶尔丹策零派人,等语。如此决定后,于九月二十七日,到达济尔噶朗图地方。次日从济尔噶朗图西面有一湖的地方,我逃了出来。我军马匹,甚是瘦弱,有的将原先骑过来的马全部丢下,剩下一两匹的也有,士兵大半骑骆驼和牛行进。我辈还偷吃骑乘公巴济、墨尔根绰尔济喇嘛等人之羊马而行,等语。初五日,据遭遇贼人逃脱回来的大将军队伍中的理藩院领催图鲁逊告称:我于六月二十九日,在阿尔泰哈尔噶纳地方,遭遇贼人,把我带至华额尔齐斯河源头,曾在朗苏身边。七月二十七日夜里,我骑贼两匹马,来寻科布多。八月十六日,至海拉图岭,又遇贼人,遂跟随鄂勒锥宰桑,曾在策凌敦多布队伍。听彼等内部言论:起初贼兵来时,有三万兵。入秋后来这边时,为二策凌敦多布、多尔济丹巴等人之驮子行李,将一千兵留在额尔齐斯河源头、哈达青济勒、布拉克青济勒等地。交给塔本额默根宰桑三千兵,留在索尔毕山口,以看守科布多,并为使其抢掠放出来的马畜而驻留。为如今领来的两万六千兵,自噶尔丹策零处送来二百峰骆驼驮的火药、弹丸及两千峰散骆驼。给没有骆驼的士兵,每两人办给一峰骆驼,并嘱咐策凌敦多布等人:尔等带兵进攻,掳掠千万个战俘,我亦不高兴,唯将喀尔喀游牧,驱赶至克鲁伦为止,那时尔等即使步行回来,亦予重赏,等语。来这边时,听说已将此事俱晓示彼兵。贼人以我是再次被捕之人为由,自乌素图舒鲁克地方,用牛皮蒙住头部行走,到达布延图后,才取掉蒙脸的牛皮。到哲尔格西喇呼鲁苏后,将我留于驮子处,策凌敦多布等人领兵由西尔哈戈壁行进,十三日来至苏克阿勒达呼地方。大策凌敦多布交给锡喇巴图尔宰桑五百兵,派去瞭望察罕廋尔等地军队踪影。交给小策凌敦多布子曼济一千兵,派至鄂尔海西喇乌苏地方掳掠。十八日,巴图尔宰桑回来告称:扎布坎、察罕廋尔地方,兵马甚多,沿扎布坎河备兵,等语。对此策凌敦多布等人立即向各处差人,召唤派去掳掠的士兵。二十二日,我兵到达,捕捉其活口带来时,大策凌敦多布交给锡喇巴图尔宰桑三千兵赶来后,被我兵打败。鄂勒锥宰桑曾带兵来援,因锡喇巴图尔宰桑战败逃遁,故鄂勒锥宰桑亦逃回去。此次战斗,贼人多有被创,受箭伤的亦甚多,锡喇巴图尔宰桑受重伤,回去后将近死亡,听说锡喇巴图尔宰桑的旗杆亦被射断,贼甚是恐惧,那天夜里即迁移至台西里山安营,从那里每日迁移败遁。贼人马匹瘦弱,且行进戈壁时瘸着走,故丢弃在途中的甚多。九月二十九日,至通奇尔淖尔这边的杜尔伯勒地方安营,夜里我逃了出来。据彼等言论:贼兵越过阿尔泰后,看马力之优劣,前往游牧地。

马匹疲惫、不能行走的,俱在额尔齐斯河源头、哈达青济勒、布拉克青济勒等地过冬,等语。再,辉特公巴济,于济尔噶朗图地方派人接应,向二策凌敦多布献上两匹绸缎、两匹白马之礼物,接着巴济带领伊人投奔。土尔扈特喇嘛墨尔根绰尔济,亦向二策凌敦多布进献两匹绸缎和俄罗斯毡子之礼物。带领墨尔根绰尔济伊人投奔时,听说掳掠了公通摩克旗人的马牛羊。平日里贼人紧紧捆绑我,故图鲁逊我不能脱逃,为此痛苦时,看守我的厄鲁特人扎布,悄悄对我说:我原先曾是罗卜藏舒努之人,罗卜藏舒努去寻土尔扈特后,解散伊人时,将我配给玛西巴图宰桑之鄂托克。听说归顺大国之人,俱安逸富裕生活,我早有投诚之意,现我等同去,我给尔马匹,等语。我与在科布多队伍中被捕的土默特前锋多尔济一同商定后,图鲁逊我等夜里将捆绑的皮条用嘴咬开,寻找厄鲁特人扎布,我三人骑乘四匹马往这边寻来,等语。讯问前来投诚的准噶尔人扎布时告称:我是克里叶特鄂托克宰桑玛西巴图属下,我父名唐古忒,我兄长名达锡,都是摔角手,因已跟随罗卜藏舒努逃跑,故剩下的我等兄弟三人内,怕我兄津巴、达什忠奈亦投奔罗卜藏舒努逃跑,而被噶尔丹策零杀死,只剩下我夫妇俩,甚是艰苦生活,是故寻归大国,以求安逸生活,为此来投,等语。他处俱与投诚的厄鲁特人吐尔纳希哈一样供述。臣我等看驿站接续之情况,将投诚的准噶尔厄鲁特人解送京城。除此之外,将生擒的准噶尔贼六人、投靠贼人的巴济属下厄鲁特二人,或立即在军营正法,或解送京城之处,俟降旨后,谨遵行。为此谨奏。

雍正九年十月初九日
督办振武将军印务和硕顺亲王　臣　锡保
副将军　臣　罗卜藏喇锡
副将军　臣　策旺札布
副将军　臣　丹津多尔济
副将军　臣　策凌
参赞大臣　臣　博尔屯
参赞大臣　臣　查克丹
参赞大臣　臣　穆克登
参赞大臣　臣　桑里达
参赞大臣　臣　特古斯
参赞大臣　臣　罗卜藏
参赞大臣　臣　罗布桑

振武将军锡保奏报准噶尔奸细巴彦供称贝子毛海等叛逃及防范准噶尔情形折

雍正九年十月十八日

督办振武将军印务和硕顺亲王臣锡保等谨奏。为奏闻事。臣我等派至扎克拜达里克城之土默特领催根敦等人，于十月十一日返回时，携来原巡抚西林及委署营长准提保等所呈来文称，九月十日，将军王札付内称：卡伦处来报，本月初六日，纳玛岭那边有贼踪影，等语。贼人绕过纳玛岭南面，进犯扎克拜达里克城，亦未可料。令尔等地方，立即妥善防备，等语。如此吩咐到来后，西林、准提保我等一同即将屯田绿营官兵及修造人员收回，于城外四方开挖壕沟，城内西面由二百满洲兵据守，东北面由七百二十绿营兵据守，南面安排修造人员及土默特兵，不分昼夜，时刻防守。接着九月十五日，将呈给将军王的一封信，送至四十驿站后，因往那边不能通过，故交付驻扎四十驿站之官员思明文书，而将信封拿回。得知由我处往那边的驿站被截而不能通过后，更加不分昼夜镇守。九月十七日酉时，一人背着鸟枪，挎着撒袋，牵着马，来到我城，于商街问询我城内备兵之事时，我辈看见，觉得可疑。靠近询问时，伊受惊，立即骑马回逃之际，我章京立马赶至逮捕，携来讯问时供称，伊名叫阿尔赛，与伊一同来的还有两人。讯问此二人现在何处时，伊言道：正要到土默特蒙古人家里喝茶时，即派镶黄旗章京乌海带领十人来抓，等语。我等唤来章京兴泰等人询问得知，一名叫索诺木，另一名叫堂海，算上阿尔赛正好三人。最初讯问彼等时，支支吾吾，妄加言语。恐吓要挟讯问时，阿尔赛供称：我是贝勒多尔济色布腾之人，原是吉林乌拉披甲阿克萨家奴，把我以九十两银子卖给多尔济色布腾，已有三年。多尔济色布腾考虑若有争战消息，伊想前来参战，故派我到城里。再于本月初八日，准噶尔地方之一人，不知名字，二十多岁，前来多尔济色布腾家里，将无关人等赶出去，说了许久唐古忒话而离开，走后即遇到四十二驿站人而被捕。还有掳掠四十二、四十三驿站的，俱是贝勒多尔济色布腾下人，带头掳掠的人是图尔都、巴尔玛宰桑、护卫劳宗，带领二十余人，抢来骆驼十余峰、马三十余匹，杀死两三人，等语。再讯问索诺木时供称：准噶尔地方之一人,来至多尔济色布腾家里谈论时,梅勒章京彭楚克达什、管旗章京玛赖曾在旁边,等语①。他处俱与阿尔赛一样供述。就此讯问堂海时,伊与索诺木一样供述。拟将此三贼,即刻送往将军王军营,然驿站已被截断,故将阿尔赛等人,于我处严加看管。九月二十二日,由我处派正蓝旗委署章京都伊齐、正白旗委署骁骑校丰泰,带二十四兵,去城外查看卡伦设置时,捉来三名蒙古。尔等是何人,为何在我城周围打探消息,如此讯问时供称：我乃贝勒多尔济色布腾之护卫,我叫恩克,另一人名叫诺门达赖,还有一个名叫罗卜藏。我贝勒多尔济色布腾差遣我三人,来打听我贝勒此前所派的阿尔赛、索诺木、堂海三人之消息,等语。再讯问：尔之贝勒,为何事派阿尔赛等三人到我城池,此三人是尔何人,等语。护卫恩克等异口同声供称：索诺木是我妹夫,诺门达赖是索诺木之子,罗卜藏是堂海亲弟,等语。尔等三番五次派人至我城,想获取什么消息,如此讯问时,因恩克等人丝毫不老实供述,故将彼等拆开,逐个讯问时,口供零零碎碎,与阿尔赛、索诺木、堂海等人的口供稍同。再次恐吓讯问时,据护卫恩克等人供称：我等是巧遇也,我等有何供词耶。准噶尔地方之一人,前来贝勒多尔济色布腾家里,谈论许久离开,其后即遇到四十二驿站人而被捕。掳掠四十二驿站,杀死二人,确实俱是我辈,等语。为此我等带来前次捕获的阿尔赛等三人,使其跪在旁边,又一次对口供,逐一审讯时,护卫恩克等三人供称：我贝勒派遣我等,一是打听阿尔赛等三人消息,二是探取扎克拜达里克城里预备哪些兵丁之消息,等语。对此我等又问：尔之贝勒,乃是我人,却掳掠我驿站,杀死驿站人丁,此乃何意,等语。堂海供称：按多尔济色布腾之意,敌人前来,伊即归顺,若无敌人,则沿路掳掠吞并,尔人绝不会怀疑我等,等语。为此,将逮捕的恩克等三人在我处严加看管,并呈报收取的口供。如此呈来。由臣我处恐吓要挟讯问四十二驿站捕获送来的准噶尔贼巴彦时供称：我是杜尔伯特台吉阿喇布坦属下台吉达什敦多克之阿勒巴图,我兵来到西喇布拉克,台吉阿喇布坦带领二百兵,到达察罕托辉附近后,台吉阿喇布坦派伊之宰桑特古斯、巴图,交给彼等一封文书,并言称,尔等带此文书,这附近住有一位厄鲁特诺颜,交给他后口头告称,尔原本是我骨肉,故令归顺我,倘不归顺,即掳掠尔也。尔等若是遇见〔大国〕人,就说是投诚的,等语。如此派遣特古斯、巴图时,将我带来当跟役。我等三人来时,途中特古斯、巴图对我巴彦言称：我三人都去,易被人发现。巴彦尔先去,告此事由,回来给我等送信后,我俩再去递交文书,等语。如此先派我巴彦。我先来时遇见七个

---

① 此处原文缺少"sembi"字样。

人,逮住我讯问时,因彼等说话的语调像汉人,故巴彦我谎称是投诚的。我还问道:尔等是去往何处之人,可汗主子在哪里,等语。彼等告称:我等是运送粮食完后返回之人,将尔送至我可汗处,等语。以此让我骑乘骆驼行走时,来一人识破我马尾的结扎,并问道:尔是敌寇,从何处来,是谁阿勒巴图,等语。据巴彦我看得,伊之语调像厄鲁特人,还说他叫厄鲁特阿哈拉克齐,故我悄悄将台吉阿喇布坦差派的缘由告诉给伊,伊立即恐吓运粮之人,以尔等可否隐匿带走敌国人为由,从运粮人处,取来我马匹,让我骑乘,带至伊家,给我茶肉吃。阿哈拉克齐言道:我白天迁移,去我诺颜身边,尔将此话,不要对任何人讲,只跟着我走,等语。旋即迁移,到达十几户人家附近安营后,阿哈拉克齐将我带至伊诺颜蒙古包里。我对伊诺颜告称:我乃准噶尔杜尔伯特台吉阿喇布坦之人,我台吉阿喇布坦派特古斯、巴图及我本人,我等三人,来送文书。特古斯、巴图拿着文书,藏在尔附近河边柳条丛中,请尔派人带来。再,我台吉阿喇布坦口头告称:尔原本乃我骨肉,故令归顺我,倘不归顺,即掳掠尔也,等语。之后诺颜言称:我原本是策妄阿喇布坦之人,我想归顺,等语。还向我问道:尔地之人生活如何,这几年庄稼是否有收获,其他方向是否还有战争,等语。对此我照台吉阿喇布坦之教导告称:我方游牧,毫无贡赋,故生活皆好,这几年庄稼收成亦好,哈萨克国曾一向是我敌,已制服哈萨克,其他方向毫无战争,只有这次进兵来此地,等语。这期间,驿站一人,在外面识破了我马匹,以此乃敌人马匹,为何至此为由,正要进入蒙古包时,诺颜向我使唤眼神,将我带走,并向驿站人言称:此乃准噶尔人,刚被我辈捉来,等语。遂立即捆绑我,交给驿站之人,送至驿站官员处,后由驿站立即送至此处,等语。讯问准噶尔贼人巴彦:尔刚才所供的厄鲁特诺颜,是住哪里的厄鲁特,名字叫甚,是否将尔台吉阿喇布坦所给的文书递给了他,等语。对此供称:我台吉阿喇布坦曾说过伊名,我已全然忘记。我不认识此地水土,故不知地名。我到达后,于谈论期间,驿站人过去将我带来。我过来后,彼等是否前去接取文书之处,俱不知也,等语。贼人巴彦口供,虽有不明之处,然不可不警惕,是故臣我等派戍守的土默特兵五百,至扎克拜达里克等地阻截防备。除此之外,亦又行文厄鲁特色布腾旺布、多尔济色布腾等人:九月二十二日,在苏克阿勒达呼地方,我大军大败准噶尔贼,贼人不分昼夜逃遁,由我处整饬兵马,派去追击贼人之处,望予知会,等语。十月十六日,额驸策凌派吉林乌拉前锋阿什保,带领厄鲁特王色布腾旺布护卫津巴达什等五人,送来文书称:策凌我本人,于本月十四日,安营扎布坎之乌兰布木那天,留在我兵营的扎萨克台吉诺尔布扎布、特克锡、车布登等人,派梅勒章京扎木产,将厄鲁特王色布腾旺布护卫津巴达什等五名厄鲁特送来。于是由我处讯问津巴达什时告称:我贝子毛海、台吉策凌等人,带领我属下五百余户,于九月二十五日叛变,由齐齐尼路而去,等语。以是派至将军王军营报告事情之人为由,出示盖有伊王色布腾旺布之印的有信封的文书看阅。为此,除将津巴达什等五人送往将军王军营外,选取我部兵马,带领五百兵,翻越西里木垒,斟酌纳玛岭,估算马力前去,另行呈报,等语。如此送来。厄鲁特王色布腾旺布呈文称:我厄鲁特贝子毛海、台吉策凌等人,怂恿我旗之管旗章京班第、扎兰章京萨噶尔、苏木章京索敦、桑济达什等五百余户人,于九月二十五日,经齐齐尼、毕流台地方,投奔噶尔丹策零而去。除我本人率八十兵,前去追赶外,恳请将军王派遣追兵,等语。曾如此三次派人呈送盖印文书,然迄今为止,一个也没回来。是故除经驿站呈文京城外,再次呈文将军王,等语。讯问色布腾旺布所遣护卫津巴达什等五人时告称:贝子毛海、台吉策凌等人,带领我王属下五百余户及彼等属下之人,于九月二十五日,投奔噶尔丹策零而去。出走之人对我侦察兵言道:毛海等人,经由布尔罕布代山,沿着雪线,去往戈壁,等语。我王率领八十兵,于初三日出发去追赶,初六日到达布尔罕布代。令我从我游牧更换马匹,初八日启程来这边。再,贝勒多尔济色布腾属下台吉索诺木乔吉,带领多尔济色布腾属下五六十户人,亦寻毛海等人而去,对此多尔济色布腾之子散多布去追赶,不及而返。现在多尔济色布腾只剩下近三十户,住在我附近,等语。由臣我处就近行文领察哈尔兵前进的总管劳章顿珠克,令选取马匹,酌情带兵,增调给额驸策凌、王丹津多尔济。除此之外,行文色布腾旺布,告知伊此前所派之人尚未到来之事,再令妥善管束属下剩余人等。据查,辉特之巴济、土尔扈特喇嘛墨尔绰尔济等人,在敌人未到之前,即派人去迎接投靠,彼等本人还加掳掠,又给引路。厄鲁特贝子毛海、台吉策凌、索诺木乔吉等人,怂恿色布腾旺布、多尔济色布腾属下人,掳掠驿站,贼人败遁后赶去投奔。此者,不念这么多年和好养育,安逸过活之恩,叛逆而行,实万万没有想到。由臣我处再据实明查此辈剩留之人是否还在,另行议奏。此外,为此谨奏闻。

雍正九年十月十八日
督办振武将军印务和硕顺亲王　臣　锡保
副将军　臣　罗卜藏喇锡
副将军　臣　策旺札布
副将军　臣　丹津多尔济
副将军　臣　策凌
参赞大臣　臣　博尔屯

参赞大臣　　臣　查克丹
参赞大臣　　臣　穆克登
参赞大臣　　臣　桑里达
参赞大臣　　臣　特古斯
参赞大臣　　臣　罗卜藏
参赞大臣　　臣　罗布桑

振武将军锡保奏报
被掳去之杜噶尔札布放回携有劝降敏珠尔公等文书情形折（附劝降书三件）

雍正九年十月二十三日

　　督办振武将军印务和硕顺亲王臣锡保等谨奏。为奏闻事。十月二十二日，署喀尔喀副将军印务扎萨克图汗和硕亲王策旺札布呈文称，由我处率所派六百哨探兵前往的协理台吉拜都布等人，派遣扎兰章京顾鲁来告称：照将军王等之吩咐，我本人领兵进入贼人前去的踪迹，路过察罕布尔噶苏，到达通奇尔看得，贼人经必济、巴尔鲁克两路，翻越阿尔泰山脊而去。再，交付我喀尔喀扎萨克头等台吉密珠特多尔济旗下被贼捉走的杜噶尔札布文书并放走后，我卡伦之人将其捉来。讯问时告称：我本人曾驻在卡伦，贼兵前来攻打时被捉走。十月初六日，将我放走。贼人经必济、巴尔鲁克两路，于十月初七日翻越阿尔泰，早已回去。尔等前往，亦来不及，等语。为此我本人等带兵回来，等语。并将放回的杜噶尔札布带来。讯问杜噶尔札布时告称：我曾在达勒毕地方驻扎卡伦，贼兵前来攻打时被捉走。至巴尔鲁克地方后，交付我三封文书，于十月初六日放走，故而来此，等语。为此将伊携来的三封文书及翻译的三件文书，一并密呈。如此到来。臣我处将扎萨克图汗策旺札布所送三封厄鲁特文书及翻译的三件文书，分别放入信封内，一并上奏。为此谨奏闻。

　　雍正九年十月二十三日

　　督办振武将军印务和硕顺亲王　臣　锡保

　　副将军　臣　罗卜藏喇锡

　　副将军　臣　策旺札布

　　副将军　臣　丹津多尔济

　　副将军　臣　策凌

　　参赞大臣　臣　博尔屯

　　参赞大臣　臣　查克丹

参赞大臣　　臣　穆克登

参赞大臣　　臣　桑里达

参赞大臣　　臣　特古斯

参赞大臣　　臣　罗卜藏

参赞大臣　　臣　罗布桑

致色布腾旺布文书之情由。为成全亲善和平事，曾向雍正汗派遣过使者，时反而说：尔像蒙古、青海那般成为我的，等语。因如此回信，故我发动战争，成为敌人。虽以前尔父叛去，但现在尔若来归，可换掉之前过错矣。念出身之根本及准噶尔声誉，跟兄长来会合，我甚仁慈尔，善哉。

致多尔济色布腾文书之情由。以前大伯父丹吉拉错误行事而已，多尔济色布腾本人丝毫没对我交恶致错。倘若来归，仍照前一样仁慈养育。曾如此议事。如今也是，对我来说，除了那个，没有别的。如此发话也。曾为亲善往来事，给雍正汗派遣过使者，时反而说：成为像蒙古、青海那样的，等语。因如此回信，故发动战争，成为敌人。现此兵前去，故来这边与我兵会合，则善哉。

致敏珠尔公文书之情由。原本七和硕蒙古、四和硕卫拉特，不当他人之奴隶，曾合一朝政与教法，甚是友好生活也。期间，博硕克图汗时，曾苟且议论，失去和谐。其后我父诺颜，念及先前之事，虽发生战端，仍千方百计，屡次讨论，要求阿穆瑚郎汗：将蒙古、青海人等，变回原先之状态，等语。此事，尔等俱知晓也。后来汉人对我进兵时，将此事上奏前世哲布尊丹巴呼图克图，从彼处亦曾作为答复，降旨意也。再加上尔等众诺颜，亦各自阐述心意，故平安无事也。如今雍正主子来言：像蒙古、青海那般，编成佐领旗分，受封名号，食俸禄银子，变成我之属下，等语。以前对大人物，在其安静时，不加冒犯。现已成这样。若能实现，将蒙古、青海，变回原先之状态。若不能实现，不当别人奴隶过活，自由自在。如此思考，发动战争，派遣军队。如今成吉思汗之子孙，且也当他人奴隶过活而已。此时念及卫拉特与蒙古，照以前那般生活，则善哉。若不那样，尔等本人及好友，会给汉人添加牲畜和盘缠。我亦无奈。

靖边大将军傅尔丹为拿获厄鲁特人并审取口供事咨文（缺文首文尾）

雍正九年十月二十四日

雍正九年九月初六日，派至城西北哨探的黑龙江委署佐领下参领佛吉宝、领催〔不明〕、披甲阿古勒图等人，带来捕获的两厄鲁特并告称：我等早上翻越〔不明〕瞭望时，发现〔不明〕厄鲁特贼后，我等正要前去逮捕时，贼人逃奔。径直追赶此辈，将余贼俱捕捉送来，等语。将捕获的两厄鲁特分开，讯问其中一人：尔名甚，谁之阿勒巴图，尔等之兵共来多少，人数几何，从哪条路进来，由何人带来，除现在所到兵马之外接着是否还有其他军队，前日从此路过之兵现俱已去往何处，等语。对此供称：我名泰甘，土尔扈特族，罗卜藏舒努之阿勒巴图。我从小当罗卜藏舒努跟役而跟随他，罗卜藏舒努去往土尔扈特后，将我变成下等兵，认为我是行走罗卜藏舒努近旁之人而加以怀疑，不加信用，为此我等脱逃来投诚，路上遇见尔辈被捉。我等于八月初五日从华额尔齐斯启程时，虽然宣称分三路，有三万兵，但真正没有三万兵，只进来两万兵。以二策凌敦多布及大策凌敦多布子多尔济丹巴三人为首，领兵由华舒鲁克前来。我兵于本月二十九日来至此地，渡过前方布延图河，在托尔和乌兰南面安营，夜里将我等分成各队，由宰桑等人带领派到前方，驱赶马匹牲畜至扎布坎后返回。原来设想，不与满洲兵交战，只将我等派到前方，偷盗这附近牲畜，三天后不管有无收获，马上返回索尔毕山口后再定，等语。曾如此商议后将我等派出，等语。再讯问厄鲁特泰甘：据尔所言，由此路进来两万兵，等语。可看踪影没有两万兵，是否从其他道路还有进来的兵，将尔等在前分成各队派去偷盗马匹牲畜的人是否已全体返回，等语。对此泰甘供称：我兵到达尔卡伦后，二策凌敦多布以八千兵为前锋，交给大策凌敦多布子多尔济丹巴，派到前方偷盗牲畜。因在二策凌敦多布身边，有一万个驮子，故带领一万余兵从后面来。现我等来兵，俱在和通呼尔哈淖尔地方，与尔兵交战。军队在和通呼尔哈淖尔交战时，我兵曾有三万余人。与尔交战，阵亡及受伤的人甚多，故将一队兵，留在了华额尔齐斯。〔不明〕只将两万〔不明〕。在喀喇乌苏地方,以宰桑托博克、额默根为首,带领三千兵驻扎。若我兵战败,〔不明〕为给噶尔丹策零送消息而预备。除此之外,丝毫没有从其他道路来兵之处。再,派到前方偷盗牲畜之兵,去往期间是否全体返回之处,因我等俱是分队行事之人,故不得而知,等语。再问泰甘:据尔所言,尔等到达托尔和乌兰后才分队派往前方,在这之前尔兵俱曾行进在一起,等语。近两万兵行进在一起,扬尘应甚大。尔兵攻击我方设在舒鲁克地方的卡伦后,我卡伦人才发现。尔兵从华额尔齐斯出发来这边时,路上是如何行进的,将此挨次详细告来,等语。对此供称:我等从华额尔齐斯出发前来时,我两万兵俱曾行进在一起。只是来尔卡伦时,我二策凌敦多布,向前派出一队人马,趁夜攻击尔卡伦,故我等先来之人,俱是夜里驰来攻击尔卡伦的。这时在其后行进之兵赶至,全体会合一处。二策凌敦多布才交给多尔济丹巴八千兵,派去偷盗牲畜。我大队人马俱行进在其后。为此尔卡伦人,想必没看见远处,等语。再问泰甘:尔兵进犯我城池附近,且看见我所调之兵,何故没有交战,反而一概前往南面山下,渡过布延图河,寻额克阿喇尔去,这是为何。据尔所言:尔乃投诚者,等语。若真是投诚之人,只有将尔所有听闻之处尽告明,我等才相信尔之投诚,凡事尔勿要隐匿,俱如实告明,等语。对此泰甘供称:我兵在和通呼尔哈淖尔时,大策凌敦多布跟宰桑哈柳、高宗商议称,我等以此强势,修缮兵器,到达科布多河后,斟酌情形,那里有什么样的军队,从那里前往察罕廋尔,掳掠喀尔喀游牧。如此商议时,小策凌敦多布言道:我本人领兵,去年曾前往巴里坤,今年又来此地,我所带之兵,各行其是,死的死,伤者亦多,我返回游牧地,想给死者诵经,将伤员交给其妻孥会合后吩咐扶养。我出来已有两三年,亦想回去看望游牧,等语。我辈人等听到此言,甚是高兴。其后,大策凌敦多布为前往察罕廋尔掳掠喀尔喀游牧,曾给噶尔丹策零行文三次。噶尔丹策零行文称:尔等酌情行事,满洲兵甚是强大,不仅如此,下马步行则会更难,尔等只偷盗牲畜赶来,勿要交战,等语。对此小策凌敦多布无奈,与大策凌敦多布一同带领两万余兵,前来察罕廋尔。我等到达舒鲁克河后,捕捉尔卡伦人讯问时,说察罕廋尔军士甚多,且科布多城里军士亦甚多。我大策凌敦多布、小策凌敦多布不信,来至布延图河后,又捉一人讯问时,也说在察罕廋尔多有军队。之后大策凌敦多布言道:今我等不可前往察罕廋尔,倘若察罕廋尔之兵往这边迎来,而此地兵出动往那边去,则我等会被夹住,多受损害,等语。我兵经过尔城池而不战,思或许因有噶尔丹策零吩咐的勿要交战之言吧。再,多尔济丹巴带兵,从布延图河,大策凌敦多布差一百兵,令于三日内到来,旋经额克阿喇尔北面,派至扎布坎河瞭望。又差一百兵,经由额克阿喇尔南面,派至沙扎海淖尔瞭望。再,算泰甘我在内,将二十

雍正朝

五人派至扎布坎河瞭望。经额克阿喇尔北面去的一百兵,来扎布坎河上游,到达扎布坎河一看没人,获四匹马。因再往那边没有人畜,故正要返回时,发现从叫召克索的山上,下来四人,我等隐藏在柳条丛内,俟那四人到近处后,一同上去抓捕,杀死三人。一人名叫齐巴克,据伊告称:这周围没有牲畜,只驻有包衣卡伦扎兰章京阿喇布坦,除伊之外,再无他人,等语。我等带着齐巴克,隐藏在柳条丛内,夜里前去,赶来扎兰章京阿喇布坦的五百余匹马、四十余峰骆驼,卡伦人一个也没抓,将齐巴克放置在柳条丛内,我等返回。到达布延图河后,我那二十三个战友,带着所获的马驼,经索尔毕山口,去寻我大游牧。我俩对彼等言道:我等留在后面,瞭望踪影再走,等语。遂来这边。来这边时,我对特格德依言道:我等曾是罗卜藏舒努之属人,噶尔丹策零猜忌罗卜藏舒努,想置于死地,是故罗卜藏舒努逃往土尔扈特,从而以我等是罗卜藏舒努的阿勒巴图为由,俱分给他人为家奴,今我等与其当别人家奴,不如归顺阿穆瑚郎汗,安逸生活几日,等语。我俩如此商量前来时,被尔辈捉住带来,等语。再讯问另一个:尔名甚,谁之属下①,尔等此次共来多少兵,其他道路是否还另有兵来,尔两人来我城池附近是何居心,等语。对此供称:我名叫特格德依,我是宰桑额勒伯克的阿勒巴图,从军时宰桑海柳将我辖来。此次我等来兵,虽宣称三万,但没有三万兵,现在来的兵只近两万。带领此兵来者,乃二策凌敦多布及大策凌敦多布子多尔济丹巴。此三人领兵来至尔卡伦后,二策凌敦多布先以八千兵为前锋,交给宰桑海柳、辉特台吉多尔济丹巴,派到前方掳掠。海柳、多尔济丹巴带我八千兵,在前方由尔等进兵之路前来。听说后面二策凌敦多布领一万兵,由索尔毕路进来。除此兵之外,再于其他道路,丝毫没有来兵。宰桑海柳等人带着我等,到达托尔和乌兰后,即差二百人,以宰桑乌巴锡为首,派去掳掠至扎布坎河为止。我等抵达扎布坎河后,捕获四人,杀死其中三人。一人说知道有马群牲畜的地方,便引导我等,掳掠五百余匹马、四十余峰骆驼回来。与我同来的战友泰甘,我俩原先俱曾是罗卜藏舒努之阿勒巴图,罗卜藏舒努逃往土尔扈特后,将我等分给他人为家奴。因我等此次从军后,领头的又待我等平常,故我俩经过商量,来寻归大汗,等语。讯问厄鲁特特格德依:据尔口供,尔乃投诚之人,等语。若真是投诚之人,理应将尔所知凡事,俱如实告明才对,尔等此次来兵是否俱是在和通呼尔哈淖尔地方交战之兵,是否还另有增兵,尔兵与我交战后为何不紧随而来,为何许久才来,等语。对此特格德依供称:在和通呼尔哈淖尔地方与尔兵交战后,小策凌敦多布对大策凌敦

---

① 此处原文为"harangga"。

多布言道,我带来的兵丁甚是疲惫,马匹亦损耗,我想带兵回去。对此大策凌敦多布不允,以务必进军为由,派遣使者请示噶尔丹策零时,噶尔丹策零行文称:因尔等想要进兵,故掳掠牲畜至茂岱、察罕廋尔为止,酌情行事,等语。为此小策凌敦多布毫无办法,与大策凌敦多布同来。当时二策凌敦多布互相举棋不定,因故久拖才来。在和通呼尔哈淖尔地方交战时,我兵曾有三万余。启程往这边来时,将一队兵马留在华额尔齐斯,现来者果真只有两万,此外毫无其他增兵之处。我俩在彼处生活真的没什么兴趣,故属实来归,若是欺诈投诚,尔辈来捉我时,我等每人都有鸟枪,弹丸也还有四十余颗,岂有不动手老实被捕之理,等语。他处俱与泰甘一样供述。捕获的泰甘、特格德依之口供,虽供称是来投诚,然据逮捕彼等的索伦领催布库特依等人告称:发现彼等后,一直追赶,因彼等马匹疲惫,故才赶上逮住,等语。且泰甘、特格德依等人,驱赶我包衣卡伦喀尔喀扎兰章京阿喇布坦之骆驼、马匹,将所获驼马送至彼大军之处后,彼二人又牵三匹马,经由我城外,去寻西北舒鲁克河,被我派去瞭望的索伦人等发现后,赶至捉来。由此看得,供称前来投诚者,明显是欺诈。为此,暂时严加看管此二贼。

靖边大将军傅尔丹奏报投诚之厄鲁特劳章等人口供折

雍正九年十一月初二日

靖边大将军少保领侍卫内大臣信勇公臣傅尔丹等谨奏。为奏闻事。雍正九年九月二十八日早,派至城南瞭望的索伦委署骁骑校塔斯哈尔等人来告称:我等于二十七日夜里,隐藏在布延图河对面树林中,次二十八日趁黑一起出树林,去山顶瞭望看得,发现在托尔和乌兰南面有一骑马人牵着三匹马行走,我等追赶,欲要捉拿时,伊立即逃跑,站在射程外,高声呼喊声称:我是投诚者,等语。没有动弹,被我等捕获送来,等语。并将捕获的厄鲁特一人、马四匹、撒袋一副,一并送来。于是讯问被捕的厄鲁特:尔是谁属下①,是何人,尔名甚,年岁多大,是何族,尔从何而来,尔兵现在何处,尔为何一人行走前来我城,等语。对此供称:我名劳章,五十九岁,喀尔喀族,原曾是玛塔台吉属人②,我祖父名叫额尔鲁特喀,我父名叫塞热思齐。噶尔丹博硕克图生乱时,我十五岁那年,被厄鲁特人掳走,成为罗卜藏舒努属下,后来罗卜藏舒努逃往土尔扈特,故将我变作小策凌敦多布兄策凌多尔济属下。其后担心像我这样的人逃跑,而将我等之妻孥俱行拆开,分给他人。此次从我原来居住的地方,共来兵三万。往这边来时,二策凌敦多布将三千兵交给宰桑塔本额默根,作为后续部队,留在索尔毕山口预备。我是宰桑塔本额默根队伍之兵,宰桑塔本额默根带领我等驻扎月余后,塔本额默根将五百兵,仍驻留在索尔毕山口那边,以设置卡伦,派至各处瞭望。而带领剩下的两千五百兵,来从尔等设置的卡伦人中捕捉活口。我宰桑塔本额默根在索尔毕山口时宣称:估计尔等城内兵马不多,一可捕捉活口,二可在城池周围寻找食物,等语。旋即曾先派三百余哨探兵,听说此辈围困尔卡伦,连续战斗,我多人被尔等打死,许多人已受伤,我只亲眼见过十余受伤之人。抓获尔受伤的两人,向彼等

---

① 此处原文为"harangga"。
② 此处原文为"harangga niyalma"。

讯问尔兵数时告称：城内有两三万余兵，军粮亦充裕，等语。正在为我兵人少力弱，不能抵挡而畏惧时，次日早发现尔兵行进时扬起的尘烟甚大，是故塔本额默根顿生恐惧，急忙撤回我兵，夜里急行，翻越索尔毕岭而去。我留在山岭，来往这边投诚，等语。讯问厄鲁特劳章：据尔口供，尔原本是喀尔喀族，等语。二策凌敦多布当初来这边时曾如何约定，彼等行至何处返回，尔等投入的兵力如何，尔若真是倾心投诚之人，令详尽告明所有闻知之处，等语。对此劳章供称：二策凌敦多布交给宰桑塔本额默根三千兵，驻扎索尔毕山口，特为彼等本人领兵行进，倘遇敌战败被打，作为后续力量，一面报知噶尔丹策零，再若遇敌交战，可调遣我留下的兵马两面夹击，为此而留。之前投入的兵力，还有之前在六月交战的军队，大体接近两万，后丝毫没有增兵前来之处。我宰桑塔本额默根所带之兵，俱已年老，又让十分年少之人充数，共计三千兵，于索尔毕山口预备调遣。我等从原来居住的地方启程时，带来七个月行粮，今俱已吃完，能狩猎者，可食兽肉，而像我这样的无能之辈，则宰马充食。二策凌敦多布当初往这边进来时曾约定：务必抵达茂岱、察罕厦尔，于十月十五日由索尔毕路前来，等语。在索尔毕会合，或过冬，或撤回，我不详知。再，据刚从大策凌敦多布处派遣的使者之言：我方进兵时，二策凌敦多布分离，带领两支军队行进。原先进兵时，小策凌敦多布不愿意，大策凌敦多布执意进兵，故小策凌敦多布不同意，再加上二策凌敦多布向来不和，大策凌敦多布是夜里派人，小策凌敦多布则是晚上不遣人，白天派人。照我厄鲁特习惯，行军打仗时，在前方收集消息，设置掳掠，俱曾夜里派出，黎明时回撤。今小策凌敦多布派往前方之人，直接深入进去，经常特立独行，不统一行动。故为此事，大策凌敦多布曾派人向小策凌敦多布言道：我等今已深入，分兵如此行进是危险的，仍应夜里派人设置掳掠，白天撤回才对，等语。虽如此差人，然小策凌敦多布回称：原先进兵时，我曾不同意，今业已进兵，故我只领兵走在前方，倘获牲畜，我前往杭爱过冬，若不得牲畜，俟遇敌后，死即死矣，绝不按大策凌敦多布指示行事，等语。针对此言，大策凌敦多布大吃一惊，立即派人前去告知噶尔丹策零，等语。该使者，因走索尔毕路，故经过我兵驻扎的布拉克青济勒①时，告知我宰桑塔本额默根。为此我宰桑塔本额默根，将五百兵驻扎在喀喇乌苏之地，而率领其余两千五百兵，来至索尔毕，等语。再讯问劳章：大策凌敦多布所派使者名甚，大策凌敦多布到达何处后派了该使者，尔是否亲眼见过使者，尔是否还听闻过其他事情，尔二策凌敦多布路过我城时偷盗过多少驼马。尔业已是投

---

① 此处原文是"bula cinggil"，应与"bulak cinggil"同，即布拉克青济勒。

诚之人,故勿要隐匿尔所闻知的任何事情,俱如实告来,万不可欺诈,等语。对此劳章供称:大策凌敦多布曾派三人,此三人中,以宰桑塞伯克扎布为首派去。据听使者塞伯克扎布到达我等驻扎的地方后之言论,回遣彼等时,大策凌敦多布是在带兵经过托尔和乌兰、到达第四个宿营地后回遣的。因没说彼地名称,故不知也。我是低级军士,所派使者塞伯克扎布亦是一宰桑,即使路过我等驻扎的地方,也只见领兵宰桑塔本额默根而已,像我这样的人,如何能得见耶,为此没亲眼见过使者。惟使者抵达我等驻扎的地方,往那边启程后,我兵立即出发来往这边,所以才听到众人谈论。又听说二策凌敦多布带兵来尔城池时,曾编成三队行进,两队人马,没获任何牲畜,只一队士兵,获得几头牲畜,因丝毫没说所获数目,故不知也。我本喀尔喀族人,故思念我原来的游牧,前来投诚,此乃属实,我岂敢隐匿实情不告耶。此俱是我真事,毫无欺诈,等语。为此谨奏闻。

雍正九年十一月初二日

驻哈密办事员外郎永恒等奏闻审讯准噶尔人猛克并令哈密兵丁严加防范相机应战等情折

雍正十年正月二十三日

驻哈密办事员外郎永恒、查思海①、扎萨克固山贝子达尔罕伯克奴才额敏谨跪奏。为奏闻事。奴才我等前曾奏称,驻扎鸭子泉卡伦回子苏尔格依来告称:二十一日巳时,我等发现百余贼踪影,遂将我等卡伦后撤回来,等语。奴才我等派人至各处,往里迁移人畜之际,辰时贼人突然来犯城池附近。奴才我等站在城头查看贼势,有三千余。奴才我等严加看守城池,一直遴选兵丁及回子预备,见机出战。贼人虽来至城池附近,然城池坚固,兵丁及回子各个奋勉,承蒙主子洪福,城池保准无恙,等语。是日奴才我等从城头看得,在城池周围四五里处贼人众多,因不可立即出兵交战,故贝子额敏在城池周边形胜之地埋伏二三十不等的精壮回子。埋伏的回子护卫阿吉纳、披甲库车玛木特、玛木特忒敏三人,遇见一拿着鸟枪、长矛的贼人,将其捉来。讯问捕获的贼人:尔名甚,是有何级别之人,尔等所来人数几何,领头人是谁,从何路前来,路上是否遇到我卡伦,巴里坤、阿尔泰亦派人与否,等语。对此告称:我名猛克,我是有级别之人,土尔扈特族,我等共来六千人,领头的有台吉色布腾、策凌敦多布之子策凌纳木扎尔、宰桑乌巴锡、墨霍赖、西喇默特。我等自乌鲁木齐、伊勒布尔和硕,行走乌科克岭,路上没遇见卡伦。在乌科克岭这边,捕获六人。我等没往巴里坤派人。以为哈密、塔勒纳沁、摩垓图等地有牲畜,而六千人特意前来哈密。途经哈密时,留下三千人,宰桑乌巴锡、墨霍赖带领三千人,前往塔勒纳沁、摩垓图等地,返回时不知是否要路过巴里坤。去年前往阿尔泰的三万人内,已撤回一万五千人,驻留一万五千人,以阻截茂岱、察罕廈尔,不知驻地名称,等语。奴才我等不分昼夜严守城池,整饬兵丁,预备妥当,见机出战。拟将捕获之贼,交由贝子额敏看管。并将贼人口供,除报知宁远大将军外,为此谨密奏闻。

雍正十年正月二十三日

---

① 此处原文是"jashai"。

16

驻哈密办事员外郎永恒等奏回子托克托自准噶尔归来并审明送交额敏暂管俟事定后照例办理折

雍正十年正月二十六日

驻哈密办事员外郎永恒、查思海、加副将品级参将焦景宏①、扎萨克贝子达尔罕伯克额敏谨跪奏。为奏闻事。正月二十四、二十五两日,一大群贼人在黄芦岗②、长流水③等地,离城池三四十里处,仍有零散贼人行进。奴才我等发现贼人踪影后,整饬兵丁及回子,出兵两次,贼人从远处看见后,立即远遁。因奴才我等之步兵多,故没有远追。行进二十里以内地方后,撤回兵丁进城。预备兵丁,以图见机阻击。再于二十五日,埋伏城南的回子,携来一投诚的准噶尔人。讯问投诚之人:尔名甚,是有何级别之人,尔等来贼人数几何,那边是否有尔父母妻孥。尔乃投诚之人也,令将尔闻知的准噶尔事,俱如实告来,等语。对此告称:我名叫托克托和卓,二十五岁,原曾是阿克苏所属乌克楚地方回子,三年前被准噶尔掳走。将我父母俱另行分住,全然不得见,听说我父母已亡故,没有妻孥。此次我跟随我主子库布齐而来。我是回子,因族裔不同,故准噶尔人等,轻蔑虐待我。听说中国④主子甚仁慈,将任何地方的归顺之人,俱依其各自旧习,加以抚养。哈密伯克又仁慈属下人等。像我这样的回子,念我旧习,前来投诚。准噶尔大人物的紧要言辞,避我回子等人,隐匿不言。据听小人物等之言论:俟草青时,要征讨准噶尔,故于大军进去之前,偷盗马畜,妨碍事务,为此而来。乌鲁木齐有三百人,吐鲁番路有三千人,乌科克、乌尔图之间的山岗里,已留下三百人。听说去年五月,台吉罗卜藏策凌带领一万人叛变,噶尔丹策零派人追击,抢回属下人等,罗卜藏策凌本人已逃脱。此次来的人数,原曾宣称一万人,依我看有五千人吧,携

---

① 此处原文是"jiyoo ging hūng"。
② 此处原文是"hūwang lu g'ang"。
③ 此处原文是"cang lio šui"。
④ 此处原文是"dulimbai gurun"。

有四五门大炮,等语。他处俱与所获贼人猛克一样供述。为此将投诚回子,暂交贝子额敏看管。俟事情过去之后,遵大将军办理而行。将此亦报知大将军岳钟琪、总督查郎阿。为此谨密奏闻。

雍正十年正月二十六日

策旺札布密奏据称准噶尔地方难以为生俱愿归来欲差人赴彼处探听实情折

雍正十年四月十三日

臣策旺札布谨密奏。为出示略知处恳请明鉴教导事。臣策旺札布我，原于噶尔丹生乱时溃散归顺圣祖主子后，将我唤至多伦诺尔会盟，封为扎萨克图汗亲王，如赤子般仁慈，比众人另加慈爱，带进内廷，教导养育，并配给多罗格格，派至故地安逸居住，以致荣华富贵，却丝毫不能报答隆恩。加上圣主即位以来，又添仁慈，将我祖父原额尔德尼毕锡热勒图扎萨克图汗封号及铸印赏给，令署管辖一部兵马之副将军印务，且屡屡承接浩荡恩赏，每每回想，感激不尽。蒙圣主仁慈养育，已安逸生活多年，对此数之不尽、天高地厚般之隆恩，即使肝脑涂地，亦丝毫不能报答。唯在一切效力之处，不惜性命奋勉，以图微报，曾将此一直放在心上。去年贼人突然来犯我游牧时，因臣我带领我部兵马，曾在顺王军营，故丝毫没能与贼交战尽力，甚是悔恨。贼人掳走我部贝勒车登扎布、公通摩克等人的属下大小人口，大体有两千余。据从这群人内逃回的一二人告称：因从我此处带走的人畜，俱是途中偷盗抢掠而去的，故从衣物、锅、小锅开始，所剩无几。即使我人将此事前去告知二策凌敦多布，亦只在面子上说治罪而已，丝毫没见得处罚。彼属下人等，亦不怎么听法禁。所以我被掳去的喀尔喀人，只得哀泣，试图回逃者甚多，等语。我这些人，驻在边境，因是贼人突至掳走，故到彼地后艰难困苦，甚是明显。上感戴圣主之恩，下轸念此处喀尔喀人内这些个兄弟亲戚，诚心祈祷彼等早回，此甚是真实。还有如狼子野心般生活的土尔扈特、辉特等厄鲁特人，驻扎边境，不能承接主子仁慈安逸养育之恩，自寻死路，投奔逆贼。据厄鲁特内，尚以一二六七人为一伙，逃来的人告称：将我投奔之人，安置在博东齐尽头的哈布塔克、拜塔克地方游牧，名义上虽说不至于困苦，但彼属下人等，偷盗生事，将我等的牲畜取走殆尽。我等亦不能在彼处生活，故刚刚趁机脱逃，来寻我兄弟亲戚，等语。我此处被掳之人及投奔的厄鲁特，到达彼地后，生活甚是艰苦，故互相商量称：我等在故地时，承蒙圣主之恩，丝毫没有艰苦之事，且无贡赋，曾自在安逸生活也。为何至此。唯寻找机会返回故地则好，等语。听说如此哀叹言论之人甚多。此逃来者之言，虽不真实，然圣主之意，旨在安逸养育天下众人，故此厄鲁特等，不分大小，自前归顺圣主仁化以来，将其大台吉等封为王、贝勒、公、扎萨克，过分恩宠，属下人等毫无贡赋，自在安逸生活。对此隆恩，厄鲁特人等理应感激不尽才对。今到彼地，甚是艰苦，故属下人等思念圣主先前仁慈养育之恩，想要返回者，甚是有理。彼之大人物等，虽心中抱怨，但因起初是胡言乱语、颠倒黑白投奔而去的，故现在恐惧，且亦羞愧，已不再谈论也。其中有当初即诚心投奔的，亦有响应狂妄宣传之言而去的。虽是那样，此小小逃人之言，亦不可深信，且准噶尔之厄鲁特人等，向来甚是狡诈，派此辈小厄鲁特族之人来挑唆，妄言造谣，传播言论，暗中再笼络而行，亦未可料。为此据臣我愚思，我喀尔喀人，自古与厄鲁特人，是深仇大敌。再加上去年，来犯我边境游牧地，实在大为可恶。唯仰仗圣主威福，以大军之力，杀戮剿灭贼人之势，心中甚是畅快。今已投奔厄鲁特贼人的辉特公达什达尔扎弟噶勒丹达尔济雅，娶我女为妻。贝子毛海弟策凌，娶我孙女为妻。还有从我部掳走的大台吉等，此辈皆各个骨肉相连，岂有不想念之理。此辈现于彼处，因此臣我恳请从属下人中选派两三个平素甚是熟知信用，毫无二心，有父母兄弟，机智可信之人，假装逃往厄鲁特贼处，巧妙化装成奸细，以探取彼地消息。对此辈前去之人，详尽秘密教导：尔等抵达彼地后，若是我方喀尔喀大台吉，或是一般闲散机智之人，见面看其态度，试探询问，详尽据实探取彼地所有秘密消息后，看机会干净利索地逃来这边，给我带消息，则尔等大事已成，到时重重赏赐尔等，增添荣光。再上奏尔等之名，施给恩赏，等语。随即派遣。倘若此辈到达彼处，面见我方之人，能将彼地所有秘密消息，巧妙据实探取返回，则可详知贼人生计，彼中游牧是否再有变动事件，贼兵何时从何路、是否以强大兵力来犯我边境，或防守，或以少量兵力从何路何时、是否来偷袭等处。其后贼人若果真前来，我大军因俱在此预备，故可斟酌形势机会，各路阻截，埋伏士兵，粉碎贼人肝胆剿杀。或可尽知贼人大游牧在何处，何处驻扎预备多少兵马，或从何路怎样守护隘口，驻扎多少兵马，其卡伦会哨大体如何行事等处后，思对凡事似皆有裨益。此辈前去之人，虽俱不能全体得以返回，尚回来一两个即可。此辈回来，虽不能全听彼处所有事情，尚定可得知其一半也。倘若不如此获取一次真实消息，即使贼人突然来至，即使我等进兵，俱稍有担心。臣我所受主子之恩甚重，故仅将平日里进入我愚昧心思之处，妄言上奏。此乃密奏事，臣我没谨慎学习写字，故让近侍学习写字的我亲女婿旺扎尔具奏。谨请主子明鉴。恳请训斥是否可行之处，以谨遵行。不是臣我擅自做主之事，故谨密奏请旨。

雍正十年四月十三日

雍正朝

大学士鄂尔泰议奏北路应设卡防范准噶尔并继续探询哈萨克等抢劫噶尔丹策零牧场等事折

雍正十年四月十七日

　　大学士伯臣鄂尔泰等谨奏。为遵旨议奏事。雍正十年四月十五日，据查郎阿等奏侍卫图热彻等所言折子内称，钦奉上谕：著办理军机事务大臣议奏，钦此钦遵。据臣我等议称，查郎阿等曾奏称：前去查看阿济路的侍卫图热彻等人来告称，我等于二月十六日到达格默勒山，遇见公通摩克旗阿喇布坦等十九台吉。询问时告称：去年贼人曾来至喀喇阿济尔罕，掳走我妻孥牲畜。阿喇布坦我等带领三十六兵，赶至杀死七贼，将被掳走的人畜夺得一半。其后又带八十兵，赶至杀死十七贼，将散丕勒妻孥夺回。还捉来叛变的额尔德尼绰尔济、达尔罕绰尔济之妻孥，一共十五人，等语。再，遇见通摩克旗下喇嘛索诺木等人，询问时告称：去年我等曾被贼人掳去，从博罗额伯克地方，于正月初二日，索诺木我等带领妻孥逃出，到达泰音山之苏海图沙里后，贼人赶至，将我妻孥俱带走，只我六人逃脱，等语。再，向索诺木等人询问贼情时告称：听说去年十月，策凌敦多布在额尔齐斯时，噶尔丹策零曾行文称：哈萨克、布鲁特，由吹、西喇璧勒等路，三路来兵，掳走我游牧地一千余户，土尔扈特一和硕亦叛去。此文书到达后，令策凌敦多布尔挑选精壮兵丁、马驼，不分昼夜驰来，等语。到来后，策凌敦多布于十一月初，即挑选巴济、达什达尔扎之精壮马驼兵器，带领巴济、达什达尔扎等人前往。将巴济、达什达尔扎妻孥及其余牲畜，留在华额尔齐斯。没有动毛海之牲畜。又听说：毛海曾与策凌敦多布商议称，毛海我带兵看守阿尔泰路，攻取毛都浩特，等语。现毛海带领妻孥，驻扎在乌延齐、博东齐①。将其他俘获之人，俱安置在了博罗额伯克、乌兰额伯克、乌隆古、哈布塔克、拜塔克。再，将从必济、毛海之地到和通为止设置的卡伦，以策凌敦多布子多尔济丹巴为首驻扎。在布拉罕、察罕托辉地方，驻扎三千兵，等语。图热彻我等到达衮车哈屯之地后，又遇见喀尔喀扎

---

① 此处原文是"bodoci"，与"bodongci"一样，俱指博东齐之地。乌延齐是"uyenci"。

萨克西里扎布旗下驻扎在阿济包衣卡伦的舒多赖。询问时舒多赖告称：我去年曾被贼人掳走，听说贼人曾商定派出三百兵，试图偷盗巴里坤卡伦马匹，等语。再，向舒多赖询问贼人形势时告称：策凌敦多布前去时，已挑选好的牲畜带走。剩余牲畜，俱已消瘦，彼等互相偷吃，穿野兽皮。再，投贼之人内，有一百匹马之人的牲畜，俱被贼人偷盗，只给剩下马鞍辔头，草场亦完，抢夺俘虏所骑的牲畜，等语。他处与索诺木所言一样，等语。为此将此辈所言之处知会大将军岳钟琪，等语。如此札寄，等语。据查，适才驻扎右翼喀尔喀扎萨克地方打探消息的郎中丕彦图等人，报奏通摩克旗下台吉阿喇布坦等人带领四百余口来归之事时，钦奉谕旨：此辈乃是与贼交战逃出之人，甚是可怜。著交给顺王，详查户口数，从之前赏给损失牲畜人的生活家产内，略多办给，钦此钦遵。将行文之处已入案。现图热彻所言台吉阿喇布坦等人之名、所行事由，俱与丕彦图等人以前所报之处吻合，是故毋庸另议。此外据从贼处逃出的索诺木等人告称，因哈萨克来噶尔丹策零游牧地掳掠，故已调遣策凌敦多布等人，将巴济、达什达尔扎一同带去。自必济、毛海地方至和通为止所设卡伦，以策凌敦多布子多尔济丹巴为首，带领三千兵驻扎。又听说，毛海对策凌敦多布言称，要攻取毛都浩特等语，俱是与北路事务有关的消息，故誊抄查郎阿奏折，行知顺王等。再，毛海带兵攻取毛都浩特之言，虽不知真伪，不可不预先防备。除由顺王处在所有紧要路口俱设置卡伦防备外，于巴里坤增派两千察哈尔兵，驻扎鄂登楚勒等地的蒙古兵启程时，令先将卡伦、哨探兵派至远处瞭望，慎之又慎。据此前来过两三次的人告称，俱曾有过哈萨克、布鲁特来至噶尔丹策零游牧地掳掠之言。今时节已热，贼处必有接连前来之人。经顺王等详细探询，若是实情，应将乘虚袭击伊等之处，甚加整饬预备，审慎见机行事才对。如此秘密具文行咨。为此谨奏请旨。

雍正朝

奏罗布桑等自准噶尔来归并
审讯情形折（缺文首）

雍正十年七月

　　这些路为何没派出。讯问此事为何时供称：我准噶尔闲散台吉甚多，较大台吉，有的有一两千户人，有的有几百户人，不等。大策凌敦多布年岁已高，且伊纳木扎尔达什、多尔济丹巴、巴利三子，一年内全已死去，现伊只有十几岁的儿子一人，十几岁的孙子一人。据噶尔丹策零之言：策凌敦多布在我父亲健在时，行军各地，今年事已高，且一下接连失去三子，故请悠闲在家，安逸过活，为此没派。伊游牧驻在斋尔附近，故令阻截由阿尔泰路进来的敌人，支援行事，等语。曾听到如此言论，等语。讯问罗布桑：针对我巴里坤，算上六鄂托克人、小策凌敦多布、色布腾、闲散台吉等的下人①，尚能得几万战士。若从阿尔泰路进兵，负责阻截阿尔泰路时，尚能共得几万兵。阻截布鲁特、哈萨克两路时，途中能得几万兵。大策凌敦多布属人，尚能得几千，等语。对此供称：负责巴里坤路的军士，尚能共得一万八九千。负责阿尔泰路的军士，尚能共得两万五六千。负责布鲁特路的军士，尚能共得八九千。负责哈萨克两路的军士，每路尚能共得一万。去年发兵阿尔泰前，由噶尔丹策零处检查各地兵马时，不算老人和孩子，其他能征战的男子，总共有七万。是故噶尔丹策零去年向阿尔泰派去三万，而留下其余四万兵，看守各个游牧地。大策凌敦多布之属人，尚有一万户，等语。讯问罗布桑：尔乃是古英哈什哈巴勒珠尔兄长之子，巴勒珠尔听到色布腾等人商议之事后，不会不对尔说。色布腾等人曾如何商议，何时前来我巴里坤，尔据实告来，等语。对此供称：我来之前，我询问我本族叔父巴勒珠尔：我兵何时回撤，或是否要进兵，等语。对此我叔父言道：大国之兵，如果进来，我兵阻截，伺机交战。若不进来，我兵驻扎至秋天，俟草场凋敝后，收兵前往噶海屯图，以驻扎养肥马匹。马畜上膘后，十月下雪时，从戈壁，由阿图古尔山阴前去，偷盗驱赶放置在塔勒纳沁等地的

---

① 此处原文是"fejergi urse"。

马群。不管来多少,不超过五千兵。若有马畜,偷盗驱赶,倘不得马畜,迅速集中,迅速返回,等语。我叔父巴勒珠尔,曾如此对我说过,等语。

讯问哈达:尔是何族,谁之属人,尔兵为何前来,尔据实告来,等语。对此供称:我是土尔扈特台吉一族。我父诺尔布,带领近百户人,跟随阿玉锡汗子散济扎布,来到准噶尔。策妄阿喇布坦拆散我近百户人,由准噶尔占有,交给召图鲁克鄂托克,将我父诺尔布一并改成阿勒巴图等级。准噶尔人,甚是凶恶,凡行军打仗,俱不先示人,启程之际,只看领头人之指示,跟从至某地。前往何处,倘有人询问,挑破发问者之口。我本人因是土尔扈特族,故彼等的任何事情,不在我面前谈论。此次来兵,是否前来偷盗驱赶尔等马畜,我何以得知耶,等语。讯问哈达:尔等在彼地之人,这几年生计如何,等语。对此供称:我们那边收取贡赋甚重,令制作衣物、鞋子等物,交给商上①,还令烧炭、割草、挖年蒿,交给商上。我本人虽出来从军,然这些贡赋仍旧要交,一个也不予免除。我之妻孥,也不得安逸生活,献给商上的衣物、鞋子等物,储存在噶尔丹策零处,授予伊之近侍及办理伊公事之人。我等行军打仗这多年,噶尔丹策零丝毫也没给过东西,俱自食其力而行。去年前往阿尔泰之兵,又大败而回。我等下人,全然不得歇息,艰难困苦,从我妻孥始,没有不抱怨的,等语。

讯问准噶尔族贼人巴颜、阿木古郎、巴雅尔、伯勒克、特古斯泰、玛察克、罗卜藏、塞音察克、猛克、西喇锡本、巴藏、西伯克沁及和托辉特族贼人特默尔,布鲁特族贼人乌苏达、敦多克、克博克齐,土尔扈特族贼人曼济、鄂齐尔、齐斯塔、阿克巴尔、西喇达什、沙津、根敦、达什策凌、舒古斋、尼玛等人时供称:我等是准噶尔下等小人,任何公事上只充作兵数,依辖制之人的指示遵行。台吉色布腾等人如何商议,此兵或来尔巴里坤或返回之处,像我们这样的人,俱不得听闻。若真有闻知之处,岂敢不出示实情供述,等语。看巴颜等二十六人,人皆愚蠢,彼等那点闻知之处,与罗布桑等人之口供无异。

---

① 满文原文是"šang",由来于蒙古语的"šang",指汗王诺颜等封建主个人或鄂托克全体公有的财产。

奏闻审讯准噶尔敦多布等人情形片(缺文首)

雍正十年七月

由大将军平王处,差派中书保载①,解送游击兵捕获的厄鲁特敦多布、巴郎、恩克博罗特三人已到来。审讯此辈时供称:彼等俱是准噶尔之厄鲁特族,原曾游牧驻在伊犁。十三年前,在阿尔泰方面设置卡伦时派出,携来妻孥,驻扎阻截布拉罕路。今年正月,听到大军之进兵,往那边迁移躲避时,以纳木喀为首,彼十六人在杜尔伯勒津地方瞭望大军踪影时,遇见走在前面的士兵,三人被捕,十三人逃脱,等语。他处尚与之前的供述一样。再问彼等:尔辈曾向我将军大臣等告称:尔准噶尔兵共可得六万,向巴里坤路派两万,阿尔泰路派两万。凑合在的和不在的马匹骑乘,两万士兵,每人可得三匹马,等语。后来投诚的人则告称:准噶尔共可得十万兵,哈萨克、巴里坤方面各预备两万,向阿尔泰派遣六万。此六万兵,每人尚可得三匹马,等语。尔等已被我俘获,凡事俱如实告明,则有益于尔等本人,勿要欺骗,等语。对此供称:我等俱是驻扎边境的小人物,何以详知全兵实数耶。只根据我辈言论:虽说在准噶尔,算上老幼、回子、各类人,共有十万男丁,但查过几次,俱没到过十万,等语。以此猜测,故才供称:如果不计老幼,加上种地回子,无非可得六万兵,等语。后来的人,不知其何以详知兵数而告,我想怎么也得不到十万兵。再,马畜不够,已是公开之事,若问为何,前年来额尔德尼召那次,因不能备齐三万兵骑乘的马匹,而将公家商上马匹,俱调出办理,还从民众征收,以供骑乘,那次损失众多人马而回。以前容易找三万兵骑乘的马匹,今却何以寻找六万兵骑乘的马匹耶。我等已被捕,性命难保之处,岂敢不据实明说而妄加欺骗供述耶,等语。讯问进兵哈萨克之事时供称:听说去年九月,曾派两万兵前往哈萨克。到正月为止,是否已返回,尚无消息。按照准噶尔习惯,凡进兵何处,不向世人晓示实数,常常欺骗宣扬。进兵前往哈萨克者,岂能有两万兵,想必只有几千兵前往,等语。

---

① 此处原文是"booDZai"。

暂署绥远将军印务钦拜奏报派人拿获准噶尔人并审取口供等情折

雍正十年十月初七日

暂署绥远将军印务参赞大臣内大臣伯臣钦拜等谨奏。为奏闻事。雍正十年九月二十八日,护军统领永福到达扎克拜达里克,向臣我等转达所奉谕旨:尔等派人缉捕准噶尔贼之奸细为好,不可测其没有,钦此钦遵。臣我等立即严加吩咐各地卡伦。本月三十日,扎克拜达里克西南喀喇托洛海卡伦之右卫及镶黄旗前锋西庆等五人,捉来一蒙古讯问:尔名甚,是何扎萨克之人,为何而来,与尔同来之人共多少,今在何处,等语。对此供称:我名卓勒图,原曾是鄂尔多斯地方披甲乌巴锡家丁,乌巴锡前去叩拜葛根呼图克图时我跟去,途中马畜俱已疲惫,不能行走,故为从喀尔喀色内公旗下齐巴克塔布囊购买一峰骆驼、五匹马,而将我卖出。乌巴锡得到这些马驼后,前往呼图克图处叩拜。我在齐巴克塔布囊家居住十年后,出兵时齐巴克塔布囊本人没去,替代伊将我派至察罕廋尔,驻扎三年。去年在苏克阿勒达呼地方交战后,我去投奔厄鲁特,到达舒东杭济尔齐斯地方,投靠策凌扎布而居。今年来这边时,策凌扎布将我带来当跟役。在乌逊珠勒、克尔森齐劳、额尔德尼召地方交战时,我本人俱在现场。给编织草绳捆绑的四人,穿戴衣物、帽子,扛着长矛,骑乘四匹马,交给我牵走。贼人从额尔德尼召败遁,到达察罕淖尔西边后,厄鲁特齐旺、巴德玛扎布二人留下,隐藏在山林里,一则探听尔此地军情,二则酌情偷盗马畜,索性养精蓄锐再回。齐旺、巴德玛扎布看见我被捕后,不知已逃往何处。又听齐旺、巴德玛扎布商议称:我等同时留下,探取军情、偷盗马畜之人仍有,等语。我丝毫没被发现,等语。十月初二日,巡查路街的镶白旗汉军章京王庭富①等人,发现一蒙古女来报后,臣我等立即派人唤来讯问时,蒙古女供称:我名杜勒玛扎布,是喀尔喀车臣王旗下乌尔呼达克额尔德尼台吉之女,我丈夫是多尔济扎布塔布囊。今年七月,贼人去我等游牧的塔米尔地

---

① 此处原文是"wang ting fu"。

方,一并掳走我本人及我十五岁的儿子,到达巴尔鲁克地方安营时,我夜里逃出,经由贼人去路回来,等语。给这位蒙古女衣物、帽子、口粮等物,交给驿站,暂时收养。将其送回原游牧地之事,已报知大将军王。今准噶尔贼虽大败逃遁,然是否尚有作为奸细留下的,亦未可料。圣主如此明鉴,刚奉上谕,就已捕到,于是军营全体,无不感到珍奇欣喜。经臣我等商议,除将汉军步兵,白天派出四百,于附近搜查外,将右卫兵及蒙古兵,共差派一百,交给章京等,瞭望至库尔奇尔等地。倘有留下藏匿探取消息之贼,当即拿捕,并给脱出之人予以口粮带回,如此教导后,已于本月初七日派出。将此等事,俱已行文知会大将军王及建勋将军达尔济、侯马兰泰。为此谨奏闻。

雍正十年十月初七日
  暂署绥远将军印务参赞大臣　内大臣　伯　臣　钦拜
  总管汉军炮局鸟枪营事务兵部右侍郎　臣　诺尔珲

驻藏大臣青保奏据
探报大军与准噶尔交战叶尔羌商人带马
前往准噶尔处贩卖未归折

雍正十年十一月初七日

奴才青保等谨奏。为奏闻事。大体翻译公珠尔默特车登呈给奴才我等之唐古忒文书内称：拉达克德忠纳木扎尔向伊行文称，探听得，今年五六月，准噶尔贼为争战内廷大军，带走叶尔羌、三珠地方商人三千匹马，等语。虽不知真伪，但叶尔羌地方商人，今年没来我西噶尔、拉达克地方，等语。据臣我等寻思，准噶尔贼甚是狡诈，叶尔羌地方商人今年没来，因此臣我等吩咐贝勒颇罗鼐，代替其子公珠尔默特车登，向在阿里地方管辖兵丁驻扎的卓里克图巴图尔、青特古斯等人各个行文，严令整饬预备兵丁，加紧固守所有隘口，远远扩展卡伦，不时巡查，追寻踪迹，收取消息。再，行文拉达克之德忠纳木扎尔曰：尔感戴圣大主子隆恩，精诚一心尽力，将所获消息，立即来报我等，此甚是可嘉。将尔来报之处，已奏闻圣主。令尔再派可信干练之人，于各处收取消息，并将所获消息，立即来报。我等将尔谨慎尽力之处，务必上奏，等语。除交给贝勒颇罗鼐，行文德忠纳木扎尔外，将公珠尔默特车登所呈唐古忒文书，一并谨奏。

雍正十年十一月初七日

都统　臣　青保

侍郎　臣　僧格

正卿　臣　苗寿

前锋统领　臣　迈禄

署宁远大将军查郎阿奏闻出征准噶尔时被俘索诺木等人脱回并解送京师等情形折

雍正十年十一月二十八日

署理宁远大将军事务臣查郎阿等谨奏。为奏闻事。雍正十年九月二十日，讯问察罕哈玛尔卡伦所送被准噶尔俘获后脱逃的和托辉特扎萨克台吉衮布车凌旗下索诺木、保尔泰·尔等在何处被贼俘获，几时脱回来，等语。对此告称：今年八月，我扎萨克以有贼人要来的消息为由，于是月十二日，亲自带上属人妻孥及牲畜，一直朝内寻往东南方。是月二十五日，到达额德尔河对面的奇乔黑山口那天，遭遇贼人，遂将我等包围。看得贼有千余人，我扎萨克衮布车凌带领我一苏木人，交战一昼夜，我辈牺牲五六十人。后来鸟枪之火药、弹丸和箭矢，俱已用完，毫无办法，扎萨克本人也受伤，遂我三十余人及妻孥牲畜，一并俱被准噶尔俘获。贼人将我男子的头，全栓系住，到达科布多后才松开栓绳。带我等到达布拉克青济勒地方后，宰桑杜噶尔子察衮①，将我俩，作为上等俘虏，献给毛海弟策凌台吉。我等在台吉策凌家里，住了四五天。十一月十六日，台吉策凌派我等去哈布塔克地方，取其枪杀的野骆驼肉。我俩，骑两峰骆驼，牵三峰骆驼行走时，索诺木我与保尔泰商量：我等之台吉，在贼人手中。将我二人之母亲及妻孥俱行拆开，分给贼人为奴。我等与其被贼人奴役使唤，不如拼命出逃看看。若能逃出，去归附苍天般圣主，倘不能归附，途中死即死矣，等语。如此商定后，带上一小锅和野骆驼肉，由哈布塔克进入戈壁，寻日出之东南方，不分昼夜行走五天后，于十一月二十日，到达察罕哈玛尔卡伦，等语。讯问索诺木等人：现扎萨克台吉衮布车凌本人及下人等在何处，除尔扎萨克台吉衮布车凌及下人等外，还是否有被捉走的喀尔喀其他扎萨克之人，尔等是否见过听过，等语。对此告称：我等被准噶尔贼捉走时，令我扎萨克衮布车凌及其母亲妻孥，俱骑乘光背马，送往噶尔丹策零处。而将下人等，准噶尔人俱已分取。我等在路上，只见过咱雅班第达呼图克

---

① 此处满文原文是"cahūn"。

图之沙毕三十余户,丝毫没见过听过其他扎萨克之人,等语。讯问索诺木等人:尔等遭遇准噶尔贼后,已跟随数月。此次准噶尔贼在额尔德尼召地方,被我军大败,被打死一万余人。领头的大宰桑五六个、小宰桑头目近百个,都被打死。而将其余贼,我兵在途中接连追杀,抢取马畜。贼三分之二没有马匹,丢弃所持器械,连走带爬,顾不上脸面逃遁。此事彼等准噶尔人如何言论,等语。对此告称:带走我等时,途中看得贼人情况,被我大军剿杀的,受伤的人甚多,宰桑等也有死的,驼马被抢的也甚多,三分之二没有马匹,有的有兵器,有的没兵器。阵亡者的父子兄弟在叫喊哭泣,溃散后即步行逃回,悲叹言论称:我准噶尔行军打仗这么多年,从来没有这般受损过,嘴里无不诅咒责骂小策凌敦多布及宰桑等人。军队从后面尾追,甚是畏怯,不分昼夜行进。将我交给台吉策凌后,噶尔丹策零派人,在给毛海、策凌兄弟的文书上写道:令毛海、策凌,于十二月十五日前赶至,在和博克举行会盟,尔等详查前去阿尔泰阵亡的、受伤的士兵、宰桑等的人数及现在所剩的兵数,前来伊犁告我,等语。诵读文书时,索诺木我在旁听见。台吉策凌询问派送文书之人:今年去往阿尔泰的我准噶尔兵,共有几万,等语。于是听见来者告称:今年前去阿尔泰的我准噶尔兵,共有三万,等语。再,听彼等下人言论:小策凌敦多布率领两万余兵,前往额尔德尼召时,被大国满蒙军队打死大半,小策凌敦多布本人勉强逃出。对此大策凌敦多布子噶旺罗布桑亲自带兵前去支援时,也被大国满蒙军队打得大败,噶旺罗布桑大腿受箭伤,勉强逃出,等语。不知噶旺罗布桑从何路带领多少兵前去支援。索诺木、保尔泰在策凌家中时,听见管辖四十户的准噶尔一小长官,被满洲兵俘获,右耳和手上大拇指被割断,逃回来对策凌抱怨称:台吉郝陶劳所带之兵,到达苏海图地方后,满蒙兵前来追赶,割断尾部,打死许多人,等语。讯问索诺木等人:准噶尔贼被我军大败往回逃窜之事,住在额尔齐斯、额敏等地的人听到后有何言论。再,乌延齐、博东齐①、乌隆古、布拉罕等地是否有准噶尔贼,等语。对此告称:额尔齐斯、额敏,距离台吉策凌所住的布拉克青济勒地方,有二十天路程。我等本人没去过,故没听见彼地人如何言论。准噶尔贼逃回时,乌延齐、博东齐、乌隆古、布拉罕等地曾毫无军队,不知现在是否已驻兵。曾听见彼人互相谈论:宰桑玛西巴图带领三千兵,驻扎在海拉图地方,不知真伪,等语。讯问索诺木等人:尔是否听到准噶尔贼之前去阿尔泰时每人骑乘多少匹马,贼人逃回时是否全都徒步,是否还有骑马的,等语。对此告称:据听准噶尔人言论,彼等之前去阿尔泰时,每人骑乘四匹马、一峰骆

---

① 此处满文原文是"bodonci"。

驼,小策凌敦多布、宰桑等将彼多余牲畜留在了科布多。往回逃来时,徒步之人,互相偷盗牲畜而行。到达乌隆古后,小策凌敦多布由额仁哈毕尔噶,先奔其游牧地而去。有牲畜之人,因不能忍受偷盗,也有先奔其游牧而去者。对此准噶尔军士言道:把我等弄到这么穷困至极的状态,却丝毫没人关心,我等众人在,尔等才可担任宰桑头目而已,我等全都被人打死,尔等给谁去当宰桑头目耶,等语。如此互相抱怨。看得徒步之人甚多,骑马的少,等语。讯问索诺木等人:为何不将毛海、策凌等人迁至伊犁,而是与其妻孥、属人一同安置了布拉克青济勒、哈达青济勒地方。尔等曾在策凌家里住过,其属下如何言论,是否亦听闻巴济驻扎何处,将尔等闻知之处,令俱告明,等语。对此告称:我等在策凌家里住过几天,据听其下人之言,将此辈兄弟,噶尔丹策零安置在布拉克青济勒、哈达青济勒地方,是在防范从阿尔泰路进去的军队,等语。未闻迁往伊犁地方。从额尔德尼召徒步逃来之人,至毛海、策凌驻扎的地方后,因没有骑乘的和吃的东西,故光天化日之下抢夺其牲畜,晚上偷盗马匹的甚多。于是策凌等之下人抱怨道:我等驻在喀尔喀地方时,甚是安逸太平生活。自毛海、策凌带领我等投奔准噶尔以来,牲畜多有损失,再加上此辈徒步人等没有食物,故对我所剩的几个牲畜,不让我等做主,光天化日之下强行掠夺,晚上又偷走甚多,等语。没有不咒骂毛海、策凌的。听说巴济驻在额敏、斋尔等地,等语。讯问索诺木等人:尔等曾在策凌家里,依尔等来看,毛海、策凌的下人尚有几百户,成人男丁有多少,马驼还有多少。再于布拉克青济勒、哈达青济勒地方,除毛海、策凌兄弟外,还是否驻有准噶尔人,等语。对此告称:我等住在策凌家里看得,毛海、策凌的下人,俱驻在河的两边,大概有六百余户。男丁七十岁以下、十五岁以上者,不超过六七百人。马驼多损失,现在剩下的甚少。索诺木我等在策凌家里没有久住,已告明我等闻知之处。在布拉克青济勒、哈达青济勒地方,除毛海、策凌的下人之外,丝毫未闻是否驻过准噶尔人之事,等语。为此将索诺木、保尔泰亦交给笔帖式赛音察克、七十五,与吉林乌拉披甲代敏等十七人一起,编成两队,办给能食用到肃州的行粮,途中不致生事,妥善照管,于十一月二十七日,自巴里坤军营启程送往京城。俟到肃州后,令俱租用骡子解送。除已如此行文办理军需事务署总督刘于义等外,为此将讯问索诺木、保尔泰事,谨奏闻。

雍正十年十一月二十八日
署理宁远大将军事务太子少保　吏部尚书　臣　查郎阿
副将军　巡抚　臣　张广泗
副将军　内大臣　臣　常赉
参赞大臣　散秩大臣　臣　穆克登
参赞大臣　内大臣　臣　顾鲁

署宁远大将军查郎阿奏自准噶尔脱回回子苏布尔格口供并送原籍哈密安置折

雍正十年十一月二十八日

署理宁远大将军事务臣查郎阿等谨奏。为奏闻事。雍正十年八月二十五日，讯问哈毕尔噶卡伦所送准噶尔蒙古：尔名甚，尔是何处蒙古，为何进我卡伦，等语。对此告称：我名特古斯，我是哈密回子，我原名苏布尔格。康熙五十四年，准噶尔贼托克托来犯哈密时，我等八个回子在图古里克地方种完地来往哈密，到达科舍图岭后，遭遇准噶尔贼，将我八人全部抓捕。不知那七个人都分到何处，捆绑我到达伊勒布尔和硕，一个叫曼济的人松开我，让我一直步行，带到叫库尔安济海的地方，驻扎三年后，曼济将我卖给吹、塔拉斯地方的巴图尔鄂木布，配给我妻子，居住了六七年。其后又将我送给小策凌敦多布，给我起名特古斯，带至珠勒都斯地方，再居住了六七年。台吉色布腾听闻大国军队已到木垒后，因向噶尔丹策零差人，故噶尔丹策零于今年七月二十三日，派出驻扎我珠勒都斯等地的八百兵，以小策凌敦多布子策凌纳木扎尔为首，向古尔班哈郎贵地方增兵而来。八月十七日，集合驻扎在古尔班哈郎贵地方的军队，共派出三千人，绕过戈壁，去驱赶放养在乌隆古的马匹期间，我趁机躲藏在山里三天，来至哈毕尔噶，看见大国卡伦，而立即来寻兵营投诚，等语。审讯特古斯：之前来乌隆古的三千兵由谁领来，此路兵数共多少，此外是否还有来兵。再，听到我军抵达木垒后，尔等之头目又有何言论，令逐一据实告来，等语。对此告称：前来乌隆古的军队，虽名义上是三千，然大体只有两千三百余，由台吉衮布领来。现色布腾、策凌纳木扎尔等人，带领四五千兵，驻扎在古尔班哈郎贵地方。在吐鲁番后面的喀喇巴勒噶逊地方，三百兵设置卡伦驻扎。此外，其他地方又是否驻兵之处，我不知矣。听到大国军队已到木垒后，台吉色布腾向策凌纳木扎尔商议称：大国军队已到木垒，我等已将此周边牧场俱焚毁，估计其兵马不能过冬。若要是过冬，我等依旧带兵驻防在古尔班哈郎贵。若木垒之兵撤回，策凌纳木扎尔你带走之前领来的八百兵，返回原游牧地，我本人尚驻扎古尔班哈郎贵，等语。我此军队，当初来时，曾带来四十天行粮,每人骑乘两匹马而来,等语。讯问特古斯:尔从珠勒都斯来时,噶尔丹策零是否在彼处集结兵马,现于乌鲁木齐地方仍有多少兵。再,前往阿尔泰路之准噶尔兵实数几何,这期间是否有何消息,等语。对此告称:噶尔丹策零身边有兵,不知数目。乌鲁木齐地方没有兵,只有妻孥家口。再于阿尔泰路,小策凌敦多布已领兵前往,虽名义上是三万,或许有两万余。对噶尔丹策零告称:返回时由伊克诺木、巴罕诺木、阿济、必济路经过巴里坤,等语。曾听我众人互相如此谈论。自小策凌敦多布领兵前去以来,丝毫未闻消息,等语。讯问特古斯:现在大策凌敦多布、罗卜藏丹津俱驻在何处,今是否有哈萨克、布鲁特与准噶尔互相争战。再,在准噶尔的土尔扈特、哈萨克、布鲁特等人内,是否还有思念故土逃回去的,等语。对此告称:大策凌敦多布仍居于原游牧地,不知其驻地名称。三年前曾听说,已将罗卜藏丹津送往大国,后来不知特垒使出什么计谋,没送罗卜藏丹津,此处我不知矣。去年哈萨克派遣军队,掳走了准噶尔驻在边境的三百余户人口。再,在准噶尔的土尔扈特、哈萨克、布鲁特之人,仍有思念各自故土出逃的。因周边有卡伦,有逃出去的,亦有被卡伦人逮捕带回的。曾如此听见善恶人等之互相谈论,等语。要挟讯问特古斯:尔是哈密回子,却这些年丝毫不来归,今我大军前往木垒后,尔才来投诚,看来准噶尔人故意派尔来刺探我方消息,已是明显,令尔据实招来,等语。对此告称:我在珠勒都斯时,曾出逃六七次,没能逃脱。此次我头一回从军,寻机前来投诚,此事属实,毫无他情。现于哈密地方,我佐领名叫阿提玛木特,我岳父名叫吐勒乌里,我妻名叫塔赖。如若不信,可让额敏伯克前去查看如何,等语。讯问特古斯:尔若真是哈密回子,既已成我人也,尔居准噶尔地方已年久,若有何闻知之处,令逐一据实招来,等语。对此告称:没听见其他事情,只闻准噶尔人互相妄自传言:奉大国汗谕旨,大将军为何带我兵前往木垒,钦此。如此斥责后,已召回京城,等语。此外,若真有其他闻知消息,岂敢不告明,果能隐匿乎,等语。查得,据苏布尔格供称,伊本人是哈密回子,伊之岳父、妻子、佐领俱在哈密地方,故已将此行文哈密贝子额敏,查找认识苏布尔格之人,令派至军营,识别苏布尔格。其后贝子额敏差遣章京博罗特、达纳、苏布尔格妻子之兄伊勒斯库里,于十月十三日抵达军营。令伊勒斯库里识别苏布尔格时,说真是其妹夫。为此将苏布尔格托付哈密回子章京博罗特、达纳、伊勒斯库里带走,并除令交给贝子额敏,为不致逃脱,妥善安置办理外,臣我等赏给苏布尔格二十两银子送往。为此谨奏闻。

雍正十年十一月二十八日

署理宁远大将军事务太子少保　吏部尚书　臣　查郎阿

副将军　巡抚　臣　张广泗
副将军　内大臣　臣　常赉
参赞大臣　散秩大臣　臣　穆克登
参赞大臣　内大臣　臣　顾鲁

署宁远大将军查郎阿奏闻回子莫罗阿布都力木自准噶尔来归并审讯情形片

雍正十年十一月二十八日

  吐鲁番回子莫罗阿布都力木口供折。讯问投诚回子莫罗阿布都力木：尔是何地回子，为何被准噶尔捉走，为何前来投诚，等语。对此告称：我本是吐鲁番回子，我父名塔塔勒和卓，我母名曼杜尔伯格依，我出走已年久，现不知是否还健在。我九岁时，在我鲁布沁城外玩耍时，来我吐鲁番经商的准噶尔人回去时，将我抱走。抵达伊犁后，将我交给一个叫额木齐巴勒珠尔的人。因跟随额木齐巴勒珠尔年久，故学会了行医。我成年后，虽然策妄阿喇布坦配给我妻子，给予生活家产，但怎么也脱不掉被掳走之名。据说大国主子抚恤各地归顺之人，以致荣华富贵，故我即想投诚，但毫无机会。前年噶尔丹策零以我懂得医术为由，交给小策凌敦多布，曾驻防在阿尔泰这边的图鲁地方。去年我跟随小策凌敦多布，前往阿尔泰从军，准噶尔人阵亡的有一千五百余，受伤的甚多。从阿尔泰返回后，我跟随巴图蒙克，在博克多山过冬。今年七月，听到尔等大军已到木垒后，色布腾率领驻扎在博克多的军队来至奇台，与纳沁哈什哈会合。后来捕获一汉人问得：尔兵在木垒筑城屯田，从巴里坤接连搬运耕地的牛、犁杖、种子及军粮，等语。于是色布腾挑选一千五百兵，以纳沁哈什哈为首，沿着木垒前面的山，派去劫掠尔等后路时，我参加了此队。八月初，没记日子，来至科舍图地方，准噶尔兵前往噶顺时，我故意留在后面，去科舍图兵营附近，俱丢弃我撒袋、腰刀，说前来投诚后，一人过来将我带至长官处。我告称：我是真心投诚之人，准噶尔人为抢劫尔等自巴里坤搬运的粮食，并掳掠人口，驱赶马畜，去了噶顺，等语。有过此事，等语。讯问莫罗阿布都力木：今准噶尔是否仍与布鲁特、哈萨克相战，是否听说过什么今年去往阿尔泰的准噶尔兵消息，等语。对此告称：布鲁特、哈萨克与准噶尔，年年尚有战争。去年准噶尔兵前往阿尔泰，回来驻扎图鲁地方后，杜尔伯特台吉扎勒派人来告称：哈萨克兵来至，杀害驻在额敏的台吉苏第，已掳走五百户人，等语。于是小策凌敦多布派我，再配给四人，前去收取消息。我五人不分昼夜急行,抵达额敏边境看得,此处空旷无人。我等又跟着哈萨克兵回去的踪迹,行进百余里,赶上十余人驱赶疲惫马驼行走,捕获一人。讯问得:哈萨克名叫德尔默萨勒的人,带领一千六百兵,杀害驻在额敏边境的台吉苏第,掳掠其五百余户后,撤回已三天,等语。为此我等回来,将此事告知了小策凌敦多布。十月,我跟随巴图蒙克,自图鲁启程,前来博克多山。据听下人谈论:今年自准噶尔选派两万余兵,由小策凌敦多布带领,前往阿尔泰,等语。我本人在博克多时,由阿尔泰向游牧地运送宰桑塔本额默根遗体,到达博克多后,对着众人言道:塔本额默根因病去世,等语。之后又说:塔本额默根受伤而死,等语。据听众人互相谈论,宰桑玛西巴图曾寄信色布腾称:噶尔丹策零曾派人,令小策凌敦多布领一万兵,前去克鲁伦,迁来喀尔喀人。于是小策凌敦多布本人率一万余兵深入,从后面尾追喀尔喀兵交战时,准噶尔近万人被打死,小策凌敦多布只身勉强逃出,等语。我属实亲眼见过运送塔本额默根遗体回游牧地,等语。讯问莫罗阿布都力木:小策凌敦多布带兵进入克鲁伦,被我军大败,打死万余人,抢夺马驼器械无算,此乃八月初四日之事,尔本人是八月初七日投诚之人,看尔口供,日期差距很大,是否还有他情,等语。对此告称:我本人在博克多时,我属实亲眼见过运送塔本额默根遗体到博克多。据听下面众人互相谈论,宰桑玛西巴图暗中寄信色布腾称:小策凌敦多布亲自带领万余兵,自阿尔泰深入,近万人被打死,小策凌敦多布只身逃出,等语。与其在准噶尔艰苦至死,不如在大国安逸生活,我是为此投诚之人,只已道出我所听之处,毫无他情,等语。讯问莫罗阿布都力木:准噶尔贼在额尔德尼召地方,被我大军大败,被打死万余人,亦打死几个较大宰桑头目,小策凌敦多布失去面目,连走带爬逃窜,此事噶尔丹策零听到后有何言辞,下人等又有何言论。尔是久居准噶尔之人,知彼性情,尔内心又有何想法,等语。对此告称:小策凌敦多布带往阿尔泰的两万余准噶尔兵,俱是选派的精锐之士,被打死万余人,估计噶尔丹策零听到后不但会感到惊诧,下人等亦会闻风丧胆,纷纷惊乱一阵,亦未可料,等语。讯问莫罗阿布都力木:今准噶尔尚能得几万适合争战之人,能得几万马驼,等语。对此告称:策妄阿喇布坦死后,噶尔丹策零普查人口时,曾大小共有十万。现于今年,前往阿尔泰的精壮男丁,被打死一万余,其纯正的准噶尔人少,土尔扈特、哈萨克、布鲁特、叶尔羌、喀什噶尔回子等人居多,再不分家奴凑合,或许可得五六万兵。只是,像今年前往阿尔泰的士兵那般的精壮人丁,岂能得两万。去年前往阿尔泰的准噶尔人,没有军马,故从叶尔羌、喀什噶尔等地回子,征收一万匹军马带来。今年再次进兵阿尔泰时,从阿克苏、库车等地回子,征收六百匹军马带来。还是不够,故从各地喇嘛,征收马驼带来。每两人办给七匹马、一峰骆驼前往。现在准噶尔的富人,也都变穷了。若不考虑种马、母马凑合,似乎顶多能得三四万匹马、一两万峰骆驼。我虽久居准噶尔地方,但准噶尔地方亦大,其真正能用的兵丁有几万,马驼有几万,不深知其数目,此俱是我猜测的,等语。讯问莫罗阿布都力木:依尔之见,今冬准噶尔贼还是否会来我阿尔泰、巴里坤,今俱已迁移吐鲁番回子,准噶尔人是否还会来吐鲁番驻扎,等语。对此告称:在阿尔泰,准噶尔贼被打死万余,估计牲畜损失甚多。据我愚思,今冬准噶尔人无论如何也无增兵前来阿尔泰、巴里坤之能力。只是得知已迁移吐鲁番回子等后,为探取巴里坤大军是否还在驻扎及已将吐鲁番回子安置何处等消息,而派少数人来犯卡伦附近并捕捉活口,亦未可料。估计准噶尔人会在吐鲁番设置卡伦而已,其人断然不会来吐鲁番驻扎,等语。讯问莫罗阿布都力木:尔居准噶尔地方已年久,若有闻知的其他消息,令俱告明,稍勿隐匿,等语。对此告称:据我所见致色布腾的行文内称,今年春俄罗斯察罕汗向噶尔丹策零派遣使者,携来索取文书称,希望普查归还二十年前尔喀喇沁宰桑都噶尔来我边境掳走的我驻在边境的挖金伊凡等五百余人,并互相遣使和平贸易。倘不归还,我等将派九万兵征讨。故于七月,噶尔丹策零已将伊凡等三十人,交给其近侍扎布,作为使者派遣。又听说噶尔丹策零已逮捕并绞死此前担任使者办事的特垒,为此已唤去在色布腾身边的特垒子和卓,我亲眼所见,我不知为何逮捕特垒。准噶尔人这几年行军打仗于各地,一日也不得悠闲过活,仅有的几匹马驼,亦被蹂躏,再加上所种的田地,又收获不多,故生活多有艰辛。从军的准噶尔人,更是没有无怨言的。于是哈萨克、布鲁特人,有逃回各自故土的,亦有路上被捉的。我本人从军已三年有余,我不知这期间伊犁地方是否有事。若真有闻知的其他消息,定会不加隐匿而告明,等语。

署宁远大将军查郎阿奏闻回子库撒默特等四人自准噶尔来归并审讯情形片

雍正十年十一月二十八日

乌什地方库撒默特等四回子口供折。逐一讯问自准噶尔地方来投的四回子：尔是何地回子，名甚，令告为何投诚之情由，等语。对此一回子告称：我是乌什地方回子，我名库撒默特。十三年前，准噶尔人将吐鲁番回子等，迁至我乌什城居住时，划分我住房及耕地办给，是故变得非常贫困，且贼盗亦多，故我乌什地方伯克等，商议叛变准噶尔之际，我一回子逃去准噶尔，向策妄阿喇布坦送信，为此准噶尔台吉赛音察克、宰桑乌巴锡领兵掳走我乌什地方一百余户人，安置在了伊犁河西北面的库库乌苏地方。六年后，以哈萨克兵来战为由，将居住在库库乌苏那边的准噶尔人，迁置于库库乌苏。而将我等回子，迁徙至额敏，又居住了五年。因我等是被准噶尔虏获之人，故只让我等耕种田地，看守马群，虐待差使。因艰苦辛劳十一年，故库撒默特我与我乌什地方回子马玛德敏、尼亚斯，安集延地方回子高勒保什一同商议决定：我等与父母兄弟分离，在此艰苦生活，听说大国主子甚仁慈，施恩归顺的所有各类人等，使其安逸，我等四人不如前去投诚，等语。遂于八月初四日，从放养在我耕地附近的大策凌敦多布马群内偷来十一匹马，昼伏夜行，通过额仁哈毕尔噶，行走四十天，于九月十四日，到达喀喇和卓，将我等的前来事由告知领兵大臣等，等语。讯问库撒默特等人：尔等驻过的额敏地方离阿尔泰近，却为何从准噶尔腹地，经由额仁哈毕尔噶来寻吐鲁番。带着十余匹马，行走四十天，准噶尔人为何没追赶尔等，为何没被卡伦人逮捕，等语。对此库撒默特等人告称：我等驻过的额敏地方，虽离阿尔泰近，然准噶尔人已进军阿尔泰，是故来寻吐鲁番。我等是乌什地方回子，准噶尔人已知我等逃向何处，我等本人俱夜行昼伏，到达额仁哈毕尔噶地方。夜里看见有火光，我等心思那有火的地方或许是准噶尔卡伦，我等旋即避开急速通过，不知准噶尔人是否从后面追赶，等语。讯问库撒默特等人：前往阿尔泰的准噶尔兵数几何，由谁带去，尔等来之前是否听到什么前往阿尔泰的军队消息。再，这几年内，哈萨克、布鲁特人是否与准噶尔交战,等语。对此告称:前往阿尔泰地方之兵有三万,由小策凌敦多布带领前去。我等来之前,亦听到小人物们互相谈论:小策凌敦多布行文噶尔丹策零称,准噶尔兵抵达阿尔泰、杭爱后,喀尔喀人在有水的地方投放毒药,是故准噶尔人咳嗽出痘,得病受损的甚多,等语。其后准噶尔兵如何,我等未闻。男丁俱已从军,其游牧地人少,故我等才能逃脱。再,哈萨克、布鲁特仍是敌人。我等来之前,听说哈萨克人掳走了驻在我准噶尔西北边境的卫征和硕齐下面的几百户人,等语。讯问库撒默特等人:土尔扈特、俄罗斯是否仍与准噶尔互相遣使。准噶尔人连年行军打仗,下人等有何言论。哈萨克、布鲁特人在准噶尔地方者甚多,是否有思念故土而出逃的,等语。对此告称:未闻土尔扈特、俄罗斯遣使,只听到俄罗斯人来准噶尔地方经商。准噶尔人这几年行军打仗于各地,噶尔丹策零丝毫没有授予财物,下人等之骑乘的、食用的,俱自行办理,且行军打仗两三年,富人变得穷困,穷人变得不能生存,如此抱怨的甚多。被准噶尔人虏获的哈萨克、布鲁特人,仍有思念故土而回逃者,等语。讯问安集延回子高勒保什:尔是安集延回子,却为何到准噶尔地方,并与乌什地方回子相约来投诚,等语。对此告称:十年前,小策凌敦多布去攻打我安集延回子,掳来一百余户人,与乌什回子等一起生活在一个四十人聚落里,安置于库库乌苏地方。后来将我等回子,又迁移至额敏地方居住。我在准噶尔,只耕种田地,看守牲畜,被人虐待差使十余年。孤单一人,全然没有抬头之日,是故与库撒默特等人一同商议,属实为归顺大国安逸生活而来,等语。他处俱与库撒默特、马玛德敏、尼亚斯一样供述。再追加讯问库撒默特等人:尔等俱是诚心投诚之人,已成我方之人,尔等本人虽是回子,然久居准噶尔地方,尔等若有何闻知的其他消息,勿要隐匿,等语。对此全体告称:我等是被准噶尔虏获之人,只让我等在耕种田地、看守马群等处虐待差使,亦听不到紧要之言,俱已将所有闻知之处告明,若真有闻知的其他消息,岂敢隐匿不告。除此之外,再无闻知之处,等语。

署宁远大将军查郎阿奏闻出征准噶尔时被俘喀尔喀部绰伊扎布等人脱回并解往京师折

雍正十年十一月二十八日

署理宁远大将军事务臣查郎阿谨奏。为奏闻事。雍正十年十一月二十四日，讯问廋济卡伦所送自准噶尔脱回喀尔喀绰伊扎布：尔是何扎萨克之人，在何处被捉走，如何脱逃，等语。对此绰伊扎布告称：我是驻在戈壁的喀尔喀墨尔根郡王敏珠尔旗人，曾驻扎在必济扩展卡伦。去年九月，驻在我卡伦的两满洲、三满洲跟役、四喀尔喀，我等共九人，前去察罕廋尔领取兵饷、行粮回来时，到达西尔哈戈壁后，突然与走在前面的百余准噶尔贼遭遇。贼人赶至捕捉我等时，我们中的一喀尔喀、一跟役得以逃脱，剩余七人被贼俘获。到达喀喇沙尔后，将我交给小策凌敦多布。与我同时被捕之人，不知被带至何处。与我同来的阿玉锡、克西克图，我等住得甚近，故我等三人会合商定：我等父母兄弟妻孥，俱在喀尔喀地方，今与其被贼人奴役使唤，不如我等三人出逃回去，等语。然丝毫不得机会。今年前往阿尔泰的准噶尔人大败逃来时，其妻孥等听到消息，正在纷纷攘攘之际，我本人趁机于十月二十九日夜里，偷来小策凌敦多布的两匹骡子、两匹马、两峰骆驼，杀死一头牛当行粮，并携带一腰刀、一小锅，奔着日出方向进入戈壁，绕过无人区，昼伏夜行，行走二十四天，到达廋济卡伦，等语。讯问绰伊扎布：尔出逃时准噶尔人为何没追赶，尔来时是否经由吐鲁番，将吐鲁番回子俱已迁来，今于吐鲁番地方，准噶尔卡伦驻扎何处，是否看见何人，等语。对此告称：我进入无人行走的戈壁，昼伏夜行而来，不知准噶尔人是否从后面追赶。我行走十二天，到达吐鲁番地方，从远处看见近百人踪影，我急忙藏入一墙壁破旧的院子里，或是巴里坤兵，或是准噶尔贼，偷窥看得，其衣物、帽子、声音，俱像准噶尔人，看见彼等正在收拾丢弃的优劣物件，故我等甚感惊讶，当夜急忙悄悄通过而来，亦没看见卡伦。曾听其人谈论，在阿尔辉山口，准噶尔四十人驻扎卡伦。因我三人出逃走戈壁，故没看见卡伦，等语。讯问绰伊扎布：尔是蒙古人，久居准噶尔地方，其人生活如何，马驼怎样，今年庄稼收成又如何，将尔闻知之处，令俱告明，等语。对此告称:我等在喀喇沙尔地方时,以今年大军已到木垒为由,将驻扎在喀喇沙尔的人等,俱迁入空济斯游牧。在彼等耕种的田地里,曾留下百余回子灌水,其中四十个回子已逃往叶尔羌、喀什噶尔,田地灌水迟延,遭受虫害、鼠害,收成甚薄。只有小策凌敦多布耕种的田地,收获近三千口袋,俱已赈济其下庄稼歉收的穷人。看得准噶尔人生活甚是穷困,有牲畜的少,三分之二没牲畜,俱倚赖田地过活。小策凌敦多布妻子及其下人等言道:之前曾让我小策凌敦多布驻防在西喇擘勒地方,以阻截哈萨克来路,后来将我等迁移安置在原来居住的喀喇沙尔地方,今噶尔丹策零使我小策凌敦多布于明年仍驻扎西喇擘勒,或驻防阻截阿尔泰进兵之路,此处尚未决定。就此两地,定会指示一地驻扎,等语。不知其真伪。再听说,大策凌敦多布向噶尔丹策零派遣使者言称:之前所有事务尚与我商议而行,今年派兵阿尔泰方面,召请哲尔尊丹巴呼图克图,迁移七和硕喀尔喀人之事,丝毫没跟我商议。今尔等所派之兵,被喀尔喀兵大败,被打死几万人和牲畜,甚是颠沛流离而来之处,尔等原先参加商议的所有人听到后,大为畅快吧,等语。如此遣使之事,每个人都在议论,等语。讯问绰伊扎布:尔在喀喇沙尔居住近一年,叶尔羌、喀什噶尔、阿克苏、库车等地回子,是否照旧给准噶尔纳贡经商而行,这两年哈萨克对准噶尔有无战事,俄罗斯对准噶尔是否遣使,等语。对此告称:准噶尔人每年十月份都去叶尔羌、喀什噶尔等地经商,我等逃来之前,听说叶尔羌、喀什噶尔人捕杀准噶尔设置卡伦之人,前去经商的人听到后,俱疑惑恐惧,全部中途而返。准噶尔人言道:叶尔羌、喀什噶尔又造反了,已停止向噶尔丹策零纳贡,等语。如此听到传言。据听其人互相谈论:去年秋,哈萨克兵掳走准噶尔驻在西喇擘勒地方的二百余户人,今年又来袭三次,已掳走准噶尔驻在边境的该当台吉下面的三千余户人,等语。又听说俄罗斯遣使向噶尔丹策零言道:希望普查归还我此前被尔等俘获的我俄罗斯人及土尔扈特、和硕特人,等语。对此噶尔丹策零仅仅将近百名俄罗斯人调查交还,没给土尔扈特、和硕特人。是故俄罗斯使者言道:奉我汗之吩咐,此三类人,全部交给,则休矣。若不交给,将要发动战争,钦此。台吉尔今只给近百名俄罗斯人,丝毫没给土尔扈特、和硕特人,我怎可回去,等语。迄今为止,仍在噶尔丹策零处索取。听说之前曾试图从准噶尔向俄罗斯派遣商人,此类索取人的事务尚未了断,故仍未开始贸易,等语。再讯问绰伊扎布:今年前往阿尔泰之兵有几万,由谁带去,当初前往时一人有几匹马驼,尔等逃来时去往阿尔泰之兵是否已返回,是否见过听过自喀尔喀地方捉走之人,等语。对此告称:我驻在喀喇沙尔地方时,据听厄鲁特人之言,前往阿尔泰之兵,共有五万,由小策凌敦多布、和硕特台吉噶旺敦多布、大策凌敦多布子多尔济丹巴此三人带去。曾办给士兵每人三匹马,每两个人合用一峰骆驼。我逃来时,小策凌敦多布子达什达瓦、德勒格尔,只带几个人,先回到喀喇沙尔。据听其人之言:小策凌敦多布本人已前往噶尔丹策零处会盟,我此次之兵在额尔德尼召战败,被打死三千人,宰桑墨霍赖亦阵亡,等语。据外围人等言称:在阿尔泰被打死及受伤的人有近三万,策凌诺尔布等三台吉、墨霍赖等五宰桑阵亡,台吉多尔济丹巴又受伤,被活捉的人亦甚多,等语。众人皆如此抱怨。准噶尔人甚善于猜忌,此类事务,绝不在我面前诉说实情。我是喀尔喀人,据听言论:贼人前去阿尔泰后,以是否还有遇见的喀尔喀人为由,搜查各地。贼人占取车臣王游牧地后,逃回来时大国军队接连迎战,贼人到达西尔哈戈壁附近后,车臣王属人携带伊王母、王妃、王弟或王子,以及一年轻喇嘛,交战脱身,只捉来车臣王弟一女儿,达什达瓦①尚且占为妻子,等语。又听说:准噶尔贼从阿尔泰连走带爬,行粮断绝,溃散狼狈逃来,等语。众人皆如此言论,等语。讯问绰伊扎布:今年准噶尔贼在阿尔泰地方被我军大败,连走带爬,狼狈逃回。尔看准噶尔形势,是否仍有增兵前来阿尔泰、巴里坤之能力,等语。对此告称:我等在喀喇沙尔地方时看得,其人等内,有牲畜的甚少,且从阿尔泰逃回之兵,俱连走带爬,狼狈逃脱,以此来看,估计已无增兵前来阿尔泰、巴里坤之能力。只是小策凌敦多布本人已前往噶尔丹策零处会盟,这期间又如何商定事务,我从何得知。我久居小策凌敦多布家中,往来办事时,毫无忌讳,故只将我所打听的全然告明,等语。讯问与绰伊扎布同来的阿玉锡:尔是喀尔喀何旗之人,如何被捉走,等语。对此告称:我是喀尔喀扎萨克台吉密珠特多尔济旗人。我旗十人,从察罕廋尔军队换防返回,朝游牧地行走三天,到达库库色格尔地方后,遭遇走在前面的百余准噶尔贼。互相交战时,二人被打死,二人逃出,我等六人被捕。索力哈什哈将我当作上等俘虏,交给了小策凌敦多布。从那里捆绑我,行走三个月,抵达喀喇沙尔后,小策凌敦多布言道:我从军这期间,将尔暂时交给乌巴锡宰桑安置,等语。旋即交给乌巴锡宰桑安置。我不知将与我同时被捕的五人,带到了何处。如今与我同来的绰伊扎布、克西克图我等,因是同驻一处之人,故我三人经过商议,于十月二十九日夜里,从喀喇沙尔偷取马驼骡子,往回脱来,等语。他处俱与绰伊扎布一样供述。讯问与绰伊扎布同来的喀尔喀人克西克图:尔是何扎萨克之人,在何处被贼捉走,如何脱出,等语。对此告称:我是喀尔喀贝勒车登扎布旗人。去年九月,我旗协理台吉散扎布曾吩咐:有准噶尔贼人之消息,令尔等俱从阿尔察往里迁移,前去鄂特珲

---

① 此处原文是"dasidaba",以下俱同,即小策凌敦多布子达什达瓦。

腾格里地方,等语。其后贝勒车登扎布之兄台吉阿喇布坦多尔济,带领我等八户人,从阿尔察地方启程,行走三天,到达鄂特珲腾格里。协理台吉散扎布本人尚未到来之前,二十余准噶尔贼突然来犯时,台吉阿喇布坦多尔济率领我等七人,与贼交战。一人被打死,我背部受矛伤,与我台吉本人及八户人家的妻孥一起,俱被小策凌敦多布所属宰桑玛玛齐俘获。从那里带我,行走三个月,到达喀喇沙尔后,丝毫没有拆散我等,仍与我台吉阿喇布坦多尔济安置在了一处。因喀尔喀人绰伊扎布、阿玉锡距我驻的地方近,故我仍带上牲畜,在小策凌敦多布驻地周围交易米粮时,遇见了喀尔喀人绰伊扎布、阿玉锡。我言道:我等俱是喀尔喀族,我九十多岁的母亲本人,尚在王敦多布多尔济处。与其在此艰苦生活,不如归顺圣主,我等一同出逃,等语。如此商议后,与绰伊扎布、阿玉锡一同脱逃回来,等语。他处亦与绰伊扎布一样供述。为此将绰伊扎布、阿玉锡、克西克图仍交给笔帖式赛音察克、七十五,与吉林乌拉披甲代敏等十七人一起,编成两队,办给能食用到肃州的行粮,途中不致生事,妥善照管,于十一月二十七日,自巴里坤军营启程送往京城。俟到达肃州后,俱租用骡子解送。如此行文办理军需事务署理总督刘于义等。除此之外,为此将讯问绰伊扎布、阿玉锡、克西克图之事,谨奏闻。

雍正十年十一月二十八日
署理宁远大将军事务太子少保　吏部尚书　臣　查郎阿
副将军　巡抚　臣　张广泗
副将军　内大臣　臣　常赉
参赞大臣　散秩大臣　臣　穆克登
参赞大臣　内大臣　臣　顾鲁

28

署宁远大将军查郎阿奏审问出征准噶尔被俘脱回兵丁巴图折

雍正十年十二月十二日

署理宁远大将军事务臣查郎阿谨奏。为奏闻事。雍正十年十二月初九日，讯问廋济卡伦所送自准噶尔脱出的土默特蒙古巴图：尔是谁属人，在何处被准噶尔捉走，从何处脱逃回来，等语。对此告称：我是土默特贝子哈默克巴雅斯呼郎图旗满图佐领下领催。雍正七年，我旗派出二百兵，由公沙津达赖带领，前来阿尔泰军队。去年大军自科布多进剿时，因我是前锋，故曾在定寿队伍里。在和通呼尔哈地方，与准噶尔贼交战七昼夜，贼人突然冲进我兵营，用腰刀背面击打一下我头部，我当即晕倒。于是原宰桑巴罕曼济，将我逮住捆绑，送往其游牧地，行走月余，到达珠勒都斯。在巴罕曼济家里居住两月余后，迁移至喀喇沙尔地方居住。巴罕曼济家，曾将一喀尔喀女孩，配给我为妻子，还让一汉人陪伴我，交给一千只羊放牧。我父母妻孥俱在土默特地方，与其在此艰苦行事，何不如寻归圣主，去见我父母妻孥。为此舍命于今年十一月初六日夜里，从巴罕曼济马群偷取两匹马，又宰杀两只羊当作行粮，进入南面戈壁，奔着日出方向，走无人行走之路，十五天后到达一城。我在喀喇沙尔时，曾听见内地大军驻扎于吐鲁番地方，以为此城或许就是吐鲁番。我进城看得，有三十余准噶尔贼，于是恐惧没能及时逃走，贼人赶至将我逮捕。问我是何人时，我供称是准噶尔人，接着准噶尔人又问我是谁属人时，因我迟钝没能供述，旋即准噶尔贼捆绑我双手，夜里看守。第四天傍晚，捆绑我之前，我谎称小便，进入一空院子里，绕跑出城悄悄看得，准噶尔人牵着骆驼往来行走之人甚多。我胆怯地进入一墙壁破旧的院子里，隐藏两昼夜。日落之后，我偷偷出来，远避城池行走，看见一小城。我为寻找一点食物，前去看得，近十准噶尔贼在睡觉。慢慢爬行，前去抚摸，见一贼人酣睡，遂偷取其袜子、刀子。又步行二三十里，在一小城附近捡取撒掉的黍米，急行十一天，到达廋济卡伦，等语。讯问巴图：尔从喀喇沙尔来时，准噶尔人不会不追你，尔如何通过卡伦，准噶尔人之卡伦，俱设在何处，吐鲁番地方共有多少准噶尔人，等语。对此告称：我在喀喇沙尔时，据听准噶尔人谈论，卡伦设置在阿尔辉、乌兰布拉克、奔巴图等处，不知一处驻扎几人。我往这边逃来时，进入无人行走的戈壁，昼伏夜行，是故不知是否追我，丝毫没遇见准噶尔卡伦。我在吐鲁番等城看见的贼人踪影，大体看得有五百余人，或居住吐鲁番城，或来捡东西，此处不详知，等语。讯问巴图：尔是蒙古人，在喀喇沙尔一年有余，其人生活如何，马驼怎样，今年庄稼收成又如何，等语。对此告称：准噶尔人生计甚是穷困，有牲畜的人亦少，三分之二的人没有马畜。今年在额仁哈毕尔噶、喀喇沙尔、伊犁地方种的庄稼，受到蜥蜴、老鼠、蝗虫的侵害，全然没有收获。对此准噶尔众人言道：以前全然未闻蜥蜴吃粮食，今年种的庄稼被蜥蜴侵害，看来我准噶尔或许有大的灾难吧，等语。曾听见大家如此互相抱怨，等语。讯问巴图：尔是久居准噶尔地方之人，是否听到什么叶尔羌、喀什噶尔、阿克苏、库车消息，这期间准噶尔是否从此辈征收过牲畜，若尔有何闻知之处，令俱告明，等语。对此告称：今年进军阿尔泰时，因没有马匹，故从叶尔羌、喀什噶尔、阿克苏、库车征收过马匹，然丝毫没给。前不久叶尔羌、喀什噶尔的巴图尔伯克叛变准噶尔，纠合哈萨克、布鲁特攻打准噶尔。听到此消息后言道：原先哈萨克、布鲁特曾是敌人，今大国亦成敌人，叶尔羌、喀什噶尔人又叛变，四周俱是敌人，现在抵挡何方，何时才能太平生活耶，等语。如此众人齐声抱怨，等语。讯问巴图：尔在喀喇沙尔时，是否听见过哈萨克、布鲁特仍旧进军准噶尔之消息，是否仍与土尔扈特、俄罗斯互派使者，等语。对此告称：据听众人互相谈论，去年秋哈萨克来兵，一并掳走驻扎在伊犁等地的三百余户人及牲畜。今年九月哈萨克又来兵，一并掳走驻扎在伊犁等地的四千户或四千口人及一较大台吉。据说，今年九月，俄罗斯三十余人作为使者，前来伊犁，为索取事向噶尔丹策零言道：奉我察罕汗谕旨，希望普查归还此前被捕的我俄罗斯、土尔扈特、和硕特人。若不还给，将要向尔开战，钦此。对此噶尔丹策零俱已普查归还此三类人，等语。我亲眼看见过召唤宰桑巴罕曼济身边的四俄罗斯人。据准噶尔人之言：土尔扈特之阿玉锡汗与准噶尔交恶，已派兵来战，等语。如此互相谈论，不知真伪，等语。讯问巴图：尔在准噶尔地方时，今年前往阿尔泰之兵有几万，由谁带去，此辈当初去时每人有几匹马驼，尔出逃时准噶尔人是否已返回至游牧地，等语。对此告称：今年前往阿尔泰的准噶尔人，或有三万，或有六万，不知实数，由大策凌敦多布、小策凌敦多布带领前去。此辈去时，每人曾有三匹马、一峰骆驼。我来之前，小策凌敦多布子达什达瓦带领三十余人，已先回至游牧地。听到此消息，我宰桑巴罕曼济带着酒和羊只，前去迎接时，达什达瓦向巴罕曼济悲愤称：我父亲已前往噶尔丹策零处，此次我辈被打死四千余人，受伤的人甚多,马驼亦多被抢去。于是将徒步之人,俱留在额尔齐斯,我本人先来了。今四周全是敌人,我父亲身体又有痼疾,如何是好,等语。巴罕曼济返回来,将此说给其妻子时,我在旁边听到了。据听其下人等言论:前往阿尔泰的准噶尔人,大半被打死,受伤的有许多。剩下的人,俱连走带爬,勉强逃出,等语。俱如此互相言论,等语。讯问巴图:今年前往阿尔泰的准噶尔人,被我大军大败,被打死万余人,较大台吉、宰桑被打死几人,马驼兵器被抢的亦甚多。于是准噶尔人丢弃马匹器械,俱溃散连走带爬,勉强狼狈逃走。噶尔丹策零听到此消息后有何言辞,下人等又有何言论。再,在准噶尔的哈萨克、布鲁特、土尔扈特之人,听到此消息后,是否有思念故土而出逃的,等语。对此告称:我来时,小策凌敦多布已前往噶尔丹策零处,尚未返回来,故未闻噶尔丹策零有何言辞。唯听见其下人等抱怨称:今年前往阿尔泰之兵,大半被打死,较大台吉、宰桑亦被打死几人,受伤的人亦甚多。此辈连走带爬,狼狈逃来,虽被安置在额尔齐斯,然俱已成不中用的士兵,等语。在喀喇沙尔的哈萨克、布鲁特人,听到此消息后,各自思念故土,多有想要出逃之人,只是怕被卡伦人逮捕,不敢出逃。土尔扈特人也有出逃的,其中有出逃成功的,也有被捕的,等语。讯问巴图:是否见过听过今年从阿尔泰带去的喀尔喀人,再是否有准噶尔人今冬前来阿尔泰、巴里坤的动向,乌鲁木齐、伊勒布尔等地是否驻有准噶尔兵,等语。对此告称:我在喀喇沙尔时,没有见过听过今年准噶尔人从阿尔泰带去的喀尔喀人行迹。又思准噶尔人这几年行军打仗于各地,其游牧地有马畜之人甚少,再加上今年又被大败,其有何能力前来阿尔泰、巴里坤。又听说博克多山阴面有两三百准噶尔人驻扎卡伦,没听说是否在乌鲁木齐、伊勒布尔等地驻兵,等语。讯问巴图:尔若有何闻知之处,令俱告明,稍勿隐匿,等语。对此告称:我被准噶尔俘获,被贼奴役虐待差使,已一年有余,我父母妻孥俱在故地,我为见面生活,舍命逃来。俱已将我闻知之处告明,稍无隐匿,此外再毫无闻知之处,等语。为此除将巴图口供,具折先奏闻外,拟将巴图,趁回去之便,交人送往。为此谨奏。

雍正十年十二月十二日
署理宁远大将军事务太子少保 吏部尚书 臣 查郎阿
副将军 巡抚 臣 张广泗
副将军 内大臣 臣 常赉
参赞大臣 散秩大臣 臣 穆克登
参赞大臣 内大臣 臣 顾鲁

雍正朝

驻藏大臣青保奏闻准噶尔活动情形折

雍正十年十二月十七日

奴才青保等谨密奏。为奏闻事。雍正十年十二月十四日,贝勒颇罗鼐向奴才我等告称:恳请大臣等酌情向上大主子转奏拉达克德忠纳木扎尔寄给我的探取消息之文,等语。将其唐古忒文书,奴才我等大体翻译看得:拉达克德忠纳木扎尔呈文贝勒。为使听闻所获消息事。自叶尔羌,领导行商的叫尕喇库鲁鼐、吐尔班鼐的两回子及四窝铺人,以及与纳辛巴巴一同前去之人,俱于今年十月十二日,来到我拉达克地方。向此辈探寻准噶尔消息时告称:纳辛巴巴于八月,自拉达克启程,十一月初七日抵达准噶尔。令纳辛巴巴穿着克什米尔衣物,跟役等穿着拉达克衣物,使纳辛巴巴假装成巴扎汗使者,跟役等俱假装成拉达克汗使者,在众目睽睽之下,面见噶尔丹策零,等语。此次来的商人,是我派去探取消息之人。自去年十二月,至今年七月十五日为止,驻在准噶尔地方,于十六日启程回来。据听准噶尔人言论:听说与内兵交战,并打败内兵,多获人、马、骡子、银子,亦已攻取喀尔喀人。又听说子年五月,以准噶尔墨尔根台吉喀屯多克、多尔济丹巴、察罕此三人为首,带领七万兵,派去与内兵交战,不知其胜败与否。再,哈萨克已掳走准噶尔在边境的一千户人,准噶尔派出五百人前去追赶,只有七人返回,其他人没来,或许已被哈萨克打死,或许已归顺。再,俄罗斯使者六十人来到准噶尔,甚是强硬,使者言道:归还从我俄罗斯掳走的东西和人则休矣,若不归还将要开战,等语。再,叛变喀尔喀的人,前来归顺彼等,为此准噶尔派一名叫乌巴锡的人带兵前去接应。大主子以三厄鲁特族人为使者,派至准噶尔,为遣返拉藏汗子苏尔杂从土伯特地方带走之人,噶尔丹策零纳贡称臣则休矣,若要交战请勿偷袭,约定日期场所来战等事遣使时,准噶尔方面愤恨傲慢言道:能战则战,不能则和,若再顺利,我欲进攻阿里、鲁都克,等语。不知真伪。再,准噶尔怀疑吐鲁番部民叛变,迁移其大半,剩余的已投奔内兵。现于准噶尔地方,召集喇嘛,赞颂偶像,大力念诵甘珠尔经。甚是仁慈苏尔杂,而不怜悯罗卜藏丹津,且视为苏尔杂跟役级别。再,准噶尔收拢叶尔羌方面的汉人,带到伊处,筑城居住,等语。为此将所获消息具文呈告。永远不绝训斥,仁慈明鉴,等语。为此,奴才我等将拉达克诺颜德忠纳木扎尔呈给贝勒颇罗鼐的唐古忒文书原件,一并谨密奏闻。

雍正十年十二月十七日

都统　　臣　青保

都统　　臣　僧格

正卿　　臣　苗寿

前锋统领　臣　迈禄

30

出使土尔扈特内务府总管来保奏出征准噶尔时被俘满洲镶红旗护军伊勒图脱回并审明解京折

雍正十一年三月初四日

出使土尔扈特内务府总管臣来保等谨奏。为奏闻事。听说去年十二月,在俄罗斯地方,又有一我满洲从准噶尔之地逃出,在其托木斯克地方。于是奴才我等曾行文办理楚库百兴事务布尔噶第尔:据我等听闻,在尔托木斯克地方,又有我一满洲人。思我两国这般和睦,喀屯汗①得知后定会送交我方。倘若在此期间到来,希望立即送交我方,等语。今年正月十一日,布尔噶第尔向我等送来我满洲护军伊勒图者,并言道:奉我喀屯汗谕旨,著将大国该满洲人,仍照前妥善送达,钦此。是故专程送交大臣等,等语。而向送来的伊勒图讯问情由时告称:我是镶红满洲旗福成佐领下鸟枪护军,在护军上已行走二十五年,之前曾去过一次巴里坤军队,雍正七年被派到阿尔泰军队。九年六月初七日,自科布多进兵时,加入头队出发,于毛顿呼尔哈击破贼人卡伦,其后被贼围困,突围时被鸟枪弹丸击中右背而昏迷。我也不知何人割走了我的辫子,夜里苏醒后,看见火光,以为是我兵营,寻去时遇到准噶尔乌梁海蒙古。伊言道:尔跟我走,我非恶人,等语。如此带着我,到达其游牧地后,对我言道:我丝毫不是充军数而去之人,尔乃大国之人,听说俄罗斯与尔博克多汗甚好,我顺便将尔送到俄罗斯,等语。十天后,听到俄罗斯商人路过,随即带我赶上,向俄罗斯商人说好,俄罗斯商人将我带至托木斯克。俄罗斯官员知会其喀屯汗后,喀屯汗令将我妥善送到大国,故将我辗转送来,等语。为此将护军伊勒图交给领催,送往京城。为此谨奏闻。

雍正十一年三月初四日

内务府总管　臣　来保

侍郎　臣　色楞格

二等侍卫　臣　讷和图

员外郎　臣　达桑阿

---

① 此处原文是"katun han",指当时统治俄罗斯帝国的女皇安娜·伊凡诺芙娜。

靖边大将军锡保奏闻询问辉特部达克巴厄鲁特与哈萨克交战情形折

雍正十一年四月十六日

靖边大将军和硕顺亲王臣锡保等谨奏。为奏闻事。臣我等讯问准噶尔投诚厄鲁特达克巴：尔年岁多大，是何族，游牧驻在何处，尔是否有兄弟妻孥，再尔若有何闻知之处，令俱详思告来，等语。对此告称：我今年六十二岁，图克达特族，原是喀尔喀台吉固穆伊勒登属人，那时我等的游牧曾驻在巴里坤。噶尔丹生乱前一年，青海和硕特台吉罗卜藏衮布与辉特台吉等互相遣使，约定共同合力掳掠准噶尔，为此进兵经过我游牧地掳掠时，我祖父额尔克塔布囊与我台吉固穆伊勒登一同逃出，我本人、我父母，还有我一叔父，一家四口人被掳走，分给了辉特台吉等人。我从十四岁开始，跟着辉特人，已生活这么多年，我老人俱早已故去。现我叔父墨尔根和硕齐三子、我本人，此我兄弟四人内，我有两个儿子，长子阿布什三十二岁，次子巴尔桑十六岁。再于去年，我兵在额尔德尼召战败，是故噶尔丹策零于今年正月，召集各部宰桑头目举行会盟时，各宰桑等议论称：今年针对哈萨克路，照去年所派数目，出兵防御。若不向内地派兵，会以为我等已无力进兵，已不能战，我等酌情出兵派往，等语。旋即告知噶尔丹策零及策凌敦多布等人时，噶尔丹策零、小策凌敦多布表示同意，大策凌敦多布丝毫没有表态。于是辉特达尔罕台吉、杜尔伯特台吉巴罕曼济，向噶尔丹策零言道：今年我等不能进兵，我等确实已没能力，等语。遂没能议定，散去三天后，第四天再聚时，全体议定：我等今年停止派兵，于各自游牧地预备防守，等语。并从我辉特一万兵内，派出五千兵，每人骑乘两匹马，预备食用到十月的行粮，由我辉特台吉色布腾达什率领，于三月启程，前往哈萨克方面的阿勒贵路防御。再，驻在这边的大策凌敦多布，从三吉萨、库热、鄂托克沙毕纳尔，派出三千兵，每人骑乘三匹马，仍带食用到十月的行粮，由库热宰桑噶布尊①、库图齐

---

① 此处原文是"g'abDZun"。

纳尔宰桑哈里云①率领,于三月启程,驻扎在阿尔泰那边的奇兰②等地。我在途中看见出发前来。而不知其他鄂托克之兵,如何派遣,预备何处。再于前年,我军来和通呼尔哈地方后,秋时哈萨克来兵两千,掳掠杜尔伯特时,杜尔伯特台吉固鲁西第率一千兵迎战,阵亡四百余兵,固鲁西第本人亦阵亡,哈萨克掳走杜尔伯特两千户。于是我辉特卫征和硕齐子齐木库尔领五百兵,于喀喇巴罕巴咋尔地方进行阻击,齐木库尔之五百兵内,阵亡二百兵,齐木库尔本人受伤几处,勉强逃出。接着,又有哈萨克一千兵,经由巴尔喀什湖前来,掳走了塔尔巴哈沁台吉额林臣、敦多布下面的二百户。塔尔巴哈沁台吉丹津,带二百兵追击,阵亡一百五十人,只剩下五十兵逃回来。接着,又有哈萨克一千兵,经由伊犁西面的巴哈纳斯地方前来,掳掠了额尔克坦鄂托克之一千户。行走在巴尔喀什湖冰上时,冰层解冻,哈萨克掳走的一千户人俱已掉进湖里死去,哈萨克兵亦受损失。由我额尔克坦之德木齐津巴带领追赶的二百兵,将剩下刚从湖里出来的哈萨克兵,阻击于湖边,打死许多哈萨克,五百余哈萨克逃回去。去年派出我准噶尔一万五千兵,我辉特台吉巴勒珠尔由阿布赖克依特、乌林噶克察毛都路,卫征和硕齐由扎木乌古勒珠尔路,诺颜和硕齐由西里路,每路带五千兵,曾前去征讨哈萨克。此次去后,八月里哈萨克五百兵,为躲避我兵,经索索克地方前来,掳走了杜尔伯特台吉巴罕曼济下面的二百户。再,哈萨克近二百兵,沿着额尔齐斯下来,掳走了卫征和硕齐下面的一百三十户。由巴勒珠尔带领,经乌林噶克察毛都路进去之兵,没遇见哈萨克,毫无收获而返。由卫征和硕齐带领,经扎木乌古勒珠尔路进去之兵,到达哈萨克之喀喇布隆地方,俱使哈萨克游牧往那边迁移,只获少许哈萨克留下的牛羊。曾从我军内差遣三千兵,放去三队掳掠。哈萨克兵截断我掳掠的一支军队,交战时我兵阵亡一百,从那里亦返回。由诺颜和硕齐带领,经西里路进去之兵,沿着西里下去,到达哈萨克之和博克地方,亦放至各处掳掠,收获许多俘虏。对此,喀喇哈勒巴克的军队,截断我掳掠之兵,打死我两千人。没遭遇喀喇哈勒巴克的军队,尚带着收获的一些俘虏返回,等语。再讯问达克巴:据我听闻,去年罗卜藏舒努曾带兵前来攻打噶尔丹策零,此事尔是否听过,与俄罗斯是否有何战争,叶尔羌、喀什噶尔又如何,等语。对此告称:据闻,被哈萨克掳走的一准噶尔人,今年逃脱回来,向噶尔丹策零告称,据听哈萨克人言论,今年土尔扈特国叫喀喇多尔济的人,与罗卜藏舒努一同带兵,前来攻打我等,等语。曾

---

① 此处原文是"haliyūn"。
② 此处原文是"kirang",与"kiran""kilan"同,皆指阿尔泰山西麓的奇兰,今称克兰。

如此告知噶尔丹策零，等语。而说去年罗卜藏舒努带兵前来攻打，是凭空捏造之事。再于先前，我准噶尔与俄罗斯交战时，曾将所获俄罗斯伊凡等近二百人，交给各个鄂托克，制造鸟枪。去年俄罗斯派来使者，索取彼这些人时，噶尔丹策零言道：尔人，我收拢后俱会交给尔方，然我方此前去经商的一伙人，被扣留在尔国，毫未交给我方，故请亦归还我人，等语。俄罗斯所遣使者，于入秋后返回，其后俄罗斯使者又来商量称：尔人，年老的俱已死去，现在只剩下青年人，拟将此辈，于明年送交尔方，并带回我人，等语。遂于入冬后，骑乘乌拉返回。我来之前听到言论，今年噶尔丹策零以有俄罗斯来使的消息为由，派人至各个鄂托克，收拢俄罗斯人。因在叶尔羌、喀什噶尔等每个回子城，都有我准噶尔人看守驻扎，故毫无战事。此外，岂敢不告所知所闻之言，我想到什么言辞，即告什么言辞而已，毫无隐匿之项，等语。为此谨奏闻。

　　雍正十一年四月十六日

　　靖边大将军　和硕顺亲王　臣　锡保

　　副将军　臣　策凌

靖边大将军锡保奏审明投诚之达什等并送交厄鲁特王色布腾旺布安置折

雍正十一年四月二十四日

靖边大将军和硕顺亲王臣锡保等谨奏。为奏闻事。雍正十一年四月十五日,由驻扎阿济卡伦德倭勒图处送来自贼处来投的厄鲁特达什及其孥五口人。于是臣我等讯问厄鲁特达什:尔是谁属下,从何处如何前来,尔为何而来,等语。对此告称:我是驻在推河等地的厄鲁特王色布腾旺布所属宰桑萨噶尔所辖之人。毛海、策凌等人叛去时,萨噶尔将我带走,与毛海等一同到达乌延齐①、博东齐②地方驻扎过冬。我弟乌巴锡及我族人,俱在王色布腾旺布处。自出走以来,我虽思念我主子、族人及故土而想逃出,然没能脱逃。去年十一月,为了脱逃,与跟毛海一同前去的我旗人一起,偷取十五匹马,往这边驱赶时,遭遇马的主人巴图等,将我逮住,捆绑带走看守。我之牲畜内,只留给我一峰骆驼、一匹马、二十几只山羊,而将其他牲畜,巴图俱带走后,才放了我。我在彼地,不得益处,且越发生活穷困。是故今年毛海向华额尔齐斯迁移时,于二月二十四日,偷取十三匹马,并带上我所剩的一峰骆驼,算上我母亲、妹妹、我妻及小儿子,共五口人逃出,经哈布塔克、拜塔克绕开戈壁,行走三十六天,才到达阿济卡伦,等语。讯问达什:准噶尔卡伦设于何处,彼这方边境是否驻有军队及游牧人,今年是否有进兵消息,去年前往哈萨克的彼兵如何,前来额尔德尼召地方的准噶尔兵损失如何,领头宰桑等内被打死者几人。之前逃来的人曾说:毛海带走的王色布腾旺布属民内,小策凌敦多布已夺取两三百户,等语。此事是否属实。噶尔丹策零待毛海、策凌等人怎样,巴济及土尔扈特喇嘛第雅等人游牧驻在何处。据闻:去年毛海曾前往噶尔丹策零处,于今年二月回来,等语。毛海回来后有何言论。尔居准噶尔地方两三年矣,不会不知彼地民众之生计,令尔将所有闻知之处,详尽回想

---

① 此处原文是"uyemci"。
② 此处原文是"bodongci"。

告明,勿要隐匿,等语。对此告称:听说准噶尔卡伦设在乌延齐①、博东齐②源头及布拉罕源头地方。我刚绕开戈壁过来,不知有多少卡伦。去年准噶尔兵返回时,于乌延齐③、博东齐④地方驻防三千兵。扎哈沁游牧人,去年夏曾驻在华额尔齐斯等地,冬天移至奇兰⑤下面的杜尔伯勒津地方驻牧。此外未闻是否有驻在其他地方的军队及游牧人。今年二月,驻扎在乌延齐⑥等地的彼三千兵,去往游牧地,我看见其与毛海一同往那边出发,没听说向这边进军。只听到今年从游牧地来的三千兵,驻扎在奇兰⑦地方。只听说去年前往哈萨克的彼兵被打败,而丝毫未闻败得怎样。曾看见从额尔德尼召地方逃回去的士兵经过我游牧地,没有马匹的徒步之人有一半,即使有马匹的人,亦在牵着马走路,看得甚是疲惫劳顿。途经毛海之人时,偷盗抢夺马畜,不堪入目,为此我辈马畜多被踩躏。听说彼兵损失甚多,只多尔济丹巴本人,就受伤四五处,勉强痊愈。除这般听闻外,未闻宰桑等人内有几个被打死,士兵折损多少。毛海等人带走的王色布腾旺布之人内,去年毛海前往噶尔丹策零处后,四月时二百户人对小策凌敦多布言道:我等乐意跟随尔也,等语。以此为由,小策凌敦多布据为己有,此事属实。随即毛海之妻写信给毛海,毛海告知噶尔丹策零后,于去年七月,将这些人仍授予毛海。我不知噶尔丹策零待毛海、策凌是否好坏。毛海于去年十二月前往噶尔丹策零处,今年二月返回至游牧地,并称:噶尔丹策零嘱咐我等迁至斋尔等地居住耕种田地,等语。以此为由,于二月二十三日,往那边迁移。二十四日,我即逃来。听说巴济等人驻在额敏、斋尔等地,我丝毫没见过。与我同去的色布腾旺布之人及毛海之人抱怨道:我等在彼处时,承蒙主子之恩,曾自在安逸生活。自来此处以后,丝毫不得什么东西,且极度忍耐偷盗。毛海等人承受不住安逸生活,故带来我等承受艰辛困苦,等语。听说准噶尔人不靠牲畜过活,唯倚赖耕地生活。所有事务消息,每每隐匿避开我等,且因我等驻在准噶尔边境,故全然不得听闻。我是思念故土而脱出之人,若我真有闻知之处,一旦得到,即会告明,以成嘉善而已,岂敢隐匿。我亦是甚愚昧之小人,属实没有闻知之处,等语。臣我等审讯厄鲁特达什看得,达什其人甚是愚昧,不知准噶尔任何事。达什眷属在厄鲁特王色布腾旺布

---

① 此处原文是"uyemci"。
② 此处原文是"bodongci"。
③ 此处原文是"uyemci"。
④ 此处原文是"bodongci"。
⑤ 此处原文是"kirang"。
⑥ 此处原文是"uyemci"。
⑦ 此处原文是"kirang"。

处，为此询问色布腾旺布派去从其乌梁海人收取贡赋的梅勒章京索森、护卫津巴达什等人时，索森、津巴达什俱言属实存在。因达什等丝毫不是紧要之人，故臣我等将达什等五口，即于梅勒章京索森、护卫津巴达什返回其游牧地时交给彼等，并吩咐带至色布腾旺布游牧地，交给王色布腾旺布，以使妥善照管安置。为此谨奏闻。

雍正十一年四月二十四日

靖边大将军　和硕顺亲王　臣　锡保

副将军　臣　丹津多尔济

将军　参赞大臣　臣　塔勒岱

副将军　臣　常德

参赞大臣　臣　永福

靖边大将军锡保奏审明投诚之厄鲁特阿玉希等并解京等情折

雍正十一年五月初四日

靖边大将军和硕顺亲王臣锡保等谨奏。为奏闻事。雍正十一年四月二十六日，新齐齐哈尔正红旗①额勒登布佐领下委署骁骑校叶赫等，送来一准噶尔投诚厄鲁特及脱出的一喀尔喀。于是臣我等讯问厄鲁特：尔名甚，谁之属下，是何族，年岁多大，从何处前来，如何纠合此喀尔喀同来，等语。对此告称：我名阿玉希，二十五岁，准噶尔之厄鲁特族，小策凌敦多布属人，游牧驻在喀什空济斯地方，我俱有父母兄弟。我从十六岁起，经常从军。前年来此参军后，小策凌敦多布将掳走的喀尔喀贝勒车登扎布旗下额尔台吉西喇布之姊配给我为妻，后来将额尔台吉西喇布，分给宰桑托克托下面叫巴雅尔的人时，我将分到的车登扎布旗下叫车伯克的人送给巴雅尔，换取了西喇布。去年我兵败于额尔德尼召地方，逃回去后，我于十一月到达我游牧地。正月里，我一此前被哈萨克掳走之人逃来告称：哈萨克等听到我兵于今年被大国军队大败，今游牧地只剩下无主牲畜和妻孥后，便趁机进攻准噶尔，共派出三万兵，从其游牧地出发五天后，我逃来了，等语。为此噶尔丹策零急忙传令，从其驻在游牧地南面的人等内派出一半士兵，并将驻牧在北面的男丁全部派出去当兵，时亦将我派到军前。我思量着，生活在准噶尔地方，连年争战不断。我本人于前年，在和通呼尔哈淖尔、苏克阿勒达呼等地当差，不加休息，去年又参军，从额尔德尼召撤回来，不久再被派至军前。我父额尔勒臣，亥年前去巴里坤参军，尚未返回。我兄策凌彭楚克，未年进军哈萨克方面，亦没回来。每年浪荡行军打仗，父子兄弟不得生活一处，艰辛困苦而行，与其如此，我不如带此喀尔喀台吉投奔大国，承蒙圣主之恩安逸生活。于是二月十九日，我自游牧地出发前往军中时，我内弟台吉西喇布出来给我送行后，我讯问台吉西喇布：现在我带你去投奔尔大国，尔意如何，等语。对此西喇布欣喜答道：愿意跟随

---

① 此处原文只有"gulu fulgiyan"，而无"gūsa"字样。

前来,等语。是故我俩立即于十九日夜里,带着我要骑至军中的五匹马和炒米,悄悄出发,夜里行进,第二天走无人之地,翻越博罗布尔噶苏岭,夜行有人之地,昼行无人区,通过博尔塔拉、额敏地方,跨过额尔齐斯,来到阿尔泰那边的库列图岭后,准噶尔卡伦五人跟踪赶上我等,将我等牵着的三匹马和行粮,一并俱抢走。我俩勉强逃来这边,因丝毫没有食物,故途中用鸟枪打死一匹野骡、一只公盘羊、一只母盘羊,称取其肉当行粮,沿着科布多河下来,由额克阿喇尔北面前进,溯扎布坎河而上到来,等语。讯问阿玉希:尔若是小策凌敦多布的正身属人,尔辈准噶尔之所有事务,尔俱了解,令尔将所有闻知之处,俱如实告来,等语。对此告称:以前策妄阿喇布坦在世时,不像这几年这样大动兵戈,虽然只用兵哈萨克方面,但没损失多少马畜,故各游牧地人等,生活尚好。今至噶尔丹策零后,四处征战,每年都大动兵戈,因此下人等之生活,已远不如前。哈萨克来兵几次,掳掠游牧地,加上去年来此之兵,大败于额尔德尼召地方,马畜俱已损失。我下人等互相抱怨称:我等每年行军打仗,却丝毫添加不到什么东西,白白损失自己牲畜,亦不能保护自身性命,妻孥又不得安逸生活,我等男人早晚亦会死于战争,等语。多有如此抱怨之人。再于去年秋,俄罗斯国遣使,向噶尔丹策零言道:将此前自我国逃到尔准噶尔之伊凡等七千口人,今俱归还我等。尔若不还,我等将派兵与尔开战,等语。于是噶尔丹策零召集众宰桑头目议论称:将现有的彼人,我等俱查出归还,倘彼等不相信彼陆续死去之人数,我等举行宣誓,让彼等看见,则休矣,等语。如此议定后,我来时曾听闻:将俄罗斯人聚集在博尔塔拉地方查验,并归还交付彼人,等语。前年我来兵,到达西尔哈戈壁后,大策凌敦多布瞒着小策凌敦多布,从其带领的兵队内,先派出了掳掠之人,接着小策凌敦多布听到此事后,对大策凌敦多布言道:我俩同时一起来兵,然放出掳掠之人时,为何全然不给我信,尔若送信于我,我岂能不派我兵耶,等语。遂交给其子曼济一千兵,派去掳掠。从那以后,两人就已不睦。去年在额尔德尼召地方交战,多尔济丹巴之兵被满洲兵围攻时,小策凌敦多布亦丝毫没去救援。自那以后,两家更是互相仇视,路上小策凌敦多布凡遇多尔济丹巴之人,即捉来鞭笞,多尔济丹巴遇到小策凌敦多布之人后,亦行鞭笞,二人全然不见面谈论。多尔济丹巴回到游牧地后,将这些事情俱已告知其父亲。后来噶尔丹策零传令各宰桑头目举行会盟时,大策凌敦多布、多尔济丹巴父子俩前往,多尔济丹巴在途中旧伤复发,身体得病,不能坚持,返回了游牧地。大策凌敦多布前去会盟之地,面见噶尔丹策零后,即控告小策凌敦多布称:此次我军进犯中国①,于额尔德尼召地方,我子

---

① 此处原文是"duLimbai gurun"。

多尔济丹巴麾下之兵被人围攻时,小策凌敦多布丝毫没去救援。伊之此举,或对我准噶尔军队存有歹意,或对我儿子存有歹意,我全然不解,等语。对此小策凌敦多布供称:我应对之处及甘敦多布应对之处,俱曾受敌。多尔济丹巴伊本人,丝毫没能管束军队,因溃散生乱逃走,故才多致损失而已,若不逃走,何以损失那么多兵。那时我若留下我应对的敌人,前去救彼,倘满洲兵来截击我尾部,我等亦会白白死掉,多尔济丹巴亦已死掉也,等语。于是噶尔丹策零言道:小策凌敦多布所言多有道理,此人甚妥善行事,保全军队并突围。多尔济丹巴之行为,甚是非也,等语。我从跟着我小策凌敦多布前去的人处,听到如此议论之事。又听说,在额尔德尼召交战时,中国①兵冲进我准噶尔阵地后,甘敦多布即持军旗逃跑,后来宰桑郝塔拉竖起军旗,收拢挽救,故其队伍之兵,没多大损失。今郝塔拉言道:我若不用力竖起,尚且不知我兵去往何处矣,此处我定会告明噶尔丹策零,等语。有这般二人互相控告的消息。又听说,前年与毛海、策凌等人同去的色布腾旺布属下宰桑索顿、萨噶尔等人,对小策凌敦多布言道:我等寻你而来,丝毫没跟毛海、策凌而来,尔理应将我等带走才对,等语。是故小策凌敦多布对毛海、策凌言道:此辈是寻我而来之人,噶尔丹策零亦说让我收取,等语。为此召集众宰桑头目,收取其三百户人。随后小策凌敦多布出征时,将其占取之人,为伊回来后再迁至游牧地,而与其小妻一同留驻于华额尔齐斯。小策凌敦多布出征后,策凌等便派人告知噶尔丹策零。对此噶尔丹策零派达尔扎宰桑,将这三百户人,从小策凌敦多布小妻处拨开,还给了毛海、策凌等人。接着小策凌敦多布自军中回去,听到此事后愤恨言道:我为噶尔丹策零事,不惜自身性命,北面抵挡哈萨克、布鲁特,南面抗衡大国兵,年年行军打仗。然对我自力所获之人,丝毫不让我做主,从我处抢走,授予毛海等人,似我这般辛劳效力之人,还不如毛海等人耶。今我同族王阿喇布坦子色布腾旺布,兹奉大国主子之恩,堆积金银,称王安逸生活也。我若前去归顺大国主子,即便这般效力行事,亦会承蒙厚恩,荣华富贵生活,属实强于尔此地,等语。如此甚是恼怒。将从此处带去的其属下一千兵,留给宰桑达什扎勒、宰桑哈什哈萨克杜尔,并言称:令尔等在布拉罕地方,驻扎放养马匹,明年三月,返回至游牧地,我等看草青情况,经由噶斯路,前去归顺大国,等语。如此吩咐完毕后,派遣特古斯给伊妻行文称:我当初来时,曾将我属下兵丁,共带来一千五百。今从战场返回,牲畜俱已消瘦,故将一千余兵,留驻布拉罕地方,明年春撤回。我本人带领四百兵,前往游牧地。今游牧地尚有两千余户人,

---

① 此处原文是"dulimbai gurun"。

交给宰桑准察布、乌巴锡,调出一千兵,从我马群里选取预备的三千匹马,俟明年草青后,我等掳掠沙毕纳尔、扎哈沁、克烈特此三鄂托克,经由噶斯路,前去归顺大国,等语。十一月,小策凌敦多布到达游牧地后,噶尔丹策零接连两次派人来召唤,小策凌敦多布以身体不适为由,推脱没去。后来噶尔丹策零又派人,要求务必前来,是故小策凌敦多布无奈前往。见面后,噶尔丹策零向小策凌敦多布言道:尔若收取已归顺我人之属下,日后还有谁会来归顺我耶。今年尔办事属实嘉善,我凑取罗卜藏策凌一千户人给尔。尔之子曼济,亦办事嘉善,给其授予丹津和硕齐封号,并赏赐一副锁子甲,等语。为此小策凌敦多布才安心变好,将其子留在噶尔丹策零身边,其本人回到游牧地。之后正月里,我曾听到曼济从噶尔丹策零处回来,对其父亲言道:据噶尔丹策零之言,如今边境方面,毫无大人物,令尔亲自带领我赏给尔之一千户人,前去游牧地边境,驻防额尔齐斯地方,等语。我还听到,甘敦多布亲自到小策凌敦多布处说,要差遣甘敦多布,带领近一千户人,派去防御布鲁特来路,等语。再讯问阿玉希:小策凌敦多布这种行为,噶尔丹策零听到后,对其不加治罪,反而哄诱赏赐,岂有此理,此事尔自何人听闻,等语。对此告称:小策凌敦多布听到噶尔丹策零拨开其收取之人再给毛海等人的事情后,甚是愤恨,是避开优劣之人,向其属下大人物言论时,我听见的。后来噶尔丹策零哄诱伊,赏赐人丁,授予曼济封号等事,是跟随小策凌敦多布的我舅舅毕里克图对我说的。再据我愚思,这期间噶尔丹策零没听到小策凌敦多布之事,倘若确实能及时叛逃,定会派兵追剿,然丝毫没能及时叛逃。且小策凌敦多布亦不可与小人物相比,噶尔丹策零即使暗中听到,也只能设法哄诱安抚,使其回心转意而已,怎能马上交恶将其治罪耶,等语。再讯问阿玉希:前据我等听闻,尔等所获俄罗斯人,只有几百人,尔现在却说,所获俄罗斯人有七千口,此是为何。尔处今年是否在阿尔泰备兵,是否在巴里坤方面备兵。投奔尔之巴济、毛海等人俱安置于何处,是否拆散彼等。去年前来我内地之尔辈准噶尔兵,共损失多少,宰桑等人内,谁被打死。尔辈准噶尔游牧地被哈萨克兵掳掠过几次,此事是否属实。尔是真心感戴大国之恩而投诚之人,令将尔闻知的所有各类事情,详尽回想告明,等语。对此告称:据我听闻,俄罗斯国曾遣使来索取其七千口人,丝毫未闻是几百。亦未闻我准噶尔兵今年来这边的消息,唯交给库图齐纳尔之宰桑哈里云、库热之宰桑噶布尊①三千兵,于库列图山口、奇兰②之罕达垓图岭山口、华额尔齐

---

① 此处原文是"g'abDZung"。
② 此处原文是"kirang"。

斯、喀喇额尔齐斯交汇处,此三处,每处驻扎一千兵,以设卡伦。我来时,曾启程派出。再据我听闻,去年派往巴里坤方面的两万兵,因不得精锐之兵,故算上优劣回子人等,充数前往。据听人言论:后来巴里坤之兵,在木垒地方筑城,从巴里坤搬运米粮时,台吉色布腾带兵阻截,令其中止,故驻扎木垒之兵已返回。此次我等若有精兵,可获物件,因是优劣参半之兵,故丝毫没成,空手而回,等语。听说今年台吉色布腾带领三千兵,前去驻防博克多①、额仁哈毕尔噶等地。毛海、策凌前曾驻在华额尔齐斯周围,据说今年噶尔丹策零向毛海、策凌盼咐道:令尔等迁移至额敏地方,驻在大策凌敦多布附近,大策凌敦多布令尔等坐下即坐下,令站立即站立,看其指示遵行,不得违背,等语。还盼咐大策凌敦多布:令将毛海、策凌安置在尔附近,妥善看管,等语。我等来时,在额尔齐斯地方,看见毛海等人往那边迁移行走。又听说,巴济有叛变消息,为此噶尔丹策零将其本人唤去,而将巴济及墨尔根绰尔济游牧地,俱从斋尔地方往那边迁移,安置在哈萨克来路上。据闻,去年在额尔德尼召地方,宰桑头目被打死许多。仅据我知,台吉诺尔布达什,宰桑默德克津、努呼里、色布腾已被打死。士兵损失多少之处,我等那边尚未查明,故我不知实数。再于前年,哈萨克来兵,杀害我设在北边的卡伦人,进入游牧地,掳走了杜尔伯特部近千户人。去年又来一伙哈萨克兵,掳走了许多额尔克坦鄂托克人。现在却听闻:杜尔伯特、额尔克坦鄂托克此两部人的游牧地崩坏,发生混乱,等语。我准噶尔人曾如此言论,等语。再讯问阿玉希:据我等此前听闻,噶尔丹策零听到巴济想要回逃后,便将其逮捕。还有多尔济丹巴在额尔德尼召地方损失兵马,因此已没收其各种财物并治罪,等语。此事是否属实。再,尔辈准噶尔这几年行军打仗时,噶尔丹策零将其舒鲁克牲畜、三吉萨、喇嘛等之牲畜,如何酌情办给军队,是否有此事,等语。对此告称:前年出兵时,噶尔丹策零言道,此次进军,俱是为保护全体。现已差遣我舒鲁克及储存公中之犯罪罚取马驼,供给没有牲畜之人。对此亦将尔等富人家、三吉萨、喇嘛等之马驼,派出办理,以供骑乘,等语。经如此议论,彼等支援各自牲畜,前年给士兵驼马,以供骑乘。去年亦曾给予,办给多少,不知其数。听说今年噶尔丹策零从其舒鲁克及犯罪罚取驼马内办给的,现在令赔偿,为何令赔偿,下人等是否赔偿,不知也。据我准噶尔人言论:多尔济丹巴为前去控告小策凌敦多布,于途中旧伤复发而返回游牧地,大策凌敦多布已去会盟处控告,等语。我没听说多尔济丹巴因损失兵马而被治罪之事。逮捕巴济之事,我亦没听闻。已将我闻知之处,我俱如实

---

① 此处原文是"bokda"。

告明,毫无隐匿欺骗之处,等语。讯问台吉西喇布:尔年岁多大,在何处被贼捉走,尔是否有父母兄弟,尔在准噶尔地方居住一年有余,令将尔所有闻知之事,俱如实告来,等语。对此告称:我今年十八岁,我父名蒙克,还有我母、我一姊、四弟、一妹,算上我共九口人。前年秋,我等曾跟随我贝勒车登扎布,驻牧在鄂尔海河源头。九月时,贼人突至,我全家人俱被贼人俘获。将我父、母、姊,我弟索诺木、车登、阿巴里密达、安丹多尔济及妹玛哈布尼,俱一一分开带走。曾把我分给辉特托克托宰桑麾下叫巴雅尔的人,后来到达博东齐后,娶我姊之阿玉希带来我旗叫车伯克的男孩,将我换走。其后跟着我姊,与阿玉希一同前往喀什空济斯地方居住。今年二月,彼处派阿玉希到哈萨克方面从军后,是月十九日,我送行阿玉希时,阿玉希我俩商量一同逃出。今我父母弟弟,不知俱在何人身边。再于前年,将我带走时,通过和伯克赛尔、额敏、斋尔、哈布达垓、乌兰齐劳、博尔塔拉、博罗布尔噶苏等地行进时,俱经过鄂托克沙毕纳尔之达尔扎宰桑、库图齐纳尔鄂托克之哈里云宰桑、大策凌敦多布、三吉萨、巴罕库图齐纳尔鄂托克之巴苏宰桑、绰霍尔鄂托克、克烈特鄂托克行进。到达驻在喀什空济斯地方的小策凌敦多布游牧地后,我又发现乌鲁特鄂托克、堪布喇嘛之沙毕纳尔、扎哈沁宰桑洪郭尔拜等之游牧地,俱环绕驻在小策凌敦多布附近。其中,克烈特、绰霍尔这两个鄂托克人,看上去牲畜甚少而贫穷。大策凌敦多布、库图齐纳尔鄂托克、乌鲁特鄂托克、堪布喇嘛之沙毕纳尔、扎哈沁,这几个鄂托克人,俱生活一般。三吉萨、巴罕库图齐纳尔鄂托克、鄂托克沙毕纳尔之人,尚富裕。大体看西喇布我见过的所有鄂托克人,拥有二三百只羊、百余匹马、四五十头牛、十几峰骆驼之人,彼等即称是头等富人家,这种级别的人少。而将拥有一百只羊、十余大牲畜者,称为可缴纳贡赋的富人,像这种的有大半。拥有五六十只羊、七八个大牲畜者,称勉强缴纳贡赋之人,这种级别的亦多。全然没有牲畜,倚赖耕地生活者亦甚多。此外将我闻知之处,岂敢不据实告明,等语。臣我等照例赏给台吉西喇布立家产银一百两,并为将西喇布交给该贝勒车登扎布而送往游牧。除此之外,拟将厄鲁特阿玉希,由臣我处差人乘驿解送京城。为此谨奏闻。

雍正十一年五月初四日

靖边大将军　和硕顺亲王　臣　锡保

副将军　臣　丹津多尔济

将军　参赞大臣　臣　塔勒岱

副将军　臣　常德

参赞大臣　臣　永福

大学士鄂尔泰奏辉特部台吉达尔玛达赖遣来之达克巴口供单

雍正十一年五月十七日

达克巴之口供。臣我等讯问自顺王处送来的厄鲁特达克巴：据尔告称，辉特台吉达尔玛达赖等人，经全体商议，带领属下阿勒巴图①，俟我大国进兵时，准备接应投诚，为此派尔，等语。尔辉特人等，已久居准噶尔地方，今无缘无故为何产生此意。只达尔玛达赖兄弟内部商议派尔，还是下人等俱一心说要投诚。尔等的游牧驻在何处，一万户人，如何能同时来寻与我军汇合，此事所关甚巨，务必详尽思虑决定。尔业已投诚，既已成我人，令将所有事情，俱如实告明，等语。对此告称：我辉特部，向来与准噶尔是异姓，青海、回子地方俱曾驻过，后来与准噶尔汇合，搭配居住。策妄阿喇布坦将使者阿布都拉宰桑驻留京城那次，就令我辉特台吉等之使者顺利贸易遣回之事，策妄阿喇布坦心生猜忌，唯恐我等已心向主子汗，故从我原来居住的喀喇沙尔地方，往北迁移至塔尔巴哈沁地方居住。进军哈密时，又往北迁移，驻扎喀喇塔拉地方，以阻截哈萨克。这几年与内大军交战行军时，一次也没派过我台吉等人。由此看得，估计仍一直在怀疑我等。再加上去年将我鄂托克兵派往阿尔泰时，对没有骑乘牲畜之人，曾办给噶尔丹策零之舒鲁克马匹，返回去后，说俱要赔偿此牲畜，故属下人等甚心灰意冷。倘内大军攻打进来，估计到达额尔齐斯后，我游牧地人定会惊慌纷乱。借那机会，我辉特人行进于北部无卡伦之地，前来与大军汇合，等语。再讯问达克巴：据尔前言，派尔辉特兵五千，前去抵挡哈萨克，等语。假如我军果真进兵，尔等来投，是否留下此五千兵而来。尔又告称，尔等没有马匹，将噶尔丹策零舒鲁克马匹，让尔等骑乘，等语。若果真那样，一万余人，如何徒步来投。贼人发觉后追击，瞬间赶至，俱行逮捕也，等语。对此告称：我游牧地北部边界，与哈萨克接壤，故我台吉色布腾达什带领五千兵，在游牧地边上驻防哈萨克。南部边界额敏等地，是大策凌敦多布游

---

① 此处原文是"jušen"，相当于蒙古语的"albatu"。

牧地,库热、三吉萨人等,阻截道路而驻。所以不可从南部前来,可由北部经我兵驻扎之地,纠集彼等一同来投。再我马畜,虽不整齐,然一旦得到消息,乘纷乱之机,在彼来不及之时,抢掠附近邻居马群,可迅速来投大军,等语。再讯问达克巴:额尔齐斯地方与阿尔泰甚近,尔台吉等若真有此意,为何不来寻阿尔泰,为何定要等到进抵额尔齐斯,等语。对此告称:获大国进兵消息后,会选派准噶尔男丁阻截,是故残留在游牧地的老少妻孥,定会惊慌纷乱,借那机会,我等亦可假装躲避而行动。倘若全然没有消息,而我等擅自行动的话,当即会被发觉也。关系几万人性命之事,不可轻举妄动,为此只期盼大军前去降临,等语。再讯问达克巴:据尔前言,尔本人曾看见准噶尔派出三千兵,于三月启程,前来奇兰①等地驻扎。奇兰等地已驻兵防范,尔却如何通过并来到我军营。再,尔本人必须回去后,尔台吉才可获得消息,此次回去时尔又如何前往,倘在野外被准噶尔逮住,尔如何供述,等语。对此供称:我来时,赶在准噶尔兵到达奇兰地方之前,渡河而来。再,我本人若不返回,我台吉等如何能得消息,刚刚我本人自军营往京城出发时,我即向车臣王言道:准噶尔兵,现已派出三千,驻在阿尔泰山脊时,定会悄悄派人,探取尔大军消息,对此理应小心留意防范才对,等语。捕捉其活口,审问于何处驻扎卡伦。倘若被捕的是我辉特人、杜尔伯特族人,可让一人陪我,我寻无卡伦之地行走,即能出去。再,我台吉等以我能舍命而才派我,我来时亦在台吉等前发誓:绝不让人活捉,等语。如此而来。倘真被人逮住,我只有一死,没有其他。我有三个弟弟、两个儿子,若真能归顺大国,想让彼等承接大主子之恩,等语。达克巴又告称,今年正月,噶尔丹策零举行会盟,管辖一百兵的头目以上者俱聚集,商议派兵阿尔泰的事务时,我辉特台吉卫征和硕齐等人向台吉察珲②言道:去年我兵大败,人畜损失很大,今尚未好转,倘再进兵,从何处获得给士兵的这么多马匹,等语。对此台吉察珲向噶尔丹策零言道:阿尔泰只派三千兵,交给宰桑噶布尊③、哈里云④,驻扎库克托辉,由乌尔摩垓图、库列图、布拉罕此三路进去,设卡伦驻防,此兵由大策凌敦多布小儿子达什策凌带领,等语。策凌敦多布言道:我儿子此次前去凶多吉少,不可前往,等语。以此没派。不知我来之后差遣了何人。我台吉卫征和硕齐等人对我秘密吩咐道:此三千卡伦兵,二月时轮换,九月时行粮断绝,彼等定会打猎而行,趁此松弛之机,大国军队攻打卡伦兵,

---

① 此处原文是"kirang"。
② 此处原文是"cagūn"。
③ 此处原文是"g'abDZung"。
④ 此处原文是"hailiyūn"。

可直接从驻扎在库克托辉的兵队后面掩杀攻取。准噶尔失去此卡伦驻兵后，再不敢于库克托辉等地设卡伦，定会在其游牧地附近设卡伦。每年进兵哈萨克时，于十月出发，过完年三月时才撤回。今年准噶尔若进兵哈萨克，我台吉卫征和硕齐会另派人送来消息，趁其空虚之际，明年正月末，大军进发至额尔齐斯地方后，令我辉特五千兵渡河保护妻孥并归顺。而剩下的五千兵，与大军一同合力，我等担任向导，放人掳掠，剿灭彼卡伦，扰乱大策凌敦多布游牧，直接到达额敏，那里堆积储藏的米粮甚多，士兵食用、喂料马畜，俱足足够用。此时挑选一万精兵，在前行进，大军部队尾随，再巴里坤军队亦挑选一万，进攻至博尔塔拉，两路军队同时越过塔勒齐、博罗布尔噶苏岭，即可捣毁噶尔丹策零之游牧。噶尔丹策零受困逃避，除前往叶尔羌外，无他栖身之地。从西路军内酌情派人，招降回子等，即可解决其人，等语。达克巴又告称：我现在返回时，若无文书凭据，虽我主子达尔玛达赖不怀疑，然伊弟等其他台吉不会相信，亦未可料。若奉大主子谕旨，发给文书凭据遣返，我可隐藏在鸟枪之枪套里带回。写此文书时，用藏文书写蒙古语言，则我台吉等俱可晓得，别人即使怎么看亦不会容易理解，等语。

据辉特台吉达尔玛达赖所遣达克巴告称：准噶尔派出三千兵，于三月出发，驻防奇兰等地。我台吉卫征和硕齐等人曾对我秘密吩咐道：此三千卡伦兵，二月时轮换，九月正是行粮断绝之时，彼等定会于各处打猎而行，趁此松弛之机，大国军队进攻驻扎在布拉罕等地的小卡伦，可直接从驻扎在库克托辉地方的大卡伦兵队后面掩杀攻取，如此则有利于明年进剿，等语。我来到军营后，向车臣王及喀尔喀向导等人，俱已告知前进道路方向，等语。据刚刚投诚的阿玉希告称：亦是贼人将三千兵派往阿尔泰，于布拉罕等三地驻扎卡伦，等语。将此秘密札寄顺王及额驸策凌等：令考虑进剿贼卡伦，派兵立即整饬预备，详细据实打探消息，见机行事，固之又固，不可放过良机，亦万万不可掉以轻心，等语。

雍正朝

署宁远大将军查郎阿奏出征准噶尔时被俘之哈密回子丕尔尼杂尔脱回并审讯送回原籍折

雍正十一年六月十二日

署理宁远大将军事务臣查郎阿等谨奏。为奏闻事。雍正十一年五月二十五日,讯问廆济卡伦所送两回子:尔名甚,年岁多大,何地回子,如何到了准噶尔,从何处逃来,等语。对此一人告称:我名丕尔尼杂尔,哈密回子,今年二十岁。去年正月,没记日子,我本人与玛玛热叶穆等五人,曾在毕留图地方放羊。听到准噶尔贼来犯哈密后,我等正想赶羊进山里躲藏时,突然到来四五百贼,将我等捕获。齐默特宰桑所辖叫阿尔斯郎的人逮住丕尔尼杂尔我,叫格勒克达尔扎的人逮住玛玛热叶穆,不知其他人被谁捉走。捆绑带走我俩,到达乌鲁木齐后,夏天耕地,冬天放牧,虐待差使一年有余。捉我的阿尔斯郎,跟随宰桑齐默特,前去乌鲁木齐源头地方避暑游牧。我寻机于今年五月初六日,在种田的地方,与跟我同时被捕的我哈密回子玛玛热叶穆见面商量:我等之父母兄弟,俱在哈密,我等逃回去吧,等语。于是我俩偷取一小袋炒米,那天夜里徒步逃出,白天行进在有树林的地方,夜里行进在开阔地方,走了二十天后,到达廆济卡伦,等语。讯问丕尔尼杂尔:尔从何路逃来,如何通过贼卡伦,贼是否追赶过尔,贼卡伦俱设在何处,尔来这边时是否见过贼人踪影,乌鲁木齐地方共驻几千兵,令将所有事情,据实告来,等语。对此告称:去年贼人捉走我时,途中我没记下地名,只看山的形状,大体记住了贼人所言地名。今年五月初六日夜里,从乌鲁木齐逃出时,因进入戈壁,寻找避风处行走,故不知贼卡伦设在何处,亦不知贼人是否追赶过我等。我等在乌鲁木齐时,据听准噶尔人言论:萨尔海已驻扎一千兵,在萨尔海这边一有水的地方已设卡伦,等语。我等到达萨尔海地方后,看见两三贼行走的踪迹,此外再没见过其他踪迹和人。乌鲁木齐地方驻有三四百户人,因我等曾在种田的地方,故没听说乌鲁木齐地方共有几千兵,等语。讯问丕尔尼杂尔:尔在乌鲁木齐地方居住一年有余,彼处事情定多有闻知。去年小策凌敦多布等领兵,在额尔德尼召地方被我军大败而回,准噶尔贼如此损伤,其人又如何言论。再,是否有出兵预备之消息。尔是否听到俄罗斯、土尔扈特、布鲁特、叶尔羌、喀什噶尔、哈萨克等地消息。这两年彼等所种庄稼收成如何，彼等生计如何，准噶尔贼这几年行军打仗时马畜是否减少。依尔来看，准噶尔贼若再行军打仗，是否尚可得这么些马驼。再据此前逃来的人告称，噶尔丹策零发布文书称：令立即预备士兵之马畜行粮，再令能骑马之少年，亦每日练习马上射击鸟枪，并学习射箭，等语。以此命令各地少年俱行练习，等语。此次所遣之兵内，派了多少驻扎乌鲁木齐之人，全体兵数又有多少，如何预备行粮，是否听过每人派给多少匹马，教习多大岁以上的少年。尔若有何闻知之处，俱如实告来，等语。对此告称：我等去年在乌鲁木齐地方时，听准噶尔人惊恐言论称，彼兵在额尔德尼召地方大败，一半被打死，被活捉的亦甚多，阿尔泰兵已变得甚强悍。没听说布鲁特、叶尔羌、喀什噶尔地方消息。据听下人等谈论：俄罗斯、土尔扈特、哈萨克，俱来战准噶尔，等语。捉走我后，留在了乌鲁木齐，丝毫没让去别的地方，故不知其真伪。去年彼耕种的庄稼，有的地方收成好，有的地方收成少，今年耕种的庄稼，成熟得亦优劣不一。准噶尔人去年突然惧怕大军已来，带着各自游牧往里迁移，接连两次往里迁去，牛羊多有损失，又得瘟疫死了许多。据听其下人等之言论：这两年行军打仗各地，马畜损失甚多，如今怎么生活，等语。如此没有不抱怨的。看得准噶尔人贫穷者居多，算上母马、种马，有三四十匹马、二三百只羊者，俱称富人。再，丝毫没听说从乌鲁木齐地方出兵、预备行粮、派给马畜、马上教习少年之事。贼人行军打仗，能否获得马畜，我等何以得知耶。我俩俱是被俘之人，被虐待奴役差使。准噶尔人将紧要之言，亦不在我等面前谈论。此外毫无闻知之处，等语。据玛玛热叶穆告称：我今年十七岁，去年我本人与丕尔尼杂尔等五人，在毕留图地方放羊时，突然四五百准噶尔贼来犯，叫格勒克达尔扎的人逮住了我，叫阿尔斯郎的人逮住了丕尔尼杂尔，不知谁捉走与我同在的那三个人。将我捆绑带走，到达乌鲁木齐后才松开。从那开始，给彼等种地，放牧差使。今年五月初六日，丕尔尼杂尔我俩商量出逃后，那天夜里即徒步逃出，行走二十天，来到廒济卡伦，等语。他处俱与丕尔尼杂尔一样供述。臣我等查得，据丕尔尼杂尔、玛玛热叶穆告称：其父母兄弟俱在哈密，等语。是故将此行文驻哈密办事郎中兆寸住等，以使转行去查，兆寸住等经查后行文称：丕尔尼杂尔、玛玛热叶穆父母兄弟之名及被准噶尔捉走的年月俱吻合，等语。为此，臣我等看得回子丕尔尼杂尔、玛玛热叶穆，年轻且人愚昧，不甚通晓蒙古语，亦不详知贼内部紧要消息，故没送京城。此辈赤身，自准噶尔地方逃出，为此赏给丕尔尼杂尔、玛玛热叶穆衣物，将其送往哈密扎萨克贝子额敏处，以使其与父母兄弟团聚，并办理安置。除如此送往外，将两回子口供，具折谨奏闻。

雍正十一年六月十二日
署理宁远大将军事务　臣　查郎阿
副将军　臣　张广泗
副将军　臣　常赉
参赞大臣　散秩大臣　臣　穆克登
参赞大臣　内大臣　臣　顾鲁

36

署宁远大将军查郎阿奏出征准噶尔时被俘回子阿布都拉哈满等脱回并审讯送回原籍折

雍正十一年六月十二日

署理宁远大将军事务臣查郎阿等谨奏。为奏闻事。雍正十一年五月二十六日，讯问白杨沟①卡伦所送自准噶尔脱出的两回子：尔等名甚，何地回子，如何到了准噶尔，自何处脱出，等语。对此一人告称：我名阿布都拉哈满，喀喇和卓之回子。去年秋，我在城外割庄稼时，突然到来准噶尔六贼，将我逮住，带至昌济斯，交给宰桑齐默特为奴。自打到齐默特始，让我割庄稼，冬天放牧差使。虽言论称：已将我吐鲁番回子，大国主子俱迁至内地，等语。然当时我等尚且没信。后来准噶尔人各前往喀喇和卓、鲁布沁等城时，看见驮来拾到的物件才信了。今年宰桑齐默特派鲁布沁回子呼都克、毛拉米热敏和我三人，到乌鲁木齐种地。我跟呼都克、毛拉米热敏商定：我等妻孥，俱已被迁至内地，我等与其在准噶尔被奴役虐待差使，我等不如出逃，若能侥幸活命，我等不仅能与各自妻孥见面，还能承接大主子隆恩，永远安逸生活，我等一起逃吧，等语。如此商定后，遂偷取炒米。再于平日里尚听人言论：在乌鲁木齐种地的像我这样的回子等，巴里坤地方、乌鲁木齐东边也有，等语。已将此话记在心上。我与呼都克、毛拉米热敏一起，于五月初四日夜里，自乌鲁木齐步行逃出。寻日出方向，昼伏夜行，行走十几天，通过奇台后，我跟呼都克等人商量道：我想必与巴里坤甚近，可能已无准噶尔贼，我等歇息一天再走，等语。正在此时，突然从山谷里来两准噶尔贼，将我三人俱逮捕捆绑。往回带走，到达又一山谷后，煮食准噶尔贼枪杀的野兽肉，松开捆绑我等的绳子吃肉时，毛拉米热敏站起，从后面抱住一贼，我亦抱住一贼，于是呼都克拿起鸟枪，打死了我抱住的贼。另一贼力气大，用刀捅倒毛拉米热敏后，呼都克赶紧上一刀，击中其右手胳膊肘，于是阿布都拉哈满我协助呼都克，正要打死贼人时，贼畏惧骑马跑掉。我俩又怕贼来捉捕，立即翻山越岭，那天没歇息，日夜兼

---

① 此处原文是"be yang geo"。

行,到达洮赉、库尔默图地方后,瞭望远处看得,两人站在山上,担心此或许是准噶尔卡伦,故进入树林隐蔽住下。夜里悄悄起来,在前面山林里匍匐前进,天亮时看见一小城。我俩奔城来时,两蒙古发现我等后引导而来,等语。讯问阿布都拉哈满:驻扎昌济斯之准噶尔贼共有多少,由谁带领驻扎,乌鲁木齐、吐鲁番等地又驻扎多少兵,台吉色布腾现在何处,此外是否还听闻贼人在何处驻军,等语。对此告称:宰桑齐默特本人,带领其鄂托克一千余户人,驻扎在乌鲁木齐源头的哲尔济斯,每月派出三百兵,前去奇台换防卡伦,而向吐鲁番,时隔几日派去二三十人,给果树灌水,全然未闻驻人。我等在种田地方,据听南来北往的准噶尔人言论:台吉色布腾,驻扎在玛纳斯,等语。此外没听说在其他地方驻军,等语。讯问阿布都拉哈满:尔在昌济斯、乌鲁木齐等地居住近一年,去年前往阿尔泰之准噶尔贼返回去后,彼有何言论,是否再有出兵预备之消息。大策凌敦多布、小策凌敦多布现在驻扎何处,噶尔丹策零待彼等如何。准噶尔是否仍与布鲁特、哈萨克有战事,叶尔羌、喀什噶尔人等是否在纳贡,听到什么俄罗斯、土尔扈特地方消息与否。这两年彼等所种庄稼收成如何,彼等生计怎样,等语。对此告称:去年准噶尔三万余兵,由三人带领,前往阿尔泰后大败,一半被打死,剩余人等没有马畜者居多,步行途中互相抢掠、偷盗,勉强生还,各自返回,为此大家至今为止仍没有不抱怨的。前前后后来换防奇台卡伦之人,来到我耕种的地方,向其耕地回子言道:今后我等还有何实力行军打仗,前往阿尔泰参军,其剩余人等甚是狼狈,勉强生还回来,等语。此事由乌鲁木齐地方回子悄悄告诉了我等。据听准噶尔人言论:大策凌敦多布以年岁已高,不能行军打仗为借口,不出其游牧地,故噶尔丹策零亦凡事不找他,对待小策凌敦多布尚好,等语。听说布鲁特、哈萨克仍与准噶尔有战事。去年冬,据我等听闻:哈萨克兵突然到来,一并掳走了驻扎在边境的准噶尔一千余户人及其牲畜。俄罗斯向噶尔丹策零遣使言道:希望普查归还尔等俘获的我人。倘若不还,即与尔开战,等语。如此索取人员时,下人等皆在谈论:噶尔丹策零调查住在各地的俄罗斯人,俱交给派来的使者带回去,如今互相贸易而行,等语。不知其真伪。叶尔羌、喀什噶尔人等,仍照旧给准噶尔纳贡。去年在乌鲁木齐地方耕种的庄稼歉收,不知其他地方是否有收获。今年耕种的庄稼,看起来成熟得好,不知收割时会变得怎样。准噶尔人贫穷者居多,俱倚赖耕地过活。我本人在昌济斯时,拥有骟马的人甚少,拥有母马、种马的人居多,亦有没有马匹的,等语。讯问阿布都拉哈满:据尔告称,去年哈萨克前来,掳走了准噶尔驻扎在边境的一千余户人,等语。今年是否有哈萨克兵又来战准噶尔及准噶尔人进兵哈萨克之消息。再是否听到什么前来阿尔泰、巴里坤之消息。

噶尔丹策零听到吐鲁番全体回子已被迁往我内地后反应如何，其下人等又如何谈论。现在宰桑齐默特拥有多少匹马、多少峰骆驼，其麾下人等、马畜又如何，贼人大举进犯时仍是否得到这么多马驼，等语。对此告称：听说去年秋噶尔丹策零听到哈萨克来掳走准噶尔驻扎边境之人消息后，曾派去台吉色布腾之兵，因正是寒冬时节，雪大，马畜又瘦弱，故令中止。丝毫未闻今年哈萨克兵来战及准噶尔人向哈萨克进兵之消息，亦未闻前来阿尔泰、巴里坤之消息。据听准噶尔人互相谈论：如今已将吐鲁番回子等，全部迁移，在巴里坤的军队，或许也会回撤吧，等语。为此曾各自欢喜。今年春，噶尔丹策零向台吉色布腾派人言道：大国已将吐鲁番全体回子俱往内迁走，这期间是否撤回巴里坤大军，是否往内迁移哈密回子等处，令尔派六百人前去查看，等语。旋即台吉色布腾带来所有马匹拣选时，因春天得不到六百人骑乘的牲畜，故只挑选三百人，并选给好马，派去捕捉活口，以探取消息。此辈来后，捕捉五六人带回去。据听准噶尔人互相谈论，彼等听到讯问被捉之人时曾告称：调来巴里坤地方之满洲、蒙古、索伦、厄鲁特兵甚多，等语。我等俱曾在宰桑齐默特家里，看得齐默特只拥有四十余峰骆驼、五六十匹马、四五百只羊。其麾下人等，拥有十余匹马、一两百只羊者，即称富人。再，去年冬雪大，贼人牛羊损失亦甚多。准噶尔人言道：这几年接连在各地行军打仗，马驼减少，出生的俱已倒毙，等语。如此抱怨的甚多。贼人若再要兴兵打仗，从拥有马匹之人，挪动母马、种马，办给没马匹之人骑乘，每人或许可得两匹马，不知其他地方有多少马匹，等语。讯问阿布都拉哈满：已将尔吐鲁番全体回子迁来我内地，如今各自永远安逸生活。尔思念尔之妻孥而来，故令将尔所有闻知之事，详尽回想，据实告来，勿要隐匿。据我等听闻：噶尔丹策零曾行文各鄂托克宣称，能骑马之少年，俱学习马上射击鸟枪及射箭。尔是否见过如何教习少年之事，等语。对此告称：据听我在耕田地方的乌鲁木齐回子等谈论，从驻扎哲尔济斯、昌济斯等地的准噶尔人内，调查能骑马的少年，派到台吉色布腾驻扎的玛纳斯，以教习马上射击鸟枪及射箭。大家皆如此言论，我等丝毫没见过。在乌鲁木齐地方时听说：巴里坤另来一大将军，原来的军队俱已返回，调来几万满洲、蒙古、索伦、厄鲁特兵，等语。据闻噶尔丹策零听到此消息后，曾向全体准噶尔人宣称：严加巩固卡伦，妥善探取消息，勿要怠慢，等语。我听不懂蒙古语，平日里在耕地上，听见似我这般回子等互相谈论，不知其真伪，等语。讯问阿布都拉哈满：据尔告称，噶尔丹策零听到巴里坤已调来几万满洲、蒙古、索伦、厄鲁特兵后，向准噶尔人行文宣称加固卡伦，勿要怠慢。准噶尔人听到此消息后又有何言论，其形势又如何，等语。对此告称：准噶尔人言道，原旧军队的马畜俱已用尽，新调来的满洲、蒙古、索伦兵之马畜甚是充裕，对此我等如何能安逸自在生活。如此听到种田的准噶尔厄鲁特、回子等抱怨。看与我同处一地的种田准噶尔人之情形，确有恐惧之状。已将我闻知之处俱告明，毫无隐匿之处，等语。据与阿布都拉哈满同来的鲁布沁回子呼都克告称：我于去年秋，在塔布拉克打猎时，从一壕沟里出来准噶尔四贼，我没来得及动手，就将我逮住，带至昌济斯，交给宰桑齐默特为奴。从那开始，我就在齐默特家里被奴役使唤。今年被齐默特掳走的喀喇和卓回子阿布都拉哈满、毛拉米热敏我等三人，被派至乌鲁木齐地方种田。我三人到种田地方后，阿布都拉哈满跟我商定：我等之妻孥，都被迁至内地，俱在安逸生活，我等与其被准噶尔奴役使唤，何不如逃跑，等语。旋即于那天夜里逃出，等语。他处俱与阿布都拉哈满一样供述。臣我等查得，因阿布都拉哈满、呼都克说其本人是吐鲁番回子，故将此行文驻守吐鲁番回子之四川提督颜清如，以使其本人会同扎萨克公额敏和卓，详尽查看自准噶尔逃来的阿布都拉哈满、呼都克之父母兄弟名及此辈是否真为吐鲁番回子，再呈文来报。接着提督颜清如经查后呈文称：阿布都拉哈满、呼都克确是额敏和卓属下回子，其父母兄弟名俱吻合，等语。为此，臣我等看得回子阿布都拉哈满、呼都克不懂蒙古语，故不将此辈送往京城，赏给衣物，送往四川提督颜清如，交给扎萨克公额敏和卓，以使其与父母兄弟团聚，并办理安置。除如此送往外，将此辈口供，具折谨奏闻。

雍正十一年六月十二日
署理宁远大将军事务　臣　查郎阿
副将军　臣　张广泗
副将军　臣　常赉
参赞大臣　散秩大臣　臣　穆克登
参赞大臣　内大臣　臣　顾鲁

大学士鄂尔泰奏请令两路将军等嗣后若有大量准噶尔人来投务必查明情由再行迎接折

雍正十一年六月二十四日

大学士伯臣鄂尔泰等谨奏。为遵旨议奏事。雍正十一年六月十七日,钦奉上谕:据自准噶尔陆续投诚之人告称,贼人这几年一直乱来,力量衰竭,其内部已显现互相不和,人心离散之端倪。这期间自贼处有带着妻孥大规模来投者,亦未可料。此辈往这边逃来,受困于后面追兵,先派人来我军营告知情由,恳请派兵接应保护将其带来。如此来求时,倘若我等据其求救,相应即派兵迎接,则又要考虑贼人之骗局。若不派兵,诚心来投之人,眼看被贼赶尽杀绝,于心不忍,且又会阻碍后面来投者之路。考虑两方面,如何办理才好,著尔等详尽议论,俱行文晓谕西北两路将军等,钦此钦遵。据臣我等详思,准噶尔贼年年扰乱各地,四处征战,故下人等毫无自在休息之空闲,且在额尔德尼召地方大败,下人等更是困窘,人心已各自离散。于是其中有心之人,提前考虑保护自己,定会寻机来投。是故俱行文两路将军,今后除不用派兵迎接自贼处投诚的一到几人外,若是带领妻孥大规模来投,受困于后面追兵,派人恳请我等派兵保护将其带来时,令大将军等甚加确认后,北路在科布多驻军之前,于卡伦外派兵迎接,而在科布多驻军后,若有来投者,去往阿尔泰这边迎接,西路则派兵前往科舍图迎接。到达约定地方,会见投诚人等后,晓示情由,没收其全部器械,妥善防护带来。若有稍加疑虑之处,万万不可使我军徒劳轻率进兵,务必见机确实行事。为此谨奏请旨。

雍正十一年六月二十四日上奏时,所奉上谕:依议,钦此。

38

署宁远大将军查郎阿奏出征准噶尔时被俘回子脱回并审讯安置折

雍正十一年七月十五日

署理宁远大将军事务臣查郎阿等谨奏。为奏闻事。雍正十一年七月初二日,由驻扎羊布拉克游击王福①处,送来自准噶尔脱出回子两男一女。于是臣我等讯问回子等:尔等是何地回子,如何到了准噶尔,曾在何人身边,从何处脱出,此女何人,尔等如何纠合同来,准噶尔卡伦俱设在何处,尔等如何通过卡伦,贼等是否追赶过尔等,等语。对此一人告称:我名古鲁默,是喀喇和卓回子,此女是我妻,名叫买叶默迪勒,我父母被准噶尔人掳走已有十三四年。去年大国主子将我吐鲁番全体回子迁往内地时,我夫妻俩偷偷留下,为去寻找我父母,曾隐藏在树林里。次日天蒙蒙亮时,百余准噶尔贼突然到来,捉走了我夫妇俩。经由乌鲁木齐、玛纳斯,到达叫济尔噶朗的地方后,将我夫妇交给台吉色布腾为奴,色布腾将我夫妇安置在种田地方,从那开始我即种田被奴役使唤。打探我父母之下落,丝毫不得消息。故我思量:我因等待留下者甚沮丧,若早知见不着我父母,还不如迁往内地时一起跟过去,也好永远承接大国之恩,且亦可安逸生活,今被奴役虐待使唤,一点也得不到生活空闲,不如出逃,等情。如此隐忍时,今年六月,没记日子,被准噶尔俘获的我喀喇和卓回子讷泽尔认出我,并对我言道:将我全体吐鲁番回子,俱已迁至内地,我等与其在此被准噶尔奴役使唤,不如出逃。若能趁机活命出去,可永远承接大国之恩矣,等语。对此我言道:我亦想寻机出逃,只因我妻是女人,若无马畜,如何能逃过贼卡伦,等语。于是讷泽尔言道:我等到马群,偷取马匹,等语。如此商定后,那天夜里,讷泽尔我俩偷取贼人六匹马、一袋炒米,旋即于是夜悄悄出来。从那里昼伏夜行,走了十几天,通过玛纳斯,奔着吐鲁番路,来到叶木西地方,接近日落时,突然从山谷里出来七八个准噶尔贼。我

---

① 此处原文是"wang fu"。

等看见后,立即留下马匹,躲进芦苇里,夜里偷偷行进,路过吐鲁番、喀喇和卓、羊黑①、鲁布沁,捡拾一点桑葚充饥。因是徒步,故又走了近二十天,到达羊布拉克后,卡伦人发现我等,引导而来。不知贼人从后面是否追赶过。我等从济尔噶朗逃来时,经无人之地迂回,故亦没见过贼卡伦,等语。讯问古鲁默:尔等在济尔噶朗地方时,准噶尔贼俱在何处驻军,兵数共多少,台吉色布腾今驻在何处。尔等是否听到大策凌敦多布、小策凌敦多布俱在何处。额仁哈毕尔噶、玛纳斯、乌鲁木齐、吐鲁番等地是否驻军。叶尔羌、喀什噶尔地方回子是否仍在向准噶尔纳贡,是否听到什么俄罗斯、土尔扈特、布鲁特地方的消息,今年有无哈萨克兵来战准噶尔及准噶尔贼进兵哈萨克之消息,等语。对此告称:台吉色布腾带领五百余户人,驻扎在济尔噶朗源头,宰桑齐默特带领五百余户人,连接台吉色布腾而驻,宰桑固木扎布带领五六十户人,连接齐默特而驻。听说零散驻扎之人,亦有四五百户,有多少兵,不知实数。据听像我这样的回子等言论,大策凌敦多布、小策凌敦多布,去年在伊犁地方过冬,今年不知在何处。未闻额仁哈毕尔噶、玛纳斯、乌鲁木齐、吐鲁番等地驻军。据听言论:叶尔羌、喀什噶尔地方回子等,曾于策妄阿喇布坦在世时,因为惧怕,故每年纳贡,如今虽然纳贡,尚且没有十之三四,等语。没听说土尔扈特、布鲁特地方消息。据我等听闻:今年春,俄罗斯使者前来,索取在准噶尔的千余名俄罗斯人时,噶尔丹策零调查在各地的俄罗斯男丁并交给。对此使者言道:我方之人在此已年久,因有配妻及所生之子,故请一并交给,等语。如此再次索取时,噶尔丹策零亦交给,等语。我等曾亲眼见过驻在济尔噶朗地方的宰桑固木扎布身边的十余户俄罗斯人及其妻孥,经调查一并送至噶尔丹策零处。我等在济尔噶朗地方时,据听像我这样的回子等谈论,今年春哈萨克兵突至,一并掳走了驻在准噶尔西北边境的一千余户人畜,不知是何鄂托克及其领头人之名,再丝毫未闻哈萨克兵来战准噶尔及准噶尔贼进兵哈萨克之消息,等语。讯问古鲁默:尔是居住济尔噶朗近一年之人,今是否了解台吉色布腾、宰桑齐默特等带领驻扎之人马畜有多少。今年是否有进兵阿尔泰、巴里坤之消息,若要进兵,每人尚可得多少马匹。彼等生计如何,去年庄稼收成如何,尔等往这边逃来时,经过额仁哈毕尔噶、乌鲁木齐、吐鲁番等地,这些地方种的庄稼成熟得怎样,等语。对此告称:我等在济尔噶朗地方时,据听像我这样的种田回子谈论,台吉色布腾之马群,算上种马和母马,有近三百匹马、百余峰骆驼。宰桑齐默特之马群,有百余匹马、七八十峰骆驼、三四十头牛。此辈之羊只,去年冬遇到大雪,

---

① 此处原文是"yanghei"。

死的甚多,今不知剩下多少。据准噶尔人言论:这几年行军打仗于各地,马畜甚是减少,属下人等有骑马的人居少。算上母马、公马,有十余匹马、四五头牛、百余只羊者,被称为富家。有一两匹马、十到十五只羊的,居大半,没有马匹的居多,等语。不知其真伪。未闻今年进兵阿尔泰、巴里坤之消息。彼等行军打仗时,每人可得几匹马,我等不知。看得准噶尔人贫穷者居多,俱倚赖种地过活。听说去年彼等所种庄稼,有的地方收成好,有的地方收获不甚好。将乌鲁木齐地方种的庄稼,准噶尔人听到大国军队在木垒筑城驻扎的消息后,俱踩踏,收拢下人等,俱往里迁移而去。后来听说木垒之兵已撤回,准噶尔人又重新回到乌鲁木齐,收割所种庄稼,被水所淹,全无收获。今年在额仁哈毕尔噶、乌鲁木齐等地种的庄稼,现在成熟得好,不知收割时会变得怎样。我等因是夜行,故经过吐鲁番、喀喇和卓时,没见过是否已种庄稼,等语。讯问古鲁默:圣主将尔等吐鲁番全体回子俱已迁来内地,筑城盖房安置,俱赏给充足生活家产,如今已各自永远安逸过活。尔是从准噶尔逃来之人,尔等若有何闻知之处,慢慢详尽回想告来,勿要隐匿,亦勿欺骗。之前据我等闻:从驻扎哲尔济斯、昌济斯等地的准噶尔人内,调查能骑马的少年,派至台吉色布腾驻扎的玛纳斯,教习马上射击鸟枪及射箭。再,台吉色布腾等人带领八千兵,驻扎在乌鲁木齐等地,从此兵内,派出精壮,今年驱赶在我巴里坤之马畜,并掳掠驿站,等语。尔等是久居色布腾附近之人,不会没有听闻,此处俱是否属实,等语。对此告称:我等在济尔噶朗种田地方居住近一年,没听说将驻扎在哲尔济斯、昌济斯等地人家的孩子派至台吉色布腾身边学习马上射击鸟枪及射箭,准噶尔人能骑马的孩子,俱各自学习马上射击鸟枪及射箭,此是彼等旧例,丝毫不是临时学习。我等在济尔噶朗地方时,我种田回子没事闲聊时,据听准噶尔人互相谈论:去年前往阿尔泰之兵大败,大半被打死,受伤的甚多,剩下的人溃散逃回来时,途中互相抢掠偷盗,狼狈徒步而来。这几年准噶尔人行军打仗于各地,人畜损失甚多,如今有何能力生存,怎能行军打仗,等语。再据偷听,准噶尔人对其种田回子等告称:巴里坤另来一大将军,将原来军队俱已撤回,从边内调来几万满洲、蒙古、索伦、察哈尔兵,等语。听说色布腾、齐默特等人带领驻在济尔噶朗的共有一千五百余户,我等来这边时,丝毫没见过在额仁哈毕尔噶、乌鲁木齐等地驻军。再,没听说色布腾身边有八千兵及今年驱赶在巴里坤的马畜并掳掠驿站之消息。我等曾是居住种田地方之回子,平时亦不敢前往彼等驻地,准噶尔人虽然来我种田地方,但亦不在我等面前谈论这些紧要之言,我等何以详知。我等是舍命从准噶尔逃出,来归顺大汗,以求安逸生活之人。若真有闻知之处,怎敢隐匿不告,已将我闻知之处俱告明,毫无欺骗隐匿之处,等语。讯问与古鲁默一同逃出的讷泽尔时告称:去年派出我一百名吐鲁番回子进军木垒那次,我曾在那一百名回子内。从木垒的军队回到喀喇和卓,在家住几天,前去萨赖地方打猎时,突然从山谷里出来八九个准噶尔贼,将我捉走。到达济尔噶朗地方后,交给一个叫吹罗卜藏的宰桑为奴。今年六月,我正在种田时,看见我喀喇和卓回子古鲁默后,我对古鲁默言道:已将我吐鲁番全体回子,俱迁至内地安逸生活,我父母兄弟及我妻子,都被迁至内地,我等一同出逃吧,等语。如此商定后,那天夜里即从济尔噶朗逃出,行走一个多月,到达羊布拉克卡伦,等语。他处俱与古鲁默一样供述。讯问回子女人:尔是何地人,尔名甚,如何到了准噶尔,曾在何人身边,在何处纠合古鲁默一同脱出,等语。对此告称:我名买叶默迪勒,今年二十七岁,喀喇和卓回子。我亲生父母被准噶尔掳走时,我曾甚小,我亲戚将我嫁给古鲁默为妻。去年将我全体吐鲁番回子迁往内地时,我丈夫古鲁默对我言道:我父母、尔父母,俱在准噶尔地方,是故我等留下前往准噶尔,去找我等父母团聚,等语。我听其言,与我丈夫一同躲进树林里。次日准噶尔人突至,将我逮住,带到济尔噶朗地方,交给台吉色布腾为奴,等语。臣我等查得,古鲁默、讷泽尔、买叶默迪勒俱是吐鲁番回子,虽在准噶尔地方居住近一年,然人愚昧,不甚通晓蒙古语,且又不详知贼内部紧要消息,故没送往京城。给回子古鲁默、讷泽尔、买叶默迪勒,俱赏赐衣物,送交扎萨克公额敏和卓,办理安置。除此之外,将古鲁默等人之口供,具折谨奏闻。

雍正十一年七月十五日
署理宁远大将军事务　臣　查郎阿
副将军　臣　张广泗
副将军　臣　常赉
参赞大臣　散秩大臣　臣　穆克登
参赞大臣　内大臣　臣　顾鲁

署宁远大将军查郎阿奏暂将投诚之准噶尔人默尔根审明留营乘便解京折

雍正十一年八月初七日

署理宁远大将军事务臣查郎阿等谨奏。为奏闻事。雍正十一年七月二十七日，驻防白杨沟梅勒章京班第所辖驻扎额勒济图、阿贵图敖包卡伦人等送来一准噶尔投诚蒙古。于是臣我等讯问：尔名甚，哪里人，曾在谁之鄂托克，从何处逃出，从何路而来，等语。对此告称：我名默尔根，布鲁特回子族。我五岁时，驻在喀喇沙尔的准噶尔人罗卜藏丹巴将我掳来，当作儿子养育，如今已三十岁，是小策凌敦多布属下宰桑库本所辖之人。我于卯年，从我喀喇沙尔游牧地，跟随宰桑固木扎布，在喀喇巴勒噶逊驻扎卡伦，过了一冬。第二年、第三年，跟随台吉色布腾，在吉木色、哈布塔克等地驻扎卡伦，过了两个冬天。今年四月，噶尔丹策零六千兵和小策凌敦多布所属九百兵，共编成七千兵，由小策凌敦多布子曼济带领来至哈郎贵，与色布腾带领驻扎的兵马会合，共近一万兵。将此分成两队，右翼由色布腾带领，左翼由曼济带领，驻扎在依兰、济尔马台等地。为设卡伦，捕捉活口，从此兵内派出一千兵，由喀喇多尔济带领，向前至木垒后，喀喇多尔济再将三百人，由达木林带领，派去作哨探。到达萨尔海后，喀喇多尔济带领我等四十人，赶到色毕特地方，会见达木林后吩咐称：令尔使此辈，在腰老图设卡伦，等语。为驻扎腰老图地方，达木林带领我等来这边时，遇到宰桑扎木扬。因腰老图地方宽广且水又远，不可驻扎，故带着我等往回，在色毕特近水的山头驻扎卡伦。喀喇多尔济回去带兵，驻扎在了乌兰乌苏。我在准噶尔时，听说归顺大国之人俱安逸生活，我即有意出逃，然丝毫不得机会，故没能出来。此次来捕捉活口的五十余人，俱被大国之兵包围打死。达木林败遁回去后，喀喇多尔济派人来撤走我时，我趁此机会，以打猎为由留下来投诚，等语。讯问默尔根：台吉色布腾带领近一万兵驻扎济尔马台，喀喇多尔济带领一千兵驻扎乌兰乌苏，此事为何，其他地方是否又有驻军，等语。对此告称：今年噶尔丹策零派人向台吉色布腾、曼济言道，巴里坤大军，前年去年俱曾于六七月，进入我地，今年尔等远离我边境去驻防，等语。随后色布腾向曼济商议称：我等带兵驻扎济尔马台等地，大国军队若是来少数，我等抵挡，倘若大举进兵，我等一面抵挡，一面放火焚烧草地，将乌鲁木齐等地游牧往里迁走，等语。旋即将军队驻扎在了济尔马台，未闻在其他地方驻军，等语。讯问默尔根：据尔告称，尔台吉色布腾、曼济等人带领近一万兵，驻于依兰、济尔马台等地，再有一千兵，驻在乌兰乌苏。尔之近一万兵，进抵我军营近边驻扎，看来突然来犯我，或是偷偷驱赶我等马畜，此意已甚是明显。尔是为永远安逸生活而特意投诚之人，台吉色布腾等人如何商议，何时前来之处，尔不会不知，将尔闻知之处，据实告明，才算诚心投诚，等语。对此告称：尔大军之前俱曾在六七月进兵，今年尔大军是否又要进兵，亦未可料。为此噶尔丹策零交给台吉色布腾等人近一万兵，驻扎阻截尔等之进兵。此兵来时，台吉色布腾等人曾宣称：我等只带来食用到八月的行粮，尔大军若不进兵，我兵于八月二十日前后返回，等语。没听说前来进犯尔等，或偷偷驱赶马畜之事。若真闻知此些事情，我是特意前来归顺大国之人，为何不明告而隐匿耶，等语。讯问默尔根：据我等听闻，因今年春哈萨克兵又来战准噶尔，噶尔丹策零已派出两万兵，往那边去阻截哈萨克，等语。是否听闻派谁去带领此兵、结果如何等消息，是否又要派兵阿尔泰。据闻这几年行军打仗，其马畜甚是减少，尔等此次来的士兵，每人有几匹马，于此如何使用噶尔丹策零之舒鲁克及喇嘛三吉萨内的马畜。叶尔羌、喀什噶尔地方回子等，是否仍在向准噶尔纳贡，俄罗斯、土尔扈特地方是否有何消息。大策凌敦多布、小策凌敦多布现在驻扎何处，噶尔丹策零对待彼二人如何。投奔准噶尔之毛海、巴济、喇嘛墨尔根绰尔济俱驻扎何处，是否拆散其属下人等，是否使彼等仍驻扎一处，等语。对此告称：据我听闻，去年冬哈萨克兵突至，一并掳走了驻扎在那方边境的准噶尔近千户人畜。其后噶尔丹策零交给杜尔伯特台吉和硕齐、敦多克策凌、台吉巴罕曼济近万兵，以驻扎阻截哈萨克来路。驻扎在阿尔泰之喀喇额尔齐斯地方的宰桑噶布尊①，带领一万兵驻防，没有向阿尔泰进兵的消息。由色布腾、曼济等人带领驻扎于济尔马台等地的近一万士兵，因不够每两人办给五匹马，故从噶尔丹策零之舒鲁克，母马、公马加在一起，充数配给。叶尔羌、喀什噶尔地方回子等，仍旧在向准噶尔纳贡。俄罗斯人等，仍与准噶尔互相贸易。没听说土尔扈特地方之消息。布鲁特、哈萨克仍与准噶尔有战事。大策凌敦多布本人，前曾驻扎在其游牧地登努勒泰，如今不知在何处，听说其子多尔济丹巴，今年夏已因病去世。小策凌敦多布本人，在其游牧地喀喇沙尔，噶尔丹

---

① 此处原文是"g'abDZung"。

策零对他好。听说毛海、策凌被安置在西喇璧勒,巴济被安置在斋尔地方。前毛海、策凌带去的人内,噶尔丹策零曾将三百户人,授予小策凌敦多布,后来毛海、策凌兄弟前往噶尔丹策零处控告,是故噶尔丹策零抽取此三百户人,依旧还给了毛海、策凌,并向小策凌敦多布言道:我给尔子曼济另外三百户人,等语。如今不知是否给予。毛海、策凌的下人,或许没有拆分,再未闻喇嘛墨尔根绰尔济在何处,等语。讯问默尔根:这两年在乌鲁木齐等地种的庄稼收成如何,彼等生计如何。依尔来看,彼等内有多少牲畜者称为富人。再,去年前往阿尔泰的准噶尔人被我军大败,走着爬着勉强活命逃出,此事彼等如何言论。据我等听闻:噶尔丹策零曾向各鄂托克宣布,能骑马的少年,俱令在马上学习射击鸟枪及射箭,等语。尔是否见过彼之此种教习,俱让几岁以上少年,怎么学习之处。尔是自小在准噶尔长大之人,依尔来看,算上准噶尔老幼全体,尚可得几万士兵。现有的母马、公马加在一起,可得几万马匹。尔是为承接我大国之恩,前来投诚之人,令将尔闻知之处,详尽回想,全部告明,不可稍有隐匿,亦不可欺骗,等语。对此告称:听说去年在乌鲁木齐等地种的庄稼收获不甚好,今年种的庄稼成熟得好。准噶尔人,倚赖种地生活之人居多。彼等之内,拥有三四峰骆驼,母马、公马加在一起有近二十匹马,二百余只羊者,被称为富人,亦有许多一无牲畜之穷人。彼等之内,互相偷窃,俱是常事。去年小策凌敦多布等人带领准噶尔三万余兵,在额尔德尼召地方大败,几千人被打死,剩下人等三分之二没牲畜,走着爬着,途中互相偷盗抢掠,勉强活命逃出。没有不这么抱怨的。准噶尔人在额尔德尼召地方,被箭簇所害的多,故噶尔丹策零宣布,在各鄂托克的十五岁以上少年,俱在马上学习射击鸟枪及射箭。准噶尔全体,据我推测,算上十五岁以上、六十岁以下之人,可得近四万兵。对这近四万之兵,将噶尔丹策零、台吉、宰桑等人之舒鲁克及喇嘛三吉萨之马匹,下人等之母马、公马、马驹一起加上,每人尚可得两匹马。此外若再有闻知之处,岂敢不告明,已将我所知之事,全部告明,等语。为此臣我等将投诚默尔根暂留军营,俟解送人员时,乘便送往京城。除此之外,将默尔根之口供,先具折谨奏闻。

雍正十一年八月初七日
署理宁远大将军事务 臣 查郎阿
副将军 臣 张广泗
副将军 臣 常赉
参赞大臣 散秩大臣 臣 穆克登
参赞大臣 内大臣 臣 顾鲁

署宁远大将军查郎阿奏将投诚之回子博屯审明留营乘便解京折

雍正十一年八月十二日

署理宁远大将军事务臣查郎阿等谨奏。为奏闻事。雍正十一年八月初十日，驻防白杨沟梅勒〔不明〕所辖驻扎洮赉敖包卡伦人等送来一准噶尔投诚回子。于是臣我等讯问：尔名甚，何地回子，如何到了准噶尔，曾在何人身边，从何处逃来，等语。对此告称：我是哈萨克地方回子，我名博屯。我十五岁时，准噶尔人前去攻打我哈萨克，台吉色布腾属下叫唐古忒的人将我虏获，带至其驻扎的游牧地玛纳斯，看管马畜使唤。今年六月，〔不明〕曼济带兵来时，唐古忒〔不明〕，携至军队，跟随色布腾，驻扎在了中部济尔马台。之前从吉木色，交给喀喇多尔济一千兵，派至乌兰乌苏等地设置卡伦，并捕捉活口。刚刚喀喇多尔济返回去对色布腾、曼济言道：我曾派三百人去捕捉活口，彼卡伦人等打死我五十余人，二百余人勉强逃回，等语。对此色布腾等人甚是恼火，斥责喀喇多尔济道：我将尔〔不明〕，以设置卡伦，捕捉活口。〔不明〕我等派去捕捉活口的次数亦甚多，从来没有这般损失过，尔有何理由损失这么多人，尔现在带着尔带去的兵，驻扎库克德布色地方。令在伊勒布尔和硕，以一百人设卡伦，等语。我在蒙古包外，曾听见如此呵斥。两三天后，色布腾、曼济等人带兵，迁往济尔马台那边的吉木色地方。此时博屯我想：在准噶尔时曾听到大国主子会使所有归顺之人永远安逸，我与其在准噶尔当俘虏被虐待使唤，何不如投奔大国安逸生活，趁彼等此次迁移之机，我欲出逃，等语。于是在迁徙的前一天夜里，带着我骑的两匹马、一杆鸟枪、一小铁锅，隐藏在山林里。第二天看得，我兵俱往那边迁走。日落之后，我沿着山，从树林里，往东来。那天夜里路过库克德布色，天亮时到达木垒源头后，遇到了驻在伊勒布尔和硕卡伦前去打猎的两人，将我逮住带到管辖驻在伊勒布尔和硕卡伦一百人的色布腾属下德木齐之阿杜齐跟前，阿杜齐和我等俱是色布腾属人，故将我立即交给布鲁特族叫敦多克的人，每人骑一匹马，送往色布腾处。我的一匹马、鸟枪、铁锅，俱被捉我的人拿走。途中敦多克对我言道：尔光天化日之下还

〔不明〕逃脱,等语。伊在前面〔不明〕,牵着马曾走在后面。太阳西斜时,到达济尔马台附近后,我即朝着戈壁策马奔驰。敦多克在我后面追赶,发射一枪,因我骑的马好,故伊没能追上。逃出甚远,看不见人影后,我仍由戈壁向东奔走,行进一夜,通过伊勒布尔和硕,第二天早晨到达阿克塔斯。为使马匹歇脚,白天隐蔽,夜里从阿克塔斯,只向着东方,山里路〔不明〕,毫无食物,只喝水,〔不明〕天,尔卡伦人看见我后引导而来,等语。要挟讯问博屯:尔是逃来我地时被卡伦人发现带回之人,准噶尔人知道尔之出逃,阿杜齐交给敦多克解送时,理应将尔捆绑,使尔骑乘劣马,为不致逃脱,严加看管才对。毫不捆绑,不严加看管,致使尔逃脱,看来必有他情,等语。对此告称:卡伦人将我逮住,阿杜齐〔不明〕,阿杜齐将我交给敦多克解送,〔不明〕,敦多克认识我,且又同是回子族,以为光天化日之下我逃不到哪里去,故没有捆绑,仍旧使我骑乘我原来骑的马,敦多克不知我骑的马好。途中详细观察伊骑的马,稍有迟钝,且已疲惫。敦多克原想我光天化日之下绝不会逃跑,在伊松懈时,我仗着马好,奔驰进入了戈壁。倘若敦多克骑的马,我〔不明〕好,我岂敢〔不明〕光天化日之下奔跑。因知伊马稍有疲惫,故奔驰逃走,毫无他情,等语。讯问博屯:据尔告称,色布腾等人带兵回到吉木色地方。色布腾等人带兵已进抵我巴里坤近边,却为何将兵马带回吉木色驻扎,此定是增兵前来我巴里坤,已是明显。若是增兵前来,尚可增兵几千前来,将尔所知之处,令俱告明,等语。对此告称:喀喇多尔济〔不明〕一千兵,曾被派至乌兰乌苏地方驻扎。其后七月二十几日,噶尔丹策零向色布腾等人派去使者言道:罗卜藏舒努带领两万哈萨克兵,掳走了驻扎在召图鲁克鄂托克边境之人,令查在尔军队的召图鲁克鄂托克之人,速速发派过来,以守护彼等之游牧地,等语。随后色布腾等人立即调查召图鲁克鄂托克之人,并已派发过去,此事我亲眼所见,此辈前往时,尚且匆忙而去。后来喀喇多尔济回〔不明〕,告知派去捕捉活口的五十余人,被巴里坤卡伦人打死之事后,色布腾等人甚加斥责,并对喀喇多尔济言道:如今巴里坤军队已不会来,我想带兵去吉木色驻扎,令尔在库克德布色地方妥善设置卡伦驻扎,等语。旋即将喀喇多尔济派往库克德布色卡伦。我未闻派兵来巴里坤。之前台吉色布腾在济尔马台地方闲驻时,曾向各位宰桑言道:倘若巴里坤军队不来,在吉木色留下〔不明〕千兵,我等带领其余兵马,返回游牧地,等语。我曾如此听到,等语。讯问博屯:准噶尔贼,甚是狡猾,尔是哈萨克族,逃来我地之形,或已被准噶尔贼发觉,贼人故意宣扬噶尔丹策零派使者令速调查召图鲁克鄂托克人并派往其游牧地等事,以使让尔听到后,将此消息告知我等。随即色布腾等人从后面整饬军队,突然来犯我巴里坤,俱不可预测。况且派出召图鲁克之兵这事,特是从阻截围堵我路之军队内,若哈萨克果真来兵,理应立即就近调遣任一鄂托克之兵,为何还要调派阻截巴里坤路之兵耶。再,阻截阿尔泰路之军队内是否还要调走,尔是否听到什么。尔是特为承接我圣主珍奇之恩,以求永远安逸生活而逃来之人,已进入贼人计谋圈套,亦未可料。尔在彼地时,贼人情形态度事由,尚是否有怀疑真伪之处。尔是投诚之人,故将所有事情,令俱如实告来,万不可欺骗,亦不可隐匿,等语。对此告称:我十五岁时,准噶尔贼将我掳来,为奴使唤已七年,其品性态度和阴谋诡计,我大体亦能看出。准噶尔贼人习性,面对得力之人,〔不明〕骨髓地榨取差使,以致气力衰竭,不会使任何人知情并逃跑。照准噶尔之例,所有事务消息,甚加隐秘,绝不会告知他人,此事属实。罗卜藏舒努带领两万哈萨克兵,掳掠召图鲁克边境时,噶尔丹策零调派召图鲁克鄂托克人,守护各自游牧及妻孥,此事我亲眼所见,丝毫不是故意宣扬,我没听见从阻截阿尔泰路之兵内调遣之事,倘若真有捏造故意宣扬之项,我岂有丝毫不发觉之理。我是特意投诚以求安逸生活而来之人,倘稍有怀疑之处,今不据实告明,岂会为贼事而隐匿耶。今我若隐匿准噶尔贼之诡计,不据实告明,欺骗供述,则尔等岂有不毙我性命,还能存留之理耶。我丝毫不是进入彼等诡计圈套,故意让我隐瞒之人,此俱是肺腑之言,稍无欺骗隐匿之处,等语。讯问博屯:色布腾等人带来的召图鲁克鄂托克之人共有几千,噶尔丹策零派向色布腾等人的使者名甚,尔本人是否见过。召图鲁克鄂托克之人驻扎于何地。在吉木色留下三千兵,而将其余兵马,色布腾等人带往游牧地之事,尔由谁听闻。色布腾等人走后,下雪之时,是否又来我巴里坤。阿尔泰路是否又要派兵,等语。对此告称:一天傍晚,噶尔丹策零派遣使者来调动召图鲁克之人,为此众人〔不明〕齐集于色布腾身边,次日使者即返回,不知其名。召图鲁克鄂托克原有人数我不知,回送时有近两千人,亦未闻召图鲁克鄂托克驻扎何地。色布腾等人带兵前来木垒时,据听人言论:大国军队于每年六七月左右前来,大国军队倘若进兵,当即阻截抵挡,若不进兵,色布腾等人将三千兵留在吉木色等地,而带其余兵马返回游牧地,等语。之前据听下人等谈论:今年下雪时,色布腾等人拣选几千兵,派去巴里坤,驱赶马匹。赶来马畜后,看其明年如何能进兵,等语。后来听到罗卜藏舒努带兵前来的消息,故下雪之时,色布腾等人或许派兵巴里坤,或许停止之处,我没听说。据听人言论:于各处道路,俱已派兵阻截,等语。不知其真伪。亦未闻派兵阿尔泰之事。据听下人等谈论:今年罗卜藏舒努向噶尔丹策零派遣使者言道,哈萨克、布鲁特、土尔扈特人等,俱是我这边的人。如今大国之汗,甚是怜悯仁慈我。且与俄罗斯国之间,亦亲善友好。这期间尔若归顺我即休矣,倘不归顺我,我等三路进兵夹击尔也。于此,尔若登天,捉尔之足,尔若入地,拽你两耳,等语。噶尔丹策零对此甚是发怒,已将所派使者,挖地窖囚禁,等语。不知其真伪,等语。讯问博屯:我等若进兵,准噶尔阻截我方道路时,尚可得几万兵,每人可得几个牲畜。彼等这几年生活如何,拥有多少牲畜者称为富人家,拥有多少牲畜者称为穷人家。去年准噶尔贼前往阿尔泰,在额尔德尼召大败而归,此事其大人物等又如何议论,噶尔丹策零听到后又有何言辞,下面民众之意又如何。叶尔羌、喀什噶尔等各地回子,是否仍在向噶尔丹策零纳贡,是否听到什么俄罗斯消息。今年种的庄稼如何。色布腾下人,能有几百户。将尔闻知之处,令全部说出,据实告来,万不可隐匿,等语。对此告称:尔兵若大举进犯,准噶尔兵前来几万之处,我如何能晓得耶。此次色布腾等人带来的士兵,虽然名义上是一万五千,但实际人数只有一万。各个鄂托克地方,尚可得多少士兵之处,我等小人亦不得而知。看得准噶尔,于各地行军打仗时,从富人征收牲畜,补给短缺之人骑乘,牲畜尚可得多少之处,我亦不得而知。色布腾下人等,大体有四五百户,穷人甚多。各个鄂托克人等之内,拥有两百匹马、五百只羊、十几峰骆驼者,称为大富人家。其余的,有一百匹马的亦有,有三四十匹马的亦有,拥有近十匹马以下、两三匹马以上的亦有,有所不同。大体三分之二的人有牲畜,三分之一的人没牲畜,俱倚赖种地过活。自开启战端以来,尔等军队〔不明〕,驻扎边境之人,妄自乱动迁移时,牲畜死掉的亦有,准噶尔人行军打仗各地时,损失的、减少的亦不少。穷人甚多,互相偷窃俱已成常事,处死劫路者之事甚多。去年准噶尔去往阿尔泰之兵数,我亦不知,听说损失了一万人,不知其真伪。准噶尔人一向盛气凌人,自去年在阿尔泰地方被打败以后,每人意气比以前减退,亦变得没有了傲气。不管是大人物,或是像我这样的小人物,无不抱怨道:何时才能太平生活,这般行军打仗,何时是个头,我准噶尔人会在马上干渴而死也,等语。噶尔丹策零有何言辞,丝毫未闻。叶尔羌、喀什噶尔的回子等,照旧在纳贡。未闻俄罗斯之消息。今年的庄稼,有的地方成熟得好,有的地方成熟得不好,各地不同。已将我闻知之处,全部告明,稍无隐匿之项,等语。为此臣我等将投诚博屯暂留军营,俟解送人员时,与此前投诚的布鲁特回子默尔根一起送往京城。除此之外,将博屯之口供,先具折谨奏闻。

雍正十一年八月十二日
署理宁远大将军事务　臣　查郎阿
副将军　臣　张广泗
副将军　臣　常赉
参赞大臣　散秩大臣　臣　穆克登
参赞大臣　内大臣　臣　顾鲁

署宁远大将军查郎阿奏闻将投诚之
准噶尔人查干库本审明并解往京师折

雍正十一年九月初六日

　　署理大将军事务臣查郎阿等谨奏。为奏闻事。雍正十一年九月初二日，驻防白杨沟梅勒章京班第所辖驻扎哈洮卡伦厄鲁特贝子衮布所属骁骑校甘丹巴等送来一准噶尔投诚厄鲁特。于是臣我等讯问：尔名甚，是何鄂托克之人，是何族，从何处逃来，尔是否有父母兄弟妻，等语。对此告称：我名查干库本，准噶尔族，小策凌敦多布属人。我祖父蒙克额尔克和硕齐，之前于小策凌敦多布父亲在世时，活得甚是光荣体面，曾是管理一鄂托克的宰桑。我祖父去世后，到了小策凌敦多布时，不优待我等，且将我等拆开，反而让人管理我父亲南忠及我叔父色楞达什。因生活卑贱，没有面子，故于二十年前，我父亲就与我叔父起意互相商议称：归顺大国之汗，以求体面生活，等语。旋即逃出。到达塔里木地方后，我父亲身体因病不能动弹，于是延误，被后面追来的人逮捕，回送至小策凌敦多布处。小策凌敦多布往死里鞭笞我父亲及叔父后，挖地窖囚禁，当时我父亲即死去。小策凌敦多布将我叔父从地窖带出，弄断手脚丢弃，如今仍在。我父亲死后，我母亲改嫁当时，我甚幼小，我再无兄弟，现我有妻子。查干库本我原本亦曾是尊贵善人之子，我等到了小策凌敦多布之时，为何变成没面子的卑贱者，我全然不知。我被人蔑视差使时，甚是愤恨，故想寻机出逃，归顺大国主子，然毫无机会。今年秋，我跟随小策凌敦多布子曼济，前来吉木色驻扎。七月，从驻扎在科舍图的一千五百兵内，派出三百兵，由达木林带领，派去捕捉尔方活口。达木林等人败遁回去告称：我本人带领三百兵，前去巴里坤捕捉活口，我五十余人俱被巴里坤卡伦兵打死，等语。其后台吉色布腾、曼济等人，向噶尔丹策零派人告知此事时，噶尔丹策零差人回复叮嘱：捕捉活口，有得有失，此乃常事。令台吉色布腾带领五千兵，返回游牧地，而将士兵遣回各自游牧后，色布腾本人来我身边。而其余五千兵，令曼济带领暂时驻防吉木色，从此兵内挑选一千兵，派往科舍图，遣五百兵，前往巴里坤搜寻踪迹。若无进兵踪迹，放火焚烧草地，令尔等立即收拢，集中撤回,等语。随即台吉色布腾等人派出一千余兵,由杜噶尔札布带领去科舍图时,查干库本我来此队伍。杜噶尔札布领兵前来科舍图后,交给齐尔萨哈勒达什五百兵,派至腰老图等地搜寻踪迹。因无踪迹,故齐尔萨哈勒达什带着五百兵,从鄂隆济至科舍图为止,俱放火焚烧草地后,去科舍图与杜噶尔札布会合。杜噶尔札布带领兵丁,从科舍图至木垒为止,放火焚烧草地而回。杜噶尔札布等人夜里从科舍图启程前去时,我骑一匹马,牵一匹马逃走。当时在我后面,听见人的声音及马的动静,我以为或许我逃跑时被人发现而被追赶,故我立即进入山谷急行时,我牵着的马不走了。旋即我留下牵着的马,爬上高山,朝着东方跪下祈祷:查干库本我若有承接大国之恩的福分,祈愿不要被追赶者逮捕,等语。如此祈祷并三叩首后,奔着东方,一直行走无路之地而来,遂被尔卡伦人看见后,引导带来,等语。讯问查干库本:噶尔丹策零听到尔辈准噶尔五十余人被我卡伦人打死后,却令驻扎在吉木色的台吉色布腾带领五千兵返回游牧地,此是何意。曼济带领五千兵,驻扎在吉木色地方,是故有无下雪后仍来偷盗我马畜之消息。再,曼济带兵是否即在吉木色过冬,或是否迁移至他处,现尔卡伦俱设在何处,等语。对此告称:我兵原先来时,曾带来夏秋衣物及食用到九月的行粮。八月十五日,噶尔丹策零向色布腾等人派使者言道:巴里坤大军,若不在七八九此三个月进兵,今年即不会进兵,况且亦已变冷,令台吉色布腾带领五千兵回来,而将士兵遣返回各自游牧后,色布腾本人来我身边,其余五千兵,由曼济带领,暂时驻扎在吉木色等地,等语。听说由管辖驻扎边境的堪布沙毕纳尔宰桑杜伯珠尔,又有一宰桑的名字我不知,共派两宰桑去替换曼济,曼济返回后亦前往噶尔丹策零处,不知噶尔丹策零召唤台吉等人有何事。于是色布腾本人带领五千兵,于八月二十日从吉木色启程前去时,曼济将膘肥的马畜俱已留下,留驻的人给回去的人骑乘瘦弱马畜而遣送。俟下雪后,是否前来偷盗尔等马畜,我没听说。我逃来前,据听我台吉、宰桑等人谈论:去年我兵在阿尔泰路大败,刚刚又有五十余人一个也没生还,被巴里坤卡伦人打死,今后已变得万不可轻举妄动。若再要派人去捉活口,偷盗驱赶马畜,我等让少数人在前面哨探,大队接在后面行进才好,等语。我是归顺尔等之人,想告诉我所知之处。我准噶尔人,甚是狡诈有谋略。今自鄂隆济至木垒为止,所有草地,俱被放火焚烧。〔此处满文原件第190页与第191页有调换〕色布腾又带领五千兵返回之事,我逃来后定会告知尔等,告知后尔等会认为我准噶尔人绝不会来驱赶尔等马畜,以此不预先防备时,准噶尔人悄悄前来,甚加确认尔等马畜在何地放牧之处,俟下雪后,突来驱赶马畜,捕捉活口,亦未可料,理应尚且防备此事。再听人言论,杜噶尔札布带领来科舍图的士兵返回去后,将卡伦设在了济尔马台、噶海屯图等地,等语。讯问查干库本:曼济等人领兵防御我巴里坤路军队,驻扎在吉木色地方,我阿尔泰地方又派去几万兵,于此由谁带领,驻扎何地。现小策凌敦多布在何处。再据我等听闻:罗卜藏舒努带领两万哈萨克兵,已掳掠驻扎在尔边境的召图鲁克鄂托克之人,于是将尔吉木色之召图鲁克人,俱遣回游牧地,等语。此事是否属实,等语。对此告称:我游牧在喀喇沙尔地方,大策凌敦多布之游牧离阿尔泰方面近,是故阿尔泰方面由大策凌敦多布承担。听说曾派近万兵阻截阿尔泰路,丝毫未闻由哪一宰桑带领驻扎,我本人没去过阿尔泰,故而不知。以前小策凌敦多布之游牧,夏天驻在珠勒都斯,冬天在喀喇沙尔过冬。今年七月,我兵来到吉木色后,派来充数的小策凌敦多布属下两人,于八月初到来,并言道:小策凌敦多布将其属下人之游牧,仍旧迁移至喀喇沙尔,而其本人带着家小,经由空济斯,前往噶尔丹策零游牧地附近驻扎。我等本人出发前,小策凌敦多布已启程前往,我等亲眼所见,不知何事,等语。再听下人等谈论:安集延那边额苏伯克部叫伊拉姆伯克的回子,俱已降服喀什噶尔等地回子。伊拉姆伯克本人率领三万军队,前去攻打布哈拉之阿克巴西汗时,布哈拉汗手持鲜答,大风相助,大雨滂沱,并下冰雹,伊拉姆伯克之兵不能进,且伊拉姆伯克身体又有病,是故撤回。伊拉姆伯克为人甚好,下人等之男丁亦俱优,向来与我准噶尔为敌。噶尔丹策零听到伊拉姆伯克攻取喀什噶尔,掳掠安集延后,令噶旺敦多布带其鄂托克人及召图鲁克鄂托克人,驻扎纳林等地。并为防范布鲁特来路,撤走了色布腾队伍中的召图鲁克人。丝毫未闻罗卜藏舒努带哈萨克两万兵掳掠召图鲁克鄂托克人之事,这或许是伪造的吧。伊拉姆伯克倘若真能降服喀什噶尔回子,喀什噶尔离叶尔羌甚近,这期间亦早已降服了叶尔羌回子吧,等语。大家皆如此言论,等语。讯问查干库本:尔是小策凌敦多布属人,若小策凌敦多布从下人等内出兵,尚可得几千,马畜是否够用。再,准噶尔能行军打仗之人,共可得几万。我方若从巴里坤路、阿尔泰路同时进兵,准噶尔阻截各路之兵,尚可得几万,马畜是否够用。再,噶尔丹策零召回小策凌敦多布、色布腾、曼济等人,是否听到商议何事,是否只召唤这几位台吉,或还召唤其他台吉。据我等听闻:哈萨克兵已来至尔边境,尔辈准噶尔人亦进兵哈萨克,等语。此事是否属实,等语。对此告称:小策凌敦多布属下人内,能出兵打仗的,尚可得一千二三百。不分骟马、公马、母马骑乘,每人尚可得两匹牲畜。据听我辈之言:准噶尔算上老少,能行军打仗的,尚有十万兵,等语。尔兵若从阿尔泰、巴里坤两路同时进军,准噶尔留下守护游牧地之人,每路尚可得三万兵。若母马、公马、骟马一并征用,估计骑乘尚可够用。我逃来时,听说噶尔丹策零召回小策凌敦多布、色布腾、曼济等人,不知是否召回其他台吉,亦没听说噶尔丹策零召回此辈商议何事。再于前年,哈萨克来兵,杀害驻扎我那方边境的和硕特台吉噶尔丹敦多布弟敦多布策凌,掳走了几户人畜。去年哈萨克又来兵,掳走了驻扎我那方边境的几户人。不知共有多少人户数目及马畜,亦没听说今年哈萨克兵来至我边境及我准噶尔进兵哈萨克之事,等语。讯问查干库本:尔是准噶尔族,自幼久住小策凌敦多布附近,不会不闻知所有事情。今年在噶尔丹策零处召开会盟,俱曾商议何事。听到什么俄罗斯、布鲁特、土尔扈特地方消息与否。将尔闻知之处,令俱如实告明,稍勿隐匿,等语。对此告称:先前我父亲及我叔父,俱为归顺大国主子而出逃,以致被捕死去。我近族叔父及兄长,俱已投奔大国。因怀疑我亦可能会逃跑,任何言辞事务,俱不在我面前谈论,故我听不到任何详细事务消息。听说今年春在噶尔丹策零处召开会盟,不知商议何事。据闻,去年俄罗斯使者前来,向噶尔丹策零言道:倘若调查归还在尔准噶尔之我俄罗斯人及我逃人伊凡等工匠给我方,今后双方仍旧友好共存,倘不归还,我方将开战也,等语。如此索取时,噶尔丹策零普查在各地的俄罗斯人,将在我喀喇沙尔之俄罗斯人亦送往噶尔丹策零处,俱交给俄罗斯使者送回。俄罗斯工匠伊凡,自到我准噶尔以来,制造枪炮甚好,伊凡亦被一并交出。听说俄罗斯使者带着伊凡等工匠,到达其边境后,杀害了伊凡。布鲁特、土尔扈特仍与准噶尔有战事,等语。讯问查干库本:之前自尔准噶尔归顺我大主子的各个人等,俱已被授予生活家产,以使安逸过活,此事尔不会没听闻。尔从准噶尔舍命来归顺我圣主,故既已成我人,若有何闻知之处,稍勿隐匿,亦莫欺骗。尔辈准噶尔人,这几年行军打仗于各地,人员损失,马畜减少,对此尔大人物有何言辞,属下人等亦如何言论。拥有多少马畜者称为富人,有多少者称为穷人,这几年尔等所种庄稼收成如何,等语。对此告称:这几年噶尔丹策零四处征战,我下人等不得片刻安宁,行军打仗于各地,人员损失,马畜减少,富的变穷,穷人偷窃,俱已成常事。没听说我大人物有何言辞。据听下面年长者之言:这几年自开战端以来,蛤蟆、蜥蜴等虫子吃起庄稼来,这么大岁数了,别说没见过,听都没听过。种的庄稼被糟蹋,收获不甚好,人畜不安宁,看来是我准噶尔人被诅咒灾异吧,等语。无不如此抱怨。今我准噶尔人,拥有两三百匹马、近一千只羊者,即称为富人。拥有四五十匹马、几百只羊者,称为家道殷实之人。拥有十匹马以下,两三匹马以上,有所不同之人,亦有。三分之一的人没有马匹,俱倚赖种地过活。庄稼收成好,则生活宽裕,庄稼收成不好,则生活穷困。今年有的地方收成好,有的地方收成差,有所不同。之前派特垒出使大国时,我近族兄长丹巴,曾带着重重的驮子,前来大国。我等见面询问时,伊即谎称其本人与特垒一同前去,故没防备伊,旋即从阿尔泰路逃出,听说如今在大国。接着我近族叔父多尔济,听说亦已从阿尔泰路投奔大国。之前我父亲和叔父,为想归顺大主子以求安逸生活而出逃,被追赶之人逮住,挖地窖囚禁时,我父亲死去,我叔父被弄断手脚,又艰苦虐待差使我,我甚是愤恨,舍命逃出,归顺大国,以求永远安逸生活,我是为此而来之人。已将我闻知之实情,全部告明,稍无隐匿之处,等语。为此臣我等委派理藩院笔帖式巴颜夫,使查干库本及此前投诚的布鲁特回子默尔根、哈萨克回子博屯乘驿,交给笔帖式巴颜夫,以使途中不致生事,妥善看管,送往京城。此外将查干库本之口供,先具折谨奏闻。

雍正十一年九月初六日

署理宁远大将军事务　臣　查郎阿

副将军　臣　张广泗

副将军　臣　常赉

参赞大臣　散秩大臣　臣　穆克登

参赞大臣　内大臣　臣　顾鲁

雍正朝

署宁远大将军查郎阿奏闻将抓获之厄鲁特俘虏厄珠伯克等审明解京折

雍正十一年九月十五日

署理宁远大将军事务臣查郎阿等谨奏。为奏闻事。雍正十一年九月初八日,接准军机处秘咨内称:我处曾奏称,署大将军查郎阿等曾奏称,将俘获的厄鲁特德木齐额尔齐木哈什哈、厄珠伯克等三十二人,或解送京城,请旨如何办理之处。据查,此辈俱是从贼地偷偷潜入我卡伦,前来捕捉活口之人,遇见我官兵后,互相应战,虽被包围,然一直拒战,一半被杀,其余被捕,与投诚之人不可比拟。行咨查郎阿等,于此俘获的三十二人内,将额尔齐木哈什哈、厄珠伯克及谙知事务的紧要之人,酌情留下几个,严加看管,解送京城。俟此辈启程后,将其余人等,俱立即在军营正法,等语。如此于雍正十一年八月二十二日上奏时,所奉谕旨:依议,钦此钦遵,咨行,等语。又一秘咨内称:解送厄珠伯克等人时,晓示彼等,尔等将所有事情,俱如实告明,故而圣主恻然轸念,会赦免治罪尔等,并带到京城,施恩养育,等语。此次押解时,不可让彼等同行,一一分开,一人带领近十人,防范照看,从军营送至哈密,并从哈密送至肃州,辗转派出精干之人看管,以解京城,等语。据查,被俘厄珠伯克等三十二人内,厄珠伯克是其中首领,罗卜藏是准噶尔台吉,达木林是近侍之人,字高亚是准噶尔管辖二十人的小长官,巴桑原是罗卜藏舒努跟役,哈达是土尔扈特台吉一族,又有一罗布桑亦谙准噶尔事务。为此臣我等先曾将此六人口供,具折奏闻。今再次审问看得,仍是此六人谙知准噶尔事务,故臣我等照军机处行咨,讯问厄珠伯克等六人:令尔等将所有事情,俱如实告明,故而圣主恻然轸念,会赦免治罪尔等,并带至京城,施恩养育,等语。如此晓示后,厄珠伯克等人甚欣喜感戴。只是此辈俱是被俘之贼,此次押解时,理应在途中甚加防范才对,故所关甚巨。若不从军营特派可信干练官员照看全体,则看守之人一时疏忽,或使彼等会面互相谈论,或我辈向彼等妄加言论,俱亦未可料。现在军营之笔帖式常明珠,人才可信干练。臣我等委派笔帖式常明珠,令理藩院两领催跟随,并吩咐:将厄珠伯克等六人,用铁索拴上,不让彼等会面,一一分开行走,辗转派兵,途中妥善防范看管,以使解送至京城,等语。笔帖式常明珠,押解厄珠伯克等人时,俱租用骡子送往,是故行文署总督刘于义等,令对笔帖式常明珠及所获厄珠伯克等贼人,俱租用骡子,照例办理解送。自肃州押解至京城时,途中每贼须委派十人跟随看管,宿营之处,多派人看守,万不可将利器弄至贼人之手,并将此行文转达至直隶省,等语。此外,为此谨奏闻。

雍正十一年九月十五日

署理宁远大将军事务　臣　查郎阿

副将军　臣　张广泗

副将军　臣　常赉

参赞大臣　散秩大臣　臣　穆克登

参赞大臣　内大臣　臣　顾鲁

查郎阿等曾奏闻:已将被俘厄珠伯克等六贼,委派笔帖式常明珠,解送京城。将此已入案。俟厄珠伯克等人送到时,再议办理之事,等语。

雍正朝

副都统拉锡奏报准噶尔兵力
不足三万人等情折

雍正十一年九月二十一日

奴才拉锡谨奏。奴才我谨遵谕旨，审阅此准噶尔投诚查干库本口供，准噶尔四处预备抵挡，甚是疲惫。下人等之艰辛，或许属实。算上老少，有十万者，查干库本是小人物，其是一家丁，怎能详知实数耶。今准噶尔军队，优劣加在一起，不超过三万。前曾桀骜不驯，立刻出兵，今准噶尔在我军前，去年吃了大亏，不可不说没有只小打小闹偷偷行事之打算，不敢来犯阿尔泰路。虽窥伺巴里坤，然深谙我已超派察哈尔、巴尔虎、索伦、满洲兵至巴里坤，且还得知刚刚准噶尔卡伦五十余人被杀得没剩活口。大军由阿尔泰、巴里坤两路进兵之事，伊畏惧不可不预备。之前对岳钟琪甚是嚣张，伊以为甚容易行事，如今或许不会来犯。再，伊拉姆伯克者，是布鲁特地方之人。以前叫阿尔杂玛姆特的伯克领导布鲁特，侵占叶尔羌、喀什噶尔，确实强悍，策妄阿喇布坦亦奈何不住他。后来阿尔杂玛姆特去世，策妄阿喇布坦重新占领叶尔羌、喀什噶尔，布鲁特首领带着两三千户前来彼地居住，策妄阿喇布坦死后，据闻已逃回。布鲁特兵力，共有六七万，比哈萨克兵力还多。倘伊拉姆伯克果真带人侵占喀什噶尔，叶尔羌亦是同类回子，属实适合布鲁特。今布鲁特若反目，哈萨克若交恶，对噶尔丹策零反而会造成麻烦。此话可当真，希望变成那样。今年又一报告称：喀喇卡勒班国亦进兵过来，已到达准噶尔游牧地边境，等语。此喀喇卡勒班者，乃一驱使单峰驼之国，男人长得像哈萨克，此亦进兵突袭准噶尔，则更好，想必今年不敢来战我两路军队吧。唯思今冬又审问逃来之人，甚加确认，寻机立即行事，或许明年可知结局吧。阿尔泰路由大策凌敦多布承担，吐鲁番路由小策凌敦多布独挡，此或许是真。哈萨克、布鲁特、叶尔羌、喀什噶尔之回子，一个月内就可得知噶尔丹策零之消息，今此辈得知噶尔丹策零被我大军大败之事后，想必会一同用心，无须人指点吧。为此谨奏。

署宁远大将军查郎阿奏平定准噶尔时被俘山西民人王孝忠脱回并审明送回原籍折

雍正十一年十月初十日

署理宁远大将军事务臣查郎阿等谨奏。为奏闻事。雍正十一年九月十五日,驻防白杨沟梅勒章京班第所辖驻扎洮赉卡伦察哈尔前锋呼都克送来一自准噶尔脱出的汉人。于是臣我等讯问:尔名甚,哪里人,如何到了准噶尔,曾在何人身边,从何处脱出,等语。对此告称:我名王孝忠①,汾州府所属宁乡县民人②。前年我等十九人,搬运范玉斌③之官粮,到达察罕庚尔。交完粮食回来时,于九月十九日,没记日子,来到鄂尔海西喇乌苏地方后,突来一百余准噶尔贼,将我等围住,俱行捉拿。不知其他人被带到何处,叫和通的人逮住了我,到达喀喇沙尔后,从叫萨巴的人处收取一峰骆驼,将我卖出,我在萨巴家里拾粪烧火被使唤。我家中,我母及妻孥兄弟俱在,想逃跑,但毫无机会。今年二月的一天夜里,我从喀喇沙尔步行逃出,吞食白雪,日夜不停行走八天。正在歇息时,被居住边境的贼人发现,将我逮住带至其游牧地,又被使唤至五月。逮捕我的贼人出兵打仗后,家中无男子,故于七月里让我伴随邻近的蒙古人,派至吐鲁番收割所种庄稼。我到吐鲁番,收割完庄稼后,与我同来的蒙古人俱已返回,令我留下与种田的回子一起看守收割的庄稼,住了两月有余。这期间,种田的一回子女人对我言道:尔巴里坤,离此地甚近,等语。我将此记在了心上。本月初,我带一些枣果,当作行粮,从吐鲁番逃出。途中行走十几天,卡伦人发现我后,引导带来,等语。讯问王孝忠:尔从喀喇沙尔逃跑时,准噶尔贼之卡伦俱设在何处,尔怎么通过了卡伦。尔在吐鲁番等地收割庄稼,居住在彼处的准噶尔人有多少,种田的回子有多少,种的庄稼有多少,收成如何。又尔在喀喇沙尔地方时,是否听到准噶尔人前去何处行军打仗,等语。对此告称:我从喀喇沙尔逃出后,东面没有路,经避风处行

---

① 此处原文是"wang hiyo jung"。
② 此处原文是"fen jeo fu i harangga ning siyang hiyan i irgen"。
③ 此处原文是"fan ioi bin"。

走,故没见过贼人卡伦设于何处。驻扎彼等边境的准噶尔贼逮住我后,派至吐鲁番等地收割庄稼。在吐鲁番等地种的庄稼,看来不超过一顷,准噶尔十余户回子种田居住,男女孩子加在一起共有四五十余口,没见过准噶尔蒙古人。今年在吐鲁番地方种的庄稼收成好,去年在喀喇沙尔地方种的庄稼,被蝗虫吃掉,收获不甚好,故其下人等言道:这几年我等不得安宁,行军打仗于各地,种的庄稼也没收获,怎么过活耶,等语。如此互相抱怨之人甚多。我本人在喀喇沙尔时看得,准噶尔人年年行军打仗,不知进兵何处。听说今年小策凌敦多布子曼济亦前去从军。我来吐鲁番之前,见过出征之人已返回游牧地。据听彼等言论,曼济于下雪之后,亦返回来,等语。讯问王孝忠:尔曾久住喀喇沙尔,故将彼处人之马畜有多少,生计如何,再将准噶尔地方所有消息,尔所有闻知之处,详细回想,令俱告明,稍勿隐匿,亦莫欺骗,等语。对此告称:我不知其他地方的人生活如何,居住喀喇沙尔之人内,拥有四五十匹马、十几头牛、一百余只羊者,即称为大富人。没有马畜之人甚多,俱倚赖种地过活。其穷人偷盗而行,俱已成常事。我是内地民人,不甚通晓蒙古语,故全然未闻准噶尔地方之任何消息,若真有闻知之处,为何不告明耶,等语。为此臣我等看得,民人王孝忠,为人愚昧,只听懂一二蒙古语,虽居喀喇沙尔一年有余,但全然不知讯问的准噶尔任何事情,故不将王孝忠送往京城。臣我等赏给王孝忠衣物,乘便送往总督刘于义处,以使转送山西省汾州府,调查其母亲妻孥兄弟交给。为此谨奏闻。

雍正十一年十月初十日

署理宁远大将军事务　臣　查郎阿

副将军　臣　张广泗

副将军　臣　常赉

参赞大臣　散秩大臣　臣　穆克登

参赞大臣　内大臣　臣　顾鲁

定边大将军福彭密奏投诚厄鲁特哈尔查海口供并将拿获之特古斯等一并解京备审折（附供单一件）

雍正十一年十月二十日

定边大将军多罗平郡王臣福彭谨奏。为密奏闻事。臣我携来投诚厄鲁特哈尔查海，让人避开，向伊详密讯问：据我等之前听闻，因尔辉特台吉达尔玛达赖、卫征和硕齐等人，有意归顺大国，故噶尔丹策零猜忌不信，将此辈游牧向内迁移几次。而进兵我边境时，征其下人参军，却不派首领台吉，为此听说彼等与噶尔丹策零不睦。去年向我阿尔泰派兵时，因无骑乘的马匹，噶尔丹策零曾办给公家马匹骑乘。在额尔德尼召地方战败逃回去后，今年召开会盟，宣称将损失的马匹俱照数偿还时，辉特台吉等言道：原先我等没有牲畜，故而办给，此次别说是牲畜，就连人也都已损失，为此我等不能偿还。若非要我等偿还，我等只能抓我妻孥偿还，等语。听到如此争辩，噶尔丹策零言道：我已定之事，彼等必须偿还，等语。即使如此，辉特台吉等丝毫没偿还。这些事情是否属实，等语。对此告称：辉特台吉达尔玛达赖、卫征和硕齐等人有异心，噶尔丹策零猜忌不信等事，我不详知其真伪。只是据我所知，先前洪台吉在世时，曾将其一女嫁给卫征和硕齐，而将另一女嫁给我和硕特台吉罗卜藏策凌。后来卫征和硕齐之妻因病去世后，罗卜藏策凌携其妻叛逃时，噶尔丹策零派兵抢回其妹，再嫁给卫征和硕齐为妻。去年夏，噶尔丹策零又将其女指配给达尔玛达赖子珲启。而将卫征和硕齐等人，从军事征战中放过。彼等辉特四台吉下人，共有三千余人，俱是鸟枪兵，为使得力，这几年驻防哈萨克方面。今年进兵哈萨克时，又派去卫征和硕齐，与大策凌敦多布一同领导。彼等互相结亲，全体亲善和好生活。不信用、行猜忌、不和睦等言论，我丝毫未闻。若真有不睦之处，为何又将其女嫁给达尔玛达赖之子耶。再于去年前来阿尔泰时，向没有马匹之人，噶尔丹策零曾将公家马匹及叶尔羌、喀什噶尔地方之马，以及从富人征用的马匹，通融办给，每人三匹马。现在催取的，丝毫不是仅取配给辉特人的马匹，从配给公家马匹的所有人，全都催取。此次收取时曾宣称：从拥有七匹马的人催取，从没有七匹马的人不催取，等语。我来之前，噶尔丹策零从公家办给的马匹内，已将现有的，俱收回。已经损失的马匹缺额，是否已偿还收取，我已来此，故而不知。我丝毫未闻，因偿还马匹事，辉特台吉等与噶尔丹策零如何争辩之处，等语。再讯问哈尔查海：据尔此前投诚的人告称，辉特四台吉属下共有一万余人。尔却称，只有三千余人。此事为何，等语。对此告称：达尔玛达赖、卫征和硕齐、色布腾达什，是每人管辖一千户的台吉。巴勒珠尔，是管辖五百户人的台吉。合计其所辖户数，即可知矣，我岂敢欺骗，等语。为此臣我以厄鲁特哈尔查海之口供，与去年捕获的准噶尔库本诺颜乌巴什下厄鲁特塔苏尔海特古斯核对秘密讯问时告称：噶尔丹策零怀疑不信用达尔玛达赖及卫征和硕齐等事，俱是虚伪。彼等互相结亲，全体亲善和睦生活，等语。照哈尔查海说的一样供述。再讯问特古斯：尔是否认识辉特台吉达尔玛达赖下叫达克巴哈什哈的人，等语。对此告称：我知道叫达克巴的哈什哈，先前洪台吉在世时，因达克巴为人精干，征战时非常骁勇，故赏给伊哈什哈封号。后来到了噶尔丹策零，亦仁慈伊，令伊查看宿营地，近侍扈从，此人丝毫不是达尔玛达赖下人，等语。据查，前任大将军锡保，曾放出此前解送京城的厄鲁特布勒齐，识别达克巴，布勒齐亦称：达克巴是查看噶尔丹策零宿营地之人，曾在伊犁地方见过面，等语。伊删减此供词，丝毫没有具奏。现在投诚的厄鲁特哈尔查海及此前捕获的厄鲁特塔苏尔海特古斯之口供，以及已解京城的布勒齐口供，俱已吻合。由此看得，此前来的达克巴之事，明显是在特意设计诱骗我军。再，达克巴之前所称：我返回去会见我台吉等人后，达尔玛达赖等决定如何举事之处，定会再派人来告，等语。因有如此言论，故倘达尔玛达赖等人，或派另一人，或仍遣达克巴，前来告知虚假消息，则臣我等详细验证来人相貌及口供后，拟酌情解送京城，以请主子教吾。据臣我窃思，厄鲁特哈尔查海所言准噶尔派兵三万，前往哈萨克等情。准噶尔厄鲁特等，虽与哈萨克战事不断，然丝毫没有过大举进兵。此事特因哈萨克兵一连来犯两三年，几次掳走准噶尔边境之人，所以噶尔丹策零等人发怒，才于今年大举派兵三万，前往哈萨克。准噶尔此次派兵，若再被哈萨克兵大败吃亏，或不获财物，空手回来，马畜损失，则哈萨克兵趁准噶尔人势力衰退，不能兴兵之际，明年定会大举进兵来犯，以抢掠准噶尔人口，掳走马畜。即使准噶尔兵今年前往哈萨克，稍稍获益回来，明年哈萨克兵亦定会大力整饬，来犯报复。是故明年我大军两路进兵征剿，哈萨克兵再从那边来犯，成两面夹击之势后，准噶尔贼首尾不能相顾，导致覆灭。此特是上天仁慈赏赐的良机，准噶尔贼充满罪孽，理当消亡之时。臣我谨记圣主再三告诫之谕旨，不管明年哈萨克兵是否从那边进犯,臣我不敢稍有疏忽,唯严防贼寇,全力预备,凡事详之又详,慎之又慎,以求速成大功。再,此前凡讯问所有投诚逃出之人时,每每引导讯问贼力衰退、马畜用尽等事,故来人发觉后,唯逢迎问题供述。现在正是军机节点,我等只有得知贼人兵力状况之实情,才可有益。故恳请圣主降旨严敕两路将军大臣等,今后考虑只为获取贼处所有方面的实情,审讯任何投诚及脱出之人。为此臣我拟将囚禁在我处的先前捕获的厄鲁特塔苏尔海特古斯,为备审讯,亦差人乘驿解送京城。为此谨密奏闻。

雍正十一年十月二十日

雍正十一年十一月二十五日,奏闻大将军平王差派员外郎甘布送来投诚厄鲁特哈尔查海之事时,所奉上谕:著将哈尔查海,照办理此前投诚查干库本例,所有物品俱充足授予,并给配妻,办理安置于京城,钦此。

是日再奏闻大将军平王差派笔帖式马尔台送来之前捕获囚禁在军中的厄鲁特塔苏尔海特古斯之事时,所奉上谕:著将塔苏尔海特古斯发配江宁,钦此。

大将军平王差派员外郎甘布、笔帖式马尔台,送来准噶尔投诚厄鲁特哈尔查海及之前捕获囚禁的厄鲁特塔苏尔海特古斯。臣我等核对厄鲁特哈尔查海此前口供看得:今年从彼处已向哈萨克进兵,由大策凌敦多布带领派往,等语。讯问核实此等事时告称:我本人曾在额尔齐斯地方驻扎卡伦。八月,从我三千兵内,撤回两千时,听得众人谈论:大国军队今年已不来战,挑选三万兵进军哈萨克,等语。大策凌敦多布足疾复发,其三个大儿子,今年死去,只剩下一小儿子,又被征召此次军伍,伊没让出征,亲自前往,等语。再讯问辉特达尔玛达赖、达克巴之事时告称:达尔玛达赖是噶尔丹策零的亲家,据我等小人物看得,彼等似亲善友好,互相有无不睦抱怨之心,不得而知。我不认识达克巴这个人,名字亦不知,等语。讯问彼处马畜兵力时告称:据我听闻,全体户数七万,其中能行动之兵,或许可得五万,甚可靠的精壮男丁,不超过三万。马畜跟以前比,变得甚是短缺,行军打仗时,噶尔丹策零俱取公家舒鲁克、喇嘛商上牲畜及殷实人家马群骑乘。返回后,若还活着,交给原主,倘途中倒毙,收取赔偿缺额,大半俱疲惫毙命,生活变得艰难,等语。他处大体尚与以前一样供述。再哄诱讯问哈尔查海:若果真如尔所言,准噶尔人俱已凋敝,变得人心离散,理应接连来投才对,因何大人物一个也没来,俱是像尔这样的孤单人前来。由此看得,特意训练尔等,伪装遣派,亦未可料。况且,尔有母妻,尔却为何留下前来。尔走后,折磨尔之母妻,难道不思念乎。尔已来此地,已成我人,令将所有事情,唯据实告明,尚且对尔施加隆恩,仁慈养育，尔毫无罪责，莫要害怕，等语。对此告称：我准噶尔人，这几年一直连续征战，俱已凋敝，即使有父母子妻，然终年不得相见，与其罪孽过活，不如投诚，蒙大主子之恩安逸生活。如此思考之人虽多，但轻易不能逃脱，即使有这样的心思，亦不敢对人说。我本人曾早有投诚之意，因全然不得机会，故刚刚来到扩展的卡伦后，夜里单独值班巡视马群时，勉强逃出。我之母妻，无非会给人为奴，此外不致伤及性命。我即使贪恋彼等，亦不得同在一处，不管如何，归顺大主子，以求永远安逸生活，属实如此舍身前来。若有训练我伪装遣派之事，我已成不能回去居住此地之人，岂有不据实告明之理，怎敢欺骗耶，等语。讯问塔苏尔海特古斯时告称：我去年从军，在额尔德尼召战败后，逃至阿济，被追兵俘获，等语。讯问辉特达尔玛达赖、达克巴之事时告称：向达尔玛达赖子珲启，噶尔丹策零嫁给女儿，彼等是亲家，平时生活和睦。再卫征和硕齐，前曾迎娶噶尔丹策零一妹，去世后又抢来逃亡的罗卜藏策凌妻，给其续弦，彼等是姐夫妹夫，所谓互相不和，我可不知。达克巴哈什哈，是查看噶尔丹策零宿营蒙古包之人，先前策妄阿喇布坦在世时，亦曾仁慈恩宠。辉特人内或许有叫达克巴的人吧，没听说受封哈什哈封号，等语。

46

定边大将军福彭奏闻拿获之准噶尔乌梁海人鄂勒锥等审明放回事折

雍正十一年十一月初二日

定边大将军多罗平郡王臣福彭等谨奏。为请旨事。挺进的右副将军塔勒岱等呈文报称，雍正十一年九月初一日，前锋参领德都讷、协理台吉毕齐罕等呈文内称：德都讷我本人曾自带来的二百余兵内，交给协理台吉毕齐罕、巴图鲁章京塔齐尔等人五十兵，派去越过索郭克河，到科布多源头察罕乌苏为止，瞭望人影，搜寻踪迹。协理台吉毕齐罕等人，到达科布多源头察罕乌苏后，搜寻踪迹，瞭望人影时，全然没有贼踪影。从萨里木垒瞭望时，发现在索郭克河口有大火。巴图鲁章京差遣阿尔赛前去查看得，有人员宿营的痕迹。旋即径直跟随这一踪迹，二十三日遇见一厄鲁特乌梁海，并将其逮捕。仍沿此踪迹回来时，在博罗布尔噶苏地方留下设置卡伦的士兵，遇见厄鲁特九个乌梁海，赶至逮捕一人，其余俱已逃跑，等语。再曾交给前锋侍卫乌丹察、护军校扎尔虎等人五十兵，派往乌兰图鲁克、察罕布尔噶苏、德尔津图地方瞭望踪影。侍卫乌丹察等人，到达察罕布尔噶苏地方发现踪迹后追击，二十四日在德尔津图地方赶上，射死逃跑的两乌梁海，并活捉二人带来。此辈带有三支鸟枪、四副弓撒袋、四十五匹马、二十一只貂、三只青鼬、六十只灰鼠、两张狼皮，将此俱储存于本地。除将捕获的唐古忒等四乌梁海，交给前锋齐鲁乌巴锡、兆嘉、和托辉特护卫杜噶尔、蒙古章京阿毕达解送外，将这些物品，或解送之处，视副将军等之指示遵行。如此陆续送来。于是我等讯问乌梁海唐古忒：尔是何族，谁之属人，驻于何处，为何来索郭克、博罗布尔噶苏等地，等语。对此供称：我是准噶尔乌梁海，我本人和现已被捕的我兄之子乌达是宰桑鄂斯虎属人，索约特族，驻在罕哈屯。今年哨鹿时节，我乌梁海共集合一百五十人，自罕哈屯启程，越过乌科克岭，在察罕哈巴、喀喇哈巴，狩猎行走月余。因下雪追寻貂的脚印返回时，我四人走在一起，到达德尔津图后，被大国人发现，我同伙二人奔跑避开时被尔辈赶至打死，我本人及我兄之子乌达丝毫没动手而被捕，等语。讯问唐古忒：尔狩猎行走时，是否看见准噶尔人踪影，准噶尔兵现驻在何处,令将所有事情,据实告来,等语。对此供称:我等从游牧地启程,走吹河路,行进至察罕哈巴、喀喇哈巴后返回,丝毫没见踪影。途中遇见我乌梁海笋都勒子哈尔玛西,其亦在打猎,对我等告称:厄鲁特兵在库列图岭那边的奇兰①,不知是大策凌敦多布,还是小策凌敦多布,领兵驻扎,等语。其后与我等同行的纳尔图对我告称:厄鲁特兵,在和通呼尔哈淖尔源头有卡伦,军队俱曾驻在奇兰②。后来从哈萨克、布鲁特逃来逃人告称:现在哈萨克、布鲁特俱已来战准噶尔,等语。为此将驻在奇兰③的军队,俱已急忙撤回,等语。再于厄鲁特内,有一类叫明阿特的人,去年与大国人交战,返回时路过我地,据伊等言称:此次去寻喀尔喀游牧,曾收获马畜,后来遭遇彼大军而大败,几千人被打死,满洲兵射箭厉害,剩下的亦有一匹马的,亦有徒步的,俱勉强脱出,等语。我亲眼见过我乌梁海人,给其援助马匹、行粮、衣物,使其启程,等语。讯问唐古忒:噶尔丹策零之兵去年大败而回,此事尔等乌梁海听到后有何言论。噶尔丹策零这几年行军打仗时,是否派过尔兵。每年派至尔处征收贡赋的使者等,到达尔地后如何言论。令将尔闻知之处,详尽告来,等语。对此供称:听到准噶尔被打败后,我宰桑鄂斯虎曾言道,满洲国与准噶尔交战已有几年,此次准噶尔人被打败,我等今后岂能安逸耶。我等亦观望两面,决定一事而已。倘若不行,我等立即集结,寻找此前逃入尔地之我兄弟叫昂噶勒的乌梁海等,以求汇合一处生活。再,噶尔丹策零丝毫没从我处征调兵马之项,等语。讯问唐古忒:准噶尔是否与俄罗斯有战事,布鲁特、叶尔羌、喀什噶尔等地有何消息。再据闻,在土尔扈特的噶尔丹策零弟罗卜藏舒努,去年曾带兵来战噶尔丹策零。此事是否属实。彼等生计如何,等语。对此供称:俄罗斯前曾与策妄阿喇布坦有过战争,准噶尔掳来俄罗斯人,俄罗斯掳走准噶尔人。今年俄罗斯遣使言道:希望调查归还此前尔等收取的我方之人,我方亦还给收取的尔人,等语。如此遣使时,噶尔丹策零宣告各个鄂托克,令将俄罗斯人送来。听说各处送来共近一千名俄罗斯人,并交给俄罗斯使者遣回,而未闻俄罗斯已归还多少厄鲁特人。全然未闻叶尔羌、喀什噶尔等地消息。又听说噶尔丹策零弟罗卜藏舒努曾在土尔扈特,其后来到尔地,又前往俄罗斯。丝毫未闻罗卜藏舒努带兵攻打噶尔丹策零之事。亦不知厄鲁特人生计。此外再毫无闻知之处,等语。讯问乌达时,因乌达丝毫不晓得蒙古语,故从我处带来粗通乌梁海语之人,翻译讯问时供称:我等从游牧地出发,到察罕

---

① 此处原文是"kirang"。
② 此处原文是"kirang"。
③ 此处原文是"kirang"。

哈巴、喀喇哈巴为止捕貂行走时，途中遇见的我乌梁海纳尔图，对我告称：今年五月，准噶尔兵曾驻扎在奇兰、齐木齐克①地方。八月，听到布鲁特、哈萨克兵来战的消息后，已将军队俱急忙撤回，等语。如此听闻，等语。他处俱与唐古忒一样供述。据乌梁海萨尔虎供称：我是托勒巴属下，叶尔齐特族。我与唐古忒等人一同出发，由吹河路行进，于各个支路捕貂。我独自牵着狗，打猎至喀喇额尔齐斯源头和力木图地方，再返回到索郭克时，被大国之兵逮捕。据听乌达等人言论：今年五月，准噶尔小策凌敦多布曾带领三万兵来阿尔泰，驻在奇兰、齐木齐克消夏，等语。我走过的地方，丝毫没厄鲁特踪影。听说去年十月，哈萨克、布鲁特前来，掳走了准噶尔近千口人。还听到噶尔丹策零弟罗卜藏舒努，带来土尔扈特兵，今年来战准噶尔。现在阿尔泰地方没有踪影，由此看得，估计罗卜藏舒努带兵前来，亦未可料，等语。据乌梁海鄂勒锥供称：我是宰桑托勒巴属人，叶尔齐特族，我亦是与唐古忒等人一同集合前来狩猎之人。捕貂行进至和通呼尔哈，返回时俱各个分散，我等九人聚在一处，沿着科布多河，狩猎行走。来到博罗布尔噶苏后，我本人被尔辈逮捕，其他人及时逃脱。我是甚小孩子，不知凡事消息，等语。为此将乌梁海唐古忒、鄂勒锥、萨尔虎、乌达，交给原齐齐哈尔承差护军校哈拉、领催费扬古图、披甲乌拉奈、蒙格尔图、吉林领催委署散骑郎七十、领催章鲁、披甲纳斯泰、贵古勒德，分成两队，与审讯此辈之口供，一并乘驿送往大营，等语。如此到来。于是臣我等再逐一详审讯问准噶尔乌梁海唐古忒、鄂勒锥、萨尔虎、乌达时，除副将军塔勒岱等人审讯的口供之外，丝毫不得准噶尔事务消息之痕迹，且人俱愚昧，看来属实是捕貂狩猎而行者。若将此辈乘驿解送京城，现在正是冬季，会折磨驿站马匹。为此臣我等除奖励捕获准噶尔乌梁海的官兵外，俟送来厄鲁特王色布腾旺布所属三十二乌梁海后，经过审讯，若无事由，携来其宰桑等人，吩咐彼等严禁再于卡伦附近打牲行走。而将送来的准噶尔乌梁海，暂留我军营，给食饭肉，妥善看管，俟明年进剿时带上此辈，越过阿尔泰后，臣我等对唐古忒等乌梁海言道：准噶尔噶尔丹策零，甚是狡诈，侵害各部之人，不得安宁，是故圣主特遣大军，剿灭噶尔丹策零，以使尔等各部人安逸，丝毫不加害尔等。将此等事，亦请详尽告知尔辈乌梁海，尔等莫怕，等语。如此详尽晓示圣主仁德，放走此辈，派往其故地。估计此辈回到彼处，向众人宣扬后，期盼归顺圣主仁德，亦未可料。为此臣我与额驸策凌、傅尔丹等人一同详议上奏。是否妥当之处，恳请圣主训斥，以谨遵

---

① 此处原文是"kirang kimcik"。

行。为此谨奏请旨。

雍正十一年十一月初二日

定边大将军　多罗平郡王　臣　福彭

左副将军　和硕超勇亲王　固伦额驸　臣　策凌

参赞大臣　内大臣　伯　臣　钦拜

参赞大臣　褒绩公　臣　博尔屯

署宁远大将军查郎阿奏闻将投诚之土尔扈特部巴图特木尔审明解京折

雍正十一年十一月初四日

署理宁远大将军事务臣查郎阿等谨奏。为奏闻事。雍正十一年十月二十一日,驻防白杨沟梅勒章京班第所辖驻扎布延图卡伦察哈尔镶蓝旗①委署护军校衮布等人送来一准噶尔投诚蒙古。于是臣我等讯问:尔名甚,是何族,哪一鄂托克,谁之属人,从何处逃来,尔是否有父母兄弟子妻,等语。对此告称:我名巴图特木尔,土尔扈特族,绰霍尔鄂托克宰桑散济属人。我父亲在世时,跟随阿玉锡汗子散济扎布来至准噶尔后,将我土尔扈特人分给各个鄂托克之际,我父亲被编到绰霍尔鄂托克。我父母俱已去世,我亦没有兄弟子嗣,唯有一妻。我十三四岁时,即让我当行军打仗各地的军人跟役。因不忍差使,六年前我从特克斯地方出逃,试图归顺大国主子。往这边逃跑,行走十几天,到达塔勒齐岭之山口时,被卡伦人逮捕带回。曾将我打晕好几次,又束缚我脖子和手,加以看守,后来正月十五日,才释放我。从那以后,不往远处差使,居住游牧地五年。今年春,派出军队阻截巴里坤来兵之路时,我对我德木齐赞布言道:我这么多年一直闲着,以前甚是年少时曾试图动身出逃,今已变得绝不会逃跑,等语。如此三番五次请求时,赞布才差遣我到军队,给叫萨塔木的人当跟役。我一万兵,由台吉色布腾、曼济带领前来。以尔等进兵时节已过为由,台吉色布腾本人带领三分之二的军队,于八月二十七八等日,已返回各自游牧地。色布腾本人,前往噶尔丹策零身边。台吉曼济、衮布、博罗沁哈什哈等人留下,带领三千兵,仍驻在古尔班哈郎贵等地。听说归顺大国之人,俱得授予生活家产,以使永远安逸。我与其给人当奴,艰苦生活,不如归顺大国。如此思量后,本月十七日夜里,从我马群中偷取四匹肥马,沿着戈壁边缘奔走。那天夜里通过伊勒布尔和硕,次日天亮后到达乌兰乌苏山口,宰杀疲惫的两匹马,经由色比特、鄂隆济,第四天尔卡伦人发现我后,引导带

---

① 原文没有"gūsa"字样。

来,等语。讯问巴图特木尔:尔从哈郎贵往这边逃来时,准噶尔卡伦俱设置于何处。尔如何通过卡伦,是否追赶过尔。除在哈郎贵驻扎尔兵之外,再于何处驻扎军队,等语。对此告称:我本人在哈郎贵时,在伊勒布尔和硕有一卡伦,为看守由戈壁进来的道路在噶海屯图有一卡伦,针对通过哈布塔克、拜塔克的道路在杜尔伯勒津地方有一卡伦,共有三个卡伦,每卡伦驻扎二十人。又据闻在吐鲁番之鲁布沁设置一卡伦,不知驻扎几人。我往这边逃来时,夜里偷偷通过伊勒布尔和硕卡伦,不分昼夜急行,进入乌兰乌苏山口,来寻色比特、鄂隆济,故不知准噶尔人是否追赶过。驻在扎哈沁的宰桑齐默特属下五六百户人,从乌鲁木齐迁移至阿察、鄂勒木克等地驻牧,未闻其他地方是否驻军,等语。讯问巴图特木尔:现在台吉曼济等人,带领三千余兵,驻扎哈郎贵过冬。由此看得,定会前来偷盗驱赶我巴里坤马畜,已是明显。若要前来,可来多少兵,由哪路何时前来,尔是否听闻,等语。对此告称:曼济等人曾商议称,先出一百五十人,由古英哈什哈巴勒珠尔带领,于本月十八九日,派去捕捉尔等之活口,等语。我本人于十七日往这边出逃,彼等定会考虑到给尔等送达此事消息,这期间定不会来吧,不知日久后是否派人捕捉尔等之活口。唯准噶尔人甚是诡计多端,猝然派遣少数人,前来偷盗驱赶尔等马畜,亦未可料。不管怎样,理应严防军队驻地、卡伦、堆子为好。再于我逃来前,没记日子,驻扎吐鲁番卡伦之人引导带来一回子逃人,名呼尔班,据其告称:听说原先的汉人将军已调回,今来另一大将军时,所带的满洲、蒙古兵甚多,从内地陆续送来的米粮马畜亦甚丰富,今年不进兵,明年进兵。我不堪忍受给人作奴受苦,故而逃来,等语。随后针对此事,曼济向噶尔丹策零差人告称:据之前逃来的蒙古逃人告称,今年满洲、蒙古兵来的居多,从内地送来的马畜米粮亦甚充裕,今年若不进兵,明年会来战。今据逃人回子呼尔班告称:今年巴里坤军队已不会进兵,等语。故恳请指示将我军或撤回,或仍驻扎哈郎贵过冬之处,等语。如此于九月二十日,与逃人回子呼尔班一并遣使送往。其后噶尔丹策零向曼济回遣使者言道:今哈萨克、布鲁特兵已推进至我边境,现于巴里坤路又多来满洲、蒙古兵,彼等听到哈萨克、布鲁特兵已推进至我边境附近之消息后,冬天突然进兵,亦未可定,令尔亲自带兵,仍旧在那里妥善设置卡伦,并收取消息过冬,等语。听到如此言论,等语。审问巴图特木尔:据尔所言,我方逃人曾告称,于巴里坤,满洲、蒙古兵来的居多,马畜米粮亦甚充裕,今年不进兵,明年进兵。尔已进来投诚我方,既已成我人,勿要隐匿逃人之言,亦莫欺骗,据实告明,等语。对此告称:我亲眼见过从吐鲁番卡伦带来的回子呼尔班,不知是哪里的回子,三十岁左右,徒步前去。而之前去的蒙古逃人,我丝毫没见过,有何名字,何处蒙古,何时前去,我俱不知。亦未闻逃人回子呼尔班又有何言辞。若真有其他言辞,我不告明,岂能替逃人隐匿耶,等语。讯问巴图特木尔:哈萨克、布鲁特兵已到达尔边境叫什么名的地方,尔准噶尔又派出几万兵,由何人带领前去抵挡。再叶尔羌、喀什噶尔回子等是否仍向尔准噶尔纳贡经商,等语。对此告称:听说阿布尔海尔汗带领大游牧,驻扎在吹、塔拉斯那边,卡伦设在越过吹、塔拉斯,离伊犁十五天路程的末端,叫伊尔海图的地方。再,为从叶尔羌、喀什噶尔征收贡赋而驻扎的准噶尔人内,一人逃回来告称,令布鲁特伊拉姆伯克,已带兵到达叶尔羌、喀什噶尔附近的阿克巴西驻扎,并向叶尔羌、喀什噶尔遣使言道:我军已到来,尔等莫怕准噶尔,今后尔等亦莫纳贡噶尔丹策零,等语。随后叶尔羌、喀什噶尔回子等,将驻扎其各城征收贡赋的我准噶尔人俱行逮捕。噶尔丹策零听到这些消息后,为抵挡哈萨克兵,令诺颜和硕齐带领,于今年九月派往,不知带去几万兵。没听说是否已派抵挡布鲁特的军队。我驻古尔班哈郎贵的人俱在言论:这些消息,俱是噶尔丹策零向台吉曼济派遣的使者之言辞,等语。不知其真伪,等语。讯问巴图特木尔:色布腾为何事前往噶尔丹策零处。大策凌敦多布、小策凌敦多布现俱在何处。今年有何召开会盟的消息与否。再,俄罗斯使者前来,已于何时返回。是否听到什么土尔扈特地方之消息,等语。对此告称:听说今年九月,为在噶尔丹策零处召开会盟,俱传去台吉色布腾、二策凌敦多布及台吉、宰桑等,以及各鄂托克德木齐以上者。商议何等事务,像我这样的人如何能得知耶。唯听下人等互相议论:现在哈萨克、布鲁特已推进至我准噶尔边境,且大国两路大军又已充满。俄罗斯使者来索取其逃人及工匠伊凡等人时,将在各地的俄罗斯人及伊凡一并交给,并曾随同俄罗斯使者派去我使者,俄罗斯使者通过我边境后,拆散伊凡之妻孥,将伊凡绞死,并对我使者言道:奉我察罕汗之嘱咐,只派来取回在尔准噶尔之俄罗斯逃人及工匠伊凡而已,丝毫没说同行带来尔之使者,故我岂可带走尔耶。令尔现在返回去告知噶尔丹策零:若想友好,便可友好,倘要战争,即可战争,等语。如此遣回我使者,等语。众人皆互相揣测言论称:或许为商议此等事务而召开会盟吧,等语。没听说土尔扈特地方之消息,等语。讯问巴图特木尔:刚刚尔准噶尔五十余人,被我卡伦人打死逮捕,此事准噶尔人俱有何言辞。现在哈萨克、布鲁特兵已推进至准噶尔边境,若我阿尔泰、巴里坤军队也去进兵,准噶尔人如何抵挡,每路可得多少兵,每人尚可得多少马畜,等语。对此告称:据我驻哈郎贵人互相言论,今于巴里坤,满洲、蒙古兵来的甚多,几百上千士兵俱埋伏驻扎在卡伦,彼等发现我前去捕捉活口的五十余人后,放进去一个也没让逃跑,全部打死逮捕,今后已变得不宜轻举妄动。现在哈萨克、布鲁特兵已推进至我边境附近,倘若明年大国真的再由两三路进军,四面俱是敌人,如何抵挡才好,游牧地又怎么办耶。准噶尔全部军队数目,我等小人如何能得知。若要进兵,我不知其他鄂托克人,只我绰霍尔鄂托克,有两千余户,老少及种田回子加在一起派出,大体可得两千兵,亦得不到这么多马畜。据我听闻,噶尔丹策零之商上,算上公马、母马,有三四万匹马。讯问巴图特木尔:这几年准噶尔人行军打仗于各地,损失人畜,对此下人等俱有何言辞。拥有多少匹马者称为富人,拥有多少者称为穷人,彼等生计如何,种的庄稼收成如何,等语。对此告称:这几年准噶尔人行军打仗于各地,损失人畜,富人变穷,穷人凋敝,光天化日之下偷盗而行,俱已成常事。对此我年老之人言道:我准噶尔人,迁移游牧时,俱依靠牛。自今年春以来,牛俱遭受瘟疫,十之七八已倒毙,迄今为止不能迁移之人居多。由此看来,我准噶尔人被诅咒灾异吧,等语。没有不如此抱怨的。我不知其他地方鄂托克的马畜有多少,在我绰霍尔鄂托克人内,马驼牛加在一起,拥有四五十头牲畜、二三百只羊者,称为大富之人。拥有四五匹马以下、两三匹马以上的人,占三分之二。三分之一的人,全然没有牲畜,俱倚赖种地过活。我等种的庄稼,有的年份有收获,有的年份没收获。似我这般的穷人,生活多艰苦,等语。讯问巴图特木尔:尔是归顺我圣主,以求安逸生活而来之人,令将尔所闻知的所有事务消息,详尽回想告来。驻防我阿尔泰方面的尔准噶尔兵共有多少,由谁带领,驻扎何处,听到什么明年来向我阿尔泰、巴里坤进兵的消息与否,等语。对此告称:我所驻的游牧地,距离阿尔泰甚远,所有军旅均不派我,故不知阿尔泰驻扎多少兵,由谁带领前往之处。全然未闻明年来兵阿尔泰、巴里坤的消息。唯此前作为使者被派到大国的特垒回去向众人告称,其本人前往大国见过罗卜藏舒努,噶尔丹策零听到此言后,询问与特垒同去的人等时,俱说没见过罗卜藏舒努,于是噶尔丹策零言道:我将特垒提拔成人,任命为使者派遣,伊却使两国交恶,且又说见过罗卜藏舒努,无中生有,煽动事情,等语。为此将特垒,挖开地窖,囚禁至死,等语。曾听人如此言论,等语。讯问巴图特木尔:据我等之前听闻,并未将特垒怎样,仍旧住在游牧地。尔如今又说已将特垒挖地窖囚禁至死,囚禁处死特垒之事,尔是否亲眼见过,还是听人言论,等语。对此告称:去年六月,我本人在游牧地时,听到像我这样的下人,俱如此言论,我丝毫没亲眼见过。我是特为归顺大主子以求永远安逸生活而舍命前来之人,若真有其他闻知事务消息,岂能不据实告明而隐匿耶,等语。讯问巴图特木尔:准噶尔贼,甚是狡诈,尔是土尔扈特族人,准噶尔人发觉尔要逃来我地之情形后,故意使尔逃脱,再从后面偷偷派人,来驱赶我马畜并捕捉活口,俱亦未可料。尔特是为承接我圣主隆恩而来投诚之人,尔在彼处时,贼人动静形势,是否被尔发觉到什么,等语。对此告称:我早就想归顺大主子以求永远安逸生活,却未曾得到机会。今年我三番五次告请我德木齐赞布,才将我派到此路军队,我亦没被准噶尔人发觉,从马群地方,夜里逃出。此俱是我肺腑之言,稍无欺骗隐匿之处,等语。为此臣我等解送准噶尔投诚巴图特木尔时,委派理藩院笔帖式常明,办给巴图特木尔能够食用到肃州的行粮,途中不致生事,妥善看管,送到京城。俟到达肃州后,行文办理军需事务署总督刘于义等,以使照例租用骡子送给。除此之外,为此将巴图特木尔之口供,先具折谨奏闻。

雍正十一年十一月初四日

署理宁远大将军事务　臣　查郎阿

副将军　臣　张广泗

副将军　臣　常赉

参赞大臣　散秩大臣　臣　穆克登

参赞大臣　内大臣　臣　顾鲁

雍正朝

48

定边大将军福彭奏出征准噶尔时被俘披甲马尔泰脱回并审明送原旗安置折

雍正十一年十一月初九日

定边大将军多罗平郡王臣福彭等谨奏。为奏闻事。定边右副将军塔勒岱呈文报称：雍正十一年十月二十一日所到驻扎昂济尔图卡伦前锋雅布泰、领催达鼐等送来自贼处脱出的三满洲及投诚厄鲁特三、回子二、厄鲁特女一，将此由我处委派三等侍卫克依保送往，等语。如此于雍正十一年十一月初六日送来。于是臣我等讯问自贼处脱出的马尔泰等人：尔是何省、何旗、谁佐领之人，如何被贼人捉走，到达贼处曾在何人身边，曾住在何处，何时得以脱出，等语。对此马尔泰告称：我是奉天开原城正红旗①启禄佐领下委署披甲之领催。雍正九年六月二十二日，跟随前锋统领定寿等人，在和通呼尔哈地方交战时，我左侧锁骨受鸟枪伤一处，右侧肩膀受箭伤一处，颈部受矛伤一处，从马背上晕倒，故被贼俘获。我被送至其卫征和硕齐身边后，卫征和硕齐将我交给其两回子，送至额敏种地看守。因看守我甚严，故毫无脱身之法。后来一二回子教我放牧其牛羊，且仍日夜防我。我不认路，没有马匹，故曾暂留彼地。再，与我同时被贼捉去的披甲铜柱、安楚拉，俱与我在一处，故我三人一同商议后，对此二回子言道：尔等若投奔我大国，衣食甚丰，且又可安逸，等语。如此言论时，此二回子甚是欣喜，并顺从我言。我等又如此向与我住在一地的十厄鲁特及一厄鲁特女煽诱时，十一厄鲁特俱悦服。今年九月初七日，厄鲁特特古斯、克西克、和图乌肯此三人，到卫征和硕齐的马群，盗取两峰骆驼、三十五匹马。旋即我三人、二回子、十一厄鲁特，共十六人，自额敏往这边出发。到达乌隆古地方后，突然二十余厄鲁特来追我等，故与我同行之厄鲁特等言道：如今追兵已到，尔等本人毫无兵器，故尔等带我老幼先跑，等语。于是我三人、二回子即带其妻孥，意欲寻找前面树林时，追兵已至附近。对此我等即先去寻找树林，厄鲁特等与彼动手，打死二贼。与我同来的厄鲁特人妻

---

① 此处原文无"gūsa"字样。

孥内,七人被捕回去。其余的三厄鲁特及一厄鲁特女逃出,每人骑一匹马,与我同往这边走。于十月十六日,到达昂济尔图卡伦后,驻扎卡伦之前锋雅布泰等人,将我等送到大营,等语。讯问马尔泰:准噶尔人生活如何。是否听到那边哈萨克、布鲁特、叶尔羌、喀什噶尔之消息。俄罗斯国是否遣使噶尔丹策零。再于去年贼兵在额尔德尼召地方被我大军大败,走着爬着逃跑,此事噶尔丹策零听到后有何言辞,下人等听到此消息后如何变心,内部是否有骚动情形。其领军人物内何人战死。今年是否有出兵预备之消息。尔从额敏来这边时,途中是否见过驻军及游牧驻扎的准噶尔人,等语。对此告称:准噶尔鄂托克亦有许多,没见过驻扎他处人等之生计,故而不知。唯在额敏,辉特有一千户,其中拥有四五十头马牛、二百余只羊者,即称为甚殷实之人,这种人略少。其次拥有十几匹马、四五头牛、十几只羊者,称为一般殷实之人。唯两三匹马、一两头牛者亦有,全然没有马畜者亦有,彼等只倚赖种植小麦、大麦、黍子过活。前年庄稼收成曾好,去年彼等种的庄稼收成一般,其生活变得拮据。今年大旱,粮食收成甚是平常,其人多有怨言。听说前年哈萨克国二百余兵,祭祀哈玛尔岭后,经由阿尔噶灵图路前来,与厄鲁特交战时,打死许多厄鲁特。虽不知驻扎他处的厄鲁特被打死多少,驻扎额敏的厄鲁特内,听说十几人阵亡。去年八月,哈萨克国又来战额敏地方,打死厄鲁特四五人,掳走三十余人。今年哈萨克国兵丝毫没来。布鲁特驻地离额敏远,故我丝毫未闻其人如何言论。叶尔羌、喀什噶尔,是被厄鲁特征服之人,如今仍向其纳贡,其内毫无事端。俄罗斯国是否向彼等遣使,我丝毫未闻。去年在额尔德尼召地方,厄鲁特大败,走着爬着回去之事,厄鲁特人俱行隐匿,故没怎么听闻。唯从额尔德尼召逃出后驻在额敏之厄鲁特人内,受伤走着爬着逃出者居多,去年亦有一二骑马回去者,亦有至今年春为止陆续才到者。为此其人多有怨言,厄鲁特人妻孥哭泣者甚多,或悲痛言论,因我不太晓得,故而不知。据闻,大策凌敦多布曾有四子,一人名巴里,已病故,一人名不知,亦病故,一人名多尔济丹巴,听说在额尔德尼召地方受重伤,回到游牧地后去世,现仍有一子,不知其名。又听说在额尔德尼召地方战死的宰桑等有许多,丝毫没细听什么名、人数几何。今年四月,厄鲁特哈里云①宰桑、尼玛赞巴等人,带领三千厄鲁特兵,曾驻防阿尔泰山。因听说我大军今年无进剿的消息,故撤走两千兵,剩下的一千兵,听说仍在阿尔泰,现不知在何处。我等从额敏地方来这边时,昼伏夜行,不知厄鲁特兵驻于何处,等语。讯问:罗卜藏舒努有何消息,再噶尔丹策零今年是否派兵

---

① 此处原文是"hailiyūn"。

巴里坤,凡事尽量照尔所闻,令俱告来,等语。对此告称:马尔泰我虽在准噶尔地方居住两年有余,然除只知驻在额敏附近的几户外,丝毫没出去远行。彼等所有事务消息,没有在我面前谈论之人,彼等谈论时亦不让我接近,故不知今年噶尔丹策零是否派兵巴里坤。听说罗卜藏舒努人才甚优,现在阿玉锡汗处。彼等内部又有何事,实在未闻,若真有闻知之事,岂敢隐匿不告,此外属实毫无闻知之事,等语。据铜柱告称:我是京城正白旗①什启佐领下包衣披甲。雍正九年六月,跟随原大将军傅尔丹进兵回返,到达哈拉干地方,贼兵逐渐增之甚多,与我大军交战时,铜柱我右肋受矛伤一处,颈部受刀伤一处而晕倒,故被贼俘获。送至额敏地方,与马尔泰、安楚拉安置在了一处,等语。他处与马尔泰一样言称。据安楚拉告称:我是宁古塔正黄旗②佛勒托和佐领下披甲。雍正九年六月二十二日,跟随前锋统领定寿等人,在和通呼尔哈地方交战时,右肩受枪伤一处,胸脯受矛伤一处,左脚受枪伤一处,从马背上晕倒,故被贼俘获。送至额敏地方,与马尔泰、铜柱安置在了一处,等语。他处俱与马尔泰、铜柱一样言称。马尔泰、铜柱、安楚拉又告请称:我等世受主子隆恩,却于军前丝毫未能尽力,且在战场受伤,被贼俘获。如今承蒙主子威福,从贼处脱来,恳请仍带回军前效力行走,等语。讯问投诚厄鲁特:尔是何族,年岁多大,是何宰桑属人,驻于何处,尔是否有父母兄弟,尔为何而来,等语。对此告称:我名特古斯,辉特宰桑和硕齐属人,驻在额敏,今年三十一岁。我父已去世,算上孀母、我弟和图乌肯今年二十五岁、我妻及一七岁儿子、一五岁儿子、我弟媳及两儿子、我亲妹、我妹夫克西克,十一口人。今年春,驻在我额敏的满洲马尔泰、铜柱、安楚拉三人对我等言道:尔等与其在此艰苦生活,不如投奔大国,如此可甚安逸过活,等语。故而我等甚是愉悦,经全体一心商议,约定寻机来投。后来又纠集两回子,于今年九月初七日,我兄弟三人,从我宰桑马群内偷来三十五匹马、两峰骆驼,让此辈骑乘,从额敏出发。是月十九日到达乌隆古地方后,因身后二十余兵来追,人影逐渐接近,故我等立即对三满洲、二回子言道:因尔等本人毫无兵器,故尔等先带妻孥,在前进入树林,我等试与此辈拼死交战,如若能成,我等一同出走,如若不成,尔等趁机逃跑,等语。如此言论之际,追兵到来,我兄弟三人即与彼等交战。其他厄鲁特人等抢夺我妻孥时,我用矛刺死一人,我弟和图乌肯枪杀一人,我妹夫克西克射倒一厄鲁特马匹。我左肩受矛伤一处,后背受矛伤一处。天色已晚时,追兵随即抢去算上我母、我

---

① 此处原文无"gūsa"字样。
② 此处原文无"gūsa"字样。

妻及两个儿子、我弟媳及两个儿子七口人,与我牵着的光背驼马一并带走。我等每人骑一匹马进入树林,与满洲、回子等人会合。昼伏夜行,溯乌隆古河而上来这边时,我等丝毫不识路,因满洲马尔泰大体认识此路,故跟随伊,途中宰杀一匹马当作食物,并换乘剩余马匹行进,于本月十五日勉强到达大国卡伦,遂将我等送来,等语。讯问特古斯:尔是向往天朝前来投诚之人,是故令将尔所有闻知之处,好好回想,详尽告来,等语。对此告称:我彼处男丁,全然没有在家住过几个月者,东面与天朝战争,东北面与哈萨克交战,西面与布鲁特接战,因四处作战,故像我这样的人,丝毫不得与各自父母妻孥团聚一处。哈萨克不时前来抢掠而行,去年八月哈萨克来至,掳走我辉特一百五十余户,前年哈萨克抢走我准噶尔杜尔伯特台吉达赖太师五百户,今年八月哈萨克又来,从我辉特一喇嘛处带走一千五百匹马。再,和硕特一台吉罗卜藏策凌者,乃噶尔丹策零妹夫,带着一万余户人,投奔土尔扈特时,遭遇布鲁特兵,大半被捉走。接着噶尔丹策零派去的宰桑甘敦多布、察衮①赶至,尽获剩余人等,带来分给各鄂托克。罗卜藏策凌是否已被打死,还是逃走,此事不深知。亦抢来罗卜藏策凌妻即噶尔丹策零妹,嫁给我宰桑卫征和硕齐,昨年去世,等语。讯问特古斯:尔处四面俱已是战争,且去年又在额尔德尼召地方大败,走着爬着败遁回去,此事尔下人等听到后有何言论,是否有变心内部骚动之情形。罗卜藏策凌为何带领一万余户人前去投奔土尔扈特,等语。对此告称:我等年年行军打仗于各地,全然不得在家休息,不知大人物心思如何,像我这样的人已不堪其苦,故投奔天朝以求安逸生活者甚多。只是,父亲若在东,儿子就在西,全然不得聚在一处,故而耽搁,若是在一处,俱会来投。我兵这几年进军打仗,兵力衰退,再加上今年春自草青以来,马匹遭受瘟疫,每户十之三四五不等的马匹已倒毙。而自去年冬开始的牛瘟,比马的还要强烈,三分之二已倒毙,只倚赖种地过活。再于去年,自从在额尔德尼召战败回去以来,众人编造谣言称:寅年被捕,丑年死亡,子年聚集,卯年安定,等语。如此编造怪异言论,众说纷纭。且噶尔丹策零还抗衡天朝,与之交战,倘明年大博克多汗派兵来战,哈萨克方面又夹击剿杀我等,所剩几何。若被大朝虏获,尚且可得安逸,而被哈萨克掳掠,则是可恨,且生计实在困难。如此抱怨。再,罗卜藏策凌者,乃是驻扎那方边境之人,离我驻地远,虽不知其内部事务,然倘那般大人物都至于逃避他处,必定另有不合噶尔丹策零之事,而才出逃吧,等语。讯问特古斯:此次瘟疫,是否只在尔等居住的额敏地方,或准噶尔全部地方已流行瘟疫,等语。对此

---

① 此处原文是"cahūn"。

告称:我准噶尔全部地方,均在遭受瘟疫,牛三分之二倒毙,马未闻他处,唯我额敏周边地方之马匹遭受瘟疫,我等来时,仍有倒毙的,等语。讯问特古斯:据尔告称,驻在额敏周边地方之尔辉特人马匹,遭受瘟疫,每户十之三四五不等已倒毙。倘明年向我边境派兵,尚可得多少兵骑乘之马匹。叶尔羌、喀什噶尔与尔等是否有何战事。俄罗斯国是否仍遣使噶尔丹策零。毛海、巴济、土尔扈特喇嘛等人现居何处,噶尔丹策零待此辈如何。我喀尔喀人等,已被安置在何处。噶尔丹策零与何宰桑共商事务。据从尔地先来之人告称:曾持书遣回由我处捕获的尔人,到达后噶尔丹策零与众宰桑等召开会盟,连续商议几天,等语。去年尔兵被我大军大败,被打死者无数,于此尔辈领军人物谁人战死,噶尔丹策零有何言辞。今年是否又要向我阿尔泰、巴里坤派兵,准噶尔卡伦俱设于何等地方。噶尔丹策零弟罗卜藏舒努有何消息,等语。对此告称:我等是驻扎边境之人,不知其他鄂托克可得多少兵马,估计我辉特人大半已无马匹。叶尔羌、喀什噶尔,以前曾与厄鲁特相战,其后连续征服,现在此辈俱向噶尔丹策零纳贡称臣。与俄罗斯前亦曾有过战争,其人多且力强,故我准噶尔人不怎么抗拒此辈。今年俄罗斯喀屯汗遣使称:请调查此前俘获的我俄罗斯人交给我,等语。如此遣来时,噶尔丹策零经查对所有俄罗斯人,俱给马匹食物,由二百兵带领送出卡伦,使其启程。此事我知,而不知一共交给多少。噶尔丹策零待毛海、策凌是好是坏我不知,将此辈俱安置于我游牧地这边,大策凌敦多布游牧地那边,两地中间之额敏、库克楚克齐。而土尔扈特喇嘛墨尔根绰尔济等人,将其与在我那边的库仁喇嘛合并安置在了大策凌敦多布驻的博罗呼济尔这边的,自珠尔呼珠至察罕呼济尔的边界那里。将辉特巴济,安置在了噶尔丹策零附近。将喀尔喀之衮布车凌、彭楚克戴青等人,俱安置了伊犁那边的沙喇擘勒等地。若是大事,噶尔丹策零俱召集二策凌敦多布、杜尔伯特达赖太师、辉特达尔玛达赖、卫征和硕齐、宰桑察罕①商议。听说今年尔等放回的我两厄鲁特抵达后,祈祷言道:蒙受许多天朝之恩前去的中国天朝②者,乃是没有烦恼而有福德的佛居之地,即使死也要生活在彼地,等语。噶尔丹策零召集宰桑等人如何商议之处,丝毫未闻。去年准噶尔兵,向天朝进发三万,在额尔德尼召地方近万人被打死,丢下所有东西,走路不忍饥饿,途中互相抢夺拼杀,勉强到达游牧地。因驻在那方边境之人游牧地远,故有至今未到者。其中我辉特台吉达尔扎、诺尔布,宰桑诺尔布达什、墨霍赖、默德格津,此五人阵亡。

---

① 此处原文是"cagan"。
② 此处原文是"dulimbai abkai gurun"。

听说大策凌敦多布子多尔济丹巴,身受数处重伤,到达游牧地后亦死去。听说今年夏季,宰桑哈里云①、库热玛木特带领三千兵,曾于华额尔齐斯、喀喇额尔齐斯中间设卡伦而驻。从中派兵,捉来天朝驻扎卡伦之人讯问得:大军一直俱在察罕廋尔等地办给官马,地远,今年怎能来得及到这边,等语。是故从此三千兵内,挑选精壮者两千,由宰桑哈里云②带领撤回,剩下的一千兵,到十月下雪后撤回。巴里坤路,由叫齐什布达什的人带领驻扎,不知其兵数。我等来这边时,溯乌隆古而上,由哈郎贵戈壁前来,故不知准噶尔卡伦在何处。噶尔丹策零弟罗卜藏舒努,自避开其兄,前往土尔扈特以来,毫无消息。今年八月,哈萨克逃人来称:罗卜藏舒努纠合哈萨克来战,等语。后来又称是假,等语。再讯问特古斯:据闻,去年在额尔德尼召战败逃遁回去后,小策凌敦多布与多尔济丹巴,在噶尔丹策零前互相控告,于是治罪了多尔济丹巴。此事是否属实。据闻,今年噶尔丹策零交给大策凌敦多布、卫征和硕齐三万兵,于八月十五日派往哈萨克。此事尔可知否。尔准噶尔兵,共可得几万。据尔告称,这几年尔等兵力衰退。这么多马畜从何获得。被我打败之兵返回时,马匹食物断绝,互相抢夺拼杀妄为,此事噶尔丹策零听到后有何言辞,等语。对此告称:听说小策凌敦多布等人在噶尔丹策零前互相控告之事,以损失兵马为由,已治罪多尔济丹巴,罚取九十九鞍马、鸟枪、锁子甲等物。派大策凌敦多布带兵前往哈萨克之事,丝毫未闻。我等出发前,听说大策凌敦多布有眼疾,且旧病复发。只派我台吉卫征和硕齐前往哈萨克,而于今年九月唤去,此事我知。我准噶尔之鄂托克亦多,其他何以得知。我辉特,即有四个鄂托克,此四个鄂托克内,尚可得四千能征战之兵,但绝不能得四千兵骑乘的马匹。噶尔丹策零针对无马之人,以彼处喇嘛等毫无兵役为由,俱从喇嘛等征用马匹,一人配给一两匹马,顶多可得两千兵。因这几年连年征战,故将治罪时罚取的骆驼,每三人办给一峰。办给的骆驼不倒毙,则休矣,倘若倒毙,不管有无,催取所有财物赔偿。在额尔德尼召战败逃出的我人,进入边境后还看见有被刀刺死之人,由此可知,我人在途中因不堪忍受饥饿而互相抢夺拼杀。不知噶尔丹策零是否听到此事,等语。再讯问特古斯:之前据我等听闻,今年春在噶尔丹策零游牧地召开会盟,决定派遣三万兵,阿尔泰、巴里坤、哈萨克此三处,若哪方有来战消息,即集结所备军队,前去阻挡。在游牧地备兵之事是否属实。是否听到去年向我阿尔泰、巴里坤进兵之消息。据闻:今年噶尔丹策零曾宣称,嘱咐各

---

① 此处原文是"hailun"。
② 此处原文是"hailiyūn"。

个鄂托克宰桑等,教习士兵射箭,等语。此事是否属实。令将尔闻知之处,俱如实告明,等语。对此告称:今年正月,在噶尔丹策零处召开会盟,此事属实,然丝毫未闻商议何事。后于四月,噶尔丹策零曾向各鄂托克宰桑等发布指令:整饬军士之兵器,妥善养肥军马,勿要骑乘,若何人发现骑马之人,谁发现谁取马,等语。不知预备的兵数几何。夏时据从尔卡伦捉来的人告称:听说今年我军已不进兵,等语。据说听到此言后,才将此预备之兵,于十月派往哈萨克。丝毫未闻明年我准噶尔是否向尔阿尔泰、巴里坤方面派兵之事。今年噶尔丹策零曾宣布:满洲、索伦兵,射箭甚厉害,射穿射透披甲之士,人不可接近,在额尔德尼召地方是受了弓箭之害,故令学习射箭,等语。然而只有台吉、宰桑等的侍从学习,我等外人丝毫没学过,等语。再讯问特古斯:和伯克赛尔、乌兰呼济尔、察罕呼济尔、古尔班济伯讷、铿格尔乌里雅台、鄂登高勒等地,俱有鄂托克人驻扎。再尔扎哈沁人现俱驻何处,等语。对此告称:和伯克赛尔地方,驻着鄂托克沙毕纳尔之人。库热宰桑噶布尊①之游牧,在乌兰呼济尔地方。在察罕呼济尔地方,驻着大策凌敦多布之人。古尔班济伯讷、铿格尔乌里雅台、鄂登高勒等地,杜尔伯特台吉达赖太师之人种地居住。听说我扎哈沁人,驻在额尔齐斯等地。我已诚心来投天朝,将闻知之处,岂敢不俱告明,此外实无闻知之处,等语。讯问特古斯弟和图乌肯时,与其兄特古斯一样供述。讯问特古斯妹夫克西克时告称:我是兄弟两人,我父母俱已去世,我本人今年二十九岁,住在我岳父家,我兄已前往伊犁经商。我在准噶尔生活时,丝毫不得安宁,因不堪忍受在彼处艰苦生活,故早有归顺天朝之意,然我丝毫不得机会。纠集此辈来这边时,不得已留下我兄,先来投诚。我兄从伊犁返回,听到我已来此后,定会寻我而来。再,听说噶尔丹策零前年从叶尔羌、喀什噶尔征用一千峰骆驼、两三千匹马,此外再毫无听闻之处,等语。他处俱与特古斯、和图乌肯一样供述。特古斯等人又告称:我等平素既知大主子恩惠甚重,早怀有归顺之意,然丝毫不得机会,故正在祈盼天日时,满洲马尔泰等人又向我等言谈,为此甚是愉悦而商定。如今舍命逃出,来此投诚时,途中特古斯我母及我妻孥俱被夺走,然仍诚心来归。若真有什么我等闻知之处,只会竭尽告明而已,稍无隐匿,此外再无闻知之处,等语。讯问与特古斯同来的两回子:尔是何地回子,名甚,年岁多大,为何进入准噶尔,为何前来投诚,等语。对此一人告称:我名哲鲁布,我是叶尔羌地方人,今年四十六岁,我九岁时被准噶尔虏获,成为辉特卫征和硕齐属下。后来成人,将我永远安置在种田地方,令每年缴纳粮食。准噶

---

① 此处原文是"g'abDZung"。

尔人贫穷者居多,我在彼处艰苦生活,意欲前往故地,然不能去。平时即听准噶尔人言论:天朝恩重,所有人俱安逸生活,等语。故早有归顺之意,然丝毫不得机会。今年春,驻在我地的满洲马尔泰、铜柱、安楚拉,对我等言道:尔若归顺天朝,会甚安逸,且衣食又丰,等语。故我即与彼等商定,亦跟厄鲁特特古斯等人商定。九月,厄鲁特特古斯等人偷来三十五匹马、两峰骆驼,我等各个骑乘,牵着其余的,共十六人来这边时,到达乌隆古地方后,因追兵从后面赶来,故特古斯等人接战,打死二厄鲁特。特古斯之母妻及两个儿子、其弟媳及两个儿子,俱被抢走。剩下我九人来这边时,从乌隆古来此之路,我稍认识,故向导彼等行进。从那里往这边,满洲马尔泰又认路,所以我等俱跟随其而来,等语。讯问哲鲁布:尔是自小居住准噶尔之人,估计俱知其所有事务,尔业已投我,既已成我人,故将所有事务,勿要隐匿,俱如实告明,等语。对此告称:我等每年只居住额敏种地,亦不去他处,厄鲁特人平时不怎么在我等面前谈论紧要言辞,即使去年听闻被天朝军队打败,亦不得详知共损失多少兵,哪一宰桑头目被打死之事。厄鲁特人不堪其苦,抱怨者甚多,此外确实不知。现如今,我家中有妻,有二十岁一男孩、五岁一男孩。我大儿子,常驻哈萨克方面卡伦。因我在彼处不堪其苦,故才留下我妻孥,特意前来归顺天朝。若真有闻知事务,只会告知而已,岂敢隐匿不言,等语。另一人告称:我名多岳特,我今年四十五岁,哲鲁布同乡之人,我等自小被准噶尔掳去,我即与哲鲁布一同驻在额敏种地,此外没去过任何地方,故确实不知事务。我亦在彼处因不堪其苦,故留下我妻及我十岁的女儿一人、五岁的女儿一人,来投天朝,等语。他处俱与哲鲁布一样供述。为此臣我等随即委派副护军校承差毕哈勒图、委署护军校博勒古,将投诚厄鲁特特古斯、克西克、和图乌肯,叶尔羌回子哲鲁布、多岳特,厄鲁特女济尔噶尔,为途中不致生事,妥善看管,乘驿解送京城。此外从贼处逃出的马尔泰、铜柱、安楚拉,仍跪请于军前效力报仇,看来甚是忠心。为此臣我等办给此辈衣服兵器等物,交给各自原营,仍以披甲效力。为此谨奏闻。

雍正十一年十一月初九日
定边大将军　多罗平郡王　臣　福彭
参赞大臣　内大臣　伯　臣　钦拜
参赞大臣　褒绩公　臣　博尔屯

驻藏大臣青保奏闻颇罗鼐所得准噶尔信息折

雍正十一年十一月十五日

奴才青保等谨奏。为密奏闻事。雍正十一年十一月十一日，贝勒颇罗鼐将拉达克德忠纳木扎尔所获消息之寄信，呈文奴才我等。于是大体翻译看得：贝勒明鉴呈文。贝勒此前派额尔克绰克图、达尔罕宰桑二人到来后，小人我即派人至叶尔羌秘密告称：在喀尔喀地方，大主子之兵攻打准噶尔兵，准噶尔兵战败寻奔游牧地，力量衰退。所以，现叶尔羌、哈萨克、和硕特、土尔扈特人等，理应趁此机会报仇才对，日后对双方大有裨益，等语。叶尔羌诺颜喀本宰桑听到此事后，逮捕收取内部消息之人，并解送至准噶尔。于是噶尔丹策零言道：尔是携带拉达克货物，前来叶尔羌收取消息之人，令告知实情，倘若不告，即行处死，等语。对此告称：我二人与回子一同前来西哈尔、叶尔羌等地经商时，将我逮捕送至此地，丝毫不是前来收取消息之人。再，卫、藏、阿里地方之黄教全都兴盛，且众生安逸自在，训练土伯特马兵，比前更加谨慎，加固卡伦哨卡。此外我无言可告，要杀便杀，等语。于是噶尔丹策零将我二人交给一宰桑看守，两个月没让见人，后却发给行粮遣回。我二人在时听说：增添俄罗斯方面之卡伦，再多遣使者，等语。我二人说：去年准噶尔兵已在喀尔喀地方战败，等语。对此，有的说有雷同，而有的人则议论：自策妄阿喇布坦去世以来，各个边境之人俱已成敌，故将变得如何，亦未可料，等语。如此大为恐惧。又有一日，见到苏尔杂时言道：内兵已至近处，倘再接近，准噶尔将不能安于游牧地，今年八月两路进兵，等语。再据准噶尔一喇嘛，后来还俗之人言道：此次进兵之两路军队，若是能成，与内兵交战，倘若不成，偷盗牲畜，为此派去，等语。还曾进兵哈萨克，然不知胜败。叶尔羌等地民众，不喜准噶尔人，言论称：日后大主子军队，定会剿灭准噶尔，等语。此二人与叶尔羌商人哈瓦依伯克一同，于九月末到来，旋即将此消息写信呈告，等语。为此与拉达克德忠纳木扎尔行知颇罗鼐之唐古忒文，一并谨密奏闻。

雍正十一年十一月十五日

都统　臣　青保

副都统　臣　马喇

正卿　臣　苗寿

总兵官　臣　周起凤

定边大将军福彭奏闻将抓获之准噶尔厄鲁特人罗卜藏等审明解往京师事折

雍正十一年十二月十三日

定边大将军多罗平郡王臣福彭等谨奏。为奏闻事。据左副将军和硕超勇亲王固伦额驸策凌等呈文称：由驻扎中部呼拉特卡伦护军佛保处送来自贼处脱出的一喇嘛、一厄鲁特男孩。于是我等讯问喇嘛：尔是何地人，名甚，是何族，为何而来，此子是尔何人，等语。对此告称：我是安多喇嘛，我名彭楚克达什，前来喀尔喀地方化斋，曾住在厄鲁特台吉策凌家中。前年来喀尔喀贝勒车登扎布旗里经商，途中被厄鲁特贼捉走，将我交给了小策凌敦多布。到达西尔哈戈壁后，我对策凌敦多布言道：我财物及牲畜俱在台吉策凌处，恳请让我与策凌并在一起生活，等语。因如此请求，故将我配给策凌。策凌等人，于前去那年，驻在哈达青济勒、布拉克青济勒①，其后往里迁移，现驻在塔尔巴哈台，环绕彼地居住的人，甚是穷困，一无所有。我一向是大国之人，虽想到此处，欲要回来，然丝毫不得机会，亦不可大胆与他人商量。此男孩，我知是王策凌旺布属人，其父母俱在厄鲁特王处。我问尔是否想念时，此孩子言道：甚是想念，等语。随后我等既商定出逃。十月初一日，我偷取一峰骆驼、两匹马，此孩子偷取一匹马、一峰骆驼，夜里逃出。到达乌楞布拉克地方后，正在煮茶时，来了两名厄鲁特，向我等言道：尔等定是逃人，速速据实告来，等语。对此我谎称：丝毫不是逃人，前往扎哈沁地方，与我兄弟会合，尔等如若不信，可与我等同往，等语。是故没逮捕我等。我询问两名厄鲁特：尔等为何在此，等语。对此告称：我三千兵前去掳掠乌梁海，等语。如此言论，并坐了许久后离去。我等亦匆忙出发，急行一夜，到达乌里雅苏台岭后，雪大不能走，又返回来越过珠尔呼珠，经由乌尔图萨拉布尔吐、齐萨勒巴什，跨过乌隆古河，溯乌隆古而上。不认识哈布塔克、拜塔克这边的戈壁之路，且深

---

① 此处原文是"buLa cinggiL"。

入大雪,环行四十多天,勉强到达乌延齐①、博东齐,而被卡伦人捕获送来,等语。讯问喇嘛彭楚克达什:尔是一安多喇嘛人物,这一小男孩,不识地方,且从策凌处逃来,那里雪又大,若立即派人,理应能寻踪追捕,却为何没追赶。途中遇见的两名厄鲁特,为何放走尔等。三千兵前去掳掠乌梁海者,其是何地乌梁海,由何路前往。令尔务必据实告明,等语。对此告称:我等来这边的途中雪大,我为不出痕迹,途中手持鲊答,清除我等行走的痕迹,不知是否从后面追过我等。遇见两名厄鲁特后,说我等前往扎哈沁见我兄弟,并询问尔等前往何处时,厄鲁特等告称:令我全体三千兵,前去征讨蒙古乌梁海,等语。我等之前在游牧地时,据听人言论:彼之乌梁海等,有逃亡之状,等语。不详知征讨哪类乌梁海,等语。讯问彭楚克达什:尔曾在准噶尔两三年,尔游牧地驻在此边境,准噶尔兵往来时经过尔等,估计尔不会不知彼处所有事务,将尔闻知之处,令俱告明,等语。对此告称:去年厄鲁特等回来时,艰难疲惫步行,遂我等询问厄鲁特人,尔等在何处变得如此。于是告称:我等至乌逊珠勒,打败了女真兵,从那里掳掠喀尔喀游牧时,车臣王带领满洲、索伦兵,赶到额尔德尼召,被打死的打死,剩下的勉强逃出,等语。后来又言论称:因在额尔德尼召地方,多尔济丹巴队伍之兵多有损失,故从多尔济丹巴罚取五百户,给了小策凌敦多布,等语。我等来这边时,因此罪罚取的人户,尚未交给。多尔济丹巴在额尔德尼召,受伤九处,到达游牧地后,于二月死去,等语。讯问彭楚克达什:大策凌敦多布,是彼等人中之尊贵者,因其子多尔济丹巴所领之兵有所损失,故罚取五百户也,大策凌敦多布有何言辞,等语。对此告称:大策凌敦多布对小策凌敦多布言道,我儿子此次受伤几处,领头的宰桑等人尽被打死,尔却丝毫没支援过,且回来后反而向噶尔丹策零诬告,为何由尔取走我五百户耶。据策凌属下达什告称,曾如此互相交恶,等语。讯问喇嘛彭楚克达什:是否听过贼人今年如何进兵阿尔泰、巴里坤之事,是否与俄罗斯遣使往来,哈萨克方面是否有战事,叶尔羌、喀什噶尔是否仍在纳贡,准噶尔生活如何,其下人等是否有抱怨者,等语。对此告称:丝毫未闻派兵阿尔泰、巴里坤之事。俄罗斯察罕汗遣使,要求查交此前攻取的人时,噶尔丹策零传令各个鄂托克,我亲眼见过带走居住我附近游牧人中的俄罗斯人,而不知其数。哈萨克去年八月到来,掳走了杜尔伯特达赖太师属下二百户。是年八月,从大策凌敦多布、鄂毕特鄂托克亚旺宰桑属下,又掳走一百八十户。今年十月,噶尔丹策零出兵一万,由小策凌敦多布子曼济率领,前往哈萨克。我逃来这边时,途中见过行军之人。听说回

---

① 此处原文是"uyengci"。

子之叶尔羌、喀什噶尔,仍与以前一样,丝毫未闻其他异常。厄鲁特人生活,甚是穷困,除较大台吉及宰桑外,阿勒巴图人等内,拥有一百匹马之人,一个亦没见过,俱倚赖庄稼过活。这两年庄稼收成不是很好,因牛瘟而死者居多,互相偷盗吞食而行。不知其他鄂托克人,色布腾旺布属下厄鲁特等,俱埋怨其头目道:我等在大国时,曾无任何贡赋,来到此地后,行军打仗于各地,何时得以回去,等语。众人皆义愤填膺,怨恨头目,等语。讯问喇嘛彭楚克达什:准噶尔这方边境之人,现驻扎何处。土尔扈特墨尔根绰尔济、辉特巴济等人现在何处,噶尔丹策零待其如何,其生活比在我处时如何。去年与小策凌敦多布同来的准噶尔兵损失多少,噶尔丹策零听到后有何言辞。将尔闻知之处,令俱告明,等语。对此告称:准噶尔这方游牧地边境,在和伯克赛尔,住着沙毕纳尔宰桑达尔扎、噶布尊①、蒙克、博罗特等人。土尔扈特喇嘛墨尔根绰尔济被安置在了斋尔。不知辉特巴济等人现驻于何处。毛海、策凌驻在塔尔巴哈台。不知待其他人好坏,策凌今年前往噶尔丹策零处请求道:我等的驻地,是战争通道,恳请将我等移居斋尔等地,等语。对此噶尔丹策零言道:尔暂驻那里,来年再指示地方,等语。以此遣返。并将其子色尔特尔唤去。毛海、策凌等之生活,不如从前,亦开始凋敝。去年在额尔德尼召地方被打死多少,准噶尔人隐匿其数目,不加言论,我等亦不敢询问。听说途中看见许多遭遇饥饿而死及互相抢东西拼杀致死者,等语。讯问彭楚克达什:是否听到噶尔丹策零弟罗卜藏舒努消息,今冬是否有派少量士兵惊扰我卡伦及偷盗马群者,明年其兵如何预备,是否知晓卡伦驻扎哪些地方,等语。对此告称:据听人谈论,罗卜藏舒努引兵来战噶尔丹策零。后来全无消息。没听说准噶尔厄鲁特往这边进兵,不知其卡伦驻在哪些地方。我等来这边时,到达乌隆古后,在登鄂尔济这边,天亮之前,看见一火光及五匹马,我等因惧怕而逃避,没有其他闻知之处,等语。讯问厄鲁特男孩:尔名甚,多大岁,尔是我厄鲁特王策凌旺布属人,且为何前往准噶尔,今为何与此喇嘛同来,尔可有父母,等语。对此告称:我名罗卜藏金巴,今年十六岁,我父母俱在此地。我王策凌旺布将我作为沙弥,交给其乳兄班第宰桑学经,为此曾住在班第家中。前年毛海、策凌逃跑时,将我一并带走。我思念我父母,因此喇嘛约我,故我偷取一峰骆驼、一匹马同来,等语。讯问罗卜藏金巴:尔若有何闻知之处令告来,等语。对此告称:我甚是年少之人,亦没去过其他地方,不谙事务。唯我宰桑班第及班第岳父宰桑萨哈尔,带领策凌旺布属下近二百户,试图商议逃跑。因班第家丁乌巴锡将其言辞告知了策凌,故

---

① 此处原文是"g'abDZung"。

策凌将班第及萨哈尔俱行逮捕，查抄其户，给班第妻及萨哈尔妻，每人三峰骆驼、两头奶牛、两匹母马、三十只羊，而将其余人畜，俱行没收，班第及萨哈尔至今仍在被关押。此外属实不知其他事情，等语。据查，从准噶尔地方脱出而来的喇嘛彭楚克达什所言厄鲁特等派三千兵往征蒙古乌梁海之辞，虽不可信，然万一以少数兵力来犯乌梁海等，亦未可料。为此详尽询问曾去过乌梁海地方、知其水土之人时告称：今阿尔泰山脊已下雪，不可沿山脊行走。翻过哈都里岭，经由吹河源头，来寻克木齐克有一路，沿哈尔西河下来有一路。若在此等地方设置卡伦，则可毫无顾虑，等语。为此从我等以前扩展设置的海伦布拉克、乌里雅台二卡伦派出十兵，扩展至库克古耶地方驻扎。接此从科布多河卡伦派出五兵，于阿拉克特里湖地方驻扎。再从厦济察罕布尔噶苏、巴颜爱拉克此二卡伦亦派出十人，扩展至哈尔西河驻扎。此外从驻扎努克木仁地方的四百哨探兵内，于布古松、科里叶哈达、党舒尔等三地，各派出二十兵，扩展驻扎瞭望。接此向亚玛图、阿斯巴图等两地，各派出十兵驻扎。倘若有事，驻防科布多、察罕托辉的三千兵，驻防纳米尔、察罕布尔噶苏的四千兵，前去支援。除为如此预备阻截事盼咐各处外，将喇嘛彭楚克达什、厄鲁特男孩罗卜藏金巴，交给理藩院笔帖式永寿解送，等语。如此于雍正十一年十二月初三日送来。于是臣我等再次讯问喇嘛彭楚克达什：据尔告称，准噶尔三千兵来犯蒙古乌梁海。尔在彼游牧地时未闻此事否，此三千兵指向何处，尔是否听闻。所有事情，据实告来，勿要隐匿，等语。对此告称：我等逃来之前，听说噶尔丹策零曾派三千兵，前往阿尔泰方面驻扎卡伦。为此从毛海、策凌下人内差遣六十兵，于十月初三日启程。又听说，此三千兵俱在奇兰、克木齐克地方集结后，再决定前往某处。我等来时，据途中遇见的两厄鲁特告称，要进犯蒙古乌梁海。我在准噶尔地方时，以前也曾听说其乌梁海等有逃亡之状，不知真伪。唯将我所听闻之处，俱已告明，等语。讯问彭楚克达什：据闻，哈萨克阿布尔海尔汗带着大游牧，驻在吹、塔拉斯那边。跨过吹、塔拉斯，在距离伊犁十五天路程末端的伊尔垓图地方，设置卡伦。尔是否听过此消息。今年哈萨克兵前来两次掳走准噶尔人马，此事是否属实，等语。对此告称：今年哈萨克大游牧已来至何处，不得详知。据闻，已来至准噶尔边境附近，于骑良马之人行走八天路程的末端驻扎。为此八月里突然将环绕塔尔巴哈台驻扎的准噶尔人及毛海、策凌之人，以及在塔尔巴哈台北面环绕喀屯高勒驻扎的诺颜和硕齐人，俱曾纷纷攘攘迁进额敏。而居住十几天，毫无动静，仍旧迁往各自游牧地。丝毫未闻哈萨克兵前来掳掠两次之事。或许那次混乱时前来掳走，亦未可定，等语。讯问彭楚克达什：据闻诺颜和硕齐引兵于九月前往哈萨克方面，尔为何称曼济领兵于十月才去,或是否只有曼济前往,还有其他带兵之人与否,二策凌敦多布俱在何处,等语。对此告称:八月混乱后,噶尔丹策零为召开会盟事唤去诺颜和硕齐,我知其于九月十二日从游牧地出发前往。听说十月出兵一万,由曼济带领,去往哈萨克,我来时见过其从军之人向北行进,我来时诺颜和硕齐尚未从噶尔丹策零处返回,除曼济外,未闻是否有其他带兵之人,未有九月派兵前往哈萨克之事。听说二策凌敦多布在各自游牧地,亦不知是否另去他处,等语。讯问彭楚克达什:在噶尔丹策零处举行会盟时,是否召唤大策凌敦多布,尔是否听到召开会盟商议何等事务,等语。对此告称:听说为举行会盟事召唤大策凌敦多布时,其旧疾复发,没能前往。丝毫未闻于噶尔丹策零处商议何等事务,估计是进兵哈萨克之事吧,等语。讯问彭楚克达什:尔是否听到今年宰桑噶布尊①等带领驻扎阿尔泰的三千兵内入秋后撤走两千之事。有无明年进兵阿尔泰、巴里坤之消息。据闻自俄罗斯边境驱逐护送俄罗斯伊凡等人的准噶尔使者回去,此事是否属实,等语。对此告称:据听人言论,驻扎阿尔泰的三千兵内,于八月撤走两千,剩下的一千兵,九月亦撤回。我知噶尔丹策零已归还俄罗斯伊凡等人,然丝毫未闻驱赶准噶尔使者之事。亦没听说明年进兵阿尔泰、巴里坤之消息,等语。讯问彭楚克达什:尔是否听到布鲁特之伊拉姆伯克引兵来至叶尔羌、喀什噶尔附近阿克巴西驻扎,叶尔羌、喀什噶尔回子等俱逮捕驻扎其城征收贡赋的准噶尔人之事,等语。对此告称:丝毫未闻布鲁特之伊拉姆伯克引兵驻扎叶尔羌、喀什噶尔附近之事,等语。再次审讯厄鲁特小孩罗卜藏金巴时,其告称丝毫未有其他闻知之事。为此臣我等秘密盼咐额驸策凌等:准噶尔贼甚是狡诈,凡行军打仗,从未向下人晓示真正地方,偷盗欺骗,肆意撒谎,猝然从他路来犯,骚扰卡伦,偷盗马畜,俱亦未可料。俟文书到达后,尔处仍旧放牧马群,勿要聚集马畜,甚加固屏障,整饬兵器,妥善防备,严加晓示各卡伦,各自谨慎瞭望贼影,万一有贼情,属实来犯乌梁海等,则斟酌卡伦哨探之报告,由尔处一面来报我,一面去信乌梁海。此外详验贼人多寡,酌量派出我兵剿杀驱赶时,委派何人之处,额驸策凌尔等经共同商议,斟酌效益调遣。此事先不要晓示众人,只传照大将军之言,检查兵器,加固卡伦,等语。除此之外,据查厄鲁特男孩罗卜藏金巴曾告称,其父母兄弟现俱在王色布腾旺布处,故臣我等理应将罗卜藏金巴立即送交其主子王色布腾旺布才对。唯罗卜藏金巴乃是小孩,到其游牧地后,倘妄加议论,煽惑人心,则对军机事务,多有关系。臣我等将喇嘛彭楚克达什及厄鲁特男孩罗卜藏金

---

① 此处原文是"g'abDZung"。

巴,仍旧交给原送理藩院笔帖式永寿,随后乘驿解送京城。此外恳请降旨该部,俟此辈到达京城后,将喇嘛彭楚克达什及厄鲁特男孩罗卜藏金巴,暂时安置某处,待大军功成返回时,再送往各自故地。为此谨奏闻。

　　雍正十一年十二月十三日
　　定边大将军　多罗平郡王　臣　福彭
　　参赞大臣　内大臣　伯　臣　钦拜

雍正朝

署宁远大将军查郎阿奏报来投厄鲁特纳木鲁及回子克什克口供折

雍正十一年十二月二十八日

署理宁远大将军事务臣查郎阿等谨奏。为奏闻事。雍正十一年十二月十九日，管辖察哈尔兵之梅勒章京班第，委派驻扎济尔噶拉图卡伦领催阿拉善等人，送来一准噶尔投诚厄鲁特及一回子。于是臣我等讯问厄鲁特：尔名甚，多大岁，是谁属下，是何族，尔游牧驻在何地，从何处前来投诚，尔是否有父母妻孥兄弟，等语。对此告称：我名纳木鲁，今年二十六岁，土尔扈特族，克烈特鄂托克宰桑玛西巴图属人，游牧驻在空济斯。我父已去世，我除孀母及妻外，毫无兄弟子嗣。我离开家里，已四年有余，这期间虽回过一次游牧地，但没有长住。今年秋，在奇台驻扎五千兵时，亦将我驻留在此队伍中。以前俱不约束我参军准噶尔人，各自任意狩猎行走，如今则严禁前往各地打猎，唯恐我辈逃跑，共编八个营，围绕奇台而驻。今年十二月初二日，差遣我等十二人，前往萨尔海源头驻扎卡伦，我等八人每日隐蔽驻扎在山沟里瞭望，二人驻扎在山上鄂博瞭望。一日我与回子克什克一起在鄂博山顶瞭望时，回子克什克对我言道：据去年从吐鲁番捉来的一回子称，归顺大国之人，俱得安逸，等语。如此引言谈论时，我言道：我等在此艰苦过日，何时能出头，尔若真有归顺大国之意，我等即可见机一同归顺，等语。如此商定后，本月十六日，克什克我俩又在鄂博瞭望值班时，我对克什克言道：差派我等时，十五天一轮换，我俩于本月初二日来驻卡伦，今天是十六日，明十七日是替换我俩的日子，我俩一经回营，再难寻得机会，不管怎样，我俩今日即出逃。若白天行走，唯恐被驻在伊勒布尔和硕的卡伦人发现，夜晚再逃跑，等语。如此谈妥后，仍旧驻在鄂博瞭望。天黑后，我俩从鄂博下去，未返回宿营地，经由乌兰乌苏源头，路过科舍图，行走三日，十八日尔卡伦人迎来欲要射我时，我等大声喊称是投诚人后，卡伦人才引导我等来此，等语。讯问纳木鲁：尔虽听闻大国仁化，然如何能忍心抛弃母妻来投耶，等语。对此告称：以前我有六七匹马、四五头牛、二三十只羊时，又加上种地，故尚可过活。这几年我准噶尔四处征战，行军打仗于各地时，从我等征收马匹食物，故我所拥有的几个马牛羊，俱已用尽，只留有一匹马。这次派我参军后，反而征用他人马匹办给我。我虽有母妻，然不得一处生活，且亦耽误种田，已变得全然不能生活。我本人在准噶尔，早晚会死于战争。为此我抛弃我母妻，归顺大国以求安逸生活，属实为此来投，等语。讯问纳木鲁：准噶尔卡伦俱设于何处，尔等如何得以逃脱。之前据我等听闻，在奇台只驻有三千兵，如今尔却告称，在奇台驻有五千兵，此五千兵由谁带领驻扎。驻扎这么多兵丁，看来定会向我巴里坤派人，前来偷盗马畜，捕捉活口，此事可明知。因尔是祈盼安逸生活而来投诚之人，故将所有事情，俱如实告明，等语。对此告称：由小策凌敦多布子曼济、台吉杜噶尔札布、宰桑衮布、齐默特弟鄂勒木济这些人带领，将五千兵编成八营，围绕奇台驻扎。再我等来前，曾闻色布腾本人亦来奇台，后来听说因色布腾家里起火，故致延误，在此期间不知到来与否。之前从我驻扎奇台的一万兵内，曾撤回三分之二，留下三千兵，以驻防收取消息。后来据从哈密逃去的一回子告称：在巴里坤，满洲、蒙古兵来者居多，且粮食牲畜囤积颇丰，今年已不会进兵，明年春趁其马畜瘦弱，要征战尔等，等语。如此告知后，曼济遂派人将逃人回子送至噶尔丹策零处。噶尔丹策零回遣使者言道：今年大国军队虽不进兵，然明年定会大举前来，令由尔等带领驻扎奇台的一万兵，其中留下五千兵驻扎奇台，俱撤走其余兵丁，返回各自游牧，等语。是故曼济等人带领五千兵驻扎。派出我等一百人，为瞭望由戈壁进来的道路，在噶海屯图地方驻扎卡伦二十人，为瞭望从哈布塔克、拜塔克进来的道路，于噶顺驻扎十人。派十人前往伊勒布尔和硕卡伦，分出五人，瞭望驻扎于木垒河西山。在济尔马台源头高山上驻扎十人。而将其余人等，陆续送至奇台，驻扎驿站。令我等十人，驻萨尔海源头，以瞭望自吐鲁番渗透，从乌兰乌苏山口出来的踪影，故而驻扎在了末端卡伦。我等唯恐白天行走会被人发现，天黑后从鄂博下去，在山中绕行，故得以逃脱。此外他处毫未设置卡伦。今年十月，我台吉曼济等人曾商议捉捕尔巴里坤路活口，以收取消息，不久因我绰霍尔鄂托克巴图特木尔归顺尔，故彼等放弃派人捉捕活口。我等来前，台吉曼济又对宰桑衮布言道：我等派出二三百人，由哈布塔克、拜塔克戈壁，经巴里坤北面的色布色库枯图勒，前往塔勒纳沁等地，捉捕活口，偷盗牲畜如何，等语。对此宰桑衮布言道：经由哈布塔克、拜塔克大戈壁，派哨探兵前往，倘毫无收获，路途遥远，戈壁广大，骑乘而去的马匹，如何能返回耶，等语。于是曼济哑口无言。据听众人言论：此时曼济还商议于过完年的二月时，派人前往环绕乌科克驻扎的尔卡伦捕捉活口，等语。我不知是否已决定。全未听说今冬大举前来偷盗尔等马畜之事。我准噶尔人甚是狡诈，亦不可信，不管怎样，思尔卡伦,防之又防为好,等语。讯问纳木鲁:尔辈环绕奇台驻扎的五千兵,现在每人有几匹马驼,长膘如何。除此兵外,于吐鲁番是否还有驻军。阿尔泰路兵有多少,由谁带领,驻扎何处,是否有所听闻。有无明年再向我巴里坤、阿尔泰进兵之消息,等语。对此告称:现在扎哈沁布尔古特台吉察罕扎勒,亲自带领一百余户,在吐鲁番、喀喇和卓过冬,俟明年草青后,仍旧迁往其游牧地昌济斯。此外从驻扎奇台的五千兵内,再派出三百兵,由德木齐额仁琛带领,前往吐鲁番,没听说其卡伦设于何处。留在我奇台之兵丁,其中三分之一有一匹马,三分之一有两匹马,三分之一有三四匹马,母马、种马、马驹居多。除台吉、宰桑等人外,像我这样的人全无骆驼。今年八月,噶尔丹策零向我参军之人,每人给两小口袋粗黍米,此次发米时,尚且没给离游牧地近之人,离游牧地远之人才发给。此米俱是从各地征收后,储存在乌鲁木齐,俱令我等亲自带着马畜运来。此次搬运时,来回行走六七天,故有一两匹马者,其马匹掉膘,磨破腰的甚多。有三四匹马者,尚有一两匹膘肥好马。若从我兵内派出三百人前去哨探,挑给能走十几天之膘肥好马,每人怎么也可得两匹马。再没听说阿尔泰路有多少兵,由谁带领,驻扎何处,全然未闻明年进兵阿尔泰、巴里坤之事。再我本人在奇台时,据听众人言论,据逃人回子告称:巴里坤军队明年大举来战,等语。对此噶尔丹策零除此五千兵外,又增兵驻防,亦未可料。如此揣测谈论,等语。讯问纳木鲁:据尔告称,驻扎奇台之尔准噶尔人,已禁止狩猎,只给两小口袋黍米。发给的此两口袋黍米,尔等是否尚可够用,等语。对此告称:如今我准噶尔人,已不同于以往,为防止我等逃跑,易于查验,已令分营驻扎。再因禁止我等狩猎,故食物断绝,人无奈偷杀马匹充饥。对我准噶尔人而言,偷盗马匹之罪甚重,然发给我等之两小口袋黍米不够食用,若不偷杀马匹充饥,即会挨饿,明知是犯罪,然无所畏惧而偷杀马匹食用者甚多。被捕后,偷盗之人,原来罚取一匹马,偷马之人若有两匹马,亦因罪罚取一匹马,若无马匹,鞭笞即告完事者亦有,倘在其游牧地有马,记下后仍因罪催取者亦有。对此我属下人等无不埋怨,等语。讯问纳木鲁:尔辈准噶尔人,去年在额尔德尼召地方被我大败,半数被打死,剩下人等走着爬着逃出,噶尔丹策零听到此消息后有何言辞,尔下人等又如何言论,等语。对此告称:我准噶尔人,去年在额尔德尼召地方大败,六千余人被打死,受伤后陆续死去者亦甚多。无牲畜之人,走着爬着逃回去时,途中互相抢夺偷盗,勉强到达各自游牧地。我等全体俱如此言论,未闻噶尔丹策零听后有何言辞。唯听我年长之人悲痛言道:我准噶尔人,这几年行军打仗于各地,已损失许多人畜,以前我辈征战任何地方,却从未像此次这般受损,等语。如此无不埋怨。再于今年,我五十余人前来捉捕活口,被尔卡伦兵包围，一个亦未逃出，全部被杀被捕。我准噶尔人先前桀骜不驯的狂妄之心，如今俱多已减退，等语。讯问纳木鲁：俄罗斯是否遣使尔准噶尔，是否听到什么土尔扈特、哈萨克、布鲁特之消息，再叶尔羌、喀什噶尔人是否仍旧纳贡于尔，等语。对此告称：听说去年春，俄罗斯汗以三只海青、三只猎犬、一杆鸟枪作为礼物，向噶尔丹策零遣使言道，若想让我等友好生存，希望普查我俄罗斯工匠伊凡及逃人等，归还给我。曾如此索取而驻。因日久过期，故俄罗斯汗入冬后又遣使言道：请将我俄罗斯逃人，俱查给我，若回遣使者，请派商人回子诺罗斯，如不照办，请速遣回我使者，等语。于是噶尔丹策零俱查工匠伊凡及在各地的俄罗斯人，于今年春交给俄罗斯使者，并以商人回子诺罗斯为使者，德木齐吹纳木喀为副，与俄罗斯使者一同启程派往，至今尚未返回。据听下人之言：我方使者前去，已甚久矣，理应回来才对，等语。没听说布鲁特、土尔扈特地方消息。去年秋收割庄稼时，哈萨克六七百兵，突然从额敏后面的察罕哈玛尔岭进来，将我驻在边境的辉特三德沁人，全部掳掠后，由博罗哈玛尔岭出去，我追击之人，毫未赶上。再据闻：哈萨克阿布尔海尔汗子噶亚布苏勒丹带领游牧，推进至吹河那边的霍尔果图地方驻下。今年九月，噶亚布苏勒丹派兵至吹河这边的伊尔垓图驻扎，掳走了我杜尔伯特台吉巴罕曼济之一德沁。前年噶尔丹策零妹夫罗卜藏策凌带领近一万户人，自准噶尔叛逃，到达锡尔河源头，从后面甘敦多布、察衮等人前去追击，截获少部分人带回，因大半部分人已及时越过锡尔河，故去投奔布鲁特之伊拉姆伯克，于是伊拉姆伯克引兵迎走罗卜藏策凌，等语。有人还说罗卜藏策凌已病故，不知其真伪。再叶尔羌、喀什噶尔回子等，仍旧纳贡于我准噶尔，等语。讯问纳木鲁：尔辈准噶尔人，倘若全民皆兵，共可得几万兵，每人可得几匹马，等语。对此告称：听说我准噶尔有七万余户，倘若不分老少派出，尚可得七万兵，倘要派出像我这样二十岁以上、五十岁以下的壮丁，或许可得五万兵。倘若全民皆兵，取用噶尔丹策零舒鲁克马匹、因罪罚取的牲畜及喇嘛、三吉萨、富商、台吉、宰桑等人的所有马匹，办给七万士兵，则大体每两人，母马、公马、马驹一起加上，估计可得五匹马，每两三人，估计可得一峰骆驼。如此办给，仅一次而已，再次这般办给，绝不可能矣，等语。讯问纳木鲁：尔辈准噶尔人生活如何，今年所种庄稼收成如何，等语。对此告称：这几年我辈不得歇息，行军打仗于各地，人畜损失甚多，富人变穷，穷人凋敝，三分之一没有牲畜，俱倚赖种地过活，庄稼收成好，则生活稍微好转，庄稼无收获，则即行偷盗。今年从罗克鲁木地方至乌鲁木齐为止所种的庄稼，有的地方稍有收获，有的地方生出黑穗，没有收获。再驻扎特克斯的绰霍尔鄂托克所种的庄稼水涸，没有收获，没听说其他地方是否有收获。再从去年冬以来,在伊犁、额仁哈毕尔噶、乌鲁木齐等地的牛发生瘟疫,三分之二已死去,至今仍有死的,等语。讯问纳木鲁:毛海、策凌、巴济兄弟及土尔扈特喇嘛墨尔根绰尔济等人,今俱被安置于何处,噶尔丹策零待彼等如何,其下人等是否俱在一处,等语。对此告称:听说已将毛海、策凌兄弟,安置在阿尔泰方面,不知安置于何处。而将巴济兄弟及喇嘛墨尔根绰尔济,俱安置在环绕额敏的地方。噶尔丹策零待彼等亦不好,亦不坏。其下人等,或被拆分,或被安置于一处,全然未闻,等语。讯问纳木鲁:尔是否听到什么罗卜藏舒努及特垒消息,尔是否知晓青海罗卜藏丹津今在何处,等语。对此告称:没听说罗卜藏舒努在何处。前曾将特垒当作使者派往大国,返回后噶尔丹策零免去特垒之德木齐,其后再次任命特垒为德木齐,没听说为何又任命其为德木齐。再将青海罗卜藏丹津,交给宰桑托克托看管,被安置在博尔塔拉。我下人等俱如此言论,等语。讯问纳木鲁:大策凌敦多布、小策凌敦多布等人俱在何处,噶尔丹策零待谁较好,谁在其身边处理事务。再据我等听闻,令尔准噶尔少年俱习射箭及马上射击鸟枪,此事是否属实。尔是祈盼圣主仁化,前来归顺以求安逸生活之人,尔若有何闻知之处,令俱如实告明,等语。对此告称:大策凌敦多布驻在其游牧地额敏地方,小策凌敦多布本人带领少数人,带其马群,在空济斯过冬,噶尔丹策零待彼等俱好,宰桑察衮在其身边处理事务。再噶尔丹策零曾向各个鄂托克宣布,令十三岁以上少年学习远射一百二十步,然俱不能达到,其后射击七十步远的箭靶时,亦不能准确,故习者不多。再学习于奔驰的马上做三次放置火药弹丸的姿势时,听说尚有习者,然不会的居多。我是舍命逃出准噶尔,前来归顺圣汗,以求永远安逸生活之人,已将我闻知之处俱告明,稍无隐匿之处,等语。讯问与厄鲁特纳木鲁一同投诚的回子克什克:尔年岁多大,何地回子,如何到了准噶尔,曾在谁身边,又为何与厄鲁特纳木鲁一起投诚,尔是否有父母妻孥兄弟,等语。对此告称:我今年三十九岁,是叶尔羌回子。我六岁时,布鲁特人来经商,将我拐走。次年准噶尔人前去征战布鲁特时,将我掳来,交给台吉喀喇多尔济弟拉特纳为奴,后来配妻给我。我在准噶尔地方居住三十二年有余,已全然变成厄鲁特。这几年准噶尔人四处挑起战端,行军打仗于各地,一刻也不得自在生活。我在游牧地时,据从吐鲁番捉来的回子告称:对归顺大国之人,发给生活家产,以使安逸,等语。我曾当即想来归顺,然毫无机会。今年十一月,派我至奇台参军后,差遣我等十人,在萨尔海源头驻扎卡伦时,我与厄鲁特纳木鲁一同看守驻扎值班之际,我对纳木鲁言道:大国归顺之人,俱已安逸生活,等语。如此引言谈论时,纳木鲁亦有归顺之意,故我俩经过商议,于本月十六日夜晚,从扩展的鄂博下来后,立即进入山里,行走三天两夜,被尔卡伦人发现后引导带来，等语。他处俱与厄鲁特纳木鲁一样供述。为此谨奏闻。

  雍正十一年十二月二十八日
  署理宁远大将军事务 臣 查郎阿
  副将军 臣 张广泗
  副将军 臣 常赉
  参赞大臣 散秩大臣 臣 穆克登
  参赞大臣 内大臣 臣 顾鲁

署宁远大将军查郎阿奏报投诚厄鲁特巴图济尔哈尔供词折

雍正十一年十二月二十八日

署理宁远大将军事务臣查郎阿等谨奏。为奏闻事。雍正十一年十二月二十二日,管辖察哈尔兵之梅勒章京班第,委派驻扎乌尔图末端卡伦委署扎兰章京博罗洛泰等人,送来一准噶尔投诚厄鲁特后,臣我等讯问:尔名甚,多大岁,是谁属下,是何族,尔游牧驻在何处,从何处来投,尔是否有父母兄弟子妻,等语。对此告称:我名巴图济尔哈尔,我今年三十二岁,和硕特台吉噶勒吉雅斯族,是乌鲁特鄂托克宰桑默德齐乌巴锡属人,我游牧驻在喀什空济斯。我除妻外,俱无父母兄弟,有一同姓族人。我于今年五月,前来奇台参军。本月十七日,派我带领十四人,前往伊勒布尔和硕驻扎卡伦。我派十人至木垒西边的山上驻扎瞭望,我本人带四人来至伊勒布尔和硕卡伦驻扎。十九日,我对我卡伦人言道:我等驻扎卡伦者,依赖马匹,倘若巴里坤兵前来捉捕活口,事关我等甚巨。尔等穿着单薄,我前去巡视马匹,尔等妥善驻扎瞭望,等语。之后一人想要与我同往,对此言道:我独自前往,尔可罢矣,等语。于是彼等问道:是否要带马鞍,等语。对此我言道:马已磨破腰,带马鞍会致冻伤,等语。至此彼等亦没反应。于是我带上拿来的一小锅,牵着我两匹马及彼四匹马,进入山谷放牧。傍晚时分,从六匹马内挑选三匹膘肥的,我想若留下其余三匹,彼等会骑乘追赶我,故我将那三匹马,俱用矛刺死,带着三匹马,从山谷中出来。寻乌兰乌苏之源,经过科舍图,来至噶顺后,发现二十几匹马的踪迹,我想这或许是先前追赶我两逃人的人之踪迹,于是我立即进入山谷隐蔽。杀死一马,割取其肉,日落后一直在山中绕行,于二十一日被尔卡伦人发现后,将我引导带来,等语。讯问巴图济尔哈尔:尔是台吉一族,且看尔人才亦可,因何受困遗弃家室来投,等语。对此告称:我本人在准噶尔时,行军打仗于各地,已有十余次。我鄂托克宰桑等,因我精干,令我带领一百人,亦曾有过此事。只要其准噶尔人在军中干好两三次,彼即授予名号,增添荣誉。像我这样的异姓人,不管干好二三十次任何事,亦不会授予名号。不仅如此,亦不怎么优待。再我同姓族人中，亦有较为殷实之人，然不关照怜悯我，反而以我比其精干且公务多为由，加以嫉妒，在宰桑等人面前谗言诽谤。听说大汗甚是仁慈好生，故我早就有意归顺。只是我有老孀母，故不忍抛弃，曾一直坚持。今年五月前来奇台参军前，我母亲去世，于是我给喇嘛献上带鞍之马以作福德，为我母亲之事诵经。除我妻及在家使唤的一男丁外，我毫无亲近可信之人。虽有几个族人，然对我俱似仇敌。我在准噶尔，即使竭尽全力去效命，亦绝不会获得尊贵光荣之名号。知此而心中甚是悲伤，从那开始便一心想归顺大汗，以求安逸生活。为此于本月十七日，前来伊勒布尔和硕卡伦轮换值班后，十九日从伊勒布尔和硕卡伦逃来，此事属实，我毫无其他事由，等语。讯问巴图济尔哈尔：现在奇台共有多少兵，由谁带领驻扎，卡伦俱设在何处，其他地方是否还有驻军，等语。对此告称：之前我奇台曾有近一万兵，由色布腾、曼济带领驻扎。今年九月，从尔地逃去的一回子告称：我是乌梁海族，因懂得射击，我额敏伯克交给我一峰骆驼及一匹马，派去打猎。我到达高山险峻，马驼俱已翻滚死去。回来后，额敏伯克鞭答我三十下，对此我甚是愤恨，顿生逃跑之念，告知我兄后，携带两匹马及一杆鸟枪，进入大戈壁，寻着无路之地而来。我骑乘的两匹马，俱已在戈壁渴死。因我步行，故将我鸟枪埋在地下，一直步行由吐鲁番路来时，遇见尔辈前去放火之人后归顺。我逃来时，驻扎西喇呼鲁苏的我哈密回子等，俱被迁进城里。在哈密西边，建造一小城，已驻两千汉人步兵，等语。又据告称：我逃来前，我兄对我言道，今年从边内送来八千军马，俱放在塔勒纳沁等地，仍在陆续送来马匹。今年大军已不会进兵，明年春定会进兵，等语。曾如此告知我方，等语。如此告知时，色布腾将逃人回子送至噶尔丹策零处，随后噶尔丹策零对色布腾等人遣使言道：巴里坤军队进兵之时已过，令撤回五千兵，遣返至各自游牧，并令尔本人前来我处，其余兵丁则由曼济、衮布及博罗沁子哈什哈等人带领驻扎，等语。之后今年九月，色布腾带领五千兵回去，如今奇台只驻有五千兵。此地驻军，虽名义上有五千，事实上只有四千余兵而已。我卡伦俱半月一轮换。本月十七日，德木齐扎木扬带领我等九十六人，在噶顺驻扎十人，在噶海屯图驻扎十六人，在伊勒布尔和硕以我为首驻扎十五人，在萨尔海源头驻扎十人，在库克德布色驻扎五人。而其余人等，由德木齐扎木扬带领，驻扎在中部济尔马台。于此倘若有事，互相放火为号。再以绰霍尔鄂托克讷默库为首，或许有二三百，其数不详，已驻在吐鲁番，此外没听说吐鲁番是否还有人驻扎。为使我驻扎奇台之兵，不致逃跑，易于查验，编成八营驻扎，且又禁止打猎行走。今年八月，噶尔丹策零向我从军之人，每人发给两小口袋粗黍米，因不够食用，偷杀马匹充饥之人甚多。不管曼济等人如何法禁，仍在偷杀吞吃。再我本人被差往卡伦前,曾见过色布腾派向曼济的使者于本月十三日经我等驻扎的兵营而去。是日曼济本人带领宰桑、德木齐等,曾前去打猎,不在兵营,故来使寻去猎场告称:据色布腾之言,唤去宰桑衮布,以交代事务,并令曼济骑乘乌拉,于年前来噶尔丹策零处,等语。之后曼济等人询问所派使者:有何消息与否,等语。对此使者对曼济等人告称:色布腾于本月初八日从噶尔丹策零处回到游牧地称,噶尔丹策零为寻求与大国和解,已互相商议欲要遣使,然尚未定夺,等语。我德木齐等人晚上回来,将此事告知我等。曾如此听闻,等语。讯问巴图济尔哈尔:尔准噶尔人甚是狡诈,因驻扎奇台之兵食物短缺,故才撤回所驻之兵,又故意宣扬要遣使和解,以此猝然来犯我巴里坤,前来偷盗马畜,捕捉活口,意图已是明显。尔已抛弃家口来投于我,故既已成我人,尔若有发觉之事项,令立即告明,等语。对此告称:发给我奇台驻军的两小口袋黍米不够食用,故偷杀马匹充饥,此事属实。因曼济等人知道此事,故于本月十四日,曼济、衮布等人从奇台出发时,对德木齐等人言道:对我士兵,虽每人发给两口袋黍米,但确实不够食用,且还禁止彼等打猎,驻留这么多士兵亦无裨益,此事我去后定会告知色布腾,想必会商议如何撤走或如何驻扎之事,俟衮布回来后,即可定也,等语。听说曾如此商议。再噶尔丹策零商议与大国和解,并想遣使大国,此话由色布腾所遣之使者告给曼济等人,其后我德木齐等人回来告知于我。若准噶尔人果真故意宣扬此等事,有猝然来犯巴里坤偷盗马畜之状,我岂有不稍稍发觉之理。唯于今年九月,曼济等人为派一千兵前去捕捉尔方活口事,与衮布商议时,衮布曾言道:巴里坤路卡伦,下雪后俱会移至军营附近,开春雪融后,彼卡伦定会扩展至远处设置,等开春彼卡伦扩至远处设置时,我等不可派少量兵丁,差遣一千兵,由噶顺山口出去,一队或四五十人,或一百人,编成队伍,斟酌能于近处及时接续,以前去捕捉活口,等语。再据我思量,倘若噶尔丹策零遣使,或由阿尔泰路前来,或由巴里坤路前来,此处不知。若从巴里坤路前来,明年正月以内,定会到来,倘若正月以内不来,彼等为获知尔方消息,开春雪融后定会前来捕捉活口,对此卡伦应甚是防之又防为好。我是曾在准噶尔地方心灰意冷甚被压迫之人,为归顺大国以求永远安逸生活而来,我若真有发觉之事项,我岂能不告明耶,等语。讯问巴图济尔哈尔:尔言噶尔丹策零要遣使,此意为何,若果真遣使,会差何人为使,由何路派来,等语。对此告称:我在奇台时,色布腾派遣的使者,对我曼济等人言道,色布腾本人回到游牧地称,据噶尔丹策零之言,为寻求与大国和解,想让我准噶尔人为使遣去。而宰桑等人言道:想让其内地被俘之人为使遣去,等语。彼此商议,尚未定夺。如此言论时,德木齐赞布、达什俱曾在其身边。晚上回来后,将此事告知于我。我怎知噶尔丹策零以我准噶尔何人为使派往大国、从何路派来之心思耶。唯据我德木齐等人闲坐时言道:噶尔丹策零这几年抗拒大国,派兵进犯阿尔泰、巴里坤,甚是非也。如今大国之汗绝不会轻饶我准噶尔。前据逃人告称:明年从阿尔泰、巴里坤两路大举进兵,等语。目前噶尔丹策零欲要遣使之事,或许是因倘若大军自阿尔泰、巴里坤进兵,叶尔羌、喀什噶尔、乌什、阿克苏、库车等地人各个归顺,在准噶尔之哈萨克、布鲁特、土尔扈特人一听此消息,便思念各自故地逃回去传达消息,哈萨克、布鲁特又来夹击,则我准噶尔人不仅不能抵挡,且四方俱会无路可逃。噶尔丹策零不会不知此情。今噶尔丹策零顾虑到此,在大国两路进兵前,接受其原先的错误行为,以安逸众生友好生存为由,遣使去寻大国吧。若只以我人为使,于事大有裨益,若以被俘的内地人为使,岂能于事有益,等语。曾听如此互相谈论,等语。讯问巴图济尔哈尔:倘若明年我阿尔泰、巴里坤两路大军果真进兵,准噶尔如何商议抵挡之事,尔是否听闻。再若派出尔准噶尔全体士兵,共可得多少,每人尚可得多少匹马,等语。对此告称:准噶尔共有十四个鄂托克,俱游牧散居。我准噶尔人习性,处理凡事,甚加隐秘。倘若阿尔泰、巴里坤军队两路进兵,如何抵挡阻截,准噶尔全体共得多少兵之事,像我这样的人怎能听闻。据我思量,倘若我辈全民皆兵,算上六十岁以下、十五岁以上少年,大体可得六万余兵。对此征用噶尔丹策零之舒鲁克马匹,因罪罚取之马匹,三吉萨之马匹,台吉、宰桑、富商等人的所有马匹,母马、公马、军马加在一起,办给六万余兵,每人尚可得三匹马,每两三人似可得一峰骆驼。如此办给,仅一次而已,再这般办给,已绝无可能。若阿尔泰、巴里坤两路大军果真进兵,将我征得的六万兵,全部分兵于此两路进行抵抗。而为防哈萨克、布鲁特听此消息后又带兵前来,不得不派近一万兵,前去阻截哈萨克、布鲁特来路。将其余兵丁,视阿尔泰、巴里坤两路军队哪方兵力强势,即向兵力强势那方多派兵阻截。倘若不能抵挡,我叶尔羌、喀什噶尔、乌什、阿克苏、库车等人,必会归顺尔等。再是身在准噶尔的哈萨克、布鲁特、土尔扈特人,趁此混乱,彼等亦会逃奔各自故地,向哈萨克阿布尔海尔汗、布鲁特伊拉姆伯克传达消息,此辈又引兵两路来夹击,则我准噶尔全体民众别说征战,就连游牧地亦不能保。以此将我所知之处告明,等语。讯问巴图济尔哈尔:尔等环绕奇台驻扎的五千兵,现每人有几匹马驼,膘情俱如何。据我等听闻,尔等奇台驻军,从哈布塔克、拜塔克戈壁,由巴里坤后面,经色布色库枯图勒,前来偷盗我放牧在塔勒纳沁等地的马畜,并捉捕活口。尔是否听闻彼等出兵多少,何时派遣之处。若又有何闻知之处,令俱告明,等语。对此告称:我驻奇台的五千兵,俱已禁止打猎,除驻扎卡伦之人外,任何地方不得骑马,大体有三四匹马者占一半,有一两匹马者占一半,肉膘优劣亦不同。今年八月,发给我士兵的每人两口袋黍米,俱从各地征收,并储存于乌鲁木齐。此次发米时,额仁哈毕尔噶这边离游牧地近者,俱未发给。我等亲自带着马匹,从乌鲁木齐运来。此次搬运,来回行走六七天,故三分之一马匹已掉膘,三分之二马匹肉膘尚好。此三分之二膘好马匹若能急行,尚可行走十五天。除我台吉、宰桑等人外,像我这样的人无骆驼。再经由哈布塔克、拜塔克戈壁,前去偷盗尔在塔勒纳沁等地放牧的马畜,并捕捉活口之消息,全未听闻。听说今年七月,噶尔丹策零令以诺颜和硕齐为首,派去进兵哈萨克,然未闻带多少兵前往。据我十月听闻,诺颜和硕齐毫无收获而返,不知其何时已回来。再据闻,前去征讨布鲁特的辉特台吉珲启及宰桑察衮弟察罕哈什哈,尚未返回。又听说,今年春察衮得了疯病,故噶尔丹策零令将察衮的生活家产,俱分成份儿,交给察衮子,而将察衮那份家产,献给喇嘛作福德,因噶尔丹策零亲自监督诵经,故察衮的病情比以前稍有好转,但仍像傻子一样昏昏颠颠。众人皆如此言论,等语。讯问巴图济尔哈尔:噶尔丹策零待二策凌敦多布,多优待谁,凡事多与谁商议,等语。对此告称:大策凌敦多布三个儿子俱已死去,对此大策凌敦多布甚是伤心,亦比以前衰弱,噶尔丹策零待其一般,故伊亦只以有病为由,驻在游牧地,不怎么干预事务,亦有噶尔丹策零为某些事务召唤其前去之回,有些事上又不召唤。凡事只与小策凌敦多布商议,目前待小策凌敦多布甚好。除噶尔丹策零外,再无比小策凌敦多布尊贵的人物。我是准噶尔一般小人物,能知何事耶。据听我准噶尔民众私下言论:若问噶尔丹策零为何如此优待小策凌敦多布,其因先前我策妄阿喇布坦在世时,小策凌敦多布曾试图带领其游牧民众归顺大国,策妄阿喇布坦获知此事后,将其往里迁移,居住几年。我策妄阿喇布坦去世后,到了噶尔丹策零时,小策凌敦多布请求返回原游牧地,故噶尔丹策零才将其遣往喀喇沙尔。况且小策凌敦多布之阿勒巴图甚多,又驻在大国边境附近,一旦带领下人归顺大国,即会导致准噶尔人生乱。噶尔丹策零因担心此事,故才优待小策凌敦多布,多施仁慈,凡事一同商议。为牵制其投奔,特意这般行事,以笼络其心。不仅如此,倘若小策凌敦多布果真带领游牧,归顺大国,则不能制止我准噶尔人,全体都会归顺也,等语。尚闻如此言论。此外再毫无闻知之处。我是特为承接大圣主隆恩,以求安逸生活而来投者,此事属实。倘若再有闻知的消息,即会告明,岂能隐匿,等语。他处与纳木鲁等人供述类同。为此臣我等将前日投诚的厄鲁特纳木鲁、回子克什克及厄鲁特巴图济尔哈尔等人,交给理藩院员外郎僧保,并使乘驿,途中不致生事,妥善看管,解送京城。此外将纳木鲁、克什克、巴图济尔哈尔之口供,具折谨奏闻。

　　雍正十一年十二月二十八日
　　署理宁远大将军事务　臣　查郎阿
　　副将军　臣　张广泗
　　副将军　臣　常赉
　　参赞大臣　散秩大臣　臣　穆克登
　　参赞大臣　内大臣　臣　顾鲁

定边大将军福彭奏报来投厄鲁特人
特古思口供及防范准噶尔偷袭等情折

雍正十二年正月十一日

定边大将军多罗平郡王臣福彭等谨奏。为奏闻事。雍正十二年正月初九日所到由左副将军王额驸策凌等处送来的呈文称：前往西边哨探的营总观音保、协理台吉齐巴勒等人送来一准噶尔投诚厄鲁特。于是讯问：尔名甚，是谁属人，尔可有兄弟妻孥，为何而来，等语。对此告称：我名特古思济尔噶尔，是辉特卫征和硕齐属人，我没有兄弟而有妻，并有四个男孩、一女儿。今年四月，从游牧地征调九百兵，由德齐特①宰桑带领，曾来布拉罕德肯伯勒齐尔驻扎。我寻踪之人回来告称：有两徒步者及三匹马行走的踪迹，估计是逃人出走，等语。故选派五十人前去追赶。以熟悉地方的巴济人为向导，近十人前来，遇到尔卡伦，遂捉捕一活口带走。讯问时，活口言道：我毫不知事，头队士兵已由车臣王带领，到达科布多，其后又来很多士兵，不知其数。我是驻扎卡伦之人，来已日久，全然不知军中事务，尔等即使杀死我，我也再无他言，等语。因如此毫不明说，故我宰桑德齐特言道：此人言辞不明，不管怎样，将此人送至噶尔丹策零处。现科布多虽有军队，然入冬后不能行进，我等选派六百人前往巴里坤，捕捉活口核实，等语。旋即将参差不齐的三百兵仍旧留在布拉罕德肯伯勒齐尔，于十二月十六日启程前往。到达哈布塔克、拜塔克后，我宰桑德齐特选五百兵前往巴里坤，而将我等一百兵，留在了哈布塔克、拜塔克。我本人以打猎为由出来，一直奔向这边，遇见尔卡伦人后，告明我来投事由，以使送我至此，等语。讯问厄鲁特特古思济尔噶尔：尔无缘无故抛弃妻孥，自军中来投，尔兵人少且又前往巴里坤，由此看来，尔之头目故意派尔来此，以使我等放松警惕，趁机来偷马匹，或引诱带走我军，以逸击劳，此事明显。尔之此言不可信，尔告明真情实意后，对尔大有好处，倘若仍旧如此坑蒙拐骗，则真会刑杀尔也，等语。如此恐吓讯问时告称：我父吹博罗特，原曾是辉

---

① 此处原文是"decit"。

特宰桑,我亦应担任宰桑。归顺尔等之四男二女,共六口人逃跑时,我家丁达什向卫征和硕齐诬告我称,是我送给鸟枪马匹,将其中我甚宠信的好友博罗呼尔噶遣送出去。是故查抄我五户家奴及牲畜,将我贬为一普通鄂托克人。此前凡行军打仗,我派人顶替,自己俱不曾出征。此次我是存心与士兵同来,趁机投奔大国。我如丝薄命,今在您手上,死即死矣,我身死后可对我灵魂有益,故岂能欺诈,毫无他情,等语。讯问特古思济尔噶尔:尔若果真存心前来,除此之外在哪些地方有驻兵,只据实告来,等语。对此告称:夏季,曾有三千兵驻扎在额尔齐斯,后将共计九百兵宣称为一千兵,由宰桑德齐特带领,前来替换先前的三千兵。除此兵外,他处毫无兵马。尔兵入冬后不能行进,即使前来,也于明年草青后来而已,为此游牧地中丝毫没有备兵。今年十月,交给辉特卫征和硕齐、台吉珲启等人两万兵,派往哈萨克,驻扎在我这方边境的喀喇额尔齐斯、华额尔齐斯,等语。讯问特古思济尔噶尔:尔言没有兵也,今我等派出四五千兵,带尔去进剿尔之留兵,派去掳掠这方边境之人,倘若遇见尔之大队兵马,则尔之性命俱在我手上,那时当即处死尔也,等语。对此告称:途中属实全无兵队,我是心存仇恨而来投诚之人,倘若遇见大队兵马,尔可随意使用一切刑具将我化为灰烬。若让我引导尔兵,我即引导带去,将这方边境之游牧、台吉、大人物等,我俱给指明。倘若除我所言之兵外,未有其他兵马,又可掳掠游牧,将军等人施恩于我何,等语。讯问特古思济尔噶尔:尔这方边境之人,若听到我大军前来,集结兵马来这边时曾如何约定,尔之言语为何如此坚定,等语。对此告称:噶尔丹策零认为尔兵今年不来,为此这期间派去进兵哈萨克。今已入冬,且正在过年,我彼处大人物等,俱以新年礼前去拜会噶尔丹策零,听说此次会见时商议明年如何阻截尔兵。在此之上,一直议称尔兵冬季不能行进,故思绝不能来。倘若尔兵这时进军,绝不会有阻碍。一旦进兵之后,即使听说也是,至这方边境大人物返回集结兵马为止,以及等待那方边境兵马到来为止,亦须到三四月后才能赶上而已,等语。看投诚厄鲁特特古思济尔噶尔所言甚是坚定,目前扫荡兵已进,因其俱知游牧地边境之人在何地、驻扎多少人之处,故将厄鲁特特古思济尔噶尔,送交前锋统领塔勒玛善,以使指明厄鲁特人留兵驻地及向导带到边境人游牧地。为此给特古思济尔噶尔更换衣服,赏与绸布,交给委署参领迈普及额驸策凌旗下梅勒章京齐旺解送。此外由我处向西路大将军呈报为此事之稿件,等语。如此呈来。为此臣我等行文盼咐额驸策凌等:令速速行文塔勒玛善等,妥善防备贼兵突然来犯我尾部,从后面袭扰,窥伺马畜。此外行文带领后续兵驻扎的护军统领阿岱,令将哨探兵派至远处,尽行搜索四方,核实是否有贼踪迹,倘若遇见此一伙贼回撤,即可包围剿杀。

塔勒玛善等人之兵进去扫荡,承蒙天恩及圣主威福,若能大获俘虏牲畜,即可酌情出兵派去防守。一面速送消息于阿岱等人,以使其出兵接应。阿岱等人收到消息后,除立即具文报告尔等外,一面速速出兵前去迎取战俘,看管解送。为此尔等酌情派兵,接取阿岱等人送来的战俘带来。无论如何,只尽量为我进去扫荡之兵顺利妥当前进而行事,牵扯所获战俘及牲畜而绝不可分散兵力。虽大获战俘牲畜,亦不可稍有骄气。唯预备阻截贼从后面来犯,令防之又防。目前正是春季,节省马畜之力要紧〔此处满文原件重复:绝不可分散兵力。虽大获战俘牲畜,亦不可稍有骄气。唯预备阻截贼从后面来犯,令防之又防。目前正是春季,节省马畜之力要紧〕。是故塔勒玛善等人进兵扫荡,唯寻牢固,应机行事,不可妄自冒进深入,等语。此外,为此谨奏闻。

雍正十二年正月十一日

定边大将军　多罗平郡王　臣　福彭

参赞大臣　内大臣　伯　臣　钦拜

参赞大臣　领侍卫内大臣　臣　萨穆哈

定边大将军福彭奏报拿获审讯厄鲁特端多布等人及将其陆续解送京城折

雍正十二年二月十三日

定边大将军多罗平郡王臣福彭等谨奏。为奏闻事。左副将军额驸策凌等呈文称：正月二十八日，前锋统领塔勒玛善将其所获的三厄鲁特送至我兵营。于是将三厄鲁特另行分开，讯问其中一人：尔名甚，是谁属下，为何遇见我兵被俘，等语。对此供称：我名端多布，我是扎哈沁玛木特宰桑下人。去年十二月，我前去寻马之人到达杜尔伯特达赖太师地方后，回来对我宰桑玛木特告称：据逃来之人告称，大国之兵已至科布多，故杜尔伯特有骚动之状，等语。随后宰桑玛木特正将游牧往里迁移时，驻扎乌兰布拉克卡伦的杜尔伯特达赖太师的一人来告称：看见尔兵经由布拉罕路进来近万之踪影，等语。之后玛木特将游牧于本月十一日往里移动，且玛木特本人带领六十人，驻在察尔济勒图地方，并派我等十六人在前方设置卡伦，确认来兵踪影。到达杜尔伯勒津地方后，突然遭遇尔兵，我三人被俘，其余十三人俱已逃出，等语。恐吓讯问端多布：尔已被我俘获，令将尔所有闻知之处尽告明，等语。对此供称：我原曾驻在伊犁，后在华额尔齐斯设置包衣卡伦时派出我，我父亲现驻在伊犁。去年德齐特宰桑带领一千兵，驻于布拉罕路，瞭望踪影，搜寻踪迹。从尔卡伦捕获一活口，以从那里已到巴里坤为由，将所获一人送至噶尔丹策零处，而经过我地带走时，得知尔兵已到科布多。认为尔等去年绝不会来，故在这边丝毫没有备兵，今年从布拉罕、布鲁尔两路派兵。曾如此商定。我等驻扎这方边境之人，属实不知那边事务。再于这几年，与满洲兵交战失败，哈萨克兵无数次前来掳掠边境之人，故听说叶尔羌、喀什噶尔亦已交恶，停止纳贡。据我彼处人平时谈论：满洲兵不管何时，必定会来一次，哈萨克兵又年年进来抢掠，等语。多有如此担心畏惧言谈之人，等语。讯问端多布：今依尔之见，尔辈这方边境之人，是否俱已骚动往里远走，或稍动后仍在驻扎，噶尔丹策零听到此事后会如何，等语。对此供称：先前听到尔兵已到科布多后，尚且出动，没成想尔兵已进来将我捕获。我逃出之人回去后，必会溃散乱动，不但不会暂时镇静,还会纷乱至额敏、博尔塔拉,于此会丢弃牛羊,只带马驼前去吧。噶尔丹策零听到此消息后,虽仓促调遣军队,但顶多能派两千兵,在和伯克赛尔等地待机阻截而已,岂能来此迎战。即使大举前来,亦只能在安定后,估计于四五月才能赶上而已。因这几年接连征战,故马畜多有损失短缺。又据听闻,曾派一万兵前往哈萨克。倘若今年一旦如此骚动,在额尔齐斯、济伯格讷①、铿格尔等地种的庄稼会被白白丢弃掉,即使在额敏等地种的庄稼亦会被抛弃,等语。讯问端多布:据尔告称,我等经由布鲁尔路逃走。是谁属下,逃走多少,尔彼处人等生计如何,与俄罗斯是否有战事,土尔扈特地方消息怎样,是否已向巴里坤路派何军队,等语。对此供称:不详知尔之逃人。听说扎哈沁色布腾一人,由厄鲁特奇兰②、布鲁尔路逃来。而不知色布腾是何人。听说那方边境之人生活艰苦,因没去过,故不深知。与俄罗斯没战事。听说去年察罕汗遣使来,调查在准噶尔的俄罗斯人并带走。知道罗卜藏舒努逃亡土尔扈特之事。不知是否已派兵巴里坤。因担心我等驻在边境之人被捉成活口或逃跑后被大国获知,凡事俱隐匿于我等,故属实不知。我先前没有参军过,只曾在额尔德尼召,在甘敦多布队伍的右翼战斗,其后我军战败,各自保命到达游牧地,等语。另一人供称:我名巴郎,鄂毕特鄂托克人,我原曾在策妄阿喇布坦身边当秘书,后来派我至包衣卡伦,故丝毫没从军过。虽知晓十三年前之事,然亦无用处,等语。他处俱与端多布一样供述。又一人供称:我名恩克博罗特,我是克烈特玛西巴图宰桑属下。去年解送从尔卡伦捕获的人时,我卡伦根敦曾前往。根敦回来对玛木特告称:噶尔丹策零曾言道,满洲兵前来,亦未可料,望派兵阻截布拉罕、布鲁尔路。对此宰桑察衮言道:现在阿尔泰山脊已下雪,今冬寒冷时,满洲兵不能行动,等语。因如此劝谏,故噶尔丹策零才放弃派兵,俟开春后由此两路派兵阻截,等语。据我传闻,曾如此告知玛木特,等语。他处俱与端多布、巴郎一样供述。为此我等仍交给原送来的喀尔喀梅勒章京珠贵、护卫乌巴锡、前锋校云岱等人解送,等语。如此于雍正十二年二月初八日送来。于是臣我等再次讯问端多布等人:尔准噶尔兵共有多少,如今尔等已知我进兵,尔兵在何处如何阻拦,此次阻截时共可得多少兵,等语。对此供称:虽曾向众人宣称我准噶尔兵共有十万户,但丝毫不到十万。据我老人等言论,曾有八万户。去年五月,噶尔丹策零通告众人,令查各鄂托克户数。于此将家中使唤的有妻回子等俘虏及有十几岁男孩的孀妇等,俱算作户数计算,亦没达到十

---

① 此处原文是"jibegene",应与"jibene"(济伯讷)同。
② 此处原文是"giran"。

万。曾如此言论。若算正规军,大体可得六万兵,虽可得六万兵,然两万兵防备阿尔泰方面,两万兵防备巴里坤方面,两万兵防备哈萨克。今大国军队,正于开春无备时进兵,噶尔丹策零倘若调遣军队阻截,顶多可得一万兵。思此次阻截时,定会在额敏、阿库齐、和伯克赛尔等地预备阻截,只会加固卡伦哨探预备,绝不会越过和伯克前来,等语。讯问端多布等人:今言尔兵倘若阻截,不会越过额敏、和伯克前来也,那这边游牧地怎么办,如何能躲避,等语。对此供称:正月十一日,发现大国军队踪影后,是日即将我游牧暂时停留在乌尔图萨拉布尔吐这边的木呼尔代地方,令我等收取消息后即往那边迁移。宰桑玛木特带领六十人,驻扎在察尔济拉图地方,派我等十六人来此确认,我等到达杜尔伯勒津地方后,于十五日被俘。我逃出之人回去送信后,我游牧又会往那边寻向和伯克赛尔、额敏。我游牧到达和伯克赛尔后,驻在和伯克赛尔的鄂托克沙毕纳尔之人,俱会进入额敏,这些游牧如何能调配耶,等语。讯问端多布等人:是否曾考虑过今年我大军几路进兵、噶尔丹策零曾想共派多少兵、如何阻截抵挡。按每人三匹马计算,可得几万军马。是否知晓我巴里坤进兵之事,那路由谁带兵驻扎。据尔告称,现阻截我已进之兵时,倘若调遣军队,顶多可得一万兵。这一万兵,每人可得多少匹马。尔等已被我俘获矣,若凡事俱如实告明,则对尔等施恩并给予好处,倘若妄行欺骗,取尔性命,等语。对此供称:曾想过今年大国军队定会于草青后经由布鲁尔、布拉罕两路进兵。属实未闻噶尔丹策零派兵多少。仅据我辈揣测议论:俟草青后,噶尔丹策零或派兵两万前往对应杜尔伯勒津、奇兰①的库克辛托罗海、喀喇额尔齐斯、华额尔齐斯等地阻截吧,等语。我准噶尔人,虽这几年已损失马畜,但算上军马、种马、母马、三岁马,两万兵每人尚可办得三匹马。听说巴里坤军今年亦会进兵,然不知从何路进来。我驻扎阿尔泰方面之人,不知在何路、哪些地方驻兵阻截。亦不知去年在巴里坤方面,由谁带领驻扎。曾只驻防一千兵,从此兵内差遣六十兵前去捉捕活口时,听说俱被巴里坤兵俘获。又听说在巴里坤已停止驻扎汉兵,俱驻满洲、蒙古兵。依我准噶尔惯例,凡何方敌人突来,即可酌情套捕任何人之马匹骑乘,俟安定后,经查返还给原主。我等以此估计,调兵阻截尔现在已进之兵时,思会得到马匹,等语。讯问端多布等人:据尔告称,算上军马、种马、母马、三岁马,两万兵每人尚可办得三匹马。如此办理时,如何办给,等语。对此供称:如此办给,并非公事,即从有马之人套捕办给无马之人,俟返回后,若有原马,照常返还,若原马已倒毙,捕其家中牛羊赔偿,若无牛羊,取

---

① 此处原文是"kirang"。

其物抵偿,等语。讯问端多布等人:叶尔羌、喀什噶尔回子等,向来恭顺纳贡于噶尔丹策零,尔如今又听说什么叶尔羌、喀什噶尔与噶尔丹策零交恶,已停止纳贡等事否,等语。对此供称:布鲁特人向来与我准噶尔为敌,之前未与大国交战时,布鲁特尚来侵占叶尔羌、喀什噶尔,然准噶尔派兵将布鲁特打退后,叶尔羌、喀什噶尔仍旧恭顺纳贡于我准噶尔。这几年布鲁特听到噶尔丹策零出兵抗衡大国后,前来叶尔羌、喀什噶尔地方,将其侵占,故彼等已停止纳贡。去年曾如此听闻,等语。讯问端多布等人:尔噶尔丹策零,今宠信何人,大人物内尚留何人商议事务。这期间是否有过会盟。其下人等如何言论。令将尔闻知之处,俱老实告来,等语。对此端多布等人供称:先前策妄阿喇布坦之时,曾甚是优待大策凌敦多布、小策凌敦多布及一名叫海拉图纳沁的原宰桑。如今到了噶尔丹策零,因海拉图纳沁双目失明,故禁止去任何地方,唯有要事时仍与其商议。又有一名叫察衮的宰桑,亦加以信赖,办理事务。听说俱优待此等人。再噶尔丹策零现在优待小策凌敦多布,比大策凌敦多布要重。若问为何,前年我准噶尔军队进兵至额尔德尼召时,大策凌敦多布曾向噶尔丹策零言道:若是派遣我军,到达大国边境后,稍稍放人掳掠,有所收获后,立即撤回才好,绝不可深入,等语。噶尔丹策零丝毫没采纳此言,吩咐小策凌敦多布深入,故军队大有损失。去年正月,噶尔丹策零宣布召开会盟时,大策凌敦多布言道:当初毫未采纳我言,故才酿成这般下场也,我今前往,又有何用,等语。以此为由,留下没去。于是其子多尔济丹巴前到会盟地点后控告称:当初我军到达乌逊珠勒、克尔森齐劳地方时,我即建议小策凌敦多布回撤,然其毫未采纳我言,深入至额尔德尼召地方,当我营之兵受到重压时,其又见死不救,等语。之后小策凌敦多布言道:我深入亦是因有噶尔丹策零之辞令,故而我才前往。到达额尔德尼召地方交战时,尔毫未全力以赴,脱离众人而去,轻率损失兵马而已,与我何干,等语。如此争论时,噶尔丹策零赞同小策凌敦多布之言,罚取多尔济丹巴一百马、一百人、一百锁子甲,并从与多尔济丹巴同行的宰桑、大人物,罚取三十人、三十马、三十锁子甲。因如此定罪,故多尔济丹巴甚是愤恨,于去年夏去世。自此大策凌敦多布更加气愤,声称不再过问事务。再于前年,我准噶尔兵前来额尔德尼召时,因士兵骑乘的马匹不足,故噶尔丹策零曾办给先前因罪罚取管束的公中马匹。在额尔德尼召战败返回后,噶尔丹策零从阵亡者妻孥催促偿还这项马匹时,下人等议论称:人命已阵亡,还要从剩下的妻孥催取办给的牲畜,我等如今怎么生活耶,等语。如此各个抱怨。且管辖我扎哈沁一鄂托克的宰桑玛木特抱怨称:俱是如此败坏下人也,今若要带领我所辖一百户人,前去归顺大国,则那边有我姻亲色布腾属人,岂能不安逸生活,等语。平时仍如此抱怨。再我准噶尔人,亦为此催促偿还马匹事而抱怨者居多。据我准噶尔老人等议论:自古消灭噶尔丹博硕克图前,准噶尔人所拥有的牛只,俱遭瘟疫而死,因故噶尔丹博硕克图随之覆灭。去年准噶尔人拥有的所有牛只,突然跟以前一样全部遭受瘟疫,有一百头牛的人户,仅剩十头,有十头牛者,未剩一两头,俱已死完。以此看来,明年亦会变得如噶尔丹博硕克图那般灭亡,等语。如此议论纷纷,等语。讯问端多布等人:说因噶尔丹策零令偿还前年办给尔兵的马匹,属下人等抱怨,是否已偿还此项马匹,等语。对此供称:听说偿还此项马匹时,克烈特、锡热图、库热此三鄂托克人,以我等无偿还能力为由,没有赔偿。其他鄂托克人,俱已偿还,等语。讯问端多布等人:尔准噶尔生计如何,尔各鄂托克宰桑等俱驻何处,等语。对此供称:这几年因有战事,故我准噶尔人已变得更加穷困。大体三分之二仍有维持生计的牲畜,三分之一没有牲畜,倚赖种地过活。此次惊乱时,这边倚赖种地过活之人,若不能种地,会变得拮据,且即使有牲畜之人,思亦会因各自惊动而互相抢掠偷盗,变得不堪入目。再噶尔丹策零有十二鄂托克,不知伊犁那边的,在博尔塔拉地方,驻有看护噶尔丹策零牛羊群之人。大策凌敦多布及鄂毕特鄂托克宰桑伊班、库热鄂托克宰桑噶布尊①、包沁鄂托克宰桑恩克之游牧,俱驻在额敏。库图齐纳尔鄂托克宰桑哈里云、达什策凌之游牧在斋尔。鄂托克沙毕纳尔宰桑蒙克博罗特、德齐特、达尔扎之游牧,驻在和伯克赛尔、乌尔图萨拉布尔吐地方。杜尔伯特达赖太师之游牧,驻在铿格尔、吉伯格讷、额尔齐斯地方。又一杜尔伯特台吉扎勒之游牧、辉特台吉达尔玛达赖之游牧,俱驻在库库乌苏、喀喇塔拉地方。接此在锡伯图巴克图、库库楚秦车等地,驻有卫征和硕齐、色布腾达什、巴勒珠尔等之游牧。此外不知其他鄂托克之驻地,等语。为此臣我等委派中书保载等人,将厄鲁特端多布、巴郎、恩克博罗特陆续乘驿解送京城。此外,为此谨奏闻。

雍正十二年二月十三日

定边大将军　多罗平郡王　臣　福彭

参赞大臣　内大臣　伯　臣　钦拜

参赞大臣　领侍卫内大臣　臣　萨穆哈

---

① 此处原文是"g'abDZun"。

大学士鄂尔泰奏准噶尔罗卜藏五人口供
并将此五人发遣折

雍正十二年二月十四日

除臣我等审讯先前查郎阿委派笔帖式常明珠所送在卡伦地方俘获的准噶尔贼罗卜藏、博古亚、巴桑、哈达、罗布桑五人并已上奏外,此辈毫无其他所知之处,因俱是于战场俘获之贼,故分别流放南方省份。为此请旨。

雍正十二年二月十四日上奏时,所奉上谕:其中将准噶尔罗卜藏,暂时关押在此,以备招供,其他依议分发,钦此。

大学士鄂尔泰奏投来之巴图济尔哈尔回子克什克供词并安置片

雍正十二年二月十六日

大学士伯臣鄂尔泰等谨奏。署大将军查郎阿委派员外郎僧保,已送来准噶尔投诚厄鲁特巴图济尔哈尔、纳木鲁、回子克什克。臣我等逐一审讯时,据巴图济尔哈尔告称:我是和硕特台吉族,我父母俱已去世,亦无兄弟子嗣,只有一妻。在准噶尔时艰苦生活,加上凡行军打仗时不管怎样效力,亦不得名号,与其如此经年累月奔波于战争而死,不如归顺大主子永远安逸生活,为此从卡伦驻地夜里偷偷逃来投诚。已将我所闻知之事,俱告明将军大臣等,再毫无其他所知之事,等语。据纳木鲁告称:我是土尔扈特族,我父早已去世,家中只有母妻。我所拥有的几头牲畜,这几年行军打仗时,俱已耗尽。且又不得种地空闲,故穷困已不能生活。虽有母妻,却不得同在一处,经常奔走于战争,不知何时会死。与其如此艰苦生活,不如归顺大国自在安逸生活,心存此念已久。此次从军,驻我卡伦之回子克什克向我引言商议归顺大国之事时,我顺其言,一同逃出,等语。据回子克什克告称:我原曾是叶尔羌地方回子,自小被准噶尔掳来,被人使唤,不忍艰辛,加上去年听到从吐鲁番去的一回子向我告称大主子之恩甚是宽大,俱使一切归顺之人安逸后,此次从军时,在卡伦驻地经与土尔扈特纳木鲁商议一同逃来投诚,等语。再讯问巴图济尔哈尔等人:据听尔告称,全体准噶尔人经年累月行军打仗于各地,不得自在休息之空闲,已不忍艰苦,故俱互相埋怨。若果真如此埋怨,尔人理应趁机接连来此投诚,或逃回各自故地才对,为何逃避之人不怎么多,且凡行军出征,自解马粮,不惜性命舍身效力耶。是否力追逮捕似尔这般逃人。以此看来,丝毫不像尔所言那般全体民众皆痛苦,不至于变得离心。或许尔等在彼处犯罪后,唯恐治罪而逃来吧。因尔等业已来投,故承蒙圣主之恩,俱仁慈尔等,以使永远安逸。尔等只据实告明,勿要掩饰隐匿,等语。对此告称:我准噶尔自戌年以来,经常行军打仗,全然不得休息空闲,父子兄弟俱被分在两边,派至军营卡伦。因四面俱是仇敌,故经年累月抗战于各地,不知哪天战死被俘,即使有父母子妻,亦不得团聚一处。做人岂有不思安逸之理,唯人众心不齐耳。生活殷实之人贪恋各自牲畜财物,穷人即使有来此投诚之心,亦无骑乘之马匹,且亦有不识路者,再若被捕,唯恐被杀,无奈暂时忍耐而居。至于前往军营卡伦之人,是因惧怕律法严厉,加上父子兄弟俱不在一处,故互相眷恋等待不能出逃,无奈只为名声而效力。若真得时机,定会着想各自生计而已,何思舍命效力。痛苦艰辛不至极点,似乎尚可相依为命,〔从此处开始字体有变,似乎文意亦衔接不上〕人陆续来者亦多,无论如何俱会舍命来此投诚,此俱是实情。我等只想承接大主子之恩,岂敢妄自欺骗,等语。据查,将先前来投厄鲁特等,俱编为额外护军,有的安置在京城八旗,亦有的被派往察哈尔旗居住,而将回子编为额外披甲安置在京城。因巴图济尔哈尔等人,是为承接圣主之恩,而自卡伦驻地逃出诚心来投,故将厄鲁特巴图济尔哈尔、纳木鲁编为额外护军,派至正白察哈尔旗,交给该总管,以使安置并入察哈尔佐领。配妻给此辈,并从马群内赏给每人有马驹的母马两匹,有牛犊的奶牛两头,母羊四十只,以作家产。牲畜繁殖前,给一年口粮。一顶蒙古包价格为六两银,自户部取给一年钱粮。而将回子克什克编为额外披甲,令食钱粮,并入正红蒙古旗,照例给予妻、房、甲胄等物,安置京城。将此辈仍交各该管制大臣等,以使不时照料,教导生活之道。

雍正十二年二月十六日上奏时,所奉上谕:依议,钦此。

57

定边大将军福彭奏报拿获之厄鲁特人阿巴克供词及应备兵增援折

雍正十二年二月十七日

定边大将军多罗平郡王臣福彭等谨奏。为奏闻事。雍正十二年二月十三日所到左副将军王额驸策凌等之呈文报称：据由库列图路带领扫荡兵前去的喀尔喀公根丕勒呈告，照我先前之所报行进，于正月二十三日到达哈巴河那天，前从我队派去哨探的协理台吉毕齐罕等来告称，厄鲁特游牧迁移路径是，经由萨里山之铿格尔、乌里雅台、乌登河，往寻察罕呼济尔。于是我立即严加吩咐毕齐罕：从我队二百兵内酌情挑选马好者，前去追赶贼之游牧，令务必捉捕活口，等语。接着交给协理台吉琳占等人二百兵，以接续毕齐罕等。又交给梅勒章京巴里蒙克、协理台吉拜多布、满济拉、扎勒、营总等人五百兵，以接续琳占等人之尾部。我并亲率大军，于二十三日从哈巴河口，越过额尔齐斯河。宿营傍晚，毕齐罕等人在铿格尔河赶上贼游牧，俱将行走在尾部的三户掳来，并将捕获的贼人阿巴克送来。于是讯问阿巴克：尔是何部之人，尔头人名甚，驻在奇兰①河这边的游牧此时如何迁移，是听到什么消息后迁移，还是平常迁移，尔此附近是否驻扎有何兵，等语。对此供称：我是杜尔伯特部人，我主子是达赖太师阿喇布坦兄子策凌。噶尔丹策零向我等行文称：据从大国逃来之人告称，大军即将进兵。此文到达后，令尔等立即迁来游牧，等语。该行文于正月初到达后，居住这一带之人，立即往里迁移游牧。从驻我海拉图山口的卡伦，差人前去收取消息时，那人回来告称：有从海拉图岭山口进来的踪影，等语。之后我辈即丢弃优劣重物，急忙往里迁移。因我游牧行走在大队这边，故而滞后。另有近十户人走在我前方一舍处。我大游牧人等，这期间可能已到察罕呼济尔。我辈赖于库列图路之大雪，没有驻兵。听说在布拉罕德肯伯勒齐尔，沙毕纳尔之德齐特宰桑领兵驻扎，不知其数。听说从此兵内派出几百人，在海拉图岭山口那边驻扎卡伦，宰桑德齐特本人已前往哈

---

① 此处原文是"kiran"。

布塔克地方。再我主子策凌带领两千兵,为防守哈萨克口子,驻扎在呼尔沁地方,等语。讯问阿巴克:尔可知从我地出逃至噶尔丹策零处之人,是何族,哪部之人,名甚与否,等语。对此供称:听说是去年被尔捕获的我书吏,不知其名,等语。为此未多余讯问贼人阿巴克,除立即差人解送外,从我队官兵马匹内挑选兵丁,陆续派去掳掠,我则亲自带领大军继续挺进,酌情进至何地后返回之处另报,等语。我等再次审讯贼人阿克巴时,除告知根丕勒之口供外,不怎么知晓他事,故未解送至大将军王处,俟阿巴克妻孥到来时一同送往,等语。于是臣我等行文吩咐副将军额驸策凌等:塔勒玛善等之兵往里回撤,驻扎在青济勒、阿里科泰等地。因根丕勒兵已孤军深入,故由尔处速行文根丕勒,令其甚加详确贼人情形,应机行事。返回时指明从哪路行进,预先致信接续队伍,以使彼等向外到远处接应。亦致信那一路的接续之兵,立即撤回彼等。尔处万不可撤回塔勒玛善队伍之阿岱兵,务必使其驻在指定地点,收取根丕勒消息。根丕勒兵由彼路撤回时,阿岱等即带兵去接应,与根丕勒兵会合一起返回。所有防备阻击来犯我尾部之贼事,令由阿岱、根丕勒全体商议行事。若根丕勒兵从原进兵之路撤回,则致信彼等后,阿岱等再领兵回来。令如此各个详细吩咐。如何调遣尔彼处兵,至何处接应之事,令尔详尽考虑办理。万一贼人大举跟进,尔彼处之兵如何应援并剿杀贼寇之处,令尔等全体商议办理。若一路有事,从达勒岱、永福二人内,派一人带领全体兵丁前往。此外若两路都有事,则派达勒岱、永福各领一路前往。遇见根丕勒、阿岱、哲库讷、呼西里等之兵后,凡事照旧令达勒岱、永福领导。额驸策凌带领其余大军,如何相应行事之处,令应机行事。全部撤回两路扫荡兵后,如何预备大军防范阻击贼人,详查彼两路军队之马畜有何损失,剩余多少之处,令整饬兵力办理。随即如何相应行事之处,兹令尔等全体详尽考虑核议后立即呈文与我,甚加保密,等语。此外,为此谨奏闻。

雍正十二年二月十七日
定边大将军　多罗平郡王　臣　福彭
参赞大臣　内大臣　伯　臣　钦拜
参赞大臣　领侍卫内大臣　臣　萨穆哈

定边大将军福彭奏报被拿获之厄鲁特西喇卜等供词折

雍正十二年二月二十五日

　　定边大将军多罗平郡王臣福彭等谨奏。为奏闻事。左副将军王额驸策凌等呈文称：正月二十八日，前锋统领塔勒玛善将所获两厄鲁特送至我兵营。于是将两厄鲁特分开，讯问一人：尔名甚，是谁属下，为何遇到我兵被俘，等语。对此供称：我名西喇卜，土尔扈特族，辉特卫征和硕齐属人。噶尔丹策零派宰桑德齐特带领一千三百兵前往阿尔泰时，宰桑德齐特言道：卫征和硕齐之人不全，出人补缺，并赶往奇兰①、克木齐克地方，等语。于是我宰桑等派出我五人。我等到达奇兰、克木齐克地方后，因无我兵，马亦疲惫，故一直寻踪而来，在阿里科泰之察罕布尔噶苏地方被尔人俘获，等语。讯问西喇卜：尔是土尔扈特人，为何来至准噶尔，尔可知噶尔丹策零等在我阿尔泰方面如何备兵阻截与否，准噶尔人之游牧俱驻在何处，如何派兵至巴里坤地方，令尔告明所有闻知之处，等语。对此供称：我从土尔扈特地方跟随我台吉散济扎布而来，策妄阿喇布坦逮捕我散济扎布，送交阿玉锡，并拆分其下人时，我成为卫征和硕齐属下，我游牧驻在塔尔巴哈台。据我等经过的地方，在喀喇额尔齐斯有扎哈沁玛木特宰桑的一百户，额尔齐斯下游驻有杜尔伯特达赖太师的两千余户，在和伯克赛尔、察罕呼济尔等地接连驻着大策凌敦多布、沙毕纳尔鄂托克之人。我等被捕后，与尔兵一同到达玛木特驻扎的喀喇额尔齐斯地方看得，刚刚迁往和伯克，尔少数士兵已前去追赶。大军带着我等，即从喀喇额尔齐斯地方撤回，不知前去之兵掳掠我游牧有何收获。于此路，除德齐特宰桑带来的军队之外，无其他兵马，亦未向巴里坤派兵。噶尔丹策零去年召开会盟商议称：满洲兵今年不来，趁此机会征讨哈萨克，明年不管有无，全力阻击阿尔泰路之满洲、蒙古兵，等语。如此商定后，去年二月，我主子卫征和硕齐、达尔玛达赖子珲启，引兵两万，携带六个月行粮，前去进兵哈萨克。因我等

---

① 此处原文是"kiran"。

亦立即出发来这边,故不知我等来后之事,等语。讯问西喇卜:尔扎哈沁人,怎知我之进兵而迁移。此次业已动迁,会至何处停止。尔驻那边的辉特、杜尔伯特人等又如何动迁与否,据尔意如何,等语。对此供称:我扎哈沁人听到什么而迁移,我怎可得知耶,估计是卡伦人发现来兵后前来告知的吧。丢弃优劣物品而去,以此看得,想必会行进至和伯克赛尔。倘若尔兵立即进剿,或稍稍停留喀喇额尔齐斯,不仅扎哈沁人,即便我塔尔巴哈台等地之游牧,亦俱多会动身前来归顺。今彼等得知尔兵已撤,估计俱会缓慢游牧进入额敏而驻,等语。讯问西喇卜:虽我此路兵撤回,但库列图路之兵,已进至铿格尔、乌里雅台。杜尔伯特游牧之兵,是否有何抵挡之事,等语。对此供称:杜尔伯特游牧地,兵不甚多,要说为何,去年从哈萨克地方送来先前掳走的达赖太师下近二百口人,换去其被虏来的近二百口人。接着我兵前去征讨,因这几年杜尔伯特人被哈萨克掳掠者多,故此次派兵前往哈萨克时,杜尔伯特兵去的份额较多,为此估计阻截之兵不甚多,等语。讯问西喇卜:据闻罗卜藏舒努现在土尔扈特地方,有何消息与否。准噶尔人与俄罗斯怎样。叶尔羌、喀什噶尔之回子等,是否仍旧纳贡。尔准噶尔人生计如何。是否又有何议论之事。尔丝毫不是纯正准噶尔人,而是土尔扈特人,故据实告知所有闻知之处,等语。对此供称:素闻罗卜藏舒努已前往我土尔扈特地方,听说去年已迎娶哈萨克巴尔苏勒旦汗女,并引哈萨克兵来战噶尔丹策零。俄罗斯使者去年来此言道:希望俱归还我被掳来的俄罗斯人,亦会归还被俄罗斯掳走的我人,等语。叶尔羌、喀什噶尔之回子等,仍旧纳贡。回子人亦生野,依我之意,倘若听闻另一种消息后,彼等岂能纳贡。丝毫没战事。因这几年经常行军打仗,故我辈生活比前多有衰落,穷人多,富人少,只倚赖种地过活。我准噶尔人,先前掳掠各地时,曾甚是狂妄浮夸,自去年被尔兵打败后,众人皆已灰心丧气,不同于以往。据众人言论:大国之兵,不管何时,一定会来,此间唯媾和为好,岂可与大国抗衡,倘若策妄阿喇布坦仍在,绝不会挑起这等大事,等语。如此埋怨者多,等语。讯问西喇卜:我兵已进去扫荡,噶尔丹策零听到尔游牧已惊动之消息后,估计会派兵前往。依尔之见,会从何地几路阻截派遣,等语。对此告称:之前据我辈言论,阿尔泰路之满洲、蒙古兵厉害,巴里坤汉兵易于攻打。依我之见,估计会重视阿尔泰路,在游牧地边境预备,不敢深入,等语。讯问厄鲁特小子:尔名甚,是谁属人,尔可有父母与否,等语。对此供称:我名玛什,是卫征和硕齐属人,我有母亲及三个弟弟,父亲去世后,我母嫁给他人,我跟着母亲生活。今年十月,噶尔丹策零出兵时,派我五人赶往奇兰、克木齐克。我等到达约定地点看得,没有兵队,我等的马匹已疲惫,不知前往何处时,被尔兵俘获。我甚年少,不知任何事情，替我父来充军。去年七月，投奔大国之特古斯，是我叔叔，与几个回子一同归顺，等语。讯问其他事时，供称丝毫不知。为此将俘获的贼人西喇卜、玛什，交给护军校巴雅尔、理藩院领催奈曼岱、索伦领催拉布塔苏、喀尔喀蒙古赛济解送，等语。如此于雍正十二年二月十三日送来。于是臣我等再次讯问西喇卜等人：据尔供称，若大军进剿或稍稍停留喀喇额尔齐斯等地，不仅我扎哈沁人，即便塔尔巴哈台等地之游牧，亦俱多会动身前来归顺。此事尔如何得知。在尔地之哈萨克、布鲁特、土尔扈特等人，是否有何变化，是否有从内部骚动之势。是否听闻尔大人物内带领下人前来归顺者。令尔据实告明闻知之处，等语。对此西喇卜供称：据我准噶尔地方小人物平时议论，这几年噶尔丹策零四处挑起战端，故我辈年年来回行军打仗，马畜俱已用尽，家中即使有父母子妻，亦不能在一处生活。如今除了庄稼，已无可赖之物。听说大国圣主甚是仁慈，布施广大，我等不如前去归顺大国，安逸生活。多有如此言谈之人。只因在我这方边境，沙毕纳尔宰桑玛木特征调一百户人屯扎，故这些人俱不能出来。去年九月，我卫征和硕齐属下、此玛什之叔叔特古斯等人往这边逃出时，被宰桑玛木特人发现后前来追赶，从其妻孥内抢走五口。是月，我卫征和硕齐属下敦多克、臣丕勒等十名喇嘛，还有十名俗人，此辈二十人一同纠集，商量往这边逃跑归顺大国。在其尚未出发期间，叫巴雅尔的我人，前去告知卫征和硕齐子沙克杜尔，故台吉沙克杜尔立即派人逮捕彼等。差人去告知噶尔丹策零后，噶尔丹策零言道：令调查解送其领头之人，等语。于是我台吉沙克杜尔，调查喇嘛敦多克、臣丕勒、琳沁后解送。因在平时，众人之口所出之言既已变得如此，故我才供称尔兵进剿或稍稍停留喀喇额尔齐斯等地，即多有人来归顺。再于策妄阿喇布坦时，将我土尔扈特人拆分至各地，且我原来的游牧地相距较远，不忍艰苦，有试图逃回者。唯因明白只身一人绝不能逃出，故丝毫没有逃跑者。依我之见，倘若大军进抵此处，估计我辈只能来这边投诚而已，没有回逃之处。再哈萨克、布鲁特之人，这几年内两三四五地不断逃往各自故地，乃是常事，却未闻一伙一伙出逃及有何变动之事。亦未闻我大人物内，是否有带领下人前来归顺者，等语。再审问西喇卜等人：尔是已被我俘获之人，若不隐瞒所有事情而据实言告，可饶尔性命，并加以豢养，等语。对此供称：我噶尔丹策零平时与辉特卫征和硕齐、达尔玛达赖好，只是卫征和硕齐原曾与罗卜藏舒努甚好，罗卜藏舒努前往土尔扈特地方后，为防止卫征和硕齐叛变，噶尔丹策零嫁给其姊，结为姻亲。前年卫征和硕齐妻去世后，噶尔丹策零将其妻之妹，嫁给了卫征和硕齐。噶尔丹策零又将其女嫁给辉特台吉达尔玛达赖子珲启，结为姻亲。再据我听闻：去年八月，一队不知其数的哈萨克人马前来，捉走驻扎我那方边境的伊克明安之额尔克台吉下狩猎而行的七八百人。毫未获得马畜而撤回时,手持鲊答,因下大雪,故我卫征和硕齐及来这里的毛海、策凌等人之牲畜内,马驹、牛犊、羊只,大半被雪压死,老的病的马驼亦死许多,还有十余人在暴风雪中被冻死,等语。又据听闻,自前年春始,我准噶尔人之牛,遭受瘟疫而死,至今仍未结束,大为减少。今曾有一百头牛的人家,只剩下两三头,曾有二三十头牛的人家,亦有只剩下一两头者。再于去年冬,羊只亦遭受瘟疫死去许多。此外再毫无闻知之处,等语。他处与副将军额驸策凌等之呈文一样供述。为此臣我等旋即差人将所获厄鲁特西喇卜、玛什,乘驿解送京城。此外将西喇卜等人之口供,谨奏闻。

雍正十二年二月二十五日

定边大将军　多罗平郡王　臣　福彭

参赞大臣　内大臣　伯　臣　钦拜

参赞大臣　领侍卫内大臣　臣　萨穆哈

定边大将军福彭奏安置出征准噶尔时被俘脱回之兵丁敏济尔泰等折

雍正十二年三月初一日

定边大将军多罗平郡王臣福彭等谨奏。为奏闻事。雍正十二年二月二十七日所到定边左副将军和硕超勇亲王固伦额驸策凌等所呈来文称：由库列图路管带扫荡兵进去的喀尔喀参赞公丕勒呈文报称，我处前曾呈报，将绿营兵徐枚①、王志②、回子特古斯，交给王额驸之闲散护卫车布登等人送往。这期间吉林乌拉镶黄旗③满洲披甲敏济尔泰从贼处脱出，于本月初六日宿营奇兰④河那天到来。讯问时告称：我在辉特额尔克台吉供养的喇嘛处行走，我曾听到小策凌敦多布已归顺我，大策凌敦多布也有意倾向我，前往哈萨克之兵又被打败，等语。有这等言辞，且因人甚开朗，故将汉人王志暂时留下，而将敏济尔泰、徐枚、特古斯，交给巴图鲁护军校双德及王额驸之闲散护卫车布登等人送往，等语。于是讯问吉林乌拉镶黄旗⑤纳什佐领下满洲披甲敏济尔泰：尔为何被贼捉走，曾在何人家中，如何脱出，等语。对此告称：我于九年六月，在和通呼尔哈淖尔地方交战时，头部、肩膀受伤三处而晕倒，被准噶尔贼宰桑巴颜捉去。到达彼地后，交给了辉特额尔克台吉，喇嘛拉姆占巴从额尔克台吉处将我要走，并对我言道：我在西藏⑥时，作为使者前往大国，大汗曾赏我一百两银子、四匹绸缎。我因承接主子之恩，故听说尔是满洲后寻找带来，现给尔配妻，等语。我说不要妻，说让我当喇嘛，我说满洲人无当喇嘛例，遂给我一布鲁特男孩，供我使唤。怜悯养育并言道：估计尔欲逃跑，若想出逃，见机骑我马匹出去。尔年少无知，倘骑乘他人之马出去，人们愤恨，定会追赶逮捕尔。尔不分昼夜试图趁机逃脱，路远且尔不熟悉地

---

① 此处原文是"sioi mei"。
② 此处原文是"wang jy"。
③ 此处原文无"gūsa"字样。
④ 此处原文是"kiran"。
⑤ 此处原文无"gūsa"字样。
⑥ 此处原文是"wargi dzang"。

方,我辈居住稠密,又有卡伦兵,等语。如此再三教导后,我只等待时机。辉特额尔克台吉前来拉姆占巴喇嘛处,叩头无数次,并驻下谈论。去年十二月,噶尔丹策零曾派人称:据闻大国军队已来科布多,令往里迁移,等语。但对此众人并没怎么动身。接着又派人来称:据从乌梁海处来的消息,大国三十万满洲、蒙古兵,由车臣王率领,已来科布多,明年来战。而将汉兵留在额尔齐斯,筑城屯田。故令速速迁移,等语。于是这方边境之人才始迁移,前往察罕呼济尔等地。期间来当哨探兵的额尔克台吉下四人至此告称:我等跟随德齐特宰桑,前往乌隆古地方驻扎,派去哨探捕获一卡伦喀尔喀人。德齐特宰桑又带六百兵及二十天行粮,前去攻打巴里坤卡伦,迄今已四十天,仍未返回。从布拉罕河源头,进来无数兵马,我等隐蔽三日看得,一再不断增兵前来,军队甚是威风,不可与前兵比拟。因我等不能接战,故而逃出来,等语。因此额尔克台吉带着游牧,日夜不停迁移时,杜尔伯特四人逃去告称:由库列图岭,进来无数兵马,已掳掠我杜尔伯特尾部,等语。于是众人停止牧养牲畜,纷乱逃走。时我于正月二十二日夜里,骑乘拉姆占巴喇嘛的两匹马逃出,于二月初六日来到奇兰河,与我兵会合,等语。讯问敏济尔泰:因尔久居辉特大喇嘛家中,故令将其平时谈论之言辞,此次纷乱动迁之情形,逐一告来,等语。对此告称:听说去年八月,噶尔丹策零为召开会盟,曾唤去各地台吉宰桑。辉特额尔克台吉所属宰桑额林琛先回来后,拉姆占巴喇嘛询问:为何事会盟,等语。对此额林琛告称:大国令我被俘的两人手持文书,送往小策凌敦多布。文书上写道:戌年,前来巴里坤,只带走马畜,未与我兵力战。亥年,在和通呼尔哈淖尔打败我军,却没有深入,施计返回。子年,在乌逊珠勒打败我军,却躲避驻兵城池,引来准噶尔,于额尔德尼召战败。今我军于寅年进兵,令尔来投我军,等语。如此邀约。问此事怎么办时,众人之言:尔裁决吧,我等能有何言论,等语。时噶尔丹策零言道:欲逮捕小策凌敦多布,等语。大策凌敦多布言道:这般离间之事,古已有之,倘若对此即行逮捕,接着又会捉我,当逮捕执杀全族时,尔只会剩下狗而已,还能剩何耶,等语。故才放弃。决定进兵哈萨克,所以来备兵,等语。今年正月初二日,额尔克台吉为叩头拉姆占巴喇嘛,前来驻留时,大策凌敦多布派人送来一漆封文书,额尔克台吉拆开看了两遍后,便让喇嘛阅览。拉姆占巴阅览后问道:色布腾者,是哪一色布腾,等语。对此额尔克台吉告称:我们只有两位色布腾,土尔扈特之色布腾去年已故,博第木尔色布腾在巴里坤路带着三千兵驻防。今色布腾已死,倘若那位又那般奔去,则我准噶尔亡矣,等语。如此哀叹。其后我留心询问其下人时,互相谈论称:墨尔根代青带领三千兵,叛投巴里坤时,色布腾劝说后,墨尔根代青杀死色布腾,带着色布腾的三千兵,已投诚巴里坤军队,等语。再,大策凌敦多布于正月初五日召集喇嘛,诵经至初八日,并已将其所有物品俱献给喇嘛等。对此其妻言道:存留一半物品,以作生活家产,等语。时策凌敦多布言道:我本人一直四处征战,身集所有罪过,眼睛坏掉,腿脚残疾,我三个儿子俱已死去,我去世后,希望灵魂生活在好的地方,活着的时候祈求不要让我与现在的儿子分离,在我有生之年,欲行善事,等语。噶尔丹策零两次派遣使者,令其迁移时言道:我已年老,待过此大雪寒天,暖和后再往额尔齐斯下游迁移,等语。以此为由,没有迁移。其后策凌敦多布之人言论称:我辈在众人游牧中间,今众人俱已游牧而去,我辈已成东部边境,敌人来后怎么办,等语。随之策凌敦多布言道:倘若敌人前来,我从此地一步也不返回,等语。随后策凌敦多布为收取我兵消息,曾派四十人,回来告称:看似马畜瘦弱,行动缓慢,无直接进兵之状,不知或停额尔齐斯,或翻越阿尔泰回去,等语。于是策凌敦多布对伊人言道:倘若我等现在不迁移,噶尔丹策零会成我等之敌,等语。言毕立即迁移至珠尔呼珠地方后,策凌敦多布又言道:倘若不出兵殿后,我等无言以对噶尔丹策零,等语。旋即派出五百兵,由额尔克台吉子巴图蒙克带领,并吩咐道:令于珠尔呼珠地方停留殿后。让尔等在此殿后,并非为了拒战,倘若大国军队前来,唯在各处点起烟火,迫近后致信给我,等语。再,额尔克台吉的老宰桑乌木德,对额尔克台吉言道:我将一半牲畜,丢在途中,今只剩下一半,我年岁已高,即使丢下牲畜往那边去,也不知噶尔丹策零是否会养育我,我不想再迁移,驻在此地照看牲畜,等语。对此额尔克台吉言道:敌人已到来,尔却说要驻下,此乃何言,等语。乌木德言道:不但是我,大策凌敦多布尚且也未迁移也,等语。对此额尔克台吉问道:依尔之意如何,等语。于是乌木德告称:即便台吉尔,今抛弃所有逃去,噶尔丹策零除给尔英雄名号外,还会给什么。依我之见,我等驻扎于此,倘若敌人前来,我等当即归顺,倘若不来,我等雪融后牧养牲畜连带迁移,等语。对此额尔克台吉点了点头。此次惊乱,牲畜多被抛弃,米粮亦被抛弃,穷人不能走路,宰杀各自牲畜,将其食用,留在山谷中的甚多。据彼等言论,说阿尔泰山脊下雪后,只有鸟才能飞越,人无往来之例,满洲兵亦是冬天不能行进。今满洲兵踏雪翻来,不可与前兵堪比,定是厉害之人,已出精兵也。倘若索性直接进来,我等归顺,尚可得安逸,倘若不来,则上天特意晒死我辈也,等语。讯问敏济尔泰:尔若又有何闻知之处,令回想告来,等语。于是告称:我是满洲人,日夜祈求上天,勉强出来,我岂有隐瞒之理。小人只道出未忘却的吧。今年两万兵于二月前往哈萨克,说十二月回来,然已正月,仍未回来。我出来时,彼等下面的妻孥在哭泣,我问为何哭泣时,喇嘛衮楚克丹巴对我告称:我兵前往哈萨克,看来哈萨克早已获知消息而避至远处,没能追上。因耶仁伯克一部富庶,故前去彼处取用马匹行粮。耶仁伯克自得罗卜藏策凌以来,练习回子军,欲要征讨我辈。得知我兵前往后,耶仁伯克言道:准噶尔人,向来贪得无厌,令少数人照看我马群马匹,将其引诱,等语。曾如此伏兵等待。我兵进去,掠取牲畜时,伏兵同时出击,打死大半。败逃之人到来,闻知此事,故而哭泣,等语。对此我问伤亡多少兵时称:比前年在额尔德尼召战败还多,等语。如此告知,等语。讯问敏济尔泰:尔从何处出来,路上是否遇到什么贼,准噶尔人生计如何,等语。对此告称:我从额敏这边的阿尔噶灵图逃出,彼处雪甚大,故而除败逃回去的贼人踪迹外,不可行走他处。白天躲藏在幽静处,夜晚上路行走。败逃之人充塞道路,人畜无法辨认,故妄自奋进,混乱之时,漆黑夜晚,妄行之人居多,故没怎么问询。到达察罕呼济尔后,人烟稀疏,即使夜晚遇到人之宿营,也是败逃的疲惫之人,故虽叫唤逮捕逃人,但没一人出来捉捕。从那以后,抛弃两匹疲惫的马匹,步行来与我兵会合。看我所住地方附近准噶尔人生计,甚是艰苦,饮食之物,不那么充裕。拥有二十匹马、三十头牛、一百只羊者,即称为富人家。拥有一两头大牲口、二三十只羊者,亦有。全然没有牲畜者,亦有。这些人虽只倚赖庄稼过活,然有的人家粮食尚且不够食用至开春,即变得没有食物,各自就近在周围人家中当力工,混吃过日子。其他远部,因我本人毫未出户,故不得而知。敏济尔泰我询问准噶尔人:尔等之生活,是否一向如此,等语。对此彼等告称:我准噶尔人,向来丝毫没有这般艰苦生活过,尚曾良好。这几年经常用兵而马畜减少,加上多遭瘟疫死去及被狼吃掉,故生活变得艰苦。再从去年开始,狼亦害人,此乃我等全未听过之事。看来我准噶尔之时运,或许已尽,故才发生这般灾厄之事吧,等语。曾如此听闻,等语。讯问敏济尔泰:前年在额尔德尼召战败,贼兵损失多少,准噶尔人如何言论。与俄罗斯、土尔扈特关系如何。罗卜藏舒努在何处。叶尔羌、喀什噶尔是否仍旧纳贡,等语。对此告称:前年额尔克台吉所属百余兵前来,死五十二人。据听彼等言论:在额尔德尼召,死近四千人,算上受伤及途中被打死的,又有三千人吧,等语。以前准噶尔人甚是傲慢声称:尔女真[①]人还算是军人吗,我一人可捉尔十人,等语。自前年开始,遮口惊呼:满洲、蒙古、索伦此三类兵甚是厉害,连连射穿身着锁子甲之人,等语。另将先前从俄罗斯掳来之人,去年俱已返还,护送之人进行贸易,购买熏牛皮及毡子等物时,遭哈萨克人阻截,打死人并抢走了物品。没听说土尔扈特消息。前曾听闻罗卜藏舒努在土尔扈特,去年又听言论称已前去投

[①] 此处原文是"jurcit"。

奔大国,等语。讯问绿营兵徐枚:尔是哪里人,为何被贼捉走,到达贼地后曾在何人家中,又如何脱出,等语。对此告称:我是肃州镇①绿营兵,雍正七年参军巴里坤。八年十二月初五日,曾在马群牧场时,准噶尔贼来犯巴里坤,我脖颈受伤一处,晕倒后被叫哈什哈的贼捉走。往那边行走几舍后,从叫蒙和岱的人,收取一峰骆驼、两匹马、一头牛,将我卖出。蒙和岱带着我,驻在了华额尔齐斯地方。今年正月十一日,准噶尔乌梁海等前来,对带领七百户驻扎的台吉策凌致信称:大国之兵,不计其数,分三路俱已进来,等语。是故台吉策凌带其游牧人,于十二日即开始向察罕呼济尔迁移。我到察罕呼济尔后,偷取蒙和岱一匹马、一口锅、一袋米,于正月二十四日打更时逃出,沿着额尔齐斯河行走,二十八日遇见我大军,等语。讯问徐枚:尔是居住几年贼地之人,彼处生计如何,其人如何言论,令将尔所闻知的所有事情,俱如实告来,等语。对此告称:在彼处时,据听准噶尔人议论,这几年我辈生活已变得困难,四面俱是战争,不管何时,定会被人掳掠。我辈在此期间只尽量迁移试试,不能之时即归顺大国,以求安逸生活。倘若不来追赶,迁移至伊犁等地驻下,等语。众人皆如此抱怨,等语。讯问其他事情时,俱言不知。而敏济尔泰频频叩头并称:敏济尔泰我无恩受伤,被贼俘获,承蒙圣主威福,遇见扫荡兵而脱出,今才见天日。今要进兵,敏济尔泰我年轻,略知额敏、斋尔等地消息,恳请从军报我之仇,等语。因敏济尔泰曾在贼处,多有听闻,故思我等之讯问可能未够,为此将敏济尔泰、徐枚,仍交原送来的巴图鲁护军校双德、喀尔喀车布登送往,等语。如此将人一并送来。臣我等再次审问吉林乌拉披甲敏济尔泰、绿营兵徐枚时,口供与前无异。看敏济尔泰、徐枚伤口,属实俱有疤痕。因此辈俱愿意效力军前报仇,是故臣我等除向敏济尔泰、徐枚办给兵器等物及马匹,并将敏济尔泰照常编为披甲,派往科布多,以在其吉林乌拉兵营效力外,将徐枚编为绿营兵,暂时并入留在此处的绿营当差,乘便前往巴里坤时再送。为此谨奏闻。

雍正十二年三月初一日
定边大将军　多罗平郡王　臣　福彭
参赞大臣　内大臣　伯　臣　钦拜
参赞大臣　领侍卫内大臣　臣　萨穆哈

---

① 此处原文是"su jeo jeng"。

定边大将军福彭安置出征准噶尔时被俘脱回之兵丁齐彻布等折

雍正十二年三月初六日

定边大将军多罗平郡王臣福彭等谨奏。为奏闻事。雍正十二年二月三十日所到定边左副将军和硕超勇亲王固伦额驸策凌等所呈来文称：今年二月二十一日，管带库列图路扫荡满洲、蒙古兵之喀尔喀参赞公根丕勒呈文报称，将从贼处脱出的京城正蓝满洲旗福贺佐领下长枪披甲齐彻布、绿营兵王志①及副都统呼西里处俘获送至我处的准噶尔乌梁海安第亚，俱送将军王处，等语。如此将齐彻布、王志、安第亚送来。于是我等讯问齐彻布：尔于何年被准噶尔贼捉走，到达贼游牧地后曾在何人身边，如何脱出，等语。对此告称：我于九年六月，在哈喇干地方交战时，我肩膀、大腿受伤两处，从马背上晕倒后，被叫巴雅尔的贼捉走。到达额尔齐斯之哈巴、博尔济地方后，让我看管其牛羊差使。去年冬天，迁移至阿里科泰地方驻下。虽早想脱出，然其防范甚严，故丝毫未能逃脱。今年正月初五日，贼言今六万满洲、蒙古兵分三路来战，为此驻阿里科泰之人纷纷惊恐，于初六日开始迁移。我跟随巴雅尔，十一日从阿里科泰迁移，行走六天后，以我大军又在迫近为由，不分昼夜急促迁移。十七日夜里，察罕呼济尔地方下起大雪，巴雅尔等人俱行走疲劳，趁其昏睡之机，我悄悄取几碗米，并前往巴雅尔马群，偷盗两匹马，夜间行进，昼伏山林，一直绕行，于二十三日才来与我军会合，等语。讯问齐彻布：我大军挺进，准噶尔人是怎么听到并迁移的。其马畜怎样，逃走〔从此处始，后面的内容不连贯，可能满文原件是拼对而成的〕。前去，今车臣王带领六万兵，已到科布多，等语。如此告知后，听说噶尔丹策零行文吩咐达赖太师：令将驻额尔齐斯附近之人，俱往里迁移，等语。我等理应立即迁移前往，若稍有迟误，倘哈萨克得知满洲兵进来后，亦会引兵前来，两面夹击，到时我等俱会毙命也。以此为由，达赖太师急忙迁移驻额尔齐斯的准噶尔人时，俱抛弃瘦弱羊、牛及蒙古

---

① 此处原文是"wang JY"。

包、锅、米等物而去,不知至何处停止,等语。讯问齐彻布:准噶尔贼前年在额尔德尼召被我大军打败回去后有何言论,准噶尔生计如何,这期间与俄罗斯关系如何,是否听闻哈萨克、土尔扈特之消息,现罗卜藏舒努在何处,叶尔羌、喀什噶尔是否仍在纳贡,令回想一切闻知之处告来,等语。对此告称:前年巴雅尔曾参军,十一月二十日前后走着回去,向我隐匿交战额尔德尼召地方之事,丝毫没有谈起。后来叫金巴的人对我言道:与尔满洲兵交战时,射箭甚是厉害,射我准噶尔人,掉进河里被打死者,有五六千,等语。准噶尔下人等抱怨称:这几年经常行军打仗,马畜亦已用尽,年年不得在家,四面俱是战争,不知何时死去,等语。如此哀叹,真有期盼归顺我国之人,唯其人心不齐,且不能带妻孥出来。去年冬,仅杜尔伯特部即派三千兵,前往哈萨克,而不知他部之事。准噶尔这些年征战不断,马畜损失许多,加上这两年遭受瘟疫而死的牛羊甚多。其中拥有五六十匹马、二三十头牛、一二百只羊者,即称头等富人家。有三四匹马、两三头牛、一二十只羊者,称为一般殷实人家。有许多全然没有马畜者,只倚赖种地过活。此次惊乱逃跑时,俱抛弃瘦弱牛羊及粮食,且在额尔齐斯、济伯格讷、铿格尔等地,又不得种地,由此生活变得更加困难。听说去年秋噶尔丹策零曾将先前掳来的俄罗斯一千余口,每人办给两匹马及行粮等物,派五百兵送去。护送之人回来时,遭遇哈萨克兵,从俄罗斯地方携来的物品俱被抢走,五百人中一半被打死,其余人败逃回来。据听众人言论,入冬后俄罗斯行文噶尔丹策零称:我人俱已被回送,故请将配给此辈的女人俱送来,等语。再于去年秋,霍托克对其兄巴雅尔言道:我被满洲兵俘获的两人回来对噶尔丹策零言道,我等被俘之人,曾被送至大国。奉大汗谕旨:尔等之内,可有愿意前往故地之人否,等语。如此询问时,众人称:我等俱愿意承接大汗之恩,穿戴绸缎,安逸生活,不去故地,等语。而我二人言道:我等愿意前往故地,只是路远,如何才能到达耶,等语。此时大汗赏给衣服、绸缎等物,办给马匹,自卡伦放出遣回,等语。曾如此听准噶尔人赞叹,等语。丝毫没听说罗卜藏舒努现在何处及叶尔羌、喀什噶尔仍是否纳贡准噶尔之事。亦没听说哈萨克、土尔扈特之消息,等语。讯问绿营兵王志:尔在何处,如何被贼捉走,于准噶尔地方曾在何人身边,如何脱出,等语。对此告称:我是西安府总督麾下的后营兵。八年十二月,曾在巴里坤马群牧场时,被准噶尔贼齐齐尔蒙克捉走。到达伊苏特地方后,令我耕种其田地,并看管牛羊。去年十一月,迁至额尔齐斯地方。虽早想逃跑,然恐其追赶,故不得逃脱。今年正月初六日,驻扎额尔齐斯地方的叫巴巴图的人告称:据台吉策凌之言,不计其数的满洲兵已分三路进来,本月十五日前后会到额尔齐斯地方,令将驻扎额尔齐斯的所有人,俱从十一日起,速速往里迁移,等语。于是十一日我跟随齐齐尔蒙克,从额尔齐斯地方迁走。十八日夜里,我偷取半袋米逃出,白天潜伏,夜间不敢走路,寻找洼地前行,于二十六日遇见我大军后来此,等语。讯问王志:尔居留准噶尔三年有余,令将所有闻知之处俱告来,等语。对此告称:前年准噶尔贼被我大军打败回去时,我驻地附近之人,俱徒步到达游牧地。我每日看管其牛羊,被禁止前往任何地方,再加亦不甚通晓语言,故毫未听闻,等语。讯问乌梁海安第亚:尔是谁属人,曾驻何处,为何事前来而被我兵俘获,等语。对此供称:我是噶尔丹策零乌梁海宰桑玛岱鄂托克人,曾驻在阿尔古特地方。去年十月十四日,罕哈屯之托木少岱等四乌梁海纠合我,前往阿尔泰地方打猎。到达呼尔噶地方后,遇见同是罕哈屯地方的德布特根、努楚噶西两乌梁海,遂一起打猎而行。之后托木少岱等三人,前往库列图岭等地打猎。我与德布特根、努楚噶西、特尔格西,我四人于正月十二日,在空克图等地打猎行走时,尔人将我等包围,我随即归顺,因德布特根等三人抗拒动手,故俱被打死。俘获我并送至公①处,令我当向导,指示准噶尔人游牧地而行。因毫未致错,故公将我三匹马、鸟枪、撒袋、貂、狐皮、狼皮等物,俱回赏给我,等语。讯问安第亚:尔已被我俘获,令将闻知之处,俱如实告来,等语。对此供称:我是年少的孩子,只狩猎打牲而行,亦没碰见准噶尔人,故未闻知任何事情,倘若真有闻知之处,岂敢隐匿,等语。再,齐彻布请求效力军前。为此由我处将长枪披甲齐彻布、绿营兵王志,交给巴图鲁护军校珲泰,送往大将军王处。另看乌梁海安第亚,属实是个孩子,毫不懂事,唯知阿尔泰海拉图岭地方,故由我处差遣向导时,派安第亚指示地方,俟返回后,将安第亚亦照先前遣回唐古忒等四乌梁海例办理,启示教导遣回。〔此处满文原件似乎有误有缺〕如何办理之处,令尔揣酌,等语。除如此盼咐外,再审讯正蓝旗②长枪披甲齐彻布、西路绿营兵王志时,口供与前无异。看齐彻布所受之伤,属实有疤痕。为此臣我等将齐彻布照旧编为披甲,办给兵器等物,留在军前效力。因王志是巴里坤绿营兵,故暂留此处,并入绿营当差行走,趁便送往巴里坤。为此谨奏闻。

雍正十二年三月初六日

定边大将军　多罗平郡王　臣　福彭

参赞大臣　内大臣　伯　臣　钦拜

参赞大臣　领侍卫内大臣　臣　萨穆哈

---

① 指喀尔喀参赞辅国公根丕勒。

② 此处原文无"gūsa"字样。

定边大将军福彭奏将投来之
厄鲁特特古思济尔噶尔审明解京折

雍正十二年三月初六日

　　定边大将军多罗平郡王臣福彭等谨奏。为奏闻事。前左副将军王额驸策凌等已将投诚厄鲁特特古思济尔噶尔之口供具文呈报后，臣我等曾立即奏闻。雍正十二年二月十六日，额驸策凌等派人送来投诚厄鲁特特古思济尔噶尔后，臣我等讯问特古思济尔噶尔：尔将我兵向导带至何处，从哪里如何撤回，等语。对此告称：我于去年十二月三十日，到达车臣王兵营后告称，我准噶尔这方边境，毫未驻兵，只在西喇布拉克等边境，驻有玛木特所辖一百户人，其壮丁中亦有前去征讨哈萨克者，宰桑德齐特队伍中亦有前去进犯巴里坤卡伦者，现在彼处顶多有五十余男丁而已，其余俱是妻孥。随后车臣王将我于正月初一日，赶送至前锋统领塔勒玛善队伍中。于是我去前锋统领塔勒玛善队伍中，向导大军，到达西喇布拉克地方看得，玛木特游牧人等俱已及时迁移而去。看其踪迹，是新踪迹，故我向前锋统领塔勒玛善言道：若大臣马上出兵速速追赶，顶多走一舍，后天或许就能赶上吧，等语。时前锋统领没有采纳我言，从西喇布拉克地方撤兵返回，并派二百兵前去哨探。其后前去哨探之人，捉来三人。据被俘之人告称：尔兵倘若前去追击，若是急行，一舍便可赶上游牧，若是缓行，两舍定会获其游牧，等语。况且大军到达西喇布拉克的前两日，我即向前锋统领言道：明后天会赶上游牧人，勿要生起炭火，勿要被人看见火光，但是毫未听我之言，仍旧生起炭火而行，是故或许被玛木特人发现火光，而彼等才来得及逃避吧，等语。讯问特古思济尔噶尔：说我军到达西喇布拉克地方前，彼等既已得知而往那边迁移游牧也。思倘若玛木特游牧往那边纷乱动迁，估计驻扎和伯克赛尔等地之人，亦会混乱往那边迁移。在此动乱之时，游牧人会到何处停止。噶尔丹策零能出多少兵。今我军已撤回，依尔之见，彼等会如何考虑决定，等语。对此告称：这方边境之人往那边惊动迁移后，噶尔丹策零倘若借机出兵，顶多可得两三千兵，不会多得。要问为何，一旦惊动，只会想守护各自妻孥而已，谁会给其出兵耶，于此可知这方边境难以出兵。即便想从那边游牧出兵，塔尔巴哈台、萨里山雪大，道路狭窄，不可行军。先前令众游牧人，俱翻越塔尔巴哈台、萨里山，安置在额敏、斋尔后，才可通行这边。彼等虽知尔兵已回撤，但仍会认为驻扎在阿尔泰地方。估计我游牧人亦已平静，今或许已来得及征得近两万兵吧。即便征得两万兵，但因正值雪融时节，额尔齐斯河水已上涨，亦会在和伯克赛尔等地预备而已，不会往这边来，等语。讯问特古思济尔噶尔：尔台吉、宰桑等人内，噶尔丹策零优待何人，尚与何人商议事务。我大军进兵后，依尔之见，尔兵会从哪路阻截，凡事据实告来，等语。对此告称：我噶尔丹策零素与卫征和硕齐好，前曾将其大姐博多洛克嫁给了卫征和硕齐，酉年冬病故后，噶尔丹策零将之前从叛变的罗卜藏策凌处夺回来的其二姐色布腾，又嫁给了卫征和硕齐，前年亦已病故，去年噶尔丹策零将其奶妈的女儿嫁给了卫征和硕齐。我噶尔丹策零凡事先与小策凌敦多布、辉特达尔玛达赖、喀喇沁宰桑察衮此三人商议后，才遣人征询大策凌敦多布之意见。倘若大策凌敦多布之意，与其意相通，即照其意行事，倘若不合，噶尔丹策零依其商议行事。依我之见，今我准噶尔人会预测尔兵从塔勒奇、古勒扎两岭进兵，会决定派兵占据额尔齐斯渡口，拼死抗战。于此倘若不能敌，俱会收拢游牧，迁移至伊犁等地，而于塔勒奇、古勒扎岭加固备战。这几个地方俱复杂，好似困难。我知有一路，若信任我，我引导尔大军，经喀喇塔拉、空克乌苏，由毕锡克、布鲁奈，先攻取伊犁游牧，或许会成一事吧。此路虽远，顶多十几天，有点迂回而已，彼等亦不会料到尔等由此前往，等语。讯问特古思济尔噶尔：据尔告称，尔兵会攻取额尔齐斯河渡口地方，拼死抗战。我大军进兵后，彼等倘若果真在额尔齐斯备兵抗战，特是尔准噶尔灭亡之时已到，天赐我良机也。我等先剿杀尔已备之兵，不直接攻取尔之游牧，从毕锡克、布鲁奈路迂回又有何干，我等亦不用尔引路。尔只将尔地之兵共可得多少，噶尔丹策零等人已如何商议之处，据实告明，等语。对此告称：据我听闻，去年八月我噶尔丹策零为召开会盟事，曾召唤大策凌敦多布，对此大策凌敦多布言道：地远，我身有疾，不便前往。伊犁这边之人，集于我处举行会盟，而将我等所议之事，派人往告。念伊犁那边之人，会集噶尔丹策零处举行会盟，等语。曾如此行文。其后驻扎伊犁这边的台吉、宰桑等人，集于大策凌敦多布处举行会盟时，大策凌敦多布商议称：自发动战争以来，众生艰辛困苦，且万不可长久抗拒大国。依我之见，似应普查归还其人，遣使温顺寻求商议和解为好。先前策妄阿喇布坦在世时，我征服哈萨克、布鲁特，令叶尔羌、喀什噶尔回子纳贡，掳掠藏地，回抢归顺大国之丹津阿喇布坦的阿勒巴图①妻孥,我亦是成就这么多大事之人。今若听取我言行事,似于事大有裨益。倘若不遣使求和,日后众生患难,亦未可料,等语。如此差人往告时,噶尔丹策零与我小策凌敦多布、达尔玛达赖、宰桑察衮商议道:前曾以特垒为使派遣时,特垒返回之际,中途带回从此处送去的罗卜藏丹津,并言道:倘若送去此人,大国会变得无休止,等语。因为此言,互生战端。前不久在额尔德尼召战败,损失兵马,今我等倘若遣使,大国会以为我等已畏惧矣。估计我等可得十万兵,故派出两万驻扎守护游牧及庄稼,派出一万防范哈萨克方面,派出一万抵挡巴里坤军队。其余兵马内,倘若前来阿尔泰方面的军队人多,则派出六万,倘若人少,派出四万,并占据额尔齐斯渡口地方,拼死据守,等语。如此议定后,放弃了遣使,等语。至今我众人仍在埋怨称:大事俱由特垒一人之言而起战端,众人之痛苦亦由特垒而生也,等语。如此言不离口。今此处大军挺进,开春时游牧惊动。依我之见,噶尔丹策零考虑大策凌敦多布之言,这期间会商议遣使之事吧。倘若噶尔丹策零商议遣使,或许于三四月间前来。估计此次前来时,彼等绝不会只派使者,会带来一定士兵,驻扎在额敏、和伯克赛尔等地,而向这边遣使,等语。讯问特古思济尔噶尔:据尔告称,噶尔丹策零派出十万兵预备。即便尔准噶尔地方有十万兵,然有那么多马匹与否,等语。对此告称:我是一小人物,丝毫没有办理过大事,不知十万兵是否得到马匹。依我一般常识,今虽比以前有所拮据,但种马、母马、三四岁马驹加在一起俱可骑乘,若每人分配三四匹,仍可得六万兵之马匹吧,等语。讯问特古思济尔噶尔:尔那边哈萨克、布鲁特地方,可有向尔进兵之消息否,是否听闻罗卜藏舒努之消息,俄罗斯、土尔扈特与尔如何,叶尔羌、喀什噶尔回子是否向噶尔丹策零纳贡,等语。对此告称:听说辛亥年夏,我杜尔伯特达赖太师下面的台吉锡第、宰桑博洛两人,带领三百兵,曾在北方边境驻扎卡伦。入秋后,突来哈萨克一千兵,包围卡伦,杀害台吉锡第、宰桑博洛,又打死一百余兵,从北面尾随,摧毁游牧进来,掳掠达赖太师所属五百户人,又抢走许多马牛羊。前年我卫征和硕齐带领四千兵,前去掳掠哈萨克,没怎么成就,只获得三十几人及少数牛羊食物即回来,丝毫没有遇见哈萨克兵交战。去年十月,以卫征和硕齐、珲启两人为首,引兵两万,携带六个月行粮,前去掳掠哈萨克。此辈军队启程后,我跟随宰桑德齐特,往这边出发而来,这期间丝毫没有听闻胜败之消息。再于我彼处,不知罗卜藏舒努之真实消息,有的人说在土尔扈特地方、在俄罗斯地方,有的人又谈论在大国。罗卜藏舒努自小精干,仁慈他人,我准噶尔地方之

---

① 此处满文原文是"jušen",即蒙古语"albatu"。

人内，大半俱倾心服从，大策凌敦多布亦对罗卜藏舒努甚好。今罗卜藏舒努倘若带领一支军队前来准噶尔边境，不能阻止，众人皆会归顺罗卜藏舒努。据我听闻，去年四月初一日，噶尔丹策零调查在我地造炮的俄罗斯伊凡等人，交给俄罗斯国所遣使者归还，对其我处亦派出使者陪同。曾说将自前噶尔丹时代起逃往俄罗斯被吸收的我人，彼等亦普查交还我等，不知我使者前去后是否带回这些人。这几年土尔扈特地方毫无消息。叶尔羌、喀什噶尔回子仍旧向噶尔丹策零纳贡而行，丝毫无事，等语。讯问特古思济尔噶尔：据我听闻，布鲁特之伊拉姆伯克已引兵侵占叶尔羌、喀什噶尔回子等，叶尔羌、喀什噶尔回子已停止向噶尔丹策零纳贡。尔如今却说叶尔羌、喀什噶尔回子等仍旧向噶尔丹策零纳贡，此事为何，据实告来，等语。对此告称：我全然没有听说布鲁特前来侵占叶尔羌、喀什噶尔等言情，况且去年秋，卫征和硕齐之人与噶尔丹策零之人，曾一同前往叶尔羌、喀什噶尔经商。倘若布鲁特前来侵占叶尔羌、喀什噶尔回子等之事属实，应会出兵派往才对，岂可派遣商人耶。我来时丝毫没有听闻其他消息，等语。讯问特古思济尔噶尔：去年尔兵在额尔德尼召战败返回，这时尔本人曾来否，尔大人物内何人被打死，兵被杀多少，马畜损失多少，尔可知否。尔准噶尔地方游牧之人，生活如何，庄稼如何，拥有何等马畜者称为富人家。令尔将所知之处，据实告来，等语。对此告称：在额尔德尼召地方交战时，因没有派我，故我没能来。听说我伊克明安台吉诺尔布、准噶尔宰桑默德克津、卫征和硕齐宰桑乌克兹木此三人阵亡，损失两千余兵，三分之二的人骑马返回，三分之一的人徒步而去。俱到达游牧地后，小策凌敦多布、多尔济丹巴两人在噶尔丹策零面前互相控诉时，噶尔丹策零言道：多尔济丹巴丝毫没有与小策凌敦多布等人一同管束而行，轻率前进，损失兵马，为此罚取多尔济丹巴本人撒袋、腰刀、鸟枪、骑乘配鞍之马，再从其属下三百兵每人罚取一匹骑乘配鞍之马，等语。其后多尔济丹巴返回游牧地，于去年三月离世，故此项因罪罚取的物品，亦没催取。我准噶尔地方人之生活，虽比以前变得困难，但这几年庄稼尚好，故可将就生活。驻扎额敏这边之人，因这两三年行军路过，故好坏人等不断偷盗抢掠，马畜困难者居多。额敏那边的，马畜没怎么困难。除我台吉、宰桑等人外，下人等内，亦有一千头大畜、两千只羊者，这类人比较少，一二而已，不多。拥有二三百头大畜、四五百只羊者，称为富人，这类人占十分之五。拥有四五十头大畜、二三百只羊者，称为一般富人，这类人占十分之三。拥有十头以下大畜、二三十只羊者及全然没有牲畜，靠种地生活之人，占十分之二，等语。讯问特古思济尔噶尔：据尔告称，驻扎额敏这边之人，因这两三年行军路过，故好坏人等不断偷盗抢掠，马畜困难者居多。额敏那边的，马畜没怎么困难。这几年尔兵曾几次前往哈萨克方面,却说额敏那边之人马畜没怎么困难,此事为何,等语。对此告称:来这边的军队,俱经过额敏、斋尔之游牧,故偷盗抢掠而马畜困难。虽曾进兵哈萨克方面,但不多,且从那方边境游牧派出,毫未经过游牧之人,故牲畜没怎么困难,等语。讯问特古思济尔噶尔:在尔准噶尔地方之哈萨克、布鲁特、土尔扈特等人,是否有何逃回各自故地者。噶尔丹策零四面挑起战端,对此尔大人物俱有何言辞,尔是否听闻有何离心之人。令将尔所闻知之处,俱如实告来,等语。对此告称:在我地之哈萨克、布鲁特、土尔扈特之人,逃回各自故地者,乃是平常事。不管是从军,还是在游牧地,二三人、七八人、十几人,趁机一伙伙,不断逃跑。如今因我噶尔丹策零四处挑起战端,令下人自食其力行军打仗,致使劳累。人只不敢说坏而已,谁还会称好耶。我台吉、宰桑等人内,是否有离心之人,我怎可得知。彼等即便有异心,谁还敢让人发现。这类事情,我丝毫没有听闻。再于早前,噶尔丹策零根本没有儿子,丙午年我卫征和硕齐前妻博多洛克前往噶尔丹策零家中时,带去宰桑乌克兹木长子钢达什女儿,于是噶尔丹策零看中此女心地善良,设法留在其身边通奸,后因怀孕,故将此女于今年置于近处,丝毫不让其与丈夫见面。丁未年生下一男孩后,噶尔丹策零唤来钢达什言道:尔女在我身边生一男孩,尔莫要往坏处想,我给尔赏赐,等语。随即赏赐五户人、五百只羊、一匹种马、十匹母马。并将那女子还给其丈夫,而留下男孩养育,今年才八岁,等语。再详细究问特古思济尔噶尔:尔告称尔准噶尔人在额尔德尼召地方战败,只损失两千兵,三分之二的人骑马返回,游牧中殷实之人占十分之五,噶尔丹策零已预备十万兵者,俱比先前投诚之人夸张,且又说会于三四月来使。以此看来,尔准噶尔人获知我大军进兵后,因已败露破灭情形,显出四分五裂之状,故噶尔丹策零等人走投无路而妄自宣扬,假装彼处兵强马壮,特意迟缓我大军进剿,如此慰止,已是明显。尔已到此,性命俱在我手上,倘若如实告来,我等经上奏,使尔荣华富贵,等语。对此告称:若真有他情,我不据实告明,妄自欺言因记仇而投诚等话,日后尔之逃脱之人,或是我来投之人到此处,说我曾没仇恨,是有情由之人后,尔岂可饶我性命,我属实诚心来投,等语。他处与副将军王额驸策凌等所问的一样告称。为此臣我等除将厄鲁特特古思济尔噶尔交给主事克西特等人,乘驿解送京城外,将再次讯问特古思济尔噶尔之事,谨奏闻。

雍正十二年三月初六日
定边大将军　多罗平郡王　臣　福彭
参赞大臣　内大臣　伯　臣　钦拜
参赞大臣　领侍卫内大臣　臣　萨穆哈

定边大将军福彭奏报
拿获厄鲁特人和通等并解送京城折

雍正十二年三月二十六日

定边大将军多罗平郡王臣福彭等谨奏。为奏闻事。左副将军王额驸策凌等所呈来文称：公根丕勒队伍俘获的杜尔伯特台吉策凌属下纳尔图及其妻乌珠克、女儿额西格，纳尔图女婿阿巴克及其妻伯勒克、小婴儿鄂勒充，纳尔图子和通及其妻济尔噶尔，以及哈萨克女默德、哈萨克男孩格希格勒德克，回子男孩特古斯、亚斯共十二口人，将此由兵营派出官兵挨次转送，等语。如此于雍正十二年三月十六日送来。于是臣我等讯问厄鲁特和通：去年派往哈萨克的准噶尔兵，由谁带领前去，共多少，尔等被捕前是否听到此兵消息。大策凌敦多布现在何处，噶尔丹策零待其如何。小策凌敦多布现对噶尔丹策零怎样。尔惊动的游牧，已到达何处，等语。对此供称：去年十月，卫征和硕齐子沙克杜尔、达尔玛达赖子珲启，引兵一万，前往哈萨克。听说此兵丝毫没有到达哈萨克，驻扎在了边境方面。我等被捕前，曾毫无消息。大策凌敦多布本人现在游牧地，噶尔丹策零待其尚好，若有商议事务，噶尔丹策零遣使与其商议，大策凌敦多布年岁已高，不怎么去噶尔丹策零身边。小策凌敦多布亦在游牧地，听说先前因在和通呼尔哈地方做出佳绩，故噶尔丹策零曾优待伊，而在额尔德尼召战败后，又变得平常。说此次我准噶尔游牧惊动迁移时，俱经过额敏而去。我被尔等捕获，今已到达何处，怎可得知耶，等语。讯问和通：可有布鲁特进兵尔准噶尔之消息否，叶尔羌、喀什噶尔回子怎样，噶尔丹策零对俄罗斯如何，是否已派兵巴里坤方面，等语。对此供称：全然没有听说布鲁特进兵我准噶尔。听说叶尔羌、喀什噶尔仍旧纳贡，互相经商而行，毫无其他消息。自去年普查归还在我准噶尔之俄罗斯人以来，如今与俄罗斯互相经商而行。在巴里坤方面，听说先前博第木尔子台吉色布腾曾领兵驻防，而兵数多少，是否后来又派兵，属实不知，等语。恐吓讯问和通：据闻噶尔丹策零曾遣使两次要求大策凌敦多布往里迁移时，大策凌敦多布没有迁移，此事是否属实。去年八月，噶尔丹策零召集众台吉、宰桑等人，曾商议何等事务。尔据实告来,不可稍有隐匿,等语。对此供称:噶尔丹策零曾向我杜尔伯特达赖太师行文称,据被我俘获的活口及回来的逃人告称,大国八万兵,由车臣王带领,已至科布多地方,其后又陆续来兵。令将尔驻边境方面之游牧,俱往里迁移,到达大策凌敦多布附近后,安置尔等于何处,听大策凌敦多布指示。此文于正月初四日到来。十一日正要迁移我游牧时,听说大国之兵由华额尔齐斯而来,旋即往那边迁移,没听说噶尔丹策零两次要求大策凌敦多布迁移时其毫未迁移之事。属实于去年八月举行会盟,驻扎伊犁这边之人在大策凌敦多布处会盟,驻扎伊犁那边之人俱在噶尔丹策零处会盟。据我听闻:只商议游牧之事及进兵哈萨克之事,等语。没听说其他事情。我已被尔捕获,岂敢欺骗。被尔捕获的不仅是我,亦有跟随之人,倘若欺骗,岂可瞒得住尔等。只因我驻扎边境方面,不怎么听到事情,故属实不知,等语。讯问和通:尔准噶尔精兵共有多少,马匹可够几万兵,对此次我兵进去扫荡事尔辈有何议论,平时又有何言论,准噶尔生计如何,等语。对此告称:不知我准噶尔共有多少兵,又可得多少精兵。据我猜测,估计有六七万吧。马匹够几万兵之事,怎可得知耶。我杜尔伯特共有三千兵,加上骟马,按每人分到四匹马计算,一千五百兵可以得到。倘若一并加上母马、种马,三千兵勉强够用。在准噶尔,都说我杜尔伯特殷实。然我杜尔伯特,连够用三千兵的马匹都没有,试想其他鄂托克,即便其有兵数,马匹岂能够用耶。尔兵一到,我等即被俘,不知我辈如何言论。我等下人平时抱怨:这几年为战事,不断行军打仗,我等已变得没有时间休息,等语。听说这几年因行军打仗,准噶尔鄂托克人已变得艰辛困苦。我杜尔伯特虽不如前,但尚可生活。再依我之见,今大国军队已挺进至阿尔泰驻扎,致使我游牧惊乱,倘若哈萨克听到此消息,估计定会进兵准噶尔,等语。纳尔图、阿巴克俱与和通一样供述。再严加讯问和通、纳尔图、阿巴克:尔等已被我俘获,若据实告明尔等所闻所知之事,会施恩于尔等,倘若隐匿不告,尔等性命俱在我手上矣,等语。对此供称:我等已被俘,如今只想惜命,若有何所知事务,尚且妥善告明,岂敢隐匿,我等俱已据实告明,岂可妄自编造不知之事,等语。讯问哈萨克男孩格希格勒德克:尔为何来准噶尔地方,曾在何人身边,令告知尔所闻知之事,等语。对此供称:我甚幼小时,被准噶尔虏获,即在此纳尔图家中任其差使,放牧其羊只,毫无闻知之事,等语。讯问回子男孩特古斯、亚斯时,据特古斯供称:我是回子①族人,在辉特台吉巴勒珠尔家中任其差使,因不堪其苦,故于去年夏天逃跑,在额尔齐斯地方遭遇杜尔伯特台吉策凌所属布鲁特部人,将我

---

① 此处原文是"hotong"。

逮捕看管。正月时，台吉策凌所属两厄鲁特前来，向在铿格尔地方的布鲁特人言道：今大军已从各路进来，曾早已令尔等迁移，至今未迁，是何居心，等语。如此甚加责备，于半夜迁移时，我趁机逃出。听说大策凌敦多布的游牧，已从绰尔高河迁移。并派人向杜尔伯特达赖太师、策凌台吉等人言道：尔等照我吩咐，速速迁移，越过额敏河，前来巴西哈沙尔哈地方，倘若违抗我言，我即掳掠尔等，等语。是故众人皆畏惧，不分昼夜，急忙迁移而去，等语。亚斯供称：我是回子①族。为何来准噶尔并身在纳尔图家中，因我甚幼小，故而不知。亦俱不知他情，等语。为此倘若将此俘获之人立即骑乘驿站马匹解送京城，现正是开春马瘦之时，且又需要驿站马匹，是故臣我等除将俘获的和通等十二口人，俱交护卫赫达色等人，令每站乘坐备给犯人的牛车，辗转妥善看管，缓慢解送京城外，为此谨奏闻。

雍正十二年三月二十六日

定边大将军　多罗平郡王　臣　福彭

参赞大臣　内大臣　伯　臣　钦拜

参赞大臣　领侍卫内大臣　臣　萨穆哈

---

① 此处原文亦是"hotong"。

定边大将军福彭奏报投来之厄鲁特纳木什喜口供并将伊妻子解赴察哈尔地方安置折

雍正十二年四月十三日

　　定边大将军多罗平郡王臣福彭等谨奏。为奏闻事。此前左副将军王额驸策凌等呈送准噶尔来投厄鲁特纳木什喜口供后，臣我等曾立即奏闻。今额驸策凌等所呈来文称：此前我等曾呈文，除将投诚纳木什喜口供具文呈递外，俟其妻孥到来后再送。今脱出的额勒达色、纳木什喜之一妇、一男孩、一女孩俱已到来。讯问额勒达色时告称：我是镶黄旗①关福佐领下鸟枪披甲。雍正九年六月二十八日，在哈尔噶纳等地混战时，我腹部、腋窝两处受鸟枪及长枪重伤，失去知觉，故被贼捉走。到达其游牧的阿尔噶灵图地方后，将我交给喇嘛尼拉姆。今年正月二十三日，我与准噶尔蒙古纳木什喜及其妻、一男孩、一女儿，以及宁古塔镶黄旗②披甲乌什勒一同脱出。次日四十余贼来追击我等而交战时，我左侧脚面被鸟枪射穿，宁古塔镶黄旗③披甲乌什勒受鸟枪伤而阵亡，等语。他处俱与纳木什喜一样供述。据查，因额勒达色脚受鸟枪重伤，脚趾掉落，故全然不能骑马，暂留我处，让大夫治疗，俟痊愈后，另行送往。此外将纳木什喜等四口人，委派我护卫齐旺等人解送，等语。如此于雍正十二年四月初二日送至大营后，臣我等再次审讯纳木什喜：据尔告称，噶尔丹策零已死，小策凌敦多布已叛变。此事尔俱从哪些人听闻，尚属实否。今准噶尔游牧已纷纷动迁也，其中是否有何变心试图骚动之人，等语。对此告称：今年正月初，没记日子，噶尔丹策零所派使者来到大策凌敦多布处言道，据噶尔丹策零之言，现在大国军队已来阿尔泰占据驻扎，迁移尔之游牧，进驻库克乌逊、喀喇塔拉地方，我之游牧，亦会迁往吹、塔拉斯，等语。如此告知大策凌敦多布后，大策凌敦多布言道：如今在这大雪中迁往何处耶，在大雪中迁移，与敌来掳掠，又有何异。先前不听我言，听取小策凌敦多布之言而行，

---

① 此处原文无"gūsa"字样。
② 此处原文无"gūsa"字样。
③ 此处原文无"gūsa"字样。

若曾听我之言,岂会变得如此,等语。接着来使言道:今小策凌敦多布已停止成为我准噶尔之伙伴及臂膀,等语。对此大策凌敦多布议论道:凡事俱与小策凌敦多布商议行事吧,把我当成了什么,我如同死人也,等语。大策凌敦多布之近侍,我兄之子喀喇塔尔对我言道:后来撵走在其家中之人,互相又谈论许久,等语。接着大策凌敦多布下面的老少头目等议论称:小策凌敦多布在噶斯路附近叛变,要么由噶斯路往寻青海,要么投奔西藏,等语。如此互相猜测议论。这位使者回去后的第五天,鄂毕特鄂托克宰桑伊凡来称:噶尔丹策零已故,今生混乱,其近侍济拉特①人等俱已离散,前往各自驻地,等语。并再次撵出近侍之人,秘密商议许久。伊凡走后,大策凌敦多布在喝酒时谈道:倘若噶尔丹策零已故之事属实,我准噶尔遭报应,策妄阿喇布坦之苗裔已绝后。向来我等俱曾互相欺骗行事,噶尔丹策零派遣伊凡,为试探我而行欺骗,亦未可料,怎可知其真伪。即便是真,集结我三辉特,以图一事,等语。如此在众人面前谈过。其后大策凌敦多布对其一可信之人言道:令尔前去确认噶尔丹策零之事,此次前往,勿要到噶尔丹策零附近,从外围确认回来,等语。曾如此教导并秘密派遣,我等出来时尚未返回。再于今年纷乱当时,大策凌敦多布亲家和硕特台吉端沁,曾私下对我言道:今已生乱,我等寻找安逸之所,带我下面的近二十户,趁机去归顺大国,等语。再,大策凌敦多布供奉的一大喇嘛,先前曾从居住在后藏的班禅额尔德尼处,作为使者被派往大国,又从大国被遣至我准噶尔时,没让回返其地。大策凌敦多布留在身边,居住至今。这位喇嘛曾对我言道:请尔引导我出去,我等投奔大国,等语。这些人俱将我逃跑之情,投奔大国之议,让大策凌敦多布发现,俱解散我所纠合之人,亦拆散我与我兄弟,置于别处。后来我纠合的十户人内,叫珠恩的人,其父子三人,已投奔大国。对此大策凌敦多布言道:尔之同伙珠恩,带着两个儿子已逃跑,今乃太平之时,尔莫要逃跑,待到混乱之时,是否逃跑,俱任由尔也,等语。曾有如此谈论之事。为此我没有纠合众人,况且俱来不及纠合我兄弟和我长子,立即来投,等语。讯问纳木什喜:据尔告称,大策凌敦多布曾向噶尔丹策零派遣的使者言道,倘若曾听我言,岂会变得如此。大策凌敦多布对噶尔丹策零,是否曾有何谏言之事。伊也曾是处理噶尔丹策零较大事务之人,今听尔之言,已变得不如从前也,为何变得如此,等语。对此告称:去年大策凌敦多布曾对噶尔丹策零谈道,我准噶尔四卫拉特,向来毫无夺取他国之物,扩展疆土,以使民众富裕之

---

① 此处满文原文是"jirat",这一称谓在蒙古语中,指军队中的主战力量护军,译者认为在此不是指个人,而在指其麾下军队。

事。今依我之见,将居于我处之彼所有人,俱查还给大国,亦索回我人,以求和解,等语。听说对此噶尔丹策零毫未纳谏。先前大策凌敦多布曾与噶尔丹策零尚好,前年在额尔德尼召战败回去后,小策凌敦多布向噶尔丹策零控告多尔济丹巴损兵时,大策凌敦多布长子纳木扎尔达什、次子多尔济丹巴,俱已前往噶尔丹策零处。噶尔丹策零以多尔济丹巴损兵为由,决定罚取一百户人、一百匹带鞍之马,及一百鸟枪、撒袋,为此事纳木扎尔达什一直愤恨,于去年春去世。多尔济丹巴回来后,亦为此事灰心丧气,整日饮酒缠绵,于同年夏病故。从此开始,大策凌敦多布对噶尔丹策零变得一般。去年春天播种时,噶尔丹策零向大策凌敦多布派人,指示种田地点,以使播种,越冬时,又指示地点,以令驻扎,对此大策凌敦多布变得更加心灰意冷。再于去年十月,大策凌敦多布不知何事,为一要事,派其一可信之人前往噶尔丹策零处,因至今尚未返回,故大策凌敦多布言道:定是已逮捕我所遣之人吧,等语。如此一直在怀疑。此次慌乱迁移时,大策凌敦多布将汇集喇嘛诵经大蒙古包、贵重器具等物、各种粮食、瘦弱牛羊,全都抛弃,匆忙迁移。此次迁移时,没有寻往噶尔丹策零所指示的库克乌逊、喀喇塔拉地方,而是会同辉特额尔克台吉、卫征和硕齐、毛海、策凌等人,向北面哈萨克边境迁移行进。对此下人等谈论称:此次迁移,理应向伊犁迁移才对,却为何往北向哈萨克边境迁移耶,此辈怀有异心,亦未可料,等语。如此言论,等语。讯问纳木什喜:若尔再有何闻知之事,令俱告明,勿要隐匿,等语。对此告称:去年准噶尔所有人的牛,遭受瘟疫而死的甚多。对此准噶尔老人言道:先前噶尔丹博硕克图破灭时,所有人的牛亦都死去,如今看此死亡,会是灾异,噶尔丹策零也会变得那般,亦未可料,等语。此外再无闻知之处。我已为求安逸生活而来投大国,岂有不将我闻知之处据实告明之理。况且我来时,从故地带来四十七匹马,算上途中拾到的慌乱时丢下的马匹及宰桑德齐特带领驻扎阿尔泰方面而回去时从军马中夺取的二十五匹马,曾共得一百二十匹马。途中在阿尔泰那边的青济勒地方,遇到鄂托克沙毕纳尔七人,据其言称:我等一百余口人,从和伯克赛尔那边的纳木图垒地方出来,我众人俱走在后面,我等前去归顺大国。当初出来时,我驼马曾膘好,现变得甚瘦,有许多步行之人,等语。对我如此告称后,我从赶来的马匹内,将十匹马及我剩下的一峰骆驼,援助给彼等。此外将其余马匹,缓慢牧养,来到科布多后,俱被车臣王购买,侥幸得到八百五十两银子,已甚富裕。我是一甚小之人,真心诚意来投大主子,实承蒙上天仁慈、圣主威福,途中没有遭遇厄鲁特兵而被打死,且还得这么多银子变殷实,此俱合圣主之恩及我早早祈盼归顺之心,故今我心已甚满足,等语。为此臣我等除将投诚厄鲁特纳木什喜及此人一妻、一男孩、一女儿，交给理藩院笔帖式扎西，乘驿解送京城外，为此谨奏闻。

雍正十二年四月十三日

定边大将军　多罗平郡王　臣　福彭

参赞大臣　内大臣　伯　臣　钦拜

参赞大臣　领侍卫内大臣　臣　萨穆哈

定边大将军福彭奏报出征准噶尔被俘
脱回兵丁车伯尔之供词并安插原部落折

雍正十二年四月十三日

  定边大将军多罗平郡王臣福彭等谨奏。为奏闻事。左副将军和硕超勇亲王固伦额驸策凌等呈文报称：由我处派往布拉罕路寻踪的孔雀翎委署护军校扎兰章京古木扎布等人呈文称，我本人领兵，于三月十八日到达布拉罕之察罕托辉地方，发现一人踪影，随即围住看得，是从准噶尔地方脱出的我人。故询问时告称：我名车伯尔，我是喀尔喀扎萨克台吉车凌旺舒克旗人，等语。因此交给喀尔喀披甲孟克，乘驿送往将军王额驸等，等语。如此到来后，讯问车伯尔：尔是谁属人，为何被贼捉获，供事于何人家中，从何处脱出，等语。对此告称：我是喀尔喀扎萨克台吉车凌旺舒克属人，曾在库卜克尔包衣卡伦担任章京驻扎。九年九月，以来贼为由，带领我卡伦之人迁往察罕廋尔城时，贼人赶来之际，将我游牧送往前方，我带领我卡伦男丁阻击，我身受六伤晕倒后，被叫巴颜的贼人捉走，曾在大策凌敦多布属下纳哈巴克西宰桑家里。今年正月二十日慌乱迁移，三十日到达塔尔巴哈台地方后，才寻机偷取贼人一鸟枪、两匹马脱出，一直步行而来。在乌隆古地方驻扎卡伦的准噶尔兵逃回时，在库布辛托洛海地方碰见，遂将我捉走。行走五日后，在哈毕尔甘巴咋尔地方，夜里步行脱出，在山坳中隐藏十余日，又看见准噶尔百余士兵宿营于我附近，于是混进其马群，偷取十匹马，不分昼夜行走十七天，在布拉罕、察罕托辉地方遇见我哨探后送至此处，等语。讯问车伯尔：尔可知准噶尔预备出兵否，其卡伦哨探现俱设于何处，此次准噶尔人惊动至何处停止。尔行事这么多年矣，准噶尔生计如何。噶尔丹策零待二策凌敦多布如何，现俱驻何处。将尔所有闻知之处，令俱告来，等语。对此告称：我出来当时，看见在额敏源头，有二百老幼兵丁，由策凌敦多布子达什策凌带出，此外不知是否派出其他卡伦哨探兵。此次惊慌动迁，听其言语：到喀喇塔拉、库克乌苏等地后停止，等语。准噶尔人因去年庄稼没怎么收获，故生活甚苦。噶尔丹策零待大策凌敦多布好，据策凌敦多布下人等言论：我台吉不知为何，当噶尔丹策零遣使商议事务时总说:我是瞎子、瘸子一老人,能知何事耶,去问尔墨尔根代青,等语。即使听到敌人前来,亦不急于迁移,不知是何意,等语。如此惊愕言谈。听说策凌敦多布曾驻在额敏、塔尔巴哈台等地,今慌乱动迁至喀喇塔拉、库克乌苏等地。小策凌敦多布驻在喀什空济斯地方。刚刚听到大策凌敦多布人谈论:小策凌敦多布游牧被巴里坤军队掳掠,等语。据准噶尔人先前言论:我一人可捉尔十人,等语。曾如此甚是桀骜不驯。自从在额尔德尼召地方战败以来,言道:满洲、蒙古兵射箭甚是厉害,射透套穿锁子甲、棉袍之人,战斗、列队、行进、交叉,与前大不一样,我等早晚会被尔人俘获,等语。如此畏惧小心谈论之人甚多,等语。讯问车伯尔:俄罗斯与土尔扈特如何,罗卜藏舒努现在何处,是否听到什么进兵哈萨克、布鲁特之事,叶尔羌、喀什噶尔是否仍在纳贡,等语。对此告称:据听言论,去年冬曾向哈萨克、布鲁特派兵,不知多少,丝毫未得战俘,马畜疲惫,步行而来。自从将原在准噶尔之俄罗斯人俱普查归还以来,照旧经商而行。未闻土尔扈特消息,不知罗卜藏舒努现在何处。听说叶尔羌、喀什噶尔仍在纳贡。因准噶尔人将其紧要事务,对我等隐匿不言,故不知其他事务,等语。为此将脱出的喀尔喀车伯尔,送往大将军王处,等语。旋即送来喀尔喀车伯尔后,再次审讯脱出的车伯尔时,其供述与副将军王额驸策凌等人之讯问无异。为此臣我等照先前向损失牲畜之人赏赐家产银例,赏给车伯尔十七两银子,交给该喀尔喀副将军王丹津多尔济。此外,为此谨奏闻。

雍正十二年四月十三日
定边大将军　多罗平郡王　臣　福彭
参赞大臣　内大臣　伯　臣　钦拜
参赞大臣　领侍卫内大臣　臣　萨穆哈

定边大将军福彭奏审明出征准噶尔被俘脱回民人张明有并遣回原籍折

雍正十二年四月二十二日

定边大将军多罗平郡王臣福彭等谨奏。为奏闻事。定边左副将军和硕超勇亲王固伦额驸策凌等呈文来称：派去查看布拉罕之察罕托辉路的孔雀翎委署护军校扎兰章京古木扎布报称，三月二十四日，在布拉克青济勒①地方接来一汉人，讯问时告称，我名张明有②，从和伯克赛尔地方逃出，路上遇见并打死一厄鲁特，取其所有东西，骑乘马匹而来。遂将张明有，由乌拉克沁伯勒齐尔路送往，等语。如此到来后，我等讯问汉人张明有：尔是哪里人，为何来战地，哪年被贼捉去，曾在何人家中，如何脱出，等语。对此告称：我是张家口民人，雍正九年我被商人闫夏武③雇佣，赶车向察罕廋尔送来官银。将银子交给察罕廋尔，于九月返回时，到达西喇乌苏地方后，遇见贼人，被厄鲁特叫巴图之人捕获。带着我到达额尔齐斯地方，收取一峰骆驼后，卖给了杜尔伯特达赖太师属下叫杜噶尔的人。十年正月，我偷取杜噶尔两匹马逃来，行走五天后，遇见贼卡伦之人，将我捉走，送至达赖太师处，将我鞭打致昏，照旧交给杜噶尔驱使。我耕种其田地，放牧其牛羊，曾在贼处三年。今年正月初七日，驻在额尔齐斯地方的厄鲁特人等突然传令：敌人已来战，快快迁移，等语。故于当夜，彼地之人即慌乱开始迁移，俱丢下牛羊及所有累赘物品，各自顾命往里迁移而去。我询问厄鲁特时，彼等骗我说是哈萨克兵已到，后来回子等对我说时，我才知道是我大军已进来。虽想逃跑，可贼人防范甚严，且俱是空旷地带，故丝毫不能逃脱。十日，我跟随杜噶尔，从额尔齐斯地方出发，不分昼夜行走十余日，到达察罕敖包后，看得山大，有藏身处，故于夜里杜噶尔等人睡觉之后，我偷取其几碗米，步行逃出，白天隐藏在山林里，夜里行进。有一日到达伊苏地方后，因天色已晚，我欲到厄鲁特人随便留下的蒙古

---

① 此处原文是"bula cinggil"。
② 此处原文是"jang ming io"。
③ 此处原文是"yan hiya u"。

包内过夜时,发现从远处有一人注视着我寻来,我甚是恐惧,故意装病进入蒙古包躺下。没多久,一厄鲁特到来,说我一定是逃人时,我言道:我因身体有病,不能行走,故众人将我与蒙古包一同留下而去,等语。厄鲁特言道:不要紧,尔明日跟我走,我带走你豢养使唤,等语。贼人取来留下的米,做饭食用后,二更时脱衣入睡。我琢磨着,若不杀他,必被其所杀。如此考虑后,我取来蒙古包内贼人留下的舂米棒子,用力对准其头部棒打一下,接着又连续击打数次,从贼人耳朵、眼睛里流出血液死去。我取其皮袄、靴子、裤子、刀子、火镰、鸟枪,乘其马匹,往这边来。途中食用死畜肉,换骑贼人留下的瘦弱马匹,行走近五十天,到达卡伦而被捕,等语。再讯问汉人张明有:尔从察罕敖包地方逃来时,途中是否见过贼预备兵,其卡伦俱设于何处。尔在准噶尔地方三年,令将所有闻知之处俱告来,等语。对此告称:我于正月二十三日,从察罕敖包地方脱出,行走十余天,一连两夜看见贼人点燃的火,俱已避开,不知有多少贼人、是干什么的、其卡伦设在何处。从那里往这边来时,再没见过人。我不怎么通晓蒙古语,且贼人又不对我说实情,故属实毫无听闻,等语。旋由我处解送汉人张明有,等语。如此连人一并呈送而来。臣我等再次审讯张明有时,所言与前无异。故将张明有乘驿辗转送至守护张家口边门总管,由总管处经查转送至其家中。此外,为此谨奏闻。

雍正十二年四月二十二日

定边大将军　多罗平郡王　臣　福彭

参赞大臣　内大臣　伯　臣　钦拜

参赞大臣　领侍卫内大臣　臣　萨穆哈

定边大将军福彭奏安置出征准噶尔被俘脱回之喀尔喀兵丁等折

雍正十二年四月二十二日

定边大将军多罗平郡王臣福彭等谨奏。为奏闻事。定边左副将军王额驸策凌等呈文称：设在中路哨探的营总阿林泰、协理台吉拉玛札布等呈文称，我处驻扎瞭望库列图岭山脊的贝勒班第之护卫沙拉，于三月二十日捕捉送来经由山岭而来的两人。经讯问得知，一人是喀尔喀，名阿拉木巴，一人是绿营兵，名陈世忠①。为此由我处交给骁骑校乌达纳等人，乘驿送往，等语。如此到来。讯问阿拉木巴：尔是何人属下，如何被贼捉走，曾住在何人家中，从何处脱出，等语。对此告称：我是喀尔喀扎萨克车凌旺舒克属人，曾在库卜克尔包衣卡伦。九年九月，以贼人到来为由，将卡伦向察罕廋尔城移走时，被贼掳掠，将我兄弟子妻俱捉去。到达绰尔衮河地方后，将我分给大策凌敦多布属下桑热斯巴。我看管桑热斯巴的羊只，拾木打水，被其使唤。今年正月，准噶尔人以大国进兵征讨，并已掳掠边境之人为由，众人俱不分昼夜慌乱迁移时，我在桑热斯巴家中，于二月初一日，自塔尔巴哈台地方，跟与我同在一家劳作的绿营兵额尔格商议，偷取贼两头壮牛后逃出，等语。讯问阿拉木巴：今是否听闻准噶尔已出兵之消息，其卡伦哨探俱置于何处，此次准噶尔人惊动至何处停止，彼处生计如何，是否听闻前往哈萨克的军队消息，与俄罗斯、土尔扈特互相如何，准噶尔人有何言论，等语。对此告称：我等出来当时，听说大策凌敦多布子达什策凌被派至军队，不知遣往何处。途中遇见土默特蒙古巴雅尔和两个汉人，曾一同赶路。我本人与这汉人，我等的两匹马疲惫，驱赶的牛只亦不能走，故留在后面另行住宿，次日到达奇兰②河地方，遭遇准噶尔二十一名哨探兵而被捕，不知其他人去往何处，于被捕之地放了与我同行的汉人。而将我，往那边带走两天，到达博尔济地方后把我放了。从那

---

① 此处原文是"cen ši jung"。
② 此处原文是"kiran"。

里步行十几天,途中遇见我同伴汉人陈世忠后带来我,于本月二十日遇见在库列图岭的我卡伦人后送来。此外不知其他卡伦哨探出兵与否。据大策凌敦多布下人等之言:听说要到喀喇塔拉等处种地游牧驻扎,准噶尔人只倚赖庄稼生活,去年因没怎么收获,故生活甚是艰难。前往哈萨克之兵,毫无俘获,遇到暴风雪,哈萨克又从后面追赶,杀死了许多人,等语。听说已返还原在准噶尔的俄罗斯人,现无战事。罗卜藏舒努已前往土尔扈特,非常恐惧引土尔扈特兵来战。这几年四处征战,马畜损失甚大。现在迁移时,俱驮在牛上步行。下人等互相抢掠偷盗而行,不能迁移者甚多。我被人使唤于家中,毫无闻知之处,等语。讯问绿营兵陈世忠:尔是何营之人,何年于何地被贼捉走,曾在何人身边,如何脱出,等语。对此告称:我名陈世忠,我是西宁总兵官麾下鹤营马兵。雍正七年七月,我前往巴里坤从军,八年十二月,贼人来犯,于科舍图地方相战时,我右边的小腿受到矛伤,被叫和硕特达尔扎的贼人俘获。达尔扎将我带去,曾驻在济伯讷①、额尔齐斯等地,给其种地放羊。去年十二月十五日,准噶尔三乌梁海前去告知:三十万大国军队已进去征讨,等语。如此听到居住周围的人们议论。今年正月,又有两乌梁海前去言道:八万军队踏雪翻山而来,尔等仍未迁移,还在等什么,等语。于是驻在额尔齐斯等地的厄鲁特等,俱各自往里迁移游牧而去。陈世忠我跟着达尔扎,行进十五天后,与在巴里坤被俘的姓李的绿营兵一起,于正月三十日步行脱出。我俩再走十五天多,跟逃出的两蒙古、一绿营兵会合,我五人一同赶路。越过哈巴河后,因我马匹疲惫,故与蒙古阿拉木巴一起赶着牛走在后面,那两绿营兵和蒙古巴雅尔,先赶着八匹马走在了前面,不知彼三人已去往何处。我俩到达额尔齐斯地方后,突然遭遇二十余贼,将我逮捕。其后拿走我的马匹,把我放了。我步行走来,又见到阿拉木巴同来,等语。再讯问绿营兵陈世忠:我大军进剿,贼人慌乱迁往那边时,于准噶尔地方是否听闻有何派兵来往这边的消息。尔来时途中,是否见过其他归顺之人。尔居贼地三年有余,所有闻知之处,不可丝毫隐匿,令俱妥当告明,等语。对此告称:我从贼地脱出时,我五人同来,我等来后,再无其他归顺之人。准噶尔是否往这边派兵之处,没听到什么迹象。只听被其掳去的回子等人言论称,噶尔丹策零于今年正月死去,亦不知真伪。我虽在吉伯讷、额尔齐斯等地居住三年有余,然夏秋时种植其田地,冬春时放牧其羊只。我不懂蒙古语,属实毫不知晓,等语。为此将喀尔喀阿拉木巴、绿营兵陈世忠,送往大将军处,等语。如此将喀尔喀阿拉木巴、绿营兵陈世忠送来。于是臣我等再

---

① 此处原文是"jibene"。

次审问喀尔喀阿拉木巴：尔称大策凌敦多布子达什策凌领兵出征，尔本人与绿营兵陈世忠同来，到达奇兰地方后再次被捉，取了陈世忠的马匹后放走，将尔捉到博尔济地方后放走。尔已是被俘之人，贼人为何将尔放走。达什策凌带多少兵，出征前往何处。尔曾在准噶尔三四年，令将闻知之处，俱如实告来，等语。对此告称：我与汉人陈世忠同来，到达奇兰地方后，我俩被准噶尔二十余哨探兵捕获，取了陈世忠的马匹后立即放走，而将我带走两天，我因恳求贼人，贼人看我是老朽，已无用处，故亦取我马匹后放走，等语。他处俱与在额驸策凌处所言的一样供述。为此臣我等除给喀尔喀阿拉木巴，照此前赏赐损失家产人例，赏十七两肇立家产之银，并交该副将军多罗郡王丹津多尔济外，办给绿营兵陈世忠衣服、腰刀，仍旧编为绿营兵，暂时嵌入绿旗兵营当差，视前往巴里坤之机再遣送。为此谨奏闻。

雍正十二年四月二十二日

定边大将军　多罗平郡王　臣　福彭

参赞大臣　内大臣　伯　臣　钦拜

参赞大臣　领侍卫内大臣　臣　萨穆哈

雍正朝

定边大将军福彭奏分别安置出征准噶尔被俘脱回之土默特兵丁等折

雍正十二年四月二十二日

定边大将军多罗平郡王臣福彭等谨奏。为奏闻事。左副将军和硕超勇亲王固伦额驸策凌等呈文称：由我处派至布拉罕路搜寻踪迹的孔雀翎委署护军校扎兰章京古木扎布呈文称，三月二十日，在门绰克地方发现三人踪影后，夜里包围看得，是从准噶尔地方脱出的我三人。经讯问得知，一个是归化城土默特巴雅尔，两个是绿营兵，故将三人交给喀尔喀孟克，送往将军王额驸，等语。如此到来。于是讯问巴雅尔：尔于哪年如何被贼捉走，曾在何人家中，住在何名地方，如何脱出，等语。对此告称：我是归化城土默特扎兰章京扎木扬家丁，九年六月大军进兵，于和通呼尔哈淖尔交战时，我右肋受两处矛伤，右肩又被刀砍伤，故落马被大策凌敦多布属下叫阿达鄂齐的人俘获。阿达鄂齐将我作为上等俘虏，献给了大策凌敦多布。我曾跟随策凌敦多布，住在塔尔巴哈台地方。后来其子纳木扎尔达什从噶尔丹策零游牧地来至伊父身边后，策凌敦多布将我交给了纳木扎尔达什。纳木扎尔达什带走后，配给我一个哈萨克女人。纳木扎尔达什病故后，将其家户俱迁往大策凌敦多布之处时，我亦同来，住在了策凌敦多布的地方。今年正月十五日，准噶尔三乌梁海前去大策凌敦多布游牧地告称：大国二十万军队，由三路踏着奇兰①、库列图的大雪，翻越山脊进来，已至扎哈沁玛木特宰桑之游牧地。我穿着滑雪板，翻越阿尔泰，前来告知，等语。随后大策凌敦多布从十五日起诵经三天，二十日才从其驻地绰尔浩高勒地方，往里迁移游牧。行走八天，至塔尔巴哈台之哈玛尔岭后，因雪大不能翻越，故策凌敦多布带领其游牧，即在彼处停止。趁此机会，我偷取一匹带鞍马、一匹散养马，于二月初二日夜里脱出。急行三日，在乌里雅台地方遇见蒙古阿拉木巴和一汉人赶着一头牛行走。我三人同行时，又遇见步行的两绿营兵，我等五人同来。阿拉木巴和一汉人留

---

① 此处原文是"kiran"。

后，我与两汉人一起溯额尔齐斯河而上，不分昼夜急行，于三月十九日，在布拉罕地方遇见我方哨探，遂将我送至此处，等语。讯问巴雅尔：尔曾在大策凌敦多布处行走也，听到此次我大军之进击后，准噶尔兵是否出来迎战，其人移动至何处停止，其下人等之心态如何，大策凌敦多布有何言论，其卡伦哨探现置于何处。尔是步行，饮食何物来此。令将尔之所有闻知之处，俱详思告明，等语。对此告称：准噶尔人听到我大军之突然进兵后，慌乱迁移时，互相抢夺牲畜，看护各自妻孥，将累赘物品、瘦弱牛羊，俱已抛弃。大策凌敦多布令其子达什策凌带六百兵，派去瞭望我军进兵之踪影时，因找不到兵丁，故只带近二百名老幼前往，此事我亲眼所见。其下人等言论称：军队不来，则休矣，倘若前来，其来至附近后，思抛弃所有，只身归顺而已，等语。后达什策凌带兵返回，向其父策凌敦多布告称：大国军队已回撤，等语。对此策凌敦多布不予相信，派宰桑玛尼扎布前去查看。玛尼扎布回去告称：大军确实已回撤，等语。之后大策凌敦多布仍不相信，在伊兵之上，从额尔克台吉属人内再出五百兵，编为一千兵，于正月二十七日令驻哈玛尔岭。二月初二日，我既已往这边逃出，故不知其卡伦置于何处。听说小策凌敦多布带领三千兵，已前往巴里坤方向。我所乘之马疲惫后，食用贼人留下的牛羊之肉至此。除此之外，俱不知其他事情，等语。讯问绿营兵：尔名甚，何队之兵，如何被贼俘获，曾在何人家中，如何脱出，等语。对此告称：我名刘贵①，陕西省旭州②总兵官麾下左营被派往巴里坤队伍之兵。雍正八年十二月初三日，在巴里坤放养马群之地，贼人突然来犯，我脖颈受矛伤而落马，被叫保达拉的贼人捉去。保达拉将我作为上等俘虏，献给了大策凌敦多布。到达察罕呼济尔地方后，大策凌敦多布将我交给喇嘛桑噶斯巴，我曾放牧桑噶斯巴的牛羊。九年，捉来喀尔喀蒙古阿拉木巴后，大策凌敦多布又将其给了喇嘛桑噶斯巴。阿拉木巴我俩，因是一国之人，搭配生活得甚好。虽早想商议逃出，然贼人卡伦甚严，故丝毫不得逃法。去年十二月二十日，我那里的厄鲁特人毕西默尔，对我言道：尔之大军，现要进来，等语。于是我询问时，伊没有立即跟我说。今年正月二十一日，大策凌敦多布宣称：女真③军队到来，俱已掳掠扎哈沁宰桑玛木特之游牧，令速速迁移，等语。于是二十二日早，在察罕呼济尔地方，厄鲁特人等皆慌乱迁移，途中抛弃牛、羊、瘦马、蒙古包等一切，逃遁而去。喇嘛桑噶斯巴为了不让我逃跑，夜里给我的手脚带上铁制铐镣，迁移行走十一天。听到我大军已回撤后，是夜才停止

---

① 此处原文是"lio gui"。
② 此处原文是"šansi goloi sioi jeo"。
③ 此处原文是"jurcit"。

雍正朝

束缚我。我趁其睡觉之机,与阿拉木巴一起偷取其两头牛逃出。担心贼人来追,在山中躲避三天。来往这边时,遇见土默特巴雅尔,我等三人同行,到达额尔齐斯河地方后,又碰到绿营兵陈世忠、李思贤①,我五人全都往这边来。因阿拉木巴、陈世忠留后,故我三人一直行走,遇见哨探章京古木扎布后,将我送来,等语。讯问刘贵:现是否听到准噶尔出兵之消息,其卡伦哨探今俱置于何处,此次准噶尔人慌乱惊动,其下人等有何言论,行至何地后停止,彼处生计如何,是否听到前往哈萨克的军队消息,与俄罗斯、土尔扈特互相关系如何,等语。对此告称:我等出来时,没有听到准噶尔兵是否出动。我等往这边来时,听说准噶尔卡伦设在察罕呼济尔、哈玛尔岭。贼人听到我大军之进兵后,慌乱迁移时,下人等抱怨称:今年是寅年,对我等不好,女真②兵又已进来,北面有哈萨克、布鲁特兵,倘若夹击,我准噶尔人俱会死去也,等语。亦有如此议论者。又称:倘若果真来至附近,唯归顺而已,等语。亦有如此议论者。听说将其游牧迁移至喀喇塔拉等处种地而居。再于去年,准噶尔人所种的庄稼没怎么收获,加上冬天其牛多死于瘟疫,故生计已变得甚是艰难。听说前往哈萨克之兵,毫无俘获,遇到暴风雪,哈萨克人从后面赶上,抢夺马畜,杀死许多人,剩下的,俱步行逃出。说是将原在准噶尔之俄罗斯人,俱已返还给俄罗斯,今毫无战事,照常贸易而行。我没听到土尔扈特的消息如何。准噶尔人这几年四处征战,马畜损失甚多。此次慌乱往内迁移游牧时,俱在牛背上驮运东西,人们步行。其内部互相偷盗抢掠,将不能迁移的物品,全都抛弃,只身行走之人亦甚多。除此之外,再毫无其他闻知之处,等语。又讯问另一绿营兵:尔名甚,何营之兵,如何被贼捉去,曾在何人家中,如何脱出,等语。对此告称:我名李思贤,陕西省凉州③总兵官麾下前营之兵。雍正八年,贼人来犯巴里坤时,我右肩受箭伤倒下,被杜尔伯特达赖太师属下叫伊西的贼人捉住,并将我带至额尔齐斯地方,令与伊西兄长达林带来的绿营兵陈世忠一起放牧其牛羊。虽不分昼夜想要逃出,然不得脱法,在贼地居住三年有余。去年十二月二十七日,驻扎阿尔泰卡伦的厄鲁特人扎鲁沁回来向众人告称:一乌梁海前来告称,大国八万军队,已从三路进来,等语。对此众人一半相信,一半没信。今年正月初八日,达赖太师向众人宣称:大国军队现已接近,将卡伦人等,俱已捕获,令尔等速速迁移,等语。于是众人皆失魂落魄,次日开始慌乱迁移,从牛、羊、瘦马、幼儿算起,俱轻率抛弃,各自顾命,往里迁移游牧而去。我跟随伊西,十日从额尔

---

① 此处原文是"li Sy hiyan"。
② 此处原文是"jurcit"。
③ 此处原文是"šansi goloi liyang jeo"。

齐斯地方出发。行走十二天,到达察罕呼济尔地方后,夜里我与绿营兵陈世忠商量,偷取伊西一斗米,步行逃出。担心贼人来追,没走正经道路,昼伏于山岭中,夜里行进,走了七天,遇见绿营兵刘贵、喀尔喀蒙古阿拉木巴、土默特蒙古巴雅尔。一同赶路时,得到贼人抛弃的四头瘦牛及八匹马。我五人一起行走了十几天后,有一天我本人、刘贵、巴雅尔我们三人,赶着马匹走在前面,阿拉木巴、陈世忠赶着牛走在后面,而不知彼二人如何迷路,前往何处。我三人等待三天,因阿拉木巴等丝毫未来,故我等再行进十几天后,到达哨探之地,等语。讯问李思贤:尔等来时贼地是否有往这边派兵之消息,贼人卡伦俱置于何处,二策凌敦多布俱在何处,尔居于贼地三年有余,令将所有闻知之处,俱行告来,等语。对此告称:我来时,没听见贼处是否往这边派兵,其卡伦置于何处之事。大策凌敦多布原曾驻在察罕呼济尔地方,听说已往里迁移。我居贼地三年,每日放牧其牛羊,不能去往任何地方,故属实丝毫不知,等语。查得,土默特巴雅尔之主子扎兰章京扎木扬今在军营,故将巴雅尔交给伊原主子扎木扬。除此之外,将绿营兵刘贵、李思贤,派兵部领催喀尔泰,送往大将军王,等语。如此将人一并呈送来。臣我等再次审问绿营兵刘贵、李思贤时,口供与前无异,是故办给刘贵、李思贤衣服、腰刀,仍旧编为绿营兵,暂时嵌入此地绿旗兵营当差,视前往巴里坤之机再遣送。为此谨奏闻。

雍正十二年四月二十二日

  定边大将军　多罗平郡王　臣　福彭

  参赞大臣　内大臣　伯　臣　钦拜

  参赞大臣　领侍卫内大臣　臣　萨穆哈

雍正朝

署宁远大将军查郎阿奏出征准噶尔被俘脱回厄鲁特兵达尔扎供词并解京折
（附议复片一件）

雍正十二年五月初二日

署宁远大将军臣查郎阿等谨奏。为奏闻事。雍正十二年四月二十四日，管辖察哈尔兵梅勒章京班第呈文称：本月二十二日，我处曾交付护军校阿里亚、委署前锋侍卫根都等人十五名兵丁，前去噶顺等地搜寻踪迹。阿里亚等人回来告称：我等夜间到达，天亮时隐蔽身体看得，噶顺水附近见有一人步行而来。隐蔽身体前去询问时，据伊告称：我是厄鲁特贝子衮布属下兵丁，八年时被贼捉去，刚刚见机逃来，等语。为此差人解送，等语。如此送来后，臣我等讯问：尔名甚，今年多大岁，如何到了准噶尔，曾在何人身边，从何处脱出，等语。对此告称：我名达尔扎，今年五十一岁，曾在厄鲁特贝子衮布队伍，来到巴里坤从军。雍正八年，曾差我等三十人，前去科舍图地方设置卡伦。是年十二月，准噶尔千余贼突然来至，围困我卡伦交战时，我三十人拒战七天七夜，我等内部两人阵亡，其余二十八人火药、铅丸俱已用尽，故贼人冲进来，将我等全部俘获。不知其他人被送往何处，而将我等十人，带至伊犁西北图斯库勒淖尔南岸的济尔噶朗地方。把我交给两千户的炼铁工匠，每日拾粪驮木，折磨虐待，被差使三年有余。因不忍艰辛，于去年七月，遇见与我同时被俘的我厄鲁特人特古斯、达什时，我对彼等言道：我等在准噶尔被奴役差使，不如我等舍命一起出逃，倘若不能出去，但愿死在一处，若能侥幸逃出，可再蒙圣主养育之恩，且我等亦能与妻孥一起安逸生活，等语。如此商定后，达尔扎我纠合达什、特古斯，去其马群，偷取五匹马，即于当夜出发，一直走来。到达伊犁河后，宰杀一匹马，刮取其肉，用皮做皮口袋，我等借其力渡过伊犁河。后来我等之马匹俱已疲惫，不能行走。我又对达什、特古斯言道：我等现在俱是步行，如何能逃出，我等今夜寻找贼人马群偷盗马匹，等语。如此商量后，我三人各自寻找马群，前去偷取马匹时，特古斯被害。我与达什一起寻找特古斯时，看见从山谷里出来四五个准噶尔人，旋即我翻越大山，进入树林躲藏，而达什则被贼捕获。我从那里徒步走在树林里,昼伏夜行,翻过特克都尔格岭,到达博尔塔拉看得,驻有几百户人家。我进一蒙古包,对一老人谎称:我是额尔克台吉属人,将我俱已交给大策凌敦多布,额尔克台吉皆带走我妻孥,我沮丧找不到生路,等语。之后那老人言道:尔亦已年老,赶上寒冷,尔暂时在我此处放牧牛羊过冬,等过完年开春变暖时,再走如何,等语。对此我听其言,即在那老人家里放羊近两月。后来又派我到他马群,于是我趁机偷骑膘好的两匹马,一直沿着博尔塔拉南边的山脉走来。一匹马死去后,稍取死马之肉当作食物,又走了几天,在察罕乌苏地方遭遇准噶尔人,将我逮捕送至驻扎乌鲁木齐的宰桑齐默特处。从那以后,白天放我,晚上看守。据听看守之人言论:在巴里坤路,满洲、蒙古、索伦兵,来者甚多。马畜聚集,亦甚充足。今年春,定会进兵。经如此宣布,将游牧俱往里迁移至玛纳斯这边的霍提毕等地,等语。不久其游牧往里迁移时,把我亦带去,到达霍提毕地方后,仍旧白天放行,晚上看守。一天夜里,齐默特的羊群突然受惊,慌乱跑散,其人前去收拢羊群时,趁此机会,我偷取两只羊腿逃出。顺着霍提毕河而下,进入芦苇里隐蔽。次日我行走在芦苇丛中,一直奔着东方行进。到达吉木色后,发现几匹马印,想必是准噶尔卡伦人,旋即进入山里,由大树林路过伊勒布尔和硕、乌兰乌苏源头,再从科舍图、噶顺谷行走二十天,我方搜寻踪迹之人发现我后引导带来,等语。讯问达尔扎:准噶尔人如何知道我巴里坤军队今年进兵而议论。尔从霍提毕往这边逃来时,准噶尔驻扎边境人之游牧,俱驻在何处。乌鲁木齐周边,于何处种地,兵丁俱驻在哪里,卡伦置于何等地方,尔如何通过了卡伦,等语。对此告称:巴里坤军队今年春进兵之事,是听到其下人等之言论,不知其人从何处听到。先前准噶尔游牧之人,俱曾驻在乌鲁木齐等地。据其言论:满洲、蒙古、索伦兵,来巴里坤者甚多,今年春定会进兵,我等将游牧俱迁移到霍提毕以内,将军队驻扎在乌鲁木齐,等语。如此商议后,于今年正月,才将其游牧迁往霍提毕。我从霍提毕逃来时,途中丝毫没见过游牧之人,从霍提毕往这边到乌鲁木齐为止,今年没种庄稼,听说其军队驻扎在乌鲁木齐。我因躲着乌鲁木齐走,故没见过其驻兵与否。到达吉木色地方后,发现四五匹马印,卡伦有可能设在吉木色地方。从济尔马台到科舍图,途中野兽甚多,以此来看,这周围似乎没有准噶尔卡伦,等语。讯问达尔扎:据准噶尔人之言,说巴里坤军队今年春定会进兵,故将游牧迁移至霍提毕,而将其军队驻扎在乌鲁木齐。除此之外,尔是否又听说其他派驻军队之事乎,等语。对此告称:据听其下人等之言论,去年曾在吉木色、古尔班哈郎贵地方,驻防近一万兵,因马膘皆瘦,且巴里坤军队要进兵,故将军队移至乌鲁木齐,将游牧迁往霍提毕。如今巴里坤军队过春没进兵,入秋变凉后或会进兵。五月十五日前后,台吉色布腾、宰桑齐默特,带领一万六七千士兵,仍驻防在吉木色、古尔班哈郎贵地方。俟军队到达吉木色后,为寻得今秋巴里坤军队是否进兵之消息,派少数人,从库克车勒通往洮赍固杜尔古、乌科克的山中有一小路,由此路可派人捕捉活口。如此听到彼等互相议论。再据听闻:小策凌敦多布子曼济,带其属下一千兵,经玛纳斯西边的斋尔,前往阿尔泰方面。小策凌敦多布本人,会见噶尔丹策零后,自此与大策凌敦多布、宰桑察衮一起,共引三万兵,亦前往阿尔泰路,等语。听到看守我之准噶尔人如此互相言论。我逃来之前,三月二十九日,已忘记具体日子,小策凌敦多布属下一千兵,经过霍提毕前往,我亲眼所见,等语。讯问达尔扎:据尔所言,派往阿尔泰方面的三万兵,由二策凌敦多布、察衮、曼济领头而去。除此之外,是否还有其他台吉、宰桑。此三万兵,俱是何鄂托克之兵。出征士兵,每人办给几匹马、几个月行粮。彼等今夏在何处放养马匹,几月时进兵,此处尔可否听到。再,尔亲眼所见喀喇沙尔地方一千兵经霍提毕前去矣,彼等马畜之数量如何,肉膘如何,等语。对此告称:听说派往阿尔泰的三万兵,由二策凌敦多布、察衮、曼济领头而去。除此之外,没有听到是否还有其他台吉、宰桑。此三万兵是何鄂托克之兵,我亦没听到。准噶尔人凡进兵何地,皆事先传令准备行粮,日久则更换冬夏衣服。派往吉木色、阿尔泰等地的士兵,如何办给行粮,每人办给几匹马之处,全然没有听到彼人言论。策凌敦多布等人引三万兵前往阿尔泰方面,只听到彼等下人如此言论。彼兵在阿尔泰方面,于何处放养马匹,何月进兵之处,我毫未听闻。看得前往阿尔泰方面的喀喇沙尔地方一千兵经过霍提毕时的马匹踪影,每人不过两匹马,骆驼甚少,似乎每六七人得一骆驼。春季马驼肉膘俱瘦,故前后结群行进,经过时一连几日。行粮、绵羊、山羊甚少,全然见不到牛。各自驮子上,亦有驮一两口袋粮食者,等语。讯问达尔扎:俄罗斯是否遣使准噶尔,叶尔羌、喀什噶尔地方之消息如何,怎样听到哈萨克、布鲁特、土尔扈特地方之消息,等语。对此告称:据闻,俄罗斯国遣使准噶尔,索取工匠伊凡等人时,噶尔丹策零普查各地的俄罗斯人,交给俄罗斯使者,噶尔丹策零又曾复遣使者。我来时,尚未听到所遣使者回来之事。叶尔羌、喀什噶尔之回子,照旧纳贡。为围困哈萨克,以诺颜和硕齐为首,带兵驻扎。为围困布鲁特,以噶旺敦多克、察罕哈什哈为首,带兵驻扎,等语。没听说派遣多少士兵,于何处驻扎之处。我自到达准噶尔以来,在准噶尔的土尔扈特人、回子等,准噶尔下等人,尚无数次抱怨称:这几年,因举兵巴里坤、阿尔泰两路,哈萨克兵每年都趁机来我西北边境两三次,掳走马畜。且今又挺进至吹、塔拉斯地方驻扎。布鲁特人,每次也都来犯。土尔扈特也是敌人。见到已变如此之情形,何时才能自在安逸泰然生活耶。大国两路大军已前来,我等归顺大国,若能穿上一好布料衣物,能喝上红茶,则作为人亦不枉活一世,等语。还有罗卜藏舒努,倘若引兵前来,白天见到其人影后,晚上我等即会全体溃散投奔而已。亦有如此言论者,等语。讯问达尔扎:这几年准噶尔人生计如何,去年种的庄稼,收成如何,等语。对此告称:这几年准噶尔地方,因四面俱是敌人,故无休止地征战而行,马畜损失甚多,去年牛得瘟疫,十有六七已死去。现在其有马畜者,多寡不一,三分之一的人,没有马畜,俱倚赖种地过活。去年种的庄稼,有的地方有收获,有的地方没收获,没有收获的地方之人,互相偷盗而行。再于前年,前往额尔德尼召之准噶尔人,被我军大败,战死许多,马畜兵器多被抢去,受害于我方弓箭之人甚多。为此噶尔丹策零传令各鄂托克,吩咐铁匠人等,照我铁箭簇之标准,做成一样的,在五六十步远处,立一毡子或羊皮,教习俱要求射中,不能射中之人即行鞭笞,还教习远射一百二十步,不能达到之人亦加鞭笞。不管如何教习,因不能调适弓箭,故射中者、射远者甚少。为此下人等无不甚伤心悲痛,等语。讯问达尔扎:尔居伊犁附近将近四年,且是蒙古人,依尔之见,其准噶尔全体,倘若行军出征,共可得多少兵。对此些士兵,俱统计噶尔丹策零商上马匹及三吉萨马匹办给,每人尚可得多少匹马,等语。对此告称:去年我本人在图斯库勒淖尔地方时,据听彼处人等言论,这几年准噶尔地方四面俱是敌人,且现如今大国军队于阿尔泰、巴里坤两路,满洲、蒙古、索伦兵,来者甚多。倘若两路大军同时进兵,哈萨克、布鲁特听此消息后,亦来攻打,而要将我全体俱行派出,则不过五六万兵,能抗拒哪一方耶。况且虽可得五六万,能否得到这么多马匹乎。互相如此言论。我不知噶尔丹策零商上马匹及三吉萨马匹数量,其他地方我亦没去,只以我所居住及经过的各地来看,骆驼甚少。依其律例,一名长官,管辖二十户。有些长官管辖的二十户里,算上骟马、母马、公马、儿马,不过百匹。有些长官管辖的二十户里,有二三十匹马,多寡不一。其中不算不能骑的母马、儿马、老马,若要通融办给其全部五六万兵,则每人只可得两匹而已,思绝不能多得,等语。讯问达尔扎:噶尔丹策零现居于何处,其身边何人处理事务。据之前我所听闻,宰桑察衮得了疯病,噶尔丹策零已生恶疮。曾听说普查过在准噶尔的我方人数,普查此辈,置于何处,如何处理之处,尔有何听闻否。再,罗卜藏丹津在何处,毛海、策凌、巴济兄弟及土尔扈特喇嘛墨尔根绰尔济,今俱驻在何处,尔可知否。若有尔听闻之处,唯据实告来,稍勿隐匿,亦莫欺诈,等语。对此告称:噶尔丹策零仍驻在其原来游牧的伊犁等地。据闻,宰桑散济在身边处理事务,散济的两眼都瞎。去年春,察衮不知得了什么病,真是大病,对此噶尔丹策零将察衮的家户分成三份,一份给了察衮之子,一份给了察衮之妻,一份献给喇嘛积福诵经,故察衮的病好了。我没听到噶尔丹策零已生恶疮得病之事。只是准噶尔人甚是狡诈有谋,现如今因行军打仗于各地,故隐匿噶尔丹策零已生恶疮得病之事,俱亦未可定。我方之人,其俱已分给各地鄂托克之德沁,人之名数都在德木齐等人处,彼等不会不知,似乎暗中查过,毫未听闻令人聚集查数之事。听说罗卜藏丹津本人及其母亲、妻孥,俱在博尔塔拉北部的阿拉坦特布西地方,被监禁看守。再于去年五月,我本人前去噶尔丹策零处送铁时,遇见巴济属下叫敦多克的人,我对敦多克言道:今将尔等俱安置在何处,尔等生计如何,等语。对此敦多克抱怨称:我等先前在杭爱地方时曾安逸生活,自到此地以来,每年都行军打仗,马畜用尽,以至于迁移时俱徒步行走。今我等游牧驻在和伯克赛尔、乌兰苏海图等地,我辈已甚衰弱,等语。因我没问毛海、策凌及土尔扈特喇嘛墨尔根绰尔济等人今在何处,故而不知。据闻,今年正月,宰桑达尔扎属下和济格尔劳章等近三十户之妻孥,一并带领此百余口,已从阿尔泰路投诚。除此之外,毫无其他闻知之处。达尔扎我是舍命归顺圣主之人,若真有其他闻知之处,岂敢不告明而隐匿耶,等语。据臣我等看得,因达尔扎步行逃出,故两脚俱甚浮肿,不能骑马,俟治疗几日痊愈后,臣我等派人送往京城。此外将问讯达尔扎之口供,先具折谨奏闻。

雍正十二年五月初二日

署宁远大将军　臣　查郎阿

副将军　臣　张广泗

副将军　臣　常赉

参赞大臣　散秩大臣　臣　穆克登

参赞大臣　内大臣　臣　顾鲁

大学士伯臣鄂尔泰等谨奏。据查郎阿等奏称,从贼地脱出的厄鲁特达尔扎口供内称:以二策凌敦多布为首,引三万兵,被派往阿尔泰方面。小策凌敦多布子曼济领喀喇沙尔一千兵前往,其亲眼所见,等语。因有这些言情,故将此折子抄出,密送平王及额驸策凌等人。如此于雍正十二年五月十九日上奏时,所奉上谕:依议,钦此。

定边大将军福彭奏出征准噶尔被俘
脱回护军存格供词并将伊留军营安置折

雍正十二年五月初四日

定边大将军多罗平郡王臣福彭等谨奏。为奏闻事。左副将军和硕超勇亲王固伦额驸策凌等呈文称：管辖布拉罕路哨探兵喀尔喀参赞公敏珠尔呈报称，我派至前队哨探的协理台吉彭苏克等人，到达和通敖包后，引来从贼地脱出的正红旗①西住佐领下护军存格，并将其送往将军等处，等语。如此到来后，我等讯问存格：尔如何被贼捉走，曾在何人家中，从何处如何脱出，等语。对此告称：我于雍正九年六月，在和通呼尔哈淖尔交战时，我嘴唇受箭伤，喉咙、肩膀各受一矛伤，大拇指受刀伤，共得四伤而昏厥，从马上落下后，被贼宰桑库图齐捉走。库图齐将我带至伊犁地方，令看守其牛羊马群，后来库图齐宰桑一连两年，带我到哈萨克战场。据去年从我地俘获的卡伦蒙古告称：我满洲、蒙古兵前来四十万，已至科布多驻扎，明年在额敏筑城驻扎，等语。贼人听到此事后，甚是恐惧。今年正月满洲兵突至额尔齐斯，在额尔齐斯等地的准噶尔人惊动时，驻在额敏、博尔塔拉、伊犁之人的游牧，亦开始往里迁移。于是我趁机于正月二十七日，带上库图齐宰桑的三匹马、鸟枪、锅、行粮，昼伏夜行，到达纳木图垒地方，从那里一直寻奔察罕呼济尔而来。我所骑乘的三匹马开始疲惫，故在额敏地方遇到贼人抛弃的一群马匹，捕捉三匹，由铿格尔、乌里雅台行进，取用贼人迁移逃跑时留下的畜肉米面为行粮，夜行昼伏，一直前进，三匹马又疲惫后抛弃。从那里进入我军踪迹，不分昼夜步行而来，遇见我人后被送过来，等语。讯问存格：尔从伊犁往这边来时，途中是否见过贼人预备的军队，是否有往这边派兵的消息，其卡伦哨探置于何处，贼人惊动至何处停止，是否听到噶尔丹策零及二策凌敦多布之消息。尔跟随宰桑库图齐两次前往哈萨克地方，准噶尔贼人是否得到收获。其厄鲁特等之人心如何，是否有何变异之情。叶尔羌、喀什噶尔是否照旧纳贡。令将所有闻

---

① 此处原文无"gūsa"字样。

知之处,俱妥善思考告来,等语。对此告称:我从伊犁往这边来时,俱是白天瞭望要走的路径,夜里才行走。有一天到达额敏地方后,早上瞭望,看见许多准噶尔兵营,故我隐藏一天,夜里绕远看着马力急行而来。到达和伯克赛尔地方后,遭遇贼卡伦之人,两人欲前来拦捕我时,我情急万分,发射一阵鸟枪,贼人放开出路,我逃出后,贼仍不停止,从后面追赶。因我骑乘的马匹好,故勉强得以逃脱。我来当时,噶尔丹策零之游牧,正开始向那边迁移而去,不知到何处停止,也不知二策凌敦多布在哪里。我上路看得,察罕呼济尔这边到额尔齐斯为止驻在的贼人抛弃的牛羊,布满道路,将立着的蒙古包与肉米面等物一起抛弃者甚多。前年,准噶尔三千兵前往哈萨克,交战时阵亡三百兵而回撤。去年六月,三千兵前往哈萨克,到达阿尔辉乌拉地方,没能交战即返回。是年十二月,曾再派三千兵前去哈萨克,至今毫无音信。据准噶尔人言论:听说罗卜藏舒努与车臣王一同领兵四十万,来战我等,倘若罗卜藏舒努果真前来,俱会归顺吧,等语。众人皆如此议论。再据噶尔丹策零之言:寅年对我等甚不吉利,不可出兵,唯欲往里躲避迁移,等语。曾如此听到库图齐宰桑之言论。先前准噶尔地方出兵时,叶尔羌、喀什噶尔曾协助米粮,听说去年因叶尔羌、喀什噶尔地方干旱,粮食无收,故没有纳粮。我只在和伯克赛尔地方见过贼卡伦人,不知彼地其他卡伦哨探置于何处,亦不知贼地派兵之事,此外再毫无闻知之处,等语。据存格控诉称:我蒙主子隆恩,因无福分,故在和通呼尔哈淖尔地方交战时受伤被贼捉走。承蒙主子威福,得以逃脱,今大军征讨,存格我恳请仍在军前效力行走以报仇,等语。为此将存格留在我军前,办给米、钱粮及官马,等语。如此呈来。为此谨奏闻。

雍正十二年五月初四日
  定边大将军 多罗平郡王 臣 福彭
  参赞大臣 内大臣 伯 臣 钦拜
  参赞大臣 领侍卫内大臣 臣 萨穆哈

定边大将军福彭奏报投来之厄鲁特衮楚克扎布等供词并安置折

雍正十二年五月十一日

　　定边大将军多罗平郡王臣福彭等谨奏。为奏闻事。左副将军和硕超勇亲王固伦额驸策凌等呈文称：为呈报事。我处派至布拉罕路搜寻踪迹、瞭望踪影的孔雀翎委署护军校扎兰章京古木扎布及向导多尔济等呈文称，三月二十五日，在布拉克青济勒①地方，瞭望发现两厄鲁特赶着十余匹马前来，于是埋伏士兵逮捕讯问时供称：是从准噶尔地方投诚之人，一个名叫衮楚克扎布，一个名叫丹达拜。因我父母兄弟俱已投诚，故我等亦来投诚，等语。为此将来投的衮楚克扎布、丹达拜，解送至将军等处，等语。如此将文书与人一并送来。于是讯问衮楚克扎布：尔是何族，是谁属人，为何来投，等语。对此告称：我是和硕特族，原曾是和硕特台吉噶尔丹多尔济属下，策妄阿喇布坦时代拆分我等下人时，将我交给了达尔吉雅宰桑之父。我曾跟随达尔吉雅宰桑之弟敦吉，于防守哈萨克隘口的五百兵处，与杜尔伯特台吉策凌一起，驻扎在了叫摩根召的地方。听到敌人已来我游牧地后，我策凌、敦吉带领我等返回到纳木图垒地方，达尔吉雅宰桑以我之父母俱已投奔大国为由，将我逮捕并看守十天。我对达尔吉雅言道：我是个孩子，不识地方，能逃到哪里，想依靠我姐生活，等语。如此请求后，才放了我。其后我跟丹达拜言道：我等之父母俱已投奔大国，故我等亦图出逃，等语。如此商量后，从斋尔地方，于三月初四日偷取达尔吉雅宰桑十五匹马，不分昼夜急行，在和伯克赛尔地方遇见我玛木特宰桑之兵，六人前来追我，我等往这边逃出，在海拉图山口进入尔兵踪迹行进，于本月二十三日在布拉克青济勒地方遇见尔之哨探后被送来，等语。讯问衮楚克扎布：尔是后来逃出之人，是否听到从尔游牧征兵预备之事，尔等之卡伦哨探俱置于何处，尔等游牧之人惊动至何处停止。尔辈准噶尔人，有何言论。尔已是投诚我大国之人，故将尔闻知之处，令俱告明，等语。对此

---

① 此处原文是"bula cinggil"。

告称：在和伯克赛尔，宰桑玛木特领兵设置卡伦。我等通过时，伊卡伦发现我后前来追赶，因其马不好，故没能及我，我等勉强逃出。再于额敏源头察罕呼济尔地方，听说呼里木宰桑领四百兵驻扎。此外没听说再于何处设置卡伦。我准噶尔人听到尔大军进去征讨，掳掠我扎哈沁、杜尔伯特之游牧人等，走在前方的掳掠兵俱已到和伯克等地后，甚是恐惧。从盔甲开始，将所有重物、瘦弱马匹牛羊俱已抛弃，不分昼夜惊慌动迁，互相抢夺拼杀，大生混乱。有的人不能行走，有将立着的蒙古包完整地留下而逃者。我等出来时，仍在往那边惊慌迁移，不知到何处停止。毫无出兵预备之事。据我下人等言论：我准噶尔，北面与哈萨克、布鲁特有战事，从南面大国军队现又进来攻打，我等灭亡之时已到，等语。如此互相抱怨言论。我等出来当时，噶尔丹策零遣其近侍叫宝宝的人，向我达尔吉雅宰桑送来文书称：令尔妥善养肥马畜，整饬兵器，立即预备行粮，准备出征，等语。对此众人皆议论称：生在人世，见不到妻孥，连年征战何时休，倘若满洲兵前来，如何交战，带着妻孥归顺，以求安逸生活，此前投奔之人，俱是有福有禄之人，等语。有人对我明确言道：尔所有亲戚俱已奔去，尔还贪恋什么，我等牵连妻孥，毫无办法，故只暂时照料过活而已，等语。我从防守边境的军中回来后，立即逃出，故毫未听闻其他事情，等语。讯问丹达拜：尔是何族，是谁属人，为何来投，等语。对此告称：我是土尔扈特族，是达尔吉雅宰桑属人，我曾跟随敦吉，与衮楚克扎布一起，前往防御哈萨克的军中驻扎，听到敌人已到我游牧地，敦吉带兵返回时同来。到达游牧地的看得，我父母俱已投奔大国。达尔吉雅宰桑以我是孩子，能到哪里，令在其姐姐处为由，交给我姐夫。我彼处人等谈论道：已派兵追击尔父母，等语。因此我以为或已追及带回而曾观望。又一人言道：没能追上，逃出去了，等语。于是我跟衮楚克扎布表白后，偷取达尔吉雅宰桑的马匹逃出，等语。他处俱与衮楚克扎布一样供述。为此将衮楚克扎布、丹达拜，送往大将军王军营，等语。如此送来。于是臣我等再次审讯厄鲁特衮楚克扎布、丹达拜时，与在额驸策凌处的口供一样供述，说毫无其他闻知之处。为此除将衮楚克扎布、丹达拜，于此前投诚的人等内，与其父母搭配一并解送外，为此谨奏闻。

雍正十二年五月十一日

定边大将军　多罗平郡王　臣　福彭
参赞大臣　内大臣　伯　臣　钦拜
参赞大臣　领侍卫内大臣　臣　萨穆哈

署宁远大将军查郎阿奏报自准噶尔投来回子鄂罗思供词并差员将脱回披甲一同解送京城折

雍正十二年五月十七日

署宁远大将军臣查郎阿等谨奏。为奏闻事。雍正十二年五月初三日,管辖察哈尔兵梅勒章京班第送来驻扎噶勒藏敖包卡伦正红旗①察哈尔护军萨木坦、正白旗②护军巴布里等人发现后引来的准噶尔投诚回子一人。送到后,臣我等讯问回子:尔名甚,何地回子,今年多大岁,尔是否有父母兄弟妻孥,自何处来投,等语。对此告称:我名鄂罗思,叶尔羌地方回子,今年二十三岁,我皆无父母兄弟妻孥。我八岁时,准噶尔人前去攻打叶尔羌之际,和硕特台吉达尔玛达赖所属叫达什的人,将我掳来,当作儿子,在西喇璧勒地方驻有八年。策妄阿喇布坦死后,噶尔丹策零言道:我人居住的,地已变得宽阔,难以收拢,故令往里推移,等语。于是达尔玛达赖带领游牧之人,迁移至额敏地方,又驻一年。后以额仁哈毕尔噶游牧人少为由,将台吉达尔玛达赖所属近一千户人,分拨派至额仁哈毕尔噶地方驻牧时,我跟随达什前来,成为台吉色布腾属下。今年正月,征调我至一千兵内,驻防在乌鲁木齐。鄂罗思我自到准噶尔以来,一日也没享过清福,即使受各种艰苦效力而行,亦不得体面,且如何也不能脱去俘虏之恶名。据我先前听闻,大汗甚是好生,施加隆恩于各类投诚人等,俱使永远安逸生活。我虽早有立即投奔之打算,然丝毫不得机会。我驻在乌鲁木齐的一千兵内,曾派出七十人,至吉木色地方驻扎卡伦,十五天一换。因鄂罗思我有投诚大汗之心,故我就跟随此七十人队伍,来至吉木色。令我等五人,在吉木色近东铿格尔乌兰托罗海驻扎卡伦,五天一换。于是四月二十五日,更换我等的五人到来后,我等从吉木色源头回撤时,我故意将我矛头,遗弃在地上,行进十余里后,我突然对那四人言道:我将矛

---

① 此处原文无"gūsa"字样。
② 此处原文无"gūsa"字样。

头,遗忘在了我卡伦地方,尔等慢慢走着,我回去取,等语。如此慰止说完,我便骑我一匹马,牵来一匹马,一直走到看不见那四人身影后,我即进入山中,不分昼夜,不加休息,急行七天看见尔卡伦人搭箭,鸟枪夹火,朝着我寻来时,我高声喊道我是投诚者,故卡伦人才将我引导带来,等语。讯问鄂罗思:驻扎乌鲁木齐的一千五百兵,由谁率领驻扎,此外再于何处驻扎军队,卡伦俱置于何处,等语。对此告称:去年夏秋,台吉色布腾等曾领兵驻扎在吉木色、哈郎贵等地,未闻兵数。入冬后,色布腾等带兵缓慢迁移至乌鲁木齐,留下马瘦的人员,伊亲自带领其余士兵,回到游牧地。今年正月末,突然听到众人议论:阿尔泰方面的大军,已分两路进来,巴里坤军队也不会不进来,等语。于是将其游牧俱迁往霍提毕等地。色布腾、齐默特、衮布等领兵来到乌鲁木齐,又驻扎了近一个月。二月末,尔方军队的进兵时机已过后,以入秋后尔方军队或会进兵为由,令色布腾兄长之子噶尔丹多尔济、默德齐乌巴锡等人为首,在乌鲁木齐留下一千兵,而将色布腾等人领来的士兵,仍旧带回游牧地。再据听闻,台吉色布腾、衮布等,于五月带兵而来。带来后,或驻乌鲁木齐,或驻吉木色、古尔班哈郎贵等地,此处没听说,此外亦未闻在他处驻兵之事。从驻扎乌鲁木齐的我一千兵内,派出七十人至吉木色、杜尔伯勒津西面的阿布达尔图垒、吉木色河下游及戈壁边缘的喀喇毛都、托博楚克、铿格尔乌兰托罗海,此四处俱各派五人,以驻扎扩展卡伦。从吉木色到科舍图,丝毫没有设置卡伦,等语。讯问鄂罗思:据我等听闻,小策凌敦多布子曼济为前往阿尔泰方面,带领喀喇沙尔一千兵,经过霍提毕而去。二策凌敦多布、察衮等共引兵三万,前往阿尔泰,台吉色布腾等率一万六七千兵来至吉木色、哈郎贵地方,派少数人至我地捕捉活口。尔虽是回子族,自小到准噶尔已年久,今又来充军,不会没听说这些消息。尔已是投诚我圣主,以求安逸生活的归顺之人,尔若有闻知之处,俱如实告明才好。派往阿尔泰之兵,现驻扎何处。色布腾等人带兵到达吉木色后,何时派人来捉捕我活口,从何路而来,尔是否有何听闻,等语。对此告称:鄂罗思我于今年正月,即来乌鲁木齐军队。小策凌敦多布子曼济带领喀喇沙尔地方一千兵前去之事,我丝毫未闻。亦没听说在阿尔泰驻扎多少军队,由谁带领驻扎之事。巴里坤军队今年春没进兵,入秋后定会进兵,为此听说色布腾等人带兵于五月前来。来至吉木色,试图派人捕捉尔方活口之事,亦没听说。去年为捕捉尔方活口,曾派人两次,然没得活口,反而受害返回。据准噶尔人互相言论:今不能昔比,满洲、蒙古兵来者甚多,俱已知晓行进地方,今万不可轻易派人,等语。只是色布腾等人带兵,倘若驻扎吉木色等地,思今年入秋后,为收取尔兵是否进兵之消息,挑选人马,派来捕捉活口,亦未可定,等语。讯问鄂罗思:据尔告称,正月里阿尔泰两路大军已进兵,巴里坤军队亦定会进兵,为此已将游牧在乌鲁木齐之人,俱往内迁移。对此准噶尔人定会派兵阻截,其由谁带领,差遣多少兵,派至何地阻截之处,尔是否有何听闻,等语。对此告称:据听其下人等之言论,于阿尔泰方面,大国军队两路进兵,吞并了驻在准噶尔边境的乌梁海。听到此消息,驻在额敏、斋尔等地的大策凌敦多布、杜尔伯特台吉达赖太师、卫征和硕齐等人,将其游牧俱已往里迁移。由谁带领,已差多少兵,派至何处阻截之处,毫未听闻,等语。讯问鄂罗思:是否听闻哈萨克、布鲁特、土尔扈特、俄罗斯地方消息,叶尔羌、喀什噶尔回子等是否仍在对其纳贡,罗卜藏舒努现在何处,尔是否有所听闻,等语。对此告称:先前准噶尔人曾每每派人掳掠哈萨克、布鲁特人。自大国举兵阿尔泰、巴里坤以来,哈萨克、布鲁特,每年来准噶尔边境两三次,掠走人畜。这几年丝毫未闻准噶尔人从哈萨克收获什么战利品。哈萨克之游牧反而推进至吹、塔拉斯驻扎。土尔扈特虽仍是其敌人,然路途遥远。听说前年俄罗斯遣使,索取工匠伊凡时,噶尔丹策零将伊凡交给来使带回,自那以来,变得和睦。叶尔羌、喀什噶尔仍旧在纳贡。听说罗卜藏舒努在土尔扈特地方,不知真伪,等语。讯问鄂罗思:噶尔丹策零现居于何处,谁在其身边处理事务,噶尔丹策零待二策凌敦多布是否一视同仁,毛海、策凌、巴济兄弟,土尔扈特喇嘛墨尔根绰尔济、罗卜藏丹津,现俱在何处,尔是否听闻,等语。对此告称:噶尔丹策零仍旧驻在其游牧的伊犁、特克斯等地,听说宰桑察衮、散济在噶尔丹策零身边处理事务。以前噶尔丹策零待二策凌敦多布尚好,前年小策凌敦多布带兵在额尔德尼召地方被满洲兵大败,战死许多人,马畜兵器被抢去甚多,故而对待小策凌敦多布,已不如从前,对待大策凌敦多布仍好。如此听到下人等之言论。毛海、策凌,先曾令驻在哈布塔克、拜塔克,去年冬已将毛海、策凌迁往伊犁,不知何故。巴济兄弟、土尔扈特喇嘛墨尔根绰尔济、罗卜藏丹津等人俱驻何处,未有所闻,等语。讯问鄂罗思:这几年准噶尔人生计如何,种的庄稼收获怎样。今尔辈在乌鲁木齐的一千兵,每人骑乘几匹马前来,肉膘如何,带来几个月行粮,等语。对此告称:这几年准噶尔四面俱是敌人,故人不得脱衣,马不得离鞍,无休止地行军打仗于各地,人畜损失甚多,富人变穷,穷人破产,在准噶尔的各类人及其妻孥,不得团聚,一日不得安逸生活,不仅如此,行军打仗时,若父亲在东边,则儿子在西边。于是下人等抱怨称:我等早晚会死于战争,祈求倘若大国军队前来,我等趁机归顺,方可过上安逸生活,身在此地,绝不会得到太平,等语。无不如此抱怨。看得有马畜的人家甚少,没有牲畜之人,俱倚赖种地生活。庄稼有所收获,生活尚且变得宽裕,庄稼无收获,则穷人互相偷盗而行,此俱是常事。现驻乌鲁木齐的一千兵,俱传令每两人合用五匹马,两只食用羊、两袋黍米,带着食用三个月。曾如此通告。然我一千兵到达乌鲁木齐后,领来的台吉噶尔丹多尔济等人检查马匹时,有两匹马的多,两人合用五匹马的少,且三分之一是骟马,三分之二是母马和公马。再算上山羊,每人有两只羊、两袋黍米的甚少。我本人在乌鲁木齐时,我辈有的行粮断绝,于是报告各自长官后派去取粮的亦有,没遣回的亦有。没有行粮之人,偷盗马匹,宰杀充饥。我逃来时,亦有膘好马匹,亦有瘦弱马匹,肥瘦不一,等语。讯问鄂罗思:据尔告称,已将驻牧乌鲁木齐等地之人,俱迁往霍提毕地方。今年乌鲁木齐等地是否种有庄稼。入秋后往里游牧之人,是否还会迁来乌鲁木齐等地。尔若有何闻知之处,俱如实告来,稍勿隐匿,等语。对此告称:去年乌鲁木齐、额仁哈毕尔噶等地,曾照常种植庄稼。然今年春担心尔等进兵,为提前打算能够及时迁移游牧,故将驻在乌鲁木齐地方之人,俱往里迁移至霍提毕那边。除在罗克鲁木地方种植少量庄稼外,乌鲁木齐等地丝毫未种庄稼。虽色布腾等人带兵,仍照去年例,驻扎在吉木色、古尔班哈郎贵等地,但思乌鲁木齐地方之人,或会往这边迁移而来。我是回子族人,虽在准噶尔年久,但只是被彼人使唤而行,其内部重要事务,像我这样的人,亦不得听闻。将我闻知之处,俱已告明。我是特意投诚大国,以求安逸生活而归顺之人,倘若真有其他闻知之处,岂敢隐匿不告耶,等语。为此臣我等委派委署翰林院笔帖式中书皋卫,将准噶尔投诚叶尔羌回子鄂罗思及此前脱回的兴京锡伯披甲乌吉莫,以及厄鲁特贝子衮布所属兵丁达尔扎,交给委署中书皋卫,为不致途中生事,妥善照看,乘驿解送京城。除此之外,将鄂罗思口供,先具折谨奏闻。

雍正十二年五月十七日

署宁远大将军　臣　查郎阿

副将军　臣　张广泗

副将军　臣　常赉

参赞大臣　散秩大臣　臣　穆克登

参赞大臣　内大臣　臣　顾鲁

定边大将军福彭奏安置出征准噶尔被俘脱回之特古思多尔济两人折

雍正十二年六月十五日

定边大将军多罗平郡王臣福彭等谨奏。为奏闻事。左副将军和硕超勇亲王固伦额驸策凌等呈文称：为报审讯脱回喀尔喀人事。管带西路哨探兵喀尔喀参赞公敏珠尔呈称：驻扎哨探的营总罗尔布噶尔等人，将从准噶尔脱回的喀尔喀特古思等两人，于本月二十二日送至我兵营。并告称：此辈同来的、叫成布的一人现在有病，故暂留我军中，等语。为此我处除委派喀尔喀骁骑校齐巴克，现将送来的特古思、多尔济乘驿解送外，因成布有病，留在罗尔布噶尔等人处，故于送来时，再解送大军营，等语。如此于雍正十二年五月二十七日送至我军营。于是我等讯问特古思、多尔济：尔是何旗，是谁属人，如何被贼俘获，何人带走尔，曾驻在何处，从哪里、何时脱出，等语。对此特古思告称：我是喀尔喀公色内旗人，去年我四十名喀尔喀人，曾跟随护军德禄，驻扎在钦达木尼塔里察卡伦。十二月二十八日早，三百余厄鲁特突然来至，包围我卡伦，以德禄为首，共捉走二十九人。途中分取我等时，杜尔伯特台吉达克巴所属叫西喇巴图尔的人，给众人两匹马，将我买下。我跟随西喇巴图尔，驻在了额敏地方。今年四月，西喇巴图尔向我言道：今噶尔丹策零送来文书，令将尔等之人俱查送来，故我将尔送往伊犁，等语。是月十九日，从额敏出发，二十二日到达喀喇阿济尔罕地方，遇见原与我同时被俘的我旗成布、多尔济后，聚于一处商定：今要将我等送往伊犁，不如见机一同逃出，等语。于是当夜贼俱入睡后，我等各自解开捆绑的皮绳，骑乘其十一匹马逃出。次日傍晚，后面追来十余人，我等见到人影后，急忙向东南躲进戈壁。接着天色渐黑，追赶之人返回后，继续往这边赶路。因途中路经无水之地，故马匹俱已死去。于是我等三人俱扔下衣服等物步行，于本月二十日到达布拉罕后，遇见我哨探之人。成布曾在途中腿脚浮肿生病，到达卡伦后不能行走，故哨探之人将其留下，而将我等两人送到这边，等语。讯问特古思：护军德禄现在何处。尔等往这边出来时，准噶尔这方边境之人，驻牧于何处。我军进去扫荡时，其边境之人惊动,迁移至何处。噶尔丹策零听到后曾如何预备,其卡伦哨探现置于何处。彼地之人生计如何。二策凌敦多布俱驻何处,噶尔丹策零待二策凌敦多布怎样。这几年行军打仗,对此其内部有何言论。令将尔闻知之处,据实告明,等语。对此告称:我等上路时,曾见过护军德禄,自从拆分我等后,丝毫未见德禄。后来我询问西喇巴图尔:尔等将我领头之人送至何处,等语。这时伊对我告称:无人知晓,或已被送到噶尔丹策零处,等语。不知德禄现在何处,怎么样了。我等出逃当时听说:杜尔伯特达赖太师下人等内驻这方边境之人,已驻额敏地方,大策凌敦多布往这边迁至塔尔巴哈台地方驻下,等语。不知小策凌敦多布驻在何处。据我听闻,今年我大军进去后,驻在额尔齐斯、和伯克赛尔等地之人,纷纷惊动迁至额敏河那边的喀喇高勒地方,抛弃的牲畜甚多。噶尔丹策零听到此消息后,曾派出三万兵。知我大军已撤后,分遣至各自游牧地。其后噶尔丹策零如实批评杜尔伯特达赖太师称:我以尔为大人物,特令驻防边境,尔却丝毫不加确认那边来的军队多寡,已到何处,即率众人惊动慌乱迁移,损失牲畜,等语。接着噶尔丹策零曾派三百兵,于三月二十几日经过额敏前来,分三路查看我大军在何处。此三百兵,于四月十九日经过额敏返回时,据听其言论:已查看至布拉罕、察罕托辉、科布多源头等地为止而来,毫无踪影,等语。听说现在杜尔伯特达赖太师所属台吉达什、小宰桑察衮,带领一千兵,驻扎在毛垓克楞地方,卡伦置于察罕敖包。我至额敏后不到二十天就出来了,没见过他部之人,只看见杜尔伯特之人。据平时人等言论:其杜尔伯特部人,在准噶尔内,堪称甚富裕之人。其中有一千只羊、两三百匹马、近一百头牛者,称为大富。有两三百头大畜、四五百只羊者,称为一般富人,这种的甚少。大畜十五头以上、四五十头以下,羊二三十只以上、二百只以下者,称为平常殷实人家,这种的亦不多。没有牲畜之人,倚赖种地生活者多。再,噶尔丹策零待二策凌敦多布好坏,我全然未闻。据其下人等之议论:这几年我准噶尔四处挑起战端,每年都行军打仗,人不得休息,马畜损失甚多,与其如此艰苦生活,干脆不如待大国军队前来收取,承蒙大汗之恩,穿戴绸布,饮茶吸烟,安逸生活,等语。多有如此互相抱怨之人,等语。讯问特古思:噶尔丹策零现在有何打算,在何处备兵。是否听到那边哈萨克、布鲁特之消息。叶尔羌、喀什噶尔之回子,是否仍在向其纳贡。与俄罗斯、土尔扈特之间是否有战事。尔是居住准噶尔地方几个月之人,所有事情,勿要隐匿,亦莫妄加掩饰欺骗,令将尔所闻所知,俱如实告明,等语。对此告称:我被准噶尔俘获以来,至今已有五个月,虽是如此,当初被捉去时,因贼马匹甚是瘦弱,故前去寻找留在哈布塔克、拜塔克的牲畜看得,其留驻之人听到我军进兵后,俱赶着留下的牲畜,寻奔各自游牧而去。因而马匹疲惫,在戈壁步行滞留近一个月,慢慢行进,于四月初七日到达额敏,驻留十余天,丝毫没在一处久驻,且准噶尔人商议任何事务时,俱隐匿于我,故我琐碎听得:噶尔丹策零征调三万兵,派出小策凌敦多布、达赖太师、宰桑察衮、台吉曼济,士兵每人四匹马,每人两口袋炒的黍米,每人一只羊,以为行粮,立即办理,于游牧地预备。倘若大国来兵,路上放火烧毁草场,手持鲊答,以令下雨,削弱消耗马畜,等语。如此商议预备。又听说今年四月,达赖太师弟台吉达克巴,带领一千兵,为防守哈萨克方面,前往鄂布克德伊地方驻扎。不知他处有无军队。此外俱未听闻俄罗斯、土尔扈特、叶尔羌、喀什噶尔、哈萨克、布鲁特地方之消息,等语。据多尔济告称:我今年十九岁,亦是喀尔喀公色内旗人,去年我等在钦达木尼塔里察地方被贼俘获,我曾住在杜尔伯特达赖太师所属叫齐布藏的人家中。今年四月,将我送往噶尔丹策零处,到达喀喇阿济尔罕地方后,成布、特古思我们三人商议一同逃出。我是一孩子,在齐布藏家中拾木打水,被其使唤。是故毫无闻知之处,等语。他处与特古思一样供述。为此由我处办给特古思、多尔济衣服等物,差喀尔喀人衮布,乘驿送往大将军王军营。俟公敏珠尔将成布送到时,另再审讯呈送。除此之外,呈报审讯特古思、多尔济之事,等语。如此送来。于是臣我等再次审讯特古思、多尔济时,与王额驸策凌审讯呈报无异。为此臣我等除将特古思、多尔济交给该部外,为此谨奏闻。

雍正十二年六月十五日

定边大将军　多罗平郡王　臣　福彭

参赞大臣　内大臣　伯　臣　钦拜

参赞大臣　领侍卫内大臣　臣　萨穆哈

雍正朝

定边大将军福彭奏拿获之厄鲁特人扎尔布等五人供词并奖赏出力官兵折

雍正十二年六月十五日

定边大将军多罗平郡王臣福彭等谨奏。为奏闻所获准噶尔贼口供事。左副将军和硕超勇亲王固伦额驸策凌等呈文称：喀尔喀参赞臣贝勒青衮杂卜呈文称，我处为瞭影寻踪事驻扎博尔济逊达拉克河地方的协理台吉孟古等人呈称，派至乌尔木格图山口地方瞭影寻踪之人回来告称没有踪影，而派至考木对面山口瞭影寻踪的扎兰章京散济等人回来告称，在考木河地方发现两骑马人行走的印迹。于是我处交给扎兰章京散济、阿喇布坦、佐领克图尔海一百兵，派去跟踪查看。今散济等人回来告称：我等径直跟踪前去，到达考木、索木两河汇流之地，因河水较深，水流凶险，难以渡过，故选派会水之人，带我三章京、三十五兵，漂浮过河。再翻越山岭，在乌逊呼济尔地方，捕获赶三百余匹马的四个贼人。讯问时贼称：是乌鲁西叶勒宰桑等人的三围马群，等语。于是我等立即带兵前去袭击后，一汉人跑来投诚，其他二十余名男丁，躲避在山岭树林里交战时，我等射倒贼叫肖玛尔巴图尔的人，我兵骑乘的两匹马被贼鸟枪击中倒下。我等讯问被俘的恩克等人时告称：驻在其居住地附近的男丁有近四十，再有乌梁海等接连驻扎，等语。是故我等带着俘获的四贼，得到的一汉人、八峰骆驼、三百余匹马、四十头牛回来，等语。为此将所获五人及马驼牛，送至贝勒处，等语。如此到来。旋即我处派协理台吉孟古、旺扎尔、敖汉御前台吉罗卜藏、管旗章京达尔吉、乌纳甘、拣定包衣兵闲散章京召可图、布三泰等人及一百五十兵，令务必捉来此一群贼。此外将现已俘获送来的乌鲁西叶勒宰桑子扎尔布、叛贼毛海、策凌人恩克、哈萨克博尔德、汉人刘成福①，委派扎兰章京散济，送往副将军等之兵营。并将恩克子劳章达什，派给协理台吉孟古等人当向导。俟此辈到来时另报外，将其俘获带来的八峰骆驼、三百余匹马、四十头牛，现存留我兵营，俘获的此些牲畜如何处置之

---

① 此处原文是"lio ceng fu"。

处,视将军等之教导遵行,等语。如此将人一并于六月初四日送来。于是讯问贼恩克:尔是谁属人,为何驻留乌逊呼济尔地方,等语。对此供称:我原是厄鲁特王色布腾旺布属人,毛海、策凌叛逃时,将我一并带走。我等那年在阿里科泰等地过冬时,乌梁海乌鲁西叶勒宰桑因是我岳父,故我与我弟蒙克一起,跟乌鲁西叶勒宰桑会合而驻。因我等没牲畜,故曾驻在山谷里,渔猎而行。今年正月,与我等接壤边境而驻的杜尔伯特达赖太师下人等听到大国进兵之事后,往里迁移躲避,时我等不知,故而留下。后来得知大军进兵后,在考木、索木两河汇流之地,依靠山水险峻,躲藏居住留下。居住这么多月,丝毫不得音讯,故派人前去寻踪瞭影时回称:大国军队已回撤,等语。之后我乌鲁西叶勒宰桑前去查看罕哈屯等地乌梁海,并收取消息。居住我附近之人,这才开始打牲狩猎。没想到尔兵跟随我人之行迹前去,捕获了我等,等语。讯问恩克:尔是从我处叛逃之人,居住准噶尔这么多年,因尔已被我等俘获,故将所有闻知之处,俱如实告明,不可稍有隐匿。等语。对此供称:刚刚罕哈屯乌梁海两人,前来看望我乌鲁西叶勒宰桑时告称,去年秋,我乌梁海三人曾前往噶尔丹策零处,彼等回来告称,我等驻在伊犁时,噶尔丹策零曾宣称,今大国军队已来,故我卡伦哨探边境人等俱已惊动迁移,经过额敏河而来。令速速征调三千兵,派至和伯克赛尔等地,以确认那边来的军队多寡来告。并给我前去的三人马匹行粮,令速速回去收拢尔乌梁海驻扎,如此差派。彼等往这边来时,遇见准噶尔惊动迁移之人,其马匹俱被盗走,只留下一匹马,刚刚步行到来,等语。那两乌梁海仍在我处,他们骑来的马匹,现在被尔等掠来的马群里。此外毫无闻知之处,等语。讯问所获准噶尔男孩扎尔布:尔是何族,是谁属人,等语。对此供称:我是厄鲁特布尔古特族,宰桑乌鲁西叶勒子。我等原来曾驻牧西喇擘勒地方,后来令我父驻扎管带乌梁海,来此地已十年有余。刚刚我父前去,从罕哈屯乌梁海收取消息,现不在家中。那天我早早起来,前去收拢马群时,尔兵突然来至,围困抓捕我,并将马群俱赶来,等语。讯问扎尔布:尔已被我俘获,尔准噶尔游牧驻在何处,是否已出兵,其卡伦现俱置于何处,等语。对此供称:杜尔伯特达赖太师下人等,曾与我接壤边境驻扎。今年正月,杜尔伯特人知道尔等进兵后,惊动迁移而去,不知到何处停止。前年我准噶尔人,战败于额尔德尼召,丢尽所有马畜,不能到达游牧地者,曾步行到我驻扎边境之人中,由我等养之。现在我家有五名厄鲁特人,不知其他地方是否还有。准噶尔兵是否出征及卡伦置于何处等事,没听到什么迹象,等语。他处俱与恩克一样供述。讯问哈萨克博尔德:尔为何来到准噶尔地方,曾在何人家中,等语。对此供称:我小时被准噶尔掳来,将我交给乌鲁西叶勒弟索云,我看管索云的牲畜而行。

今年正月，大国军队刨开阿尔泰雪，翻越进兵，而边境方面之人迁移时，乌鲁西叶勒、索云等一同商议称：没有驮东西的骆驼，马畜已消瘦，我等几个人家，暂时躲进山岭驻留，俟草青后，再行迁移，等语。于是躲藏驻在叫布勒布代的山中。刚听说敌人俱已返回，才要迁移时，尔兵突然前去，将我等抓来。我不分昼夜看管其马群，没怎么待在家中，故毫无闻知之处，等语。讯问汉人刘成福：尔是哪里人，为何被贼俘获，等语。对此告称：我是山西太原府所辖恒县民人，雍正八年十二月，前去巴里坤军营经商，我与同伴三人在奎苏地方，突然遭遇准噶尔三十余贼，被杜尔伯特达赖太师所属叫巴第的贼捕获。巴第带走我，交给伊队宰桑乌鲁西叶勒弟索云，在索云家中拾木打水，被其使唤这么多年。那天早上，在外面站着时，突然二三十人从树林里呼喊下来，小的我思得是我兵，便朝着对面跑进去后，我蒙古兵听见我说汉语，即将其牵来的马让我骑乘带出，等语。此外再询问他事时告称：我不通晓蒙古语，故毫无闻知之处，等语。为此由我处嘉勉带领喀尔喀哨探三十五兵前去的扎兰章京散济、阿喇布坦、佐领克图尔海，每人赏给银牌一个、绸缎一匹，并将俘获的八峰骆驼、三百余匹马、四十头牛，即赏给此次效力的共三十八名官兵，等语。除如此行文喀尔喀参赞贝勒青衮杂卜外，将俘获送来的毛海等人恩克、哈萨克博尔德、汉人刘成福，交给验看水草的护军校怀色，送往大将军王军营。而将宰桑乌鲁西叶勒子扎尔布，暂留我兵营，俟协理台吉孟古等人回来时另送。除此之外，已大体讯问此辈呈报，等语。为此俟王额驸策凌等人送来厄鲁特扎尔布等人时，臣我等再次审讯另奏。此外，先将额驸策凌等人收取的贼人口供，谨奏闻。

雍正十二年六月十五日

定边大将军　多罗平郡王　臣　福彭

参赞大臣　内大臣　伯　臣　钦拜

参赞大臣　领侍卫内大臣　臣　萨穆哈

大学士鄂尔泰奏解京之投诚回子照例安插于旗下其脱回披甲交奉天将军安置折

雍正十二年七月三十日

大学士伯臣鄂尔泰等谨奏。为请旨事。适才署大将军查郎阿遣笔帖式皋卫，已将准噶尔投诚回子鄂罗思、脱回兴京城锡伯披甲乌吉莫及厄鲁特兵达尔扎送来。据查，先前将准噶尔投诚回子蒙亚萨尔等人，俱并入八旗，编为披甲，食用钱粮，并给妻、房屋、田地等项，安置在了京城。又向脱回的吉林乌拉披甲代敏等人，每人赏银三十两，将其派至北路军营效力。再向额驸阿宝所属的脱回厄鲁特曼济等人，亦每人赏银三十两，将其派至其游牧地安置。此事俱已入案。今将查郎阿所送投诚回子鄂罗思，亦照先前投诚回子蒙亚萨尔等人例，并入旗分，编为披甲，食用钱粮，照例办给妻、房屋、田地等项安置。脱回的锡伯披甲乌吉莫，原曾前往阿尔泰路远征军，在和通呼尔哈淖尔地方交战时受伤被俘，现因裁撤此队兵马，故给乌吉莫赏银三十两，由兵部乘驿解送盛京将军处，派至其原地办理安置。再将脱回厄鲁特兵达尔扎，亦照先前脱回的厄鲁特曼济等人例，赏银三十两，趁原送笔帖式皋卫返回之机，乘驿带至宁夏，由宁夏办理蒙古事务官员，转交额驸阿宝，禁止此人到远处，妥善安置看管。为此谨奏请旨。

署西路大将军查郎阿委派笔帖式皋卫，已将从准噶尔脱回的锡伯披甲乌吉莫、厄鲁特兵达尔扎及投诚回子鄂罗思送来。逐个审讯这些人时，据乌吉莫告称：我是兴京城镶蓝旗①博堆佐领下披甲。雍正七年前去北路军，九年跟随傅尔丹进兵，在和通呼尔哈淖尔交战时，左胯受箭伤，被贼俘获。贼人带走我，卖给驻在额仁哈毕尔噶地方的噶尔玛巴喇嘛，放牧牲畜，听其使唤。虽想回来，然不识道路，加上贼人防守严紧，故全然不得机会。年前我与两个汉人悄悄商量一起出逃，等语。他处仍照前一样供述。据厄鲁特兵达尔扎告称：我是贝子衮布所属兵

---

① 此处原文无"gūsa"字样。

丁,八年十二月驻扎科舍图卡伦时,被贼俘获。将我带至伊犁那边的图斯库勒淖尔地方,照看牲畜,打水砍柴,被人使唤。因不堪忍受艰辛困苦,去年秋我与我旗被俘士兵特古斯、达什合伙商议一起出逃,一个在途中为寻一匹马而被杀,一个被追击之人抓获,我进入山林隐蔽行走,勉强到达卡伦。故地有我妻和一男孩,等语。讯问达尔扎:据尔此前告称,驻扎乌鲁木齐之人,俱往那边迁移至霍提毕。尔亲眼见过小策凌敦多布子曼济,率领一千兵前往额尔齐斯。二策凌敦多布引兵三万,前去阿尔泰驻扎预备。将尔所有闻知之处,俱如实告明,等语。对此告称:我出逃时,在乌鲁木齐地方被抓后,贼人曾看守我。驻扎乌鲁木齐之人,即使我大军不进去征讨,也俱往那边迁至霍提毕。途中行走时,看见军队陆陆续续经过,询问时听彼人议论:此乃小策凌敦多布所属一千兵,由曼济带领前往阿尔泰。以二策凌敦多布为首,共征调三万兵预备,等语。准噶尔人生性狡诈,其会宣扬一百为一千,一千为一万,真实数目有多少,我不得而知,等语。据回子鄂罗思告称:我原曾是叶尔羌回子,八岁时被准噶尔掳来,被人使唤行走。今年已二十三岁,我毫无子妻,是个单身。平时听说大主子宽仁,施恩安逸归顺之人,遂生投诚之心。来至乌鲁木齐驻扎卡伦当值不久,我便趁机逃出,等语。他处仍照前一样供述。

如此于雍正十二年七月三十日上奏时,所奉上谕:依议,钦此。除自军机处取银赏赐外,将此交给蒙古衙门,该办则办,理应行文之处,著令通行。

定边大将军福彭奏报出征准噶尔被俘脱回蒙古兵丁及来投厄鲁特人口供并安置折

雍正十二年八月初一日

定边大将军多罗平郡王臣福彭等谨奏。为奏闻事。派至中路哨探的喀尔喀公根丕勒呈文称：我处驻古尔毕岭哨探的协理台吉扎勒等称，放置在古尔毕岭山脊的卡伦人，瞭影时发现溯额尔齐斯上来的两人身影，正前去抓捕时看像是我蒙古兵，讯问时告称：我等在和通呼尔哈淖尔交战时被贼俘获，今已脱出，等语。为此将从贼处脱回的两蒙古送往军营，等语。如此送来后，臣我等讯问从准噶尔脱出的两蒙古：尔等名甚，是谁属人，从军已有几年，如何遇贼被抓，尔等被贼俘获居住这么多年，将在彼处闻知之事，令俱告明，等语。对此告称：一个名叫喀喇扣，一个名叫格默尔，是喀喇沁、土默特兵，从军后跟随我公沙津达赖，九年在和通呼尔哈淖尔交战时，落马被俘。今年正月据听准噶尔人言论：大军翻越阿尔泰，前来攻打我等，绝不会轻易罢休，为此以小策凌敦多布为首，征调三万兵，给每名士兵两只羊、两匹马，驻防古尔班图勒噶地方，等语。于是差遣哨探至库克辛托罗海地方，收取消息，瞭望踪影。沿阿尔泰山脊看得，额尔齐斯河周围，尘土白沙甚多，为此畏惧，撤回三万兵，驻了乌图格阿尔宾地方。六月二十日，将游牧俱往里迁移躲避，听说要迁往察罕乌苏、喀喇塔拉地方，等语。讯问喀喇扣：尔哪月哪日脱出，往这边来时是否见过什么准噶尔设置卡伦之处，驻扎军队之地。今年准噶尔兵是否往这边来。面对巴里坤路军队，于何处阻截驻军。叶尔羌、喀什噶尔、俄罗斯，是否遣使噶尔丹策零。准噶尔人如何议论我大军，等语。对此告称：我等从塔尔巴哈台地方出发，于六月十九日夜里，从马群取五匹马，将一匹马当作食物，白天在山谷中藏身，夜晚急行，不识道路，唯奔着太阳升起的方向前进，到达大山阴面后，一直沿山行进，遇见驻在喀喇额尔齐斯河的我方卡伦后往这边来。途中丝毫没见过准噶尔卡伦兵。听说叶尔羌、喀什噶尔仍旧纳贡于噶尔丹策零。俄罗斯曾自前以来友好往来，前年俄罗斯遣使言道：请将身在准噶尔地方之俄罗斯男女，总共二百余口，速速搜查返还我等，倘若不还，请一言为定，等语。因如此遣使,故噶尔丹策零普查归还。从那以后,禁止俄罗斯商人往来。在博克多额仁哈毕尔噶路,厄鲁特台吉色布腾领兵驻防巴里坤军队,不知其全体兵数。没听说今年准噶尔军队是否往这边来。听说现在已向乌图格阿尔宾地方的三万兵,办给十个月行粮。再,准噶尔人互相抱怨称:去年冬游牧动迁时,从小孩算起,抛弃了所有东西,今年又不得收获庄稼,躲避至察罕乌苏、喀喇塔拉地方居住,生活属实已变得困难。大国军队若是前来,会很快到来收取我等,倘若军队不来,此兵罢止,众人皆可避免痛苦矣,等语。如此互相抱怨,等语。讯问喀喇扣:大军翻越阿尔泰进去征讨准噶尔人之言,尔等如何听说,等语。对此告称:今年四月,准噶尔乌梁海遣使噶尔丹策零告称,大国军队,现俱已在我等行走的道路上,阻截驻扎了蒙古兵,从此以后我等行走变得困难。听说如此遣使,等语。讯问喀喇扣:这几年准噶尔生计如何,粮食收获如何,等语。对此告称:自在额尔德尼召交战以来,准噶尔人马畜损失甚多,生活穷困之人、生活富裕之人,互相偷盗马畜而行。皆互相抱怨不得安宁,等语。讯问喀喇扣:尔是蒙古人,且是驻扎卫征和硕齐游牧附近之人,是否听到今年军队从哪路前来,准噶尔兵或驻防游牧地,或等养肥马畜后往这边来,尔若有何闻知之处,令俱详思,勿要隐匿,据实告明,等语。对此告称:我等被当作扎勒布卫征和硕齐的阿勒巴图使唤,看管马畜,还防着我等,禁止前往任何地方,且彼等互相言论时,俱避开我等谈论,故而此事毫未听闻。除将我所闻知之处,俱已告明外,毫无其他闻知之处,等语。讯问一同脱出的格默尔时,亦与喀喇扣一样供述。为此臣我等将从贼处脱出的喀喇沁、土默特兵喀喇扣、格默尔,交给该土默特贝勒阿喇布坦,仍旧于军前效力。此外,接着喀尔喀公根丕勒呈文称:扩展卡伦发现有人前来的踪影,在罕达垓特东边,骑一匹马,牵一匹马往这边来时逮捕讯问得知,是准噶尔地方投诚者。于是捕获送往军营,等语。如此送来。于是臣我等讯问投诚厄鲁特:尔是谁属人,名甚,是何族,为何产生投诚之心,从何处前来。往这边来时,尔卡伦置于何处,军队驻扎何处。尔已投诚我等,既已是我人,令将闻知之处,稍勿隐匿,俱行告明,等语。对此告称:我是库图齐纳尔鄂托克宰桑博勒属人,我名根敦达什,索伦郭斯族。我往这边来时,昼伏夜行,沿着斋尔山脊,朝着戈壁,夜里绕行,由和伯克赛尔河之山口进入,经过萨勒巴尔图、齐萨巴什淖尔,越过额尔齐斯河,往这边不分昼夜前行,到达罕达垓特卡伦后遇见卡伦人。途中丝毫没见过卡伦、军队。去年冬十月,派出我准噶尔五百兵,以辉特诺尔布为首,派至哈萨克方面掳掠马畜时,我同去,一无所获。今年正月撤回来时,因俱饥饿行走,故我偷了我士兵马匹。据我听闻:查出偷盗马匹者后,弄断手脚,割掉耳朵,从父母妻孥开始拆分,给人为奴,等语。因此恐惧,特为逃避惩罚,曾纠合小台吉等之属人,试图一起出逃。与我同住一鄂托克人,悄悄听到我之言论后,报告给了我宰桑、德木齐等人,随即将我逮捕看守。我自小就有癫痫病,以病情突然发作为由,告知看守我之人,请求让医生格苏勒看病后,释放了我。于是我趁机往这边逃来。我投诚之意,特为摆脱我所犯之罪责,前来大国安逸生活,毫无他意。我从斋尔地方逃来时,到达墨霍尔台地方后,发现近三十匹马前往额尔齐斯的踪迹。听说噶尔丹策零的游牧,在伊犁河那边的特克斯消夏。据闻今年春,五十户出兵四十,派往和伯克赛尔,不知兵数共多少、如何驻扎军队之事。此外毫无其他闻知之处,等语。臣我等尽管如何讯问根敦达什,皆供称毫无其他闻知之处。看得其人愚昧,且属实不怎么知道准噶尔事务。之后派人将投诚厄鲁特根敦达什,乘驿解送京城。此外,为此谨奏闻。

雍正十二年八月初一日

定边大将军　多罗平郡王　臣　福彭

右副将军　内大臣　镇守黑龙江等处将军　臣　塔勒岱

副将军　镇守宁古塔等处将军　臣　常德

臣　傅尔丹

定边大将军福彭将来投辉特部敦多克等审明解京折(缺文首)

雍正十二年八月二十五日

〔残缺〕迁移。在尔处之〔残缺〕、布鲁特、土尔扈特等人，是否有回逃者。准噶尔兵今年是否越过阿尔泰前来，是否前往巴里坤，如何听到。令将所有事务，据实告明，等语。对此供称：去年此处大军进去扫荡时，其这方边境之人俱大为惊动，抛弃许多马牛羊及蒙古包等物，斋尔〔残缺〕往内迁移。哈萨克、布鲁特、土尔扈特〔残缺〕，从后面陆续有逃跑者。〔残缺〕兵今年是否〔残缺〕阿尔泰前来，是否前往巴里坤，毫未听闻。我业已是思主子之恩、留下妻孥投诚之人，且岂敢隐匿闻知之处，等语。再询问与敦多克一同逃出的哈什哈、纳旺达尔济、扎木扬、巴郎时，除敦多克所言之外，毫无其他闻知之处，俱说是敦多克同族。敦多克等一同逃出〔残缺〕，询问阿宝旗厄鲁特：尔〔字迹不清〕，尔如何被准噶尔贼俘获，如何逃出，令告明尔闻知之处，等语。对此告称：我名珠鲁，我妹嫁给了巴济旗下的孟古，我前来看望我妹夫、妹妹时，遇贼被抓。到达准噶尔后，曾与敦多克驻扎一处。刚刚出来时，亦走在一起，一同脱出，我处毫无闻知之事，等语。他处与敦多克一样供述。接着管辖西路哨探兵喀尔喀公敏珠尔，遣人送来从准噶尔地方脱出的一名喀尔喀蒙古。于是臣我等讯问从准噶尔地方脱出的喀尔喀蒙古：尔名甚，是谁属人，如何遇贼被俘，尔到达准噶尔地方后，倚靠居住在何人家中，如何逃出，往这边来时，经过了哪些地方，等语。对此告称：我名察罕，是喀尔喀达什丕勒旗人。我曾于九年，在额尔齐斯淖尔地方驻扎包衣卡伦，准噶尔贼人突然包围我卡伦，俱被贼俘获。将与我子妻一并带到其准噶尔地方，俱拆散分给其阿勒巴图为奴。将我子妻交给何人，我亦不知。将我分给了杜尔伯特达赖太师所属叫垂扎布的人家为奴，看管羊只行走。七月十八日，我从喀喇阿济尔罕地方，偷取三匹马，骑乘一匹，牵着两匹，从乌隆古地方，不分昼夜疾行，行走戈壁之路，两匹马疲惫后抛弃，骑一匹马出来，等语。讯问察罕：尔绝非准噶尔贼，是我喀尔喀蒙古，被贼俘获，居住几年之人，令将所有闻知之处，据实告来。尔往这边来时，准噶尔军队在哪里,卡伦置于何处,从后面是否有人追赶尔,等语。对此告称:我被贼俘获,虽在彼处居住两三年,然在准噶尔属下阿勒巴图家中每日看守羊只行走,大人物等商议兵事时,俱隐匿议论,不在我辈人面前议论。我往这边来时,丝毫未见准噶尔军队在哪里,卡伦置于何处。因将游牧地男丁,俱征调从军,故亦未追赶我,等语。讯问察罕:尔虽未见准噶尔军队之驻扎及设置卡伦之处,然却深知我大军进去征讨之事,而且准噶尔岂有不备兵之理,如何备兵阻截驻扎,领头驻扎之人为谁,兵数多少,卡伦置于何处,今年准噶尔军队是否往这边来,尔是否听闻。再将尔闻知之处,俱行告明,等语。对此告称:据闻,为保护游牧,在察罕呼济尔地方,以小策凌敦多布为首,带领一万兵驻扎。在乌兰呼济尔地方,以达赖太师子达什为首驻扎。在特木尔绰尔固地方,令达赖太师驻扎,不知此两地兵数多少。小策凌敦多布差遣三百兵,在察罕敖包地方设置卡伦。其他地方是否设置卡伦,我未听闻,军队是否往这边来,我亦未听闻。准噶尔人互相言论称:寅年倘若兴兵,定会被大国军队剿灭,不如我等将游牧俱往里躲避迁移居住,等语。听到如此言论,等语。讯问察罕:噶尔丹策零是否与叶尔羌、喀什噶尔、布鲁特、哈萨克、俄罗斯互相遣人往来,巴济、毛海现驻在何处,准噶尔人生计如何,如何谈论我军,等语。对此告称:据闻,叶尔羌、喀什噶尔人多,仰仗人众,互相议论企图攻杀。哈萨克地方,每年都进兵。俄罗斯人仍在贸易往来。不知与布鲁特是否有战事。彼处生计,有马畜之人亦有,无马畜之人亦有,无马畜之人倚赖庄稼过活。白天等着太阳下山,互相偷盗而行。巴济在噶尔丹策零游牧地那边,为阻截哈萨克兵,驻扎在喀喇高勒地方。在额尔德尼召地方交战那次,毛海领兵没得战利品,损兵折将回来,听说为此噶尔丹策零杀死毛海,不知真伪。再据准噶尔人互相言论:倘若大军进来,我等只避至远处,养肥马畜,俟来攻军队之回撤,追袭其尾部,等语。如此互相言论,等语。讯问察罕:〔残缺〕久居彼处之人,若有其他闻知之处,稍勿隐匿,俱行告明,等语。对此告称:去年开春,听到彼处准噶尔人议论,在我方的厄鲁特色布腾两人,已前往噶尔丹策零处。不知为何事前往,等语。再询问察罕:据尔告称,我方厄鲁特色布腾两人,已前往噶尔丹策零处。此厄鲁特色布腾是何人,驻在我方何处,尔可详知否,等语。对此告称:只听到彼处准噶尔人之言论,在我方之厄鲁特色布腾是何等级、驻在何处之事,我毫未知晓,此外毫无其他闻知之处,等语。据臣我寻思,由中路哨探处送来的逃人敦多克、哈什哈、纳旺达尔济、扎木扬、巴郎、珠鲁此六人,俱是与公巴济旗人一同出逃,在准噶尔地方居住多年之人,不可直接信赖此辈人心。今因已令我蒙古兵驻防各处,故将此辈安置在边外,则会收取我内部消息,再次逃避,口出妄言造谣,亦未可料。为此臣我等将脱出的辉特巴济旗下敦多克、哈什哈、纳旺达尔济、扎木扬、巴郎及王阿宝旗下珠鲁,随后交给扎兰章京图密善,途中妥善看管,乘驿解送京城,以备审讯。此外,为此谨奏闻。

雍正十二年八月二十五日

定边大将军　多罗平郡王　臣　福彭

右副将军　内大臣　镇守黑龙江等处将军　臣　塔勒岱

副将军　镇守宁古塔等处将军　臣　常德

驻藏大臣马喇奏颇罗鼐所报自拉达克处闻得准噶尔被重创策凌敦多布被参事折

雍正十二年九月二十四日

奴才马喇等谨奏。为密奏闻事。雍正十二年九月十八日，贝勒颇罗鼐将拉达克所送消息、四封唐古忒文书及颇罗鼐自己上奏的两封蒙古文书，呈来恳请转奏。于是大体翻译看得：天下众生之倚赖，于上大主子足下似金莲般美妙光明前，小颇罗鼐甚加恭敬叩奏。今年拉达克未来一份消息，为讯问如何没来消息事，再三行文后，又无回复。后派我驻扎噶尔之人即拉达克尼玛纳木扎尔续妻之人丹产喀布拉送来消息称：巴尔迪人前来攻打，德忠纳木扎尔亲率拉达克兵前往，故没回复，等语。我又再次向拉达克汗及官员分别致信。再，德忠纳木扎尔妻布里特旺姆，是居住我阿里的古格诺颜小女儿，此辈在拉达克之地，居住在准噶尔近边，为考虑不致进入准噶尔各种圈套，特令收取其内部消息，为此我介绍了布里特旺姆。而将古格诺颜的大女儿，我子公珠尔默特车登驻扎阿里时，令人做媒娶为妻。布里特旺姆，是我儿媳之妹，故送去密信及礼物。今拉达克汗、官员、布里特旺姆等人，各自送来消息文书。将拉达克送来的消息文书，一并呈给大臣等，恳请转奏。与文书礼物一并，小颇罗鼐叩奏，等语。为此奴才我等将颇罗鼐所奏蒙古文书及拉达克所致唐古忒文书，大体翻译另具折，与唐古忒文书一并谨密奏闻。

雍正十二年九月二十四日

副都统　臣　马喇

副都统　臣　那苏泰

总兵官　臣　周起凤

雍正朝

署宁远大将军查郎阿奏报自准噶尔处脱回之回子图勒克玛木特等四人口供并安置折

雍正十二年十一月初六日

署宁远大将军臣查郎阿等谨奏。为奏闻事。雍正十二年十月十五日，驻扎哈密办事郎中召存住等送来驻西喇淖尔卡伦兵杨牧①及哈密回子阿玉特玛木特引导过来的自准噶尔脱出的回子图勒克玛木特、罗斯玛木特、阿乞木、岳尔杂马特。于是臣我等讯问回子图勒克玛木特：尔今年多大岁，是何地回子，如何前往准噶尔，曾在谁处，从哪里逃出，尔可有父母兄弟妻孥，等语。对此告称：我今年四十四岁，乌什地方回子。十二年前，准噶尔人将居住在吐鲁番等地的回子俱行迁移，试图安置在我乌什城，因我等头领不允，故与准噶尔交恶，互相交战，其人将我俘获后，交给台吉色布腾属下驻在玛纳斯的叫克车的人为奴。我俱无父母兄弟妻孥。我在克车家中，夏天耕种庄稼，冬天放牧牲畜，被其奴役使唤，毫无出头之日。我前曾听说，归顺大国之人，俱得安逸生活，为此想立即投诚，然毫无机会。上个月初五或初六日，没记日子，我偷取两小口袋炒的黍米，纠合回子罗斯玛木特、阿乞木、岳尔杂马特等人一同逃出，行走三十多天，尔卡伦人发现我等后引来，等语。讯问图勒克玛木特：罗斯玛木特、阿乞木、岳尔杂马特俱是何地回子，尔如何认识后一同纠合逃出。尔等为何前来，由何路前来，如何通过了准噶尔卡伦，是否追赶过尔等，等语。对此告称：罗斯玛木特是吐鲁番回子，阿乞木是哈密回子，岳尔杂马特是库车地方回子，此辈亦曾被准噶尔掳来，在玛纳斯地方种地。我等俱是同族回子，故有一天俱集合在种地的地方，我言道：我等虽不是同乡之人，然是同族，今被准噶尔掳来奴役使唤，此何时才能出头。听说归顺大国之人，俱安逸生活，我等在此受苦受累生活，何不如舍命逃出投诚大国。倘若准噶尔人发觉后追来，我等被捕，唯念死于一处，若能侥幸逃出，我等可承接大国之恩也，等语。如此商量后，我等四人于上个月初几日，没记日子，偷取两小口袋

---

① 此处原文是"yang mu"。

炒的黍米，夜里从我等种地的玛纳斯地方逃出。当夜我等在一山谷里发现有马匹，便偷取六匹马。因知乌鲁木齐这边有准噶尔兵，故我等没敢走正经的大路，白天潜藏爬到高处瞭望没有踪影后夜里行进，只奔着太阳升起的方向，行走四五天，翻越博克多山，经过吐鲁番到达西喇淖尔。途中丝毫没发现准噶尔人，只前曾听说在齐克塔木地方有一百人设置卡伦，为此我等来时，躲开齐克塔木，唯走戈壁，故疲惫三匹马，我等刮取疲惫马之肉，驮在剩下的三匹马上，慢慢前进，尔卡伦人发现我等后引来，不知从后面是否追赶过我等，等语。讯问图勒克玛木特：今年九月，准噶尔宰桑巴图孟克等，带领一千五百余贼，来犯喀洮卡伦，被我军大败捕杀。其下人等听到此事后，有何言论。今准噶尔兵俱驻扎何处，由谁带领，卡伦俱置于何处。再于阿尔泰方面，又以谁为首，于何处驻兵，尔是否听闻，等语。对此告称：准噶尔人，将我掳走，在玛纳斯地方种地，已有十二三年。不仅不让我等回子参军，还禁止前往远处。今年九月初五或初六日，我纠合吐鲁番回子罗斯玛木特等人，翻越博克多山，经过吐鲁番逃出。宰桑巴图孟克等领兵来犯尔卡伦后被大败捕杀，此事毫未听闻。我本人在种地的地方时，据听众人言论：以台吉色布腾、噶尔丹多尔济为首，引兵两三万，驻在乌鲁木齐这边，等语。驻扎何名之地，卡伦置于何处，俱未听闻。今年大国不会进兵，以此为由，听说九月台吉色布腾将参军的远地游牧人俱已撤回，近处游牧之人，仍驻在往年驻扎的地方，没听说驻扎多少兵，由谁带领。还听准噶尔人言论，先前我辈前去巴里坤抓捕活口，或得活口，或得马畜带来，现如今满洲、蒙古兵前来巴里坤，这两年多来，别说得到巴里坤地方之活口，就连一点消息也听不到了，为此台吉色布腾等人甚为苦恼。只为抓捕活口，于今年，没记月日，我等正在收割庄稼时，准噶尔人互相言论称：之前色布腾曾选派三百人，前往巴里坤地方抓捕活口，于是遭遇大国军队，近百人被打死，剩下人等溃散逃回，等语。众人皆如此言论。此次派去抓捕活口的三百人，或于今年，或于去年，没听清楚。我等出逃前又听得，色布腾正要选派兵马，前往巴里坤地方抓捕活口时，噶尔丹策零行文召唤色布腾、噶尔丹多尔济，随后今年九月初几日，没记日子，色布腾、噶尔丹多尔济出发前往噶尔丹策零处。那天夜里，我等即逃出。再丝毫未闻今年于阿尔泰方面，由谁带领，在何处驻兵之事。前年小策凌敦多布等人带领三万余兵，前往阿尔泰方面，被打得大败，战死近两万兵，许多马驼兵器被夺，剩下的士兵溃散并争先恐后逃回，在游牧地之人，儿子叫唤父亲，父亲寻找儿子，纷攘哀泣六七天。对此准噶尔人无不悲痛哀叹，等语。讯问图勒克玛木特：尔虽是回子族，然在准噶尔地方居住十几年，不会不知所有事情。噶尔丹策零为何唤去台吉色布腾、噶尔丹多尔济，此外又唤去了何人,尔是否听闻。再尔本人在玛纳斯时,如何听闻俄罗斯、土尔扈特、哈萨克、布鲁特地方之消息,等语。对此告称:我虽居住准噶尔地方十几年,然其人所有事务,亦不在我等人前谈论,我等只视其指示,被其使唤。我本人在玛纳斯地方时,听说色布腾本人领兵驻扎在乌鲁木齐这边,以今年大国军队不会进兵为由,伊本人曾返回游牧,不知噶尔丹策零为何行文唤去。此外又将何人唤去,毫未听闻。再听其下人等言论,今年五月,罗卜藏舒努曾以三支箭为礼物遣使,给噶尔丹策零一支,给台吉色布腾一支,没听清楚另一支给了谁,并言道:在我准噶尔之各地回子及异姓人等,俱是掳来之人,原来绝非我等之家奴阿勒巴图①,理应将此辈俱遣回各自故地才对。在准噶尔之纯正我等之阿勒巴图②等,若尔有份儿,我亦有份儿也。将我理应得到的份儿,给我则休矣。倘若不给,尔约个地方,我等交兵议论,等语。如此遣使。再俄罗斯亦遣使,索取通晓制造大炮的工匠伊凡等人时,噶尔丹策零将伊凡等工匠,俱查归还。不知真伪。听说这几年哈萨克、布鲁特,屡屡突然来至,掳走驻在准噶尔边境的二三十人户,因此今年派出噶旺敦多布,为阻截哈萨克来路,驻扎在西喇壁勒地方,没听说带多少兵前往,这期间丝毫未闻哈萨克兵是否又来准噶尔边境,等语。讯问图勒克玛木特:据尔告称,罗卜藏舒努以三支箭为礼物,遣使噶尔丹策零。罗卜藏舒努现在何处,所遣的使者是何地之人,名甚,噶尔丹策零有何言辞,其下人等又如何议论,等语。对此告称:听说罗卜藏舒努在土尔扈特地方,未闻所遣使者之名。我是被准噶尔人掳走之人,只为其种地放牧使唤,亦禁止去远处,平时听其下人等互相言论:罗卜藏舒努本人,若果真引兵来战我准噶尔,我等各个归顺而已,等语。未闻噶尔丹策零隐匿罗卜藏舒努之使者,如何处理之处,亦没听说其下人等又如何议论,等语。讯问图勒克玛木特:这几年,准噶尔人生计如何,种的庄稼收成如何。尔是乌什地方回子,是向往我圣主仁化,为求永远安逸生活,而舍命逃出之人。尔若有何闻知之处,令俱告明,稍勿隐匿,亦莫欺骗,等语。对此告称:这几年,准噶尔人无休止地行军打仗于各地时,俱食本人行粮,骑乘自己马匹,故殷实之人亦变得穷困,穷困之人更是变得不堪入目。我不知他处之人,驻在玛纳斯地方之人,有马畜者甚少,俱倚赖庄稼过活。这几年种的庄稼,有的地方有收获,有的地方没怎么收获。今年开春,以大国军队突然进来为由,将驻在乌鲁木齐地方的游牧人等,纷乱往里迁移时,多有无牲畜之人,因不能行进,征用有者的牲畜,办给无

---

① 此处原文是"jušen",即蒙古社会中的"albatu"。
② 此处原文是"albatu"。

牲畜之人,一阵大为慌乱。从那里到乌鲁木齐这边,丝毫没有种地。虽在我玛纳斯地方种地,亦不像往年,种的庄稼少,且今年又干旱,没怎么收获。其准噶尔老人互相抱怨称:噶尔丹策零无故四处挑起战端,父亲往东,儿子往西,分开征兵,个人拥有的几个牲畜亦用尽,虽有父母妻孥,然不能生活一处,以至于亦不能照料庄稼及牲畜,唯恳求天佛,我准噶尔全体民众之罪孽终结后,停止战争,太平安逸生活,等语。如此合掌祈祷。准噶尔人甚是狡诈,所有重要事务,亦不在我等人前谈论。我等在其身边,亦打骂令之离开,紧要密事,我等岂能听闻耶。我是乌什地方回子,是被准噶尔掳来奴役使唤,因不堪忍受痛苦,故舍命投诚大国,以求永远安逸生活之人。我若有何闻知之处,岂敢隐匿,俱已告明,此外再毫无听闻之处,等语。讯问吐鲁番回子罗斯玛木特:尔今年多大岁,如何到了准噶尔,曾在何人身边,乌什地方回子图勒克玛木特在何处纠合尔等一同逃出,等语。对此告称:我今年四十一岁,是吐鲁番回子,曾住在鲁布沁城。前年我与我兄之子库尔泽玛木特一起,前往阳黑城①收取我大碾子租金,途中十几个准噶尔人突然从山沟里出来抓捕我等时,我兄之子库尔泽玛木特跳进一井里,于是台吉色布腾属下叫赞布的人将我抓走,到玛纳斯地方,夏天种地,冬天放牧使唤。与我等一起种地的乌什地方回子图勒克玛木特向我言道:我等虽不是同乡,然是同族,我等在此被准噶尔奴役使唤,不如出逃归顺大国,等语。于是我听从其言,等待时机。今年九月初几日,没记日子,图勒克玛木特等人纠合我,于当夜逃出,在一山谷里发现有马匹,我等偷取六匹马,翻越博克多山,经过吐鲁番,行走三十余天,尔卡伦人发现我等后引来,等语。讯问罗斯玛木特:我圣主仁慈尔吐鲁番全体回子,为不致被准噶尔扰害,俱已往内迁移,筑造他城,给予生活家产,以使富足生活,此事尔不会没听说。尔若真是吐鲁番回子,尔不会真的父母兄弟妻孥都没有,尔应该思念尔父母妻孥而亦会来之。乌什地方回子图勒克玛木特等人纠合尔时才一起逃来,以此看得,想必有其他情由。尔应将所有事情,俱如实言告才好,等语。对此告称:前年被准噶尔人掳走时,我兄密尔杂玛特、我妻多拉特毕格依、我子伊泽玛木特,俱曾在鲁布沁城。我思念我兄及妻孥,曾逃跑几次都没成,从那以后禁止我去远处,加以提防。后来听说,大汗将我吐鲁番全体回子等,俱往内迁移而去,故罗斯玛木特我更加坚定逃跑之心,而没机会。乌什地方回子图勒克玛木特等人纠合我时,我甚欣喜并一起逃出,毫无他情,等语。他处俱与图勒克玛木特一样供述。讯问库车地方回子岳尔杂马特:尔今年多大岁,如何到了准噶

---

① 此处原文是"yanghei hoton"。

尔,曾在何人身边,从何处与图勒克玛木特等人一同逃出,尔为何来此,尔是否有父母兄弟妻孥,等语。对此告称:我今年二十三岁,我曾俱有父母及四个兄长。我十一岁时,在我库车城外玩耍时,准噶尔人突然到来,将我掳走带至玛纳斯,交给台吉色布腾属下德木齐叫乌勒木济的人为奴,已有十二年,我曾给乌勒木济种地。我父母兄长,虽俱在库车地方,然不得相见,被准噶尔人奴役使唤。今年像我一样的回子图勒克玛木特等人向我言道:我等归顺大国,以求永远安逸生活,等语。如此商量时,我即听从其言,一同逃出,等语。他处亦与图勒克玛木特一样供述。讯问哈密回子阿乞木:尔今年多大岁,现在哈密城有尔何人,尔如何到了准噶尔,曾在何人身边,从何处逃出,等语。对此告称:我今年四十五岁,哈密城现有我妻奈木尔特尔琴、我弟古尔班,我有一男孩、两女儿。十年正月,我驮着草料返回哈密城时,在西喇乌苏地方,突然到来二三十个准噶尔贼,将我抓走,到达玛纳斯地方后,将我交给台吉色布腾属下叫多尔济的人为奴。自那以来,我在多尔济家里种地放牧,被其使唤。我思念我故乡及妻孥,曾逃跑几次都没成。今年九月,乌什地方回子图勒克玛木特等人纠合我,商量逃跑时,我一同逃出,等语。讯问阿乞木:尔是我哈密回子,在准噶尔地方居住近三年,其内部所有事情,尔不会没听说,若有何闻知之处,令俱告明,稍勿隐匿,等语。对此告称:我虽在准噶尔地方近三年,然准噶尔人将所有事务言语,不在我等面前谈论,亦禁止我辈接近,会立即打骂令之离开。我本人在玛纳斯时,据听像我一样种地之人言论:今年春大国军队进来,以此为由,已将驻在乌鲁木齐的游牧人等,俱往里迁移,且亦禁止在乌鲁木齐地方种地。以台吉色布腾为首,共引两三万兵,没听清驻扎在乌鲁木齐这边何地,卡伦驻扎在吉木色地方,等语。我等逃来前,又据听闻,今年大国军队不会进兵,以此为由,色布腾撤回远地游牧之人,而附近游牧之人,仍在往年驻扎的地方驻兵,色布腾本人已返回游牧,其后噶尔丹策零行文唤去色布腾、噶尔丹多尔济,亦不知为何事唤去。我亲眼见过色布腾、噶尔丹多尔济出发前往。我是哈密地方回子,若真有闻知之处,岂敢不告明,等语。他处亦与图勒克玛木特一样供述。臣我等再三审讯图勒克玛木特等人时,俱称曾在准噶尔时夏天种地,冬天放牧行走。理应将此辈俱送往京城才对。唯看回子阿乞木、罗斯玛木特,其人愚蠢,且又不知准噶尔紧要消息。据查,回子阿乞木属实是哈密回子,其妻孥俱在哈密,是故将阿乞木立即交给驻哈密办事郎中召存住、多尔济及贝子额敏,令禁止到任何地方,与其妻孥团聚。除此之外,罗斯玛木特是否是吐鲁番回子,是否有妻孥之处,行文扎萨克公额敏和卓去查,若真是吐鲁番回子,将回子罗斯玛木特送往瓜州,交给额敏和卓,照例安置。而将乌什地方回子图勒克玛木特及库车地方回子岳尔杂马特,暂留军营,趁送人之机,解往京城。为此,将图勒克玛木特等人之口供,先具折谨奏闻。

雍正十二年十一月初六日

　　署宁远大将军　臣　查郎阿

　　副将军　臣　张广泗

　　副将军　臣　常赉

　　参赞大臣　内大臣　臣　顾鲁

大学士鄂尔泰奏自准噶尔投来之厄鲁特人特古勒德尔等口供并安置折

雍正十二年十一月初十日

大学士伯臣鄂尔泰等谨奏。西路署大将军查郎阿等差遣中书佛保,送来准噶尔投诚厄鲁特特古勒德尔、绍多克及回子济尔噶尔。审讯此辈时,据特古勒德尔告称:我是和硕特族,今年四十岁,此绍多克是我亲兄之子,我等叔侄从跟着台吉色布腾驻防在托博绰克地方的军队前来,特为承接大主子之恩以享福而趁机来投,等语。据回子济尔噶尔告称:我是乌什地方回子,十二岁时被准噶尔掳掠,被人使唤行走,今年已二十四岁。刚刚替我主子前来托博绰克参军,八月台吉色布腾撤走我兵,返回迁移至赛音塔拉地方,正要驻扎过冬时,我趁机逃出,来投巴里坤,等语。讯问特古勒德尔、绍多克:尔等为何丢下父母妻孥来投,必有原由。业已至此,若将所有事情,据实告明,则对尔等大有裨益,勿要隐匿,等语。对此告称:自戌年以来,准噶尔人终年自食其力行军打仗,全然不得休养之空闲,生活之道业已破败,即使有父母子妻,也不得聚于一处,不知何时死于战争。属实为投诚大主子以求自身安逸而舍命奋不顾身前来,毫无他情,等语。讯问回子济尔噶尔:据尔所言,两名汉人从哈密逃去,对色布腾告称,今年不会进兵,将军已前往京城。尔是否见过那两个逃人,又说过哪些话语,将尔闻知之处,令俱告明,等语。对此告称:我来之前,跟人间接听到去了两个逃人,我丝毫没见过面,姓名及谈论了哪些话语之处,俱不熟知,等语。据查,先前将准噶尔投诚厄鲁特等编为额外护军,将回子编为额外披甲,食用钱粮,各赏给一套衣帽、房屋、田地、生活家产等物,配妻并入八旗办理安置,此事已入案。今将投诚厄鲁特特古勒德尔、绍多克编为额外护军,而将回子济尔噶尔编为额外披甲,俱并入京城八旗,食用钱粮,照例各赏给一套衣帽、房屋、田地、家产等物,配妻,办理安置。

如此于雍正十二年十一月十日上奏时,所奉上谕:著将此投诚厄鲁特特古勒德尔、绍多克,编为额外护军,遣至察哈尔地方,照前赏单独投诚人例,给家产牲畜等物，办理安置。而将回子济尔噶尔，亦编为额外护军，应得户产等物，照例赏给，在京城办理安置。将此前准噶尔投诚回子等，俱编为护军，应得物件，照护军例，补充赏给，钦此。

雍正朝

署宁远大将军查郎阿奏被俘脱回之土默特蒙古丹津供词及安置情形折

雍正十三年四月初八日

署宁远大将军臣查郎阿等谨奏。为奏闻事。雍正十三年三月二十四日,副将李友勇①带领卡伦撤回兵丁返来时,到达库布尔后,遇见从准噶尔脱出的一蒙古,于是将其送来。臣我等讯问蒙古:尔名甚,何地蒙古,如何到了准噶尔,曾在何人身边,从哪里脱出,等语。对此告称:我名丹津,归化城土默特右翼旗理察布佐领下随丁。九年曾征调我土默特五百兵及二百五十名随丁,派至哈密南河等地放牧官方马畜。十年正月,准噶尔贼夜里突然来犯我马群,我在马群之人聚集一处,拒战贼寇时,贼人一齐冲入,克烈特鄂托克一人将我俘去,交给扎哈沁齐默特鄂托克叫格勒克的人为奴。从那开始,我每日放牧格勒克牲畜,后来格勒克担心我逃跑,不让我放牧牲畜,留在其家中,拾粪汲水使唤。我本人虽是归化城蒙古,曾承蒙圣主隆恩,世代安逸生活。被准噶尔人俘去奴役使唤时,甚是愧恨,虽想逃跑,然准噶尔兵俱驻在吉木色等地,不知其卡伦置于何等地方,且我也孤单一人,担心被准噶尔人抓捕,故没敢出逃。今年三月十八日夜里,我偷取一铁勺、一羊腿、两匹马,是夜即逃出,急行五天五夜,到达库布尔,人们发现我后引来,等语。讯问丹津:尔知准噶尔兵驻在吉木色等地,却又如何通过其卡伦,是否从后面追过尔,等语。对此告称:去年准噶尔一万余兵,俱曾驻防在吉木色等地。听说圣主为使众生安逸而特遣使者。今年春,使臣与准噶尔回遣的使者一同经过扎哈沁后,俱撤回其驻在吉木色等地的一万兵。只从驻在额仁哈毕尔噶等地之人,征调五百人,由齐默特鄂托克德木齐巴罕曼济带领,在伊勒布尔和硕等地驻扎卡伦。因如此听闻,故今年三月十八日夜里,我才从格勒克家中取走一铁勺、一羊腿,并前去马群偷取两匹马,行走一夜,于次日晚间,从远处看见伊勒布尔和硕山,担心遭遇卡伦人,而于是夜急行通过伊勒布尔和硕卡伦。次日发现从我后

---

① 此处原文是"li io yung"。

面准噶尔三人追来,于是我甚惊恐,不知如何是好,急忙进入树林,俱抛下我帽子和皮袄,行走险峻,因我骑乘的马好,故准噶尔人没能赶上我。傍晚后,我才寻找大路,不分昼夜策马奔驰,到达噶顺地方。我骑的马死后,骑乘牵来的马,一直急行,到达库布尔后,才知我本人已成功逃脱准噶尔,仰望东方叩拜祈祷,等语。讯问丹津:我方使臣到达准噶尔,其人等俱如何言论。除其驻扎伊勒布尔和硕之五百兵外,再于哪些地方驻军,尔有何听闻否,是否有今年准噶尔人再出征何处之消息,等语。对此告称:去年冬,驻扎吉木色等地的人来向我驻在乌鲁木齐及额仁哈毕尔噶的游牧人言道,今大国主子为使众生安逸,特遣使臣。令将尔等驻在扎哈沁的游牧人等,俱迁移至山中躲避。故而我等俱各自迁移至山谷中。今年又突然以大国使臣返回为由,将游牧人等再次迁至山谷中。使臣经过后,俱已撤回其驻扎在吉木色等地的军队。从驻在额仁哈毕尔噶等地的游牧人内,征调五百人,由齐默特鄂托克德木齐巴罕曼济带领,在伊勒布尔和硕等地设置卡伦驻扎。在通往吐鲁番的多伦岭,差遣三百人驻扎,不知领去的人名,此外亦未听闻再于何处驻兵。又听其人等言论:噶尔丹策零听到大国遣使后,大为欣喜,派出宰桑等人远迎,到达其驻在的伊犁河后,噶尔丹策零又带领其较大台吉等,以庆贺礼,几次大加筵宴使臣,还回遣了使者。从今往后,我准噶尔人将停止战争,永远得以安逸生活也,等语。不仅其男男女女欣喜,就连小孩也无不互相欢欣雀跃。今年春,噶尔丹策零从扎哈沁齐默特鄂托克,给使臣凑取驼马羊时,一德沁摊派十三匹马、一峰骆驼、两只羊。为此从格勒克父子三人,凑取两匹马。其准噶尔人,出征任何地方时,俱从各鄂托克凑取马畜。若真有出征的消息,这期间其会凑取马畜,我不会不知。不仅如此,据听其人等互相言论:去年冬使臣到达伊犁河后,俱撤回其驻在阿尔泰方面的军队,只留下驻扎卡伦之人,等语。没听说卡伦俱置于何名地方。之前准噶尔人曾为阻截哈萨克而派兵,这期间丝毫没有回撤,丝毫未闻是否又要用兵,等语。讯问丹津:尔是蒙古人,在准噶尔地方居住三年有余,不会没听说彼处所有事情,尔若有何闻知之处,令俱告明,稍勿隐匿,亦莫欺骗,等语。对此告称:我等世代承蒙圣主隆恩而安逸生活,现我父母俱在归化城,准噶尔贼将我俘去奴役使唤,对此着实愤恨,我早想逃跑,然其兵驻在吉木色等地,且卡伦驻防甚严,加上我又孤单一人,担心不能逃出,故而没敢逃跑,曾等待时机。这三年间,我本人虽在准噶尔地方,然其人将所有紧要话语,不在我面前谈论。不仅如此,在其附近,亦打骂驱赶。先前格勒克尚且曾让我放牧其牛羊,后来担心我逃跑,亦不让我放牧牛羊,日夜提防,只拾粪汲水使唤,不派到任何远地。准噶尔地方紧要消息,我怎可听闻。若真有闻知之处,果会不告而隐匿乎。此外我毫无闻知之处，等语。据臣我等看得，土默特蒙古丹津，虽在准噶尔地方居住三年有余，只在乌鲁木齐等地，不知准噶尔地方紧要消息，是故停止将丹津送往京城。丹津本人赤身逃出，故为其整饬衣服，赏银十两，并交给管辖土默特兵的散秩大臣安楚虎，暂留土默特兵营，趁便立即送往归化城。此外，将丹津口供具折谨奏闻。

雍正十三年四月初八日

署宁远大将军　臣　查郎阿

副将军　臣　张广泗

副将军　臣　常赉

参赞大臣　内大臣　臣　顾鲁

定边大将军福彭奏报出征准部时被俘脱回之喀尔喀披甲必齐汗扣等供词及遣回游牧折

雍正十三年五月初九日

定边大将军多罗平郡王臣福彭等谨奏。为奏闻事。雍正十三年闰四月二十一日，驻扎布延图卡伦参领①呼世巴等人呈文称：我处于闰四月十二日派出和托辉特贝勒青衮杂卜旗下阿拉塔等七人，到科布多附近搜寻踪迹，遇见从准噶尔地方脱出的两喀尔喀后带来。为此遣人送往，等语。如此到来后，臣我等讯问两喀尔喀蒙古：尔名甚，是何扎萨克旗人，如何到了贼地，曾在彼处何人身边，何月何日从何处脱出，来时经过哪些地方，等语。如此逐一讯问时，一蒙古告称：我名必齐汗扣，是喀尔喀扎萨克台吉达什丕勒旗下披甲。去年夏跟随侍卫瓦尔喀，曾驻在巴颜布拉克卡伦。六月，侍卫瓦尔喀令以我旗台吉班第为首，共派出十人，扩展察罕乌苏卡伦驻扎。有一天我等休息后，准噶尔二百余贼夜里突然来至，包围我等动手时，我巡视马群的两人听到动静后翻山逃出，其余八人内，我旗台吉班第受伤后逃跑，王敏珠尔多尔济旗垂扎布及我旗巴德玛被贼杀死，我身受六处矛伤，当夜我本人及我旗索诺木、扎萨克台吉车布登旗霍尔郭勒、多尔济、策凌我五人被贼俘获。贼人将我等分别看管，带着不分昼夜前行，经过察罕呼济尔，再走四五舍，到达纳林扎勒地方后，领头而来的准噶尔喀喇沁鄂托克台吉阿噶察克，将其兵丁分派至各自游牧。我等人内，以年长为由，将霍尔郭勒差人送往噶尔丹策零处，而将其他人，分给各个捕获之人时，将我分给喀喇沁鄂托克台吉阿噶察克属下叫扎木苏的人。我在扎木苏家中拾木打水，被其使唤。有一天，我出去取木头，到山里遇见和我同时被俘的叫多尔济的人后，我等商定趁机一起出逃。十月几日，忘了日子，一天夜里，我等从各自居住的厄鲁特家中每人偷取六匹马，于当夜一起逃出。因不识地方，故奔着东南方向行走几日后，发现一条大路，于是我等沿路抵达阿尔泰边境。雪甚大，全然不能行走，且草场被雪压住，我等骑乘

---

① 此处原文是"jalan i da"。

的十二匹瘦马,得不到一点吃的,尽数死去。对此没办法,食用死去的马肉,在树林中居住四个多月,见到雪融后步行而来,遇见卡伦人被送到这边,等语。据多尔济告称:我去年在察罕乌苏卡伦被贼俘获后,曾在纳林扎勒地方喀喇沁鄂托克台吉阿噶察克属下叫克西鼐的人家中拾木取水,被其使唤。后于十月,我遇见同在一处被俘的必齐汗扣,两人商量一起出逃,等语。他处俱与必齐汗扣一样供述。进一步审讯必齐汗扣等:尔等来的当时,准噶尔卡伦置于何处,其军队在哪里。哈萨克、布鲁特、俄罗斯、土尔扈特地方,是否有何消息。叶尔羌、喀什噶尔回子等如何。这边游牧人等驻在何处。平时生计如何。互相如何议论。再,准噶尔人是否听到去年大将军王带领乌里雅苏台兵挺进之事。另将尔等闻知的所有事情,俱如实告明,稍勿隐匿,亦莫妄言生枝欺骗,等语。对此必齐汗扣等告称:据我等听闻,去年小策凌敦多布引兵三万,驻扎于察罕呼济尔地方,卡伦设在和伯克赛尔等地。将这边游牧人等,俱已迁往额敏那边而驻。台吉阿噶察克等人将我等抓去,经过察罕呼济尔行进时,我等亦曾见过其军队,共立三营驻扎。再据准噶尔人言论:不可与满洲人对抗,兵多且甚强悍。子年在额尔德尼召地方交战时,我左翼兵破败,大人物牺牲好几个,兵马大有损失。小策凌敦多布等人领兵夜里逃出往这边来时,军队从后面接连尾随,一直追击至阿尔泰为止。我准噶尔人一直以来走南闯北行军打仗,丝毫没有像那年那般受损。今年开春,满洲兵踏破阿尔泰之雪来攻,得此消息后,我这方游牧人等惊慌失措,纷乱逃跑,因丢下牲畜物品慌乱,故损失生活家产,今好几个鄂托克人变得生计困难,互相偷盗,侵吞抢夺而行者不绝。倘若这般生活,何时才能出头,等语。多有如此抱怨之人。再依我看,其喀喇沁鄂托克台吉及宰桑等人内,有一百余匹马、四五十头牛者,甚属罕见。一般生活之人内,其殷实者,有十多个马牛,一百余只羊,这种的亦少。有大畜二三头以上,十头以下不等,羊二三十只以上,一百只以下不等,这种人顶多有十分之二。没有羊只,只有三四五头不等的大畜者多。全然没有牲畜,只倚赖种地生活之人,有大半。我等平时闲谈时,询问:尔等生活为何这般穷困,等语。对此彼等告称:我辈准噶尔内,我鄂托克人曾尚属富裕。今年开春,尔兵翻越阿尔泰前来时,因在大雪中逃避迁移,故牲畜多有损失,为此被毁。况且抛弃蒙古包者,只架起几个木头,盖上毡子,搭起窝棚居住,尔难道没看见乎。考虑此处,岂有错焉,等语。看得,彼等内部不分昼夜互相抢夺,互相争斗,乃是常事。今听准噶尔人言论:阿尔泰岭军威冲天,众将士多如繁星,我等这边的游牧已变得不能定居,不如俱渡过伊犁河,往里迁移驻扎,等语。我等俱是下等小人,没有福气,被贼俘去,今蒙主子威福,回到故地。我等若有闻知之处,又岂敢隐匿。我俩丝毫没有久居远地,只在准噶尔喀喇沁鄂托克几百户人身边,居住了三四个月后逃出,此外毫无其他闻知之处,等语。如此两人一样供述。据查,逃出的喀尔喀必齐汗扣等人,因没在准噶尔地方久住,故不怎么知道彼处事情。为此臣我等将喀尔喀必齐汗扣、多尔济,交给其该当副将军等,遣回各自旗游牧。此外,将讯问此辈之事,谨奏闻。

  雍正十三年五月初九日
  定边大将军　多罗平郡王　臣　福彭
  左副将军　和硕超勇亲王　固伦额驸　臣　策凌
  参赞大臣　内大臣　伯　臣　钦拜
  参赞大臣　领侍卫内大臣　臣　萨穆哈
  臣　傅尔丹

署宁远大将军查郎阿奏闻蒙古济尔噶勒等二人自准噶尔来归折（缺文尾）

雍正十三年五月十七日

署宁远大将军臣查郎阿等谨奏。为奏闻事。雍正十三年闰四月二十六日，察哈尔梅勒章京班第所辖驻扎洮赉卡伦正红旗①察罕佐领下领催章周及镶红旗②敖克逊佐领下领催阿玉锡等人引来准噶尔投诚两蒙古。于是臣我等讯问蒙古：尔名甚，今年多大岁，是何族，是谁属人，为何来投，尔是否有父母妻孥，等语。对此一个告称：我名济尔噶勒，今年二十三岁，是驻乌鲁木齐扎哈沁哈巴哈沁鄂托克罗卜藏西喇布下人。此人是罗卜藏西喇布女婿家丁，名鄂勒锥图。我是哈萨克族，我父亲兄弟七人，我伯父玛木特巴图尔是管辖一千户的长官，曾驻牧在我哈萨克边境。先前听闻，我哈萨克曾与准噶尔和睦相处，后来不知何故交恶，互相挑起战端，我哈萨克接连两次前来准噶尔边境，掠走了许多准噶尔马匹人员。从那以后，互相更加仇恨。我十三岁时，准噶尔大军突然进犯我游牧，我伯父玛木特巴图尔带兵拒战时，我父亲玛玛尔战死，我五叔及我母亲俱已逃出，因我方力弱，故我伯父立即带我兵逃出，进入索卓克、绥努克两城。那两城的长官偷偷出去，归顺了准噶尔。其后准噶尔兵围困我城，交战十余日，没能陷落，于是准噶尔遣使言道：尔等速速归降，若能归降，尚优待尔等，绝不伤害尔等，等语。其后我伯父不知准噶尔计谋，被迫归顺。于是准噶尔人逮捕我伯父，送至噶尔丹策零处。从此将我等拆散分给各地时，不知将我两兄分给何人何地，而把我交给叫劳章敦多克的人，后来劳章敦多克又将我送给了巴里。听说罗卜藏西喇布之兄阿塔勒，其妻亡故后，谈娶巴里女儿时，巴里言道：尔替我从军，返回来时，将我女儿嫁给尔，等语。阿塔勒替巴里从军后战死。于是巴里将我替代阿塔勒，送给了罗卜藏西喇布。照我准噶尔律例，若替代从军阵亡，补给一人，并将补给之人，

---

① 此处原文无"gūsa"字样。
② 此处原文无"gūsa"字样。

另立一户安置。罗卜藏西喇布不把我另立安置，反而在其家中奴役，平时又不让穿戴，不让吃饱，使唤差遣，对此我不堪忍受痛苦。听说先前从我准噶尔归顺大汗之各类人等，俱给予度日家产，安逸生活。我虽早想来投，然不识道路，且准噶尔人卡伦又甚严，担心不能逃出而曾忍耐。我留心查访，纠合内地两蒙古，商定一起出逃。本月二十一日，我等又互相商量后，那两蒙古前去偷米粮炒面，我本人与鄂勒锥图一起夜里进入一马群，偷取九匹马。我俩悄悄前去纠合那两蒙古，整装待发时，蒙古包里面的人醒来，询问是何人时，我等甚是惊恐，没等那两蒙古，只带五匹马，我与鄂勒锥图一起即于当夜逃出。途中看见一群羊，济尔噶勒我下马抓捕一只羊，驮在闲马上，奔驰一夜。天亮时我俩进入树林隐藏，宰杀羊只，当作行粮，进入大戈壁，奔着太阳升起的方向，疾驰五天五夜。两匹马疲惫倒毙，剩下三匹马，第六天尔卡伦人发现我等后引来，等语。讯问济尔噶勒：据尔所言，准噶尔卡伦甚严。尔又如何骑乘五匹马通过了卡伦，是否从后面追过尔。现在乌鲁木齐地方，有多少准噶尔兵，以谁为首，驻扎何等地方，卡伦俱置于何处。那两蒙古是哪里人，尔可知否，等语。对此告称：我在罗卜藏西喇布家中不堪忍受痛苦，故于前年偷偷逃跑，在博克多山附近地方，被准噶尔卡伦人抓获带回，从那以后我再也没敢逃跑。听说今年大国所遣的使者与噶尔丹策零的使者，一起经过乌鲁木齐后，俱撤回原来驻防在乌鲁木齐的扎哈沁军队，只留下一千兵，五百兵于吐鲁番地方设置卡伦，五百兵在博克多山周围设置卡伦驻扎。因此我纠合那两蒙古，商定一起逃来。我丝毫未问是哪里蒙古，一个叫达赖，一个叫阿木呼郎。我等原来曾商量逃往阿尔泰方面的喀尔喀人那里，后来我等又见面，蒙古达赖和阿木呼郎去偷米粮炒面，我与鄂勒锥图一起偷九匹马，然后与蒙古达赖等人纠集，因其附近的人醒来，故我等惊恐，没等达赖等人，立即于当夜逃来。因知准噶尔卡伦围绕博克多山而驻，故我等不敢走大路，立即进入戈壁，次日到达博克多山对面，三人发现我等后，从后面追来，我等拼命往这边奔驰而来，那三人没能追上我等而返回，等语。讯问济尔噶勒：尔是从小生长在准噶尔之人，不会不知彼处事情。这几年尔准噶尔人生计如何，种的庄稼收成如何。据我等听闻，噶尔丹策零治罪噶旺敦多布，监禁在阿克苏城。想要治罪大策凌敦多布时，大策凌敦多布听到后，吃一种强有力的东西，自杀身亡。小策凌敦多布传令尔各鄂托克，共已征调六千兵。此次征调的军队，往何处行军，是否听闻。此外尔若有何闻知之处，令俱告明，稍勿隐匿，等语。对此告称：这几年，在我游牧地之男丁，行军打仗于各地，只有女人在游牧地，没怎么种庄稼，零星种的庄稼，有的地方有收获，有的地方没收获。不知其他地方人，驻在我周围的人，贫困者甚多。今年大国使臣启程前去后,据听我下人等言论:大主子为使众生安逸生活,已特遣使臣,等语。如此闻知的各类人等,无不互相欣喜。俱已撤回驻防在我乌鲁木齐的扎哈沁军队。看来今年不同于往年。种的庄稼甚多。我本人在游牧地时,听说大策凌敦多布已死,未闻因何而死。我虽自小生长在准噶尔,然只在罗卜藏西喇布家中放羊、拾粪、捡木、汲水,被其使唤。我游牧地方圆二三十里的尽头,我本人也没到过。此等事务,我岂能听闻。况且,见过撤回我驻防扎哈沁军队之处,却未闻征调六千兵之事。我已是舍命投诚大主子,以求安逸生活而来之人。若真有闻知之处,岂能不告明而隐匿乎,等语。讯问与济尔噶勒一起来投的鄂勒锥图:尔今年多大岁,是何族,为何与济尔噶勒一起逃来,尔是否有父母兄弟。尔业已投诚,既已成我人,尔若有何闻知之处,令俱告明,等语。对此告称:我今年十五岁,哈萨克族。我八岁时,准噶尔人进犯我哈萨克边境掳掠,我父母俱已逃出,巴图特木尔俘获我兄弟后带来,将我卖给叫格勒克达尔扎的人,不知将我兄卖给何人。我在格勒克达尔扎家中,不堪忍受痛苦,为求永远安逸生活,跟随济尔噶勒偷马,进入戈壁,奔驰五天五夜,被尔卡伦人发现后,将我等引来。我甚是孩子,毫无闻知之事,等语。臣我等审讯济尔噶勒等人时只称:是在准噶尔地方被奴役使唤的受苦受难之人,没怎么去过远处,且俱是年少孩子,毫无闻知消息,等语。是故办给济尔噶勒、鄂勒锥图等人衣服等物,趁事务之便〔残缺〕,一同〔残缺〕。

署宁远大将军查郎阿奏报自准噶尔来投回子土勒克玛木特供词折

雍正十三年七月初三日

署宁远大将军臣查郎阿等谨奏。为奏闻事。雍正十三年六月二十六日,由驻扎乌科克卡伦原游击李作喜①处送来从准噶尔逃出的一回子。于是臣我等讯问回子:尔名甚,今年多大岁,是何地人,如何到了准噶尔,曾在何人身边,从哪里脱出,尔是否有父母兄弟妻孥,等语。对此告称:我名土勒克玛木特,今年三十五岁,是鲁布沁回子。雍正九年,没记日月,冬天,我本人到鲁布沁城外取木头时,突然从山谷里出来三百余名准噶尔人,叫策凌的厄鲁特人将我捉去,到了喀喇沙尔。从那里,策凌将我送到塔拉齐地方种地,曾有四年。我吐鲁番一回子,不知其名,从塔拉齐地方逃回吐鲁番后,发现我吐鲁番全体回子连一人也没有,不知去往哪里,故无栖身之地,重新回到塔拉齐地方。后来听说,已将我吐鲁番全体回子,迁往哈密地方。厄鲁特策凌抓走我时,我妻孥曾俱在鲁布沁,我在准噶尔地方,不堪忍受痛苦,加上思念我妻孥,舍命偷取一小口袋炒米,于今年五月初三日,我从塔拉齐地方步行逃出。行走无人行走的山谷,来到吐鲁番,拾取一点桑葚葡萄,进入大戈壁,一直奔着哈密而来,被卡伦人发现后将我引来,等语。讯问土勒克玛木特:尔曾在喀喇沙尔地方四年,小策凌敦多布现居于何处,其军队俱驻在哪里,尔如何通过卡伦,吐鲁番地方是否还驻有准噶尔人,尔如何听说尔妻孥在哈密地方,等语。对此告称:厄鲁特策凌将我带至喀喇沙尔地方后,即送到塔拉齐,令种其地,我本人亦没去过塔拉齐以外的地方。我是被俘之人,只为其人耕种田地而行,不差往他处。据闻,去年大汗为使众生安逸而遣使,噶尔丹策零本人及其下人等甚是欣喜,亦回遣使者,俱已撤回其驻防的军队,只将扎哈沁内部人等,驻扎在乌鲁木齐等地卡伦。之前小策凌敦多布亲自带领其下人等,冬天驻扎喀喇沙尔,夏天驻在珠勒都斯。小策凌敦多布今年曾前往噶尔丹策零处,

---

① 此处原文是"li DZo hi"。

我来之前才回来,驻在珠勒都斯,没听说驻兵他处之事。我从喀喇沙尔行走戈壁,由吐鲁番经过鲁布沁、辟展等城而来,准噶尔人一个也没见过。我本人在塔拉齐地方时听说,大汗拯救我吐鲁番全体回子,为不致被准噶尔扰害,俱迁往内地,给予度日家产,以使永远安逸生活。我侥幸逃出,承接大汗隆恩,且亦得见我妻孥,为此舍命步行逃出,等语。讯问土勒克玛木特:我使臣到达后其人等俱有何言论,这几年准噶尔人生计如何,种的庄稼收成如何,彼等是否又有用兵之消息,再是否听到俄罗斯、哈萨克、布鲁特地方消息,等语。对此告称:内地使臣经过的各地,准噶尔人无不互相欣喜,到达伊犁河后,噶尔丹策零本人及众台吉、宰桑等人甚是欣喜,敬重款待,大加筵宴几次,噶尔丹策零恭顺回遣使者。为此,不仅驻在喀喇沙尔的准噶尔人欣喜,就连像我这样的种地回子等人听到后,亦因结束战争,太平安逸生活而彼此高兴。看得准噶尔穷人多,俱倚赖庄稼生活。亦听其人互相抱怨,这几年种的庄稼,有的地方有收获,有的地方无收获,收获单薄的地方,互相偷盗而行。我是种地之人,准噶尔人行军打仗,我岂能听闻。据听我等种地人平时互相言论,俄罗斯原曾与准噶尔有过战争,从前年始互相和好,贸易往来。哈萨克及布鲁特,前年和去年,尚且每每来至准噶尔边境,掠走人或牲畜,全然未闻今年前来。如此互相言论,等语。讯问土勒克玛木特:尔是祈盼我圣主仁化,舍命步行逃出之人。尔若有何闻知之处,令俱告明,稍勿欺骗,亦莫隐匿,等语。对此告称:我是被准噶尔人俘获奴役使唤,不堪忍受痛苦,且是听到大汗为拯救我吐鲁番全体回子等之性命,俱已迁往内地之事后,我舍命从喀喇沙尔步行逃出,行走大戈壁,侥幸活命逃出之人。我若有闻知之处,诚然不告明而隐匿乎。我原是鲁布沁回子,虽在准噶尔地方居住近四年,然听不懂蒙古语,且彼人有何事情,亦不在我等面前谈论,紧要事务言语,我等岂能听闻,此外毫无听闻之处。土勒克玛木特我逃出时,行走无人行走的地方,进入大戈壁,一直拼命步行而来,身体甚是劳累,现在很是疼痛,等语。据查,土勒克玛木特来到塔木楚克卡伦后,即变得不能动弹,卡伦人将土勒克玛木特驮在马上,照料着送到了军营。携来太医院吏目邵政文①看得:土勒克玛木特因天气炎热,途中身体甚是过度耗损,等语。给土勒克玛木特喝药也无济于事,于第三天死去。土勒克玛木特其本人,为承接圣主之恩,从喀喇沙尔步行逃来时,一直拼命从大戈壁前来,身体耗损而亡,是故将回子土勒克玛木特尸体,照例办理,赏银三十两,将此赏银与尸体一并趁便送往扎萨克公额敏和卓,由额敏和卓将三十两赏银及土勒克玛木特逃出

---

① 此处原文是"tai i yuwan yamun i limu šoo jeng wen"。

事由告知其妻孥,交给其本人办理。为此,将大体讯问土勒克玛木特之事,具折谨奏闻。

　雍正十三年七月初三日
　署宁远大将军　臣　查郎阿
　副将军　臣　张广泗
　副将军　臣　常赉
　参赞大臣　内大臣　臣　顾鲁

驻藏大臣马喇奏由拉达克探得准部并未在叶尔羌预备兵马折(附议复片一件)

雍正十三年七月二十二日

奴才马喇等谨奏。为奏闻事。雍正十三年六月二十一日,贝勒颇罗鼐携来公珠尔默特车登寄来问候伊之文书,呈给奴才我等。大体翻译看得:贝勒身体可安好,凡事妥善处理而在吧。我本人及随从人等,途中安稳行进,来到阿里、噶尔杜克附近的西里地方后,向拉达克、鲁都克、吉木等三地,派出我三名干练之人及二十名阿里兵,以巡察卡伦,搜寻踪迹,收取消息。派到拉达克的西达尔回来告称:我等到达并会见了拉达克德忠纳木扎尔。从叶尔羌已无商人来拉达克,听说去年准噶尔在叶尔羌地方集结兵器及马畜。前曾将此寄去。之后又听说整治一切,已变得比以前似有松弛,不知何故。拉达克德忠纳木扎尔如此口头捎话,等语。再,驻在噶尔杜克之人,此前派去巡察卡伦、收取消息之人,于六月初八日回来告称:毫无踪迹消息,等语,等语。为此谨奏闻。

雍正十三年七月二十二日

副都统　臣　马喇

副都统　臣　那苏泰

总兵官　臣　周起凤

总理事务和硕庄亲王臣允禄等谨奏。据副都统马喇等人及贝勒颇罗鼐所报自拉达克地方收取的准噶尔消息:准噶尔地方,今已毫无似前那般预备整饬兵马之项,已变得松弛,等语。已奏闻此来报事,将此已入案。

如此于雍正十三年九月初四日上奏时,所奉上谕:知道了,钦此。

驻藏大臣马喇奏报准噶尔在叶尔羌城信息折

雍正十三年十二月十七日

　　奴才马喇等谨奏。为密奏闻事。雍正十三年十二月初八日,贝勒颇罗鼐携来阿里公珠尔默特车登寄来的一封文书,呈给奴才我等。于是大体翻译看得:公珠尔默特车登呈给贝勒。拉达克德忠纳木扎尔寄信我称:九月十一日,从叶尔羌来一百人至我拉达克地方经商,并称:准噶尔厄鲁特人,不曾去克什米尔地方,然叶尔羌叫阿尔丕拉库沙的商人,前往印度巴扎地方经商,等语。还说:从大内,为和好而派一将军为使,作为回应,准噶尔以吹纳木喀为使遣去,不知为何而派,使者尚未回来。再是土尔扈特与准噶尔交恶,噶尔丹策零弟苏努巴图尔已故,等语。又言:大策凌敦多布、图萨木灵喇嘛亦已去世,等语。看守叶尔羌城之准噶尔厄鲁特,比以前略有增加而驻。此外无他消息,等语。如此寄来。我今年曾想前去叩拜达赖喇嘛,据此次消息,在叶尔羌地方,准噶尔厄鲁特比以前增多,故边境方面甚是紧要,因此不能去,以后无事时趁便再去叩拜达赖喇嘛。为此呈文,等语。为此谨密奏闻。

　　雍正十三年十二月十七日

　　副都统　臣　马喇

　　副都统　臣　那苏泰

　　总兵官　臣　周起凤

　　多罗贝勒　臣　颇罗鼐

　　乾隆元年正月二十八日,钦奉谕旨:知道了,钦此。

清代准噶尔情报满文档案译编·乾隆朝

乾隆朝

管理归化城事务兵部尚书通智为报出征准部时被俘脱回土默特旗披甲章加供词及安置于原旗事咨呈

乾隆元年正月二十二日

　　管理归化城事务兵部尚书通智等咨呈办理军机事务大臣等。为呈报事。乾隆元年正月十五日，我土默特扎布苏木下披甲章加，从贼地脱出，来寻归化城。审讯章加时供称：雍正七年，我本人曾作为披甲，前往阿尔泰参军。十年在克尔森齐劳之察勒坎喀喇淖尔地方驻扎驿站时，准噶尔贼突然来至，于是与我同在一处驻扎的喀尔喀人俱躲避逃跑，我本人及我土默特一披甲哈喇尼敦同时被俘。准噶尔贼夹住我头部，让我骑在马上带走。后来分给阿玉锡和硕齐，驻牧在了和伯克赛尔。我在阿玉锡和硕齐家中看管牲畜，被使唤两年。彼处看守我甚严，禁止去任何地方，其男女亦不败露任何言语，俱避开我等谈论。只诱骗我称：成其人，认弟弟，给娶妻，等语。试图以此让我尽力。据闻，去年五月，哈萨克、布鲁特来战。见过彼人试图往那边行军的情形。此外丝毫未闻行军他处之消息。去年六月，看守我变得稍微宽松，于是我每次都趁机储存一些炒的黍米，再偷取其家中骆驼，沿着阿济、阿尔泰中间的戈壁，只朝着太阳升起的方向，一直祈祷大汗主子保佑，今已到达归化城，等语。据查，此披甲章加是原所报未从乌逊珠勒战役突围队伍之人，今已从贼地脱出返回。因其所告消息与此前脱来的前锋策楞之口供无异，故我等未曾上奏。除亦给衣服，交给苏木章京，照旧使其与原家人团聚安置外，为此管理归化城事务兵部尚书通智、都统臣三等子爵丹津、都统根敦、副都统席尔塔、五十六、副都统记一等纳兰保咨呈。

　　乾隆元年正月二十二日
　　去取我兵库①绸缎银两，交给所遣章京萨克巴、逊扎布送往。

---

① 此处原文是"coohai šang"。

管理归化城事务兵部尚书通智为报出征准部时被俘脱回土默特旗披甲纳木查布供词及安置于原旗事咨呈

乾隆元年正月二十二日

管理归化城事务兵部尚书通智等咨呈办理军机事务大臣等。为呈报事。乾隆元年正月十八日，我土默特佛保苏木下披甲纳木查布，从贼地脱出，来寻归化城。审讯纳木查布时供称：雍正七年，我曾作为披甲，前往阿尔泰参军。九年编入科布多军队，曾在布延图河马群时，准噶尔贼突然到来，于是我往这边来奔科布多军营时被俘。准噶尔贼在我头部蒙上口袋，驮在骆驼上带走。后来将我分给驻在额敏河地方的芒奈哈什哈宰桑，与芒奈哈什哈宰桑一同驻有千余户，像我这样的战俘有三百余名，喀尔喀、科尔沁、喀喇沁、汉人等都有，其中河南地方的汉人真多。准噶尔人集结我等，在额敏河岸边种地，十人一窝铺，分给土地，以令耕种。收割完庄稼入冬后，将我等带去，令背每家每户的柴火。开春后，又派出种地。在额敏河耕种两年后，因水少，强行迁移至大河边，引水种田。将收获的粮食，准噶尔贼计算能度日的分量给我等，而将其他的全部包揽带走，彼等〔缺半字而不明〕食用。亦有种地的农具，不用牛，全用马。这四年干旱，庄稼没有丰收。让我辈懂得种地之人耕种田地，而让喀尔喀人放牧我等种地的牲畜。准噶尔贼查管得甚严，令人全然不得空闲差使，准噶尔男女妄乱饮酒醉闹，女人的教养坏得甚是厚颜无耻，对此不堪忍受，俱言趁机逃跑。去年七月，我与和我同一窝铺的喀喇沁公沙津达赖所属蒙克、阿玉锡两人一道，我们三个即偷取种地的三匹马，带着少许积攒的米粮后逃出，从阿济、喀喇阿济尔罕两个卡伦中间穿行，到达阿尔泰驿站后，阿玉锡和蒙克两人去寻找其在驿站的喀喇沁、土默特亲戚，而我本人奔着归化城而来。去年我本人曾在贼地时又听说：大汗主子撤回阿尔泰等地的大军，今后无战事，我等看好牧场，繁殖牲畜，种地生活，入秋后又要遣使，等语。如此听到彼处人等言论。此外毫未听闻其他言论，等语。据查，此纳木查布是原所报没能从科布多战役出来队伍之人，今已从贼地脱出返回。将讯问此人之消息呈报,恳请大臣等查看。我等除给回来的纳木查布衣服,交给苏木章京,照旧使其与原家人团聚安置外,为此管理归化城事务兵部尚书通智、都统臣三等子爵丹津、都统根敦、副都统席尔塔、五十六、副都统记一等纳兰保咨呈。

乾隆元年正月二十二日

去取我兵库绸缎银两,交给所遣章京萨克巴、逊扎布送往。

管理归化城事务兵部尚书通智为报出征准部时被俘脱回土默特旗披甲坎都供词并安置事咨呈

乾隆元年二月十一日

　　管理归化城事务兵部尚书通智等咨呈办理军机事务大臣等。为呈报事。乾隆元年正月二十二日，我土默特图巴苏木下披甲坎都，从贼地脱出，来寻归化城。审讯坎都时供称：雍正七年，我本人曾作为披甲，前往阿尔泰参军。九年在乌逊珠勒交战时，乳头下及胯部被扎伤而被贼俘获。贼将我驮在骆驼上，留在了驻扎博尔塔拉的哈尔盖宰桑家中，被使唤三年。管制看守，不得机会，故没能逃跑。去年七月，哈尔盖宰桑从其亲戚家饮酒醉后，我偷取拴在蒙古包外的套鞍备用的两匹马，由博尔塔拉、和通呼尔哈路逃出。我本人曾在那边时，据听那边人等言论：将被其俘获的喀喇沁等蒙古及汉人，真的安置在博尔塔拉地方，以使种地。而于吐鲁番地方，派去回子等种地，等语。哈尔盖宰桑家中全然没有茶叶，只饮用肉汤和酸马奶，用小米和黍米做饭食用，仍很富裕。此外毫无闻知之项，等语。看得此人伤口，左乳下面有矛伤，宽一指，长三指，左胯有矛伤，宽一指，长一指。据查，此披甲坎都是原所报没能从乌逊珠勒战役出来队伍之人，今已从贼地脱出返回。将讯问此人之消息呈报，恳请大臣等查看。我等除给回来的坎都衣服，交给苏木章京，照旧使其与原家人团聚安置外，为此管理归化城事务兵部尚书通智、都统臣三等子爵丹津、都统根敦、副都统席尔塔、五十六、副都统记一等纳兰保咨呈。

　　乾隆元年二月十一日

乾隆朝

管理归化城事务兵部尚书通智为报出征准部时被俘脱回土默特旗领催博第素等供词并安置事咨呈

乾隆元年二月十一日

  管理归化城事务兵部尚书通智等咨呈办理军机事务大臣等。为呈报事。乾隆元年二月初七日,我土默特车克珠默苏木下领催博第素,从准噶尔贼处脱出,来寻归化城。审讯博第素时供称:雍正七年,我本人曾作为领催,前往阿尔泰参军。九年在乌逊珠勒交战时,箭矢用尽,我骑的马又被鸟枪击倒,故被贼俘获。贼在我头上蒙口袋,骑在马上带走,留在了驻扎额尔齐斯河的额林琛和硕齐家中,被使唤三年。让我只在其蒙古包附近看管牛羊,丝毫不派往驼马群。去年八月,额林琛和硕齐与驻其附近的四人一起领着我,前往特木格图西伯里山打猎野骆驼时,我偷取骑乘的一匹马,拿走一小口袋炒的黍米,由哈布塔克、拜塔克①路逃出,奔着归化城而来。彼处全然没有茶叶,只喝木敦茶②。我本人在那边时,那边人等俱在互相言论:其三千兵,前去征讨哈萨克、布鲁特,尚未回来,等语。居住在我附近的贼人家中的,有三名喀喇沁蒙古和七名吉林人。我没得机会,故没能一起出逃,等语。据查,此领催博第素是原所报没能从乌逊珠勒战役出来队伍之人,今已从贼地脱出返回。将讯问此人之消息呈报,恳请大臣等查看。我等除给回来的博第素衣服,交给苏木章京,照旧使其与原家人团聚安置外,为此管理归化城事务兵部尚书通智、都统臣三等子爵丹津、都统根敦、副都统席尔塔、五十六、副都统记一等纳兰保咨呈。

  乾隆元年二月十一日

---

① 此处原文是"habta baitak"。
② 此处原文是"mudo cai"。

驻藏大臣马喇奏报叶尔羌商人多有赴拉达克地方者应酌情办理卫藏人等与其贸易事宜折

乾隆元年三月十七日

奴才马喇等谨奏。为奏闻事。乾隆元年三月初八日，贝勒颇罗鼐携来阿里公珠尔默特车登寄来的一封文书，呈给奴才我等。于是大体翻译看得：公珠尔默特车登呈文贝勒。拉达克德忠纳木扎尔给我寄信称：去年十月末，十一月初，多名商人从叶尔羌陆续来到我拉达克。据此辈告称：管辖军队的诺颜都噶尔子齐旺，带兵俱已返回游牧地，各处卡伦驻扎少量士兵，以求与大主子和解，等语。如此各个互相言论，而不知真伪，等语。为此呈文阿里之噶尔杜克，等语。再，据贝勒颇罗鼐告称：我卫藏之人每年都前往拉达克地方经商，今闻叶尔羌人在拉达克贸易。依小人之见，今准噶尔祈求大主子之恩而和解，倘若我卫藏之人前往拉达克地方贸易，并与叶尔羌商人聚于一处，小人们妄言生事或散布消息，亦未可料。恳请大臣等行文阿里公，我亦行文，倘若我卫藏之人前往拉达克地方经商，则令查停，使其驻留在阿里边境的鲁都克城。再寄信德忠纳木扎尔，若将其商人送至这边贸易，则双方俱可稳妥贸易，且不扩散任何消息，思似于边境不生事端，等语。为此据奴才我等寻思，因贝勒颇罗鼐诚心感戴圣主之恩，唯使不扩散消息，坚固边境，不生事端，故依颇罗鼐所请，奴才我等除行文教导阿里公珠尔默特车登外，为此谨奏闻。

乾隆元年四月二十五日，所奉朱批谕旨：知道了，钦此。

乾隆元年三月十七日

副都统　臣　马喇

副都统　臣　那苏泰

总兵官　臣　周起凤

多罗贝勒　臣　颇罗鼐

乾隆朝

定边大将军庆复奏报自准噶尔投来之厄鲁特塔尔巴口供并安置在察哈尔旗折

乾隆元年五月二十六日

定边大将军承恩公臣庆复等谨奏。为奏闻事。乾隆元年四月二十八日，驻扎乌里雅苏台护军统领哈岱呈文来称：驻扎库克齐图库奎察罕博尔噶苏卡伦三等侍卫古安达理等报称，四月初七日，两人通过我卡伦，逮捕讯问时告称，我等是从准噶尔来投之人，我名塔尔巴，此人是我儿子，名叫策楞达什，等语。如此送来。于是由我处将来投塔尔巴、策楞达什交给闲散章京巴图里，送往大将军公等，等语。如此送来。接着五月初七日，哈岱呈文来称：驻扎乌哈尔和硕卡伦护军校兆齐奈等报称，四月二十八日，乌兰公地方有一人在行走。捉来讯问时告称：我是从贼地脱出的陕西省肃州所属民人，我名叫马顺①，等语。如此送来。于是由我处将民人马顺交给前锋乌达齐，送往大将军公等，等语。如此送来。于是臣我等讯问塔尔巴：尔是何等人，是何族，是谁属下，曾在何处驻牧，尔为何逃来。若真有来投大国之意，此前尔人几次来投时，尔为何不同来。尔处似乎也有我人，尔为何不纠合同来。尔是否有父母兄弟妻孥，尔父子俩体力甚弱矣，如何通过了尔卡伦，尔人是否追赶，尔父子俩骑乘几匹马来，途中饮食何物，哪月哪日出逃，共行走多少天到达我卡伦。尔噶尔丹策零现在何处，大策凌敦多布、小策凌敦多布是否跟随尔噶尔丹策零驻扎，或是否领兵前往他处驻扎。现于何处驻扎多少兵，俱由谁管辖，卡伦哨探之设置，俱从哪些地方到哪些地方。噶尔丹策零与哈萨克、布鲁特如何，与俄罗斯是否在交往，这期间又用兵何人。刚刚派往我大国的使者是否已回去，此前派遣的使者到达后，尔人俱有何言辞，此次使者到达时，又在如何言论。尔若诚心来投我大国，令将尔所有闻知之处，稍勿隐匿，俱如实告来，等语。对此告称：我是充数的披甲之人，我所属的台吉名班珠尔，管辖一千户，我游牧在哈勒玛地方，我本人曾在我游牧附近爱古斯地方驻扎包衣卡

---

① 此处原文是"ma šun"。

伦。我是喀尔喀族,我父名察罕衮布,我等原是喀尔喀扎萨克戴青之阿勒巴图①,被准噶尔俘获已年久,我本人出生在了准噶尔地方。以前和伯克地方来人告称:前年来投大国之十七户内,曾有我一表兄,名叫达什,也一同前来,等语。我父母兄弟妻子俱已亡故,我尚有五岁的一个儿子,留在其外祖父鄂特依身边,此外在准噶尔地方我全无亲戚骨肉。以前人们好几次来寻大国归顺时,我母亲已过七十岁,所以不能前来。今我母亲已去世,加上我台吉等从我辈三年征收一次贡赋,马牛五征一,羊十征一,前年我有近二十匹马、三十余头牛、二百余只羊,曾摊派四匹马、六头牛、二十只羊为贡赋,我所拥有的牲畜屡屡被哈萨克掳掠完,以致不能生存,且仍照之前摊派的贡赋数征收,因此我一时没能交纳。前曾听说:我等人归顺大国后,主子优遇施恩,等语。故于去年,我与同住一处的新俘虏喀尔喀塔尔哈贝勒属下巴图一起商量来投大国。冬天十分寒冷,又没能来。今年正月,巴图跟随我班珠尔台吉,前往图斯库勒淖尔打猎。思再不可错过机会,于是我带着我十二岁的儿子策楞达什,于二月十七日,对管辖我所驻卡伦的玛赖言道:我现在前往额尔齐斯,从我熟人那里取一头奶牛,挤奶食用,等语。旋即骑乘两匹马,牵着两匹马,奔着额尔齐斯而来。路上遇见两个杜尔伯特人后询问是何人时,彼等告称:我等曾驻在察齐尔图卡伦,因行粮断绝,故告知我策凌台吉后,来寻找替换之人,等语。再问彼等:共有多少卡伦,俱置于何处,等语。对此告称:设在乌兰布拉克、察齐尔图、塔克里托罗海此三处,等语。以前我曾驻过乌兰布拉克卡伦,知其道路,故于当夜往这边来。突然赶来四人言道:尔等偷盗马匹,前往何处,等语。随即一并抢去我四匹马和衣服。那天夜里,徒步行走,住在山中。第二天得知卫征和硕齐军队行进,夜里偷取其三匹马骑乘前来,途中疲惫而抛弃,又偷管辖杜尔伯勒津四百户人之玛木特宰桑四匹马,之后我父子俩即于深更半夜,行至乌兰布拉克,没被卡伦人发现,擦身而过,卡伦人亦丝毫没追赶。通过卡伦后,跟随这几年行军的痕迹前来。食用从家中携带的米粮,通过卡伦后宰杀两匹马食用。共行走五十天,于四月初七日,到达此处卡伦后告知了侍卫。噶尔丹策零去年冬曾在伊犁地方游牧,现在是夏天,思已迁往特克斯地方游牧。去年大国使者前去时大策凌敦多布曾到噶尔丹策零处,返回时路上得病去世,其职务由其已故长子纳木扎尔达什十七岁儿子达克巴接任,令管辖一万余户,今达克巴驻在额敏地方,去年曾出兵攻打哈萨克,后来不知为何没出发。今年二月,出兵三万,编为三路,我见过阿勒辉路由卫征宰桑带领一万兵启程,听说小策凌

---

① 此处原文是"jušen"。

敦多布带领一万兵由伊犁路前往,没听说另一条路由谁带领从何路前往。此三万兵,俱前去攻打哈萨克,噶尔丹策零仍对哈萨克、布鲁特挑起战端。与俄罗斯互相通商,和睦交往。已知在乌兰布拉克、察齐尔图、塔克里托罗海三处,各驻有二百兵。此外我不知其他地方有多少兵,如何设置卡伦。此次遣往大国的使者尚未返回,上次的使者回去时,据听我台吉班珠尔言道,噶尔丹策零召集各个头领人物言道:今征战这么多年,我人员及牲畜损失糟蹋许多,今后停止战争,安逸众生,等语。将如此写在纸上的一张文告拿出来念给众人听。并互相大声言论:这几年我辈穷困潦倒已至极,等语。现我为承接大国隆恩而来归顺,将我闻知的所有事情,俱已告明,此外再无闻知之处,等语。讯问塔尔巴子策楞达什时告称:出逃当初,我父亲丝毫没对我说来投大国之事,只说前去额尔齐斯寻找挤奶的奶牛。我等通过卡伦后,才跟我说是前去归顺大国。我是孩子,我彼处事务,我俱不知,等语。讯问民人马顺:尔是何地民人,何年于何处被贼俘获,曾在何人身边,从哪里如何脱出,令告来,等语。对此告称:我是陕西肃州高台县民人,雍正七年故地派我赶着公家车到巴里坤。同年八月,张姓总兵带领三千绿营兵及五百余名壮丁,在科舍图地方建造城池时,将我选为额外壮丁来筑城。十一月,贼人来犯科舍图城,包围城池后,张姓总兵带兵至城头施放枪炮,交战五天。贼人退却后,张总兵带着士兵寻回巴里坤,行进三天,贼人又赶来交战时,我被厄鲁特蒙古托克托玛捉走。越过伊犁河,行走十余天,到达西喇呼鲁苏地方,令我放牧牛羊,拾粪砍柴,奴役使唤四年。雍正十二年,托克托玛前往哈萨克地方从征,尚未返回。去年十一月,厄鲁特乌梁海地方之人巴济代到彼处经商,巴济代给托克托玛胞弟席尔巴一匹黑鬃黄马及五张熏牛皮将我交换,带到伯勒克达巴地方,曾每天令我放牧马群。我甚是想念我父母弟弟,故于今年四月十六日夜,我取走巴济代一匹黑马、少些干肉,再偷取他人一匹枣红马,夜里行进,白天潜伏山沟住宿,行走五天两夜,来到我卡伦,等语。再讯问马顺:尔居住贼地四年有余,现贼兵安营何处,卡伦俱置于哪些地方,大策凌敦多布驻在何处。去年贼处遣使我国时,彼厄鲁特人等如何议论。准噶尔贼除哈萨克外,再行军打仗于何处。将尔所有闻知之处,令俱告明,等语。对此告称:我虽居住贼地四年有余,然每日只令我放牧牛羊、拾粪,不给一点空闲,且我又不怎么听懂蒙古语,故贼兵在何处安营,卡伦置于哪些地方,大策凌敦多布、小策凌敦多布驻在何处,准噶尔贼除哈萨克外再于何处行军打仗,从彼处遣使等事,属实不知。我若真有闻知之处,岂敢不告耶,等语。臣我等看得民人马顺,其人愚蠢,不怎么通晓蒙古语,虽讯问贼地事情,然丝毫不知,是故将马顺乘驿送往兵部,以转送该省。此外据查,雍正十二年四月,自准噶尔地方来投厄鲁特劳章等百余口内,有一叫达什的人,知谙地方,懂得鲊答,故交给额驸策凌,以使按需用之。曾如此上奏后送往科布多。而将其余的,安置在了察哈尔旗。是年达什旧病复发,经上奏为使达什与其妻孥团聚,已送往察哈尔地方。今据来投塔尔巴、策楞达什之言,自己原曾是喀尔喀戴青扎萨克之阿勒巴图①。虽是如此,不清楚是哪个戴青哪个部,不怎么懂准噶尔之事,且此辈全是生身,因塔尔巴想与其表兄达什会合,故将此辈停止送往京城,臣我等吩咐员外郎克西特依:令送往镶黄旗②察哈尔总管恒德等人处,以使与前年归顺的达什会合居住,照例办给应得家产牲畜,等语。如此解送。京城若有应讯问塔尔巴等人之处,俟入秋后,行文总管恒德等人,以使从伊处送往。为此谨奏闻。

乾隆元年六月初四日,所奉朱批谕旨:知道了,钦此。

乾隆元年五月二十六日

  定边大将军　承恩公　臣　庆复

  左副将军　和硕超勇亲王　固伦额驸　臣　策凌

  参赞大臣　内大臣　伯　臣　钦拜

---

① 此处原文是"jušen"。
② 此处原文无"gūsa"字样。

乾隆朝

镇安将军常赉奏报自准噶尔来投回子克什克图等口供及解京安置事折

乾隆元年六月初六日

镇安将军内大臣臣常赉等谨奏。为奏闻事。乾隆元年五月三十日,由驻哈密办事员外郎扎西等处送来准噶尔投诚布鲁特地方回子克什克图及乌什地方回子和卓博尔第。于是臣我等讯问回子克什克图:尔今年多大岁,如何到了准噶尔,曾在何人身边,从哪里逃来,尔是否有父母兄弟妻孥,等语。对此告称:我今年二十八岁,准噶尔人二十年前攻打我布鲁特时,齐默特属下德木齐叫密的人,将我掳至乌鲁木齐地方。不知我父母兄弟是否还在,只我本人在密家中拾粪放牧而行。与我一起来投的乌什地方回子和卓博尔第我俩,俱是同在德木齐密家中之人。在无人之处,我对回子和卓博尔第言道:听说大国俱给所有归顺的人生活家产,可永远安逸度日。我等这般艰难困苦行事,何时能出头耶,等语。经如此商量,于今年四月二十九日,我与回子和卓博尔第约定:今夜尔偷取行粮,来马群找我,等语。是夜和卓博尔第偷取德木齐密的两支鸟枪及一口袋米,并在马群会合后,我俩立即偷取四匹马,奔着太阳升起的地方,不分昼夜急行。第三天突然从后面追来近十人,因我等骑乘的马匹疲惫,故我等立即丢下马匹,翻越险峻山峰,互相施放鸟枪。彼等知道无法抓捕我等后,带着马匹回去了。从那里,我等徒步翻越大山,在树林中采食野葱等物,行走二十七天后,被达木楚克卡伦人发现引来,等语。讯问克什克图:尔逃来这边时,乌鲁木齐等地是否有准噶尔军队,其卡伦俱置于何处。再于阿尔泰方面,准噶尔军队俱在何处,尔有何听闻否,等语。对此告称:驻扎乌鲁木齐等地的军队,去年七月已撤回,俱前往各自游牧地,我亲眼见过。现于乌鲁木齐等地,除游牧人之外,没有军队。据闻,德木齐阿玉锡本人带领二百人,在库克德布色①等地设置卡伦驻扎。没听说分到哪些地方驻扎。听说在吐鲁番地方驻有卡伦,亦没听说由谁带领,驻扎多少人。又将在

---

① 此处原文是"huhu debse"。

阿尔泰方面的军队,听说已于去年撤回,现在没有军队,全然未闻卡伦置于何处,等语。讯问克什克图:使者吹纳木喀等人,何时到达乌鲁木齐,何日经过而去。再,尔等游牧之人,俱如何议论,尔有何听闻否,等语。对此告称:我本人在德木齐密家中时,驻在彼处周围附近之人平时议论称,大国主子为使众生安逸,互相遣使,今已和睦,是故我等今后可无战争,永远安逸生活。如此不分男女老幼,无不互相欣喜。再曾于今年四月二十几日,没能记日子,派至大国的使者吹纳木喀本人,来到我等居住的乌鲁木齐地方,在宰桑齐默特家中下榻一天,于次日骑乘乌拉而去,其驮的行李,于二十九日到达。再,德木齐密本人或于四月二十四日,或于二十五日,没能记日子,前往宰桑齐默特处回到家中后,与住在其附近的叫善巴尔的人互相议论称:遣往大国的使者吹纳木喀等人往这边来时,途中遇见并逮捕了从我方逃去的两个汉人。送来使者的人向吹纳木喀索取时,吹纳木喀言道,不可递给尔等,为此没给并带来。我听说其人已向将军差人,赶来索取,亦未可料,为此我等不分昼夜急行而来。这两人是内地人,已经到达其地,理应还给才对,没有返还而带回,甚是非也。再于此次,与我方使者一起,亦没回遣使者,以此看来事情似乎稍有生疏,等语。我在旁边听见如此议论,等语。讯问克什克图:今噶尔丹策零身边谁在处理事务,大策凌敦多布、小策凌敦多布、色布腾驻在何处,这几年准噶尔人生计如何,种的庄稼收成如何,等语。对此告称:听说宰桑察衮、海拉图纳沁,现于噶尔丹策零身边处理事务。大策凌敦多布已于前年病故,小策凌敦多布驻在珠勒都斯地方,色布腾驻在玛纳斯地方。这几年行军打仗,准噶尔人生活多有艰辛,有牲畜的人少,俱倚赖种地生活。况且德木齐密家里有五十余匹马、四十余头牛、二百余只羊,即在其居住周围的人内,称为头等富人。再于去年,伊犁、博尔塔拉、斋尔等地干旱,庄稼没怎么收获。冬天雪甚大,牲畜多有损失,故从叶尔羌、喀什噶尔、阿克苏、库车地方凑取牲畜贴给,没听说凑取赈济多少,等语。讯问克什克图:尔是自小生长在准噶尔之人,不会不知彼处事情,尔业已归顺,既已成我人,尔若有何闻知之处,稍勿隐匿,等语。对此告称:我本人在德木齐密家中时听说,哈萨克兵来无数次,掳走了准噶尔驻在边境之人,为此准噶尔亦出兵前去征讨。又听说今年正月,噶尔丹策零不知为何,俱已挖掉和硕特台吉噶旺敦多克本人及其妻,以及其长子的眼睛,交给了回子,不知交给了哪里的回子。还听说将其属下阿勒巴图①,俱分给各个鄂托克,再将其小妻及小儿子,交给了色布腾。听说前年准噶尔前往俄罗斯经商之人,被暂扣在

---

① 此处原文是"jušen"。

俄罗斯,没让出去,而将俄罗斯来准噶尔经商之人,准噶尔亦行扣留,没有遣送,互相扣留商人,没听说为何不让出去。我是在密家中拾粪放牧行走之人,岂能听闻准噶尔紧要消息,这些言语俱是彼处人等互相议论的。我现在是舍命归顺大国,以求永远安逸生活而来之人,若真有闻知之处,岂敢不告明耶,此外再无闻知之处,等语。讯问乌什地方回子和卓博尔第:尔今年多大岁,如何到了准噶尔,曾在何人身边,尔是否有父母兄弟,为何与克什克图一同逃来,等语。对此告称:我今年二十五岁,十五年前准噶尔人攻取我乌什城时,齐默特属下德木齐密将我掳至乌鲁木齐地方,我不知我父母兄弟现是否还在。与我一起逃来的克什克图,我等俱是从小被密掳来之人,同居一处生活。克什克图在无人处对我言道:我等这般艰苦干活,不如归顺大国,以求永远安逸生活,等语。如此商量后,我于今年四月二十九日夜里,偷取德木齐密的两支鸟枪及一口袋米,在马群地方纠合克什克图,偷取四匹马后,行走二十七天,达木楚克卡伦人发现我等后引来,等语。讯问和卓博尔第:尔已归顺,既已成我人,尔若有何闻知之处,令俱告明,稍勿隐匿,等语。对此告称:我在密家中种地、拾粪、打水,被使唤,因不堪忍受,故与克什克图一起归顺大国,以求永远安逸生活,是为此来投之人,没有与克什克图相异的闻知之项,若真有闻知之处,岂敢不告明耶,等语。他处俱与克什克图一样供述。臣我等换发给回子克什克图、和卓博尔第衣服等物,差一官员,将克什克图等人乘驿送往署宁远大将军查郎阿处,由大将军查郎阿趁便解送京城。此外将问讯克什克图、和卓博尔第之口供,先具折谨奏闻。

乾隆元年六月二十日,所奉朱批谕旨:知道了,钦此。

乾隆元年六月初六日

镇安将军　内大臣　臣　常赉

提督　臣　颜清如

原尚书　臣　马会伯

镇安将军常赉奏报由准噶尔来投之厄鲁特丹津等口供及乘便解京事折

乾隆元年六月二十七日

镇安将军内大臣臣常赉等谨奏。为奏闻事。乾隆元年六月十八日午时，伊克温都里卡伦来报：西面有两人、三峰骆驼的身影正往这边来，等语。接着驻扎察罕哈玛尔卡伦守备薛天昌①，将引来的三厄鲁特男子、两女子及四小孩送来。于是臣我等讯问一厄鲁特：尔名甚，多大岁，是何族，尔是否有父母兄弟，是谁鄂托克之人，从何处逃来，与尔同来的这两男子、两女子、两女孩、两男孩俱是尔何人，等语。对此告称：我名丹津，今年四十三岁，准噶尔族，我父母俱已去世，大策凌敦多布鄂托克人，驻牧在塔尔巴哈台地方。与我一同来投的丹巴是我胞弟。鄂勒锥图是哈萨克族，我父珠勒察海前去攻打哈萨克时，将四岁的鄂勒锥图掳来，当作养子。我二十岁时，左脚生疮，变成宿疾，已有二十三年，鄂勒锥图替我行走于所有差事。这两女子，一个是我妻，名叫毕齐海，一个是我弟丹巴之妻，名叫阿尔善。这两女孩，巴图济尔噶尔七岁，托克托巴图六岁。这两男孩，伊拉伯克五岁，特讷伯克三岁，俱是我亲生孩子。我等于今年四月十一日，从塔尔巴哈台带来十匹马、八峰骆驼、两支鸟枪、一把刀及行粮等物，经过额敏、斋尔等地来到戈壁边缘后，我等驮着水进入大戈壁，奔着太阳升起的方向，行走八天，饮水断绝。因我等不识路，故到处寻找，终于在一大山边上找到一泉水。汲取那水，往这边行进五天，水又断绝。于是两天找不到水，小孩俱口渴，接近死亡。上天眷佑，突然下起大雨，故我等才得活命。从那里，十匹马和三峰骆驼已疲惫，只剩下五峰骆驼，行粮又断绝，故我等打猎野兽当作行粮，共行走近七十天后，卡伦人发现我等引来，等语。讯问丹津：于阿尔泰方面，准噶尔军队俱驻扎何处，卡伦俱置于何处，乌鲁木齐等地是否有军队，卡伦俱置于何处，等语。对此告称：去年，阿尔泰及额尔齐斯源头，曾驻有准噶尔一千兵，九月到达后俱已撤回，今年未闻是

---

① 此处原文是"siowe tiyan cang"。

否又派兵至阿尔泰。乌鲁木齐等地没有军队,全然没听说卡伦置于何处。因我等由大戈壁行走,故俱没见过准噶尔卡伦,等语。讯问丹津:尔是准噶尔族人,为何带着妻孥逃来,尔是否有何他情。再据尔告称,我等从塔尔巴哈台,经过额敏、斋尔等地而来。额敏、斋尔是尔准噶尔中心地方,尔等如何能立即通过前来,等语。对此告称:我十岁时,我父珠勒察海跟随阿喇布坦,从准噶尔归顺大国时,大策凌敦多布亲自领兵追击,于茂岱、察罕廋尔地方赶上交战时,我父母及我本人俱被抓走,编入其鄂托克。后来我弟丹巴出生并成人后,学成银匠,曾制作大策凌敦多布母亲及其本人,以及其儿子巴里使用的所有银器等物。伊真是仁慈我弟丹巴。伊本人去世后,由伊孙达克巴当政。我弟丹巴与我邻居两人一同出去闲游,我弟丢下先回来,而将那两人以盗窃罪惩治时,达克巴将我弟以不待与尔同去之人,丢下先回来为由,无缘无故治罪,将我等一对家奴充公,为此实在愤恨。于是我对我弟丹巴言道:达克巴无缘无故将我一户家人充公,看来明显是要虐待我等,听说我等的旧主阿喇布坦子色布腾旺布,承接大主子之恩,已经成王,我等的外祖父丹巴格隆、舅舅津巴达什俱在色布腾旺布身边行走。又听说归顺大国的所有人,俱得生活家产,永远安逸度日。我等如此受苦,何不如干脆带着妻孥舍命投奔大国,永远安逸生活,等语。于是今年四月十一日,与我弟一同带着妻孥往这边逃来。我等经过的额敏、斋尔等地的游牧人,问我等前往何处时,我就寻找借口说带着我弟丹巴前往额仁哈毕尔噶地方学习银匠。我等是准噶尔族人,我辈不怎么怀疑我等这般逃来,故我等才得以逃来。我等毫无其他情由,等语。讯问丹津:噶尔丹策零身边谁在处理事务,小策凌敦多布、色布腾现俱在何处,再于今互相遣使之事,尔游牧人等俱如何议论,尔是否听闻,等语。对此告称:在噶尔丹策零身边,察衮处理事务。小策凌敦多布本人驻在珠勒都斯,色布腾本人驻在额仁哈毕尔噶。再因我等驻在的塔尔巴哈台远离伊犁,故于去年十一月到达后,我等才听到遣往大国的使者吹纳木喀本人已到伊犁。据吹纳木喀言道,面对噶尔丹策零,大国主子的旨意是,把阿尔泰西面当作尔准噶尔的,而将阿尔泰东面当作我大国的,尔若有何要求,请派来使者。其后未闻噶尔丹策零是否遣使。据驻我塔尔巴哈台周围人等议论,今大国主子为使众生安逸而互相遣使,我等今后可无战争,永远安逸生活。如此不分男女老幼,无不欣喜,等语。讯问丹津:尔准噶尔人是否用兵哈萨克、布鲁特、土尔扈特,是否与俄罗斯互相遣使,再叶尔羌、喀什噶尔之回子是否仍在向准噶尔纳贡。尔是向往我圣主仁化而来投之人,故既已成我人,尔若有何闻知之处,稍勿隐匿,等语。对此告称:土尔扈特、布鲁特与我准噶尔有战事,这几年未闻对其用兵。只是在我等来前,大策凌敦多布子达什策凌,曾亲自领兵前去征讨哈萨克,带多少兵前往,不知其数。再,俄罗斯与我准噶尔,每年都互相贸易遣使。叶尔羌、喀什噶尔之回子,照旧向准噶尔纳贡。我是一个跛子,是与我弟丹巴一起带着妻孥,舍命前来归顺大国,以求永远安逸生活而投诚之人,若真有闻知之处,真敢不告明乎,此外再毫无闻知之项,等语。讯问与丹津同来的丹巴:尔多大岁,丹津是尔何人,尔为何带着妻孥逃来,是否有何他情,等语。对此告称:我今年二十七岁,丹津是我亲兄。我本人曾在大策凌敦多布母亲身边当银匠,后来大策凌敦多布的母亲、大策凌敦多布本人及其子巴里,俱已去世。接着大策凌敦多布孙达克巴到来,无缘无故将我治罪,把我一对家奴充公。对此我兄丹津言道:我等如此受罪,不如归顺大国永远安逸生活,等语。于是带着妻孥逃来是真,我等毫无他情,等语。讯问丹巴:尔是准噶尔族,又曾在大策凌敦多布母亲身边行走,不会不闻尔准噶尔事,而若有何闻知之处,稍勿隐匿,等语。对此告称:我准噶尔人,甚是缜密,任何紧要事务,亦不在似我这般小人面前谈论,我虽于大策凌敦多布母亲身边当银匠行走,然只在外头制作物品。所闻所知的事项,与我兄丹津无异,等语。他处俱与丹津一样供述。讯问与丹津同来的回子鄂勒锥图:尔多大岁,是何地回子,尔是否有父母兄弟,如何到了准噶尔。尔业已与丹津一同来投,故尔若有何闻知之处,令俱告明,稍勿隐匿,等语。对此告称:我今年二十岁,哈萨克族,现不知我父母兄弟是否还在。我四岁时,准噶尔兵前去攻打我哈萨克之际,丹津之父珠勒察海将我掳来当作养子,我成人后,丹津脚上生疮,瘸着不能走,于是我替他行走于所有差事。去年在额尔齐斯河源头,杜尔伯特达赖太师子达什,亲带一千兵驻扎时,我本人曾替丹津前去,其后九月抵达而撤回。我虽替代丹津行军打仗,然还是认为我是哈萨克族,且年少,故而不派往卡伦,只让看守兵营,故所闻所知之项,与丹津无异,等语。他处亦与丹津一样供述。臣我等理应给厄鲁特丹津等九口换发衣服等物,照例乘驿送往才对,只是四个小孩不能骑马,故臣我等雇佣三驾公车,派出把总刘洪山①,带领十名兵丁,于本月二十四日送往署宁远大将军查郎阿处,由署宁远大将军查郎阿趁便解送京城。此外将问讯丹津等人之口供,先具折谨奏闻。

乾隆元年七月十二日,所奉朱批谕旨:知道了,钦此。

乾隆元年六月二十七日

镇安将军　内大臣　臣　常赉

提督　臣　颜清如

原尚书　臣　马会伯

---

① 此处原文是"lio hūng šan"。

乾隆朝

驻哈密办事员外郎扎西为报由准部脱出回子阿舒尔口供并遇有类似事件可否由樊廷专理等事呈文

乾隆元年七月十一日

驻扎哈密办事员外郎扎西、达桑阿咨呈理藩院。为呈报事。乾隆元年七月初七日，由带兵驻扎沙枣泉①卡伦游击张朝宣②处，送来从准噶尔脱出的回子阿舒尔。于是我等全体会同讯问时，据阿舒尔告称：我是哈密地方回子，二十岁时托克托宰桑初次来犯哈密，我正从塔勒纳沁种地处回来时，遭遇贼人，将我捉走，并交给托克托宰桑子巴济为奴。后来巴济获罪被杀后，将我交给了驻在乌鲁木齐的齐默特宰桑。以前我往这边寻来两次，俱遭遇准噶尔人而被带回。现我兄玛尔玛达敏、布特依科，我姐拉玛特肯、色伯克，弟玛玛塔布拉，俱在哈密地方。我感戴圣主之恩，思念骨肉，故于今年六月十二日从乌鲁木齐种地处逃跑，由辟展路出来后，卡伦人携我送至此处，等语。我等全体又询问阿舒尔：令将尔在彼处所见所闻，据实告来，等语。对此阿舒尔告称：据准噶尔下人等之言，我使者已回来，博克多汗使者至今未来，以此看得，似乎与我等尚未和好。如此互相言论，并将兵器行粮，俱预备妥当。本月末，差遣二百人至巴里坤等地，为确查军队而来。今准噶尔人不骑军马，在做准备，不知用兵何处。听说噶尔丹策零召集众头领商议事务，不知商议何事，等语。我等再审讯阿舒尔：尔在准噶尔地方居住二十余年，彼处庄稼粮食及马畜如何，噶尔丹策零如何，罗卜藏舒努今在何处，等语。对此阿舒尔告称：去年秋，噶尔丹策零身体病重，赦放关押的千余名犯人，亦释放罗卜藏丹津，给予家产，令其驻在附近，后来又将纳木喀津巴遣往藏地，前去邀请医生，至今尚未痊愈。这几年种的庄稼，大半被蝗虫侵害，故甚困难，而且雪大，牲畜亦大有损失，已不同于前。听说罗卜藏舒努还在，而不知在何处，等语。

---

① 此处原文是"ša DZo kiowan"。
② 此处原文是"jang coo siowan"。

我等又问额敏时,据贝子额敏告称:康熙五十四年,准噶尔托克托宰桑来犯哈密时,属实掳走了阿舒尔。其二兄布特依科、弟玛玛塔布拉俱已身故,现只有其长兄玛尔玛达敏,姐拉玛特肯、色伯克还在,等语。为此将我等讯问阿舒尔的口供及将阿舒尔交给贝子额敏之事,会同总管哈密等地兵队提督樊廷,汇具汉文折子奏闻。此外为此事务,提督樊廷不时向我等商议称:我全然不懂满文满语,尔等俱通汉语,故而可否即具汉文折子上奏,等语。再大将军行文吩咐称:提督樊廷前往时我对他言道,尔到哈密后,凡事自己要与驻哈密部员和睦会同办理。曾如此吩咐。樊廷到后,尔等俱居于一处,妥善一心商议,全体和睦办理。若有投诚者,莫使其见任何人,不可走漏消息,甚加严密审讯办理才好,等语。我等若与樊廷争吵,有恐拖延事务,故照提督樊廷之言,具汉文折子上奏。今后若有此等事,或由提督樊廷接办,或仍照旧办理之处,俟由大部指教时,笃诚遵行。为此咨呈。

乾隆元年七月十一日

乾隆朝

定边左副将军策凌奏报由准噶尔来投厄鲁特人孟克口供及派员解京事折

乾隆元年七月二十九日

定边左副将军和硕超勇亲王固伦额驸臣策凌等谨奏。为奏闻事。暂驻乌里雅苏台参赞大臣护军统领哈岱向臣我等呈文来称：自布延图卡伦替换回来游牧的贝勒纳木扎尔车苏荣旗下博洛等人，已将带来的准噶尔来投厄鲁特孟克送至乌里雅苏台。为此差人将孟克送往将军等处，等语。如此于七月二十五日送来。于是臣我等讯问孟克：尔是谁属人，是何族，多大岁，游牧驻在何处，尔是否有父母兄弟妻孥，哪月哪日从哪里来，尔为何逃来，等语。对此供称：我是准噶尔额尔克坦鄂托克宰桑固木扎布属人，土尔扈特族，今年三十七岁，游牧驻在库克乌逊、喀喇塔拉地方。我父母俱早已去世，没有兄长，亦无儿子，只有一妻及一弟弟，我弟名恩克。去年二月，台吉珲启带领三万兵，前去征讨哈萨克时，恩克去参军。我亦于去年二月初一日，参台吉塔尔巴章带来的三千兵，曾驻扎在巴尔哈淖尔地方。今年五月，我与我同一鄂托克叫扎布的人一起出去打猎，没得到野兽，且帐篷内已无行粮，故我等偷取辉特队伍的军马一匹，宰杀后正藏匿在山中时，遇到跟我等一样的打猎之人，遂逮捕我俩。告知领头的台吉后，我头人言道：此辈能去哪里耶，暂时留着，等完事后再详细裁定，等语。按照彼处律例，盗窃马匹之人，责打其本人，没收牲畜，赔偿对方，若无牲畜，取其妻赔偿。我寻思，因迫于饥饿，故偷马被捕，因无人户牲畜，故身体受苦，且最终还会将妻送给别人，无论如何，已无生路。是故我与扎布商量道：听说大国主子安逸众生，凡是归顺之人，俱赏给房户家产牲畜，我等白白受苦，不如逃跑投奔大国，等语。对此扎布言听计从，于第二天五月二十日夜里，各取两匹马及行粮等物后逃出。行走月余，到达我准噶尔布鲁尔地方叫唐都的乌梁海那里，领头的纳木扎尔询问我等：尔等是何人，从何而来，为何事赶路，等语。答道：我等是准噶尔厄鲁特，因生活穷困，故而打猎行走，等语。于是纳木扎尔言道：此处毫无尔等之熟人也，尔等擅自来边境，看来必是逃人，等语。旋即将我等带至其家中，拆开我等的人和马匹，各个分置。

是夜我住的那家的一女子对我言道：我辈以尔等是逃人为由，要逮捕送给台吉塔尔巴章，等语。因此我恐惧，亦没来得及叫唤扎布，偷取拴在其蒙古包外的两匹马、一旧马鞍及一件袍子后，光着身子急忙于当夜出来。行走三天三夜，到达科布多河，并由额克阿喇尔、扎布坎行进，遇见卡伦人说出情由后，将我送至乌里雅苏台，并带到这边，等语。再讯问孟克：与尔同来的扎布，其后是否仍找来。再，尔兵现驻扎何地，是否有往这边进军的消息，卡伦设置到何处。哈萨克、布鲁特地方有何消息，叶尔羌、喀什噶尔回子照旧纳贡否，俄罗斯、土尔扈特人等怎样。尔辈生计如何。大策凌敦多布、小策凌敦多布现在何处。去年尔前往哈萨克之兵怎样，有何得失否。噶尔丹策零所遣的使者从我大国回去后，有何言论，尔辈又如何议论遣使之事。尔本人业已归顺，故将所有闻知之处，据实告来，等语。对此供称：我等在乌梁海地方时，是夜我因家中女子之言，感到恐惧并惊慌失措，唯思只身逃跑，属实没来得及叫唤扎布。依我之见，我来后扎布定已被捕，倘若能得机会逃跑，必会往这边寻来。再据我听说，去年噶尔丹策零发兵三处，如同卡伦一样驻防。哈达青济勒地方，宰桑哈里云①带领三千兵驻扎。在我巴尔哈淖尔地方，台吉塔尔巴章带领三千兵驻扎。在额仁哈毕尔噶地方，不知由谁带领，亦驻扎三千兵。毫无来往这边进兵之消息。再，驻扎我巴尔哈淖尔之军队，为使往这边瞭望，于纳林哈巴河源头两岸设置了两个卡伦，其后岸和托格尔周围地方又设置了两个卡伦，没听说其他军队设置卡伦到何处为止。哈萨克、布鲁特与我准噶尔人互相抢夺而行，乃是年年皆有之事。去年入秋后，不知数目，哈萨克来兵，将我设在阿勒辉地方的卡伦四十人，杀死其中三十人，剩余十人俱步行逃出。哈萨克人紧接着进来，抢走三百余匹马。叶尔羌、喀什噶尔回子，仍旧在纳贡。准噶尔与俄罗斯没有战争，仍在互相差遣商人。与土尔扈特之间，这几年毫无征战，亦不往来遣使。我厄鲁特人等之生活，比以前多有穷困，偷盗亦变得甚多。对此众人互相议论称：我噶尔丹策零，四处挑起战端，人畜不得安歇之空闲，众人生活已渐渐变得艰苦，等语。仍在如此互相抱怨。据闻，大策凌敦多布已于前年去世，伊之人户没让伊之末子达什策凌继承，而是令伊孙达什达瓦继承。游牧仍驻在塔尔巴哈台。小策凌敦多布之游牧，驻在珠勒都斯地方。据听人言论，我去哈萨克之兵，毫无收获，因冬季大雪，损失很多马畜而来。再，噶尔丹策零所遣使者吹纳木喀，从大国返回，已抵达游牧地。大国主子赏赐丰厚财物，还降旨称：著今后友好共存，以安逸众生，钦此。如此听我乌梁海说过。据平

---

① 此处原文是"hailiyūn"。

时下人等之言:今噶尔丹策零已遣使大国主子,若能得以和解,我等可种地安逸生活也,等语。多有如此言论之人。大人物之心,岂能得知,此外我再无其他闻知之处。我是为求大国之恩而来投之人,若真有其他闻知之处,不一一告知,岂敢隐匿,等语。为此臣我等赏给厄鲁特孟克衣服等物,委派充任护卫留下的巴图尔护军校法林,乘驿解送京城。此外,为此谨奏闻。

乾隆元年八月初八日,所奉朱批谕旨:知道了。尔等那次上奏卡伦之事后,朕日夜思考等待消息,看得这两折子,想必无消息。然尔等亦应一并奏闻无消息之处才对,今尔等地方形势如何,对这般事务,尔等若仓促手舞足蹈,使下人惊惶,则万万不可。然尔等内部亦不可疏于防范,若为那几匹马事,即与其一同生事,则又不可,凡事唯思重大,不可稍存侥幸。

降旨额驸策凌:尔母现是否已抵达尔之游牧,万一贼来喀尔喀游牧,令尔务必派兵将尔母迁至内地保护。尔为国家,思没空过问家事,倘若稍有失误,则朕不嘉许尔,且还要治罪。此谕,令参赞大臣等全看,朕信托尔等,钦此。

乾隆元年七月二十九日

定边左副将军　和硕超勇亲王　固伦额驸　臣　策凌

参赞大臣　都统　臣　王常

参赞大臣　护军统领　臣　阿成阿

11

定边左副将军策凌奏报由准噶尔投诚之厄鲁特人伯勒克达什等口供及解京折

乾隆元年八月初十日

定边左副将军和硕超勇亲王固伦额驸臣策凌等谨奏。为奏闻自准噶尔脱出吉林乌拉披甲哈寿及来投厄鲁特伯勒克以及达什口供事。驻扎乌里雅苏台参赞大臣护军统领哈岱呈文来称：驻扎托尔和乌兰卡伦二等侍卫赫达色报称，发现几人经过放在我卡伦塔布图敖包喀尔喀皇家牧群的踪影而来告后，赫达色我带兵追赶询问时，一人告称，我是吉林乌拉镶黄旗①纳西佐领下披甲，名哈寿，这两厄鲁特，一名达什，一名伯勒克，我从贼地脱出，此辈来投我大国。如此送来。为此由我处差遣散秩章京乌通保，将哈寿等人送往，等语。如此于八月初六日送来。随后臣我等讯问哈寿：尔是哪年出征，如何被贼俘获，于准噶尔地方曾在何人身边，何月何日从何处逃出，往这边来时是否遇见其卡伦人，此二厄鲁特为何与尔同来，等语。对此告称：我于雍正七年，跟随原大将军傅尔丹从征，九年在和通呼尔哈地方交战突围时，我射中一贼后夺取其矛又刺死二贼，抢来两匹马，将一匹给吉林乌拉披甲敏济尔泰骑乘，我本人换乘另一匹，敏济尔泰我俩一起行进时，三十余贼从后面赶来，施放鸟枪，我等的马匹被鸟枪击倒，我俩俱受伤，被贼抓获。辉特额尔克台吉属下叫蒙克的人，带走哈寿我，交给了额尔克台吉。同是额尔克台吉属下叫衮楚克的人，带走敏济尔泰，交给了喇嘛达克巴拉西，我等到塔尔巴哈台地方驻下。后来敏济尔泰我俩经过商量逃跑两次，然俱被其逮捕遣返。前年我大军进去扫荡时，额尔克台吉为防止我逃脱，带上铁链看守。敏济尔泰因在喇嘛达克巴拉西家中闲置，故彼等惊动时趁机逃出。今年六月二十三日，与我同居一地的厄鲁特伯勒克，晚间没人时跟我商量道：我等白白在此艰苦生活，不如一起逃出，蒙尔大国主子之恩，安逸生活，等语。对此我想或许这是其台吉遣伊特意试探我，故对其言道：我曾逃跑两次，俱被尔人抓获遣返，对此尔台吉丝毫

---

① 此处原文无"gūsa"字样。

没有治罪我,今岂能再逃,等语。于是伯勒克理会我意,指着天佛发誓后,我俩向达什商量三人一起逃跑。旋即于当夜,我等进入额尔克台吉马群,偷取八匹马,扛起两支鸟枪,从塔尔巴哈台往这边出来。到达奇兰①岭后,遭遇贼卡伦三人,达什等人说我们冲出去后,我等施放两次鸟枪冲出时,一贼寻我射一羽后,我右脚膝下中箭受伤,旋即我等匆忙逃来。那三贼纠合其战友,六人从后面追赶我等一天,天色渐晚后才返回。在那边我等丢了三匹马,途中将一匹马当作行粮食用,骑乘其余四匹一路走来时,一匹又疲惫而抛弃。到达皇家牧群地方,遇见卡伦人后,将我等往这边送至乌里雅苏台兵营,等语。再讯问哈寿:尔在准噶尔地方居住几年而来也,其兵现驻在何处,是否有往这边来的消息,卡伦置于何处。准噶尔人等是否有进兵哈萨克、布鲁特地方之事,与俄罗斯、土尔扈特如何,叶尔羌、喀什噶尔回子等是否仍旧纳贡于彼等。使者吹纳木喀返回后有何言论。属下人等生活如何。巴济、毛海等人现驻在何处。令将尔所有闻知之处,俱如实告来,等语。对此告称:据我听闻,今年三月,噶尔丹策零派出台吉塔尔巴章、宰桑德齐特,带领一千兵,分奇兰②、布拉罕、布鲁尔此三路,在阿尔泰那边设置卡伦。其他地方没军队,亦无往这边来兵的消息。准噶尔人与哈萨克、布鲁特互相抢掠而行,年年不绝。去年秋,哈萨克来百余人,掳走了驻在斋尔地方的额尔克台吉所属九十二口人。这几年与土尔扈特没有媾兵,亦没互相遣使。与俄罗斯互相遣使,往来商人。叶尔羌、喀什噶尔回子等,仍旧在纳贡。据厄鲁特等之言论,使者吹纳木喀从此处回去,于四月抵达伊犁。吹纳木喀抵达后如何议论之事,我未听闻。据彼一般下人等之抱怨:我噶尔丹策零,理应与大国和解,以使下人等休养生息才对。这几年自发生战事以来,于野外艰苦度日,众人之生活,比以前变得多有艰难。偷盗之事,亦甚多。如果再这么生活几年,我等还能剩什么,等语。前年春,在额尔克台吉处的五十余户布鲁特人出逃后,途中遭遇哈萨克,用计将其男子俱处死,而抢走其妻孥,其中只有三人逃回来。再,我自到达贼地以来,只居住在塔尔巴哈台,没去其他地方,故不知巴济、毛海等人消息,亦不详知彼处人等之生计情况。看得额尔克台吉下人,贫穷的多。此外毫无其他闻知之处,等语。讯问两厄鲁特:尔等是何族,是谁属下,多大岁,游牧驻在何处,尔等是否有父母兄弟妻孥,为何来投,等语。如此像讯问哈寿一样,逐一讯问时,据伯勒克供称:我是辉特族,额尔克台吉属人,今年三十三岁,游牧驻在塔尔巴哈台。我母亲

---

① 此处原文是"kirang"。
② 此处原文是"kirang"。

早已去世，我父亲乌巴锡、兄长济尔噶尔在游牧地，我无子妻，曾有一弟，叫垂扎布，子年从军在额尔德尼召地方交战时，听说被活捉，不知是否还在。再，我兵是否往这边来之事，那都是大人物知道的事情，我岂能得知彼等之心。看得下人等之情形，我厄鲁特习性，自古桀骜不驯，而在额尔德尼召地方交战，并徒步光脚逃回以来，锐气遭挫，每逢提起，仍在言论：大国之兵强悍，弓箭比我鸟枪多，可射透穿两层甲胄之人，那年我等损失几千兵、几万牲畜，等语。况且我辈行军打仗这么多年，生活亦比以前变得多艰。我不详知其他地方之人，我辉特额尔克台吉所属一千户人内，能倚赖牲畜生活之人，连一半也没有。今年春，噶尔丹策零普查有三头大畜以上之人时，我人中只占一半。以此来看，可知人之气力俱已衰弱矣。依我平常之见，暂且在此三四年间，绝不能往这边进兵。巴济、毛海初到时，甚富裕，牲畜多，这几年内其人被派至哈萨克方面，再因我处偷盗之事，已损失许多牲畜。之前曾与我等一同游牧在塔尔巴哈台，前年噶尔丹策零召唤彼等，已带往伊犁。后来听说，因有往这边来的意思，故将其下人与牲畜一并分给各个鄂托克，而将其本人安置在了那方边境。不知这期间怎么样了，等语。又讯问伯勒克：据尔口供，今尔父兄俱在游牧地。尔却为何丢下尔父兄来投我，等语。对此供称：现我父兄虽俱在游牧，然在我地，父子兄弟丝毫不得一处生活，每年行军打仗，亦无公办之项，之前有的几个牲畜也都征战用尽，穷困至极，身体不堪忍受痛苦，故只想活命。我隐瞒我父兄，与哈寿等人商议，和达什一同来投，乃是属实，等语。据达什供称：我是土尔扈特族，亦是辉特额尔克台吉属人，今年三十五岁，驻牧塔尔巴哈台。我父母早已去世，无子妻，只曾有两兄，长兄叫辰布勒，二兄叫尼玛，子年进兵来此，于额尔德尼召交战，我军返回时，两人俱没回来，或已阵亡，或被活捉，不知矣。我在准噶尔地方独自生活，一无所有，且每年行军打仗，身体已不堪忍受痛苦，故哈寿等人来时，经我等共商，与伯勒克一同来投，等语。他处两人俱与哈寿一样供述。为此臣我等除赏给逃出哈寿及来投厄鲁特伯勒克、达什衣服等物，委派头等侍卫乌达产，将此三人乘驿解送京城外，为此谨奏闻。

乾隆元年八月十七日，所奉朱批谕旨：知道了，钦此。

乾隆元年八月十日

臣　策凌

臣　王常

臣　阿成阿

乾隆朝

定边左副将军策凌奏报自准噶尔来投厄鲁特车林等供词并解京安置事折

乾隆元年九月二十四日

定边左副将军和硕超勇亲王固伦额驸臣策凌等谨奏。为奏闻来投厄鲁特等口供事。驻扎乌里雅苏台参赞大臣护军统领哈岱向臣我等呈文来称：据驻扎哈勒占和硕卡伦前锋乌达什呈报，八月十八日，乌达什我带领我搭档布特伥及喀尔喀卡伦兵，寻踪瞭影行走时，发现行人踪影。遂乌达什我立即领兵到跟前询问时据说，一厄鲁特台吉，名车林，其妻、车林家丁库本、库本妻，共男女四人，带一小男孩，来投我大国。并于途中遇见从贼处脱出的贝勒车登扎布旗下喀尔喀博洛扣及来投厄鲁特巴颜后同来。旋由乌达什我处将此辈带至我卡伦地方，并于本月十九日，向我搭档领催布特伥配三名士兵，将此辈乘驿送往。如此来报，等语。又呈文来称：八月十四日，西尔哈高勒驿站，将三名从准噶尔地方出来的蒙古人，乘驿送来。旋将此共九口人，乘驿送往将军等处，等语。如此于九月十四日送至兵营。于是臣我等讯问来投厄鲁特台吉车林：尔多大岁，是谁属下，是何族，游牧驻在何处，尔是否有父母兄弟，尔来投之意为何，凡事据实告来，等语。对此供称：我今年二十五岁，噶尔丹策零所属杜尔伯特台吉族，游牧驻在额仁哈毕尔噶之霍尔果斯河地方。我母亲早已去世，我父亲台吉达特纳现仍健在，今年四十一岁，还有三个弟弟，二弟呼拉坦二十三岁，三弟班珠尔十九岁，四弟布岱十一岁，我等有四十余户阿勒巴图①。我十四岁时，罗卜藏舒努前去征讨哈萨克后，以其逆反为由，策妄阿喇布坦派人捉捕之际，罗卜藏舒努察知，旋即寻奔其舅家，逃往土尔扈特地方。我十六岁时，策妄阿喇布坦以教育礼法为由挟去，令侍从其第四子大巴郎，行走半年。策妄阿喇布坦去世后，噶尔丹策零以其父小妻色特尔扎布与伊娘家土尔扈特相勾结，药死了策妄阿喇布坦为由，俱逮捕其母子。处死色特尔扎布，并挖掉其所生苏努达瓦、大巴郎、讷科依图巴郎、赫尔赫代巴郎及四个女

---

① 此处原文是"jušen"。

孩的眼睛,解往叶尔羌、喀什噶尔城监禁致死。还俱曾调查逮捕我等近侍之人,处死四十多名,以我是孩子且才跟从为由给予赦免,并交给我父亲。从那以后,噶尔丹策零以我是侍从过大巴郎之人,另有异心为由,丝毫不用。如今在我处,像我这样的人,已变得比我高尚体面,不如我的人,都与我同等行事。我父亲察知噶尔丹策零之猜忌后,询问向我分户析产之事时,噶尔丹策零言道:依尔之意办理,等语。故没给我分人,仅给了原来使唤的四户。加上我父娶我继母,故将我赶出来,另行居住。我想,噶尔丹策零怀疑我,丝毫不用,我父亲又不慈爱我,在彼处生活没用,故曾与我诸弟共议来投大国。今年二月,试想与我诸弟一同出走时,我二弟呼拉坦得了伤寒病,尚未痊愈,三弟班珠尔前往他处看望亲戚,四弟布岱于去年被我父送至伊犁,侍从噶尔丹策零子。我正在苦恼不能带来我诸弟时,没想到我阿勒巴图①叫保绷的人,前往噶尔丹策零处告发了此消息。其后噶尔丹策零差人,交给阿巴噶斯鄂托克宰桑呼里木,曾试图逮捕我。我舅舅宰桑达什听到后,给我传达消息,故我带上我妻克木讷克,我阿勒巴图②岳勒都西、托克托、库本及其妻济瓦尔,从游牧骑乘十二匹马,躲藏至山中。追赶之人于各路堵截寻找,行粮用尽后返回。之后我等从山里出来往这边来时,我彼处七人来追赶。对此我曾将妻孥置于前方,我本人带上随从,走在了后面。一人追赶至近处时,我用鸟枪击倒,旋即往这边奔驰逃出。彼等追赶一阵,天色渐晚后,回返而去。又行走十几天时,十人从后面来追赶,我等互相施放鸟枪交战时,岳勒都西的马匹被击中倒下而被捕,托克托的马匹失足倒下而被抓。于是我等受困,男女四人策马逃出时,追赶之人曾一直从后面跟随。天色渐晚夜黑后,我等从其旁边躲着出来宿营。次日发现没人,故往这边来,到达奇坦地方后,我妻生一男孩。我等原先骑着出来的马匹内,有人追赶我等之际,俱已丢弃,只剩下我等四人骑来的四匹马,怎么也不能来此,故我不得不将我妻及我家中女子济瓦尔藏驻一处月余,而我本人带领库本,就近回去,夜里从宰桑呼里木马群偷取十七匹马,一共骑乘二十匹马来这边。到达库列图地方后,因远离游牧,故牧养马匹,又休息二十余天,从那里路上休息打猎三四天。有一天来到乌延齐③宿营后,太阳升起时,我发现后面有两骑马人寻来这边,以为或是追赶之人,故挂上弓,拿起矛,迎去询问:尔等是何人,等语。时彼等供称:我等是脱出之人,等语。故我向彼等阐明我主奴来投大国之事后,我等同来。我带来的二十匹马内,路上疲惫十一匹,

---

① 此处原文是"jušen"。
② 此处原文是"jušen"。
③ 此处原文是"uyengci"。

宰杀肉膘好的当作行粮,而俱已将瘦弱的抛弃。八月十八日,来到卡伦后,将我等送至乌里雅苏台地方而来这边,等语。讯问车林:准噶尔卡伦现置于何处,是否有驻军。哈萨克、布鲁特地方有消息否,俄罗斯、土尔扈特如何,叶尔羌、喀什噶尔回子等是否仍旧纳贡。使者吹纳木喀抵达后,有何言论。其属下人等之生活如何。巴济、毛海等人现在何处。令将尔所有闻知之处,俱如实告来,等语。对此供称:阿尔泰路卡伦,不知设于何处。在我西方边境,已在吉木色之乌兰托罗海、奇台之巴罕托罗海等地驻扎卡伦。我等出逃时丝毫没有派兵,其后或是否已派兵,我岂能得知。我准噶尔人,年年都与哈萨克互相抢掠而行,乃是常事。听说亥年,一伙不知其数的哈萨克兵队进至准噶尔游牧,杀害驻在奇兰①之伯勒齐尔地方的杜尔伯特台吉达赖太师弟萨第,并掳走许多人畜。因我等驻地距离远,故不详知。自先前我策妄阿喇布坦时代起,即将布鲁特人陆续掳来者多,如今亦已变少。这几年布鲁特没来侵害我地,且其地方偏僻,故我人亦没去。未年,土尔扈特阿玉锡汗所遣使者,被我噶尔丹策零逮捕处死以来,这几年没有往来遣使。与俄罗斯仍在往来遣使,互通商人。叶尔羌、喀什噶尔回子等,仍旧在纳贡。今年我来时,使者吹纳木喀尚未抵达,后来抵达向噶尔丹策零如何告称,我不得而知。据之前我彼处下人等议论:今遣使前去,寻与大国和解,今后我等可安逸生活矣,等语。准噶尔下人等之生活,比以前变得多有艰难。若问为何,之前策妄阿喇布坦在世时,无数次掳掠吞并哈萨克、布鲁特人,丝毫没有大举用兵,故下人等尚可悠闲生活。到了噶尔丹策零,于这几年,那边与哈萨克交战,这边与大国生起战端,在苏克阿勒达呼及额尔德尼召地方战败回去,马畜多有损失。丑年冬,此处大军进去扫荡时,额尔齐斯、和伯克赛尔等地游牧人,在大雪中大加慌乱动迁,牲畜多有损失。前年有从我额仁哈毕尔噶等地平民凑取牲畜赈济之事,虽稍微补给,然已丧失家产,故将死去的俱宰割食用。现大半俱倚赖种地生活。之前说我驻在额仁哈毕尔噶地方之人富裕,这几年行军打仗,毫无公办之项,俱各个自食其力,故凑合能生活之人,亦俱已慢慢变得穷困。如今不仅没有牲畜的人变多了,偷盗之事亦已变得甚多。因巴济、毛海等人是从此处前去的,故曾安置在这方边境,后来怀疑彼等逃来这边,而迁往那方边境。听说已将毛海、策凌安置在珠勒都斯地方,而将巴济、达什达尔扎安置在了西喇擘勒地方。此外再毫无其他闻知之处,等语。逐一讯问跟随车林而来的库本及其女子时,俱与车林一样供述。像讯问厄鲁特台吉车林那样逐一审问逃出的喀尔喀博洛扣、

---

① 此处原文是"kirang"。

鄂尔多斯博罗陶高及准噶尔来投厄鲁特巴颜、衮楚克、呼鲁萨里尔等年岁多大，从哪里如何而来，准噶尔军队驻在何处，卡伦置于何处，使者吹纳木喀回去后有何言论，准噶尔与哈萨克是否互相用兵。令将尔等所有闻知之处，俱如实告来，等语。对此喀尔喀博洛扣供称：我今年四十七岁，喀尔喀贝勒车登扎布旗人。九年八月十七日，贼人来犯我游牧时，辉特额尔克台吉所属厄鲁特巴图将我掳走，当作奴隶使唤，在塔尔巴哈台地方居住了六年。今年七月十三日，我向同住一处的劳杂尔家奴巴颜言道：我等在此艰难生活，尔不如与我一同出去归顺我大国，承蒙主子之恩安逸生活，等语。对此巴颜马上听从我言，旋即于当夜偷取额尔克台吉所属厄鲁特纳木齐罗卜藏等人的五匹马，两人同时启程而来。昼伏夜行，经过一个月来到乌延齐①后，遇见厄鲁特台吉车林等人而同来。我等骑来的五匹马内，途中将两匹马当作行粮，用剩下的三匹马来到卡伦。再我等出来时，没听说在准噶尔地方驻兵，亦没见过。其设在阿尔泰的卡伦，听说驻扎在奇兰②、克木齐克、华额尔齐斯地方。还有使者吹纳木喀，五月到达伊犁。据听其下人等互相议论：与大国寻议已和解，等语。吹纳木喀到来后如何议论之处，我未听闻。听说准噶尔与哈萨克互相掳掠，乃是年年不绝之事。有时也收获财物，也有毫无收获，马畜困顿，空手而来之回。据其下人等言论：去年十月，哈萨克百余人曾来至额敏地方，掳走了额尔克台吉所属驻在斋河的一百余口人。十一月，额尔克台吉子巴图孟克带领一千兵，前去征讨哈萨克，从哈萨克赶来一万余匹马，等语。此外我到准噶尔地方，只在额敏居住六年，没去过其他地方，且彼等有话也不跟我等说，故不知其他事情，等语。据巴颜供称：我是哈萨克族，今年十八岁，游牧驻在塔尔巴哈台。我八岁时，被厄鲁特劳杂尔虏获，带至准噶尔地方后，劳杂尔将我当作奴隶，差使拾粪打水等事，在伊家中居住十年。我父母俱在哈萨克地方。今年七月十三日，喀尔喀博洛扣与我商量后，我等偷取额尔克台吉所属纳木齐罗卜藏等人的五匹马同来，等语。他处两人俱与厄鲁特台吉车林一样供述。据呼鲁萨里供称：我二十二岁，游牧驻在额敏地方，是拉布里木鄂托克宰桑库隆格所辖之人，土尔扈特族，我父母现俱在伊犁地方，于纳木章家中为奴行走。我跟着我伯父阿西曼、叔父阿木尔生活。我伯父阿西曼等人虐待使唤我，不堪忍受，且到了二十二岁仍不给我娶妻。故与同住一处的衮楚克商议，再向住在我伯父阿西曼家中的鄂尔多斯博罗陶高，告诉我等来投大国之事后，我偷取我叔父阿

---

① 此处原文是"uyengci"。
② 此处原文是"kirang"。

木尔的两匹马,三人同来这边,等语。据衮楚克供称:我二十七岁,是拉布里木鄂托克宰桑库隆格所属厄鲁特色布腾家人,土尔扈特族。我父亲已去世,我母亲今在,已五十多岁,是喀什噶尔地方回子族。我还有两个兄长,一个妹妹,我长兄齐齐尔三十五岁,二兄门都伯勒克二十八岁,妹妹察罕伯勒克十一岁,色布腾卖掉我两兄已有三四年。只我本人、我母亲及我妹妹我等三口在色布腾家中拾粪打水,每日差使,不能吃饱饭,不堪忍受虐待,故我向同住一处的呼鲁萨里言道:我等投奔大国,以求安逸生活,等语。我二人如此商定后,又纠合在厄鲁特阿西曼家中的鄂尔多斯博尔陶高,于今年七月十一日,我偷取我主子色布腾两匹马,算上他们的五匹马,我三人共骑七匹马来这边,等语。据鄂尔多斯博罗陶高供称:我二十九岁,鄂尔多斯贝子齐旺班珠尔旗下披甲,曾跟随贝勒诺伊罗布扎木素旗协理台吉巴里木达克,前往巴里坤从军。雍正八年十二月,在塔勒纳沁地方,我十四人驻扎牧羊,一天贼人突至,将我十四人与羊只一并虏获。厄鲁特阿西曼将我带至额敏地方,在其家中当作奴隶,差使六年。与我同时被俘的十三人,俱被分给各地,故丝毫没能见面。我被俘以来,虽日夜想着逃跑,然不识道路,且丝毫没机会。今年七月,衮楚克、呼鲁萨里两人对我言道:我等今已不能忍受虐待,我俩已商量投奔大国,尔自己可是被俘之人也,我等想一起逃跑,等语。于是我欣然应允,偷取厄鲁特阿西曼三匹马,于七月十一日夜里,我等三人一同逃出寻来这边。我等来时,昼伏夜行,完全没有遇见人。路上四匹马疲惫后宰杀食用,用三匹马来到了察罕廋尔,等语。他处三人亦与厄鲁特台吉车林等一样供述。为此臣我等向脱出的喀尔喀博洛扣,照例赏给粗羊皮布衣一套及十七两购置家产牲畜银,将此交给喀尔喀贝勒车登扎布,以使妥善收管安置。此外照例赏给来投厄鲁特台吉车林夫妇口粮、丝绸皮袄、褂子、皮靴、帽子各一套,而向其家丁库本夫妇及厄鲁特巴颜,脱出的鄂尔多斯博罗陶高,来投厄鲁特衮楚克、呼鲁萨里,每人照例赏给口粮、粗布衣物、鞋帽等物,委派主事品级甘布,乘驿解送京城。为此谨奏闻。

乾隆元年十月初四日,所奉朱批谕旨:知道了,钦此。
乾隆元年九月二十四日
  定边左副将军 和硕超勇亲王 固伦额驸 臣 策凌
  参赞大臣 都统 臣 王常
  参赞大臣 护军统领 阿成阿
  参赞大臣 副都统 臣 海兰

定边左副将军策凌奏报自准噶尔来投厄鲁特乌巴什等口供及解京事折

乾隆元年九月二十四日

定边左副将军和硕超勇亲王固伦额驸臣策凌等谨奏。为奏闻来投厄鲁特等口供事。驻扎乌里雅苏台参赞大臣护军统领哈岱向臣我等呈文来称：驻扎萨拉布拉克卡伦蓝翎侍卫准泰等人报称，八月二十一日，我等带领我卡伦喀尔喀兵搜寻踪迹时，看见近二十人踪影，派人询问时供称，我等俱是厄鲁特，特意来投大国。遂将此辈带至近处查看得，有厄鲁特乌巴什等十一男、四女、两女孩，共十七口人，而将此辈送往。如此于九月初二日，已将厄鲁特等人送来。旋由我处差遣委署领催阿毕达等人，乘驿送往将军等之兵营，等语。如此于本月十六日送来。于是臣我等讯问来投厄鲁特乌巴什：尔多大岁，是谁属下，是何族，游牧驻在哪里，尔是否有父母兄弟，尔等来投之意为何，令将所有事情，据实告来，等语。对此供称：我今年三十四岁，厄鲁特族，扎哈沁宰桑齐默特之阿勒巴图①，游牧驻在博克多山。我等原来曾是策妄阿喇布坦小妻色特尔扎布所属的阿勒巴图②。已忘记是哪年，罗卜藏舒努从征哈萨克地方，策妄阿喇布坦以其逆反为由，遣人前去逮捕时，罗卜藏舒努听后，从战场寻其舅舅等，逃往土尔扈特地方。其后策妄阿喇布坦去世，噶尔丹策零以色特尔扎布药死策妄阿喇布坦为由，俱逮捕色特尔扎布母子，处死色特尔扎布，并将其所生子女，俱挖眼后送至叶尔羌、喀什噶尔地方监禁致死。拆分阿勒巴图时，将我等三十余户人，交给宰桑齐默特当作阿勒巴图③。齐默特有三个弟弟，其二弟德济特、三弟普尔布、四弟鄂勒木济，此四人析产分户，于今年三月，将我等一百余户阿勒巴图④，分成各个份额时，我被分给德济特。其后德济特责骂我等，做出视为丑奴的姿态，因此我正在愤恨时，今年八

---

① 此处原文是"jušen"。
② 此处原文是"jušen"。
③ 此处原文是"jušen"。
④ 此处原文是"jušen"。

月初,我与同居一地的车林、托克托古勒一起商量道:噶尔丹策零将我辈交给同等之人当阿勒巴图①,如今此辈析产分户时又拆分我骨肉亲戚,我等白白在此低三下四受罪生活,何不如归顺大国主子,以求安逸生活,等语。如此商定后,我等又纠合同居一地的鄂罗思拜、车林内弟布伊伯克,并带领各自老小共十七口人,于八月十日夜,我等偷取宰桑齐默特四十匹马,当夜从游牧地逃出。不分昼夜行走,到达布拉罕地方后,二十余人从后面来追,我等让我妻孥先走,我六名男子迎战,施放鸟枪之际,彼两人受伤,我鄂罗思拜左脚受鸟枪伤,追兵冲进来将我行李俱抢走后,我等将鄂罗思拜驮在马上,日夜不停行走十一天来到卡伦,遂往这边送至乌里雅苏台。现我等来归十七口人内,我母策凌、我弟僧格、我亲叔之子乌逊博我四口人已到,而我两儿子现在游牧地,一个八岁、一个五岁,甚小,不便带走,故没办法,我将我妻一并留下而来,等语。讯问乌巴什:准噶尔卡伦现置于何处,是否驻扎有军队。哈萨克、布鲁特地方有何消息否,俄罗斯、土尔扈特怎样,叶尔羌、喀什噶尔回子是否仍旧纳贡。使者吹纳木喀回去后,有何言论。其属下人等,生活如何。巴济、毛海等人现在何处。令将尔所有闻知之处,俱如实告来,等语。对此供称:我不知其他道路上的卡伦置于何处,从我游牧地派出七十人,分别驻扎卡伦于博克多山之伊勒布尔和硕、苏博阿玛此两地。我等出来时,曾丝毫没有驻兵,不知其后是否已派兵驻扎。我准噶尔人,与哈萨克互相抢掠而行,乃是年年不绝之事。听说今年春,从我那方边境的游牧出兵前去征讨哈萨克,因我等距离远,故没派兵。不深知由谁带领而去。丝毫没听说这几年布鲁特与我辈互相用兵交战之事。先前策妄阿喇布坦在世时,曾与土尔扈特往来遣使,策妄阿喇布坦去世那年,噶尔丹策零捕杀土尔扈特使者,从那以后这么多年没遣使。与俄罗斯照常遣使,彼此商人贸易而行。叶尔羌、喀什噶尔之回子等,仍旧在纳贡。今年吹纳木喀回去时,三月二十日前后,经过我游牧地,于四月初到达伊犁。为此噶尔丹策零召集众鄂托克台吉、宰桑等人商议事务时,我彼处台吉色布腾、宰桑齐默特及衮布三人曾前往,我等往这边来时,色布腾等人尚未回来,故未闻如何议论之处。先前策妄阿喇布坦在世时,下人等尚可勉强生活,到了噶尔丹策零,那边与哈萨克相战,这边挑战大国,每年行军打仗,丝毫不给下人等公办之项,各个自食其力而行,故这几年各地之人,生活多比以前变得艰苦。丑年,此处大军进去扫荡时,正值牲畜冬季生育,额尔齐斯、和伯克赛尔等地人,在大雪中大为动迁,牲畜多有损失,故前年从临近的鄂托克人凑取牲畜补给,去年从我鄂托

---

① 此处原文是"jušen"。

克有牲畜之人凑取马牛羊再行补给。众人议论称：如此凑取补给时，富人亦已凋敝，对穷人亦无益处，等语。毛海刚到之时，曾安置在这方边境，后怀疑其逃往这边，而迁至那方边境，安置在了珠勒都斯地方。巴济等人被安置于何处，我没听说。此外再毫无闻知之处，等语。讯问厄鲁特车林、布伊伯克、奔塔尔、托克托古勒、鄂罗思拜：尔等多大年岁，从哪里、如何来投，准噶尔军队现驻扎何处，卡伦置于何处。使者吹纳木喀回去后，有何言论。尔辈是否与哈萨克互相用兵交战。令将所有闻知之处，俱如实告来，等语。如此照讯问乌巴什例逐一审问时，据乌逊博供称：我今年三十一岁，厄鲁特族，曾是色特尔扎布所属阿勒巴图①，噶尔丹策零将我等交给宰桑齐默特当阿勒巴图②。今年我宰桑兄弟析产分户时，仍将我交给齐默特。我很小时，我父既已去世，我母亲独自养育我到二十一岁，因家境贫寒，不能生活，故嫁夫出走后，我曾跟随我伯父子乌巴什生活。我等在彼处，给同等之人当阿勒巴图③，对此愤愤不平，故与我兄乌巴什等人一同来投，等语。据车林供称：我今年二十八岁，厄鲁特族，宰桑齐默特之阿勒巴图④，游牧驻在博克多山。我原来亦曾是色特尔扎布所属阿勒巴图⑤，策妄阿喇布坦去世那年，噶尔丹策零处死色特尔扎布母子，并将我等交给同为阿勒巴图之人当阿勒巴图⑥，且宰桑齐默特兄弟析产分户时，拆分我骨肉，因此愤恨，与乌巴什、托克托古勒等人一起商量后，我带领我父阿尔斯兰、我妹图巴西、我妻兆齐，再纠合我妻叔父之子布伊伯克，我五口人一同来投。游牧地尚有我兄阿凌济及两个妹妹，他们各自都有小孩，不能一起带来，故我没通知，将彼等留下而来，等语。据布伊伯克供称：我今年十九岁，厄鲁特族，游牧亦驻在博克多山。我原来曾是宰桑齐默特之阿勒巴图⑦，今年齐默特等人析产分户时，将我家族交给其弟普尔布。我辈给同等之人当阿勒巴图⑧叫人差使，低三下四生活，为此愤恨，故当我姐夫车林纠合我时，我与姐夫、姐姐一同来投。现我父沙津、我母及我兄策楞、卓特巴，以及两个弟弟、四个妹妹在游牧地。不知彼等是否有来此之意，故我没通知他们而来，等语。据托克托古勒供称：我今年四十七岁，布鲁特族，是宰桑齐默特弟德济特

---

① 此处原文是"jušen"。
② 此处原文是"jušen"。
③ 此处原文是"jušen"。
④ 此处原文是"jušen"。
⑤ 此处原文是"jušen"。
⑥ 此两处原文皆是"jušen"。
⑦ 此处原文是"jušen"。
⑧ 此处原文是"jušen"。

之阿勒巴图①。我二十几岁时投靠准噶尔,成为色特尔扎布之阿勒巴图②,行走二十余年。噶尔丹策零将我交给同是阿勒巴图之人为阿勒巴图③,且宰桑齐默特兄弟析产分户时拆分骨肉,将我兄弟两人交给德济特,因此我愤恨,与乌巴什、车林等人一同商量后,带着我弟呼尔图哈一同来投,等语。据奔塔尔供称:我今年二十四岁,土尔扈特族,我原来曾是宰桑齐默特之阿勒巴图④。如今齐默特兄弟四人析产分户时,将我一家族交给德济特,我等在彼处愤恨于给同等之人当阿勒巴图⑤而行,故与乌巴什等人一同商量后,我带着我妻额布库特、我弟托多、妹妹哈尔拉代,我四口人一起来投。现我父哈纳、兄长伯勒克及我两个弟弟在游牧地。不知彼等是否有来此之意,故我没通知他们而来,等语。据鄂罗思拜供称:我今年二十九岁,哈萨克族,是宰桑齐默特之阿勒巴图⑥。酉年,齐默特行军至我地,将我掳来,令在其家中牧养马畜,行走七年。在彼处生活,衣食不如意,且即使想回故地,也因将我安置在这方边境而不能走。今年八月十日,乌巴什、车林等人纠合我时,我听其言,带着我妻济尔噶尔,两口人一同来投,等语。他处五人俱与乌巴什一样供述。亦照前逐一讯问与彼等一同来投的男女时称:乌巴什母策凌六十二岁,厄鲁特族,其二弟僧格十八岁。车林父阿尔斯兰五十岁,其女儿图巴西十八岁,车林妻兆齐二十六岁,厄鲁特族。奔塔尔弟托多二十三岁,其妹哈尔拉代十九岁。托克托古勒弟呼尔图哈三十四岁。鄂罗思拜妻济尔噶尔二十四岁,布鲁特族。游牧俱驻在博克多山,等语。如此将来投情由及彼处情况,亦俱与乌巴什、车林等人一样供述。为此臣我等向来投厄鲁特乌巴什等十七口人,照例赏给口粮、粗布衣服各一套、帽子、靴子等物,委派巴图尔护军校珲岱,乘驿解送京城。为此谨奏闻。

乾隆元年十月初四日,所奉朱批谕旨:知道了,钦此。

乾隆元年九月二十四日

定边左副将军　和硕超勇亲王　固伦额驸　臣　策凌

---

① 此处原文是"jušen"。
② 此处原文是"jušen"。
③ 此两处原文皆是"jušen"。
④ 此处原文是"jušen"。
⑤ 此处原文是"jušen"。
⑥ 此处原文是"jušen"。

定边左副将军策凌奏报自准噶尔来投厄鲁特绰罗岱等口供及派官解京折

乾隆元年十一月初三日

定边左副将军和硕超勇亲王固伦额驸臣策凌等谨奏。为奏闻来投厄鲁特等口供事。管辖驻扎乌里雅苏台地方部兵扎萨克贝勒纳木扎尔车苏荣呈文来称：驻扎库克齐图库奎察罕博尔噶苏卡伦台吉纳木扎尔，于十月十日，送来准噶尔来投厄鲁特绰罗岱、巴克、根敦此三人，并告称，十月初二日，出卡伦巡视，发现三人，我等迎去询问时说是来投之人，故我送来。为此交给原送来的台吉纳木扎尔，乘驿送往，等语。如此于十月二十二日送至兵营。臣我等讯问来投厄鲁特绰罗岱：尔多大岁，是谁属下，是何族，游牧驻在何处，尔是否有父母兄弟妻孥，尔等来投之意为何，凡事据实告来，等语。对此供称：绰罗岱我三十一岁，土尔扈特族。策妄阿喇布坦小妻色特尔扎布，是我阿玉锡汗女儿，三十年前阿玉锡汗长子散济扎布为求与其姐生活一处，带领下人来时，我父母是一起跟来之人。我是来到准噶尔地方后生下的，我父扎木扬于亥年去世，我有孀母、妻和一弟弟，名叫玛勒藏。之前拆分我土尔扈特人时，曾将我分给沙毕纳尔之杜奇特宰桑鄂托克。去年七月，将我带至伊犁河，给驻在噶尔丹策零身边念经的喇嘛为沙弥时，将我交给格苏勒喇嘛西喇布达尔扎为阿勒巴图①。以前我曾几次从征哈萨克、布鲁特，还行军至额尔德尼召，然噶尔丹策零一点也不考虑我之效力行走，将我交给喇嘛为奴，因此我甚是愤恨，欲留下母弟妻来投诚。故于今年夏，与同住一处的德木齐特木尔家奴巴克、喇嘛楚鲁木达什家的根敦一起商量时，彼二人平时既有来投之意而立即应允。八月二十五日，会见巴克、根敦约定后，彼等每人偷取各自主子的两匹马，次日两人前来，在我家附近的树林中隐蔽等待。我偷取我喇嘛两匹马，带上鸟枪、衣服等物，于二十七日黄昏，我三人一起出发。因行进于游牧中间，故无人怀疑。行走十三天，到达我游牧地和伯克赛尔后，让根敦在山谷里

---

① 此处原文是"jušen"。

看守行李等待,黄昏我与巴克一起到我弟弟家中,唤出弟弟玛勒藏,带至远处,告知我等来投大国之事时,弟弟玛勒藏言道:我是居住此地之人,倘若与尔同去,多有人追赶,不仅我出不去,就连尔等也会受到牵连。尔去吧,我照顾孀母生活,等语。随即拔掉边上的小发辫交给我言道:尔拿着,看到此物就像看到弟弟一样,等语。我取下帽子给了他。于是巴克我俩急行至山中,纠合根敦,立即偷取我杜奇特鄂托克十五匹马,夜里往这边来时,次日下雪,为了不被发现行迹,在大山中隐蔽三天。雪融后才从和伯克赛尔出发,避开驻人的地方,经由无人之地行走两天,到达布勒哈沁戈壁。此地一边是戈壁,一边是乌隆古河。因早知沿乌隆古河,于绥拉哈图、登鄂尔济此两地有卡伦兵,故避开它,顺着无人戈壁行进。因马匹疲乏,途中休息恢复两天,再行走十五天来到此处卡伦。我等从伊犁骑来的六匹马,因我等行进迅速,故至和伯克赛尔后疲惫而留下。从和伯克赛尔来这边时,在我偷取的十五匹马内,在戈壁留下七匹,在库察阿尔噶灵图地方宰杀一匹当作行粮食用,七匹马勉强到达卡伦。我三人内,绰罗岱我知晓穿越阿尔泰之路,索尔毕、乌拉克沁等地雪甚大,不可行走,此事平时耳朵尚能听到。经过乌延齐①后,由博东齐②,雪尚可行走,故我等从此地走来,等语。再讯问绰罗岱:据尔供称,尔等俱是驻在噶尔丹策零附近之人。使者吹纳木喀等人何时到达,对噶尔丹策零有何言辞,噶尔丹策零如何商议。准噶尔卡伦置于何处,军队驻扎哪里。土尔扈特、俄罗斯怎样,哈萨克、布鲁特地方有何消息,叶尔羌、喀什噶尔回子是否照常纳贡。巴济、毛海等人现在何处。令将尔所有闻知之处,俱如实告来,等语。对此供称:据绰罗岱我听闻,使者吹纳木喀等人于今年五月初一日到达伊犁,并向噶尔丹策零告称,大国之汗颁降谕旨曰,以阿尔泰为界取之,若给阿尔泰,可以和解,倘若不给,令停止遣使,钦此。对此噶尔丹策零召集众宰桑及较大台吉等,举行会盟商议时,小策凌敦多布言道:这么多年行军打仗,下人等困窘已至极点,我地亦是广大,足以容纳游牧居住,即使阿尔泰在我方,亦只于夏季驻扎几个月而已,无所倚赖。依我之意,将此地给予大国,互相变得和睦,似大有裨益,等语。随后噶尔丹策零言道:阿尔泰者,乃是我边疆方面的边境之地,自古以来既是准噶尔土地,故自我父时代以来,为争此地而与大国征战这么多年也。今我等虽兵力不同以往,然关系我名誉脸面甚巨。即便我等不出边派兵,也应在阿尔泰这边多多轮流驻军,以堵截大国之兵。彼等不来,则休矣,倘若前来,必会在

---

① 此处原文是"uyengci"。
② 此处原文是"bodongci"。

夏季大举而来。地方遥远，水草不旺，彼等倘若深入我境，则定会艰难疲劳而来，我等以逸待劳，则多有裨益，且亦可再得良机进兵。有这么多幸事，为何要抛弃阿尔泰耶，我是不给，等语。于是小策凌敦多布言道：我亦年老，腿脚亦有宿疾，今要出征，不知又会变得如何，等语。旋即嫌弃返回了游牧地。对此噶尔丹策零又询问其伯父博第木尔子大喇嘛拉布里木时，拉布里木言道：我是出家人，此等事即使问我，亦非我所知之事，唯下人等渐渐困窘衰竭，大国欲取阿尔泰和解，依我之见，和解为好，等语。因有应声附和之人，故噶尔丹策零不能裁断。听说又曾召唤驻扎在边境远地的较大宰桑、台吉等人，尚未到来。我准噶尔大众，俱希望定界和好，太平无事，安逸生活。唯噶尔丹策零一人，不予同意，不知后来变得如何。自噶尔丹策零处死其父策妄阿喇布坦小妻色特尔扎布母子以来，与土尔扈特全无往来。与俄罗斯则前后贸易，友好互动。对哈萨克、布鲁特，仍是敌对，故派出无数士兵防范哈萨克，没听说虏获。去年七月，噶尔丹策零得病月余，因病情严重，故将其马群及所有财物，拿出一半，分给喇嘛等，准噶尔人听到后，俱为惊恐。惊动之时，以前掳来的布鲁特二百户人逃回去，并将驻扎边境管辖防范哈萨克一千兵的宰桑衮布扎布军队的马群，全部抢走。听说噶尔丹策零病愈后，大加斥责衮布扎布。叶尔羌、喀什噶尔回子，照旧在纳贡。再于去年春，我准噶尔所属纳贡的居住西边的叫巴达克山的一族回子，遣使噶尔丹策零言道：我西边叫乌兰特门①的一国，现遣兵掳掠我们，等语。随后噶尔丹策零经与众人商议，于今年五月派出准噶尔兵五千，叶尔羌、喀什噶尔回子兵五千，以哈里云②宰桑、西喇巴图尔宰桑、博托宰桑为首，前去征讨乌兰特门，此事我亲眼见过。再据我听闻，今年六月，塔尔巴章台吉、杜奇特宰桑曾带三千兵，在登鄂尔济、绥拉哈图、乌兰布拉克等地驻防。此辈派出一百兵，捉走此处卡伦两人，送至噶尔丹策零处时，噶尔丹策零曾招呼塔尔巴章、杜奇特前来，后又令停止前来。为何令此两人前来，又为何制止之处，我不晓得。在巴里坤方面的游牧边境，博第木尔次子色布腾率领三千兵驻扎，听说四个月一轮换，不知卡伦置于何处。于阿尔泰边境，在登鄂尔济地方，塔尔巴章台吉、杜奇特宰桑带领三千兵驻扎，此辈在绥拉哈图、乌兰布拉克地方设置卡伦，此兵六个月一轮换，卡伦人十五天一轮换，夏秋时驻扎，冬天下雪后撤回。毛海及其弟策凌，被安置在与哈萨克接壤的库克乌逊、喀喇塔拉地方。巴济、彭楚克戴青被安置在与布鲁特接壤的图斯库勒淖尔地方。

---

① 此处原文是"ulan temen"，即蒙古语的"ulaγan temege"，意为"红色骆驼"。
② 此处原文是"hailun"。

我已是归顺之人,岂敢隐匿,将我所有闻知之处,俱已告知,此外不知他事,等语。照讯问绰罗岱例,审问巴克、根敦时,据巴克供称:我今年二十七岁,布鲁特族,我父母俱在布鲁特地方。我是四岁时被掳来准噶尔之人,在德木齐特木尔家中当奴隶行走,在准噶尔地方,我俱无兄弟妻孥,游牧在和伯克赛尔。去年九月,特木尔子多尔达什因侍从噶尔丹策零,故带我去伊犁居住。特木尔、多尔达什父子,都没把我当人看待,鞭笞责骂差使。我是被掳来的布鲁特人,且我又无父母兄弟妻孥,被这些人虐待差使,何不如投奔大国安逸生活,自去年以来一直曾这么想。今年夏,我同一鄂托克的绰罗岱,在伊犁地方见到我后言道:今噶尔丹策零毫无体谅,一点也不考虑像我这样好几次行军打仗于各地之人,把我交给喇嘛为奴,受苦受累,故而很是愤恨。现我想去投诚大国,只是独自一人难以赶路,尔可去否,等语。对此我甚是高兴,顺从其言。绰罗岱还纠合了叫根敦的人。我立即偷取多尔达什两匹马,于八月二十五日,前去西喇布达尔扎喇嘛身边,寻找绰罗岱时,正巧遇见绰罗岱给喇嘛送牛奶和酸马奶后返回马群。于是我俩经过商量,绰罗岱前去唤来根敦,全体约定后散开。根敦当夜偷取两匹马来找我,次日我俩在绰罗岱家附近的树林中隐蔽等待,绰罗岱亦偷取两匹马,带上鸟枪、衣服等物,寻至树林,于二十七日黄昏一同出发。到达我游牧地和伯克赛尔后,我三人偷取杜奇特鄂托克十五匹马来这边,等语。他处俱与绰罗岱一样供述。据根敦供称:我今年二十四岁,准噶尔厄鲁特族,曾是喀喇沁鄂托克人。丑年,我准噶尔五十七户来投大国那次,我父子一户亦曾来投,我父卓西被噶尔丹策零派去的追赶之人杀害,我母、我兄杜苏尔门、我本人被捕带回,将我交给沙毕纳尔之杜奇特宰桑鄂托克叫巴海的人为奴。申年,巴海又将我本人卖给放牧噶尔丹策零羊只的叫恩克的人。去年八月,巴海之兄德木齐特木尔将我从恩克处赎回,交给住在噶尔丹策零附近的格苏勒喇嘛楚鲁木达什,楚鲁木达什喇嘛给我指配了妻子。我愤恨于我父投诚大国时被捕身死,母兄又被拆散于他处,自己还一连几次给人为奴受苦受累。心中正在甚加愤恨之际,今年夏同居一地的绰罗岱向我说来投大国之事后,我即决意跟从。八月二十五日,绰罗岱唤去我,与巴克会见。我三人商量后,我偷取我喇嘛两匹马,二十六日与巴克一起到绰罗岱家附近的树林里隐蔽等待,绰罗岱亦带上两匹马及衣服等物来找我等,我三人于二十七日黄昏一起出发。到达和伯克赛尔后,我在山里看守行李,彼二人前去后很快即回,说见到绰罗岱弟玛勒藏,给了抽取的发辫,回赠了帽子等事,又商量偷取马匹,于当夜偷了十五匹马后才出发来这边,等语。他处亦与绰罗岱等人一样供述。再照讯问绰罗岱例审问巴克、根敦:尔等亦是居住噶尔丹策零附近之人,准噶尔军队驻在哪里，卡伦置于何处。使者吹纳木喀到达后，怎样告知噶尔丹策零，噶尔丹策零有何言辞。土尔扈特、俄罗斯、哈萨克、布鲁特、叶尔羌、喀什噶尔怎样。巴济、毛海等人现在何处。若有何闻知之处，令俱如实告来，等语。对此巴克、根敦供称：将我所有闻知之处，绰罗岱俱已告知，绰罗岱口供内，尚有我等不知道的，除伊供词外，我等另无闻知之处，等语。为此臣我等向来投厄鲁特绰罗岱、巴克、根敦三人，照例赏给口粮、帽子、粗布羊皮衣服、小棉袄、靴子、袜子各一件，委派蓝翎侍卫巴什图，乘驿解送京城。为此谨奏闻。

乾隆元年十一月十二日，所奉朱批谕旨：知道了，钦此。

乾隆元年十一月初三日

定边左副将军　和硕超勇亲王　固伦额驸　臣　策凌

参赞大臣　都统　臣　王常

参赞大臣　护军统领　臣　哈岱

参赞大臣　副都统　臣　海兰

副都统那苏台奏报准噶尔人并未差人前往西藏折

乾隆元年十一月初六日

奴才那苏台等谨奏。为密奏闻事。前曾奏称：就准噶尔是否曾派叫纳木喀津巴的人到藏一事，俟贝勒颇罗鼐派去收取消息之人返回，收到真实消息后，再另奏闻，等语。将此已入案。今贝勒颇罗鼐告称，之前驻扎阿里的公珠尔默特车登派去收取消息的察罕哈什哈及带领达木、喀喇乌苏厄鲁特兵驻扎的扎萨克头等台吉珠尔默特纳木扎尔差遣的苏克宰桑、纳沁哈什哈等人陆续回来，并各自告称：派出我等时，我台吉令牵多余马匹，紧忙差遣，我等亦急行，到达卡伦，查问卡伦人时，彼等各自言道，我等每日搜寻踪迹，巡哨收取消息，毫无行人踪迹。若真来这种人，我等岂能不逮捕并报贝勒。今年雪甚大，人不能行走，等语。为此我等又出卡伦，搜寻几日踪迹看得，毫无踪迹，属实雪大，不能行走，故而回来，等语。为此谨密奏闻。

乾隆元年十二月十四日上奏时，所奉朱批谕旨：知道了，钦此。

乾隆元年十一月初六日

副都统　臣　那苏台

总兵官　臣　周起凤

多罗贝勒　臣　颇罗鼐

定边左副将军策凌奏报准噶尔脱出厄鲁特滚楚克及投诚之贡格供词并解京折

乾隆二年正月二十三日

定边左副将军和硕超勇亲王固伦额驸臣策凌等谨奏。为奏闻事。管辖驻扎乌里雅苏台地方喀尔喀一千兵的扎萨克多罗贝勒纳木扎尔车苏荣呈文来称：驻扎钦达木尼卡伦二等侍卫萨尔济，差遣其随从奉天领催伊克塔纳及蒙古披甲阿毕达等人，将从准噶尔来投的两人送至乌里雅苏台。旋由我处交给原送领催伊克塔纳及披甲阿毕达，乘驿送往将军兵营，等语。如此于乾隆元年十二月三十日送来。于是臣我等讯问来投厄鲁特：尔名甚，是谁属人，尔是否有父母兄弟子妻，尔游牧驻在何处，为何来投。再，堵截阿尔泰、巴里坤，于何处何人带多少兵驻扎，在哪里设置卡伦。去年回去的使者等人到达后，如何告知噶尔丹策零，噶尔丹策零又有何言，准噶尔大众俱如何言论。巴济、毛海等人现驻在何处。与俄罗斯、土尔扈特、哈萨克、布鲁特怎样。尔准噶尔人生活如何。尔已是归顺之人，凡事俱如实告来，等语。对此供称：我名贡格，我是准噶尔厄鲁特族，今年三十六岁，我游牧驻在伊犁西边的纳林。父母早已去世，两个兄长、一个弟弟、一个妻、一个儿子俱在彼处。我从十六岁起，平素行军打仗于哈萨克、布鲁特等地，在家中只歇息了两年。亥年跟随巴济、毛海等人前去的人内，听说将我舅舅阿玉奇，分给小策凌敦多布的鄂托克，安置在了珠勒都斯。去年才得真实消息，并于七月二十五日从我游牧地出发，前来珠勒都斯地方看望，在舅舅阿玉奇家住了近一个月。八月遇见与我舅舅阿玉奇同居一地的跟随毛海、策凌而去的滚楚克，互相促膝谈论时，滚楚克赞美在大国的生活。我问彼：尔还想回去否，等语。此时滚楚克掉下眼泪后，我又向其发誓言道：尔若有意请说出，我不会告诉别人，等语。于是对我言道：那样的地方，岂有不眷恋之人，只是单独不能去，想纠合他人又怕泄露，等语。至此我对滚楚克言道：我亦听闻大国民众安逸生活，我虽于今俱有兄弟妻孥，然行走公事，行军打仗于各地，不得在家，就像没有，甚是穷困，衣食俱无，艰苦生活。如今听说，仁慈投诚大国之人，使其安逸，想我等一同投奔，等语。

乾隆朝

时滚楚克立即欣喜，纠合其叔策楞达什家丁蒙克，我三人各骑一匹马，稍带行粮，于九月初六日夜里，从珠勒都斯出发，由额仁哈毕尔噶南边一直走来。本月十八日到达博克多地方后，二十余人突然从后面向我等赶来，追至傍晚。我等的马匹已疲惫，再加上没有藏身之所，到博克多山看得，竟是石头山，且雪又甚大，不能骑马行进。我等甚是窘迫，无计可施，故解掉我等三人骑乘的三个马匹的辔头，留下马匹，徒步翻山躲藏。那二十余人，知其马匹不能行走，而没有翻山来找，返回去了。蒙克向我等言道：尔等去吧，我身体现已变得不能行走，等语。因此留下。我与滚楚克一起，不分昼夜步行，到达乌鲁木齐地方包衣卡伦后，偷取七匹马，远带至树林内，宰杀一匹马食用。正在休息时，次日傍晚遇见一人牵三峰骆驼赶路，从树林里查看得，是一孱弱之人，故经我等威胁呵斥，伊甚是畏惧，遂被我等抓获。我等取其刀，捆绑后讯问地方时，因是尚知道路之人，故我等立即夺伊所骑带鞍马一匹及三峰骆驼，带来指路。到达乌隆古河后，我等偷取的七匹马内，将一匹瘸的给他后放走。从乌隆古启程，缓行至此地卡伦。之前听说为堵截阿尔泰、巴里坤地方，驻有军队，现不深知军队驻扎哪里，卡伦置于何处。未闻去年返回的使者等人，如何告知噶尔丹策零，噶尔丹策零有何言辞之处。准噶尔人俱希望与大国和解，以求安逸生活。又巴济在纳林地方，毛海在库克乌逊、喀喇塔拉地方，各自带领阿勒巴图而驻。噶尔丹策零与俄罗斯和睦，互相贸易而行。跟土尔扈特，这么多年丝毫没听说有人来回走动。与哈萨克、布鲁特，年年用兵，而毫未听闻有何俘获。我彼处所种的庄稼，这几年收获平平，下人等生活艰难，偷盗之事亦多。我已是归顺之人，岂敢不告明闻知之处。我是在外鄂托克当差的小人，不知紧要事务，等语。讯问逃出的滚楚克：尔原曾是谁属人，为何前往准噶尔地方，尔是否有父母兄弟妻孥，到了贼地后，在何处跟随何人而驻，这么多年为何没来寻归，尔为何与贡格一同商议前来，等语。他处照讯问贡格例讯问时，据供称：滚楚克我今年三十一岁，厄鲁特王色布腾旺布属人。雍正九年秋，毛海等人叛逃时，曾将我本人及父母、一个兄长、三个弟弟、五个妹妹，俱行带走。到达准噶尔地方后，噶尔丹策零将我色布腾旺布所属五百余户人，以是小策凌敦多布掳来之人，故令其收取为由，分给策凌敦多布，安置在了珠勒都斯地方。带走后，策凌敦多布派其宰桑、德木齐，管辖我等。不给机会，曾一直考虑如何脱回去。去年八月，叫贡格的人，因与我同去的阿玉奇是其舅舅，故来看望，我遇见后曾促膝相谈于一处，互相评论生活。后来聊着聊着，贡格问我：尔是否眷恋故地，等语。对此我向彼言道：人哪有不眷恋故地的，即使想回，也如何可能耶，等语。于是贡格说立即与我同去后，我又带上我叔策楞达什家中使唤的男孩蒙克，我等三人于九月，各骑一匹马，从珠勒都斯启程。我父母俱已年老，兄策楞达尔扎在种地赡养父母。弟喇嘛西喇布，我来时已前往噶尔丹策零处诵经。弟巴图博罗特，从征哈萨克。弟扎木扬，虽在家中，然因年少，故没纠合他。我以前曾是喇嘛，去年被准噶尔人强迫而才留发，我没有妻孥，等语。他处俱与贡格一样供述。为此臣我等向逃出的厄鲁特滚楚克及来投厄鲁特贡格，照例赏给口粮、狐皮帽、粗布羊皮衣服各一件，委派蓝翎侍卫阿里衮，乘驿解送京城。为此谨奏闻。

乾隆二年二月初二日，所奉朱批谕旨：知道了，钦此。
乾隆二年正月二十三日
定边左副将军　和硕超勇亲王　固伦额驸　臣　策凌
右卫将军　臣　王常
参赞大臣　护军统领　臣　哈岱
参赞大臣　副都统　臣　海兰

乾隆朝

定边左副将军策凌奏准噶尔释放被俘之津巴并带来噶尔丹策零文书折

乾隆二年四月初九日

定边左副将军和硕超勇亲王固伦额驸臣策凌等谨密奏。为奏闻事。管辖驻扎乌里雅苏台地方喀尔喀一千兵的参赞贝勒青衮杂卜呈文称：今年三月十日，驻扎博托和尼和罗卡伦侍卫随从伊萨布来告我称，噶尔丹策零于正月初九日接见去年在哈玛尔沙扎海卡伦被俘的公敏珠尔旗下津巴及鄂罗思，并交给一封文书遣返。于是三月十三日来到我卡伦后，我卡伦三等侍卫倭西勒图差我送来。如此将津巴及噶尔丹策零文书一并送来。为此由我处遣侍卫达什扎布，将津巴及文书一并乘驿送往大营，等语。如此于四月初四日送来后，臣我等将津巴供词另具折谨奏闻。此外阅览噶尔丹策零文书，因是送给臣我本人的文书，故大体翻译看得，其文曰：致车臣王。因尔已闻知此前来回商议之言语，故毋庸议。现我使者吹纳木喀抵达后送来的汗之文书称：协定前方领土边界，令我游牧勿至阿尔泰，照旧留给蒙古下人等，倘若不可，亦莫遣使，等语。不仅不遣使，即便想来征讨，也因在父祖名下自古游牧过来而难以割让游牧地。事已至此，似乎是尔等蒙古人担心留我在阿尔泰会伤害自身，故而鼓动部院大臣所致的吧。思倘若长此以往，或似从前那般生事崩坏，以致众生遭殃。若生交恶之事，不管远近，不会不能到达。制止这种言语，友善而在，则即使远近，也能出谋划策，不致伤害。今年尔卡伦曾来阿尔泰看守，对此已令我边境之人及我游牧百余卡伦驻扎，顺便捉来两人。今倘若这般接近看守，我边境之人因接近而会导致猜忌驱赶，似会生出祸端，请将尔卡伦撤往那边为好。先前部院大臣曾惹出不必要的事端，给众生带来苦难。凡事如尔所知者，思即使在眼前，倘若禁止游牧于边地阿尔泰，也会发生那样的破裂吧。为此请尔本人及蒙古台吉等，告知部院及内大臣等，亦上奏大汗，做出不加损害、隆兴黄教、安逸众生之事为好。请将我此言之答复，于巳年秋九月以后送来。津巴、鄂罗思两人会口头告知情由。巳年正月初八日，等语。据臣我等会同寻思，准噶尔贼于去年秋，无故从我沙扎海卡伦抓走两喀尔喀。现一是遣返此两喀尔喀,再是去年圣主已甚明确颁旨伊所遣吹纳木喀,因其不可再次遣使,故趁此机会致信臣我,思必会上奏圣主,以侥幸请得主子之恩,亦未可料。再斟酌其文意,尚贪恋阿尔泰这边的土地。对此似回复一文为妥。圣主明鉴。思似可出具臣我等之上奏,向噶尔丹策零颁降敕书,或作为臣我等的意思,向伊致书晓以利害,揭露其和解或交恶之心。若作为臣我等的意思回复文书,遣人送往,或交给其边境之人,以使转送,具何言辞送交之处,俟圣主指教后,谨遵行。为此与噶尔丹策零送来的原文,一并谨密奏闻。

乾隆二年四月十六日,所奉朱批谕旨:著总理事务王大臣等详议上奏,钦此。

乾隆二年四月初九日

定边左副将军　和硕超勇亲王　固伦额驸　臣　策凌

参赞大臣　护军统领　臣　阿成阿

参赞大臣　护军统领　臣　哈岱

参赞大臣　副都统　臣　海兰

参赞大臣　副都统　臣　雅尔图

乾隆朝

定边左副将军策凌奏报准噶尔放回之津巴供词及派员将其解京折

乾隆二年四月初九日

定边左副将军和硕超勇亲王固伦额驸臣策凌等谨奏。为奏闻事。臣我等讯问准噶尔贼放回的喀尔喀津巴时，据供称：去年我曾在沙扎海卡伦跟随御前侍卫赫伯乔驻扎。六月二十八日，贼来偷赶我卡伦马群后，赫伯乔带领我等驻扎卡伦之人，往内迁移而驻。七月初八日，赫伯乔差我取回原驻地上的帐篷等物，故我正前去取帐篷等物时，发现一群贼人从西北突至。急忙骑马躲避之际，因我马瘦，不能奔驰，故我下马，丢弃马匹，徒步奔跑。三贼来追我，于是我取下扛着的鸟枪，急忙施放，击倒贼人骑乘的一匹马。那两贼内，一个矛刺我肩膀，一个压制捉捕，带至众人队伍。看得，亦已抓获前去我卡伦会哨处的鄂罗思。我被贼俘获以来，白天散放我骑马，夜里捆绑看守。七月十日到达哈达青济勒后，趁领我的贼人下马喝水之暇，我想回来，而刚要奔驰时，即被贼发现赶上，一阵鞭笞后重新捆绑。从那以后，不分昼夜捆绑，十一日到达阿里科泰，把我送给杜奇特宰桑、塔尔巴章台吉后，杜奇特等差人将我送至伊犁。八月初四日，到达噶尔丹策零驻地后，宰桑海拉图纳沁、巴图尔两人带走我，向我讯问：尔是谁属人，是否来当哨探，尔兵驻扎何处，共有多少，由谁带领驻扎，等语。对此我告称：我本人是喀尔喀公敏珠尔旗人，丝毫没来当哨探，向来是驻在原有卡伦之人。据我听闻，我军大半已撤回，乌里雅苏台、察罕廋尔驻有四千兵，在看守仓库，有人说是两千兵。大军由将军王额驸率领，驻在杭爱，我小人不知总数，等语。次日又有宰桑海拉图纳沁、乌巴锡、察衮三人带走我讯问：尔等之内，大军已来否。再喀尔喀生计如何，尚能生活否，等语。对此我告称：据像我这样下等小人之言，我国已与尔台吉和解，互相遣使。从内没来大军。我众喀尔喀，仍旧安好生活，驻在边境周围之人，虽比以前稍有困窘，然主子无数次大加赏赐，以使安家立业，故变得比前还好，等语。又讯问：尔喀尔喀扎萨克内，谁被主子仁慈，等语。对此我告称：多仁慈将军王额驸，等语。随后将我交给叫巴颜的人软禁。今年正月初九日，噶尔丹策零召集众台吉、宰桑等人,唤我前去时,亦带去从卡伦抓走的我旗鄂罗思。噶尔丹策零一句话也没问我,拿出一封文书,向我言道:令尔将此带去,交给尔车臣王,等语。并口头传告:与尔之大汗互相和好,为安逸众生而遣使时,我曾遣使两次。交给我使者带回的文书称:让我将游牧驻在额尔齐斯源头那边,等语。此丝毫不是汗之意思,而是尔等蒙古王之心。阿尔泰一向是我父祖固有的游牧地,别说通过使者榨取,即使用兵,思亦不能夺取吧。若诚心和好,我之游牧挺进至近处,我丝毫没有诳骗之意。即便交恶,不管游牧再远,我亦毫无不能抵达之地。自开战以来,尔辈战死多少,尔等心里有数,在额尔德尼召我辈阵亡多少,我心里有数。若再像以前那样交恶,尔内兵来时,马匹消瘦,行粮用尽,从尔辈喀尔喀榨取。即使我军前去,同样会马匹疲惫,行粮用尽,亦算计尔辈喀尔喀。此时尔辈喀尔喀真不受苦乎。莫以为我此话是挑唆之言。我欲遣使,然据大汗谕旨:倘若不给阿尔泰,莫要遣使,等语。为此致书。理应不使众生遭殃为好。请如此告知尔车臣王,等语。赏给我一件衣服。并向杜奇特宰桑言道:俱返还从此辈缴获的马畜兵器,遣返彼等,等语,同时将文书交给了我。二月二十日,到达萨里后,鄂罗思病故。杜奇特宰桑将从我卡伦俘获的总共九十九匹马、一峰骆驼、九支鸟枪、八张弓、七副绵甲,俱拿来交给了我。并派出十人,于三月初七日送到哈达青济勒后回去。除途中死去的马畜外,我带来了剩下的六十二匹马、一峰骆驼及兵器。十四日来到博托和尼和罗卡伦。我到准噶尔后,因被看守住在巴颜家中,故未得听闻彼处任何事情。看其生计,途中我见过的人,骑牛的、步行的甚多,大半穷困,吃不到肉,俱食米粮。我去时曾听说,在阿里科泰地方,杜奇特宰桑、塔尔巴章台吉带领六百兵驻扎,回来时没看见,等语。为此臣我等委派二等侍卫郝色,将津巴解送京城,以备讯问。为此谨奏闻。

乾隆二年四月十六日,所奉朱批谕旨:知道了,钦此。

乾隆二年四月初九日

定边左副将军 和硕超勇亲王 固伦额驸 臣 策凌

参赞大臣 护军统领 臣 阿成阿

参赞大臣 护军统领 臣 哈岱

参赞大臣 副都统 臣 海兰

参赞大臣 副都统 臣 雅尔图

乾隆朝

定边左副将军策凌奏报由准噶尔脱回锡伯厄尔成贵及投诚之厄鲁特达什供词并将其解京折

乾隆二年闰九月初三日

定边左副将军和硕超勇亲王固伦额驸臣策凌等谨奏。为奏闻事。总管防守乌里雅苏台等地兵参赞大臣护军统领阿成阿呈文来称：驻扎中路托尔和乌兰卡伦二等侍卫赫达色，送来自准噶尔脱出的奉天满洲兵跟役厄尔成贵及来投厄鲁特达什。旋由我处委派理藩院领催雅柱，乘驿送往将军营，等语。如此于乾隆二年九月二十四日送来。于是臣我等讯问脱出的厄尔成贵：尔多大岁，是奉天何旗，是谁佐领，何人跟役，家中是否有父母兄弟妻孥，哪年如何前往准噶尔，到贼地后驻在何处，今如何脱出。再，噶尔丹策零为堵截阿尔泰、巴里坤，于何处驻多少兵，由谁带兵驻扎，其卡伦现置于何处。准噶尔人生活如何。令将尔所有闻知之处，据实告来，等语。据厄尔成贵供称：我今年二十九岁，是奉天镶红旗①五十八佐领下闲散锡伯。雍正七年，给同佐领的我舅舅披甲阿楚当跟役从军。我出来时，有孀母，有一兄名叫古木岱在当步甲，我俱无弟弟妻孥。九年在和通呼尔哈地方交战时，我舅舅阿楚曾在，不知是否已突围。我被准噶尔宰桑恩克下面叫阿勒达呼里的人俘获。捆绑我过了三四天后，往那边带走近半月，到达其游牧的额敏地方。之后我就在阿勒达呼里家中，被差使看管马群、种植庄稼等事，行走近七年。我虽早想出来，但阿勒达呼里留意严防逃跑，故全然不得空闲。今年六月，我去山里砍柴时，遇见我邻居土尔扈特族的达什，对我言道：我听说你想逃回去，若真想回去，我等拜为兄弟，我想与尔一同投奔大国，大家安逸生活，等语。我见达什心意诚恳，故我两人经过商量，约定日期地点，于六月二十九日夜，我等从宰桑噶布尊②马群内偷取六匹马后，一起骑马急行来往这边。行走五天，在喀

---

① 此处原文无"gūsa"字样。
② 此处原文是"g'abDZung"。

喇额尔齐斯那边，准噶尔卡伦人发现我等，四个骑马之人从后面追来，我两人急忙奔驰逃跑。夜很晚时，到达额尔齐斯河，涉水渡河后，追赶之人才返回去。从那以后，我等的马匹越来越瘦，故我等担心途中疲惫不能骑乘而躲藏慢走。九月初一日，来到托尔和乌兰卡伦。我等带来的六匹马内，我等宰杀一匹当作行粮食用，一匹因疲惫而丢弃在路上，用四匹马来到卡伦。看着膘好的，卖了两匹，而将不能过冬的两匹瘦马，留在了卡伦。我曾在准噶尔地方时，据听彼人言论：在华额尔齐斯河，宰桑玛木特一并带领一千兵及其家眷，游牧而驻。由此兵内派出二百人，于乌隆古河设置卡伦，两个月一换，轮流行走，下雪后撤回，等语。没听说在巴里坤方面，军队于何处驻防，是否设置卡伦之处。我不知准噶尔驻在别处之人，看驻在额敏周围之人，少有殷实者，穷人甚多，大半俱倚赖种地生活，等语。再讯问厄尔成贵：尔曾在准噶尔地方好几年，彼人与哈萨克、布鲁特怎样，是否与俄罗斯、土尔扈特俱友好往来，平时其下人等还议论什么。再，从我处作为使者派去的台吉厄墨根等人，尔在路上是否见过，是否听到往里去的消息。好好想想尔所闻知的所有事情，据实告来，等语。对此供称：据我听闻，自准噶尔兵在额尔德尼召战败以来，这几年虽没进兵哈萨克，然仍设置卡伦驻防。对布鲁特、土尔扈特，完全没有遣使。与俄罗斯仍旧友好，互相贸易而行。又据听闻，前年有人挑唆甘敦多布诅咒噶尔丹策零，是故噶尔丹策零以甘敦多布在额尔德尼召地方交战时畏怯大败损兵为由，治罪处死，并没收家户，拆散下人，估算鄂托克分配。分给我所居住的鄂托克宰桑恩克三户人家，此事我亲眼见过。我等于六月逃出，躲藏在各地，故丝毫没见过作为使者前去的台吉厄墨根等人，亦没听消息。此外再毫无其他闻知之处，等语。审讯来投厄鲁特达什时供称：我今年三十岁，土尔扈特族，游牧驻在额敏。我曾祖父时，被准噶尔人掳掠，在彼处当阿勒巴图①，已有四代。我甚小时，我父哈什哈及我母俱已去世，我没有兄弟，只有一妻，毫未生子。我在准噶尔地方生活时，家里甚穷，毫无家产牲畜，衣食不饱，且身体受苦受累，不堪忍耐，故于今年六月见到厄尔成贵后，经与伊商定，没告我妻，丢下她来投奔大国主子。前年我噶尔丹策零处死甘敦多布，拆散下人，分给我宰桑噶布尊②两户人家，等语。他处俱与厄尔成贵一样供述。为此臣我等向脱出的奉天锡伯跟役厄尔成贵及来投厄鲁特达什，照例赏给口粮、帽子、靴子、布皮袄、马褂、小棉袄等衣物各一件，委派蓝翎侍卫赫达色，乘驿解送京城。为此谨奏闻。

---

① 此处原文是"jušen"。
② 此处原文是"g'abDZung"。

乾隆二年闰九月十日,所奉朱批谕旨:知道了,钦此。
乾隆二年闰九月初三日
定边左副将军　和硕超勇亲王　固伦额驸　臣　策凌
参赞大臣　副都统　臣　海兰
参赞大臣　副都统　臣　雅尔图

20

定边左副将军策凌奏报由准噶尔脱回之多尔济及投诚之厄鲁特人策楞等供词并解京折

乾隆二年十月十六日

定边左副将军和硕超勇亲王固伦额驸臣策凌等谨奏。为奏闻事。总管防守乌里雅苏台等地参赞大臣护军统领阿成阿呈文来称：驻扎莫霍尔卡伦副护军校色鲁肯等人，差遣其随从呼伦贝尔披甲鄂尔古察及两名蒙古兵，将从准噶尔脱出的喀尔喀王敏珠尔多尔济旗下蒙古多尔济及投诚厄鲁特策楞、古尔巴纳送来。旋由我处派出二等侍卫西勒济雅图及理藩院领催雅柱，乘驿送往将军营，等语。如此于乾隆二年十月初七日到来。于是臣我等讯问脱出的多尔济：尔多大岁，喀尔喀王敏珠尔多尔济旗下谁苏木人，家中是否有父母兄弟妻孥，哪年如何前往准噶尔，到达贼地后住在何处，今如何逃出。再，噶尔丹策零为堵截阿尔泰、巴里坤，于何处驻有多少兵，由谁带领驻扎，其卡伦现置于何处。准噶尔人生活如何。令将尔所有闻知之处，据实告来，等语。对此多尔济供称：我是喀尔喀王敏珠尔多尔济旗下巴德玛苏木的披甲，今年二十八岁，现我家中有我父伊德尔、我母及我一弟巴德玛。雍正九年，我驻东①呼拉特卡伦时，秋天在和通呼尔哈地方公将军征战，贼进来之际，我卡伦遭到攻击，我被厄鲁特额尔克坦鄂托克宰桑固木扎布下面叫哈达的人俘获。带到其游牧地伊犁后，哈达将我交给其兄乌巴锡为奴，我在乌巴锡家中砍柴打水，放牧牲畜，被差使六年有余。我曾早想逃出，但我居住的地远，加上毫无机会，故没能出来。今年八月末，正与我同居一地的策楞一起放牧牲畜时，策楞对我言道：听说尔大国人俱安逸生活，我等在此受苦受累，不如我与尔投奔大国，以求安逸生活，等语。对此我怀疑，假装谈论不可时，策楞拿起我小刀，含在嘴里发誓，故才说定。策楞纠合其邻居古尔巴纳，我又纠合一家人鄂勒锥拜，约定九月初一日夜晚出逃及地点。我与鄂勒锥拜偷取我住的人家

---

① 此处原文是"dergi"，故也可理解为"上"。

厄鲁特乌巴锡的四匹马,策楞偷取其家主恩克两匹马,古尔巴纳偷取其家主巴图哈什哈两匹马,于九月初一日夜里出逃。从伊犁地方出发,翻越沙塔图岭,来到纳木图垒地方后,我等骑来的马匹都接连疲惫而被丢弃,只剩下一匹马牵走时,没想到一天夜里鄂勒锥拜偷走那匹马逃回去了。从那以后,我等徒步而来。到了和伯克赛尔后,夜里从准噶尔游牧人偷取四匹马,宰杀一匹当作行粮,骑乘三匹于闰九月十七日来到卡伦,遂将我等送到这边。一匹疲惫,留在了莫霍尔卡伦,剩下的两匹也都疲惫,在斋拉干驿站留下一匹,在托博楚克驿站留下一匹而来。我在准噶尔地方虽居住六年有余,然伊犁地方距离阿尔泰、巴里坤甚远,加上我又给人当奴隶,每天不是放牧牲畜,就是差使于小事,彼等有言亦不跟我说,所以我不知在阿尔泰、巴里坤地方驻扎多少兵,由谁带领驻扎,卡伦置于何处之事,亦没听人言论。再我不知准噶尔驻在其他地方之人,看驻在伊犁周围之人,殷实者少,穷人多,大半倚赖种地生活,等语。再讯问多尔济:尔平素在准噶尔地方这么多年,彼人与哈萨克、布鲁特如何,是否仍与俄罗斯、土尔扈特友好往来,平时其下人等又如何议论。再,由我处作为使者遣去的台吉厄墨根等人,尔在路上是否遇见过,是否听到什么往里去的消息。好好想尔所闻知的所有事情,据实告来,等语。对此供称:我听说准噶尔与哈萨克,每年都互相掳掠而行,丝毫不绝,未闻大举用兵,只见机一群群抢掠而行。没听说跟布鲁特、土尔扈特互相往来遣使。据闻与俄罗斯和睦。我听说去年噶尔丹策零曾派遣一千兵,前去掳掠巴达克山人,毫无俘获,返回途中得了瘟疫,到了游牧地后天花流行,人多有损失。从我鄂托克前去的八人内,两人得了瘟疫,于家中传染,两家大小俱已死去,此事我见过。再我等出发前,彼处宰桑固木扎布言道:大国使者于八月十六、十七日前后到达伊犁,等语。我闻见下人等听到此事互相议论。使者到达后如何议论之处,我等小人丝毫不得听闻。此外再无其他闻知之处,等语。审问来投厄鲁特策楞时供称:我是土尔扈特族,今年二十八岁。之前我父绰罗克与土尔扈特一伙人一起归顺准噶尔,后来众人商议逃往故地时,准噶尔人追赶杀死大半,而将剩下的分给其下人为奴。将我父母给额尔克坦鄂托克叫讷默库的人为奴,很小的时候,就将我交给同一额尔克坦鄂托克叫恩克的人为奴,我在恩克家中放牧牲畜,被其差使,已有十几年。我毫无兄弟妻孥。我在准噶尔地方生活时,衣食不饱,且身体不堪忍受痛苦,故于今年八月遇见喀尔喀多尔济后,一起商量投奔大国,此事属实,等语。他处俱与多尔济一样供述。据古尔巴纳供称:我是布鲁特乌什地方的回子族,今年二十岁。之前准噶尔人去我地掳掠,我父母俱在战争中死去。我很小的时候被掳来,在额尔克坦鄂托克叫巴图哈什哈的人家中当奴隶,被其差使,已有十几年。我毫无兄弟妻孥。我在厄鲁特巴图哈什哈家里生活时,衣食不足,且身体不堪忍受奴役差使,故于今年八月策楞纠合时,我愿意跟从,与此辈一起来投大国,等语。他处俱与多尔济、策楞一样供述。为此臣我等向脱出的喀尔喀蒙古多尔济及来投厄鲁特策楞、古尔巴纳,照例赏给口粮、帽子、布皮袄、马褂、小棉袄、靴子、袜子等衣物各一件,除将喀尔喀蒙古多尔济交给该扎萨克王敏珠尔多尔济,以使妥善收管,与其父母团聚安置外,将准噶尔来投厄鲁特策楞及古尔巴纳,委派护军参领济勒德伊,乘驿解送京城。为此谨奏闻。

乾隆二年十月二十三日,所奉朱批谕旨:知道了,钦此。

乾隆二年十月十六日

定边左副将军　和硕超勇亲王　固伦额驸　臣　策凌

参赞大臣　副都统　臣　海兰

参赞大臣　副都统　臣　雅尔图

乾隆朝

定边左副将军策凌奏报喀尔喀副台吉厄墨根到准噶尔地方情形折

乾隆二年十一月十七日

定边左副将军和硕超勇亲王固伦额驸臣策凌等谨奏。为奏闻事。今年十一月初一日,臣我等曾奏闻:噶尔丹策零回遣的使者宰桑达什等人,已与臣我等派去的台吉厄墨根等人一同来到布拉罕之察罕托辉地方。如此来报后,臣我等行文吩咐参赞大臣阿成阿:俟准噶尔使者来到乌里雅苏台后,自与厄墨根同去的喀尔喀梅勒章京达尔吉雅、苏木章京乌巴锡内,厄墨根酌情留下一人给使者作伴,而令厄墨根乘驿前来兵营,等语,等事。今本月十五日,台吉厄墨根已先到兵营。于是臣我等立即与其会面详问时,据厄墨根告称:我等于六月二十二日从此处启程,七月二十一日越过喀喇占和硕卡伦急行,八月初三日到达额尔齐斯汇合点,并会见准噶尔驻在卡伦的达什敦多布等十人,告知我等前去的理由后,达什敦多布立即去告带领其兵驻扎的台吉德济特①及宰桑蒙克、博罗特。我等往那边行进,于初五日到达卓索托和硕地方后,台吉德济特及宰桑蒙克、博罗特带领近一百人,前来迎接我等。蒙克等人,以两名德木齐为首,差遣三十人,照看我等,送至宰桑德齐特②处。我等于十一日,到达彼乌里雅苏台地方后,宰桑达尔吉雅差遣叫阿勒塔的人告称:宰桑德齐特不在家中,请来我处,等语。于是我言道:我将军王令我等交给宰桑德齐特文书后立即回来,丝毫没说先到尔众宰桑等人处,等语。旋即在彼处歇脚住宿③。次日达尔吉雅又派人言道:我丝毫没有擅自招呼尔等,我噶尔丹策零有言在先,尔等若执意要去德齐特那里,我等亦无护送之事,等语。故不得不去达尔吉雅家里,于次日到达和伯克赛尔,达尔吉雅避而不见我等。是日噶尔丹策零差遣的叫宝巴的人到来,对我等言道:我噶尔丹策零听到尔等来后,特派我等来迎接,等语。于是我等言道:据我将军王吩咐,交给尔宰桑德

---

① 此处原文是"dejit"。
② 此处原文是"decit"。
③ 此处原文是"yendeme tehe",标准的说法应是"indeme tehe"。

齐特文书后立即回来。丝毫没说要去噶尔丹策零处。请尔带走此文书并交给噶尔丹策零,我等从此地回去,等语。对此宝巴言道:我岂敢接受尔等文书,不可带回,等语。于是我向他言道:我等亦不可前往,等语。如此互相争论而散。傍晚宝巴及护送我等的德木齐西喇布、托拜全体来称:今尔等倘若回去,我人不送尔等,即令停止,由此会导致和解之道破裂也,使者尔是否去我噶尔丹策零处,等语。因如此请求,故我等才口头答应前往。彼等甚是欣喜,给我等拿来黄瓜、西瓜和酒,款待饮用。次日从那里启程前往时,厄鲁特宝巴及两位德木齐,带领三十兵,照料引导。我等的前面近十人,后面近十人,两边各五人,俱在稍远处行进,路上遇见彼人后,立即驱赶,以令躲避。我等到达宿营地下马后,彼等亦在四周稍远处下马。一经宿营,宝巴带一两人前来我处,促膝聊聊家常,然后回营帐去,每日照此前行。九月初七日,到达伊犁附近后,噶尔丹策零派遣宰桑鄂勒木济及巴图蒙克,领我等进入一木栅栏院子,指示宿营此处。让我等下马后,向我言道:使者尔等为何事前来,等语。对此我答道:尔噶尔丹策零曾让我卡伦俘虏津巴手持文书,送至我将军王,为送其回信,差遣我等,并吩咐交给尔宰桑德齐特后返回,又向我言道:噶尔丹策零曾抓走我人,并手持文书遣回,因此理应捉来其人,手持文书遣送才对。只是不符合主子停止争战,安逸众生之圣心,且思会关系到双方和解之道,故今派遣尔等,令尔务必亲往,将此文书交给宰桑德齐特,等语。我等来到和伯克赛尔等地后,尔人说德齐特不在家,且达尔吉雅又避而不见。因无递交我等带来的文书之人,故我等要从那里回去时,尔辈叫宝巴的人称:我噶尔丹策零下令亲自带来尔等,等语。如此不遣回我等,故而我等才来,毫无他事,等语。其后鄂勒木济等人向我言道:欲将尔等事由,前去呈告我噶尔丹策零。我这附近,牧场俱遭破坏,将尔等之马驼交给我人,带至好牧场放养,等语。转眼即将我马驼交给其人后回去。在我等下榻的院子四周,各派两人,驻在稍远处看守。傍晚鄂勒木济、巴图蒙克来称:后天是吉日,我噶尔丹策零说要接见尔等,还令我两人给尔等作伴,已给尔等送来两只羊、两袋米、盐和奶,尔等若要柴、水,请告知此辈送来,等语。如此指着两人发言。彼等携来一蒙古包,搭在我等住的院子门口附近,轮流住下。看我等下榻的地方,距离噶尔丹策零的蒙古包有三里多远。初九日,鄂勒木济、巴图蒙克带来十余匹马,并言道:本日噶尔丹策零接见使者,等语。于是我留下我四人看守营帐,我本人带两人前往后,鄂勒木济等人向随从人员言道:将尔等的马匹交给我人管理,尔等都跟着进去,等语。如此引进时看得,已搭起大蒙古包,将其木架墙壁的毡子,往上卷起。蒙古包外,围坐有二百余人,仅在门口留下一两人引导之路。进入蒙古包看得,噶尔丹策零坐在正中,前面二十余人互相跪坐,左侧坐着台吉、宰桑等五十余人,右侧坐着戴青和硕齐、桑济宰桑等六人。厄墨根我双手捧着将军王的文书,想直接交给噶尔丹策零之际,坐在前面的一人站起来,从我手中接取文书,放在了噶尔丹策零身旁。我拿出一条哈达,按下蒙古朝政礼帽,叩首一次后,噶尔丹策零对我说,想要抱见,于是我上前抱见,退回时一个人站起来,指着右侧说,让我坐那里。当时我看得,衔接右侧坐着的六个人,放有一坐褥子,我就坐在了那里。跟着我进去的人,各自按下帽子叩首一次平身后,彼等亦指右侧坐下时,衔接着我,稍留空子并坐。其后察衮宰桑先开口言道:尔车臣王及喀尔喀诺颜等,皆安好否,等语。对此我答道:皆安好,等语。接着噶尔丹策零向我言道:尔是台吉乎,平民乎,等语。对此我答道:我是台吉族,是我将军车臣王的子辈,等语。再询问:尔等喀尔喀游牧在何处,卡伦在哪里,等语。对此告称:我卡伦仍旧在阿尔泰等地,游牧的边界在扎布坎等地,等语。询问:这几年尔地雨水调顺否,尔辈众人生活如何,等语。对此我告称:这几年雨水甚调,我蒙古人冬天仍在酿酒,众人生活和以前一样很好,等语。讯问:尔辈是否前往西藏,是否听到达赖喇嘛及班禅如何,等语。对此我告称:我辈每年都去,达赖喇嘛及班禅皆安好,等语。询问:哲布尊丹巴呼图克图现在何处,等语。对此我告称:驻在多伦诺尔庙,等语。询问:哲布尊丹巴呼图克图似乎是尔敦多布多尔济王所生的吧,等语。对此我告称:是的,等语。接着下人送来茶,又装上彼地的饽饽、葡萄、梨一碟子,哈密瓜、西瓜一盘子,放在我前面。装在一盘里合给梅勒章京达尔济雅及苏木章京乌巴锡,装在一木盘里放下合给其他人。噶尔丹策零从放在伊前面的两大盘子果品内,令拿来宰桑等人的碗,伊亲自发放分给。吃完后,噶尔丹策零向我言道:尔等可否去住处歇息,我阅览尔等之文书,倘若有何该问之事,再询问尔等,等语。对此我言道:文书内写有何言及事项,我丝毫不知,等语。如此照之前告知其宰桑鄂勒木济、巴图蒙克那般说一通后出来了。到达宿营地后,又差人送来一筐哈密瓜、西瓜、李子,并称:噶尔丹策零说让尔等天热时食用,等语。给完即回去。是月十二日,噶尔丹策零为迁往伊犁河下游,亦令我等伴随迁移时,宰桑鄂勒木济、巴图蒙克两人给我等带来足够的驼马,照看我等的人在周围伴随着送到宿营地。没有围栏,照旧看守宿营后,鄂勒木济等人前来言道:噶尔丹策零有话要问尔等,等语。随即将我带走。看得搭起一大帐幕,里面坐着台吉色布腾、宰桑察衮和巴图尔三人。我进去坐下后,色布腾开口谈论称:噶尔丹策零下令询问使者,文书内写的是,将阿尔泰作为中间地方。此变得跟以前不一样,其情由为何,等语。对此我言道:我丝毫不是来谈事的,只令我将文书交给德齐特宰桑后即回来,前天亦已告知噶尔丹策零我不知文书内事项,等语。接着察衮言道:台吉尔作为使者前来,定知其情由也,想必有何难言之隐吧,等语。对此我言道:我王丝毫没说倘若询问事项则予告知,我岂有难言之隐,若真晓得,即当谈论也。不知事由,我谈论何言耶,等语。察衮又言道:虽无尔王之言,然自古以来阿尔泰是厄鲁特游牧地,杭爱是喀尔喀游牧地,此事尔不会不知,为何不将我土地,还给我等,等语。对此我言道:我不知事务内情,只依我之见,阿尔泰虽说是尔等的游牧地,然尔厄鲁特汗噶尔丹博硕克图及策妄阿喇布坦,与我喀尔喀双方交恶,还进犯大国,故我圣祖圣主剿灭噶尔丹,尽收其下人员,于此还说什么土地耶,等语。对此察衮果然生气,言道:尔此话是何意,照那么说噶尔丹博硕克图赶走尔等时,理应占取杭爱地方才对也,等语。对此我言道:噶尔丹博硕克图今何在耶,阿尔泰亦不是尔等的,杭爱亦不是我等的,俱是大汗之土地。故于昔日我喀尔喀溃散投奔时,大汗接收,并封为王、贝勒、贝子、公,视如主子之宗亲,遣回各自故地居住,安逸至极,在阿尔泰等地设置卡伦,已有五十余年。这么多年,尔辈丝毫没在阿尔泰游牧,且如今岂能说是尔等之土地,等语。于是察衮言道:若是那样,我驻在阿尔泰之人怎么办,等语。对此我言道:子年我本人跟随我王从军,行进至尔等之额敏,从察罕呼济尔、铿格尔、乌里雅苏台等地,收走色布腾宰桑、布伊肯宰桑的两鄂托克人,那时别说是阿尔泰,即使在额尔齐斯地方也没见驻有尔人,等语。对此察衮言道:我阿尔泰那边驻有明阿特、乌梁海等,此事尔等之前作为使者来往的楚颜托音,难道不知乎,等语。对此我言道:别说楚颜托音知道,连我也晓得。将尔等之乌梁海,丑年我军前来,已收走大半,当时我亦曾来。布兰济、凯桑等一半乌梁海,走独木桥似的翻越山岭遗留之事,我知道。明阿特者,也就有十到十五户,我没见过。况且算计乌梁海有何用耶,即使是我等之乌梁海,亦驻在我卡伦外,等语。于是察衮言道:我等之乌梁海怎么办,等语。对此我言道:如何办理之处,只有大汗知道而已,我能如何议论耶。我并非前来议事之人,尔等三番五次询问尔意如何,所以我才随便谈论而已,等语。旋即出来,回到了宿营地。次日又迁移宿营,一连迁移三天,仍来到伊犁河之塔勒奇岭山口对面停下。每次迁移时,仍照前那样跟随陪护我等,到达立营地方后,每三天给我一只羊,达尔济雅及乌巴锡每五天合给一只羊,随从的十二人每五天给一只羊及米、奶、盐等物,供给充足,其人还携来烧火的柴、水。闰九月初三日,宰桑鄂勒木济、巴图蒙克来告称:使者,明天噶尔丹策零会见尔等后遣返,从我此地以宰桑达什及布伊尔两人为首,作为使者派去二十余人,等语。初四日,噶尔丹策零亦照前例接见坐下后,噶尔丹策零笑着问:蒙古人,尔想家了吗,等语。我言道:没想家,毫无事由而住下这么多天,因此烦闷,等语。于是送来茶饮用,接着送来饽饽、黄瓜、西瓜食用后,噶尔丹策零言道:今要遣回尔等,从我处与尔一同派去宰桑达什及布伊尔二人,以送上奏大汗的文书及致车臣王的文书,等语。于是唤来达什及布伊尔,令坐在前面,说此二人与尔一起前往后,口头传言道:据尔车臣王文书称,追究非分之事。我一向丝毫没做过非分之事,我只想闲谈结论。我父亲在世时,噶尔丹博硕克图与我父交恶,亦入侵尔喀尔喀,并进犯大国时,我父令骑骆驼,经过戈壁,给大汗传达消息并奏称:请大汗征讨噶尔丹博硕克图,我于此处收取其游牧地,等语。依照此奏,我父收取了噶尔丹博硕克图之游牧地。大汗征剿完后,因噶尔丹博硕克图无栖居之所,故而去世。大汗给我父颁降仁慈谕旨:著将噶尔丹博硕克图遗骨及其儿子、妻室俱送来,钦此。因此我父已将噶尔丹博硕克图遗骨及儿子色布腾拜音珠尔①、女儿准齐海②俱送过去。对此大汗嘉许仁慈。尔等之史书中难道无此事乎。后来突然变卦,部院文书称:令我等送来罗卜藏丹津,像喀尔喀那样编成旗佐领,将王色布腾旺布及贝子多尔济色布腾属人还给其原主子,给罗卜藏舒努分户析产,如此则尔父灵魂才能得以安息,并于八十天内送来答复文书,等语。如此而来。对此我思大汗为何会如此,而押送罗卜藏丹津之人途中到达伊勒布尔和硕卡伦时,尔方汉人逃来,说已来兵,所以我将罗卜藏丹津带回来了。由此才开始战争。此外我丝毫没做非分之事。此绝非上奏大汗、告知车臣王之言,尔等知道就可,等语。对此我言道:此等事双方都有吧,我等只听听而已,等语。接着我假装出来时,说让我吃完肉再走,并送来肉饭,接着送来酒,噶尔丹策零喝一盅,给我斟一碗,我接取并按蒙古礼节叩首一次,再抿一口还给后,噶尔丹策零问道:为何不饮,等语。于是我答道:我向来不饮,不合身子,等语。言道:那么勿饮,尔之随从每人请饮三次,等语。能喝的饮了三次,其他人俱尝一口后还给。随即接近出发时,我言道:我王说让我交给宰桑德齐特文书后即回,然而来到尔游牧地边境后,尔令我前来,所以我来了。我今回去,我王问我尔已面见噶尔丹策零也,事情大概如何后,我说噶尔丹策零没跟我说事情大概,所以难说,等语。之后噶尔丹策零言道:尔王说让我莫要翻越阿尔泰游牧者,乃是杜绝因我等游牧临近而行侵害之意,如今尔王即使让我翻越阿尔泰来驻,我也不会去。只是我之恼怒在于,阿尔泰向来是我游牧地,尔等却要强取。那么如果与我使者一同差遣良士,酌情商议划定边界,则我亦不说不可,等语。之后我即起身出来。初五日,

---

① 此处原文是"sebten bainjur",实际应为"sebten baljur"。
② 此处原文是"juncihai"。

牵来我等原来骑驮而去的驼马,一马一驼各连上彼一马一驼,说让我等选取,于是我等只取膘好的启程了。宰桑鄂勒木济、巴图蒙克二人仍旧领兵巡跟至宿营地后,指一叫济尔噶尔的人说道:此人是我噶尔丹策零侍卫,将送行尔等出边回来,等语。并对济尔噶尔言道:此辈马驼内,倘若有瘸瘦的,令尔于途中换给,命办给充足的行粮,等语。说完立即回去了。从那里往这边,济尔噶尔领兵照料我等,使者达什亦在我附近另行住宿,路上换给腿瘸的和磨破腰的马驼,估算我等赶着的羊只用尽,十只、十五只地送来发给。送到昌济勒地方后,济尔噶尔带着护从的士兵回去。使者宰桑达什我等一同来至察罕布尔噶苏卡伦后,卡伦侍卫德沃勒图带领四十名喀尔喀兵,看护送来使者达什。而从乌里雅苏台地方,台吉隆多布及阿里衮等四名侍卫,带领一百名喀尔喀兵,在布鲁卡雅地方接取后,德沃勒图带着卡伦兵回去。将军大臣等之札文到后,我对宰桑达什言道:管辖我乌里雅苏台兵参赞大臣来唤我,我要前往,等语。如此告知后,我留下跟我去的将军王属下领催额林琛,给使者达什作伴而来,等语。为此谨奏闻。

乾隆二年十一月二十五日,所奉朱批谕旨:知道了,钦此。

乾隆二年十一月十七日

定边左副将军　和硕超勇亲王　固伦额驸　臣　策凌

参赞大臣　护军统领　臣　玛尼

参赞大臣　副都统　臣　海兰

参赞大臣　副都统　臣　雅尔图

乾隆朝

护理定边左副将军印务参赞大臣海兰奏报由准噶尔投诚厄鲁特巴雅尔口供并将其解京折

乾隆三年三月十五日

暂时护理定边左副将军印务参赞大臣副都统臣海兰等谨奏。为奏闻事。驻扎乌哈尔和硕卡伦护军校绰齐尼等人,差遣喀尔喀披甲阿玉锡和占巴拉,于乾隆三年三月初二日,送来准噶尔来投厄鲁特巴雅尔。于是臣我等讯问来投厄鲁特巴雅尔:尔多大岁,是何族,准噶尔谁之属人,游牧驻在何处,尔是否有父母兄弟妻孥,为何来投,从哪路行走,途中可有准噶尔卡伦,尔如何通过。噶尔丹策零为堵截阿尔泰、巴里坤,于何地驻扎多少兵,由何人带领驻扎,其卡伦现置于何处。准噶尔人生活如何。令将尔所有闻知之处,据实告来,等语。对此巴雅尔供称:我今年二十七岁,喀尔喀族。我父占巴拉及母亲在世时,曾经谈论道:我等原曾驻在喀尔喀图拉地方,是丹津托音的阿勒巴图①,噶尔丹博硕克图生乱时,被掳至准噶尔,交给锡第台吉为奴。尔兄巴雅尔图及尔本人,俱是来到准噶尔地方后生下的,等语。因此才知是喀尔喀族。后来我父母俱已去世,噶尔丹策零弟罗卜藏舒努将我兄巴雅尔图带到土尔扈特地方。我因跟随台吉锡第生活,故给我配妻,没有孩子。我从小学会了做法术,所以每次出征时锡第都会带着我走。子年噶尔丹策零以我台吉锡第为首,领一千兵,派去征讨哈萨克时,锡第曾带我去当法师。那次准噶尔军队抵至哈萨克哈苏巴颜乌拉地方,掳掠其牲畜财物返回时,途中哈萨克伏兵突然出来交战之际,锡第令我做法,因仓促没来得及施展,故锡第阵亡,一千兵内八成以上牺牲,只有一百余人逃出回到故地。之后锡第子策凌,甚是愤恨我,一阵毒打后,俱没收我家户、牲畜及妻。从那以后,不把我当人看,歧视差使,对此我甚是悲伤,决心来投大国。因丝毫不得机会,故前几次人来时,我没能来。再是我台吉策凌的叔叔分给达赖太师的,在和通呼尔哈地方俘获的科尔沁的达尔玛、在额尔德尼召俘获的咱雅班第达呼图克图之沙毕纳尔克什

---

① 此处原文是"jušen"。

克、喀尔喀贝勒旗库布勒，此三人与我一同驻在额尔齐斯地方。去年七月收割庄稼时，碰见科尔沁的达尔玛，达尔玛跟我闲谈，表露思念伊之故地，于是我就抱怨道，我原来曾是喀尔喀人，我父母被掳至此地生下我，如今策凌虐待歧视我。时达尔玛立即向我言道：尔在此地这般艰苦生活，不如我等投奔大国，等语。于是我当即接受。因秋冬没得机会，故没能来。今年正月十日，达尔玛亲自带领克什克和库布勒，寻我至无人处，与达尔玛、克什克、库布勒一起商定好投诚之事。当夜我从我台吉策凌马群内偷取四匹马和三峰骆驼，还偷取牧马人的两副撒袋，带上我两支鸟枪，我四人不分昼夜行进，来至纳林布鲁勒地方，得知准噶尔驻兵后，我施展法术，趁着刮起风暴，得以通过。来到努肯木仁，遭遇准噶尔乌梁海巴岱宰桑带领厄鲁特王色布腾旺布乌梁海都塔齐宰桑的十几人行进，俱逮捕我四人，而将我等之驼马器具全部抢走。巴岱宰桑绑走达尔玛及克什克，都塔齐宰桑绑走我本人和库布勒。到达其家后，交给两人看守。当夜看守之人睡后，我解开捆绑的皮条，偷取拴在外面的乌梁海两匹马，经由乌兰固木奔驰而来，于二月初一日到达卡伦。在阿尔泰那边，鄂尔毕、索尔毕地方，哈里云①宰桑带领一千兵驻扎。在奇兰②、库列图地方，台吉达赖太师带领一千兵驻扎。在纳林布鲁勒地方，博尔多、乌巴锡宰桑带领一千兵驻扎。在巴里坤边境的博克多地方，宰桑色布腾带领三千兵驻扎。去年将军王的使者抵达后，准噶尔全体民众轰动议论：今为划立边界，使者前来。若侥幸双方能和解，并划定边界，则可永远安逸生活，等语。噶尔丹策零回遣使者，想必亦为此事。我是小人，属实不能深知。准噶尔人生活不一，大体穷困者多，自从开战以来，这几年偷盗之事不绝。准噶尔较大台吉内，小策凌敦多布、达赖太师、卫征和硕齐，宰桑之内，海拉图纳沁、察罕、巴图尔，除此六人外，没有较大人物。每当议事，俱召集此辈。听说与俄罗斯仍旧友好。与哈萨克、布鲁特，征战不休。据听人议论，去年驻在土尔扈特地方的噶尔丹策零弟罗卜藏舒努，派遣叫舒木尔的人，以一匹马、一副撒袋为礼物，给噶尔丹策零送来文书。文书内称：我二人是亲兄弟也，尔占据祖地，过得轻松舒适，却如何能雪我仇恨，今遣使特意给尔送去礼物，若想雪我仇恨，请分给我祖父留下的人畜，等语。因有如此书写之言，故噶尔丹策零阅览后甚是生气，于六月交给台吉达克巴子塔尔巴章、达尔玛达赖子策凌达什、伊克呼拉尔之乌巴锡宰桑三万兵，派去征讨罗卜藏舒努。十一月，前去的三万兵内，两万余人回来，几千余兵，

---

① 此处原文是"hailiyūn"。
② 此处原文是"kiring"。

被俘的被俘,阵亡的阵亡。带兵前去的塔尔巴章、策凌达什、伊克呼拉尔乌巴锡宰桑,俱已被俘,等语。再讯问巴雅尔:据尔供称,能施法术,跟随锡第每次都去征讨哈萨克。尔共去多少次,哈萨克的统治者是谁。倘若准噶尔甚加大举进兵,能去几千兵,尚能获益乎。再巴济、毛海,如今怎样。若再有何闻知之处,好好想想,据实告来,等语。对此供称:我跟随锡第,共十次从征哈萨克。哈萨克毫无领袖,每个鄂托克有一头人。准噶尔兵若大力前往,则共聚一力抵抗,若去少量军队,凡所到之处,鄂托克头人合力抵抗。防守甚严,不怎么获益。况且准噶尔兵出征时,俱自食其力而行,因不怎么获益,故家户损失,感到悲伤。再据听闻,曾将巴济、毛海,安置在西北面特穆尔图淖尔地方,并没收其阿勒巴图①,赏给别人。去年冬,巴济、毛海已病故。大策凌敦多布去世已年久,伊子多尔济丹巴、策凌丹巴、巴勒济,俱已病故,没听说何时去世。又据我听闻,去年十一月,噶尔丹策零以喀喇沁宰桑察罕为首,派出三百兵前往西藏,到班禅额尔德尼处熬茶。不知是否前往。此外毫无闻知之事。我已是投诚之人也,若有何闻知之处,真敢不告而隐匿乎,等语。本月初七日,驻扎塔巴喀依布拉克卡伦副骁骑校衮布等人,差遣其随从奉天领催乌尔古讷等人,又送来准噶尔来投厄鲁特齐塔特及伯勒克。于是臣我等照讯问巴雅尔例讯问齐塔特及伯勒克时,据齐塔特供称:我今年三十一岁,土尔扈特族。先前土尔扈特阿玉锡汗子散济扎布,为投靠其姐即策妄阿喇布坦小妻色特尔扎布生活,带来伊下人时,我父阿尔斯郎跟着来到了准噶尔地方。散济扎布返回时,我父母没跟着去,依靠色特尔扎布而驻,后来曾跟从色特尔扎布亲生儿子罗卜藏舒努生活,我出生在了准噶尔地方。策妄阿喇布坦去世后,噶尔丹策零囚禁色特尔扎布,并挖掉其子女的眼睛,送至叶尔羌、喀什噶尔等回子地方囚禁。色特尔扎布子女内,只有罗卜藏舒努带领七人逃出,去投奔外公阿玉锡汗。噶尔丹策零将我等罗卜藏舒努下人,拆分父亲兄弟,分给各个鄂托克时,将我父、我本人及我弟伯勒克,交给驻在博尔塔拉的宝勒宰桑鄂托克,而将我兄叶尔齐木苏克、策凌、丹巴及察罕扣本,俱给其他四鄂托克各分一人。我父阿尔斯郎往这边进兵,在额尔德尼召战败受伤,撤回到游牧地后,病情恶化而去世。我母亲早已亡故。我成丁后娶妻,生有两个男孩、一个女儿。我宝勒宰桑,虽任命我为鄂托克内的小官,令行走于各种催征凑取等事,但仍怀疑防范。前年宝勒宰桑以我原来曾是罗卜藏舒努之人、心不向伊为由,寻衅扣上凑取贡赋不均、勒索虐待下人之名,抄没我家户,从那以后因不堪忍受压迫歧视,而我曾与弟伯勒

---

① 此处原文是"jušen"。

克一起商量过投奔大国。去年九月，我跟我弟伯勒克商定：我更加寻思，罗卜藏舒努时我等欣怡生活，如今父母俱已去世，兄长们又被分到其他鄂托克，这么多年却一次也没见过，且宝勒宰桑还寻衅抄没家户，实在不堪忍受困苦，即使再怎么尽力，也改变不了其疑心，与其这般低三下四地生活，我等何不如逃出投奔大国，以安逸生活，等语。于是没告诉我妻孥，对宝勒宰桑隐瞒道：我俩前去杜尔伯特等地看望亲戚，等语。从其领取盖印文书后，带上我弟伯勒克的四匹马，我一支鸟枪，一副撒袋，再取三十块小布、少许烟草、少许行粮之肉，骑乘两匹马，牵上两匹马，于是月二十日从博尔塔拉地方出发。经由纳林布鲁勒路往这边走，于十一月初五日来到吹地方，我弟伯勒克生病，全然不能行走，故住在准噶尔乌梁海宰桑巴岱下面叫索央的人家中。巴岱听见后，带我过去讯问时，我谎称：我等是宝勒宰桑之人，从我宰桑领取盖印文书，到杜尔伯特地方看望亲戚，今经过尔地，前往叫罕哈屯的乌梁海地方经商，等语。于是巴岱阅览我等的盖印文书，甚加信任。今年二月十日前后，我弟病情稍微好转，故于十五日，我对乌梁海言道：我等拿来的布匹和烟草留给尔等，回来时从尔等收取十匹马驹带回家，等语。如此分给乌梁海等后启程。假装前往罕哈屯，一直急行，于十八日来到卡伦。我等带来的四匹马因疲惫而留在了卡伦。我等从纳林布鲁勒地方卡伦擦身而过，并没见过人。虽看见此纳林布鲁勒地方有卡伦，但不知驻扎多少人。在喀喇额尔齐斯、华额尔齐斯地方，玛木特宰桑、齐默特宰桑，带领三千兵分驻。听说在巴里坤方面，色布腾宰桑带领三千兵驻扎，不知驻在何地。除纳林布鲁勒外，哪里有无卡伦之处，我亦不知。噶尔丹策零的较大宰桑内，小策凌敦多布、大策凌敦多布子达克巴、博第木尔子色布腾，宰桑等人内，除了海拉图纳沁、察罕、托多、衮布外，没有较大人物，议事时当然会召集此辈。巴济、毛海等人投奔以后，拨开其阿勒巴图①，将巴济安置在了伊犁西部边境阿克布什纳林地方，而将毛海安置在了伊犁西北边境的库克乌逊、喀喇塔拉地方。今不知此辈本人仍是否还活着。准噶尔人生活，比前大有艰难，殷实人少，穷困者多，我附近地方如此，我不深知其他地方人怎样。再据我听人议论，去年车臣王遣使前往时，边境之人去对噶尔丹策零说，此次来的使者是车臣王弟弟，对此噶尔丹策零没相信。使者到达后，对彼处西热图喇嘛言道：令尔妥善辨认，等语。西热图喇嘛暗中观察得，此次前来的使者并非车臣王弟，确是喀尔喀台吉，是车臣王族弟，为子辈。于是噶尔丹策零欣然接见，并回遣宰桑达什等使者。再据我听闻，噶尔丹策零前曾与俄罗斯往来

---

① 此处原文是"jušen"。

贸易，甚是和睦，前年噶尔丹策零派往俄罗斯地方的使者侍卫达喜及噶尔丹策零近侍土耳扈斯坦回子德尔格木之子，被俄罗斯察罕汗扣留没有遣回，从那以后令停止贸易。与土尔扈特互相不走动已久。与哈萨克、布鲁特，战事不绝。自罗卜藏舒努前去土尔扈特以来，丝毫不曾听到伊之消息。前年因俄罗斯察罕汗扣留噶尔丹策零使者，故听到准噶尔人俱揣测议论，是罗卜藏舒努前去俄罗斯地方所致。此外我无其他闻知之处，已是投诚之人，岂敢隐匿，等语。据伯勒克供称：我今年二十八岁，自从我父母去世以来，跟随我兄齐塔特生活，我有妻，有一儿子、一女儿。我等虽住宝勒宰桑鄂托克，然心中甚是不安，因我兄齐塔特又多憎恨宝勒宰桑，全然没有生活乐趣，故经共同商量，留下妻孥，来投大国，渴望安逸生活，等语。他处与齐塔特一样供述。为此臣我等向来投厄鲁特巴雅尔、齐塔特、伯勒克，照例赏给口粮、帽子、衣服、靴子、袜子各一份，差遣三等侍卫兼委署护军参领赫达色，乘驿解送京城。为此谨奏闻。

乾隆三年三月二十三日，所奉朱批谕旨：知道了，钦此。

乾隆三年三月十五日

暂时护理定边左副将军印务　参赞大臣　副都统　臣　海兰

参赞大臣　护军统领　臣　玛尼

参赞大臣　副都统　臣　雅尔图

驻藏大臣杭奕禄探得准噶尔在叶尔羌喀什噶尔等地活动情形折

乾隆三年四月二十日

工部左侍郎臣杭奕禄等谨奏。为奏闻事。贝勒颇罗鼐呈文称:我长子珠尔默特车登寄信给我称,我于去年十月,自藏地出发往这边来时,因途中雪甚大,故牧养马畜缓慢行进,于今年三月初八日,才来到冈底斯地方。距离阿里地方,只间隔六站。因雪更大,行走变得更加困难,故我本人暂时驻在了冈底斯地方。驻扎阿里地方的我下人前来迎接我,并告称:阿里地方丝毫无事,甚是太平,等语。唯拉达克德忠纳木扎尔寄信给我称:去年冬叶尔羌商人为来我拉达克地方经商而曾先向我差遣一人,据此来人告称,去年冬准噶尔曾多有备兵,不知派往何处。再,前去喀什噶尔地方经商的克什米尔人返回时,来到我拉达克地方告称,于布哈拉地方边境,厄鲁特蒙古人到来许多,不知是准噶尔人,或是土尔扈特人。还听说从此次前来的大队人群内,又挑选少数人,差往印度巴扎汗那里。虽不知此次告知的消息真伪,然只将我所听闻的寄信于公,等语。恳请将拉达克德忠纳木扎尔寄信给我的消息,转告驻藏大臣等,等语。再于前藏、后藏地方,丝毫无事,甚是太平。为此一并谨奏闻。

乾隆三年五月三十日,所奉朱批谕旨:知道了,钦此。

乾隆三年四月二十日

工部左侍郎　臣　杭奕禄

总兵官　臣　周起凤

乾隆朝

定边左副将军策凌奏报自准噶尔来投厄鲁特敦多克固木扎布供词并将其解京折

乾隆三年八月二十七日

定边左副将军和硕超勇亲王固伦额驸臣策凌等谨奏。为奏闻事。总管防守乌里雅苏台等地兵参赞大臣副都统海兰差遣骁骑校旺云保，乘驿送来驻扎塔巴喀依布拉克卡伦骁骑校衮布等人送来的来投厄鲁特敦多克、固木扎布，于今年八月二十三日来到兵营。于是臣我等讯问厄鲁特敦多克、固木扎布：尔等是谁属下，是何族，尔等是否有父母兄弟，游牧驻在哪里，为何来投，等语。对此敦多克等供称：我等是兄弟俩，俱是乌巴锡台吉的阿勒巴图，喀尔喀族。我父亲时，因噶尔丹博硕克图事件而被掳走，我等生在彼处。我等之游牧驻在西喇壁勒，噶尔丹策零那边再走十天路程。我等与驻在我附近的人一起喝醉酒，互相斗殴，当夜因与我等打架的一人死去，故我台吉处罚我等，取八十一只牲畜赔偿。从那以后，我彼地人仇视我等，诬告我等说要用毒药害死我台吉，于是我台吉马上逮捕我等，拷打害死我父，并拆散我母亲及兄弟子妻，分别看守。捆绑我等兄弟，令人看管，说要处死。于是我等兄弟，趁夜里看守我等的人睡觉间隙，我等逃出，前来投诚，等语。再讯问敦多克等：尔等已是归顺之人，尔彼处于何地设置卡伦，军队俱驻在哪里，与哈萨克、布鲁特怎样，与俄罗斯是否仍在互相贸易。再，尔等是经过噶尔丹策零之地而来之人，定会知道我大国所遣的使臣消息吧，又尔彼处人等如何议论等处，俱如实告来，等语。对此供称：我等听说，台吉策凌带一千兵，在乌隆古地方驻防大国，没听说在哪里驻扎卡伦。仍旧为防范哈萨克、布鲁特而驻兵。与俄罗斯还在互相贸易而行。我彼处人生活，比前多有艰苦。又听说大国所遣的使臣，于六月十几日，经过了塔尔巴哈台地方。如果直行，大概会在六月末到达。再听众人议论，自前年以来，噶尔丹策零曾怀疑小策凌敦多布有异心，与人户一起迁走伊长子曼济，安置在西部边境，以防范哈萨克。再伊次子达什达瓦，为住汤泉而来额尔齐斯时，从外围带走，安置在其附近。今年对达什达瓦说道：听说尔父要造反，若想造反，前去无妨，我丝毫不加阻拦，请任意前往，等语。

如此遣返。噶尔丹策零之怀疑甚是属实,而不知策凌敦多布有无造反之心,等语。臣我等向敦多克、固木扎布,照例发给适时衣服各一套及口粮,交给蓝翎侍卫等级玛勒图,乘驿解送京城。为此谨奏闻。

乾隆三年九月初六日,所奉朱批谕旨:知道了,钦此。

乾隆三年八月二十七日

定边左副将军　和硕超勇亲王　固伦额驸　臣　策凌

参赞大臣　护军统领　臣　玛尼

参赞大臣　副都统　臣　雅尔图

乾隆朝

定边左副将军策凌奏报自准噶尔来投厄鲁特人巴彦等供词并将其解京折

乾隆三年八月二十七日

　　定边左副将军和硕超勇亲王固伦额驸臣策凌等谨奏。为奏闻事。总管防守乌里雅苏台等地兵参赞大臣副都统海兰差遣前锋车尔布赫等人,乘驿送来驻扎喀喇占和硕卡伦前锋德沃勒图等人送来的准噶尔来投厄鲁特妻孥四口,于今年八月二十日到达兵营。于是臣我等讯问来投厄鲁特:尔等是谁属人,名甚,尔等是否有父母兄弟,游牧驻在哪里,为何来投,等语。对此供称:我等是辉特额尔克台吉之阿勒巴图,我名巴彦,我等之游牧驻在塔尔巴哈台地方,我父母俱已去世,有一兄长,迁至吐鲁番地方,驻扎在包衣卡伦,已有七年。我本人凡在战场,俱超越他人而行,却与众人同等看待,一点也不施恩,为此我等甚是愤恨。这般生活,不如归顺大国,承接圣主之恩。为此带上我弟鄂勒木济、我妻及我子讷克伊,以去见我在吐鲁番的兄长贝保为借口,试图去纠合我兄贝保同来,但因我兄不能,故仅我等来投,等语。再讯问巴彦等:尔彼地在何处驻兵,卡伦俱置于何地。与哈萨克是否仍在互相抢掠而行。彼人生活怎样。再是否听到我大国所遣的使臣消息,尔彼地人如何议论。尔已是归顺之人,故将所有事情,俱如实告来,等语。对此巴彦等供称:现驻在吐鲁番地方的五百户军队中,派出五十兵,在毕齐延、齐克坦地方驻扎卡伦。再于博克多山阳面,一百兵驻扎卡伦。又听说在阿尔泰方面额尔齐斯河源,亦设置卡伦,驻防军队,而不知人数。现于额尔齐斯、伊犁、吹塔拉斯等三地,为防范哈萨克,轮流驻扎三千兵。我彼处人,这么多年行军打仗,俱自食其力而行,又连续几年遭遇旱灾,已损失大半牲畜,故生活曾多有艰难,如今这两年,自停止战争以来,俱各自种地度命生活,比前稍有好转,但大体仍是穷困。丝毫未闻大国使臣消息。我等在吐鲁番地方时,以小策凌敦多布造反为由,彼处人曾出兵惊动一阵,后来听说是小策凌敦多布下面的宰桑去向噶尔丹策零告称:策凌敦多布想要造反,为此在塔里木、海都河上建桥,等语。因此噶尔丹策零遣使来询问时,策凌敦多布言道:我没有造反之心,忍着为尔之事行走,已成满

323

洲及喀尔喀等之大仇人,此众人皆知,我造反能去往何处,尔为何听信小人之言,加以怀疑耶,等语。从此没有听到动静,不知后来变得如何,等语。臣我等向厄鲁特巴彦等人,照例发给适时衣服各一套及口粮,委派蓝翎侍卫等级玛勒图,乘驿解送京城。为此谨奏闻。

乾隆三年九月初六日,所奉朱批谕旨:知道了,钦此。

乾隆三年八月二十七日

定边左副将军　和硕超勇亲王　固伦额驸　臣　策凌

参赞大臣　护军统领　臣　玛尼

参赞大臣　副都统　臣　雅尔图

乾隆朝

定边左副将军策凌奏将自准噶尔来投厄鲁特喇嘛解送京城折

乾隆四年六月十八日

定边左副将军和硕超勇亲王固伦额驸臣策凌等谨奏。为奏闻事。总管防守乌里雅苏台等地兵参赞大臣副都统海兰委派副护军校七十,乘驿送来的驻扎布延图卡伦前锋甘明等人所送准噶尔来投厄鲁特喇嘛萨木党仲鼐及俗人恩克伯勒克、巴图,于六月十日到达。于是臣我等讯问准噶尔来投厄鲁特喇嘛萨木党仲鼐等:尔等是谁属人,游牧驻在何处,为何来投,当初即仅尔等三人来乎,路上尔兵是否来追尔等,如何脱出,等语。对此萨木党仲鼐等人供称:恩克伯勒克是我亲弟,巴图是我亲叔之子,我兄弟三人俱是辉特塔尔巴哈沁坎都扎布台吉之阿勒巴图,游牧驻在巴西罕沙尔哈地方。我本人曾与噶尔丹策零的喇嘛们驻在一处,我两个弟弟俱在伊犁河,于建造公共庙宇的地方出力,故只身来驻。去年九月二十一日,从哈萨克地方,以巴鲁克苏勒丹为首,前来一千兵,俱掳走我台吉坎都扎布属下五百余户人。那次我父被哈萨克杀害,母亲弟媳子女俱被带走。从那以后,我兄弟三人稍种庄稼,口食度命生存。我是当喇嘛之人,没有赋役,尚能接受。我两个弟弟赋役繁重,不堪忍受痛苦,故他们二人对我言道:我等曾因有父母子妻,而不得不在此这般艰苦生活,如今我等之父母子妻俱已被哈萨克掳走,空无一切。与其这般困苦,听说投奔大国俱能安逸生活,于今我两人不如投奔,尔意如何,等语。对此告称:我虽是喇嘛,没有赋役,安逸生活,但与兄弟离散留下,也毫无依靠,愿我三人共议投诚,等语。旋即于今年三月十五日,在伊犁建造庙宇的地方,对监造庙宇的德木齐博勒浩告称:我等被哈萨克掳掠,已空无一切,前去从我朋友亲戚找点东西,等语。我等亲自骑乘十匹马往这边走,对途中遇见的人俱谎称去见亲戚,到我边境附近后,夜里偷偷行进,白天隐蔽,共走六十多天,于五月二十一日到达此地卡伦,遂将我等逮捕送来,等语。再审问萨木党仲鼐等人:尔等是驻在噶尔丹策零附近建造庙宇之人,今为堵截阿尔泰、巴里坤,驻扎多少兵,于何处设置卡伦,是否有何往这边进军之消息,与俄罗斯、土尔扈特是否友好而行，与哈萨克、布鲁特仍是否互相争战，此等事俱知道吧，尔等已是归顺之人，令将所有闻知之处，俱如实告来，等语。对此供称：不知有无防御巴里坤之兵，为了防御阿尔泰，在鄂尔木格图①、库列图地方，巴图蒙克台吉、玛木特宰桑带领三百名哨探兵驻扎，听说每次都翻越一回阿尔泰瞭望踪影。全无往这边进军之消息。与俄罗斯仍旧互相贸易而行。与土尔扈特、布鲁特全然不走动。从哈萨克地方，去年来战三次，因掳掠我等，故于今年五月，派出噶尔丹策零族弟台吉色布腾、大策凌敦多布孙台吉达克巴等人，带领三万兵，前去征讨哈萨克，尚未回来。再于我彼处，间隔七八年，举行一次会盟。去年四月初一日，我噶尔丹策零及下面台吉等，全体召开会盟，令军士摔跤、射箭、赛马而游戏，给胜者马羊等牲畜。去年大国使者前去，会见我台吉噶尔丹策零，议事完后，我等下人俱欣然言论：今年定会完成大事，今后俱得以安逸生活，等语。此外再毫无其他闻知之处，若真有闻知之处，我等已是归顺之人，难道真的不告实情耶，等语。讯问恩克伯勒克、巴图时，俱与萨木党仲鼐一样供述。为此臣我等向厄鲁特喇嘛萨木党仲鼐等人，照例赏给适时衣服各一套及口粮，委派前锋侍卫丈八十，乘驿解送京城。为此谨奏闻。

乾隆四年六月二十五日，所奉朱批谕旨：知道了，钦此。著将此交付蒙古衙门。

乾隆四年六月十八日
定边左副将军　和硕超勇亲王　固伦额驸　臣　策凌
参赞大臣　护军统领　臣　玛尼
参赞大臣　副都统　臣　阿兰泰

---

① 此处原文是"ormugetu"。

乾隆朝

定边左副将军策凌奏将自准噶尔来投厄鲁特台吉孟克解送京城折

乾隆四年八月三十日

定边左副将军和硕超勇亲王固伦额驸臣策凌等谨奏。为奏闻事。总管防守乌里雅苏台等地兵参赞大臣副都统海兰差遣鸟枪护军图勒根，于八月十九日乘驿送来驻扎巴尔鲁克卡伦护军校赫申等人送来的准噶尔来投两厄鲁特。于是臣我等讯问准噶尔来投厄鲁特等：尔等是谁属人，名甚，游牧驻在哪里，为何来投，路上尔兵是否来追尔等，如何脱出，等语。对此供称：我名孟克，这是我儿子，名叫格斯尔津，我等是噶尔丹策零近族台吉，游牧驻在喀喇塔拉地方。我父名布特古勒，策妄阿喇布坦在世时，曾管辖一千兵而行。那时我彼处狗群长声吠鸣，对此我父亲坐在家中言道：此非吉兆，必有灭国厄难，等语。我小母及下人等，将此告知策妄阿喇布坦后，策妄阿喇布坦立即逮捕我父，并抄没人户，交给我族台吉策凌达什监禁，后来就那样去世了。我前往策妄阿喇布坦处言道：我父获罪被抄家，我是原妻所生之子，恳请给我份儿，等语。对此不管何罪，曾还给我一百户人。去年十二月，我族台吉策凌达什子西喇斯，无故向噶尔丹策零诬告我称：伊父在世时曾管辖一千兵而行，到了伊本人，因丝毫不让管兵，故怀恨持有叛心，等语。于是噶尔丹策零唤我过去，交给桑济、察衮二宰桑审讯，桑济、察衮只偏袒西喇斯之言，对我言道：伊父在世时，有获罪被捕监禁及抄没人户之事，伊必是对此怀恨，持有叛心，此乃属实，等语。如此强制给我拟罪，并裁定拨回我一百户。西喇斯又到噶尔丹策零处挑唆道：不可存留我，立即逮捕处死才好，等语。对此我甚是愤恨，与其被族人无辜杀害，不如投奔大国安逸生活。因此于今年四月十六日，留下我子妻，只携一男孩，从我阿勒巴图内带十余名少年，偷偷以前往噶尔丹策零处解掉冤屈为由，从游牧地出发往这边走。行至噶尔丹策零游牧地附近，从那里亡命逃出，于五月初一日到达额仁哈毕尔噶地方，并会见我女婿辉特台吉色楞扎布。色楞扎布亦是获罪被抄没人户者，听说我要投诚后，即与我商量也要投奔，带领其子妻、族人、阿勒巴图，共二十余口人，跟我一起于六月十二日，从额仁

327

哈毕尔噶地方往这边出发。因不识路，一直走无水之地，遇见一赶路的叫库本的人，抓来当向导，夜里行进时，库本逃回去告诉了卡伦。我等行走两天两夜，来到萨勒巴尔地方后，玛木特宰桑所辖的一百余名卡伦兵突然从后面来追我等，包围我们时，我女婿色楞扎布及其子女，以及跟来我的人等，全被包围抓走。因我父子骑乘的马好，故我带我此子，冲向包围，戳倒三人，勉强脱出。往这边行走十九天，于八月初三日来到此地卡伦，遂将我等送到这里，等语。再审问孟克：尔是噶尔丹策零近支族弟兼台吉，俱知所有事情。今为堵截阿尔泰、巴里坤是否驻兵，卡伦置于何处，是否有何往这边进兵的消息。与俄罗斯、土尔扈特怎样。与哈萨克、布鲁特互相有何战事否。去年来的使者哈柳等人回去后，彼等如何议论。此些事俱熟知吧。尔已丢下子妻来投，故将所有闻知之处，俱如实告来，等语。对此供称：为防御巴里坤，早已派出一千兵，由齐默特宰桑为首，在博克多山等地，与家眷混驻，以瞭望踪影，收取消息。为防御阿尔泰，在沙喇壁勒等地，宰桑玛木特、蒙克博罗特二人带领一千兵，亦与家眷混驻，换班每每差人至阿尔泰等地瞭望踪影。自从在额尔德尼召地方战败以来，彼处老少皆渴望和好，全无往这边进兵之意。与俄罗斯仍旧互相贸易而行。与土尔扈特、布鲁特不往来。去年秋哈萨克之巴鲁克苏勒丹来兵千余，掳掠辉特台吉坎都扎布下人，带走一百余口。因此今年为征讨哈萨克出兵三万，以达克巴宰桑为首，于七月初一日启程派往。使者哈柳，于五月来到额仁哈毕尔噶。我女婿曾告称，其下人等俱言，此次圣汗大加施恩，事务已妥善完结。听说如此言论。此外再毫无其他闻知之处。若真有闻知之处，我已是丢下子妻来投之人，为何隐匿耶，等语。据臣我等审讯，来投的孟克属实是噶尔丹策零族人，故向孟克父子，照例赏给丝绸面儿羊皮袄、褂子各一套及狐皮帽、靴子、袜子等物，差遣骁骑校哈拉尔代，乘驿解送京城。为此谨奏闻。

乾隆四年九月初八日，所奉朱批谕旨：知道了，钦此。

乾隆四年八月三十日

定边左副将军　和硕超勇亲王　固伦额驸　臣　策凌

参赞大臣　副都统　臣　阿兰泰

乾隆朝

定边左副将军策凌奏将自准噶尔脱回之
镶黄满洲旗护军厄尔德木图等解送京城折

乾隆四年十月初六日

定边左副将军和硕超勇亲王固伦额驸臣策凌等谨奏。为奏闻事。总管防守乌里雅苏台等地兵参赞大臣副都统海兰呈文来称：驻扎喀喇占和硕卡伦台吉达什纳木扎尔及驻扎萨拉布拉克卡伦御前护军玉良呈文称，九月十日，四人从准噶尔地方来到我卡伦，询问时说是脱出的护军厄尔德木图带来两厄鲁特及一哈萨克，为此送去厄尔德木图等四人，等语。如此送来。旋将厄尔德木图等四人交给前锋全兆送往，等语。如此于今年十月初二日送来。为此臣我等讯问脱出的护军厄尔德木图：尔是何旗谁佐领人，尔多大岁，尔是否有父母子妻，尔于哪年从军谁之队伍，如何被准噶尔俘获，怎样脱出，等语。对此供称：厄尔德木图我是镶黄满洲旗堂喀佐领下护军，今年三十二岁，我父母妻子俱在，还有一个三岁男孩。我于雍正七年从军大将军原公傅尔丹队伍，九年在和通呼尔哈淖尔地方交战时，跟随原雄勇将军定寿，与宰桑哈柳领来的万余贼，在察罕哈达地方鏖战一天一夜，次日撤兵来大营时，我跟着原将军定寿，曾在殿军中。贼人尾随而来，互相混战之际，因无福分，我身受两处鸟枪伤、一处矛伤而昏厥，被卫征和硕齐扎勒布下面叫敦多克达什的人捉去。到达彼地后，即被卫征和硕齐扎勒布差使。滞留近一年后，我因是满洲姓氏之人，世代承接圣主厚恩，又思念我父母，故于十年六月往这边逃跑，行走三天后，被追赶之人逮捕带走。于是卫征和硕齐扎勒布拷打虐待我，又在彼处生活两年。十二年四月，遇见一绿营兵，伊说认识巴里坤路，因此我等互相商量后逃跑，奔着巴里坤行走二十余天，又被驻在吐鲁番边境附近的小策凌敦多布下面的猎人逮走。之后小策凌敦多布把我留在其身边，居住近四年。去年五月，小策凌敦多布带着我，前往噶尔丹策零会盟地时，卫征和硕齐扎勒布认出了我，并从小策凌敦多布取回，带至伊家中。今年六月，卫征和硕齐扎勒布下面有阿勒巴图名巴雅尔，巴雅尔舅舅塔尔巴哈沁台吉珲启的阿勒巴图齐里克，前来看望其姐姐的儿子巴

329

雅尔，我等住在了一处。再是其早先掳来的哈萨克特木尔，我对其三人言道：尔等与其在此艰苦生活，不如跟着我投诚大国，会有吃有穿，富裕生活，不仅如此，还俱可求得官爵，等语。如此诱骗他们后，彼等立即跟着我，于今年八月初三日，我四人骑乘十匹马，昼伏夜行，往这边行走月余，于九月初五日出其卡伦，到达乌隆古地方。我等饥渴，正要宿营煮茶饮用时，发现彼卡伦寻踪的十人来追我等，于是我等立即丢下行李，各骑一马驰奔，翻越两三座山，日落后追赶之人才回去。从那里又行走八天，于九月十三日来到我卡伦，遂将我等送到这里，等语。再讯问厄尔德木图：尔乃满洲，尔是在彼地居住八九年而来之人。彼地生计如何，有何闻知之处否，彼等有无往这边进兵、遣使之消息，尔等往这边来时路上哪些地方设有卡伦，与哈萨克、布鲁特是否有战事，与俄罗斯、土尔扈特是否仍在往来。再去年来的使者哈柳返回后，其下人等如何议论。此些事情，令详思告来，等语。对此供称：我到的那年冬天，彼地民众曾生活尚可。这么多年行军打仗，俱自食其力而行，故牲畜俱已用尽，开始变穷，如今大半艰苦生活。自从其兵在额尔德尼召地方战败以来，下人等俱吓破胆，全无征战之心。再我等来时，据听其下人等议论，今噶尔丹策零宣布：派遣大国的使者哈柳已回，互相和好，照我等之请，已允许使者前往藏地，令尔等俱各自准备诵经布施等所有物品，仍以哈柳为使者，于九月派往，等语。我在彼处时，卫征和硕齐扎勒布为于西藏诵经事，除交给其下人四十匹马，带至塔西喜玛①地方，兑换成金子送去外，还曾准备沙狐皮、狐皮、熏牛皮等物。又在彼处听到：于哈达青济勒、布拉克青济勒等地，三百兵驻扎卡伦，其他没兵，等语。去年从哈萨克地方来兵三千，掳走其塔尔巴哈沁一千余户，因此今年从准噶尔地方，以台吉西喇斯、曼济、卫征和硕齐扎勒布为首，经由三路，派去三万兵，尚未返回。与布鲁特、土尔扈特全无往来。与俄罗斯互相贸易不绝。此外再毫无其他闻知之处，等语。臣我等再逐一审问与厄尔德木图一同来投的厄鲁特巴雅尔、齐里克及哈萨克特木尔等人时俱言：在彼处艰苦生活，故为归顺大国安逸生活，而跟随厄尔德木图前来，此事属实，等语。他处俱与厄尔德木图一样供述。为此臣我等向脱出的护军厄尔德木图及来投厄鲁特巴雅尔等人，照例赏给口粮及狐皮帽、羊皮袄、皮褂子等项各一套，委派三等侍卫伊车里，乘驿解送京城。为此谨奏闻。

乾隆四年十月十四日，所奉朱批谕旨：知道了，钦此。著将此交付理藩院。

乾隆四年十月初六日

---

① 此处原文是"tasihima"。

乾隆朝

定边左副将军　和硕超勇亲王　固伦额驸　臣　策凌
参赞大臣　都统　臣　塔勒玛善
参赞大臣　副都统　臣　阿兰泰

定边左副将军策凌奏将自准噶尔来投厄鲁特人彭素克解往京城折

乾隆五年八月二十九日

定边左副将军和硕超勇亲王固伦额驸臣策凌等谨奏。为奏闻事。总管防守乌里雅苏台等地兵参赞大臣都统阿岱报称：委派蓝翎侍卫等级近侍济鲁勒德伊，将驻扎塔巴喀依布拉克卡伦前锋舒代所报准噶尔来投厄鲁特彭素克、少布尔、乌鲁勒巴、额墨根，送往大营，等语。如此于乾隆五年七月三十日送来。于是臣我等讯问厄鲁特彭素克等：尔等是何族，是谁属人，游牧驻在哪里，尔等是否有父母兄弟，为何来投，如何脱出，等语。对此供称：彭素克我本人和少布尔俱是土尔扈特族，乌鲁勒巴和额墨根是代楚特族，我四人俱很早被掳至准噶尔成为阿勒巴图，是宰桑察衮之属下，游牧驻在噶尔丹策零那边的车勒克地方，我四人都有母亲子妻兄弟。我等在彼处时，军事征战及一切赋役，俱自食其力而行，且又艰苦生活，听说投诚大国之人俱可安逸生活，故我四人与驻在我处的扎布等六人一起，曾共议投奔大国安逸生活，为此趁机想带子妻二十余口逃跑。其后乌鲁勒巴被派至征讨哈萨克的军队时，乌鲁勒巴半路逃回家中，于是其德木齐托岳珲赶来，逮捕了伊弟班第，一直刑讯乌鲁勒巴回来的理由时，发现了我等商量逃跑的事情，进行逮捕时，其他人俱被捕，被杀的杀，被关的关。我四人听到消息后，于闰六月十一日夜偷取七匹马逃出，路上遇见人就谎称去看望亲戚，行走月余，于七月十八日来到此地卡伦，遂将我等送到这边，等语。臣我等再审问彭素克等：彼地人生活如何。除噶尔丹策零外，另有无首领。有何往这边进兵的消息否，于何处驻扎卡伦。与哈萨克、布鲁特怎样，与俄罗斯、土尔扈特是否仍在互相往来。尔等已是丢下子妻来投之人，令将所有闻知之处，据实告来，等语。对此彭素克等供称：从去年十二月至今年三月为止，下了大雪，牲畜损失很大。彼地人大半艰苦生活。台吉等内，以小策凌敦多布为首，这几年怀疑他有异心。阿勒巴图内，以桑济、察衮二宰桑为首，桑济于去年冬去世。没听说往这边进军的消息。据闻，从驻扎在游牧地边境的人中，抽调一千兵，于阿尔泰那边的纳林布鲁勒、额尔齐斯等地,派四五十兵不等设置卡伦,不知以何人为首驻扎。曾宣称于今年六月,征调三万兵,由伊犁、额尔齐斯、希尔此三路派去,征讨哈萨克,不知这期间有没有前往。与布鲁特、土尔扈特全不往来。与俄罗斯仍旧互相贸易而行。此外再毫无其他闻知之处,若真有闻知之处,我等已是丢下子妻来投之人,难道真的隐匿乎,等语。为此臣我等向厄鲁特彭素克等人,照例赏给适时衣服各一套及口粮,委派蓝翎侍卫等级御前护军苏隆安,乘驿解送京城。为此谨奏闻。

乾隆五年九月初七日,所奉朱批谕旨:知道了,钦此。

乾隆五年八月二十九日

定边左副将军 和硕超勇亲王 固伦额驸 臣 策凌

参赞大臣 都统 臣 塔勒玛善

参赞大臣 副都统 臣 阿兰泰

著将此交付蒙古衙门。

驻藏大臣纪山奏准噶尔使者前往西藏熬茶及其商贾来到拉达克地方折

乾隆五年九月十六日

正红满洲旗副都统降两级留任臣纪山谨奏。为奏闻事。据查,今年三月臣我为遵旨防范来藏熬茶准噶尔使者事,经与郡王颇罗鼐一同面议,为在各个紧要地方驻扎士兵及卡伦事而密奏闻时曾奏称:在拉达克地方,为从叶尔羌设法收取贼人实情事,已密行文驻扎阿里公珠尔默特车登,俟伊获消息来报时另奏闻,等语。将此已入案。今郡王颇罗鼐呈文称:今年九月初二日,原拉达克汗德忠纳木扎尔妻布里特旺姆,面见带兵驻防阿里公珠尔默特车登为收取消息而派的吹本索诺木,一同向颇罗鼐我报文称,从准噶尔地方,以回子阿海伯克为首,带领二十个帐篷一百人,经由叶尔羌,于今年七月十一日来到拉达克地方经商。并告称:我等于去年十月,从准噶尔伊犁游牧地出发,来至叶尔羌过冬,雪融后才启程往这边来。我等听说,印度巴扎汗与伊朗巴扎汗互相交恶,并发生战争。我台吉噶尔丹策零特令我等假装经商,趁此机会,打探彼等哪方胜败后回来呈告。又说准噶尔人与哈萨克、土尔扈特及大国,如今俱已和好,毫无反目之项。去年曾将其一噶隆宰桑派至内地,回来后于八月以喇嘛绰萨克巴为首,带一千峰骆驼的驮子,派往西藏送布施,还改正说将一千峰骆驼的驮子派往内地。又说往藏地送布施之理由,特是因策妄阿喇布坦去世后,噶尔丹策零将其贼兵派至额尔德尼召等地,都没成功,且今在准噶尔游牧地之人,即使牲畜也多生病灾,为此除祈请大主子,送布施于西藏,做好事,以消除其所犯之孽外,祈求不要像以前那样发生军事征战等项,等语。再从准噶尔地方,以苏西伯克为首,带领八个帐篷五十人,紧接着也来到拉达克地方经商。并告称:准噶尔六千兵,前往哈萨克交战,准噶尔战败,对其众阿勒巴图等人,隐匿此次战败。并为在藏地诵经的使者,已从准噶尔游牧地出发。又为派使者请大主子安,正在准备带至内地贸易的一千峰骆驼的驮子,等语。只是准噶尔人甚是狡诈,阿海伯克、苏西伯克所言,难知其真伪,故请郡王尔当心,等语。如此来报。为此呈报大臣,等语。为此谨奏闻。

乾隆五年十月二十九日,所奉朱批谕旨:知道了,钦此。

乾隆五年九月十六日

正红满洲旗副都统　降两级留任　臣　纪山

军机大臣鄂尔泰奏将自准噶尔来投厄鲁特人安置在察哈尔地方折

乾隆五年十一月二十一日

大学士伯臣鄂尔泰等谨奏。为议奏事。讯问总督尹继善送来的准噶尔来投厄鲁特图鲁蒙克：尔等俱是投诚大国，以求承接天恩之人，将尔等驻在准噶尔地方时闻知的所有事情，俱如实告来，等语。对此供称：据抚养我的人告知，我原是土默特族，早先我小时交战之际被掳走，交给小策凌敦多布当阿勒巴图，等语。我今年四十九岁，娶妻生有一女儿，没有儿子。我妻病故后，将我女儿巴雅思呼朗，嫁给我一台吉的阿勒巴图达什为妻。我等俱曾游牧驻在珠勒都斯地方。我彼处的赋役甚是繁重，每年行军打仗，骨肉不得团聚，且又凑取无数物品，不堪忍受痛苦。据听人言论，大国之地甚好，故为承接天朝之恩，与我女婿达什及女儿巴雅思呼朗商量出逃。趁其出兵哈萨克之机，我谎称我身体有疮，想住汤泉，宰羊作口粮，带上腰刀，背上鸟枪，于七月二十一日逃出。准噶尔卡伦，置于伊勒布尔和硕及木垒两地，一处有十人。我等出逃时，卡伦人从后面追来，互相交战时，我女婿达什肩上受鸟枪之伤，由我带出来了。我本人在彼处时，听说准噶尔噶尔丹策零经祈请大主子，已协定边界，和睦友好，又允许派人到藏地熬茶，因此众人欣喜，并互相议论：今已变得太平，享受福德也，等语。因哈萨克派人杀害驻在喀喇塔拉的台吉西喇斯①，并掳掠一百五十人，故交给小策凌敦多布子曼济等人三万兵，前去征讨哈萨克，当时以我年老为由，没让从军。去年雪甚大，因出兵哈萨克，没来得及令派往西藏熬茶的人启程。准噶尔人每年都用兵哈萨克、布鲁特。与土尔扈特没有走动。与俄罗斯国仍旧互相贸易，等语。如此大体与告知提督李绳武②等的一样供述。据达什供称：我今年三十七岁，原是王色布腾旺布父亲阿喇布坦部人，阿喇布坦归顺天朝时，曾留下一半人，于是令我父母与被留下的

---

① 此处原文是"siras"。
② 此处原文是"lii šeng u"。

那帮人一起,作小策凌敦多布部人。今我父母都已去世,俱无姐妹。我父亲在世时曾言:阿喇布坦子王色布腾旺布那里,有我两个兄长,一名敦多布,一名登达里,等语。将图鲁蒙克女巴雅思呼朗嫁给我为妻,每年都出兵在外,不能在家生活。七月我身得病,故没从军,我与图鲁蒙克一起商量投奔这边,等语。他处俱与图鲁蒙克一样供述。讯问女巴雅思呼朗时供称:我是图鲁蒙克的女儿,我名巴雅思呼朗,今年二十六岁。我母早已去世,我父于四年前,将我嫁给达什为妻,等语。他处与达什一样供述。据查,此前来投的厄鲁特等内,若是带领子女来者,俱安插于察哈尔地方,编为额外护军,食用钱粮。每人赏给作家产的有带马驹的母马各十匹、有牛犊的奶牛各八头、母羊各三十只、蒙古包各一顶及牲畜繁殖前一年的钱粮。对没妻之人,各给配妻四十两价银。将此已入案。据此次来投的厄鲁特图鲁蒙克女婿达什供称,伊本人曾是色布腾旺布之父阿喇布坦属人,将伊父母与阿喇布坦投诚天朝时留下的那帮人一起留下,分给了小策凌敦多布,伊父母都已去世,当初伊父曾对伊说,伊两个兄长敦多布和登达里,俱在王色布腾旺布那里。虽是如此,唯阿喇布坦归顺年久,不仅难以查明达什两个兄长今是否还在,即使有叫敦多布和登达里的人,也不可立即相信达什之言而送往色布腾旺布游牧地。为此除向图鲁蒙克、达什、巴雅思呼朗,照此前来投的厄鲁特等人例,从商都、达布逊淖尔、太仆寺马群及牛羊群内,每人赏给作家产的有马驹的母马各十匹、有牛犊的奶牛各八头、母羊各三十只外,照例各给一顶蒙古包价银六两及牲畜繁殖前一年的钱粮。因图鲁蒙克没妻,故从该部支取配妻四十两银子给付。并委派领催,送至镶黄旗①察哈尔总管处,交给该总管关福等人,以使编为额外护军,食用钱粮安置。为此谨奏请旨。

乾隆五年十一月二十一日,所奉朱批谕旨:依议,钦此。著将此交付蒙古衙门办理。

---

① 此处原文无"gūsa"字样。

32

定边左副将军策凌奏闻由准噶尔来投厄鲁特罗卜藏口供并解送京师折

乾隆六年三月初八日

定边左副将军和硕超勇亲王固伦额驸臣策凌等谨奏。为奏闻事。署理总管驻守乌里雅苏台等地兵大臣印务参赞大臣都统塔勒玛善报称：委派三等侍卫穆尔泰，将驻扎托尔和乌兰卡伦三等侍卫土哈图所报准噶尔来投厄鲁特罗卜藏送往大营，等语。如此于乾隆六年二月三十日送来。于是臣我等讯问来投厄鲁特罗卜藏：尔是谁属人，是何族，游牧驻在哪里，多大岁，尔是否有父母兄弟，为何来投，如何脱出，等语。对此供称：罗卜藏我是宰桑噶布尊①鄂托克人，和硕特族，游牧驻在额敏地方，今年三十三岁。我母亲早已去世，父名钦达哈西，弟名策凌丹巴。今年正月，我对我父钦达哈西及我舅舅密克商量称：我等如此艰苦生活，何不如投奔大国，以求安逸生活，等语。对此彼等赞成我言，纠合与我同住一鄂托克的蒙克等人，还与早已被掳至准噶尔的喀尔喀咱雅班第达呼图克图沙毕纳尔旺布子咱雅及一女，大小共三十二口人一起商量后，对我彼地人谎称：居住此地，牲畜死于瘟疫，欲到游牧地边境的好地方驻扎牧养牲畜，等语。旋即于正月初三日，从游牧地迁出，往这边缓慢行走十多天，于十六日中午，来到察罕呼济尔地方后，从我等后面突然赶来二十余人，欲要逮捕我等。我等与其互相施放鸟枪，射击交战时，我舅舅密克及蒙克被鸟枪击中而死，将我父钦达哈西及其他人俱逮捕带回。我勉强逃出，往这边急行十几天，于二月十二日，来到此地卡伦，遂把我送到这边，等语。臣我等再审讯罗卜藏：尔已是丢下父亲及弟弟来投之人，如今彼地人生活怎样，有无往这边进兵之消息，卡伦置于何处，与哈萨克、布鲁特怎样，与俄罗斯、土尔扈特是否仍在互相往来，令将所有闻知之处，俱如实告来，等语。对此罗卜藏供称：彼地人，去年春下大雪时，牲畜多有损失，今大半艰苦生活。没有往这边进兵的消息。去年玛木特宰桑本人曾带领二百户兵，挺进至额

---

① 此处原文是"gabDZung"。

仁淖尔、额贝和硕地方驻扎卡伦。听说今年又增加五百兵,令驻在乌延齐①、博东齐地方。去年七月,出兵三万,伊犁路以小策凌敦多布为首,吹路以台吉色布腾为首,额尔齐斯路以噶尔丹策零子台吉拉玛达尔济等人为首,以驻防哈萨克。听说由台吉色布腾带领驻扎的一万兵内,五百卡伦兵,已被哈萨克打死,而其他军队,至今为止,仍预备驻扎在各自地方。与布鲁特、土尔扈特全无走动。与俄罗斯仍照前一样互相往来贸易。又我在彼处时,从我宰桑噶布尊②处听到,罗卜藏舒努曾行文噶尔丹策零称:我早就想带兵征尔,今请约定交战的时间地点,等语。今后我等彼此不得太平生活。不知真伪。宰桑哈柳去年回来后,噶尔丹策零即从伊下人凑取贡赋,欲派人进藏熬茶,不知为何推迟,至十一月为止仍未启程,不知这期间是否已出发。此外再毫无闻知之处,等语。为此臣我等向厄鲁特罗卜藏,照例赏给适时衣服一套及口粮,委派现已年满回返的蓝翎侍卫等级前锋倭依赫讷,乘驿解送京城。为此谨奏闻。

乾隆六年三月十六日,所奉朱批谕旨:知道了,钦此。著将此交付蒙古衙门。

乾隆六年三月初八日

定边左副将军　和硕超勇亲王　固伦额驸　臣　策凌

参赞大臣　都统　臣　阿岱

---

① 此处原文是"oyungci"。
② 此处原文是"gabDZung"。

军机大臣鄂尔泰奏请将由准噶尔脱回喇嘛勒克西特送交策凌安插折

乾隆六年四月初六日

  大学士伯臣鄂尔泰等谨奏。肃州委署总兵官黄正伟①差遣千总张桓②，送来自准噶尔地方出来的喀尔喀喇嘛勒克西特。讯问勒克西特时供称：我今年二十六岁，是喀尔喀车臣亲王额驸策凌属人，喇嘛罗卜藏西瓦的徒弟。我父名吹扎布，我母名特古勒德尔，我有三个妹妹，一名托尔尼，一名苏木雅，一名苏木济。雍正十年，准噶尔人掳掠额驸策凌的游牧人众时，叫曼济的厄鲁特人，将我父母、我三个妹妹及我，一并俱掳走。我父被掳后逃跑，现不知在何处。将我母亲与我拆散，带至伊犁西边的道劳地方，听说已去世。我大妹托尔尼，已给准噶尔台吉纳木喀属下西喇巴拉为妻，现亦已去世。我二妹苏木雅，不知被带到何处。我三妹苏木济，现于纳木喀家中为奴。曼济把我带到博克多地方后，彼处头人色布腾所属喇嘛班布尔，将我买去当徒弟。班布尔去世后，色布腾垂怜我是喇嘛，仍旧留下我，在彼处当喇嘛而行。我虽知我师父喇嘛罗卜藏西瓦已被掳至伊犁地方，然没能见面。前年宰桑哈柳带着我师父喇嘛，经过博克多地方时，才得一见。于是我师父喇嘛从色布腾索取我，色布腾言道：经我面告噶尔丹策零，随后若有派出之人，再交付差往，等语。去年趁色布腾前去征讨哈萨克之机，告明噶尔丹策零后，从色布腾家里给我一匹骑乘的马匹，交付前往西藏熬茶之人，将我带出。我在准噶尔地方居住九年，看其生计，不如我喀尔喀，没有牲畜之人，俱倚赖种地生活。去年霪雨，种的庄稼没怎么收获粮食，乞讨之人甚多。听说去年三月，准噶尔西喇斯台吉带一千兵前去攻打哈萨克，交战时败阵，西喇斯本人被哈萨克俘获，不知现是否还在。因台吉西喇斯带去的军队战败，故噶尔丹策零甚是恼怒，于是年八月，出兵三万，以台吉色布腾及小策凌敦多布子曼济为首，派出征讨哈

---

  ① 此处原文是"hūwang jeng wei"。
  ② 此处原文是"jang hūwan"。

萨克。按照彼处律例,没有牲畜之人从军后,从富人凑取牲畜,给与从军之人。因从有牲畜之人,凑取无数马畜,故我听到富人们抱怨,等语。他处大体尚与告知驻扎哈密提督李绳武等人一样供述。据查,此前将自准噶尔逃出喀尔喀蒙古等,俱乘驿送至故地,交给该扎萨克办理安置。将此已入案。兹因从准噶尔地方送来的喀尔喀喇嘛勒克西特是额驸策凌属人,故由该部交给押送咱雅班第达所属蒙古阿玉锡的领催,以使一并带去交给额驸策凌。为此谨奏请旨。

乾隆六年四月初六日上奏时,所奉朱批谕旨:正是,依议,钦此。著将此交付蒙古衙门,该办则办,应行则行。

定边左副将军策凌奏厄鲁特乌巴什来归审明解京折

乾隆六年六月二十四日

定边左副将军和硕超勇亲王固伦额驸臣策凌等谨奏。为奏闻事。总管防守乌里雅苏台等地兵参赞大臣都统阿岱报称：委派喀尔喀扎兰章京查丹，将驻扎图古里克卡伦三等侍卫呼费图所报准噶尔来投厄鲁特乌巴什送往大营，等语。如此于乾隆六年六月十七日送来。于是臣我等讯问厄鲁特乌巴什：尔是谁属人，是何族，游牧驻在何处，多大岁，尔是否有父母兄弟，为何来投，如何脱出，等语。对此供称：我是杜尔伯特达赖太师的阿勒巴图，郝木哈族，今年二十七岁，游牧驻在额尔齐斯河。我俱无父亲和兄弟，只有一孀母。从我祖父以来，到我父达尔扎为止，曾有六代任德木齐。我十七岁时，我父达尔扎去世后，我达赖太师以我岁数小，不能管人，暂时任命他人，俟长大后，再任命尔为由，曾任命我远族一叫莫洛的人为德木齐，至今也不让我接任德木齐职衔，且要派我至哈达青济勒地方驻扎卡伦。之后我对我台吉反复言道：今年我要娶妻，俟娶妻后再去，等语。但根本不允，责骂我，送至卡伦，又摊派重役，令我驻在扩展卡伦。对此我甚加愤恨，在彼处艰苦生活，且如此被人压迫，不如投奔大国，安逸生活。故于今年六月初一日，从哈达青济勒的扩展卡伦出来寻踪，骑乘一匹母马，往这边昼夜不停行走三天，来到此地卡伦，遂将我送到这边，等语。臣我等又审讯厄鲁特乌巴什：彼地人生活如何。有无往这边进兵之消息，于何处设置卡伦。与哈萨克、布鲁特是否仍在互相征战，与俄罗斯、土尔扈特怎样。尔已是年轻丢下尔孀母来投之人，将所有闻知之处，皆好好想想，据实告来，等语。对此供称：我达赖太师下面的四千余户人，尚稍可勉强生活，噶尔丹策零下人亦有生活穷困者，亦有将就度日的，有所不一。原先两国和好前，仍出兵三四千，曾于各处驻扎卡伦，今已接连撤去，于阿尔泰路，只在哈达青济勒地方，台吉色布腾带领五百兵设置卡伦。从此兵内，于四五个地点，驻扎扩展卡伦，我本人即曾在此卡伦。毫无往这边进兵之消息。听说去年哈萨克来战并掳掠，故于八月，噶尔丹策零出兵三万，以台吉曼济等人为首,派去征讨哈萨克。今年三月,抓来哈萨克首领台吉阿布赉苏勒丹后,噶尔丹策零曾对台吉曼济等人嘱咐称:令再调兵进征哈萨克,于五月前后,二次撤兵回来,等语。听说前去的军队,两次打败哈萨克后撤兵,不知今有何结局。与布鲁特、土尔扈特全无走动。又听说罗卜藏舒努前往俄罗斯国,于今年八月引兵,向噶尔丹策零寄来文书,约定要一决雌雄。不知真伪。此外再毫无其他闻知之处,等语。为此臣我等向厄鲁特乌巴什,照例赏给适时衣服一套及口粮,委派二等侍卫阿毕达,乘驿解送京城。为此谨奏闻。

乾隆六年七月初二日,所奉朱批谕旨:知道了,钦此。著将此交付蒙古衙门。

乾隆六年六月二十四日

定边左副将军　和硕超勇亲王　固伦额驸　臣　策凌

参赞大臣　都统　臣　塔勒玛善

参赞大臣　副都统　臣　阿兰泰

参赞大臣　副都统　臣　庆泰

35

定边左副将军策凌奏闻厄鲁特人孟克等自准噶尔来归询明原由解京折

乾隆六年七月十一日

定边左副将军和硕超勇亲王固伦额驸臣策凌等谨奏。为奏闻事。总管防守乌里雅苏台等地兵参赞大臣都统阿岱报称：委派喀尔喀扎兰章京赛音察克，已将接续南路卡伦驻扎的喀喇乌苏驿站扎萨克台吉车凌旺舒克旗下委署章京根敦所送准噶尔来投厄鲁特孟克送往大营。此外已派人前去寻找与孟克同来的因马匹疲惫而留下的博罗特，后报是否找到之处，等语。如此于乾隆六年七月初六日送来。于是臣我等讯问来投厄鲁特孟克：尔是谁属人，是何族，游牧驻在何处，多大岁，尔是否有父母兄弟，为何来投，如何脱出，等语。对此供称：我是宰桑固木扎布鄂托克人，土尔扈特族，今年三十七岁，游牧驻在库克乌苏地方。我父母都已去世，我兄弟四人，俱各自生活。去年秋哈萨克来战，已将我子妻俱掳走，我在彼处艰苦生活，不如投奔大国，安逸生活。为此纠合与我同住一处的回子族博罗特，于今年正月，我俩带上八匹马，谎称去看望亲戚，往这边缓慢牧养马匹，行走两个多月，于四月十五日来到驻在察罕布尔噶苏地方的乌梁海叫格杜格的人家中。我彼处杜尔伯特的三厄鲁特，亦来见乌梁海亲戚，遇见我等行逮捕时，我等告明我们生活艰难，不得衣食，以此诉求后，那三个厄鲁特牵走我们的三匹马，而将我等释放，并指路送之。我等往这边急行二十天，二十八日来到塔塔呼特里地方后，博罗特的马匹疲惫。我留下他，独自行走一天后，遇见此地人，遂将我送到这边，等语。臣我等又审讯来投厄鲁特孟克：彼地人生活怎样。有无往这边进兵之消息，卡伦置于何处。与哈萨克、布鲁特是否仍在互相征战，与俄罗斯、土尔扈特怎样。尔已是丢下尔兄弟，为求安逸生活而来投之人，令将所有闻知之处，俱如实告来，等语。对此供称：去年我彼处下大雪，牲畜多有损失，大半都艰苦生活。全无往这边进兵的消息。听说于阿尔泰方面，在鄂尔木格图①和库列图、索

---

① 此处原文是"oromektu"。

尔毕、哈布塔克和拜塔克等三地驻扎卡伦。每卡伦有一百余兵，在鄂尔木格图和库列图地方，以德木齐玛木特为首驻扎，其他两路卡伦，不知以谁为首驻扎。因此前哈萨克国来战掳掠，故于去年八月，噶尔丹策零出兵三万，以小策凌敦多布、噶尔丹策零子拉玛达尔济、曼济三人为首，派去征讨哈萨克。今年正月，捕获哈萨克首领台吉阿布赉苏勒丹送来后，噶尔丹策零下令再次调兵进攻，今不知结局如何。与布鲁特、土尔扈特全无走动。此外再毫无其他闻知之处，等语。接着参赞大臣阿岱找到厄鲁特博罗特，并差遣喀尔喀委署扎兰章京达什旺楚克，于七月初七日送来后，臣我等审讯厄鲁特博罗特：为何来投，如何脱出，彼地人生计如何，与哈萨克、布鲁特、土尔扈特、俄罗斯怎样，有无往这边进兵之消息，卡伦置于何处，是否有其他闻知之处，等语。对此供称：去年为从我地前往西藏熬茶，从我处殷实人家凑取银子和牲畜，从穷人酌情凑取物品，对此下人等真的互相悲痛抱怨。据闻，听到罗卜藏舒努带领俄罗斯和土尔扈特军队来战的消息后，噶尔丹策零出兵三万，其本人曾欲前往，后因罗卜藏舒努要来的消息是假的，故而停止。这期间不知有何结局，等语。他处俱与孟克一样供述。为此臣我等向来投厄鲁特孟克、博罗特，照例赏给适时衣服一套及口粮，交给换班回返的查看水草的布特哈拜堂阿布尔萨，乘驿解送京城。为此谨奏闻。

乾隆六年七月十八日，所奉朱批谕旨：知道了，钦此。

乾隆六年七月十一日

定边左副将军　和硕超勇亲王　固伦额驸　臣　策凌

参赞大臣　都统　臣　塔勒玛善

参赞大臣　副都统　臣　庆泰

著将此交付蒙古衙门。

定边左副将军策凌奏闻由准噶尔投诚之厄鲁特阿古萨拉等供词并解送京师折

乾隆六年九月二十日

定边左副将军和硕超勇亲王固伦额驸臣策凌等谨奏。为奏闻事。总管防守乌里雅苏台等地兵参赞大臣都统阿岱呈文来称：差遣蒙古扎兰章京索尔索，将托尔和乌兰卡伦所送厄鲁特阿古萨拉及赫果赍送往大营，等语。如此于九月十一日送来。于是臣我等讯问来投厄鲁特阿古萨拉：尔等为何来投，尔等是否有父母子妻，游牧驻在何处，是谁属下阿勒巴图，等语。对此供称：我等是准噶尔杜尔巴吉萨喇嘛尼尔巴、喇嘛默罗木藏布之阿勒巴图，和托辉特族，我等驻在的游牧地名是特克斯。我俩是亲兄弟，父亲已去世，有母亲和子妻。我母亲平日对我等言道：尔等之父亲，原来曾是和托辉特族，等语。为此我等心想：我等是大国和托辉特族人，在彼处当阿勒巴图，且不得衣食，艰苦生活，何不如来投大国，安逸生活，等语。故丢下母亲和子妻，带着五匹马和一支鸟枪，即从特克斯地方，于六月十七日逃出。一直在各处躲避行进，剩下两匹马，于八月二十七日来到此地卡伦，遂被送到这边，等语。臣我等又审讯阿古萨拉：尔等是我大国和托辉特族人，且又是为安逸生活而来之人，彼地人现生活怎样，有无往这边进兵之消息，卡伦置于哪些地方，与俄罗斯、土尔扈特怎样，与布鲁特、哈萨克是否仍在征战，再将所有闻知之处据实告来，等语。对此供称：在准噶尔地方，这几年因征讨哈萨克，下人等泰然生活者少，穷困生活者多。与俄罗斯、土尔扈特仍旧贸易而行。去年噶尔丹策零曾向哈萨克国派兵三万，今年掳来哈萨克首领阿布赉苏勒丹及三百余人，已撤回两万兵。噶尔丹策零子，今年十六岁，名叫拉玛达尔济，以他为首，曾将一万兵驻防在准噶尔西部边境。我等逃来时，听说亦已将此一万兵撤回，今不知撤回与否。全无往这边进兵之消息。据彼地人互相欣然言论：今我等遣使大国，已经和好，又派人在西地熬茶，今后可安逸生活也，等语。虽听说在哈布塔克、拜塔克等地设置卡伦，但不知由谁带领驻扎。此外再无其他闻知之处，等语。此人的弟弟赫果赍亦与阿古萨拉一样供述。为此臣我等向来投和托辉特族厄鲁特阿古萨拉、赫果赉,照例赏给口粮及适时衣服各一套,交给三等侍卫穆尔泰,乘驿解送京城。为此谨奏闻。

乾隆六年九月二十八日,所奉朱批谕旨:知道了,钦此。著将此交付蒙古衙门。

乾隆六年九月二十日

定边左副将军　和硕超勇亲王　固伦额驸　臣　策凌

参赞大臣　都统　臣　塔勒玛善

参赞大臣　副都统　臣　庆泰

驻藏大臣纪山奏报拉达克喇嘛噶津林沁等自准噶尔到藏安置于扎什伦布庙并所供准噶尔情形折

乾隆七年四月初八日

　　正红满洲旗副都统降二级留任臣纪山等谨奏。为奏闻自准噶尔所出拉达克国喇嘛噶津林沁供词消息事。据查，之前曾奏闻：除另行议奏拉达克汗德忠纳木扎尔妻布里特旺姆等讯问其喇嘛噶津林沁及送来此人的回子芒力依等的口供消息，以及将噶津林沁等人带至藏地，由臣纪山和郡王颇罗鼐会同从噶津林沁及其随从开始详细审讯准噶尔现今形势，并斟酌噶津林沁等人的情况安置在扎什伦布，倘若无碍，如何办理安置，小心防范，使其不得消息等事外，一面已指示颇罗鼐寄信拉达克哈屯等，令将噶津林沁等人送至藏地，等情。曾如此奏闻去取事。今拉达克哈屯等送来噶津林沁及其随从三人，于乾隆七年正月初七日到达藏地。于是臣纪山即与颇罗鼐会同讯问噶津林沁：尔是拉达克国人，如何在扎什伦布庙当喇嘛，后来又怎么前往准噶尔地方，今噶尔丹策零为何释放尔，尔定要居住我扎什伦布庙之意何在。再于准噶尔地方，尔居住甚年久，不会不知其彼处消息，准噶尔现在形势如何，令将尔所有闻知之处，俱如实告明，等语。对此告称：小的我是拉达克国人，自小在扎什伦布庙当喇嘛，曾在班禅额尔德尼居住的门下念经。准噶尔策凌敦多布占领藏地，请求班禅额尔德尼给其察噶图鄂托克卫征和硕齐扎勒布诺颜送一喇嘛后，班禅额尔德尼将我派出，前往扎勒布的游牧地。后来噶尔丹策零听说我是班禅额尔德尼的徒弟后，带至伊处居住。据我平时听闻，策妄阿喇布坦为抢占哈萨克土地当游牧地，前往哈萨克叫塔拉斯的地方游牧。未年五月初一日，因毒药而暴毙。噶尔丹策零已依次将策妄阿喇布坦近侍之人、策妄阿喇布坦小哈屯色特尔扎布及其子女，以及在准噶尔地方的色特尔扎布亲人俱处死。仅罗卜藏舒努，带领五人，投奔土尔扈特国。噶尔丹策零急忙移来旧游牧地，伊父之事满四十九天后，即以特垒为使，遣往内地。将跟随青海罗卜藏丹津前去准噶尔地方的一千余户人分给各处，并以亲密罗卜藏舒努为由，将罗卜藏丹津逮捕入狱。特垒回来，颁降曼珠舍利大主子赏赐噶尔丹策零的丹珠尔经及跳布扎的衣服等物品，以及要求押送罗卜藏丹津的谕旨时，噶尔丹策零再次以特垒为使，遣其将罗卜藏丹津送给大主子。特垒行至边境乌兰乌苏后，两名汉儿逃人逃来告称：内大将军已带兵至巴里坤，决定要征讨尔等，等语。于是特垒将两名汉人送往噶尔丹策零处，去告知此消息，是故噶尔丹策零召回罗卜藏丹津，只令特垒带六人，派往内地。特垒回来说巴里坤这里那里有内兵驻扎卡伦后，噶尔丹策零立即以小策凌敦多布、色布腾、卫征和硕齐扎勒布为首，领兵掳掠巴里坤卡伦及马畜。接着以二策凌敦多布及多尔济丹巴为首，带兵派往阿尔泰。包围雄勇将军交战时，雄勇将军自刎而死，还俘获一唐姓大夫，现于准噶尔地方，此大夫给噶尔丹策零把脉而行，噶尔丹策零不喝其药。在巴里坤、阿尔泰地方被俘去的内地人，俱被拆散分给各喇嘛及其较大人物，我尚且获得四人。从喀尔喀地方投奔准噶尔的贝子毛海兄弟两人所有的八百户阿勒巴图中，噶尔丹策零选取四百户阿勒巴图，交给了小策凌敦多布。丝毫没有优待巴济、达什达尔扎、墨尔根绰尔济喇嘛等人。对此准噶尔下人等互相议论：这些人背弃大汗之恩，来投我处，彼等自以为会变好，如今这般被拆散，特是彼等受罪之日已到，等语。如此无不嘲笑毛海等人。噶尔丹策零一连两次派兵俱已获益，故再以小策凌敦多布、多尔济丹巴、钢敦多布为首，为抢夺哲布尊丹巴呼图克图，摧毁喀尔喀等，而直接进抵额尔德尼召地方，与喀尔喀车臣王交战时，多尔济丹巴队伍的士兵俱被打死，多尔济丹巴受伤，出阿尔泰后死去，噶尔丹策零治罪钢敦多布，至今仍囚禁在回子地方。那时唯担心内兵进入彼地时，突然车臣王兵抵达其游牧地边境，掳掠图伯特鄂托克殷实人家，至噶尔丹策零游牧为止，俱已惊动。后来从内廷向准噶尔派遣使臣，其后互相往来遣使和好，故噶尔丹策零才请求大主子向藏地派人熬茶准行。好几次派遣哈柳为使时，大主子施恩优待哈柳，噶尔丹策零听到后，属实怀疑厌恶哈柳。噶尔丹策零有两个儿子，长子名拉玛达尔济，今年十六岁，次子名策旺多尔济纳木扎尔，九岁。未年噶尔丹策零以其长子拉玛达尔济为首，领兵派去征讨哈萨克时，又以哈柳善战为由调遣从征。噶津林沁我听到其熬茶消息后，想借此机会逃跑，因寄信给我哈屯，并转而请求噶尔丹策零，故才释放了我。我从准噶尔地方启程时，噶尔丹策零对我言道：今要将尔遣回故地，不可带走之前给尔的内地四人，亦不可带走我准噶尔人，尔人尔带去。到达拉达克国后，令打探我前去熬茶的使者抵达藏地的消息，尔本人再进藏，使者倘若不能抵达藏地，且尔轻率前往，对尔有何结局，亦未可料，请留意此处。请收取图伯特地方消息寄给我。我仍以回子芒力依为首，带四十人，由叶尔羌路，护送尔至拉达克地方。尔驻在拉达克地方,收取那边唐古忒地方消息之事,我倚赖尔。我此处一切事情,尔俱知矣,好坏请随便谈论,对我毫不要紧,等语。于是令我与芒力依一同出发。噶尔丹策零丝毫不像伊父策妄阿喇布坦那般暴虐,相貌温和,口齿伶俐,不好征战,爱好太平生活。此次为在藏地熬茶,已派三百人,此事丝毫不是谎言。如今为何没来召地,属实不知半途而返。准噶尔人甚是狡诈,返回游牧地后,会花言巧语地说没按其意成事之处。看得准噶尔现在情形,较大人物互相俱不和,下人等虽表面上因惧怕噶尔丹策零而顺从,然背后抱怨者多。彼地一连几年粮食无收,且冬天雪又大,故偷盗、乞讨而行者甚多。现管理准噶尔军事之人,是小策凌敦多布、色布腾、扎勒布、察罕,而在噶尔丹策零身边处理一切事务者,有叫巴图尔默德齐的人,因甚加仁慈此人,故亦听其言。噶尔丹策零次子策旺多尔济纳木扎尔,在巴图尔默德齐家中被养育照料。丑年噶尔丹策零曾普查过一次伊下面的民众,曾宣称能打仗的士兵有十万余名,后来从查兵数的人私下听得,真实数字只有近八万。今准噶尔为堵截内兵出去的巴里坤、阿尔泰路,及哈萨克、土尔扈特、布鲁特、俄罗斯等国,每年向各地派出两三千不等的军队,一队各以宰桑、台吉一人为首,换班驻防。因哈萨克部人众,故准噶尔稍有担心。再,之前隶属准噶尔的巴达克山、巴拉克、布哈拉等地,现属实俱被伊朗巴扎汗占领,此国力量甚大,准噶尔多有畏惧。再,位于准噶尔与俄罗斯边境接壤地方的盐湖,因双方民众互相争夺食盐,故俄罗斯与准噶尔亦不和。听说向印度巴扎汗,噶尔丹策零仍遣使而行。噶津林沁我今年已七十五岁,今得性命从魔鬼之地逃出,来至上曼珠舍利大主子佛界,死而无憾。毫无收取图伯特地方消息传给噶尔丹策零之心,倘若真有这般恶意,岂能告明噶尔丹策零嘱咐我收取传达消息之言耶。不管怎样,大臣等即可斟酌此事而知我心倾向何方。况且我从拉达克地方往这边来时,我哈屯教导小的我言道:上曼珠舍利大主子恩重,不分内外,一视同仁,尔到达藏地后,丝毫莫要隐匿准噶尔任何消息,俱如实告知钦差大臣及图伯特郡王,等语。为此将小的我所闻知的一切事情,俱已据实告明,等语。臣我等再追问噶津林沁:尔准噶尔现〔中间两行半字模糊不清〕是否有休养其兵力,甚加整饬后,突然偷偷派兵,来喀尔喀,侵害哈密回子,骚扰青海人,窥伺唐古忒地方之心。策凌敦多布是率领管辖军队之人,在额尔德尼召地方交战时,其兵大有损失,噶尔丹策零逮捕钢敦多布,囚禁至今,却因何不治罪为同一事务领兵而去的小策凌敦多布,是否另有何缘由。噶尔丹策零的两个儿子,人才俱怎样。是否仍在监禁罗卜藏丹津。再,尔之前曾向拉达克国哈屯等人告称尔本人是被策凌敦多布掳走的,今却又为何说是策凌敦多布请求班禅额尔德尼后将尔派至扎勒布游牧地的,尔在两地的口供互相不合。尔已从准噶尔地方逃出来到我佛界,故稍勿隐匿任何事情,俱老实告来,等语。对此告称:准噶尔地方,四面俱是敌人,每年征战于哈萨克等地,乃是其常事。噶尔丹策零为固防伊地,常年备兵而在,此事甚是属实。我在准噶尔地方时,噶尔丹策零虽友好恭顺,不违大主子之恩,无何用心喀尔喀、哈密、青海、图伯特地方之情形〔此处满文原件有重复〕,然噶尔丹策零花言巧语,精于算计,其存有何心思,实难揣测。在额尔德尼召大败而治罪钢敦多布的缘由在于伊没能管束大队兵马同行,起先丢弃逃跑,为此逮捕并终身监禁。以小策凌敦多布妥善管束剩余兵马回到原处为由,不仅没治罪,就连谴责亦没有。噶尔丹策零长子拉玛达尔济,人才聪慧精壮,众人皆称优秀。次子策旺多尔济纳木扎尔,今年才九岁,不知伊之优劣。将罗卜藏丹津,之前从特垒处召回后,与其妻及两个儿子一起,至今仍在监禁看守。再我于拉达克地方,对我哈屯等人告称是被策凌敦多布掳走,此事有一情由,那时准噶尔芒力依等人俱在彼处,故我斟酌我哈屯等人之问询,属实将所有事情慰止供述。先前我在班禅额尔德尼居住的房子门下念经,策凌敦多布请求班禅额尔德尼后,将我送至准噶尔扎勒布之游牧地等事,图伯特郡王俱知也,不妨问问。我今已来到佛界,难道真的会不思承接大汗主子之恩而隐匿不告实情乎,噶津林沁我已将所有闻知之事,俱已秉公告明,等语。据郡王颇罗鼐告称:噶津林沁在班禅额尔德尼居住的房子门下念经,后来策凌敦多布请求班禅额尔德尼,将伊送至准噶尔扎勒布游牧地之事,俱是属实,等语。讯问跟随噶津林沁而来的三人时,一人供称:我名巴珠,五十岁,唐古忒族,曾是先前跟随拉藏汗子噶尔丹丹津〔实为噶尔丹丹忠〕前往准噶尔地方的阿旺扎克巴的跟役。后来策妄阿喇布坦俱处死噶尔丹丹津及阿旺扎克巴等人后,我行乞于各地,遇见此喇嘛噶津林沁,以我是唐古忒族为由收取,当作跟役一直到现在为止,等语。一人供称:我名毕力克,二十六岁,哈萨克族。我五岁时,被准噶尔掳走后,喇嘛噶津林沁收买我,当作跟役,等语。一人供称:我名索诺木巴勒珠尔,十四岁,哈萨克族。我七岁时,被准噶尔掳掠,我诺颜卫征和硕齐扎勒布将我交给噶津林沁,如今当作沙弥行事,等语。据查,喇嘛噶津林沁甚是年老体弱,臣我等留心观察此人之相貌言行,丝毫没有怀疑之项,且俱如实告明伊所闻知的准噶尔所有消息。再跟随伊来的叫巴珠的人,身体残疾,如同痴呆,叫毕力克的人极其愚昧,沙弥索诺木巴勒珠尔是小孩,此辈俱不懂凡事。故拟将噶津林沁及其随从三人,一并安置在扎什伦布庙。虽无碍事,但亦不可怠慢,因此臣我秘密教导吩咐郡王颇罗鼐及班禅额尔德尼商卓特巴色古鼐:请差遣尔等甚加信赖的干练可靠之人,预谋不让察觉,暗中妥善防范,小心不使其得到任何消息,等语。此外据臣我详思,噶津林沁是拉达克国人,思念主子之喇嘛庙,从准噶尔地方出来,将此人安置于扎什伦布,使其感观圣主抚远之高厚仁意,倘若稍微赏办整装银,不仅噶津林沁感戴,拉达克国哈屯母子听后,亦会感戴圣主隆恩所至之处,今后收取准噶尔所有消息时,会更加鼓舞勉励而行。为此臣纪山从通事王成友①取五十两钱粮银,会同颇罗鼐,向噶津林沁晓示圣主仁恩赏给,并办理安置在了扎什伦布庙。除将赏给噶津林沁的五十两银,行文四川巡抚开销外,为此谨奏闻。

乾隆七年五月二十二日,所奉朱批谕旨:知道了,钦此。

乾隆七年四月初八日

---

① 此处原文是"wang ceng io"。

38

定边左副将军策凌奏厄鲁特人散津等自准噶尔来归派人解京折

乾隆七年七月初六日

定边左副将军和硕超勇亲王固伦额驸臣策凌等谨奏。为奏闻事。总管防守乌里雅苏台等地兵参赞大臣都统阿岱呈文来称：为呈报事。驻扎纳密尔沙扎海卡伦三等侍卫呼西布呈文报称：今年六月十三日，我卡伦瞭望踪影，发现六人身影，上前询问时告称，是准噶尔厄鲁特，此辈名散津、根敦扎布、松阿尔察克、鄂罗默泰、萨里松、布库沙拉，特来投诚。为此由我卡伦委派章京士兵，送往大臣兵营，等语。如此送来。旋即交给喀尔喀扎兰章京占巴拉等人，严加盼咐妥善送达而乘驿送往大营，等语。如此于乾隆七年六月二十八日，将准噶尔来投厄鲁特等送来。于是臣我等讯问来投厄鲁特散津：尔是谁属人，是何族，尔游牧驻在哪里，为何来投，尔岁数几何，尔是否有父母子妻，等语。对此供称：我是准噶尔台吉乌巴锡之阿勒巴图，土尔扈特族，我所驻的游牧在伊犁河这边的固鲁格克地方。我父母早已去世，没有子妻，今年三十六岁。来投的此根敦扎布，是我姐姐的儿子，松阿尔察克、鄂罗默泰、萨里松、布库沙拉，俱是根敦扎布的表侄。我等俱是准噶尔台吉乌巴锡之阿勒巴图，我等的家驻在一处。彼地赋役繁重，且我台吉乌巴锡不仁慈我等这般下人，不给衣食，痛苦至死，思如此不如投奔大国，安逸生活。故纠合我姐之子根敦扎布，及根敦扎布表侄松阿尔察克、鄂罗默泰、萨里松、布库沙拉，从游牧地偷取十匹马，夜里出发，路上遇见人后，借口说是寻找丢失马匹而逃出。行走二十多天，来到准噶尔乌梁海之地，行粮断绝。于是让萨里松等人看管我等骑乘的马匹，放养在草原上，根敦扎布、松阿尔察克我三人，步行翻山打猎，用鸟枪击中一头熊，寻找踪迹期间，天黑后下山去营地看得，我等的同伴及骑乘的马匹都不见了。夜里一直呼唤寻找而遇见萨里松等人后，萨里松等人言道：看管的我等马匹和鞍子、辔头、锅、火撑，一并俱被乌梁海抢走，等语。故而才得知。于是我六人步行进入其踪迹，行走六天，又发现乌梁海游牧后，隐匿于山巅，夜里偷取十二匹马，光背骑乘，逃往这边。行走五天，来到此地卡伦，遂将我等送来，等语。再审讯散津：尔等是特为安逸生活而来投大国之人，彼地人生活怎样，有无往这边进兵之消息,是否与哈萨克、布鲁特仍在征战,令将彼处所有闻知之事据实告来,等语。对此供称:前年准噶尔向哈萨克派兵三万,去年五月,从哈萨克掳来叫阿布赉苏勒丹的首领及其许多下人。今哈萨克来使,准噶尔亦曾遣使哈萨克,尚未回来。今年我等逃出时,听说准噶尔又出兵两万,派去征讨阿布达克科勒姆之地方。全无往这边进兵的消息。彼地人倚赖种地生活者多,且因年年行军打仗,少有殷实之人。再据听闻,前年从准噶尔地方遣使,为请求大主子在藏地熬茶事,曾派遣宰桑齐默特及喇嘛多岳特。去年彼等回到游牧地,对噶尔丹策零告称:我等到达东科尔地方,大国之人将我等遣返,等语。对此与其一同前去的副使巴雅思呼朗及多尔济两人,对噶尔丹策零控诉称:大国之人丝毫没遣返我等,我等到达东科尔地方后,宰桑齐默特及喇嘛多岳特不愿前往藏地,故而没去。我等敦促仍旧前往时,彼等执意不肯,还呵斥赶出我等,彼等因此回来,等语。为此我宰桑等核实此事时,噶尔丹策零言道:令核实遣使大国之事,倘若大国之人遣返齐默特等,该如何是好,倘若没有遣返,而是彼等擅自放弃回来,则要治罪齐默特等人,等语。如此裁定。并以宰桑吹纳木喀等人为使派遣后,将带至藏地之马驼,送往额仁哈毕尔噶养膘,亦曾凑取携带的银子器物。我等出来时,吹纳木喀仍未回来。此外再毫无闻知之处,等语。据一同来投的厄鲁特根敦扎布供称:我是土尔扈特族,今年三十五岁,我父母已去世,没有子妻兄弟。此次来投的散津是我舅舅,松阿尔察克、萨里松、鄂罗默泰、布库沙拉,俱是我姐之子,我等的游牧驻在一处。平日听说,归顺大国之人安逸生活,故纠合我舅舅散津,带着姐姐之子松阿尔察克等人,逃往这边来投,等语。据松阿尔察克供称:我亦是土尔扈特族,今年二十三岁,我父母早已去世,没有子妻。散津是我母亲的舅舅,根敦扎布是我舅舅,萨里松、鄂罗默泰、布库沙拉是我胞弟,我等甚小时父母俱已去世,故跟着我老祖母生活。不得衣食,且彼地赋役繁重,因不堪忍受痛苦,故带着我三个弟弟,跟着散津来投大国。我等俱年少,毫无闻知之事,等语。鄂罗默泰供称:我今年二十二岁,等语。萨里松供称:我今年二十一岁,等语。布库沙拉供称:我今年十七岁,等语。他处与松阿尔察克一样供述。为此臣我等向来投厄鲁特散津、根敦扎布、松阿尔察克、萨里松、鄂罗默泰、布库沙拉,照例赏给口粮及适时衣服各一套,委派查看水草的二等侍卫阿毕达,乘驿解送京城。为此谨奏闻。

乾隆七年七月十四日,所奉朱批谕旨:知道了,钦此。著交付蒙古衙门。

乾隆七年七月初六日

定边左副将军　和硕超勇亲王　固伦额驸　臣　策凌

参赞大臣　都统　臣　塔勒玛善

参赞大臣　副都统　臣　庆泰

乾隆朝

定边左副将军策凌奏将自准噶尔脱回跟役拉齐赖及来投厄鲁特都噶尔解京折

乾隆七年七月十九日

定边左副将军和硕超勇亲王固伦额驸臣策凌等谨奏。为奏闻事。总管防守乌里雅苏台等地兵参赞大臣都统臣阿岱呈文报称：驻扎中路博托和尼和罗卡伦骁骑校哈塔拉，于七月初七日送来自准噶尔脱出黑龙江墨尔根城正蓝旗①阿里玛佐领下披甲拉齐赖及来投厄鲁特都噶尔。为此由我处立即交给喀尔喀章京宝特巴送往大营，等语。如此于七月十日送来。于是臣我等讯问脱出的披甲拉齐赖：尔是何旗谁佐领之人，尔是否有父母子妻，今年岁数几何，从军哪一队伍，如何被准噶尔俘获，令将此告来，等语。对此告称：我是黑龙江墨尔根城正蓝旗②阿里玛佐领之人，雍正七年曾跟随我父披甲博里尔图，作为跟役，从军副都统塔勒岱队伍。在军营将我收为披甲后，九年九月为替换卡伦人，我等到达布延图卡伦，第五天几千准噶尔厄鲁特突来包围卡伦，我卡伦四十人内许多都已阵亡，拉齐赖我背部和左脚受箭伤而被俘走。将我带至和伯克赛尔地方，交给叫笋都克巴的人。我在彼处难以忍耐，且想念父母，故于夜里偷取两匹马，往这边逃跑十五天，又被其人抓获，带回去后，将我往死里鞭打一阵，并割掉了耳朵，其后虽想逃跑，但不得机会，没办法在彼处住了十二年。今年我平素认识的一厄鲁特，名都噶尔，闲谈之际我对伊言归顺大国之人安逸生活之事时，都噶尔甚是愿意，故我等一同带上鸟枪撒袋，夜里偷取七匹马后逃出。路上还遇见哈萨克国叫托克托的一人，亦愿意前来，故带上伊往这边来。到达和通敖包地方后，八人从后面来追。于是我等受困，与其死战时，都噶尔击倒其一人，我亦射中其一人后逃跑。交战当时，我所牵四匹马被抢，因同来的托克托所骑的马匹不好，故亦被抓。我等剩下两匹马，行走三天，于本月初一日来到卡伦地方，等语。再讯问拉

---

① 此处原文无"gūsa"字样。
② 此处原文无"gūsa"字样。

齐赖:尔是我国旗人,居住准噶尔好几年后逃出,彼地人生活怎样,可有往这边进兵之消息否,卡伦置于哪些地方,令将所有闻知之处俱告来,等语。对此告称:彼地人穷困生活者多,没有往这边进兵之消息。今年噶尔丹策零向阿布达克科勒姆、巴达克山等回子地方派兵。每年在这方边境的青济勒等地,五百兵轮流驻扎卡伦。此外再毫无闻知之处,等语。讯问来投厄鲁特都噶尔:尔游牧在何处,是谁属下阿勒巴图,是何族,为何来投,尔是否有父母子妻,等语。对此供称:我游牧地名和伯克赛尔,是宰桑德齐特鄂托克人,今年二十四岁,土尔扈特族,是单身,我仅有妻。彼地赋役繁重,且无生活家产,艰苦而行。我听拉齐赖说,归顺大国之人,安逸生活。是故丢下我妻,一同逃出来投,等语。再讯问都噶尔:尔特为承接大国之恩安逸生活而弃妻来投,彼地人生活如何,可有往这边进兵之消息否,卡伦置于何处,再若有何其他闻知之处,令据实告来,等语。对此供称:因彼处年年行军打仗,故殷实之人甚稀少。没有往这边进兵之消息。听说今年噶尔丹策零向阿布达克科勒姆、巴达克山等地派兵三万。在这方边境,玛木特宰桑带领五百兵,在哈布塔克、拜塔克周围地方驻扎卡伦。又为在西藏熬茶,跟着准噶尔所遣的齐默特宰桑等去的我鄂托克叫布鲁特的人,去年回到游牧地,询问为何没到藏地的情由时,彼言道,被大国之人遣返。还听说噶尔丹策零为核实遣返熬茶之人的情由,将吹纳木喀任命为使者派遣,我逃出时,使者吹纳木喀尚未回来。此外再毫无闻知之处,等语。为此臣我等向脱出的拉齐赖及来投厄鲁特都噶尔,照例赏给口粮及适时衣服各一套,委派查看水草的蓝翎侍卫佛保,乘驿解送京城。为此谨奏闻。

乾隆七年七月二十六日,所奉朱批谕旨:知道了,钦此。

乾隆七年七月十九日

定边左副将军　和硕超勇亲王　固伦额驸　臣　策凌

参赞大臣　都统　臣　塔勒玛善

参赞大臣　副都统　臣　庆泰

著将此俱交付兵部及理藩院。

乾隆朝

定边左副将军策凌奏厄鲁特散都布等自准噶尔来归请示安置何处折

乾隆七年七月十九日

定边左副将军和硕超勇亲王固伦额驸臣策凌等谨奏。为奏闻事。总管防守乌里雅苏台等地兵参赞大臣都统臣阿岱呈文报称：已送来驻扎南路巴济卡伦骁骑校卓灵阿所报准噶尔来投厄鲁特卓特巴夫妇及其大儿子巴郎、一女儿，散都布夫妇及其一男孩、三女儿，托克托木夫妇，卓特巴兄长之子达赖，共十三口人。旋由我处为妥善送达而交给喀尔喀扎兰章京博尔多诺送往大营，等语。如此于乾隆七年七月十一日送来。于是臣我等讯问来投十三口厄鲁特中领头的散都布：尔是谁属下阿勒巴图，是何族，尔游牧驻在何处，尔岁数几何，为何来投，令将此据实告来，等语。对此供称：我是准噶尔小策凌敦多布属下阿勒巴图，厄鲁特族，今年四十二岁，我游牧驻在塔里木、海都地方。先前曾近侍小策凌敦多布，制造鸟枪，制造火药而行，后来准噶尔人与哈通呼尔玛人发生战争，我亦曾参加此次出兵，从战场掳来四个女子。回到游牧地后，小策凌敦多布言道：令尔将四个战俘给我，我另外给尔东西，等语。我心里想，伊说给另外东西也，想必会给东西吧，于是将四个战俘俱给予，然其后丝毫没给东西。接着戌年准噶尔人来巴里坤那次，小策凌敦多布又听旁人之言，以我蒙混事务为由，令停止近侍，轻视疏远，反而宠爱原为家奴之人。前年小策凌敦多布以身体年老为由分家时，伊五个儿子内，以第三子达什达瓦人才优秀为由，从阿勒巴图内分给两千余户。其他四个儿子，每人只分给二三百户左右的人户。将我等这一户人，作为达什达瓦的份额给予后，达什达瓦丝毫不管人才优劣，有无能力，且不堪忍受从下人征收贡赋，加以虐待。与其平白无故被这般折磨致死，不如归顺大国安逸生活，故早早一直存有此意。今年四月，唤来我弟托克托木及巴郎，夜里进入达什达瓦的驼群，偷来十四峰骆驼后，带上我年老的叔叔、婶婶、弟弟、子妻等，经由无水戈壁，行进五天。期间突然看见后面出现六个人的身影，以为定是来追之人而我兄弟三人赶紧给鸟枪装填火药和弹丸时，六人到来先放鸟枪，看得是放牧达什达瓦骆驼的长

357

官塔尔巴等六人,故我等亦放鸟枪,开始交战。战斗时,我脚受一鸟枪之伤。我等施放鸟枪,击倒其一峰骆驼,故彼等丢弃骆驼而返。我取驼肉当行粮,往这边行走一天,因伤口发炎,故在途中歇宿三天。从歇息的地方,缓慢行走七天后,遇见此处巴济卡伦之人,遂将我等送到这边,等语。再讯问散都布:尔特是为归顺大国安逸生活而带妻孥来投,彼地人生活如何,可有往这边进兵之消息否,与哈萨克、布鲁特是否仍在征战,令将所有闻知之处据实告来,等语。对此供称:彼处年年行军打仗,且加紧凑取贡赋,故下人穷困生活者多。没有往这边进兵之消息。去年曾向哈萨克派兵三万,秋天即撤回,今只出兵三千驻防。今年春,向巴达克山派兵一万,向阿布达克科勒姆派兵一万。这方边境,只差几百兵驻扎卡伦。又据听闻,为在藏地熬茶,准噶尔曾派出宰桑齐默特等人。去年齐默特等人回到游牧地告称:大国之人遣返彼等,丝毫没让进藏,等语。对此噶尔丹策零特为核实遣返情由,以吹纳木喀为使派去,并约定今年五月十五日回到游牧地。我等逃出时,吹纳木喀尚未回来。还听说,小策凌敦多布给其五个儿子析产后,又以达什达瓦不牵挂伊为由,取回曾经给予的阿勒巴图。于是达什达瓦言道:尔可否反复取回已在众人面前分给我的阿勒巴图乎,等语。以此为由,没给阿勒巴图。因此其父子俩互相交恶,而向噶尔丹策零控诉,噶尔丹策零只让达什达瓦放出几户阿勒巴图,却丝毫没指责达什达瓦,于是小策凌敦多布甚加愤恨。此外再毫无听闻之处,等语。讯问散都布叔叔卓特巴、弟弟托克托木、巴郎、达赖等人时,亦与散都布一样供述。据臣我等查得,此前来投厄鲁特等人内,若有携带子女前来者,办理安置于察哈尔地方。今向准噶尔来投厄鲁特散都布等十三口男女,臣我等照例赏给口粮及衣服各一套。此外厄鲁特等内因卓特巴年老且两眼失明,散都布脚有鸟枪伤,达赖在途中坠马,此辈俱不可急行,故将厄鲁特巴郎搭配给解送脱出的索伦拉齐赖及来投厄鲁特都噶尔的蓝翎侍卫佛保,乘驿解送京城,以备讯问,而将其余十二口老少男女,暂时留在此处,治疗散都布鸟枪伤及达赖坠马损伤,等痊愈时,将此辈或送察哈尔旗,或送京城之处,俟降旨后,臣我等派人解送。为此谨奏闻请旨。

乾隆七年七月二十六日,所奉朱批谕旨:著军机大臣等议奏,钦此。

乾隆七年七月十九日

  定边左副将军 和硕超勇亲王 固伦额驸 臣 策凌

  参赞大臣 都统 臣 塔勒玛善

  参赞大臣 副都统 臣 庆泰

乾隆朝

定边左副将军策凌奏厄鲁特巴图尔等自准噶尔来归派人解京折

乾隆七年八月十九日

定边左副将军和硕超勇亲王固伦额驸臣策凌等谨奏。为奏闻事。总管防守乌里雅苏台等地兵参赞大臣都统臣阿岱呈文来称：为呈报事。据驻扎布延图卡伦三等侍卫博森特依呈报：我卡伦瞭望踪影之兵发现三人踪影而来告后，立即上前迎接讯问时，说是来投厄鲁特，名巴图尔、恩克、济勒济尔。为此送往臣我营，等语。如此送来后，旋即为妥善送达，交给查看水草的布特哈拜堂阿景角，乘驿送往大营，等语。如此于乾隆七年八月初七日送来。于是臣我等讯问来投厄鲁特巴图尔：尔是谁属人，是何族，尔游牧驻在何处，今年岁数几何，尔是否有父母子妻，为何来投，凡事据实告来，等语。对此供称：我是准噶尔宰桑蒙克博罗特鄂托克人，厄鲁特族，我所驻游牧地名是额敏之塔尔巴哈台，我今年三十七岁，我父亲早已去世，有一老母，此次来投的恩克是我胞弟，济勒济尔是我儿子。准噶尔地方赋役繁重，且不堪忍受痛苦，我等这般人，即使稍有马畜，亦不由自主。思在彼处白白艰苦生活，不如归顺大国安逸度日。与我同驻一处的克什克图、吹恩丕勒、丹津，平时亦曾有归顺大国之意。是故我与彼等商量后，曾打算带上妻孥，一同来投。没成想，丹津和吹恩丕勒喝醉酒后，向他人泄露了逃跑之事，因此我宰桑集结鄂托克人，欲要逮捕我等。克什克图向我告知此事后，我一时甚是惊惶，唤来我弟恩克及我子济勒济尔，从附近马群偷取十匹马，光背骑乘，往这边逃出，没来得及带上我母亲和子妻。我等于六月初九日从游牧地出发，只找无人之地，躲避而行，故亦没看见追赶之人。急行二十多天，来到乌梁海之地后，我等骑乘的马匹俱已疲惫。于是我等夜里进入乌梁海游牧地，偷取七匹马骑乘，往这边行进五天五夜，到达此地布延图卡伦，遂将我等送来，等语。再审讯巴图尔：尔是特为承恩安逸生活而来投之人，彼地人生活如何，可有往这边进兵的消息否，是否与哈萨克、布鲁特仍在征战，令将所有闻知之事据实告来，等语。对此供称：彼地赋役繁重，且这几年牲畜仍有瘟疫，故殷实之人少，只倚赖种地生活。没有往这边进兵之消息,只派出几百兵,在奇兰①、库列图等地设置卡伦。因向我准噶尔人,哈萨克地方年年发动战争,故曾于前年派兵三万,从哈萨克抓来一叫阿布赉苏勒丹的人。今年春准噶尔又出兵八千,在那方边境驻防哈萨克。四月又曾向阿布达克科勒姆、巴达克山地方出兵三万,以噶尔丹策零子拉玛达尔济、博第木尔子色布腾、小策凌敦多布为首派去,尚未返回。再据听闻,前年噶尔丹策零请求大主子后,为在西藏熬茶,曾遣去宰桑齐默特及喇嘛多岳特等人。其后齐默特等人回到游牧地,向噶尔丹策零告称:彼等到达东科尔地方后,大国之人阻拦彼等,没遣往那边。亦想低价购买带去的货物,故而没去,返回来了,等语。对此一同前去的察衮宰桑下面一人,不知其名,向噶尔丹策零控诉道:大国之人丝毫没有遣返我等,齐默特等人不愿前往藏地,故而返回来了,等语。其后噶尔丹策零甚是谴责齐默特等人,为决意审明此事,将齐默特交给察衮宰桑,再为核实真情,以吹纳木喀为使遣往大国。我等逃出时,吹纳木喀尚未回到游牧地。这期间又为准备进藏,向每户摊派一两银子,凑取相应物品,送往噶尔丹策零处。听说亦已预备带至藏地的驼马。此外再毫无闻知之处,等语。一同来投的此人弟弟恩克,亦与巴图尔一样供述。巴图尔子济勒济尔,今年十二岁,供称不懂事。为此臣我等向来投厄鲁特巴图尔、恩克、济勒济尔,照例赏给口粮及适时衣服各一套,委派查看水草的布特哈拜堂阿景角,乘驿解送京城。为此谨奏闻。

乾隆七年八月二十六日,所奉朱批谕旨:知道了,钦此。

乾隆七年八月十九日

定边左副将军　和硕超勇亲王　固伦额驸　臣　策凌

参赞大臣　都统　臣　塔勒玛善

参赞大臣　副都统　臣　庆泰

著将此交付蒙古衙门。

---

① 此处原文是"kirang"。

军机大臣鄂尔泰奏将自准噶尔脱回之和硕特达尔济等送回原籍安置折

乾隆七年十二月初四日

　　大学士领侍卫内大臣伯臣鄂尔泰等谨奏。为请旨事。定边左副将军额驸策凌等曾奏称：驻防乌里雅苏台等地参赞大臣阿岱送来与妻孥一起从准噶尔来投的厄鲁特达尔济等一家十六口人。臣我等从领头而来的厄鲁特达尔济等人讯问口供，并向其十六口人，照例赏给适时衣服各一套，同时为将厄鲁特达尔济预备讯问，交给二等侍卫珠万图，乘驿解送京城。此外据查，之前将脱出之人俱送往各自故地，现据达尔济等人的口供，彼等是纳木喀巴勒拉姆津巴子翁古柴苏木人，然翁古柴之现居所，我处已无证可查，且此辈有妻孥，今正逢寒冬，不能立即送往，为此酌情给此辈妻孥口粮，暂留此处，而将此辈送往何地之处，俟降旨后，明年春臣我等即差人，拟由乌拉送往，等语。如此上奏时，所奉谕旨：著军机大臣等议奏，钦此钦遵，兹额驸策凌等处已将脱出的厄鲁特达尔济送来。于是臣我等讯问达尔济时供称：今年四十三岁，我并非准噶尔人，原曾是青海车臣汗属人，和硕特族。先前纳木喀巴勒拉姆津巴，带着我等一群人来归时，圣主施加重恩，将我等安置在阿拉善地方，曾居住在额驸阿宝旗附近。我本人先前曾跟随纳木喀巴勒拉姆津巴子翁古柴兄吹拉克，在巴里坤军中行走十二年。后来将我等并入辉特公巴济旗内，曾驻在萨克萨图古里克地方。因任命翁古柴为苏木章京，故连接阿济卡伦，在喀喇木泰地方，为与妻孥一起去置包衣卡伦，曾将我一家兄弟七人，带上我父母子妻，一并差遣驻扎。雍正九年，准噶尔军队在和通呼尔哈交战并向内进犯那次，贼兵突来，俱将我等抓走，其后交给驻在伊犁河的宰桑巴图蒙克鄂托克。我等在彼处居住三年，我三个弟弟哈什哈、扎木扬、巴郎及三准噶尔共六人，曾从战场逃跑，往这边逃出，不知是否到来。我等本人曾在准噶尔地方十二年，虽思圣主之恩而想逃跑，然其防范严紧，故一直未能逃脱。去年五月，带着我兄弟母子，逃至乌隆古地方，遭遇厄鲁特卡伦兵被捕，后送至噶尔丹策零处，将我等刑讯逼供时，我等供称：我等想念出生地而逃跑，毫无他情，等语。故将我等鞭笞一阵后，仍交给宰桑巴图蒙克安置。今年六月二十日夜里，我等兄弟四人及母亲子妻，一同带着六峰骆驼、四十八匹马，经由诺敏戈壁，往这边逃来。途中三十四匹马疲惫而留下，骑乘剩余的马匹，丝毫没有遭遇准噶尔人，径直来到此地卡伦，遂将我等送来，等语。于此详讯达尔济：尔原是我大国之人，思主子重恩逃脱而来，尔兄弟实为几个，将彼处所有闻知之处据实告来，等语。对此供称：我等兄弟曾有七个，哈什哈、扎木扬、巴郎，前曾逃出，不知是否已到此地。现我母亲已七十二岁，我妻及一男孩，我弟彭苏克及其妻、一男孩、一女孩，弟伊勒济楞及其妻、四男孩、一女孩，弟赛音察克无子妻。再准噶尔人向来生活一般，再加上连年行军打仗，凑取的贡赋甚重，故穷人多，大半都倚赖种地生活。每年进兵哈萨克、布鲁特，丝毫不获紧要之物，今年又已派去两万兵，尚未回来。与俄罗斯，之前曾照旧互相贸易而行，听说去年准噶尔前去贸易之人，被禁止进入俄罗斯边界，故而回来。与土尔扈特人，彼此不走动，故不知怎样。全无往这边进兵之消息。去年派往西藏之人已回，故为再次派人而以吹纳木喀为使，遣去请求大汗。吹纳木喀一回来，准备马上派往西藏，见过为此凑取物品。此外再毫无其他闻知之处，等语。他处仍与在兵营时的口供一样供述。据查，原曾将达尔罕吹拉克及其弟苏木章京翁古柴等人，安置并入辉特公巴济旗。雍正九年，准噶尔贼至巴济游牧地，翁古柴苏木一百户人，被掳走五十余户。余下之人，由翁古柴带领，躲避至阿拉善地方。此事经总督查郎阿奏闻后，由臣我等议论，办给翁古柴等人家产牲畜及口粮，安置并入额驸阿宝旗之阿拉善等地。现据脱出的达尔济告称：其翁古柴苏木之人，雍正九年去置包衣卡伦时，彼兄弟七人，与父母妻孥一起俱被贼俘走。后来其三个弟弟，哈什哈、扎木扬、巴郎，与准噶尔三人一起逃出，等语。据查，雍正十二年大将军平王所送脱出厄鲁特敦多克等六人内，有叫哈什哈、扎木扬、巴郎的三人。讯问哈什哈等人时供称：我等是被并入辉特公巴济旗内的达尔罕纳木喀巴勒拉姆津巴一族子嗣，准噶尔贼至，我族苏木章京翁古柴等人脱出，我等没来得及躲避，被贼俘获。我兄弟七人，此达尔济、彭苏克、伊勒济楞是我兄长，赛音察克属实是我弟。哈什哈、扎木扬、巴郎，为仰慕主子仁化，承接重恩而先行来投，等语。那时因正有战事，故经臣我等议论，奏称将哈什哈等人并入京城旗分，食用披甲钱粮，赏给妻室等项办理安置，以此安置并入于镶白蒙古旗。将此已入案。兹达尔济之所称，与此前脱出的哈什哈等人言辞吻合，故属实是苏木章京翁古柴属人。只是将哈什哈等三人留在京城，配给妻室，安户立产已年久，故毋庸议外，拟将现已来投的达尔济等人，仍照前脱出人例，回送至故地办理安置。交给该部，委派一领催，将达尔济乘驿送往驻扎宁夏办理蒙民事务理事官聊智处,与伊族人团聚,并交给苏木章京翁古柴等人,以使妥善看管安置。而将现在兵营的达尔济等人妻孥,由额驸策凌等处,于明年草青时差人,从彼处送往伊原游牧阿拉善等地交付。此辈俱从准噶尔地方脱出,毫无生活家产,故由聊智处吩咐该旗苏木,不致失业,酌情办理,仍令时时查看。为此谨奏请旨。

乾隆七年十二月初四日上奏时,所奉谕旨:依议,钦此。

著将此交付蒙古衙门办理,额驸策凌及理应行文处,令俱行文。

定边左副将军策凌奏厄鲁特巴图博罗特等自准噶尔来归派人解京折

乾隆八年三月十二日

　　定边左副将军和硕超勇亲王固伦额驸臣策凌等谨奏。为奏闻事。署总管防守乌里雅苏台等地兵大臣印务参赞大臣副都统庆泰呈文报称：塔巴喀依布拉克卡伦前锋爱隆阿报称：二月十九日，我卡伦驻扎塔布图的兵丁带来一准噶尔来投男子巴图博罗特及其妻赛音伯勒克，旋即送往臣营，等语。如此于二月二十九日送来。于是由我处讯问：尔名甚，是何族，年岁几何，是谁属下，所驻游牧地名是何，为何来投，等处。对此供称：我名巴图博罗特，此女是我妻赛音伯勒克，我等是土尔扈特族，我三十七岁，我妻二十五岁，我等所驻游牧地名沙喇壁勒，我是宰桑察衮属下。我处赋役繁重，不得衣食，全然不堪忍受艰苦生活，故为承接大圣主重恩而来投，等语。再讯问：尔何时逃出，尔曾驻在乌梁海何人处，等语。对此供称：我曾驻在乌梁海宰桑郝少迈附近，等语。于是讯问：尔曾驻在郝少迈处，今年正月二十四日，郝少迈在卡伦附近狩猎而行之事，尔可知否，等语。对此供称：我前年既已逃出，驻在了乌梁海博仁地方，乌梁海宰桑曾驻在此辈游牧地。去年十二月二十四日，噶尔丹策零差遣德木齐亚曼及甘达里，将盖有红印的文书交付郝少迈，由郝少迈携带。除驻在阿尔泰周围森林中的明阿特氏族二百六十六户外，从我地逃跑并在彼处糊口度日者甚多。吩咐郝少迈：尔领二百五十人，以狩猎为名，将此辈人等，俱查拿带回，等语。郝少迈曾于正月十六日，带其乌梁海二百四十六人，来往这边打猎。来到西博尔沙扎海，遇见大汗卡伦侍卫询问时，郝少迈告称：今双方已和好，我等来打我所献贡的貂等皮物，并与卡伦侍卫互相交换礼物，来友好离别，等语。郝少迈于此二月初二日返回。听说现要将留在乌梁海处的逃人查拿遣返后，我立即偷偷逃出，昼伏夜行，行走三夜，碰到塔巴喀依布拉克卡伦，遂将我送到这边，等语。再讯问：噶尔丹策零为何又开始这般防范，彼处可有往这边来兵之消息否，等语。对此供称：我前年即来乌梁海地方，据我闲听，噶尔丹策零因宰桑齐默特回去之事，觉得大汗情形稍有不顺。还听说，去年大汗出兵来战噶尔丹策零。我彼处乌梁海等,俱曾寻找好水草,躲避至险峻之地驻扎。听说那时噶尔丹策零曾想备兵。因阿布达克科勒姆人言语强硬,故那般出一万五千兵,以小策凌敦多布子达瓦齐为首,先行派去,今年听说此兵被阿布达克科勒姆打败。派往巴达克山的一万五千兵,以郝陶劳为首,今毫无消息。又听说,噶尔丹策零约定吹纳木喀于正月十五日前回来。现噶尔丹策零本人带领三千兵,为在巴里坤附近的博克多、额仁哈毕尔噶打猎,而于今年正月十六日出发前往。此外不知他事,等语。查得,巴图博罗特口供稍微复杂,因有所系之处,故由我处差遣我子玉柱,严加吩咐妥善看管,不致妄言,好好送至大营,而乘驿于本月三十日解送大营,等语。如此于三月初六日送来。于是臣我等再次讯问厄鲁特巴图博罗特时,与跟参赞大臣副都统庆泰讲的口供无异。为此臣我向参赞大臣都统阿岱等人询问准噶尔乌梁海宰桑郝少迈等来我卡伦外打猎一事时告称:今年二月初五日,总管防守乌里雅苏台等地兵参赞大臣副都统庆泰转呈文报称,驻扎纳密尔沙扎海卡伦三等侍卫呼西布报称,今年正月二十日,驻扎我塔布图卡伦人来称,说在西博尔沙扎海地方出现烟雾。故我立即交给台吉图巴扎布十名兵丁派去后,图巴扎布回来告称,我前去详细看得是乌梁海。故上前会见领头的宰桑郝少迈询问时,郝少迈言道:我等是准噶尔乌梁海,据我台吉交代的文书称,与大汗甚加和睦,令尔带领二百五十人,前往西博尔沙扎海等地打猎,倘若遇见彼处卡伦侍卫等,立即告明打猎情由,互相妥善友好谈论离开。为此我等前来打猎,等语。对此图巴扎布我向郝少迈谈论道:今双方已甚加和睦,为此我大臣等亦交付文书于我等。尔等虽是来打猎,但现已至我卡伦附近。依照我例,禁止在卡伦附近行走。请尔等稍稍收缩至远处,等语。之后郝少迈言道:甚是,我等明日即迁移,等语。如此谈论后离开。次日悄悄跟随看得,已回撤至华舒鲁图扎营。看得踪迹,多是小孩和狗的足迹,等语。如此报称。据阿岱我等详思,准噶尔乌梁海宰桑郝少迈,带领二百多人,虽在我卡伦附近打猎,但言语丝毫没有另异蛮横,在卡伦外住宿一夜,即回迁至华舒鲁图,且看踪迹又有小孩和狗的足迹,属实是在打猎而行,故没有立即当成一事奏闻,仍为妥善严加管束我驻扎卡伦人等,而曾行文驻扎乌里雅苏台参赞大臣庆泰〔朱批:即使那样,彼等没有上奏是非也,著令行文教导〕,等语。据臣策凌我详思,此辈乌梁海等,这般带领妻孥狩猎而行,乃是常事。巴图博罗特口供中,虽有噶尔丹策零之言,然收回其逃出的糊口之人,亦是理所应当之事,毫无担心之项。是故臣我依照主子所降谕旨,通告科布多等地卡伦,倘若准噶尔人想环视地方,卡伦侍卫酌情带兵,一面引导观看,一面速报我等。此外臣我等向来投厄鲁特巴图博罗特夫妇,照例赏给适时衣服各一套及口粮，委派三等侍卫吉福，乘驿解送京城。为此谨奏闻。

乾隆八年三月二十一日，所奉朱批谕旨：知道了，钦此。

乾隆八年三月十二日

定边左副将军　和硕超勇亲王　固伦额驸　臣　策凌

参赞大臣　都统　臣　阿岱

参赞大臣　都统　臣　塔勒玛善

乾隆朝

军机大臣鄂尔泰奏将自准噶尔脱回喇嘛送至当噶尔并将来归厄鲁特送交宁古塔将军安置折

乾隆八年闰四月十八日

　　大学士领侍卫内大臣伯臣鄂尔泰等谨奏。为议奏事。哈密提督永常等所送准噶尔来投喇嘛楚鲁穆扎木素等男女小孩十五口人内，除厄鲁特策凌达什病故外，臣我等讯问其余人等时，据喇嘛楚鲁穆扎木素供称：我今年六十二岁，原是西宁当噶尔地方人，我父名察罕彭楚克，母名恒好，兄长名通古尔扎，有两个弟弟，一名班第，一个甚小，故无名。我叔叔名纳克布沁布，曾是塔尔寺喇嘛。我五岁出家，跟随我叔叔当喇嘛。后来我成年后，与塔尔寺三沙弥一起，前往西藏磕头回来时，遭遇准噶尔人掳掠我等之际，不知那三沙弥去往何处，叫特古斯的人将我抓获，到喀喇沙尔地方，交给伊兄高密，诵经居住二十余年。管辖我的达什达巴，四年前从巴达克山掳来一回子图勒特，将其交给我后，当成儿子养育。因我原是西宁当噶尔地方人，故想念父母兄弟，曾一直心思往回逃出。与我一同来投的阿拉布扎，此前因其妻病故而请我去诵经时，彼早已商定逃跑，以我是大国人而纠合我，想一同逃跑，我听从其言，带上我养子回子图勒特一同逃出，等语。据回子图勒特供称：我不知岁数，曾住在巴达克山。几年前，被准噶尔人掳来，给此喇嘛楚鲁穆扎木素当儿子养育。我向来愚昧，凡事没有闻知，等语。据阿拉布扎供称：我今年五十岁，我妻名策楞扎布，四十岁，长子策凌达什来此后病故，次子托博勒济十九岁，第三子玛木特十五岁。我原曾是已归顺的王阿喇布坦属人，我父名阿勒达尔宰桑，母名色尔奔，有两个兄长，一名阿济斯，一名布林，我姐名托朵，其夫名彭楚克台吉。我等于午年，跟随阿喇布坦来投天朝时，策妄阿喇布坦差遣大策凌敦多布及策凌多尔济来追我等，经在阿尔泰、茂岱、察罕廋尔地方交战，将我等母子抓回去。到达珠勒都斯地方后，交给了策凌多尔济。那时我九岁，过了一年，我母亲去世。未年策凌多尔济去世后，伊弟小策凌敦多布将我带至喀喇沙尔地方，让我管辖一百户人。后来我会见我姐及其夫，我姐对我言道：我等的父亲原先逃跑时，与此处追赶之人交战，父亲右眼受了箭伤。到达天朝后,阿喇布坦去世,其子色布腾旺布接任伊父职衔。我等的父亲亦已去世,兄长阿济斯当了宰桑,等语。之后我心想,父兄俱已承接天朝之恩,我亦要逃跑,如此正在思虑时,又听说将小策凌敦多布迁移安置于伊犁西边的西喇擘勒地方,而将伊子达什达瓦迁移安置在伊犁北边的哈萨克巴颜鄂拉地方,故思倘若跟随彼等前往,即变得难以逃跑。于是我立即与我族叔扎木素、族弟甘济会同商议,以喇嘛楚鲁穆扎木素原是天朝人,定有逃回之心而纠合伊,带上我等拥有的二十峰骆驼、九匹马、六支鸟枪及蒙古包,又偷取二十五峰骆驼,一起逃出。其余牛羊马匹难以带走,故都留下了。我等来时,八人追上我等,交战一次,一峰骆驼及两匹马被鸟枪打死,抢走六峰骆驼。我等在准噶尔地方时,小策凌敦多布、曼济、色布腾进兵哈萨克地方,色布腾抓来哈萨克之阿布赉苏勒丹。前年噶尔丹策零派齐默特宰桑,前往西藏熬茶,半途而返,并向噶尔丹策零告称:天朝有与我交恶之心,为此我等回来了,等语。此时与齐默特同去的伙伴们言道:天朝属实仁慈我等,尚且给我等行粮,齐默特不愿去藏地,故而回来,此人说的话俱是谎言,等语。因此噶尔丹策零再将宰桑吹纳木喀等人派往天朝,仍为请求前往藏地。再于四年前,伊犁西边地方,牲畜得了瘟疫,多有死去。前年种的庄稼不好,去年种的庄稼好,等语。他处仍与在提督永常处说的一样供述。据厄鲁特扎木素供称:我今年六十一岁,我妻诺尔布三十八岁,我族子辈阿拉布扎为归顺天朝安逸生活而纠合,故一起来投,等语。他处与阿拉布扎一样供述。据厄鲁特甘济供称:我今年三十五岁,我母亲策楞布六十六岁,我妻索诺木达什二十九岁,长子巴雅尔图八岁,小儿子巴雅尔两岁,女儿门朝伦九岁。我族兄阿拉布扎对我言道,天朝之恩甚重,使归顺之人安逸。故而一起逃出,等语。他处亦与阿拉布扎一样供述。据查,此前将脱出之人,各送故地,交给该管大臣办理安置。而将带着妻孥来投者,交给该部,照例给与恩赏之项,送往宁古塔将军,指示宁古塔、珲春、依兰哈拉等可靠地方安置。将此俱已入案。现已脱出的喇嘛楚鲁穆扎木素,原是西宁当噶尔地方人,再与其一同来投的回子图勒特是准噶尔人从巴达克山掳来者,丝毫不是准噶尔地方人,业已被喇嘛楚鲁穆扎木素养育为子,不可另行拆散,故与楚鲁穆扎木素聚于一处,交给该部,委派一领催,送往驻扎西宁副都统莽古赉处,暂留伊地,俟准噶尔人熬茶完事后,照例办理安置于喇嘛楚鲁穆扎木素原住的当噶尔地方。再,来投厄鲁特阿拉布扎口供内,虽说其本人俱是色布腾旺布属人,以前阿喇布坦归顺时,伊父阿拉达尔、兄阿济斯亦已来投,但俱是探听之言,毫无实证,故不可立即送往色布腾旺布处办理安置。查此辈人口,厄鲁特阿拉布扎一户四口,扎木素一户两口,甘济一户六口,共三户,分别生活。故将此辈,仍照臣我等适才议奏之例,交给该部,将买奴立地银,给与三份,委派领催,乘驿送至宁古塔将军,并将阿拉布扎、扎木素、甘济俱编为额外披甲,食用钱粮,指示可靠之地,妥善管束照看安置。为此谨奏请旨。

乾隆八年闰四月十八日上奏时,所奉谕旨:依议,钦此。

著将此交付蒙古衙门。

臣我等遵旨讯问准噶尔来投厄鲁特阿拉布扎:尔等曾供称,是厄鲁特王色布腾旺布属人,尔兄现还在。今尔等可想念尔之父兄及旧主与否。若是想念,拟将尔等送至旧主之地安置,等语。对此阿拉布扎供称:我等在准噶尔地方时,不堪忍受赋役及艰苦劳累,天朝之恩甚厚,为求归顺安逸生活而来投,丝毫不因想念我旧主及我父兄而来。即使我姐在准噶尔地方说我父已去世,我兄阿济斯现已成宰桑,跟随色布腾旺布在天朝,然不知其本人还在与否,怎能想念彼等而来耶。当初来时,我等亦经全体商议,特为承蒙圣主之恩安逸生活而来投,此事属实,等语。拟将阿拉布扎夫妇及两个男孩共四口,或交给伊该王色布腾旺布,或送至宁古塔办理安置之处,请旨。

乾隆八年闰四月十八日上奏时,所奉谕旨:仍照原议,钦此。

定边左副将军策凌奏解送投诚
厄鲁特鄂尔哲依进京折

乾隆九年四月初三日

定边左副将军和硕超勇亲王固伦额驸臣策凌等谨奏。为奏闻事。总管防守乌里雅苏台等地兵参赞大臣副都统拉布敦①呈文来称：搭配在纳密尔沙扎海卡伦的御前护军巴宁安等呈文报称，卡伦外发现一人踪影，旋即前去讯问时供称，我是厄鲁特，我名鄂尔哲依，前来投诚。为此由我巴宁安处将鄂尔哲依交给喀尔喀章京巴勒丹，送往大臣，等语。如此送来。旋由我处为使妥善看管送达，立即交给三等侍卫佛保解送，等语。如此于乾隆九年三月十八日送来。于是臣我等讯问来投厄鲁特鄂尔哲依：尔是谁阿勒巴图，是何族，今年岁数几何，尔游牧驻在何处，尔是否有父母子妻，为何来投，凡事据实告来，等语。对此供称：我是噶尔丹策零之阿勒巴图，宰桑察罕鄂托克人，柯尔克孜族，今年三十一岁，我游牧驻在库克乌苏、喀喇塔拉地方，我俱无父母子妻。彼处赋役繁重，且难以得到衣食，不堪忍受艰苦生活，故思归顺大国，以求安逸生活。为此从我所驻游牧地出来，跟随一喇嘛，到达噶尔丹策零驻地后，遇见我平素认识的乌梁海叫郝陶尔的德木齐。我对郝陶尔谎称：我等素来相识，今我无衣无食，我想靠尔度日，等语。之后郝陶尔带着我驻在了叫萨克萨的地方。因不得机会，故滞留了一年。今年二月，我从郝陶尔马群偷取一匹马及一匹母马骑乘来往这边，途中留下一匹马，我骑着母马行走三天，遇见此处卡伦人，遂被送到这边，等语。再审问来投厄鲁特鄂尔哲依：尔是特意为求安逸生活而来投大国之人。彼地人生活怎样。是否有何往这边进兵之消息。准噶尔卡伦现俱设在哪些地方，由谁带领驻扎。再与哈萨克、布鲁特，是否仍在征战。令将尔所有闻知之处据实告来，等语。对此供称：彼地人倚赖种地生活者多，拥有牲畜者少。没有往这边进兵之消息。准噶尔卡伦仍设在哈达青济勒、布拉克青济勒等地，这些卡伦由扎哈沁玛木特带领，派出一百

---

① 此处原文是"labudung"。

户有妻孥的士兵驻扎看守。与哈萨克、布鲁特仍在征战。听说去年冬俄罗斯派遣三人,向噶尔丹策零子察罕送来三匹马驮着的礼物时,被准噶尔乌梁海抢劫,俱已杀死三名俄罗斯人,对此俄罗斯遣使噶尔丹策零,前去追问杀害俄罗斯人之事。此外毫无其他闻知之处,等语。为此臣我等向来投厄鲁特鄂尔哲依,照例赏给适时衣服一套及口粮,委派查看水草的三等侍卫吉福,乘驿解送京城。为此谨奏闻。

乾隆九年四月十一日,所奉朱批谕旨:知道了,钦此。

乾隆九年四月初三日

定边左副将军　和硕超勇亲王　固伦额驸　臣　策凌

参赞大臣　副都统　臣　庆泰

参赞大臣　副都统品级　臣　乌勒登

著将此交付蒙古衙门。

46

定边左副将军策凌奏解送投诚厄鲁特察罕库克新等进京折

乾隆九年十月初二日

定边左副将军和硕超勇亲王固伦额驸臣策凌等谨奏。为奏闻事。总管防守乌里雅苏台等地兵参赞大臣副都统拉布敦①呈文来称：塔奔托罗海包衣卡伦章京喀喇扣来称，我驻塔布图的披甲查丹巴等人发现踪影前去看得，是来投的四厄鲁特男子、一女子、一小孩，其中厄鲁特男子名察罕库克新、罕拜、克什克图、哈什哈，小孩名乌尔古达克，将此辈送至大臣营，等语。如此到来后，旋由我处为使妥善看管送至大营而严加吩咐查看水草的三等侍卫佛保等人，乘驿送往，等语。如此于乾隆九年九月二十七日送来。于是臣我等讯问来投厄鲁特察罕库克新：尔是谁属人，是何族，今年岁数几何，尔游牧驻在何处，尔是否有父母兄弟，为何来投，令将此处据实告来，等语。对此供称：我是准噶尔噶尔丹策零之哈克巴吉萨部，齐巴克宰桑鄂托克人，和硕特族，三十二岁，我游牧驻在额敏地方。我父母早已去世，与我一同来投的罕拜、克什克图是我胞弟，哈什哈是我族弟。彼地赋役繁重，且不堪忍受艰苦生活。之前于寅年，我妻族人和吉格尔劳章及我族叔达什、努克等二十余户百余口，曾来投大国。那时我没得机会，故没出来。之后于戌年，我带着我弟及妻，与彼处达呼等九人一起逃出。路上似乎踪影大，不能行走，因此我等分路行进。我来到鄂尔毕、索尔毕地方，遭遇彼处卡伦人，开始交战后，我大腿上受一鸟枪伤，我头部受两刀伤，我妻春布里受一鸟枪伤，故俱被捕。达呼等九人接着赶来，亦遭彼处卡伦人而被抓。将我等俱带到游牧地后，挂上了脚镣。后来听说达呼等人毁坏脚镣，往这边逃来。将我等带至噶尔丹策零处治罪时，我玛木特宰桑又以我精干，希望饶其性命养伤而请求噶尔丹策零后，没有杀我，只带至彼处集市，在众人观望下鞭笞，断足驱使。我想我是为见已归顺大国的我族劳章等人，欲一同安逸生活而出逃两三次之人，愤恨没能出去，无论如

---

① 此处原文是"labudung"。

何,死就死吧,不死就能到达大国,会见族人,安逸生活。经如此思虑,今年八月我带着我三个弟弟及子妻逃出。我等由乌隆古戈壁行进,从那里一直走,经过阿尔泰,到达乌梁海地方后,骑乘的马匹俱已疲惫,故夜里进入乌梁海马群,又偷取五匹马,往这边行走十多天,遇见此地人,遂将我等送到这边,等语。再审讯厄鲁特察罕库克新等:尔等是为归顺大国安逸生活而来之人,彼地人生活怎样,是否有往这边进兵之消息,与哈萨克、布鲁特如何,与俄罗斯是否仍在贸易行走,尔等卡伦俱置于哪些地方,令将尔所有闻知之处俱如实告来,等语。对此供称:彼地人倚赖种地生活者多,拥有牲畜的殷实之人少。全无往这边进兵之消息。我等来时,没有与哈萨克、布鲁特发生战争。只是向阿布达克科勒姆、巴达克山派去六千兵那次,我弟罕拜、哈什哈俱曾前往。这些人回来言道:彼地现在甚是炎热,不堪久住,前去的士兵内多人受害,因此已将派去的军队俱撤回,等语。据彼地人言论,明年仍向阿布达克科勒姆、巴达克山大举派兵。不知是否真的派遣。听说去年前往西藏熬茶之人回来对噶尔丹策零告称:彼等已到西藏熬茶磕头,途中若有疲惫瘦弱的牲畜,大国一同前往的大臣等仍旧协助补给,故路上毫未吃力,已安稳回来,等语。于是噶尔丹策零甚是欣喜,曾设宴娱乐两日。听说其后噶尔丹策零的身体稍微得病,前去汤泉,驻在几日。再是我等来时看见,为明年来大国贸易事,从彼地人凑取银子、狐皮、皮张等物。彼地卡伦,听说现于额仁淖尔、乌延齐①、博东齐②等地,以玛木特宰桑为首设置卡伦。此外毫无其他闻知之处,等语。此人弟弟罕拜、克什克图、哈什哈亦与察罕库克新一样供述。于是臣我等查得,来投厄鲁特察罕库克新等人所供以前寅年来投的厄鲁特劳章、达什等人是彼等族人等处,雍正十二年四月,已奏闻将从准噶尔地方来投的厄鲁特劳章等二十余户一百余口人,由兵营乘驿解送京城事,已入案。为此臣我等向来投厄鲁特察罕库克新夫妇及此人弟弟罕拜、克什克图、哈什哈,照例赏给口粮及适时衣服各一套,差遣查看水草的三等侍卫额奇图,乘驿解送京城。为此谨奏闻。

乾隆九年十月十日,所奉朱批谕旨:著比一般来投厄鲁特,稍多施恩于察罕库克新,令军机大臣等处理,钦此。

乾隆九年十月初二日

臣　策凌

---

① 此处原文是"uyenci"。
② 此处原文是"bodonci"。

臣　保德

臣　乌勒登

著将此交付蒙古衙门。

乾隆朝

军机大臣讷亲议奏自准噶尔投诚之厄鲁特彭楚克等十四人安置事宜折

乾隆十年三月二十六日

协办大学士事务尚书果毅公臣讷亲等谨奏。为议奏事。安西提督永常送来准噶尔来投厄鲁特彭楚克等十四口。于是臣我等讯问彭楚克时供称:我三十六岁,原是喀喇沙尔地方小策凌敦多布部人。小策凌敦多布前年曾带领五百余户人,去空济斯地方过冬。回来后,因与伊第三子达什达瓦①不和,故告知噶尔丹策零后,带伊第四子、第五子及几千户人,前往沙喇擘勒地方,与其长子曼济同驻。今在喀喇沙尔地方的三千余户人,由达什达瓦管辖。我等在彼地不堪忍受困苦,加上又听说大国恩重,地方优美,衣食充裕,故于今年夏,既曾想逃出,然丝毫不得机会。到了冬天,我与我母皂喜、妻蒙呼尔及两个胞弟、一个妹妹、三个孩子、三个族弟及其两妻一同商议逃跑。再,放牧巴增德木齐骆驼的西喇布,原是喀尔喀蒙古,思伊定愿意回去,故与伊商议发誓说定。于十月十九日晚,带我十八峰骆驼、八匹马及四袋黍米,宰杀十只羊作口粮,偷取巴增德木齐的二十五峰骆驼,驮上水后逃出。不敢走大路,走南部戈壁,故没水草,马匹全都死去,骆驼死了十二峰。行走十三天后,看见雪山,正朝着北边的雪山行进时,遇见当地人被捕。前年伊犁地方,出痘者多起来,故噶尔丹策零恐慌,带着家小迁往博尔塔拉地方,去年九月才回来。于是众宰桑头目,俱曾按庆贺礼,前往伊犁地方。我主达什达瓦回来后,向众人言道:噶尔丹策零甚是欣喜言道,如今大国准许贸易,且今年的贸易又甚好,现已派哈柳去向主子请安谢恩,等语。再于前年,出征阿布达克科勒姆的军队因出痘撤回,听说明年春仍向彼地出兵。之前有人控告小策凌敦多布有意向往大国,故伊迁往空济斯地方驻扎。众人皆言噶尔丹策零怀疑伊,小策凌敦多布不能明言,故只说与儿子不和。喀喇沙尔南部乌巴克地方,曾有一个三百人的卡伦,今只有一百人,其余人尚未到来。吐鲁番、吉木色各有

---

① 此处原文是"dasidab",以下俱同。

一卡伦,不知驻扎多少人。今年彼地牲畜俱好,粮食没怎么收获。前年出兵阿布达克科勒姆时,在彼处叫马尔古龙的地方交战了十天,在叫高浩木的地方交战了七天,双方俱无胜负,后因出痘而回撤军队,彼地人追击两天后才返。再,众宰桑头目等行庆贺礼,特为与大国和好,得以前往藏地,准许贸易之事。再,就乌鲁木齐长官齐默特没进藏地而谎称之事,噶尔丹策零罢免其宰桑,抄没其家,此人之宰桑由普尔布接任。吐鲁番宰桑洪郭尔拜已迁往伊犁西边的沙尔衮地方,现老宰桑言道:已与大国和好,故东边卡伦没怎么防范,西边阿布达克科勒姆等地卡伦军队,俱甚强固,等语。他处仍与对提督永常的口供一样供称。讯问巴郎、喀喇巴图尔、特古斯蒙克等人时供称:巴郎我今年二十八岁,喀喇巴图尔十五岁,妹妹门都伯勒克十四岁,我等是彭楚克的亲兄弟和妹妹。特古斯蒙克我今年二十七岁,我二弟巴图蒙克二十三岁,三弟内勒库二十一岁,我等俱是彭楚克同族兄弟。彼地赋役繁重,我等的牛羊马匹俱被当作贡物取走,因实在不堪忍受,故与兄长彭楚克一同投奔大国,等语。他处俱与彭楚克一样供述。讯问皂喜、蒙呼尔等人时供称:皂喜我今年六十五岁,厄鲁特族,是彭楚克亲生母亲。蒙呼尔我今年二十二岁,厄鲁特族,是彭楚克妻,我长子玛珲五岁,次子阿尔噶逊已七个月,养子和通阿克珠尔十一岁,等语。讯问巴图、勃勃尔津等人时供称:巴图我今年二十一岁,厄鲁特族,是彭楚克二弟巴郎妻。勃勃尔津我今年二十岁,厄鲁特族,是彭楚克族弟特古斯蒙克妻,等语。再审问彭楚克等人:是否另有闻知之处,等语。对此供称:我等是因彼地赋役甚重,实在不堪忍受,故特为承接大主子恩而来投之人,若真有其他闻知之处,岂敢隐匿不告,等语。据查,之前带着眷属来投的厄鲁特等,兄弟亲戚若能生活一处,则将其交该部,酌情缩减应得恩赏等项,食用额外披甲钱粮,安置于宁古塔、珲春、依兰哈拉等地,已入案。兹来投厄鲁特等内,除喀尔喀西喇布已病故,毋庸议外,将厄鲁特彭楚克、巴郎、喀喇巴图尔、特古斯蒙克、巴图蒙克、内勒库,俱编为额外披甲,食用钱粮。因喀喇巴图尔、巴图蒙克、内勒库没有妻,故照例给与配妻价钱。此辈虽是一族,然是两户,因各自生活,故将购奴立地银,酌情给与两份,由该部差遣领催,乘驿解送宁古塔将军,以使指示可靠地方,看管安置。为此谨奏请旨。

乾隆十年三月二十六日上奏时,所奉谕旨:依议,钦此。

著将此交付蒙古衙门。

乾隆朝

定边左副将军策凌奏解送投诚厄鲁特伍巴什等人进京折

乾隆十年七月初八日

定边左副将军和硕超勇亲王固伦额驸臣策凌等谨奏。为奏闻事。署总管防守乌里雅苏台等地兵大臣印务参赞大臣副都统品级乌勒登呈文来称：驻扎呼拉济包衣卡伦喀尔喀章京班珠尔，将来投厄鲁特三男一女，送至我驻之营。旋由我处讯问厄鲁特伍巴什等：尔等是何族，为何来投，等语。对此厄鲁特伍巴什供称：我等是土尔扈特族，此女是我妻，巴郎是我弟，博托雷是我妻之弟。我彼处赋役繁重，因不堪忍受艰苦生活，故我一支七男两女，骑乘十七匹马，逃来这边。一是想承接大汗重恩而生活，二是子年逃来的与宰桑色布腾等人同来的我亲兄图贝及我妻两兄伯德勒克齐、保要高等人，曾来色布腾队伍，因想念彼等，故为与骨肉团聚，于今年四月十九日，从我游牧地库克乌苏、喀喇塔拉地方出逃。路上曾遭遇厄鲁特乌梁海，将我等俱逮捕看管。六月初三日夜里，趁看守我等的乌梁海俱饮酒醉眠之机，我领着我妻、我弟巴郎及我妻之弟博托雷，偷骑乌梁海五匹马，夜行昼伏，于本月十日遇见此地人，遂被送到这边，等语。如此来报。接着又报称：将塔巴喀依布拉克卡伦前锋爱隆阿所报两名来投厄鲁特，由毛廋集驿站披甲阿里亚送来。于是讯问厄鲁特等时称：一名库本，一名赛音伊鲁勒图，俱是土尔扈特族，从库克乌苏、喀喇塔拉地方七男两女骑乘十七匹马，投奔这边时，路上遭遇厄鲁特乌梁海被捕，我两人于六月初八日夜里偷骑三匹马逃出，昼伏夜行，于十三日碰见此地人，遂将我等送到这边，等语。如此送来。于是臣我等讯问来投厄鲁特伍巴什：尔是谁阿勒巴图，是何族，年岁几何，尔是否有父母兄弟，尔游牧驻在何处，为何来投，凡事据实告来，等语。对此供称：我是噶尔丹策零之阿勒巴图，宰桑哈柳鄂托克人，土尔扈特族，无父母，四十一岁，我游牧驻在库克乌苏、喀喇塔拉地方。准噶尔地方赋役繁重，生活艰苦，故一是想承接大汗重恩而安逸生活，二是想跟子年逃来的与宰桑色布腾等人同来的我亲兄图贝及我妻两兄伯德勒克齐、保要高，骨肉团聚。为此我与我妻、我叔之子巴郎、我妻之弟博托雷、我族弟库本、赛音伊鲁勒图、特古斯夫妇、霍尔木西,我等九口一同来投,途中遭遇厄鲁特乌梁海被捕。我领着我妻、我弟巴郎、我妻之弟博托雷,偷取乌梁海五匹马,昼伏夜行,碰见此地人,遂被送到这边。接续我等,库本、赛音伊鲁勒图又逃出。据库本告称,特古斯夫妇及霍尔木西三人步行逃出。不知能否到来,等语。再审问来投厄鲁特伍巴什:尔是特为安逸生活而来投大国之人,彼地人生活怎样,有何往这边进兵之消息否,准噶尔卡伦现俱设于哪些地方,由谁带领驻扎,与哈萨克、布鲁特是否仍在征战,令将尔所有闻知之处据实告来,等语。对此供称:彼地人倚赖种地生活者多,拥有牲畜者少。没有往这边进兵之消息。准噶尔卡伦现置于布拉罕、察罕托辉等地。听说今年四月调遣三万兵,派去征讨阿布达克科勒姆。又听说已遣回掳来的哈萨克之阿布赉苏勒丹,而将伊子作为人质,送至噶尔丹策零身边驻留。没听说与布鲁特发生战争。此外毫无其他闻知之处,等语。讯问厄鲁特巴郎、博托雷、库本、赛音伊鲁勒图时,俱与伍巴什一样供述。为此臣我等向来投厄鲁特伍巴什等男女六口,赏给衣服各一套及口粮,差遣理藩院笔帖式达色,乘驿解送京城外,据查来投厄鲁特伍巴什等人口供所称伍巴什兄长图贝及伊妻之兄伯德勒克齐、保要高等人与色布腾在一处,是故将此辈或与族人团聚,或如何办理之处,恳请圣主明鉴。为此谨奏闻。

乾隆十年七月十六日,所奉朱批谕旨:著军机大臣等议奏,钦此。

乾隆十年七月初八日

定边左副将军　和硕超勇亲王　固伦额驸　臣　策凌

参赞大臣　散秩大臣　副都统　臣　保德

参赞大臣　副都统　臣　拉布敦

乾隆朝

军机大臣讷亲奏将投诚厄鲁特人博尔第等送往江宁安置折

乾隆十年十月二十六日

大学士领侍卫内大臣果毅公臣讷亲等谨奏。为议奏事。安西提督李绳武已送来脱出护军昌茂及来投厄鲁特博尔第、津巴、额比特里。于是臣我等讯问昌茂：尔是何旗谁佐领人，尔年岁几何，哪年从军，如何被准噶尔贼俘获，今如何得以逃脱，令将所有闻知之处，俱如实告来，等语。对此告称：我名昌茂，是镶蓝蒙古旗三格佐领下护军，今年五十岁。雍正七年，从军阿尔泰路。九年在和通呼尔哈淖尔地方交战时，我左脚受鸟枪伤，又受一箭伤而昏厥，被色布腾部下一叫达巴的蒙古抓走。到达额仁哈毕尔噶后，将我交给了叫根敦格隆的喇嘛。后来根敦格隆给我配妻时，我因属主子的满洲，岂有在贼地娶妻之理，故终究没娶，曾时刻持有脱出之心，共逃脱十三次，或喇嘛根敦格隆派人追赶带回，或被彼处卡伦人逮捕带回，鞭笞过我，亦驱使过我。此博尔第、津巴、额比特里，是同一德木齐管辖之人，平时在一处，彼等跟我说想逃往中国①时，我以他们是蒙古，唯恐诱骗我而没有依从。后来彼等仍向我商量道：此地赋役甚重，听说大国之恩甚厚，况且尔又是中国②人，不如我等脱出安逸生活，等语。于是我看其言语是真心，所以约定时日，彼等带本人八匹马，又偷取他人两匹马，背上两支鸟枪，稍带米粮，沿着戈壁边缘，共走十一天，来到我卡伦。据我听闻，从准噶尔地方派出三万人，由色布腾、达克巴、曼济率领，于今年三月启程，进兵阿布达克科勒姆地方。我看见额仁哈毕尔噶之人，俱整饬鸟枪撒袋，遇人询问时说是前去打猎之人，后来彼等出发后，才得知是出征阿布达克科勒姆地方之人，人数大概只有两千余人，其他的不知派出何处人，等语。再审问昌茂：尔在彼地居住十余年，此外再有其他闻知之处否，令尔尽数告明，等语。对此告称：我是被俘之人，彼处所有事情俱会

---

① 此处原文是"dulimbai gurun"。
② 此处原文是"dulimbai gurun"。

隐匿，不向我谈论，只让我在远处放牧牲畜，故毫无其他闻知之处，等语。讯问来投厄鲁特博尔第时供称：我今年三十二岁，曾是喀尔喀和托辉特蒙古族，我父名哈玛尔，母名纳木苏，我叔名散都克。早年策妄阿喇布坦进攻喀尔喀时，将我父母叔叔一并掳来后，我母亲才生下我本人及我弟津巴，津巴今年二十九岁。我叔叔娶准噶尔妻，生了额比特里，额比特里今年二十七岁。后来我成年后，我父母及叔叔无数次向我言道：我等原来曾是喀尔喀和托辉特蒙古，等语。是故我才知晓。我二十四岁时娶妻，我两个弟弟尚未娶妻。我二十六岁时，我父母去世，我叔叔婶婶俱已去世。我父母在世时，即驻在额仁哈毕尔噶，由色布腾部德木齐策凌塔尔管辖。彼地赋役甚重，平时听说大主子之恩甚厚，投奔之人俱甚安逸生活。为此我与我两个弟弟一起纠合昌茂，伊起初怀疑而没成，后来我等反复谈论，故昌茂依从，约定时日，我对妻隐瞒，一起逃来，等语。再讯问博尔第：尔原来曾是和托辉特蒙古，如今已逃脱，令将尔闻知之处俱如实告来，等语。对此供称：今年三月末，色布腾及达克巴带领三万人，出征阿布达克科勒姆。我东部几个地方，共出近一万人。额仁哈毕尔噶、乌鲁木齐两地，出两千人。又听人说，将近两万人，由伊犁等地派出，我没亲眼见过。前年哈萨克首领阿布赉苏勒丹带领其下一千户回子，归顺了噶尔丹策零。今年阿布赉苏勒丹带领三百回子，跟随色布腾等人，前去征讨阿布达克科勒姆。东边吉木色地方有一卡伦，以古颜达苏尔克的人为首，带领一百人驻扎。我不知其他地方的卡伦。彼地人倚赖种地生活者多，前几年曾甚是一般，去年稍微好转。我等是为承接天朝之恩以求安逸生活而来投之人，倘若真有其他闻知之处，难道不告明乎，等语。讯问津巴及额比特里时，俱与博尔第一样供述。据查，之前将从准噶尔脱出的旗人，俱交该旗，令行走于原来差事。而将准噶尔来投厄鲁特等，俱编为额外披甲，食用半个钱粮，发给购奴立地银。拟将博尔第、津巴、额比特里俱编为额外披甲，食用半个钱粮。因此辈俱无妻，故照例全部给与配妻价钱。因其兄弟生活于一户中，故酌情给与一份购奴立地银。由该部差遣一领催，乘驿解送江宁，交给该将军，以使办理安置。为此谨奏请旨。

乾隆十年十月二十六日上奏时，所奉谕旨：依议，钦此。
著将此交付兵部。

驻藏大臣傅清奏准噶尔熬茶使归途中人畜死亡颇多准回二部天花流行及准部内乱折

乾隆十年十一月初八日

副都统臣傅清谨奏。为奏闻事。臣我本人于今年三月来到藏地后，查问派往卡伦人时，据郡王颇罗鼐告称：每年派往卡伦之人，俱三月时差遣，八九月时回来，等语。于是臣傅清我曾吩咐郡王颇罗鼐：适才接准军机处行文称，钦奉上谕，据厄鲁特宰桑哈柳口头奏称，颇罗鼐仍念拉藏汗旧仇，对其熬茶人等办牲畜行粮事，不予爽快办理。准噶尔人已败露与颇罗鼐不和，故如何严加防备之处，令妥善办理，钦此钦遵，到来。为此今年务必向卡伦差遣可信干练之人，派至离设置卡伦之地稍远处寻踪，并将发现的所有事情告知于我。十月初三日郡王颇罗鼐呈文称：我处曾于今年三月二十日，差遣我甚加信赖之萨噶达克齐、博尔博等三十名蒙古、唐古忒人，为搜寻准噶尔积累功德后回去的人等踪迹，由阿哈雅克卡伦路派去。九月二十七日，彼等本人回来告称：我等遵王嘱咐，亲自经过阿哈雅克卡伦，至噶斯路为止寻踪看得，在阿哈雅克这边有一人死去，阿哈雅克地方有一穿戴好的较大人物、十余峰骆驼、一百余匹马死去，从那里至噶斯为止，每个宿营地有十余匹马死去，准噶尔人在回去的路上甚是艰苦而行，等语。为此呈文，等语。再据郡王颇罗鼐呈文称：今年十月十六日，拉达克汗车布登纳木扎尔寄信给我称，以前叶尔羌人每年都来我地贸易，自准噶尔人熬茶以来，已一年有余，一个叶尔羌人也没来。于是我等怀疑，曾向叶尔羌这边叫散玉尔的地方派去两人收取消息。这两人于今年七月初三日，与叶尔羌回子一起回来了。询问这期间曾在何处，为何甚久才回的情由时告称：我等本人去年到达散玉尔地方后，遇见了叶尔羌七八个回子，怀疑我等并带至其地。虽没送至厄鲁特地方，但曾看出来以后有送往厄鲁特地方的迹象。我等本人在叶尔羌地方时，回子因出痘而死许多人。听说准噶尔厄鲁特，算上默德格齐巴图尔宰桑，有十三宰桑出痘而死。其下面的阿勒巴图，出痘而死者甚多。对此噶尔丹策零甚是恐惧，躲避至先前抢占的哈萨克游牧地北面一个地方。又听说准噶尔所属吉尔吉尔的两诺颜，其内部互相交恶，甘宾图伯克杀死另一人，在伊地修筑萨瓦尔格里雅城，抢掠来回经商而行之人。赶路之人绝迹，或许因不能押送我俩，故曾留在其叶尔羌地方。后来出痘者减退，子年十一月噶尔丹策零才回至伊原游牧地。噶尔丹策零向吉尔吉尔的萨瓦尔格里雅城派遣三千兵，处死吉尔吉尔诺颜甘宾图伯克，将其下人俱已带至厄鲁特地方。又听说，噶尔丹策零已差遣其一宰桑及几个人，与在哈萨克那边的察罕萨瓦尔部人协商和好。又听说，噶尔丹策零以哈柳宰桑为使派至京城，并已回到游牧地，丝毫没听到好坏消息。派往藏地的使者吹纳木喀等人，已回去面见了噶尔丹策零。以成功积累善事为由，噶尔丹策零虽然欣喜，但谈论道：只藏人仍念旧仇，没怎么顺利造福，等语。噶尔丹策零现在信任的大宰桑有两个，一个是巴图尔子拉沁，一个是策凌敦多布子扎克巴。又听说有一位叫阿姆宾禅的汗，甚是强悍，占据有能力的四大部族，其属下有一叫阿布达克科勒姆①的部族。博洛尔汗部无汗，由其哈屯楚哈尔处理事务。噶尔丹策零为查看进军阿布达克科勒姆的路线，曾差遣回子巴克达呼雅、逊都喇呼沙、巴勒宾等共四十人。彼地人加以怀疑，杀死了三十三人，只有七人逃回噶尔丹策零身边。于是噶尔丹策零派遣厄鲁特兵两万四千、哈萨克兵四千、吉尔吉尔兵两千，交给伊同族台吉车布登都拉尔、曼济都拉尔、衮杜尔都拉尔等人，于今年正月出发。再据准噶尔回子囊玛言论：倘若噶尔丹策零能战胜阿布达克科勒姆汗，似会平定其四面地方，即使那样说，阿布达克科勒姆汗者亦甚强大，俱是勇毅男子，其结果如何，亦不能定，等语。因叶尔羌回子等怀疑我俩，故抓去后曾放在出痘的扎辽地方，丝毫没送厄鲁特地方。因看我等毫无其他事项，彼人又无数次来拉达克地方贸易，故反而给我等行粮，与其商人一道遣返。此俱是我等本人驻在叶尔羌地方时听到的传闻，等语。是否应将此告知上曼珠舍利大主子派遣的大臣之处，请王定夺。此外甚尽力加固我此处卡伦屏障，等语。如此呈文，等语。为此臣傅清我昐咐郡王颇罗鼐：拉达克汗车布登纳木扎尔，将其获得的所有消息，立即寄信给尔，以转告于我者，此属实感戴圣主之恩。今后令将获得的所有消息，务必寄信给尔，再告知于我。并由尔处寄信拉达克汗：理应奏闻大圣主之事，由我处奏闻后，圣主定会施恩，等语。请如此昐咐，等语。此外，为此谨奏闻。

乾隆十年十二月十五日，所奉朱批谕旨：知道了，钦此。

乾隆十年十一月初八日

---

① 此处原文是"abdul garim"，以下俱同。

乾隆朝

定边左副将军策凌奏请将投诚厄鲁特博克等人由驿送京折

乾隆十一年四月初一日

定边左副将军和硕超勇亲王固伦额驸臣策凌等谨奏。为奏闻事。署总管防守乌里雅苏台等地兵大臣印务参赞大臣副都统乌勒登呈文来称：喀尔喀章京西喇布将驻扎西巴尔图鲁卡伦护军和林等人所报准噶尔来投厄鲁特博克及楚甘送至我所驻之营，旋由我处委派查看水草的三等侍卫讷尔逊，并吩咐妥善看管送至大营而乘驿送往，等语。如此于乾隆十一年闰三月十三日送来。于是臣我等讯问来投厄鲁特博克：尔是谁阿勒巴图，是何族，今年岁数几何，尔可有父母，尔游牧驻在何处，与尔同时来投的楚甘是尔何人，尔等为何来投，凡事据实告来，等语。对此供称：我是噶尔丹策零之阿勒巴图，宰桑察罕哈什哈鄂托克人，呼拉尔族，三十一岁，俱有父母子妻，我游牧驻在伊犁那边的纳林地方，与我同时来投的楚甘是我同族子辈，单身，今年三十八岁。去年噶尔丹策零交给宰桑讷默库一百兵，派去将驻在阿尔泰的厄鲁特族人及明阿特俱行迁来，我俩曾在此一百兵内。我等彼处赋役繁重，且年年行军打仗，不能与妻孥住在一起，生活艰苦，故为承接大汗重恩安逸生活而来投。因我游牧地远，故没能携来我家小，等语。再审问来投厄鲁特博克：尔是特为安逸生活而来投大国之人，故彼地人生活怎样，是否有往这边进兵之消息，准噶尔卡伦现俱置于哪些地方，由谁带领驻扎，与哈萨克、布鲁特是否有战事，与俄罗斯如何，令将尔所有闻知之处据实告来，等语。对此供称：准噶尔人倚赖种地生活者多，拥有牲畜的少。没有往这边进兵之消息。准噶尔卡伦向来设在布拉罕、察罕托辉等地，听说以玛木特宰桑为首。去年十一月我等驻扎阿尔泰地方时，听说噶尔丹策零去世后，宰桑讷默库曾将伊弟安济及我四人，派至杜尔伯特及台吉达尔扎处收取消息。我等前去看得，因噶尔丹策零已去世，故唤去了台吉塔尔巴章①，并派伊弟钢多尔济带兵防范阿尔泰方面。恰好遇

---

① 此处原文是"tarbajan"。

到此事，回来告知讷默库。后来打听到小策凌敦多布子曼济已造反，于是正月里我宰桑讷默库已回去，不知真伪，等语。对此臣我等审问来投厄鲁特博克：据尔告称，噶尔丹策零已去世，伊子继位。现其身边把持处理事务的台吉宰桑俱是何人，其内部是否和睦，或是否有其他事项之处，令据实告来，等语。对此供称：原先噶尔丹策零在世时，台吉等内，曾有博第木尔子色布腾、大策凌敦多布子达克巴；宰桑等内，曾有察衮子鄂勒锥及巴罕曼济，如今思得仍是此些人物。我不知其内部是否和睦。我因去年正月从游牧地出发驻在阿尔泰方面，故不知其内部是否有其他事项。没听说与哈萨克、布鲁特有战事。据听我乌梁海议论，俄罗斯要派兵攻打我准噶尔。听说去年准噶尔出兵三万，派去征讨阿布达克科勒姆，不知结果如何。此外毫无其他闻知之处，等语。讯问来投厄鲁特楚甘时，与博克一样供述。为此臣我等向来投厄鲁特博克及楚甘，照例赏给口粮及适时衣服各一套，委派查看水草的三等侍卫德通，乘驿解送京城。为此谨奏闻。

乾隆十一年四月十日，所奉朱批谕旨：知道了，钦此。

著将此交付理藩院。

乾隆十一年四月初一日

定边左副将军　和硕超勇亲王　固伦额驸　臣　策凌

参赞大臣　散秩大臣　副都统　臣　保德

拉布敦①

---

① 此处原文是"labudung"。

乾隆朝

军机大臣讷亲奏照例将自准噶尔来降之俄罗斯伊凡解送回国折

乾隆十一年六月二十七日

大学士领侍卫内大臣果毅公臣讷亲等谨奏。为遵旨议奏事。定边左副将军固伦额驸策凌等奏闻将准噶尔来投俄罗斯伊凡送往京城事折，时钦奉朱批谕旨：著军机大臣等议奏，钦此钦遵。据臣我等议论：据额驸策凌等奏称，讯问准噶尔来投伊凡时供称，我原是俄罗斯属人，二十八岁，我父名库木朱克考勒肯，母名玛莉亚，我俄罗斯故乡在罕克楚地方。我十四岁前去取盐时，哈萨克人来，将我抓走，厄鲁特等前去攻打哈萨克时，我又被厄鲁特俘获，带至准噶尔地方，给厄鲁特克贝为奴行走，后来克贝再将我卖给回子哈什哈拜，游牧现驻在伊犁河。我在厄鲁特地方时，虽想念故乡及父母而试想逃出，然不能出去。今年三月，跟着准噶尔回子①宰桑额尔蒙乌勒等人，来至大国贸易，到达巴里坤那边的齐里克百升地方后，我想在厄鲁特地方给人当奴艰苦生活，不如归顺大国，承蒙圣主之恩，前往我故乡，与父母骨肉团聚。于是带上两匹马及一支鸟枪，借口出去打猎，即往这边逃来。再准噶尔人倚赖种地生活者多，拥有牲畜的少。没有往这边进兵之消息。准噶尔卡伦设在巴里坤那边，不知领头人名。没听说与哈萨克、布鲁特有战事。听说与俄罗斯先前曾和睦，今已交恶。噶尔丹策零因酒意外去世后，伊子毕齐罕察罕继位。台吉色布腾引兵三万，前去征讨阿布达克科勒姆，战败损失一万兵回来。以有争夺毕齐罕察罕位情形为由，众宰桑等商议后，将台吉色布腾逮捕处死，而已将色布腾属下，俱交给喇嘛温都逊吉萨。毕齐罕察罕年幼，他人心生邪念，亦未可定，其内猜疑，多有提防。此外毫无其他闻知之处，等语。拟委派前锋乌尔图纳苏图，将此人乘驿解送京城，等语。据查，我方与俄罗斯定界协议的十一条内：因两国已按和睦之礼更定，故互相停止商议两国一切旧事，彼此不索取之前逃跑的逃人，俱照旧留住，今后将逃跑的逃人，双方俱绝不可收留，务必严

---

① 此处原文是"hotong"。

385

查逮捕,送交驻扎各自边境之人,等语。已如此协定并具文互相交换。雍正十二年五月,大将军平郡王为将投奔至我卡伦的俄罗斯女子伊讷伯克送往京城事而上奏时,钦奉上谕:此前被准噶尔俘获的我两人,前去投奔俄罗斯时,俄罗斯曾送来。兹将投奔至卡伦的俄罗斯女子伊讷伯克,著停止解送京城,由大将军平王处酌情赏给衣服等物,差人从彼处立即送往恰克图地方,交给俄罗斯边境长官。并草拟平王咨送俄罗斯国的文书奏览,译成俄罗斯文,送至军营,盖大将军印后送去,钦此钦遵,已将俄罗斯女子伊讷伯克送至俄罗斯边境。将此已入案。据臣我等详思,自我等与俄罗斯协定边界以来,这么多年和睦友好而行,此前我人投奔俄罗斯时俄罗斯送至我方,其人来投我方时亦有送给彼方之事。今此来投的伊凡,伊本人原曾是俄罗斯人,为与其父母骨肉团聚而特来寻圣主之恩,已如此告知兵营将军大臣等。此次从准噶尔前来贸易之人,来到我边境后,查其人数时缺少一人,彼等说:我一人途中去打猎没回来,能否也替我等寻找,等语。虽有这般言语,然此伊凡,当时倘若立即找到,理应交给彼等才对,现伊凡其没从原来的道路进来,而是奔至北路卡伦投诚。今虽不可与准噶尔定界前的事情相比较,然唯与准噶尔协定边界时,亦毫无互相不可收留逃人之项,将之前准噶尔来投人等,俱已接收办理安置,今似不可逮捕俄罗斯人还给准噶尔,应仍照前送俄罗斯女子伊讷伯克例,送往俄罗斯国才对。思今后若遇到此类事件,亦照此办理。是否妥当之处,恳请圣主明鉴教导。若照搬行,咨送俄罗斯的文书,另草拟奏览。此外委派理藩院领催一名,送至恰克图,交给彼边境长官。为此谨奏请旨。

乾隆十一年六月二十七日上奏时,所奉谕旨:依议,钦此。

乾隆朝

定边左副将军策凌奏厄鲁特人巴勒布达西等自准噶尔来归请由驿送京折

乾隆十一年十月十七日

定边左副将军和硕超勇亲王固伦额驸臣策凌等谨奏。为奏闻事。总管防守乌里雅苏台等地兵参赞大臣护军统领塔勒玛善呈文来称：将驻扎笋都勒库克伊卡伦前锋校佛山等人所报准噶尔来投厄鲁特巴勒布达西及达赖交给喀尔喀章京额林沁，送至我所驻之营。旋由我处委派查看水草的三等侍卫纳尔逊，吩咐妥善看管送至大营而乘驿送往，等语。如此于乾隆十一年九月二十九日送来。于是臣我等讯问来投厄鲁特巴勒布达西：尔是谁阿勒巴图，是何族，今年岁数几何，尔是否有父母，尔游牧驻在何处，尔为何来投，凡事据实告来，等语。对此供称：我是准噶尔准塔尔宰桑之奴仆，扎木特族，二十三岁。此前我父亲特木尔来投这边时，被彼人抓回去后俱行拆散，不知我父去了何处，将我母亲和弟弟交给雅克巴宰桑为奴，将我交给了准塔尔宰桑，我游牧驻在伊犁河。今年七月，我宰桑准塔尔来和伯克赛尔伊女婿德木齐托索图家时，带来我本人及与我同来的达赖，趁此机会，以我在彼处给人当奴艰苦生活，不如承接大汗重恩安逸生活，而经与达赖商议，我俩一起逃来，等语。再审问来投厄鲁特巴勒布达西：尔是特为安逸生活而来投大国之人，故彼地人生活怎样，是否有往这边进兵之消息，准噶尔卡伦现俱置于哪些地方，由谁带领驻扎，与哈萨克、布鲁特是否有战事，与俄罗斯如何，令将尔所有闻知之处据实告来，等语。对此供称：准噶尔人倚赖种地生活者多，拥有牲畜的少。没有往这边进兵之消息。听说准噶尔卡伦设在哈布塔克、拜塔克等地，由玛木特宰桑带领。没听说与哈萨克、布鲁特、俄罗斯有战事。前年台吉色布腾引兵三万，前去征讨阿布达克科勒姆，因出痘而损失万余人后回来。去年台吉色布腾又带三万兵，前去征讨阿布达克科勒姆时，向伊妻言道：我出发后尔给噶尔丹策零饮用毒药，等语。留下此话而走。色布腾到阿布达克科勒姆地方交战，俘获阿布达克科勒姆岳父之弟，故阿布达克科勒姆送来马犬鹰，请求和好，色布腾接受并差遣丁津额木齐、额泽尔呼达勒都齐两人，送去阿布达克科勒姆的岳父之弟时,阿布达克科勒姆食言,将派去的人俱逮捕监禁。后来色布腾听到噶尔丹策零去世的消息后返回,向众人言道:毕齐罕察罕①太幼小,不能处理事务,我本人想即位,等语。时众宰桑等不允并交恶,将色布腾本人及其子妻俱逮捕处死,而将其属下阿勒巴图俱分给众宰桑及喇嘛,并叮嘱边境领头台吉宰桑等,甚加严固卡伦。毕齐罕察罕②处领衔处理事务的,有和卓③、纳沁、鄂勒锥此三人。再准噶尔地方这一连两三年庄稼无收,故准噶尔人倾家荡产的亦多。此外毫无其他闻知之处,等语。臣我等讯问脱出的达赖:尔是谁阿勒巴图,是何族,尔是否有父母兄弟,如何被带至准噶尔,等语。对此供称:我是鄂尔多斯杜棱贝子旗人,为来驻军台,我十三岁时跟随我父领催特古斯、母亲乌兰扣、我兄哈勒占、弟弟代布及我叔达齐,于察罕托辉地方设置台站时,我本人及我两个妹妹一并被厄鲁特俘获,将我交给托索图德木齐,不知将我两个妹妹带至何处。我在彼地虽每天想念我故地及我父母,然无脱来之机,故没能出来。今年托索图将我交给其岳父准塔尔宰桑,其后七月准塔尔带着我本人及巴勒布达西我俩,来看望其女婿托索图时,我察知准塔尔宰桑及托索图等人睡觉后,趁机纠合厄鲁特巴勒布达西,一起往这边逃来,等语。他处俱与巴勒布达西一样供述。为此臣我等向来投厄鲁特巴勒布达西及脱出的达赖,照例赏给口粮及适时衣服各一套,委派查看水草的三等侍卫纳尔逊,乘驿解送京城。为此谨奏闻。

乾隆十一年十月二十八日,所奉朱批谕旨:知道了,钦此。

乾隆十一年十月十七日

已交付蒙古衙门值月员外郎齐克坦。

---

① 此处原文是"ajige cagan",即蒙古语的毕齐罕察罕,指策旺多尔济纳木扎尔。
② 此处原文是"ajige cagan"。
③ 此处原文是"kojo"。

乾隆朝

##

驻藏大臣傅清奏据报准噶尔噶尔丹策零确已病故部内倾轧人员更替等情折

乾隆十二年正月二十二日

副都统臣傅清谨奏。为奏闻事。今年正月初九日，郡王颇罗鼐来至臣我处呈称：拉达克鄂勒哲依图汗车布登纳木扎尔，将所获准噶尔消息行文于我，我翻译成蒙古文携来，请大臣阅览，等语。之后臣我翻译看得，文书内称：遵从郡王为收取准噶尔消息而吩咐事，我给叫彭苏克的人陪附六个伙伴，将七人装扮成商人派至叶尔羌等地试探时，被叶尔羌回子长官唤去讯问道，令将印度巴扎汗及图伯特卫藏消息情形据实告来。对此将知道的所有巴扎等的消息俱告知，并称：卫藏蒙大主子之恩太平，黄教隆兴，听说现在郡王颇罗鼐总理事务，我等是边鄙地方人，不知太详细，等语。于是怀疑未告实情，不惜送至准噶尔滞留六个月。照前一样讯问时，亦照前一样告知。据我等核实打探得，丑年八月噶尔丹策零属实已去世，得痰核病，病十五天后去世了。去世前留下遗嘱称：我的位子上，大儿子拉木扎勒二十岁，理应即位，然小儿子策旺多尔济纳木扎尔①十五岁，实乃我父洪台吉之转世，故真的有益于厄鲁特之教法与朝政，若能即位，与我无异，令尔等爱戴并勤勉尽力，等语。照此遗言，使其即位。给予大儿子一千户，并称：令尔等各自分开管理行事，等语。其后将哈柳宰桑遣使京城，寅年六月回到准噶尔。大主子甚加仁慈，奉大主子谕旨：尔父已去世，今朕恻然怜悯，尔亦谨慎尽力，秉持诚心，钦此。如此教导并按礼赏赐很多无量寿佛等好东西。奉旨：著将在藏地积累功德之人，明年照旧前往，钦此。于是哈柳宰桑奏称：之前的那条路远，牲畜多有死亡，请求走喀喇乌苏之路，等语。于是奉旨：正是，钦此。对此甚是欣悦。将叫策布登的台吉，与其子妻一并处死，并将阿勒巴图，分给宰桑等人。将伊叔郭莽堪布喇嘛，虽要求自尽，然似乎已被暗杀。在伊位子上，任命了扎什伦布的阿克巴喇嘛。阿克巴喇嘛的位子上，任命了推萨木凌的随本罗卜藏丹增。从土尔扈

---

① 此处原文是"ciwangdorji namjal"。

特地方来一使者,印度额仁巴扎使者大约六人亦来。拉藏汗孙苏尔杂子纳古察,决定将策旺多尔济纳木扎尔兄弟中,不知是谁女儿,配给纳古察为妻。不甚仁慈拉藏汗孙噶尔丹旦增子。仁慈王罗卜藏丹津及伊妻扎木素都勒玛两人一般。噶尔丹策零去世前,王罗卜藏丹津曾言道:若给我一万兵,可照前一样攻占青海,等语。如此下人议论。还言论称今彼等尊敬的是博多尔子纳沁宰桑、都噶尔子察罕宰桑、巴雅思呼朗宰桑、小策凌敦多布及固始宰桑等人。有的人说,前来图伯特卫藏积累功德时,曾上奏过主子,到达图伯特地方后,却禁止彼等擅自行事,看管得严厉,于此甚是为难。其台吉已去世,新台吉年少,其内部不安,互相不合,似乎阿布达克科勒姆①、哈萨克、土尔扈特、喀尔喀等地要来兵,为此在防范及派出卡伦屏障等事上甚是为难,等语。如此彭苏克亲自告称。彭苏克回来时,一同派遣了罗卜藏达什等三厄鲁特及回子木那纳林,在拉达克所属黄教寺庙,为向噶尔丹策零积累功德熬茶,而于十一月二十八日到来。询问罗卜藏达什等人时一样告称。此外毫无他情,无掩饰欺骗之项,呈告其所言的所有实情。讯问罗卜藏达什等:尔等是否仍在打探阿里消息,等语。对此彼等言道:熬茶之事完后我等即返回,等语。为此呈文,等语。为此臣我将拉达克汗车布登纳木扎尔所获准噶尔消息,谨奏闻。

乾隆十二年二月二十九日,所奉朱批谕旨:知道了,钦此。

乾隆十二年正月二十二日

---

① 此处原文是"abdul g'arim"。

定边左副将军策凌奏将投诚厄鲁特多尔济解送进京并将巴颜等拟送宁古塔安置折

乾隆十二年十一月初四日

定边左副将军和硕超勇亲王固伦额驸臣策凌等谨奏。为奏闻事。总管防守乌里雅苏台等地兵参赞大臣护军统领塔勒玛善呈文来称：卡伦章京散毕勒，将驻扎西巴尔图鲁卡伦护军和林等所报准噶尔来投厄鲁特多尔济及巴颜等十三口人，送至我所驻之营。旋由我处委派查看水草的三等侍卫纳尔逊，并吩咐妥善看管送往大营而乘驿送往，等语。如此于乾隆十二年十月初九日送来。于是臣我等讯问来投的多尔济：尔是谁阿勒巴图，是何族，今年岁数几何，尔是否有父母，尔游牧驻在何处，尔为何来投，凡事据实告来，等语。对此供称：我是策旺多尔济纳木扎尔的阿勒巴图，宰桑拉苏荣鄂托克人，厄鲁特族，四十一岁，无父母，有子妻，游牧驻在西喇擘勒地方。我在准噶尔地方曾担任舒楞额，以我叔之子宰桑达什策凌有造反之心为由逮捕时，我担心把我本人也一起逮捕，而经与我表兄巴颜等人商议，我等全体约定集结在额尔齐斯地方，为承接大汗重恩安逸生活而来投。途中丝毫没遇见追捕我等之人，因我游牧地离我台吉的游牧地近，故没来得及带上我子妻逃跑，等语。讯问来投的巴颜时供称：我亦是策旺多尔济纳木扎尔的阿勒巴图，宰桑舍楞鄂托克人，鄂尔察克族，五十岁，游牧驻在纳林淖尔。我彼地赋役繁重，生活艰苦，故为承接大汗重恩安逸生活而经与我弟等商议，带领我弟巴克西，我叔之子都拜、巴党，巴党妻及女儿，我妻，我子阿木尔、阿布济、玛勒雅纳克，我两女儿，我表弟多尔济前来游牧地后，多尔济也要来投大国，于是我等约定集合于额尔齐斯地方，一同来投，等语。再审问来投的多尔济：尔是特为安逸生活而丢下妻孥来投大国之人，尔游牧驻在尔台吉附近，且尔又担任舒楞额，故知尔彼处事务吧。尔彼地人生活怎样，是否有往这边进兵之消息，准噶尔卡伦现俱置于哪些地方，由谁带领驻扎，与哈萨克、布鲁特是否仍有战事，与俄罗斯如何，令将尔所有闻知之处据实告来，等语。对此供称：彼地人倚赖种地生活者多，拥有牲畜的少。没有往这边进兵之消息。听说准噶尔卡伦现置于鄂尔毕、索尔毕等地，由玛木特宰桑带领，驻扎三百人。没听说与哈萨克、布鲁特有战事。前年准噶尔乌梁海等抓捕杀害掳掠了俄罗斯行商之人，故俄罗斯人出兵进逼准噶尔边境额尔齐斯地方，搬运米粮并造房屋，双方互相交恶。此前准噶尔出兵两万，派去征讨阿布达克科勒姆时，准噶尔人多有损失。噶尔丹策零去世后，撤回了军队。将带兵前去的台吉色布腾，以有反心为由，逮捕监禁致死。去年将策旺多尔济纳木扎尔的乳兄宰桑纳沁，以压制少主把持事务为由，众宰桑等合力逮捕。将宰桑博霍尔岱，以与纳沁是同伙为由，逮捕监禁。以结成朋党亲密行事为由，将宰桑和卓及衮布，亦逮捕流放至回子地方。将宰桑鄂勒锥，已罢免其宰桑。将大策凌敦多布子达瓦齐，以商议事务为由，遣使叫去两次，达瓦齐言道：策旺多尔济纳木扎尔听信小人之言，已将老旧宰桑等人俱逮捕，今欲要抓我吧，我不前往，等语。如此通告伊属下阿勒巴图，整饬兵器，预备妥当，不知后来变得怎样。我等往这边来时，谎称去见亲戚而走。这方边境之人，以防范盗贼为由，往道路及隘口派兵，纷乱行进。此俱是多尔济我亲眼所见，甚是真事，故而我等急行逃出，等语。再讯问多尔济：达瓦齐是尔台吉近族较大人物，却为何突然与尔策旺多尔济纳木扎尔如此交恶，尔可知此情由否，等语。对此供称：达瓦齐娶了宰桑纳沁的亲生妹妹，与纳沁交情好，因现已逮捕纳沁，故也怀疑有逮捕达瓦齐之意。此外毫无其他闻知之处，等语。讯问来投的巴颜、巴克西、都拜等人时供称：我等是行走于彼处鄂托克公务之人，听不到彼处机密事，据听众人议论，主子年少，领衔处理事务之人等不和，且大策凌敦多布子台吉达瓦齐是较大人物，又持有异心，如何是好。此外没有其他闻知事项，等语。为此臣我等向此辈中的单身多尔济，照例赏给口粮及一套衣服，为备审讯，委派查看水草的头等侍卫苏金保，乘驿解送京城。此外巴颜一族两户十二口内，有女人和小孩，今正值寒冷，难以行走远路，故向此辈亦照例赏给衣服各一套及口粮，以使在此地过冬。据查，将准噶尔来投人等送往京城，而将有妻孥的，俱送往宁古塔将军，办理安置于珲春、依兰哈拉等地。寻思倘若将此辈解送京城，再从京城送往宁古塔，则走弯路，劳累驿站，且耗费钱粮。若将此辈于明年天气暖和后，臣我等委派一查看水草的侍卫，从这里骑乘乌拉，送交黑龙江将军，从那里送往宁古塔将军，仍可办理安置于珲春、依兰哈拉等地，那样路近，似无须多费钱粮。是否妥当之处，圣主明鉴教导，俟降旨之时，谨遵办理。为此谨奏请旨。

乾隆十二年十一月十二日，所奉朱批谕旨：著军机大臣等议奏，钦此。

乾隆十二年十一月初四日

额驸

努三

巴尔品

乾隆朝

定边左副将军策凌奏鄂尔多斯蒙古色楞扎布自准噶尔来归请送原籍安置折

乾隆十三年十月初四日

  定边左副将军和硕超勇亲王固伦额驸臣策凌谨奏。为奏闻事。总管防守乌里雅苏台等地兵参赞大臣护军统领塔勒玛善呈文来称：驻扎纳密尔沙扎海卡伦前锋校什景等呈称，九月初九日，什景我令驻扎在默灵噶鄂博的披甲玉木扎布等人抓捕送来一厄鲁特。讯问时供称：我名色楞扎布，不是厄鲁特，是鄂尔多斯族，在乌逊珠勒地方交战时被贼抓走，等语。为此由什景我处委派喀尔喀章京阿扎拉等人送往大营，等语。如此到来。为此交给查看水草的蓝翎侍卫等级布特哈拜堂阿雅尔舒送往，等语。如此于乾隆十三年九月二十五日送来。于是臣我讯问脱出的蒙古色楞扎布：尔名甚，是何族，年岁几何，原曾是谁阿勒巴图，哪年于何处被贼抓走，曾在准噶尔何地何人家中，尔故地是否有父母兄弟子妻，今如何得以脱出，往这边来时路上是否有人见过尔，等语。对此供称：我名色楞扎布，鄂尔多斯族，今年三十五岁，是鄂尔多斯贝子齐旺班珠尔旗下台吉笋扎布的阿勒巴图。我雍正十年从军，在将军公傅尔丹的队伍中，于乌逊珠勒地方交战时被贼抓获，将我带走，交给驻在彼处塔尔巴哈台地方之台吉多尔济丹巴的阿勒巴图叫托贵的人为奴。我故地有父母，有两个弟弟，我父名阿巴郎，二弟名伊特格尔，三弟名沙津，我无子妻。我原是内地鄂尔多斯蒙古，住在贼地，因不堪忍受被其使唤差遣，故曾逃跑两次来往这边，俱在途中被彼人逮捕带回，丝毫没能脱出。我毕竟想念故乡，想脱出与父母团聚，故于今年八月二十三日，从塔尔巴哈台地方偷取两匹马逃跑。经由呼尔图、苏布图等路翻越阿尔泰，来到科布多乌梁海地方后，我骑乘的两匹马俱已疲惫，因此我从那里的乌梁海偷取两匹马骑乘，不分昼夜行进，勉强脱出。途中没见过彼人，因不识路，朝着日出方向一直走，碰见纳密尔沙扎海卡伦人后将我送来，等语。臣我再讯问脱出的鄂尔多斯蒙古色楞扎布：今尔已想念故乡而脱出，准噶尔人生活怎样，卡伦现俱设在哪些地方，是否有往这边进兵之消息，与俄罗斯、哈萨克、布鲁特是否有战事，令将尔闻知之处据实告来,等语。对此供称:准噶尔人倚赖种地生活者多,牧养牲畜的少,大半生活贫困。听说卡伦现设在奇兰①、克木齐克、杜尔伯勒津等地。没有往这边进兵之消息。与俄罗斯原曾友好,不知因何交恶,互相已设置卡伦,停止贸易。与哈萨克亦互相设置卡伦防范,没听说发生战争。初次进兵阿布达克科勒姆时,曾派兵两万,被阿布达克科勒姆打败,战死万余兵,一半人脱出。接着又遣去一万三百兵后,前去的士兵出痘,受害许多,不战而回来。听说今年又派了两万兵,去了尚未返回,丝毫未闻结果如何。策旺多尔济纳木扎尔虽然年少,但心甚凶恶,全然不仁慈下人,曾决定将其姐乌兰巴雅尔嫁给拉藏汗孙纳克察,后因乌兰巴雅尔不愿嫁纳克察为妻,故与宰桑齐默特等人全体商议,试图药死伊弟策旺多尔济纳木扎尔,策旺多尔济纳木扎尔发觉后,俱已处死宰桑霍尔果西、齐默特、纳沁、鄂勒锥、鄂罗西呼等宰桑,而将其姐乌兰巴雅尔,流放至回子地方。后又怀疑大策凌敦多布子台吉达瓦齐,以曾与被处死的宰桑等人全体有谋反之心为由,遣使两三次去拿时,台吉达瓦齐猜忌没去。立即预备伊下面的千余士兵,并言道:我父在尔父时代征战各地,四面俱是仇敌,我往哪里叛去耶,倘若听信小人之言欲要害我,那请尔来杀我,我不走,等语。如此言行后,策旺多尔济纳木扎尔遣人向达瓦齐言道:尔所言是也,我没害尔之意,有猜忌之心,若尔不反叛,将尔长子送来我处,等语。因此达瓦齐将伊十岁的男孩派人送去,不知抵达后变得如何。此外毫无听闻之处,等语。据臣我查得,军机处上奏后送来的文书称:今后若有从准噶尔脱出的内扎萨克蒙古,令停止送往京城,亦照喀尔喀例,由兵营办理,从那里送往各自故地,等语。如此上奏时奉旨:依议,钦此钦遵到来。将此已入案。为此臣我向脱出的鄂尔多斯蒙古色楞扎布,照例赏给口粮及适时衣服一套,委派在兵营的理藩院领催哈雅尔图,送至鄂尔多斯地方,交给伊该扎萨克贝子齐旺班珠尔,以使与伊父母团聚,照例办理,妥善照看安置。如此送去。为此谨奏闻。

乾隆十三年十月十二日,所奉朱批谕旨:知道了,钦此。

乾隆十三年十月初四日

定边左副将军　和硕超勇亲王　固伦额驸　臣　策凌

---

① 此处原文是"kiring"。

乾隆朝

军机大臣傅恒奏将投诚之厄鲁特人沙喇扣等送往京口安置折

乾隆十四年十二月十八日

大学士领侍卫内大臣诚勇公臣傅恒等谨奏。为议奏事。臣我等讯问自额驸策凌处送来的准噶尔来投厄鲁特沙喇扣时供称：我今年三十六岁，原曾是土尔扈特地方人，小时被哈萨克人掳掠，哈萨克人又把我送给准噶尔人，来交换其被俘之人。准噶尔人将我交给塔尔巴宰桑为奴，我毫无父母兄弟子妻，因不堪忍受奴役使唤，故为承接大国之恩安逸生活，我与讷默库济尔噶尔商量后，从伊犁河地方，于今年五月十五日夜里逃出。一直问路前行，八月时来到厄鲁特乌梁海地方，休息月余，十月十六日抵达塔巴喀依布拉克卡伦，等语。再审问沙喇扣：尔是为承接大国之恩安逸生活而来投之人，彼地人生活怎样，是否有往这边进兵之消息，哈萨克、布鲁特、阿布达克科勒姆、俄罗斯等人如何，令将所有闻知之处据实告来，等语。对此供称：彼地人倚赖种地生活者多，牧养牲畜的少。没有往这边进兵之消息。与哈萨克、布鲁特、阿布达克科勒姆等人，仍在用兵。与俄罗斯停止贸易，已有五六年。此前噶尔丹策零因病去世时，因策旺多尔济纳木扎尔年少，故凡事俱由伊姐乌兰巴雅尔把持处理。一天策旺多尔济纳木扎尔前去伊姐家中，以头部稍微得病为由，乌兰巴雅尔在碗里放药使其饮用时，策旺多尔济纳木扎尔发觉后，跑到雅克巴宰桑家里，召集众宰桑等人，逮捕乌兰巴雅尔，并解送至回子地方。现以巴罕曼济、衮布、鄂勒锥、吹纳木喀四宰桑为首处理事务。策旺多尔济纳木扎尔不怎么管事，性格暴躁，无故鞭笞他人，射箭杀狗取乐，等语。再讯问讷默库济尔噶尔时供称：我曾是土尔扈特人，被哈萨克人掳掠，将我交给准噶尔人，以交换其被俘的哈萨克人，准噶尔人将我交给塔尔巴宰桑为奴。我与沙喇扣两人，为承接大国之恩而一起逃来。我俱无父母兄弟子妻，等语。他处俱与沙喇扣一样供述。据查，此前除曾将准噶尔单身来投厄鲁特，俱编为额外披甲，食用半个钱粮，发给配妻价银外，还给半个购奴立地银，乘驿送往京口办理安置。今拟将准噶尔单身来投土尔扈特沙喇扣及讷默库济尔噶尔，俱照此例，除编为额外披甲,食用半个钱粮,发给配妻价银外,还给半个购奴立地银,由该部委派领催,乘驿解送京口,以使交给该将军办理安置。为此谨奏请旨。

乾隆十四年十二月十八日上奏时,所奉谕旨:知道了,钦此。

著将此交付蒙古衙门。

乾隆朝

58

定边左副将军成衮札布奏罗卜藏等自准噶尔来归请予安置并将喀尔喀护军敦多克等解京折

乾隆十五年九月初二日

定边左副将军扎萨克和硕亲王臣成衮札布等谨奏。为奏闻事。总管防守乌里雅苏台等地兵参赞大臣副都统品级萨巴克沙呈文来称：卡伦处将驻扎纳密尔沙扎海卡伦骁骑校齐克辛等所报准噶尔脱出蒙古罗卜藏及车仁达什送至我所驻之营，旋由我处委派查看水草的二等侍卫尼亚齐图，并吩咐妥善看管送往大营而乘驿送往，等语。如此于乾隆十五年八月十九日送来。于是臣我等讯问脱出的蒙古罗卜藏：尔名甚，今年岁数几何，是何族，原曾是谁之阿勒巴图，与尔同来的车仁达什是尔何人，哪年如何被准噶尔抓走，尔故地是否有父母兄弟子妻，曾在准噶尔何处何人家中，今怎样脱出，脱出时是否有人追击发现尔，等语。对此供称：我名罗卜藏，今年三十三岁，喀尔喀族，与我一起脱出的车仁达什是我胞弟，今年二十八岁，是哲布尊丹巴呼图克图的沙毕纳尔，阿勒达尔达尔固①所辖之人，原游牧曾驻在额尔德尼召的库布辛鄂尔昆地方。贼人进来，在额尔德尼召地方交战时，我本人、我弟车仁达什及我两个姐姐，四口人被准噶尔抓走。我那时是十五岁的小沙弥，我弟车仁达什九岁。准噶尔带走我后，交给了驻在塔尔巴哈台地方的厄鲁特叫呼图克的人为奴。带走我弟车仁达什及两个姐姐后，不知交给了何人。抓走我等时，我父母兄长大姐俱仍在故地，我父名喀喇沁鄂齐尔，母名查巴干察，兄长名散济扎布，大姐名吹济特。我为了寻找与我同时被准噶尔抓走的姐弟，一直探询，在伊犁地方找到我三姐博里古后，因姐博里古知道我弟车仁达什所在之处，故我等兄弟才得以相见相识。后来噶尔丹策零去世后，听说伊女乌兰巴雅尔为了积累功德将赦免众多有重罪之人，故我等兄弟经过商量，恳请乌兰巴雅尔将我等兄弟骨肉团聚安置在一处时，乌兰巴雅尔使我等兄弟团聚，安

---

① 此处原文是"dargū"，即蒙古语的"daruγ-a"，长官之意。

置在了其喇嘛堪布的沙毕纳尔里,曾有四年。今年五月初九日,我兄弟俩经过商议,为了逃出,从人借来两匹马,谎称前去看望驻在博尔塔拉地方的熟人而出来。路过博尔塔拉,于傍晚时分,看见一帮经商的回子人等,我等兄弟夜里偷取那些商人的四匹马、一顶帐篷、一副马鞍、一支鸟枪、一部箭筒,一直急行逃跑。到达图尔干扎克赛地方后,傍晚时分,厄鲁特打牲乌梁海八人带着箭筒、鸟枪,以我等是逃人为由,靠近询问时谎称:我等是经商之人,我等的伙伴走在前面,尔等可想抢掠我等乎,等语。时那些乌梁海等向我等射来一箭,我亦回射一箭,接着我弟车仁达什施放两次鸟枪,这期间天色已晚,故彼等才返回。我等立即匆忙不分昼夜行进,来到卡伦,等语。再讯问脱出的罗卜藏:尔曾在准噶尔地方居住好几年,彼人现在生活怎样,可有往这边进兵之消息否,阿布达克科勒姆、哈萨克、布鲁特如何,与俄罗斯怎样,卡伦俱置于哪些地方,由谁带领,尔若有其他闻知之处,令据实告来,等语。对此供称:我等兄弟骨肉团聚后,曾在策旺多尔济纳木扎尔附近游牧的堪布喇嘛沙毕纳尔地方居住四年有余。策旺多尔济纳木扎尔性格凶残,竟干龌龊下流之事,不处理正务,整日杀狗娱乐,抢夺他人妻室女儿而行,故其下人无不憎恨。听说今年三月,驻在库克乌苏、喀喇塔拉地方的厄鲁特台吉赛音伯勒克,来见策旺多尔济纳木扎尔时,前往领头的宰桑鄂勒锥、衮布、鄂勒锥鄂鲁西呼、巴罕曼济等人家中后,四宰桑等商定:我等的台吉不处理正事,竟干龌龊下流之事,已失众人之心。依我等之意,伊兄桑布达尔扎,为人老实,逮捕策旺多尔济纳木扎尔,要让伊兄桑布达尔扎即位。策旺多尔济纳木扎尔今年四月初去西喇擘勒地方打猎,趁此机会,欲立即逮捕监禁。策旺多尔济纳木扎尔出行时,尔宣称前去征讨阿布达克科勒姆,召集军队,从那里迎接逮捕策旺多尔济纳木扎尔,我四人亦欲协助尔,等语。其后策旺多尔济纳木扎尔带着伊身边的随从人等,于四月初五日为在西喇擘勒地方打猎,前往博克斯鄂托克人游牧地游玩时,小策凌敦多布子台吉达什瓦,一向交好策旺多尔济纳木扎尔,故告知此消息,策旺多尔济纳木扎尔立即从博克斯鄂托克召集一千余兵,一面将近侍宰桑达瓦、鄂布齐、和通果斯、乌玉特四人派遣至家中,令将伊所用的兵器及宰桑鄂勒锥一并逮捕带来。宰桑达瓦等人返回策旺多尔济纳木扎尔家中,带上兵器并逮捕鄂勒锥宰桑,奔向策旺多尔济纳木扎尔时,鄂勒锥鄂鲁西呼等三宰桑听到后,急忙带兵赶至,将那遣去的四宰桑俱杀死,一并抢回带着的兵器及宰桑鄂勒锥。从那里宰桑鄂勒锥鄂鲁西呼、衮布、巴罕曼济、鄂勒锥四人,带兵前去抓捕策旺多尔济纳木扎尔。之前参与协商的台吉赛音伯勒克亦带兵来到游牧地,因策旺多尔济纳木扎尔召集的一千余兵丝毫不能保护伊,故被鄂勒锥鄂鲁西呼等四宰桑逮捕。

鄂勒锥鄂鲁西呼等人对策旺多尔济纳木扎尔,将红铜碟子放在火上烧红,遮挡在其眼睛近前溅水,将其两眼弄瞎后,解送至阿克苏地方囚禁。而使噶尔丹策零私生子台吉桑布达尔扎即位。将策旺多尔济纳木扎尔妻麻济坦,遣回伊娘家。已将小策凌敦多布子台吉达什达瓦,以交好策旺多尔济纳木扎尔并传送消息为由,逮捕囚禁。听说将策旺多尔济纳木扎尔近侍之人俱已治罪。又听人议论:台吉博格里听到已逮捕囚禁其亲兄达什达瓦后,带领伊下一千余户人,奔着巴里坤而去,故从彼地派兵从后面追赶,等语。不知博格里是否已逃脱,或已被其捕获。彼地人倚赖种地生活的多,牧养牲畜的少。没有往这边进兵之消息。与阿布达克科勒姆仍在争战。已与哈萨克和好。与布鲁特边打边和。与俄罗斯和睦,往来贸易而行。听说卡伦设置,从北边的布鲁尔到巴里坤为止,没听说为首之人。此外毫无其他闻知之处,等语。讯问脱出的蒙古车仁达什时供称:准噶尔带走我,交给驻在空济斯地方的叫唐古忒的厄鲁特为奴。其后我与亲兄罗卜藏一起商议,曾向乌兰巴雅尔请求使我等骨肉团聚安置时,将我等兄弟编为堪布喇嘛的沙毕纳尔安置,等语。他处俱与伊罗卜藏一样供述。臣我等正处理此事欲要上奏时,本月二十二日,从驻扎乌里雅苏台的参赞大臣萨巴克沙处行文来称:卡伦处已将脱出的镶红满洲旗护军杜楞格,来投厄鲁特敦多克及其弟鄂勒锥、努思海、鄂勒锥妻四口人送至我营。现送往大营,等语。据查,脱出的罗卜藏等人的口供,与此前臣我等上奏的津巴口供大体相似,俱称因策旺多尔济纳木扎尔凶恶放荡,故被其下面的宰桑等逮捕弄瞎囚禁。现已脱出的护军杜楞格及来投的敦多克等人,俱接踵而来,是故待讯问杜楞格等人后再奏,为此等候。接着二十六日,萨巴克沙处送来脱出的杜楞格及来投的敦多克等人。于是臣我等审问脱出的护军杜楞格:尔是何旗谁佐领人,如何被贼俘获,等语。又审问罗卜藏等人供述的所有事情时供称:杜楞格我是镶红满洲旗明图佐领鸟枪护军,今年五十五岁,原先来时父亲已去世,母亲健在,兄长名倭兴格,曾是长枪护军,弟弟色庆格,曾是披甲。我有妻,有两个男孩。我于雍正七年从军原任大将军公傅尔丹队伍,九年在和通呼尔哈淖尔地方交战时,鏖战八日,于第八天身受两处箭伤,被贼俘获。带至噶勒占处,分给宰桑噶勒占所辖兵丁巴雅思呼朗,在巴雅思呼朗家中滞留了两年。我思念圣主之恩,尚有逃脱之心,故巴雅思呼朗发觉后,将我卖给其回子密叶米耶,从那以后我逃跑两次,俱被其人抓获,丝毫没能逃脱。杜楞格我属圣主的满洲,被贼抓走,一直思考如何能逃脱。今年回子密叶米耶来到其乌梁海、科布多地方经商,故我勉强得到机会,取一匹马脱出,不分昼夜奔驰五天,进入深山迷路,曾以为不能出去了。托圣主恩福,打猎而行,遇见三人时,我方乌梁海宰桑杜塔齐、伊特格勒、和卓拉等人向我言道：我等俱是色布腾旺布所属乌梁海，尔莫要害怕，我等将尔送至卡伦之地，等语。如此将杜楞格我送到纳林察罕布尔噶苏卡伦。准噶尔人倚赖种地生活者多，拥有牲畜的少，大半穷困。每年都出兵派至哈萨克、布鲁特、阿布达克科勒姆等地。全然没有往这边进兵之消息。又听说策旺多尔济纳木扎尔年少，不能处理事务，平时甚是放荡凶恶。伊于今年春带领六百兵前去打猎后，伊属下大宰桑衮布、曼济、鄂勒锥、吹纳木喀等人引兵去追伊，杀死伊近侍随从一百余人，并将策旺多尔济纳木扎尔抓回来，弄瞎两眼，囚禁于深地窖，挨饿致死。听说将噶尔丹策零私生子桑布达尔扎，以其老实善良为由，携来即其弟位为首领台吉。全然没听说博格里带着近一千户躲避至巴里坤之事。只彼地人因此次骚乱，固防各自地方。因我所驻的地方远离策旺多尔济纳木扎尔的游牧地，故此外俱不知其他事情，等语。讯问来投厄鲁特敦多克时供称：我名敦多克，努里族，三十四岁，是策旺多尔济纳木扎尔所属阿勒巴图，游牧驻在伊犁河。我无父母，有子妻，我妻名达呼，三十六岁，男孩名三森，十一岁，女儿两岁。因今年春传闻逮捕我台吉策旺多尔济纳木扎尔，故我曾指示我子妻：请与跟我等在一起的俘虏鄂勒冲搭伴投奔大国，随后我亦投奔，等语。现不知我子妻是否已往这边投奔出来。与我一起来投的鄂勒锥、努思海俱是我亲弟，女固木扎布是我弟鄂勒锥的小妻。我本人与我弟鄂勒锥，向来当差于策旺多尔济纳木扎尔身边。之前听说我宰桑等商议：策旺多尔济纳木扎尔做事放荡，霸占他人子女，不处理事务，欲逮捕囚禁处死，让噶尔丹策零私生子台吉桑布达尔扎即其位，等语。后来策旺多尔济纳木扎尔亦发觉此事，于今年三月带领一百五十人，又在路上从各鄂托克引来四百五十兵，前去纳林准噶勒西巴尔图地方打猎后，我宰桑巴罕曼济、衮布、鄂勒锥、鄂勒锥鄂鲁西呼等人，俱逮捕像我这等近侍随从之人。其后听说宰桑达什哈什哈带兵，于五月前往纳林准噶勒西巴尔图地方，施计于夜里逮捕策旺多尔济纳木扎尔，携至伊犁河游牧地，烧红扁铁，遮在两眼近前溅水，弄瞎策旺多尔济纳木扎尔的两眼，解送至喀什噶尔回子处囚禁时，策旺多尔济纳木扎尔已于当夜死去，第七天使伊兄桑布达尔扎即位。策旺多尔济纳木扎尔近侍随从三百人内，杀死一百三十人，拆分其余一百七十人之子女户畜时，俱拆散我等兄弟的户畜。台吉策旺多尔济纳木扎尔，曾一向甚是仁慈我弟鄂勒锥，每年都派至俄罗斯地方贸易，故我弟鄂勒锥在我乌梁海地方娶一小妻而驻，曾将我三弟努思海留在乌梁海女子处。宰桑等拆分我弟小妻的户畜时，我弟鄂勒锥致信给我，于是我等约定时日，俱集结在伊乌梁海女子处，商定一同来投大国。其后我于那约定的时日里逃跑，到达我弟鄂勒锥乌梁海小妻处后，那遣来的使者已将我弟鄂勒锥小妻那里的户畜俱拆分完毕,乌梁海宰桑等与使者们一起喝得烂醉。夜里我等兄弟经过商量,偷取十一匹马,我兄弟三人带着鄂勒锥小妻,于七月十九日从乌梁海地方往这边来投。路上毫无追击发现我等之人,一直行进到达卡伦后,送到此处。我彼地人倚赖种地生活者多,牧养牲畜的少。没有往这边进兵之消息。与阿布达克科勒姆有战事,已与哈萨克、布鲁特和好。与俄罗斯和睦,往来贸易。卡伦置于布拉罕、青济勒等地,每卡伦驻扎有三十人,不知为首之人名。全然没听说台吉博格里带领近千户去往巴里坤之事,等语。据鄂勒锥供称:我名鄂勒锥,二十九岁,此女是我小妻。我与我兄敦多克一起,一向在策旺多尔济纳木扎尔身边当差。宰桑达什哈什哈等人逮捕策旺多尔济纳木扎尔后,抓捕近侍随从之人时,逮捕了我等兄弟。俱拆分完我子妻户畜后,差遣三个使者,要带着我前去拆分在乌梁海的我小妻户畜。为此我与我兄敦多克悄悄约定时日,会于一处,试想来投大国。经如此致信,我兄敦多克于约定时日来到我乌梁海地方小妻处,偷取十一匹马,我兄弟三人带上我小妻,往这边来投,等语。他处俱与伊兄敦多克一样供述。据努思海供称:我名努思海,二十八岁,我没子妻。去年秋我跟随我二兄鄂勒锥,前往俄罗斯时,我兄将我留在了伊于乌梁海地方的女人处。今年七月十九日,我兄弟三人经过商量,带上我二兄鄂勒锥的小妻,往这边来投,等语。他处俱与伊二兄鄂勒锥一样供述。臣我等查得,据敦多克供称,此前伊指示妻孥与被俘的和托辉特叫鄂勒冲的人一道来投。虽是如此,此辈至今毫未到来,故毋庸议。此外传告脱出的哲布尊丹巴呼图克图的沙毕纳尔罗卜藏及车仁达什的父亲喀喇沁鄂齐尔、兄长散济扎布等人时,据该副将军额林沁多尔济告称,伊父喀喇沁鄂齐尔已病故,伊兄散济扎布现健在。携来散济扎布辨认时告称:罗卜藏及车仁达什俱是我亲弟,等语。如此供认。此前将准噶尔脱出喀尔喀人,俱由臣我兵营办理,从这里送至各自原旗安置。已入案。兹逃脱的沙毕纳尔罗卜藏及车仁达什等人的闻知之处,与脱出的杜楞格及来投敦多克等人的闻知之处,没什么差别。故臣我等向罗卜藏及车仁达什,照例赏给口粮及适时衣服各一套,照此前办理脱出喀尔喀等人例,与伊兄散济扎布团聚,并给与家产牲畜,妥善照料安置。如此从此处吩咐喀尔喀副将军和硕亲王额林沁多尔济。而将来投的敦多克等四口,理应照此前之议奏,由臣我此处解送黑龙江将军,以转送至宁古塔将军才对。只是敦多克等人俱是策旺多尔济纳木扎尔近侍之人,明知其内部生乱之事由,故为预备内廷讯问,与脱出的护军杜楞格一起,俱照例赏给口粮及适时衣服各一套,交给查看水草的三等侍卫穆坦,乘驿解送京城。厄鲁特旗贝子彭楚克等所属乌梁海宰桑杜塔齐、伊特格勒、和卓拉等人,听说脱出的护军杜楞格是我人后,立即送至卡伦,此事可嘉。故仍照此前赏赐送来脱出伊勒噶特、博罗勒岱等人的和托辉特贝勒所属乌梁海宰桑苏木沁等人例,奖励宰桑杜塔齐,赏赐彭缎一匹、布六匹、砖茶六块、烟草六包,赏赐同来的伊特格勒及和卓拉等人,布六匹、砖茶六块、烟草六包。为此谨奏闻。

乾隆十五年九月十一日,所奉朱批谕旨:知道了,钦此。

乾隆十五年九月初二日

定边左副将军　扎萨克和硕亲王　臣　成衮札布

参赞大臣　副都统品级　臣　穆克登额

参赞大臣　副都统品级　臣　巴尔品

乾隆朝

定边左副将军成衮札布奏喀尔喀罗卜藏多尔济自准噶尔来归请安置折

乾隆十五年九月初八日

　　定边左副将军扎萨克和硕亲王臣成衮札布等谨奏。为奏闻事。总管防守乌里雅苏台等地兵参赞大臣副都统品级萨巴克沙呈文来称：将驻扎布延图卡伦蓝翎侍卫德义等所报准噶尔脱出蒙古罗卜藏多尔济，交给喀尔喀委署章京齐毕纳等人，送到我所驻之营。旋由我处交给运来钱粮返回的喀尔喀扎兰章京扎布，并吩咐妥善看管送往大营而乘驿送往，等语。如此于乾隆十五年九月初一日送来。于是臣我等讯问脱出的罗卜藏多尔济：尔名甚，年岁几何，是何族，原是谁之阿勒巴图，原游牧曾驻在何处，在何年何处如何被准噶尔抓走，曾在准噶尔何人家中，今怎样脱出，往这边来的路上是否有人追赶见过尔，等语。对此供称：我名罗卜藏多尔济，喀尔喀族，今年三十二岁，是车臣王阿勒巴图，原曾驻在塔米尔地方。贼人进来，掳掠我所驻游牧地，俘获了我母亲、我本人及两个弟弟共四口人，我那时十四岁。准噶尔带走我，交给驻在奇兰、库列图①的厄鲁特台吉策凌蒙克为奴，后来策凌蒙克给我配妻，没生孩子。带走我母及两个弟弟后，不知交给了何人。我父名高堆，兄长名少尔哈齐。因我想念我父兄及故地，故经与被掳走的我喀尔喀蒙古多尔济及厄鲁特西喇扣一起商量逃跑后，于今年八月初九日脱出。一直行进至塔尔浑扎克赛地方后，遭遇厄鲁特打猎七乌梁海，抓捕我等时，多尔济、西喇扣逃往扎克赛河下游，我不知是否被其所抓，我即向河的上游躲避，三乌梁海从后面来追我，因我马好，故没有被其抓获而脱出，一直行进至卡伦，送至此处，等语。再讯问脱出的罗卜藏多尔济：尔业已思念父兄而脱出，准噶尔人生活怎样，是否有往这边进兵之消息，是否与阿布达克科勒姆、哈萨克、布鲁特等人有战事，与俄罗斯如何，卡伦俱置于哪些地方，以谁为首，令将尔所有闻知之处俱如实告来，等语。对此供称：准噶尔人倚赖种地生活者多，牧养牲畜的亦有。没有

---

① 此处原文是"kirang kuretu"。

往这边进兵之消息。仍在征战阿布达克科勒姆、布鲁特、哈萨克等人。已停止与俄罗斯往来贸易。听说卡伦设在古尔班沙扎海等地,驻扎三百人,以台吉根敦为首。又听其人议论:策旺多尔济纳木扎尔被其宰桑等人逮捕后,弄瞎两眼,解送至回子地方囚禁,使噶尔丹策零私生小子即位,等语。不知即位小子之名。再据彼处人等传言:因宰桑等逮捕囚禁了小策凌敦多布子台吉,故那位台吉的弟弟,带领伊下一千余户人,向额仁哈毕尔噶逃去。于是其宰桑等出兵六百,前去追赶,被逃人打败,只四人返回,等语。不知那位台吉等人之名。我曾给别人当奴,驻在我游牧地这方面,此外毫无其他闻知之处,等语。为此携来臣我旗高堆,辨认罗卜藏多尔济时,高堆言称:罗卜藏多尔济是我儿子,等语。如此供认。据查,此前准噶尔脱出喀尔喀人,俱由臣我兵营办理,从这里送往各自原旗安置。已入案。兹脱出罗卜藏多尔济,因无其他闻知之处,故臣我等向罗卜藏多尔济,照例赏给口粮及适时衣服一套,照此前办理脱出喀尔喀等之例,与伊父团聚,给与家产牲畜,妥善照料,安置于臣我旗。为此谨奏闻。

乾隆十五年九月十九日,所奉朱批谕旨:知道了,钦此。

乾隆十五年九月初八日

定边左副将军　扎萨克和硕亲王　臣　成衮札布

参赞大臣　副都统品级　臣　保德

参赞大臣　副都统品级　臣　穆克登额

参赞大臣　副都统品级　臣　巴尔品

乾隆朝

西宁办事大臣班第奏阿玉锡等自准噶尔来投审明缘由折

乾隆十五年九月十四日

办理青海番子等事副都统品级奴才班第谨奏。为奏闻讯问准噶尔来投阿玉锡及莽鼐事。适才奴才我等曾上奏：此前已奏闻德布特尔卡伦来报的准噶尔三百余人来投之事，俟送来其先行派来送信的阿玉锡及莽鼐时，再详问奏闻，等语。今奴才我等遣去迎接的把总谭德福①等人，将准噶尔来投阿玉锡及莽鼐，于九月十三日携来。于是立即讯问阿玉锡及莽鼐：尔等之游牧曾驻在何处，如何逃出，由何人领来，准噶尔卡伦置于何处，尔等来时后面是否有过追赶。夏天塔里木河水甚大，尔等如何渡过，噶斯路牛虻、蚊子凶狠，怎样通过了大戈壁。现尔等后续队伍之人到达的库克德尔苏地方，与我卡伦哈济尔之地，可有几日路程，等语。对此供称：我等俱是准噶尔小策凌敦多布子达什达瓦②属人，我等的游牧曾驻在喀喇沙尔地方。今年四月，准噶尔首领为将达什达瓦本人及其子图鲁巴图一起逮捕，并将属人俱分给他人，而来查户口数时，众人纷纷惊惶。我等驻在一处的人等，经过全体商议，认为与其如此痛苦生活，不如归顺大国圣主安逸生活，是故共纠合八十余户，趁惊乱之时，见机逃出。我等游牧的喀喇沙尔地方，即是准噶尔南境，亦近塔里木河，准噶尔卡伦曾在乌科克地方驻扎四五十人，我等没走卡伦，经没卡伦的地方迂回通过。我等出发后，陆续有三队人马前来追赶，于是互相对攻，双方俱受损失，没能收取我等而返回。是缚筏渡过了塔里木河，一进入噶斯山口，便开始变凉，牛虻、蚊子亦变少了。即使那样，夜里通过戈壁地方时，马驼疲惫许多，俱丢下牛羊，勉强到达库克德尔苏地方后，差遣我二人先来告信。此库克德尔苏之地，距离此处卡伦哈济尔之地，有六七舍路程，这期间彼等似会缓慢行进到来。我等来的人群内，将曾任另一鄂托克宰桑的叫萨喇尔的人，我等

---

① 此处原文是"tan de fu"。
② 此处原文是"dasi dakba"。

内部经过商议后推为头人，又有德木齐等级的几个人，还有三个内地汉人。之前吹纳木喀前去西藏熬茶那次，莽鼐曾跟来，因认识此路，故此次带领众人，向导而来，等语。审问阿玉锡及莽鼐：尔等初到时，对我卡伦人言道，尔之达什达瓦年少不懂事，折磨尔等也。今为何又言，因准噶尔首领逮捕达什达瓦，故而来投。前后说的言语不合，此事为何。再尔等所驻喀喇沙尔地方，离哈密甚近，却为何不投奔那里，为何由这般艰难远路而来，凡事俱如实告明，稍勿欺骗，等语。对此供称：我等曾言，噶尔丹策零子策旺多尔济纳木扎尔年少不懂事，故属下人已将伊逮捕，亦逮捕达什达瓦，甚是折磨我等。或因口音相异，故而听错吧。我等的游牧地虽近哈密，但居住那条路上的人多，故没敢走，只考虑脱出，由无人之地寻来。我等是特为承接圣主之恩而舍命冒险前来者，凡事皆尽量据实告明而已，岂敢妄言欺骗，等语。再细问阿玉锡及莽鼐：已逮捕策旺多尔济纳木扎尔之事是否属实，是谁之意，为何逮捕，已如何处置伊，其位子上，以谁为首，下面众人有何言辞。准噶尔人生活怎样。从哈萨克、布鲁特方面是否仍来争战。是否又有何进兵其他地方之消息。与尔同来的汉人者，是何人，现在何处，他们为何不与尔等一起先来，等语。对此供称：听说管事的宰桑等，以策旺多尔济纳木扎尔年少不懂事、好游玩为由，将其进行逮捕，弄瞎眼睛，囚禁于回子阿克苏城。亦为此事逮捕了达什达瓦。其他较大诺颜宰桑，亦有被捕的。策旺多尔济纳木扎尔的位子上，让与噶尔丹策零通奸女人所生之子拉玛达尔济①即位。挑起此事者，即是拉玛达尔济之意，是与大宰桑巴罕曼济、博托克等人一起全体商议后干的事。下人等抱怨者多。彼地众人生计亦不同，大半穷困，艰苦生活者多。这一两年，哈萨克方面没来争战，布鲁特仍在掳掠我边境之人。没听说进兵其他地方之消息。我等俱是居住边境之小人，不怎么明知内部秘事。若真有其他闻知之处，俱会告明，难道真的隐匿乎。与我等同来的汉人者，是之前在巴里坤地方俘获的，一个曾与我等一起先被派来告信，因途中所骑的骆驼倒毙，故留下等待后队，不知此辈原来曾是什么人，今或与众人一起俱已到达卡伦吧，等语。为此对这两人，俱赏给衣服帽子等物，照前例交给地方官，办给住房及食物，出兵看守驻扎等待。此外其口供称同来三名汉人，故及时行文奴才我等所遣的官员，俟此辈到达卡伦后，将三名汉人亦送来西宁，详问所有事情，若另有言情，再行上奏。为此兹将讯问卡伦所送阿玉锡及莽鼐之事，谨奏闻。

乾隆十五年九月二十五日，所奉朱批谕旨：知道了，钦此。

---

① 此处原文是"lamadarji"，以下俱同。

乾隆朝

西宁办事大臣班第奏闻投诚厄鲁特萨喇尔等供词并请示如何安置折

乾隆十五年九月三十日

办理青海番子等事副都统品级奴才班第谨奏。为奏闻讯问准噶尔来投宰桑萨喇尔等人事。九月二十八日,由卡伦处送来准噶尔来投宰桑萨喇尔及其同伙巴颜阿杂尔、呼岱,以及旗人六十八,民人李正生[①]。于是奴才我立即逐一审问时,据萨喇尔供称:我是小策凌敦多布子达什达瓦所属库图齐纳尔[②]鄂托克宰桑,今年四十四岁。我达什达瓦为防范北部边境的哈萨克、布鲁特,曾领兵驻扎在西喇擘勒地方,原游牧仍驻在喀喇沙尔、珠勒都斯等地。今年春天,我准噶尔台吉策旺多尔济纳木扎尔兄拉玛达尔济,伙同伊婿赛音伯勒克,逮捕了策旺多尔济纳木扎尔,并以我达什达瓦与其交好为由,亦一并逮捕。五月又来抓捕达什达瓦子图鲁巴图,俱已逮捕了我等管事的四大宰桑,之后抓走了两个首席宰桑托里和巴罕布林,释放我本人及叫门都巴雅尔的一宰桑,并查户口数,以分赏他人,是故我等内部经过商议,约定归顺大主子。五月二十四日夜里,我等逃出时,纷乱交错,没能同时集合,次日看得,有许多没来得及出走者。我等亦只考虑逃脱,没等他们,即启程而来。第三天玛呼斯鄂托克宰桑图布济尔噶尔,带领三四百兵,从后面来追赶,我人扼守隘口,用鸟枪打死其人群里的一德木齐巴图济尔噶尔,因此众人逃回去了。我等掳掠途中经过的叫库尔鲁克的回子村寨,取其牛马衣食等项,当作行粮。行走近十天后,克烈特鄂托克宰桑普尔布,又带一群士兵来追,或有五六百人,其中多布鲁特族人,与我等同行的布鲁特人,有沾亲带故的,将交战被俘之人,其内部商议后,互相交换而回去。再走十余天,渡过塔里木河后,我达什达瓦兄长之子讷默库济尔噶尔,带一千余人赶来,于是为了不使我队之人惊惶,我向彼等谎称:只有六七百人,等语。并捆绑树杈芦苇,筑起寨子抵

[①] 此处原文是"lii jeng šeng"。
[②] 此处原文是"kuteciner"。

抗。交战十三昼夜,其人伤亡及马驼死去甚多,我人亦损失十余名。我知其兵力衰竭后,带领众人高声呐喊冲击,故彼等立即躲避撤回。即使那样,我不敢相信,或似乎故意懈怠我等,以再来追击,因此派出卡伦殿军,保护后路,让子女辎重走在前方,来告彼等已渡河而去后,才放心往这边来。现我等一起到达卡伦者,有五十二户,又将十八户七十余口,留在了噶斯地方,从后而来,等语。讯问萨喇尔:如何逮捕了策旺多尔济纳木扎尔。拉玛达尔济即位后,准噶尔众人之心是否依从,其年岁几何,为人怎样。与尔同行的布鲁特人等,又是做什么的,总数多少,现俱在何处。尔游牧之人是经过共同商议来投的,却为何要追击抓捕尔等。因达什达瓦被捕之事,尔等才逃出也,其兄之子讷默库济尔噶尔,为何反而带兵追击尔等。据之前来报,曾说尔等一起来的有八十一户,今到的有五十二户,留在后面的只有十八户,若是如此,人数亦不合,为何有差错。又曾说尔队里有三名内地人,为何只来两人,那一个是何人,现在何处,等语。对此供称:噶尔丹策零去世后,曾让伊小儿子策旺多尔济纳木扎尔即位,并给拉玛达尔济一百户人,将其安置在了边境地方。这期间策旺多尔济纳木扎尔年少贪玩,且与其姐姐、姐夫交恶,故伊之姐夫赛音伯勒克伙同拉玛达尔济,勾结大宰桑巴罕曼济、鄂勒锥等人,逮捕囚禁了策旺多尔济纳木扎尔,让拉玛达尔济即其位。因为此事,亦逮捕了我达什达瓦,听说还逮捕了许多大人物,是谁,我不一一详知。拉玛达尔济或许到了三十岁左右,小时我见过,曾经很蛮横,好多年没见了,驻扎在边境方面,没怎么理事,未闻其有无能力,人心是否依从。我等惊惶骚动当时,亦没得详细询问收取消息之机会,岂敢妄加言论,思众人多有不依从者。我游牧之人,没有追击我等,混驻在我附近的当差人有五个鄂托克,此玛呼斯、克烈特鄂托克俱是其中的,想必彼等听到消息后,亦会服役来追吧。再达什达瓦兄长之子讷默库济尔噶尔,平时即与其叔叔不和,今或许已变为拉玛达尔济之人,也同样没什么能力。与我等同行的布鲁特人,原来俱是小策凌敦多布行军打仗时虏获领来的,曾安置在我游牧内。刚刚众人生乱之际,彼等亦要回故地,所以逃出,共有二百余口,路上遇到我等后,我向彼等发誓称:我等互不侵扰,合力相助,抵挡后面追兵,等语。并以同行,渡过塔里木河后,彼等向西经克里耶特路返回其故土。再我等一起来的户口数,当初曾有八十一户,三百八十余口,除途中倒毙及阵亡之人外,在哈玛尔岭那边,因牲畜疲惫而不能行进,有几户落下的离我们远,不可三番五次地连连等待,故放弃彼等而来。来到噶斯这边查人时,仍将稍有力气能勉强行走的五十二户,与我等一起先带来,再有十八户七十余口,亦牲畜疲惫不能行进,且那里野兽众多,我令彼等留后牧养牲畜,打猎野兽,缓慢前来,然不能确定何时能到,或会斟酌彼等之力尽量快来吧。即使与我等一起到的人,亦无居住的蒙古包,没有冬衣,甚是困苦。若问为何,当初出来时,因是夏天,故只考虑急行,没带所有辎重器物,路上又行战斗,夜里穿过好几个大戈壁。在这等遥远艰难的路上,没有休养牲畜的机会,只顾祈求能活着到来,永远承蒙大主子之恩安逸生活。仰赖天佛保佑之力及大主子威福,已经到来,如何怜悯安顿生活之处,大主子定会仁慈吧。再与我等一起来的内地人,曾有五个。在哈玛尔岭那边,一个病故,一个在留下的人群里,还有叫乌尔格的一人,刚刚从库克德尔苏来这边时,又病故了。我不知此辈原是何人,等语。据巴颜阿杂尔供称:我是萨喇尔宰桑所辖库图齐纳尔鄂托克人,五十三岁,哈萨克族。很小的时候,被小策凌敦多布掳来,俱不知故地事情。刚刚萨喇尔等人来归大主子时,我亦一同来投,算上我妻及两个儿子、媳妇、小孩,共十六口,俱同时到达卡伦,等语。他处与萨喇尔一样供述。据呼岱供称:我亦哈萨克族,幼小时被掳来,今年四十九岁,此辈来投时我亦带我妻、两个男孩及一个女孩同时来投,等语。他处与彼等一样供述。讯问萨喇尔:此前莽鼐、阿玉锡曾供称,除尔之外,再有几个德木齐等级的人。俱是何人,彼等在哪里,为何没一起带来,为何带来这两人,等语。对此供称:我等来的队伍里,有固济尔和巴扎两个正职德木齐及德木齐子弟替代其父兄行事的策楞、和硕齐、迈桑三人,先来报信的阿玉锡即是此迈桑亲兄,阿玉锡原来曾是在达什达瓦母亲老哈屯身边侍从的随本。又有一叫额林沁的人,拟派其为德木齐,未任命前即来了。刚刚我从卡伦来时,调遣此辈管束众人户口。携此巴颜阿杂尔、呼岱来,是因其他人多是生身者,这两人俱出过痘,是故领来,等语。讯问六十八及李正生:尔等原是何旗、何地人,为何到了准噶尔,曾在彼处干甚。听说策旺多尔济纳木扎尔现已被捕,此是否属实。尔等俱是我内地人,久居准噶尔地方,一切听闻之处,令据实供明,稍勿欺骗。再与尔等同来的我人共有多少,途中身亡的、留下的是谁,俱是何人在何处,等语。对此六十八供称:我曾是前去驻扎右卫的镶红蒙古旗毛齐塔特佐领下前锋,今年四十八岁,雍正八年从军北路,九年跟随前锋统领定寿,在和通呼尔哈地方交战时受伤,被贼俘获。将我当作小策凌敦多布的属下,安置在了喀喇沙尔附近叫库尔鲁克的回子屯寨,我逃跑三次俱没能出去。今年五月,此萨喇尔宰桑带领众人,经过我居住的屯寨时,领头的回子为了不让我与彼等一起逃来而加以看护,萨喇尔等人掳掠那个屯寨后,我即与彼等一起出来。准噶尔内部已逮捕其台吉策旺多尔济纳木扎尔及一并逮捕达什达瓦之事,以前我这里一点也不知,五月又过来逮捕达什达瓦之子时才知道。听说弄瞎策旺多尔济纳木扎尔的眼睛,囚禁在了回子之城,并让拉玛达尔济即其位,下人等多有心意不合者,驻在额仁哈毕尔噶地方的叫布尔古特的鄂托克人亦逃往哈密,大策凌敦多布孙达瓦齐已逃往阿尔泰。互相如此传言议论,不知真伪。我是旗下奴才,世受主子之恩,倘若真有其他闻知之处,岂有不告明之理,唯我驻其边鄙之地,故不得详闻。与我同来的队伍里,算我曾有三个旗人、两个民人。在哈玛尔岭那边,因无骑乘的牲畜,故留下镶红旗叫呼西屯的一人,或曾为右卫披甲。途中身亡的,是西宁地方一民人,姓谢。刚刚到达库克德尔苏这边后身亡的,其名叫乌尔格,说曾是正蓝满洲旗长枪护军,我向来不认识,此次在途中才遇见,各走各的,我没问其是何参领、是何佐领,等语。据李正生供称:我是山西大同府民人,今年三十八岁,雍正八年前往北路军营经商,曾驻在科布多城里。九年准噶尔贼来犯被俘,后来被分置在了喀喇沙尔地方,那里的蒙古人让我行医治病,并给配妻,生下一男孩及两个女孩,两个夭折,只剩下一个三岁女孩,现亦已同来,放在了卡伦地方,等语。他处与六十八一样供述。再从萨喇尔讯问布尔古特鄂托克人投奔哈密及达瓦齐投奔阿尔泰之事时供称:听说因逮捕了布尔古特鄂托克领头宰桑衮布,故伊下人等逃往巴里坤。而达瓦齐抱怨称:在准噶尔领头行事的,曾是达什达瓦我们俩,今已逮捕达什达瓦,其后似会抓我吧,我亦要动身,等语。此俱是传闻,不知真伪,等语。为此将此辈仍照之前来的莽鼐及阿玉锡例,给与食物,暂时安置西宁等待,详查其户口内没有蒙古包及过冬衣物者,酌情办理,后队人若有来者,亦查办报告之处,早已吩咐奴才我等派去的官员,是故看其详查来报,再行文地方官办理。除此之外,如何办理此辈,送往何地之处,俟圣主教导降旨后,谨遵办理。为此谨奏请旨。

乾隆十五年十月十一日,所奉朱批谕旨:已降旨,钦此。

乾隆十五年九月三十日

乾隆朝

军机大臣来保奏闻投诚厄鲁特沃勒哲依等供词折

乾隆十五年十月二十日

大学士领侍卫内大臣臣来保谨奏。为奏闻事。乾隆十五年十月十六日,接准大学士领侍卫内大臣诚勇公傅恒字寄内开:钦奉谕旨,班第讯问准噶尔来投宰桑萨喇尔等人之奏折称,据宰桑萨喇尔告称,拉玛达尔济即位后,因逮捕我布尔古特鄂托克领头宰桑衮布,故其下人等已逃往巴里坤,大策凌敦多布孙达瓦齐,于达什达瓦被捕后,怀疑会逮捕伊而已投奔阿尔泰。听人如此议论。如此上奏。适才来投厄鲁特沃勒哲依等人供词内,丝毫没提此些事,此辈俱是伊犁地方人,此处彼等或许知晓,亦未可料。著将此寄信大学士来保,令伊审问沃勒哲依等人此些事,事情真伪,沃勒哲依是否听闻之处,详写趁便上奏,钦此钦遵寄来。于是臣我立即吩咐理藩院侍郎玉保,传讯来投厄鲁特沃勒哲依等人并审问:尔等已是为承接圣主之恩而来投之人,即已成我人,将尔所有闻知之处,令俱告明,勿要隐匿。再尔萨喇尔宰桑亦已来投,据伊告称:拉玛达尔济即位后,因逮捕了宰桑衮布,故伊下人等已逃往巴里坤,大策凌敦多布孙达瓦齐在逮捕达什达瓦后,达瓦齐怀疑会逮捕伊而已投奔阿尔泰,等语。此些事尔等是否听闻,等语。对此沃勒哲依告称:以前衮布宰桑子阿兰丕勒,向策旺多尔济纳木扎尔诬陷称伊父有异心,故将衮布囚禁在了回子喀什噶尔地方,后来发现事情有误后,处死衮布子,仍旧让衮布办理事务。今年六月,衮布、巴罕曼济、鄂勒锥、巴苏等四宰桑,在策旺多尔济纳木扎尔死后,间隔三日,我即逃来这边,那时衮布仍在办事,或是我来后,其内部交恶,争权夺势而逮捕衮布,是故伊下人等来投,俱亦未可料。再达瓦齐丝毫不是大策凌敦多布孙,是大策凌敦多布次子,达瓦齐三弟名叫达什达瓦,还有一小弟,已忘记名字,此达什达瓦或即是达什达瓦。之前策旺多尔济纳木扎尔刚继位台吉时,召唤达瓦齐好几次,然一次也没去,后来达瓦齐下人揭发伊要带领一千户投奔大国后,小策凌敦多布子巴罕曼济等人称:倘若达瓦齐再不前来,则派兵逮捕,等语。于是达瓦齐才被迫前往。审判结束,发现有误后,照旧遣送达瓦齐回游牧地。原先曾有过这桩事,今或已逮捕伊弟达什达瓦,而伊畏惧来投这边,亦未可料。此些事俱是我来后之事,我在彼地时,毫未听闻。再我不知来投的叫宰桑萨喇尔的人,我那里有一萨斯噶勒宰桑,难道即是那位乎,等语。讯问敦多克及努思海时,俱与沃勒哲依一样供述。为此将讯问事,谨奏闻。

乾隆十五年十月二十日,所奉朱批谕旨:知道了,钦此。

乾隆朝

定边左副将军成衮札布奏厄鲁特布图逊等自准噶尔来归并请解京折

乾隆十六年六月二十一日

定边左副将军扎萨克和硕亲王臣成衮札布等谨奏。为奏闻事。总管防守乌里雅苏台等地兵参赞大臣副都统散秩大臣保德呈文来称：已将驻扎笋都勒库奎卡伦护军阿玉锡等人所呈报的准噶尔来投厄鲁特布图逊及布林特古斯，交给卡伦委署章京喀喇占等人，送至我驻的兵营。旋由我处委派查看水草的护军校哈勒觉，吩咐妥善看管送往大营而乘驿解送，等语。如此于乾隆十六年六月初九日送来。于是臣我等讯问来投厄鲁特布图逊：尔名甚，年岁多大，是何族，是谁阿勒巴图，原游牧驻在何处，尔是否有父母兄弟子妻，为何来投，与尔同来的此布林特古斯是何人，尔等来往这边时途中是否有追赶发现尔等之人，凡事据实告来，等语。对此供称：我名布图逊，今年三十二岁，厄鲁特族，是台吉达什达瓦之阿勒巴图，原游牧驻在伊犁河那边叫托特珲依和济格尔的地方，我无父母子妻，兄弟俩，与我同来的此布林特古斯是我亲弟。我父亲博罗尔去世后，我台吉达什达瓦压制伊尽力得到的塔苏尔海封号，不让我继承，且每次征兵都差遣我弟布林特古斯，我等兄弟因不堪忍受折磨使唤，故我兄弟俩经过商量，为来投大国安逸生活，而于今年四月初五日，从游牧地带上十四匹马、两支鸟枪、一百余匹布及十二张熏牛皮，谎称经商，行走月余，来到额敏地方后，遭遇八人，审讯责难我等兄弟，说有可疑而行逮捕，带上镣铐，为准备行刑而看管四日。趁夜里看守我等的人俱沉睡之机，我脱掉戴在我手上的木枷，毁掉戴在弟布林特古斯脚上的脚镣，带上两支鸟枪，骑乘三匹马，彻夜急行。路上打猎充饥，行走月余，到达额尔齐斯河地方，渡河时遭遇打鱼的四人，以逃人为由，捆绑我等兄弟的手，带至家中。我等兄弟俩请求逮捕我等之人的一女儿，那女孩思行善事，夜里放走我等后，我等立即偷取那个屯寨带有马绊的三匹马，不分昼夜，急行来往这边。因无行粮，放马脚之血，一直饮用，来至此地卡伦被抓，遂将我等送到这里。我等的游牧驻在伊犁河那边，距离这方边境远，我先前曾跟随我父博罗尔，办理安置过驻在这边的乌梁海等,故能躲避游牧人,迁回来到此地卡伦,等语。再审问厄鲁特布图逊:尔彼地人生活如何。可有征战的消息否。与哈萨克、布鲁特、阿布达克科勒姆等人怎样,与俄罗斯是否在往来经商。卡伦俱置于何处,由谁带领驻扎。自逮捕尔旧台吉策旺多尔济纳木扎尔,新台吉拉玛达尔济即位以来,上下人等是否齐心,众人舆论如何。尔已是为安逸生活而来投大国之人,故令将尔所有闻知之处,俱如实告来,等语。对此供称:我彼地人倚赖种地生活者多,牧养牲畜的少。没有往这边进兵之消息。已与哈萨克及布鲁特和好。仍在用兵阿布达克科勒姆及察罕特闷等人。与俄罗斯和睦相处,往来经商。听说这边卡伦设置在博克多及额仁哈毕尔噶等地,由台吉沙克都尔带领驻扎。去年宰桑鄂勒锥、库隆格达什哈什哈及霍里木等人,以台吉策旺多尔济纳木扎尔每日杀狗娱乐,暴虐放荡,且不理正事为由,将其逮捕处死后,牵连致死的宰桑及官员等有二百余人。让其兄长台吉拉玛达尔济即其位。后来台吉拉玛达尔济,以宰桑鄂勒锥等四宰桑,擅自逮捕处死伊弟策旺多尔济纳木扎尔为由,行加怀疑,逮捕处死了鄂勒锥等四宰桑。现由宰桑鄂勒锥鄂鲁西呼及鄂勒锥策凌等人带头处理事务,听说与拉玛达尔济情投意合。下人等只在言论祈盼没有战争,太平安逸生活,未闻其他舆论。此外毫无其他闻知之处,等语。讯问厄鲁特布林特古斯时供称:我今年二十八岁,我无父母子嗣而有妻。我台吉达什达瓦,不仁慈我等兄弟,奴役使唤,凡征兵都会派我,不令我兄继承我父巴图尔封号,是故我等兄弟经过商量,为归顺大国安逸生活而来投,等语。他处俱与伊兄布图逊一样供述。为此臣我等向来投厄鲁特布图逊及布林特古斯,照例赏给适时衣服各一套及口粮,交给查看水草的护军校哈勒觉,乘驿解送京城。为此谨奏闻。

乾隆十六年六月二十九日,所奉朱批谕旨:知道了,钦此。

乾隆十六年六月二十一日

定边左副将军 扎萨克和硕亲王 臣 成衮札布
参赞大臣 副都统品级 臣 德宁
参赞大臣 副都统品级 臣 巴尔品

定边左副将军成衮札布奏闻准噶尔部内讧达瓦齐起事情形折

乾隆十六年十一月十一日

定边左副将军扎萨克和硕亲王臣成衮札布等谨奏。为奏闻事。今年十月二十五日，驻防乌里雅苏台地方参赞大臣副都统保德秘密寄信称：为偿还回子债务而派出的卡伦骁骑校齐克辛、布特哈拜堂阿赫仁泰、协理台吉旺楚克及台吉贡格等人密报称，本月十四日，厄鲁特库本及图美等六十人前来，突然召集经商的众回子及厄鲁特等，为十七日到达而不分昼夜集于一处。前来经商的回子等内，将库祖克木鲁特等三十六人及厄鲁特蒙克等十六人，于十七日黑夜一并拘捕带回。齐克辛我等见彼等内部惊动，遂差遣台吉贡格等人打探，全然不得消息。后来齐克辛我等经共同商议，将回子巴奇想方设法带至喀尔喀梅勒章京班珠尔家中，赏给砖茶，诱导讯问时，巴奇言道：今年我新台吉拉玛达尔济，于夏季派遣使者，去拿驻在我额尔齐斯地方的大策凌敦多布孙达瓦齐时，达瓦齐没敢前去。故与驻在哈巴博尔济地方的厄鲁特台吉达什及台吉策凌乌巴锡一同商议称：我等投奔大汗，以求安逸生活，等语。旋即约定于九月十二日带妻及属下阿勒巴图归顺。厄鲁特台吉达什及策凌乌巴锡等人，将达瓦齐反叛之情暗中报信给拉玛达尔济，并于约定之日，台吉达什集结附近的五千兵，将达瓦齐带来的三千人，围困在和通哈尔垓山交战，占取一半人，因而现亦将此处达瓦齐属下经商回子及厄鲁特拘捕带回，等语。齐克辛我等说要偿还回子等人的债务时，回子等说：我等已无暇收取，请暂且等候，等语。如此一再推诿。为此将打探其内部惊动之情密报，等语。如此到来。于是我等叮嘱齐克辛等人：虽其内部生乱而这般惊动，然台吉达瓦齐或是否已被拿获。此般惊动，不详知其真伪，彼等妄自出谋议论，亦未可料。令尔等确之凿凿打探来报。再令管束前去还债的人等，暗中驻守，等语。此外密寄齐克辛等人所报事，等语。如此到来后，臣我等曾另寄信吩咐乌里雅苏台参赞大臣保德：齐克辛等人所称前来收债的厄鲁特及回子等内这么多人被拘捕带回，看来不可说过分荒唐。彼等这般生乱，倘若有来归我者，卡伦地方酌情办理之处,先前遵旨俱已周密寄信,故仍照其例办理。此外,唯因扎萨克台吉车布登等人现驻守卡伦内部,故若有这般事务,请亦照此酌情办理。齐克辛等人再次打探来报后,令立即速速来报,等语。今参赞大臣保德秘密寄信称:齐克辛等人再次打探来报称,齐克辛我等遵照大臣吩咐,秘密委派和托辉特贝勒额林沁之护卫达什彭楚克等人至我乌梁海地方打探得,据宰桑杜塔齐之言,达瓦齐属实已叛,今年九月带领伊下面的两万五千人,渡过额尔齐斯河,去寻纳林布鲁勒河源头。驻在吹、努肯、木隆等地的准噶尔乌梁海等,俱在哈都里岭待机阻截达瓦齐,等语。因此言不怎么详细,故齐克辛我等又设法询问前来经商的厄鲁特西喇布,据西喇布之言:今年秋,我台吉拉玛达尔济向达瓦齐派遣宰桑博霍尔岱,并吩咐道,自我本人即位以来,尔没来过我身边,请尔跟随博霍尔岱,来我身边,我等要商议国事,等语。对此达瓦齐言道:尔等原先逮捕策旺多尔济纳木扎尔时,丝毫没让我闻知,今却与我商议何事,此非尔等之好意,我不会去的,等语。之后宰桑博霍尔岱回去对拉玛达尔济告称:看得达瓦齐,绝非做我盟友之人,今我等选派一万兵,欲征讨携来分取之,等语。是故拉玛达尔济即以宰桑博霍尔岱及鄂勒锥二人为首,下令征讨。达瓦齐喇嘛格隆听到后,逃来俱已告知达瓦齐,达瓦齐于九月二十六吉日,曾商定归顺大汗。后来听到博霍尔岱及鄂勒锥等人带兵前来的消息后,不可待二十六日,于二十二日达瓦齐便带领伊属下五千人来往这边。到达和通哈尔垓地方后,遭遇厄鲁特策凌乌巴锡等人的追兵而交战,达瓦齐果真剿灭了策凌乌巴锡兵,策凌乌巴锡带领剩余人等,仍在后面尾随。听说宰桑博霍尔岱及鄂勒锥等人带来的一万兵,在纳林布鲁勒河、阿尔泰山脊、乌克尔乌苏地方阻截。这期间结局如何,我辈商人亦不得消息,等语。如此告称,等语。如此秘密寄信。据臣我等详思,齐克辛等人所报准噶尔宰桑博霍尔岱等带兵阻截达瓦齐,是九月二十日前后的事情,虽至今毫无其他消息,然我卡伦更应严加防范才对。是故臣我等行文参赞大臣保德:令密斥各卡伦,瞭望人影、追寻踪迹及会哨,但凡巡察事务,谨慎防范,并照旧办理偿还回子等之债务,请速速偿还,等语。除此之外,为此谨奏闻。

乾隆十六年十一月二十日,所奉朱批谕旨:已降旨,钦此。

乾隆十六年十一月十一日

成衮札布

德宁

巴尔品

定边左副将军成衮札布奏准噶尔贸易回子阿克珠勒等返回及达瓦齐被擒折

乾隆十六年十二月初九日

定边左副将军扎萨克和硕亲王臣成衮札布等谨奏。为奏闻事。乾隆十六年十一月二十九日,接准军机大臣字寄:钦奉谕旨,著向前来经商的准噶尔回子阿克珠勒等人晓示不便贸易之处,再获取准噶尔台吉达瓦齐事件之准确消息后立即上奏,钦此钦遵到来。随后臣我等立即谨遵谕旨内事,当作臣我等之意,吩咐驻扎乌里雅苏台参赞大臣:之前我等差遣侍卫福永及扎萨克厄墨根等人,晓示不便贸易之处时,准噶尔回子阿克珠勒等人仍坚称要贸易。据查,先前准噶尔使者哈柳来的那次,请求将其商货经由喀尔喀路通行,因彼等与我喀尔喀是世仇,为不使商货经由喀尔喀路通行而生事端,故没允准其请求。将此已入案。今已禁止违反法禁于卡伦外擅自贸易之事,故吩咐对前来经商的厄鲁特回子阿克珠勒等人所驻游牧地的伊杜克卡伦四等侍卫福濂及布特哈拜堂阿赫仁泰等人,令将不便贸易之处,坚决晓示遣返,并密报这期间彼等形势变化。再俱严厉行文吩咐派去看守卡伦地方的车布登及卡伦侍卫等人:瞭望人影、追寻踪迹及巡查事务时,请妥善小心。凡有达瓦齐等的其他闻知之处,令速速来报,等语。此外又差遣蒙古管旗章京莫尼扎布等人,对其言道:因准噶尔前来经商的回子等,现于我卡伦外游牧驻扎,下面的无知人等私下贸易,发生偷盗吵闹等事,则会有所牵连,令教导我乌梁海宰桑长官等,各自妥善管辖属下人员,并以此为借口,暗中打探达瓦齐之事,等语。今暂时署驻扎乌里雅苏台参赞大臣印务参赞大臣巴尔品呈文报称:据喀喇察罕布尔噶苏卡伦前锋永德等人报称,十一月二十日,我扩展卡伦兵丁沙喇扣来告称,今天我负责瞭望的明安乌呼勒济图山地方有人影,前去看得,准噶尔厄鲁特乌梁海七十余人,佩鸟枪撒袋,每人牵一匹马,去往伊玛图乌兰山。赶至询问时,厄鲁特乌梁海宰桑巴萨拉克舒伦哈什哈等人告称:我等的游牧驻在科布多地方,我等经由北路前往乌兰公地方打探贸易之事,因无贸易者,故今返回。如此谈论后急忙奔驰向西而去,等语。其后永德我暗中吩咐章京索诺木及兵丁阿萨尔等人,派去设法打探舒伦哈什哈等人为何急行之事。于是索诺木等人到前来经商的厄鲁特喀喇萨尔巴游牧驻扎的伊玛图乌兰地方打探得,据喀喇萨尔巴供称:我人无印信,前来查办私自贸易者,等语。对此索诺木又向喀喇萨尔巴言道:我等彼此安好生活,为何隐匿耶,尔台吉达瓦齐出逃之事,我等早已从乌梁海回子等听闻,难道不是来逮捕达瓦齐乎,等语。于是喀喇萨尔巴告称:我等熟识,尔莫要泄露我人。前日经过的我乌梁海宰桑带领二百厄鲁特乌梁海,前来逮捕我叛变的达瓦齐其人,此事属实。一个从乌兰岭撤走,一个从此地回去。我达瓦齐从伊游牧出逃,我大台吉哈萨克沙喇及三宰桑带领一万兵,赶至乌克尔纳里呼地方,一并抓获达瓦齐本人及其属下十二名头人带回,等语。对此索诺木我又询问:若果真已抓获达瓦齐,彼等为何急行奔驰,似乎在欺骗我等,等语。喀喇萨尔巴言道:乌梁海等之性格,俱已习惯急促行进,想早点回到家中休息也。达瓦齐之事,与我等毫无干系,为何要欺骗尔等耶,等语,等语。如此呈报。据臣我等寻思,虽说达瓦齐已出逃,哈萨克沙喇等人将其逮捕带回,然其下人等仍在来回预备行走,看此形势,事情似乎很不明朗。唯臣我等已将蒙古管旗章京莫尼扎布等人派至我乌梁海地方秘密打探,且又已行文吩咐卡伦侍卫秘密打探来报此等事,是故理应俟莫尼扎布等人详细探得此事来报时另奏闻才对。为此谨奏闻。

　　乾隆十六年十二月十八日,所奉朱批谕旨:知道了,钦此。
　　乾隆十六年十二月初九日
　　　定边左副将军　扎萨克和硕亲王　臣　成衮扎布
　　　参赞大臣　副都统品级　臣　德宁

定边左副将军成衮札布奏闻准噶尔台吉达瓦齐反叛噶尔丹多尔济率兵于科布多与其交战情形折

乾隆十六年十二月二十九日

定边左副将军扎萨克和硕亲王臣成衮札布等谨奏。为奏闻事。暂时署驻扎乌里雅苏台参赞大臣印务参赞大臣巴尔品呈文报称：纳林喀喇察罕布尔噶苏卡伦前锋永德等人报称，贝子彭苏克属下乌梁海宰桑杜塔齐亲自前来告称，听到厄鲁特台吉噶尔丹多尔济及五宰桑带领一千五百兵，来到科布多河察罕舒鲁图地方驻扎后，令我认识的准噶尔乌梁海宰桑玛济岱及芒噶拉克等人暗中打探。据玛济岱之言：我台吉达瓦齐及阿睦尔撒纳等人带着游牧，九月十二日从察罕呼济尔及塔尔巴哈台等地叛逃，十月初八日到达纳林地方后，厄鲁特台吉达什领兵赶来，于是达瓦齐俱已剿杀打散。接着台吉沙克都尔领兵赶来交战时，达瓦齐兵败，达瓦齐本人及阿睦尔撒纳等十二人冲出，不知已去往何处，玛济岱我等纳贡回来时看见沙克都尔等人只将其妻孥及牲畜带走。噶尔丹多尔济等人听到此消息后，从驻扎在科布多地方的一千五百兵内，领一半回去看守哈布塔克、拜塔克地方，并交给宰桑哈萨克沙喇及玛木特等人五百兵，现驻在察罕舒鲁图地方。在布延图河源德林地方，驻扎了一百兵，在哈尔济的察尔济青克勒地方，驻扎了三十兵。据厄鲁特等之言，或已抓获达瓦齐，或达瓦齐已去往某处，俟得明确消息后，此兵才能撤回，如若不然，驻扎至明年为止，等语。如此告称，等语。如此来呈报，等语。据查，之前曾奏闻为核实卡伦所报达瓦齐叛变事，臣我等已将管旗章京莫尼扎布等派至我乌梁海地方，今仍未回来，俟莫尼扎布等人回来时另奏闻。此外兹将我乌梁海宰桑杜塔齐所告之处，先谨奏闻。

乾隆十七年正月初八日，所奉朱批谕旨：知道了，钦此。

乾隆十六年十二月二十九日

定边左副将军　扎萨克和硕亲王　臣　成衮札布

参赞大臣　副都统品级　臣　德宁

定边左副将军成衮札布奏令准噶尔回子商人驻牧卡伦外及达瓦齐逃往哈萨克折

乾隆十七年正月十二日

定边左副将军扎萨克和硕亲王臣成衮札布等谨奏。为奏闻事。之前为核实卡伦所报达瓦齐叛变事，臣我等曾差遣蒙古管旗章京莫尼扎布等人至我乌梁海地方打探，今莫尼扎布回来告称：莫尼扎布我遵照将军大臣等之吩咐，向特斯、克木齐克及哈尔济等的乌梁海教导称，现在前来贸易的准噶尔厄鲁特回子等，因雪大不能回去而暂驻卡伦外我地。今已和睦，是故禁止惹出偷盗争吵等事，让其驻扎，等语。随即回来时，前来经商的回子阿布达克科勒姆及呼岱纳赛尔等人听到我等经过后，寻来告称：我等之前已经商十几年，今将军大臣等禁止贸易，又差遣卡伦侍卫等驱赶我们，我等是小商人，我等所携牲畜俱是从我地赊欠带来的，倘若找不到回去给原主人的东西，则我等属实不得活路，恳请将我等这般可怜之处告知将军大臣，等语。对此莫尼扎布我言道：经由此路，向来无贸易之例，且去年将军大臣听到我下人私自贸易之事后，加以法禁。我是巡视乌梁海之人，依照我例，向来不可插手不相干之事，今因将军大臣吩咐卡伦侍卫驱赶尔等，故尔等速速回去为好，等语。如此遣回，但其后此辈仍没回去。从我乌梁海探询情由时告称：这些前来经商之人，得知禁止贸易之事后，已决定回去，只是现在雪大寒冷，其牲畜内多有牛、羊、母马及儿马，难以驱赶，是故寻找水草牧养，带其零碎物品，暂时游牧在乌兰公及齐齐尔甘等地，等语。再打探达瓦齐叛变消息，据我这边游牧乌梁海告称：达瓦齐叛变，经由纳林布鲁勒前来，被其追兵打败，达瓦齐等十二人逃出，不知已去往何处，等语。除这等言语外，丝毫不得明确消息，故又探询驻在哈尔济等地的我乌梁海，乌梁海赫伯鲁克告称：我前去打猎，到达努克木隆地方，遇见驻在准噶尔卡伦的德木齐鄂尔沁询问时，据鄂尔沁之言，因达瓦齐叛变，我台吉拉玛达尔济吩咐驻在边境的宰桑等，令防范附近地方，于是宰桑玛木特带领五百兵，在科布多周边的隘口设置卡伦驻扎。虽说台吉沙克都尔赶上达瓦齐，交战使其溃散，然尚未获得真实消息，故我等暂时驻扎，等语。再据我乌梁海宰桑杜塔齐告称：在科布多的察罕舒鲁图地方，准噶尔兵驻扎阻截达瓦齐逃跑，听到此事后，我本人前去告知卡伦侍卫等人，刚刚回来。今驻在我附近的准噶尔乌梁海恩科西又来告称，驻其所属纳林布鲁勒地方的叫哈尔盖的人，前来我处结亲并告称：达瓦齐去年九月与我台吉拉玛达尔济交恶后，和台吉达什、阿睦尔撒纳、班珠尔、策凌、沙克都尔等人一起商议，试图归顺大汗。其后达什及沙克都尔没跟着出走，并将商议之事告知拉玛达尔济，反而领兵来追，与达瓦齐交战，兵败返回。于是达瓦齐、阿睦尔撒纳及班珠尔等人又商议：今我等前去投奔大汗，倘若在阿尔泰地方被兵阻截，我等受困，难以通过，等语。因而放弃来这边，留下牛羊等牲畜，顺额尔齐斯而下，迁往哈萨克阿布赉苏勒丹处时，曾遇八名我打猎乌梁海，并将其抓走，后释放遣回，这八人现已回我地。达瓦齐属实已前往哈萨克。今准噶尔人互相议论称：达瓦齐曾是我处大人物，倘若与罗卜藏舒努会合，则我等俱不得太平。之前我等内部已好几次迫害大人物及宰桑等，且今又已逮捕处死旧台吉策旺多尔济纳木扎尔弟穆库什，此俱是我等要覆灭的征兆也，等语。如此互相抱怨，等语，等语。据查，准噶尔台吉达瓦齐叛逃，是去年九月之事，今看莫尼扎布打探之言，达瓦齐似乎属实已去往哈萨克，且现在准噶尔宰桑玛木特等人又领兵驻在科布多等地阻截达瓦齐。为此臣我等更应留心才对，故而除将此等事吩咐知会驻扎乌里雅苏台参赞大臣乌勒登外，为此谨奏闻。

乾隆十七年正月二十二日，所奉朱批谕旨：知道了，钦此。

乾隆十七年正月十二日

成衮扎布

德宁

定边左副将军成衮札布等奏闻达瓦齐袭杀拉玛达尔济并承袭准噶尔台吉折

乾隆十八年五月十七日

臣成衮札布、舒赫德、萨喇尔、达青阿、安冲阿、德沁扎布谨奏。为奏闻事。适才参赞公车布登扎布于五月十一日从乌里雅苏台兵营休班来至塔米尔后，向臣成衮札布我告称：卡伦骁骑校齐克辛来乌里雅苏台取钱粮米时曾告称，据听准噶尔乌梁海等之言，去年拉玛达尔济派人前往哈萨克言道，请务必逮捕达瓦齐交给我，倘若不给，举兵征讨。达瓦齐察觉到哈萨克形势恶劣后，带领跟随伊之六十余人逃出，夜行来至伊旧地，召集五百余兵，偷袭并逮捕处死了拉玛达尔济。因达瓦齐继任台吉，故我处宰桑等前去见面，等语。为此臣成衮札布我等亦讯问了刚刚脱出的蒙霍西等人，据彼之言：因达瓦齐投奔哈萨克事，去年举兵，又遣使言道，倘若不交出达瓦齐，则务必交恶。因而达瓦齐畏惧，只身来归，丝毫没有治罪，现已与伊妻孥团聚，带领阿勒巴图而驻。听说过拉玛达尔济将达瓦齐回来之处行文宣告其乌梁海之事，未闻达瓦齐杀死拉玛达尔济并继任台吉之事，等语。依臣萨喇尔我之意：达瓦齐听到拉玛达尔济讨取，畏惧只身来归，拉玛达尔济没有治罪伊，仍旧使其带领阿勒巴图而驻，此言绝不可信。达瓦齐大举前来，处死拉玛达尔济，伊本人即位台吉之言，尚且有可能，等语。曾如此互相议论，唯恐事情变得犹豫不决而没有奏闻。今据派至乌梁海地方、以前去买马为借口收取消息的四等台吉班扎立克察及章京齐克图等人密报称：我等遵照盼咐，到达萨克里河源头及哈勒通格尔等地，除买马外，看其言谈形势行走时，公丹拜旗下宰桑莫克、贝子彭苏克旗下骁骑校和伯勒及领催鄂木布等人告称，毫无新的听闻，我等如今太平安居。看彼等言行，依我之意，似乎属实。再，贝子彭苏克旗下宰桑杜塔齐告称：今年春据我听闻，拉玛达尔济曾为征讨达瓦齐而派兵哈萨克，那些士兵反而会合达瓦齐，与哈萨克兵一道前来逮捕拉玛达尔济，遂达瓦齐即位台吉。听说之前与达瓦齐交恶的杜尔伯特达什台吉逃跑后，达瓦齐从边境乌梁海处举兵，曾阻截阿尔泰路。因在那里捕获了达什，故入春后撤回那些兵丁。因没亲眼见过,故不知真伪,等语。为此我等盼咐道:今后由其乌梁海处来人收取贡赋时,令从彼等核实告知,等语。又告称:准噶尔叫察罕的宰桑带领近百人先行逃跑,不知去向何路,等语,等语。如此来报后,臣我等看得此两次两地俱已获类似消息,且此次通信的杜塔齐又是与驻准噶尔乌梁海接壤边界之人,似乎事情不是很荒唐。再依萨喇尔我之意:于此次报信处,看得拉玛达尔济派去征讨达瓦齐的士兵反而会合达瓦齐,回来逮捕拉玛达尔济,由其本人即位,及杜尔伯特达什台吉又被达瓦齐捕获之处,我明知从哈萨克到伊犁较近及达什台吉前与达瓦齐交恶之事。若达瓦齐即位台吉,达什台吉怎能生存。即使乌梁海等造谣,这等事彼等又如何能造的出来耶。以此看得,事情属实,等语。再,察罕宰桑其人,似乎是一小宰桑,我不认识。据臣我等寻思,达瓦齐逮捕拉玛达尔济,已即位台吉,此言不可立即信以为真。边疆事务,所关甚重,我等理应防备,更加严固才对。是故臣我等仍照适才之议奏,于六月十日,带领秋防之兵,前往察罕淖尔及特尔齐等地驻扎预备,并妥善收取消息待机。这期间亦秘密盼咐前去收取消息的班扎拉克察等人,再收取消息核实。若有其他听闻之处,拟立即奏闻。为此谨奏闻。

乾隆十八年五月二十五日,所奉朱批谕旨:若真有此事,尔等不用挺进,此事另已降旨,钦此。

乾隆十八年五月十七日

定边左副将军成衮札布等奏闻达瓦齐确已自称准噶尔台吉折

乾隆十八年七月初三日

臣成衮札布、舒赫德、萨喇尔、达青阿、安冲阿、额林沁多尔济谨奏。为奏闻事。适才臣我等曾奏称：拟将前次派去的喀尔喀护卫旺楚克，再次差往于乌梁海地方收取消息的台吉班扎拉克察等人处，以收取消息奏闻，等语。七月初二日，护卫旺楚克返回时携来班扎拉克察等人的报文称：据贝子旗下宰桑杜塔齐及鄂哈什等人告称，其收取贡赋之人仍未到来，到来后似会获得达瓦齐准确消息，等语。此外据公丹拜旗下护卫额林告称：准噶尔乌梁海宰桑玛济岱曾是我族人，彼对我告称，达瓦齐与伊弟阿睦尔撒纳一起，于前年出逃，进入额尔齐斯河上游古尔班沙尔地方，曾商议称，三年内试着攻取拉玛达尔济，倘若不能，则归顺圣主，等语。今冬十二月，达瓦齐前来即位台吉之事，似乎属实。护卫额林我差遣我子，愿再试着收取消息，等语。如此遣去，等语。如此来报。接着初三日到来的派至前方道路寻踪的蓝翎侍卫蒙固勒及协理台吉沙克都尔扎布等人呈文称：蒙固勒我等于六月二十五日从喀喇占和硕卡伦的扩展卡伦出发，到达察罕布尔噶苏河源头，夜里登上高山，瞭望博东齐、乌延齐①及乌兰岭等地，丝毫没见烟火。次日早上，再次小心瞭望寻踪时，发现在博东齐河这边有一骑马人行走。于是蒙固勒我等立即差遣向导扎勒布、喀喇占和硕卡伦士兵班第及齐塔特等人，并秘密教导：尔等假装打猎，赶上那骑马人，详问情由，等语。如此派去后，是日扎勒布等人回来对蒙固勒我告称：我等赶去看得，在博东齐河的巴颜朱尔克地方，有两厄鲁特带七匹马驻扎。于是扎勒布我等询问：尔等为何在此驻扎，尔等名甚，等语。对此一名巴图策凌、一名巴勒桑言道：据彼等之言，我等六人曾驻在我原定的冲济勒卡伦塔布图巴颜朱尔克，我四个战友俱已去打猎，等语。巴图策凌问我：尔等为何而来，等语。扎勒布我告称：我等是喀喇占和硕卡伦兵丁，打猎而

---

① 此处原文是"uyuci"。

行,等语。之后巴图策凌等甚是友善谈论,拿出茶肉,让我等食用。我等趁谈论之便询问:尔台吉身体可好,等语。对此巴图策凌等人告称:听说我台吉达瓦齐身体安好,等语。之后扎勒布我等询问:尔达瓦齐何时即位台吉,等语。对此巴图策凌等人告称:我等是下人,年岁又小,不知达瓦齐哪月哪日即位台吉,听我较大人物说的,等语,等语。如此告我蒙固勒及沙克都尔扎布。此外蒙固勒我等毫无其他发现踪影之处,等语。如此来报。据臣我等寻思,达瓦齐即位台吉之消息,虽此前班扎拉克察等人报告好几次,然俱是从乌梁海等听到的,今览派去寻踪的蓝翎侍卫蒙固勒等之报文,已从驻扎准噶尔卡伦的厄鲁特等获取消息。以此达瓦齐即位台吉之事,稍无怀疑之项,思是属实。为此将班扎拉克察及蒙固勒等所报之处,谨奏闻。

乾隆十八年七月十一日,所奉朱批谕旨:知道了,钦此。

乾隆十八年七月初三日

定边左副将军成衮札布等奏闻达瓦齐杀拉玛达尔济承袭台吉以来准噶尔地方太平安定折

乾隆十八年七月十六日

臣成衮札布、舒赫德、萨喇尔、达青阿、安冲阿、额林沁多尔济谨奏。为奏闻事。驻扎乌里雅苏台参赞大臣乌勒登呈文来称：哈密尔沙扎海卡伦三等侍卫顺德讷呈文来称，顺德讷我经与喀木齐布延图卡伦二等侍卫泰布商议，照旧于六月二十五日带领四名兵丁，假装打猎，越过扩展卡伦，到达呼济尔图地方，登上高山瞭望发现三人。询问时告称：我等是准噶尔乌梁海，一名察勒沁、一名图本、一名舒布托，我等来打猎，尔等为何来此，等语。之后顺德讷我回称：我是新来的侍卫，亦打猎而行，等语。彼等旋即回去告知原任宰桑卓里申后，卓里申当即令伊子舒布托及布尔固特等人，带着奶酒、酸奶，牵着骑乘的马匹，前来迎接顺德讷我，并称：想必会来我处，而现已宰羊备好宴餐，我等双方甚是和睦，是故恳请来我处见面片刻，卓里申我今得中风病，已稍有好转，然绝不能骑马，所以差遣我子迎请侍卫，等语。因如此再三请求，故顺德讷我担心其怀疑而前往彼处。到达德隆地方看得，卓里申等人甚是恭敬，顺德讷我趁谈话之便询问时，卓里申等人告称：此前我台吉拉玛达尔济在世时，我等很不太平，曾规矩无常，今达瓦齐处死拉玛达尔济，即位为我首领台吉以来，我处已变得甚是太平。我台吉行文边境教导吩咐称：两边甚是太平，故禁止在边境妄行生事，若有进出等项，令互相通信，等语。如此教导吩咐过好几次，等语。又告称：我台吉已遣使大国，或已有两月，等语。顺德讷我食用其提供的宴餐，赏给彼等五块砖茶及六包烟草。趁回来之机，寻踪瞭影看得，沿德隆河一线，各自游牧驻扎，没有驻牧在德隆这边之人，已于二十九日回到顺德讷我驻扎的卡伦，等语。如此呈报臣我等。为此谨奏闻。

乾隆十八年七月二十四日，所奉朱批谕旨：知道了，钦此。

乾隆十八年七月十六日

乾隆朝

71

定边左副将军成衮札布等奏厄鲁特乌巴锡等自准噶尔来归请安置于察哈尔地方折

乾隆十八年七月十九日

臣成衮札布、舒赫德、萨喇尔、达青阿、安冲阿、额林沁多尔济谨奏。为奏闻事。总管防守乌里雅苏台等地兵参赞大臣护军统领乌勒登呈文来称：已将德尔济呼拉特卡伦三等侍卫图桑阿等人所报准噶尔来投厄鲁特乌巴锡夫妇，交给章京敦多克等人，送至乌里雅苏台兵营。为此由我处委派查看水草的三等侍卫柳格，妥善看管，送至大营，等语。如此于乾隆十八年七月十八日将乌巴锡送来。于是臣我等会同审问乌巴锡时供称：我四十五岁，我游牧驻在和伯克赛尔，我没有父母兄弟。我姑姑曾领养拉玛达尔济近族台吉子，于是拉玛达尔济于去年八月将我带到身边使唤。自达瓦齐进入哈萨克以来，去年拉玛达尔济曾差遣赛音伯勒克，带领三千兵，进军哈萨克去拿达瓦齐，然丝毫没能逮捕。后来哈萨克阿布赉台吉对达瓦齐言道：哈萨克如今似乎不能容尔，等语。于是达瓦齐即与阿睦尔撒纳一道，带领伊原先带去的七十三名士兵，十一月从哈萨克脱逃，来至伊游牧地，召集伊女婿巴勒珠尔兵、鄂毕特鄂托克兵及阿睦尔撒纳兵，共计四百，埋伏在塔勒奇岭，围堵所有经过之人，不使通信。十一月二十七日拂晓，突然来到拉玛达尔济游牧地，措手不及时进行包围，处死拉玛达尔济，并于十二月十四日达瓦齐即位台吉，等语。讯问乌巴锡：达瓦齐集结军队在塔勒奇岭埋伏之事，绝非一两天内达成，这期间拉玛达尔济不会不得消息，难道没有预先准备乎，等语。对此供称：拉玛达尔济知道达瓦齐已来塔勒奇之事后，差遣宰桑鄂萨尔及塔尔巴扎布，骑乘乌拉去核实，并下令，倘若达瓦齐果真已来，即从那里领兵迎战。如此差遣后，达瓦齐逮捕处死了这两宰桑。一回子听到并告知拉玛达尔济后，拉玛达尔济不信，以回子妄言为由，毒打了一顿。后来达瓦齐突然到来后，巴罕曼济宰桑及额尔齐木等人向拉玛达尔济商议称：今达瓦齐已来，尔稍出去躲躲，我等在此观察形势，等语。对此拉玛达尔济因无子嗣，饮用仙丹，不面见人，曾在禁戒。正要出去时，拉玛达尔济妻言道：此乃特设计使尔出去，欲加杀害耳，尔莫要出去,等语。如此抱住制止之际,达瓦齐前来与拉玛达尔济交战,阿睦尔撒纳向拉玛达尔济一阵射箭后,将其捕获,带至栅栏外处死。巴罕曼济拒战受伤。于是达瓦齐向驻在拉玛达尔济游牧地附近的喇嘛及众人宣问:尔等若将像我这般有根源之人当作台吉,请尔等倾向于我。倘若将没有根源的拉玛达尔济当作台吉,尔等即可倾向于伊。我今要讨伐拉玛达尔济,等语。因而众喇嘛等立即集结,向拉玛达尔济所驻的栅栏放火。驻在附近的人等,俱各自散去。于是达瓦齐不用费力,既已成功,等语。讯问乌巴锡:拉玛达尔济子妻,今有何下落。达瓦齐子妻,现是否还在,等语。对此供称:拉玛达尔济无子,而将其妻,达瓦齐已交给其娘家。再曾将达瓦齐子妻,前因达瓦齐逃入哈萨克,故委与巴罕曼济领养,今仍旧聚在了一处。以此前领养达瓦齐子妻为由,虽此次拒战达瓦齐,然毫未治罪巴罕曼济,等语。再讯问乌巴锡:自达瓦齐即位台吉以来,尔彼处人心如何,等语。对此供称:自达瓦齐即位台吉以来,下人亦有顺从者,亦有不从者,况且伊已即位台吉也,众人亦无异议。再自达瓦齐即位台吉以来,对与伊有旧仇的达什达赖、额尔齐木等人,亦抓的抓,杀的杀。与阿睦尔撒纳前曾交好,听说后来达瓦齐将伊之旧奴,编为叫库里特的鄂托克,使唤在达瓦齐下,等语。讯问:尔可知何时派遣谁乎,再尔出来时是否有追赶之人,等语。对此供称:我去年曾驻在拉玛达尔济的游牧地,达瓦齐来后,我隐藏在人群里,今年四月逃出,瞬间经过我游牧地,带上我妻,于六月十七日投奔这边,期间毫未听闻这些事,即使遣使,或似乎是在我离开伊犁后差派的吧,我出来时人不多,只有我等夫妇二人,故无人知晓,无人追赶,等语。再询问乌巴锡:尔叫察罕宰桑的人,带领近百人,前曾归顺我,此事尔可听否,等语。对此供称:我毫未听闻此事,等语。据查,前曾将与家户一并来投的厄鲁特等,俱办理安置在黑龙江,而将单身来投者,俱解送京城。兹来投乌巴锡只有妻,且为承接主子之恩而来投,凡事尽告明,甚是可怜,经臣我等全体商议,恳请主子之恩,拟将乌巴锡编为披甲,照例办理,并入臣萨喇尔我处,安置察哈尔地方。再查得,乌巴锡妻哈什哈,因是女的,不能急行,拟先委派三等侍卫柳格,将乌巴锡解送京城,主子若照臣我等之请求,将乌巴锡安置察哈尔地方,则拟将伊妻,臣我等另派人从此处送往察哈尔地方。为此谨奏请旨。

乾隆十八年七月二十六日,所奉朱批谕旨:准奏,钦此。

乾隆十八年七月十九日

乾隆朝

定边左副将军成衮札布奏闻达瓦齐捉拿拉玛达尔济承袭准噶尔台吉等情折

乾隆十八年八月十二日

定边左副将军扎萨克和硕亲王臣成衮札布等谨奏。为奏闻事。派去收取消息的班扎拉克察及齐克图呈文报称：我等来到萨克里地方后，贝子彭苏克旗下乌梁海宰桑杜塔齐、宰桑毛克及护卫鄂哈什等人向我等告称，我等遇见自达瓦齐处前来收取乌梁海贡赋的塔尔巴斯等人，塔尔巴斯对我等告称，达瓦齐去年十二月十三日到来，逮捕台吉拉玛达尔济，已即位台吉，并已处死沙克都尔诺颜，弄瞎杜尔伯特达什台吉的两眼，驱逐出那方边境，我为达瓦齐贡赋事而来。共来六十人，七月返回。询问：达瓦齐靠何力打败了拉玛达尔济，等语。对此告称：拉玛达尔济曾派兵征讨过达瓦齐，派去的那些士兵伙同达瓦齐，合力前来逮捕台吉拉玛达尔济时，拉玛达尔济兵营之人，虽与达瓦齐交战，然没能取胜而被捕。从其他地方丝毫没来援兵，说从哈萨克获得兵力，乃是谎言，等语。达瓦齐即位台吉后，已向京城、俄罗斯、哈萨克及土尔扈特，俱派遣使者。作为使者前往京城之人，是宰桑尼玛，还有一回子人，以两人为首，说是五月启程，然不知几日出发。众人心念：达瓦齐已即位台吉，我等似乎没有战争，太平安逸生活吧，等情。如此互相欣喜，等语。没有探得察罕宰桑是否属实已叛变之处。据护卫鄂哈什告称：我曾前往和通呼尔哈乌梁海处行走，看其游牧及生计，属实太平安好，等语。依小人之意，听众人之言，并见其游牧生计，以此看得，谈论之处，乃是属实，等语。如此呈文，等语。是故理应奏闻派去收取消息的班扎拉克察及齐克图所呈报之情才对，为此谨奏。

乾隆十八年八月十九日，所奉朱批谕旨：知道了，钦此。

乾隆十八年八月十二日

成衮札布

达青阿

定边左副将军成衮札布奏闻准噶尔杜尔伯特台吉策凌等情愿率属来归等情折

乾隆十八年十一月十五日

定边左副将军扎萨克和硕亲王臣成衮札布等谨奏。为奏闻事。总管防守乌里雅苏台等地兵参赞大臣副都统达青阿呈文来称：为呈报事。巴颜朱尔克卡伦蓝翎侍卫布云卜等呈文报称：十一月初九日，布云卜我管下扩展卡伦章京钦布及披甲布延图等人来告称，在我扩展卡伦外发现有两人前来后，我等前去询问时，厄鲁特巴颜克什克及杜图尔噶等人供称，我等要面见尔卡伦侍卫，告诉要紧事。于是带至卡伦，等语。旋即布云卜我讯问前来的厄鲁特巴颜克什克及杜图尔噶等人：尔等为何事而来，等语。对此供称：我等是厄鲁特台吉策凌及策凌乌巴锡所遣之人。我台吉言道：我大台吉达瓦齐即位台吉，小策凌敦多布孙讷默库济尔噶尔又起兵端，我等内部自去年以来，战事丝毫不断。今达瓦齐和讷默库济尔噶尔两方都再三行文命令策凌及策凌乌巴锡等人率杜尔伯特兵前来协助，故我策凌及策凌乌巴锡等人全体商议得：我等带兵助战何人耶，我等兄弟进入大国汗主之地，以寻永远安逸生活之道，等语。旋即于今年十月二十一日，自伊犁河启程，并差遣我等前来，特告知卡伦侍卫：我台吉策凌及策凌乌巴锡等人，带领我厄鲁特杜尔伯特部三千户人口，愿投奔尔卡伦，进入大国汗主之地，等语。本日我台吉策凌已先领我人，在博东齐河宿营，收尾殿后时由我台吉策凌乌巴锡带着行进，等语。如此告知布云卜我。为此我立即遣人至双方边界卡伦，唤来齐克辛及伊凌阿等人，经我等彼此商议，带领三卡伦台吉、章京及披甲十五人，彻夜前往博东齐河看得，博东齐河沿边，有很多人们宿营的痕迹及石灶，却没见到人。布云卜、齐克辛及伊凌阿我三人经过商议，带上来的两个厄鲁特，跟着踪迹行进时，从西边的高山驰来三个骑马的厄鲁特。我等当即迎去询问时，据厄鲁特赛奈、达什及宝贝等供称：我等是我台吉策凌及策凌乌巴锡所遣之人，我台吉前曾派巴颜克什克及杜图尔噶等人告诉过侍卫，我两台吉带领三千户人口，为求前往额克阿喇尔淖尔休养，特留下我三人，等候我巴颜克什克及杜图尔噶等，并为将此情由告知侍卫而赶来,等语。为此布云卜、齐克辛及伊凌阿我三人,带领五台吉兵丁及厄鲁特,一同进入其踪迹追赶,在十里远的路端,看见很多其走在后面的零散老幼子女及疲惫不堪的驼马牛羊。五厄鲁特言道:侍卫们,这就是我殿后之人,等语。据我三人详看其情形,大规模驱赶老幼子女牲畜,一同迁移行走,此似乎属实前来归顺我等。布云卜、齐克辛及伊凌阿我等不可一再跟随,离开卡伦远去,故回来俱行文至接壤双方边界的卡伦。我三人亦在各自扩展卡伦外,带领士兵巡查。若有闻知之处,另行文呈报,等语。查得,据卡伦蓝翎侍卫布云卜等人所报之处,其本人带领台吉兵丁,亲临追踪,俱已见过来投厄鲁特子女、零散物品及疲惫不堪的牲畜。以此来看,事情似乎不怎么荒唐。厄鲁特达瓦齐及讷默库济尔噶尔等人互生战端,两边俱调遣厄鲁特策凌及策凌乌巴锡,是故策凌及策凌乌巴锡被迫来投,亦未可定。再厄鲁特者,向来狡诈,不知其真伪,虽是如此,亦不可不办,所以由我处委派蓝翎侍卫蒙固勒、协理台吉笋都布及章京一人,遣去带进塔布海布拉克、托尔和乌兰、布延图、哈玛尔沙扎海等卡伦,再从那里尽行通告各卡伦,并行文吩咐:这期间各自愈加留意,等语。此外接着交给公密西克二百兵,令扎兰延察布陪同,至召克索迎接。因无驱逐来投厄鲁特逃人之例,故不得不收留。唯其所报事务内称,厄鲁特请求前来额克阿喇尔淖尔驻扎休养牲畜。详思此事,厄鲁特倘若驻扎额克阿喇尔淖尔,距离卡伦近,且厄鲁特达瓦齐等人派兵来追,亦不可定。如若到来,带入包衣卡伦,安置于扎布坎、珠尔呼珠等地,等候将军王之吩咐。再厄鲁特达瓦齐,倘若差人来追讨取,则吩咐我卡伦侍卫台吉等人,只将来追之人阻止在卡伦,开导晓示原先定界时互相没有禁止收留逃人之处,一面速速来报。俟卡伦侍卫来报时,由我处呈报将军等,遵照吩咐办理,等语。据查,乌里雅苏台参赞大臣达青阿报文所称,自准噶尔达瓦齐即位台吉以来,与小策凌敦多布孙讷默库济尔噶尔交恶,达瓦齐和讷默库济尔噶尔两边都各令策凌及策凌乌巴锡等人带杜尔伯特兵来援,策凌等人难以协助一方,遂带来三千户人口,差遣德木齐巴颜克什克等人来告。以此看得,似乎不是很荒唐,即便如此,倘是否有追兵等其他事情,亦未可定。故臣我等吩咐乌里雅苏台参赞大臣达青阿:即照尔备办之例行事,并速速来报已查明之处,等语。此外又吩咐扎萨克图汗部副将军贝勒车登扎布:因尔游牧在边境,故于游牧地,暗中预备兵丁,各自守护游牧地,等语。再就近从预备在赛音诺颜部游牧地及土谢图汗部几旗游牧地的兵丁内,共派出一千兵,以值班副将军公格勒克巴木丕勒、扎萨克镇国公贡格敦多克及巴图蒙克等人为首,派去协助乌里雅苏台参赞大臣。此外臣我等亦已差派蓝翎侍卫索拜等人去查明,俟达青阿等人查明来报时另奏。

为此谨奏闻。

乾隆十八年十一月二十三日，所奉朱批谕旨：已降旨，钦此。

乾隆十八年十一月十五日

定边左副将军　扎萨克和硕亲王　臣　成衮札布

参赞大臣　护军统领　臣　乌勒登

参赞大臣　副都统　臣　安冲阿

参赞处行走　值班副将军　公　臣　格勒克巴木丕勒

乾隆朝

定边左副将军成衮札布奏闻准噶尔达瓦齐阿睦尔撒纳讷默库等相残争位折

乾隆十八年十二月二十三日

　　定边左副将军扎萨克和硕亲王臣成衮札布等谨奏。为奏闻事。据查，此前乌里雅苏台参赞大臣达青阿所呈十一月十六日塔布海布拉克、托尔和乌兰卡伦三等侍卫德克景额、穆伦保及台吉车布登等人呈文报称：驻我塔布海布拉克卡伦台吉车布登，出卡伦去瞭影寻踪。到准噶尔乌梁海放羊的地方，看见一跟役额勒格询问时，额勒格供称：我原是正红旗左翼副都统达罕泰佐领下鸟枪护军西尔哈的跟役，名叫额勒格，之前我曾两次往回逃跑，俱被其捕获，等语。车布登我查询准噶尔太平混乱之处时，额勒格供称：今又在为争位而互相残杀，等语，等语。于是回来告知德克景额我，故我于初九日纠合托尔和乌兰卡伦侍卫穆伦保，以巡视接壤之地并打猎为借口，前往放羊之地，会见额勒格询问时供称：我是原鸟枪护军西尔哈的跟役，西尔哈在扎布坎河中溺亡，我十七岁替西尔哈在和通呼尔哈淖尔地方交战时，被准噶尔俘获。虽两次往回逃跑都没能出去，然我还能倚赖侍卫等之福德，祈求前往故乡，等语。于是德克景额、穆伦保我等教导额勒格我：尔只见机好自为之，莫要显露回来，等语。我等又细问达瓦齐之事时，额勒格告称：达瓦齐即位后，因与墨尔根代青孙即曼济子讷默库及丹津旺布子阿布拉克不和，故领七万兵来战达瓦齐，达瓦齐五万兵迎战时，达瓦齐兵败，只逃出五十人。达瓦齐丢下妻孥，败遁至额敏、西喇呼鲁苏地方，带领防守博东齐、乌延齐①的三千扎哈沁兵驻扎。宰桑玛木特带领六百名炮兵、鸟枪兵，负责军事的宰桑恩克及达瓦齐同族台吉明根策凌之兵三千，台吉阿睦尔撒纳兵一万，台吉额尔齐木兵一千，引此五路共一万七千兵，于额敏、西喇呼鲁苏地方，试与讷默库及阿布拉克交战。达瓦齐兵力薄弱，或许又会战败吧，等语，等语。如此告我。再达瓦齐派来传经的喇嘛达什伦布听到此事后，于初九日急忙回去，等语。为此呈告，等语。据查，

---

① 此处原文是"uyunci"。

德克景额及穆伦保报称,彼等查看卡伦外围地方时,遇见原鸟枪护军西尔哈的跟役额勒格。据额勒格告称,伊主西尔哈溺亡于扎布坎河中,伊本人十七岁替西尔哈在和通呼尔哈淖尔地方交战,被准噶尔俘获。且又称,达瓦齐五万兵战败,只有五十人逃出,达瓦齐丢下妻孥,逃至西喇呼鲁苏地方整饬军队,试与讷默库及阿布拉克交战。以此看得,虽说额勒格是我国跟役,驻在我卡伦附近,有意往这边来,然彼等内部混乱时,却为何仍未前来。再先前大军于和通呼尔哈淖尔地方交战时,八旗跟役内,替代主子出征者,乃全然没有之事。还说喇嘛达什伦布听到其生乱的消息后,立即丢下回去等处,俱是可疑。故一并呈报将军等,等语。据十一月二十四日纳林喀喇察罕布尔噶苏卡伦前锋永德等人报称:十一月十七日扩展卡伦章京巴图带来我色布腾旺布下乌梁海宰桑杜塔齐子特勒沁称,将军大臣等盼咐杜塔齐我称,准噶尔内部若有密情,令尔等告知附近卡伦侍卫台吉等,以使来转报。于是杜塔齐我前往我亲戚家探望时,据从驻在科布多河地方的喀克散乌梁海宰桑车格讷克听得:达瓦齐和阿睦尔撒纳十月因游牧地生乱,带领三千兵突围逃出,经由布延图源头布拉克路来时,台吉讷默库济尔噶尔及阿布克列克等人的三千兵,从后面追来,试在布拉罕森库尔等地交战。达瓦齐从游牧地来时,身体受伤,一路掳掠途经的游牧牲畜,等语。据杜塔齐我寻思,此辈或许要归顺我圣主,故差遣我子特勒沁,特来报告纳林喀喇察罕布尔噶苏卡伦侍卫台吉,等语。再据福濂所呈和托辉特公等级青衮杂卜子车苏荣多尔济呈文称:携带将军王盖印票文,来卡伦外乌梁海处备马,十月十九日到驻在齐木等地的我属下乌梁海宰桑额林沁家中住宿。二十日我属下乌梁海巴英岱来告我称:我处叫曼济的一个人,为了娶妻,遇见公丹拜所属宰桑扎巴鼐所部叫托多斯泰的人后,托多斯泰对曼济言道,听说驻在我哈尔济等地的宰桑杜塔齐等人已战死,叫堂齐的人之子受伤后前往克木克克,等语。如此来告我,旋为查明真伪,由我处差派叫博吉济的人至宰桑扎巴鼐处。接着又是我属下乌梁海宰桑等,派人来告我称:说杜塔齐已战死,此乃有误。即此杜塔齐已派人向我等众人告称,科布多源头及额克阿喇尔地方,多有来兵,互相激战,俱令尔等防备,等语。是日我属下叫额林沁的人又来告称:我看见驻在公丹拜下乌梁海宰桑尹济勒格附近人等俱已预备,等语。杜塔齐又对我告称:准噶尔达瓦齐及阿睦尔撒纳等三人,带领大队人马,来至努库木仁,已攻取准噶尔乌梁海,等语。为此将我所听闻的这些事情呈告,虽不知真伪,然因是我所听到的消息,故理应呈报才对,因而呈报侍卫,等语。如此呈来。再据卡伦三等侍卫福濂等人报称:厄鲁特公等级丹拜属下宰桑鄂哈什,于十一月二十九日来对福濂我告称,听说准噶尔厄鲁特达瓦齐游牧地生乱,达瓦齐及阿睦尔撒纳等人逃出，带领驻在博尔塔拉、额敏及额尔齐斯等地的近五万厄鲁特，与从后面追来的近五万厄鲁特人互相争战。达瓦齐及阿睦尔撒纳已前来掳走驻在特林舒鲁克的准噶尔乌梁海宰桑乌鲁申呼图克人。今达瓦齐及阿睦尔撒纳，以及从后面来追的厄鲁特等，俱在精克尔中游地方，而不知其互相争战之事，等语。鄂哈什又告称：据将军此前吩咐，听到任何事情，休管真伪，令报卡伦侍卫。为此我告知侍卫，这些事情俱是从准噶尔乌梁海宰桑散达克听说的，等语，等语。十二月二十一日，据乌里雅苏台参赞大臣达青阿送来的塔布海布拉克、托尔和乌兰卡伦三等侍卫德克景额、穆伦保，台吉车布登、达什等人呈文报称：十二月十二日亥时，跟役额勒格来我德克景额处说有事，旋即我带额勒格前往穆伦保处会同讯问。额勒格告称：讷默库领兵追击达瓦齐，来至额敏、西喇呼鲁苏地方，决战几天几夜，主客兵尸横遍野。讷默库听到阿睦尔撒纳出兵支援达瓦齐后，一面派人与阿睦尔撒纳协商，一面遣人抚慰达瓦齐称：我两人停止干戈，友好和睦，你我都不即位，让丹津旺布长子额森即位，我等一同诚心侍奉，等语。对此达瓦齐执意不肯。而将与阿睦尔撒纳协商之处，阿睦尔撒纳亦告知了达瓦齐。于是阿睦尔撒纳设定计谋，对达瓦齐言道：我等已致信哈萨克国，我假装归顺讷默库，我带我兵至两军兵营的中间地带，欺骗发誓要协助讷默库逮捕达瓦齐，讷默库若来战，尔只假装逃跑后撤，讷默库兵追尔，经过一半后，我插进去砍断讷默库脊椎，等语。因有这般商定，达瓦齐便用阿睦尔撒纳之计，于是讷默库果然中其计。讷默库来兵之前，阿布拉克也赶来，带兵殿后。十一月末，不知何日，阿布拉克、讷默库等人与达瓦齐交战时，阿睦尔撒纳夜里带兵，从讷默库军的中间插进去，打散了讷默库军，天亮后阿睦尔撒纳与达瓦齐会合，一同攻打讷默库、阿布拉克，进一步剿杀讷默库、阿布拉克等人之兵。讷默库、阿布拉克等人只损失近千兵，收拾剩余兵丁，往回逃向伊犁乌苏这边的塔勒奇岭。因之前达瓦齐曾派人致信哈萨克国，请求援兵，故哈萨克国出兵追赶讷默库及阿睦尔撒纳等人的队尾，将讷默库及阿睦尔撒纳等人的游牧，俱行掳掠，等语。这些话是额勒格现于乌梁海宰桑图布新父亲家中时，宰桑图布新从战场听到，告诉伊父前任宰桑博罗特，额勒格听到后，因之前从我处寻药治病身愈，故以回献礼物为借口，来告知德克景额及穆伦保我等的。再驻科布多河等地准噶尔乌梁海宰桑图布新等召集众人，因其台吉等内互相不和，达瓦齐与阿睦尔撒纳虽能逞强几日，然亦不可过分信任，故乌梁海等人反而俱在期盼明甘策凌、策凌乌巴锡等人再来掳掠，以便借机归顺大国安逸生活，为此曾商讨几天几夜。十二月十二日，宰桑图布新亲自前往巴颜托辉地方，会见宰桑齐达克、雅尔图、其隆、其格等人商议，等语。为此呈报，等语。据臣我等查得，看此陆续呈报，原以为是策凌等人来时，掳掠其准噶尔玛木特乌梁海游牧，因此行为乌梁海各个惊恐迁移妄自扬言，故臣我等亦没当真。今十二月二十一日伊都克卡伦侍卫福濂来报称：十二月十五日，已令驻扎守卫我厄鲁特贝子彭楚克及公丹拜等所属的乌梁海。侍卫罗卜藏差遣博罗特等之乌梁海巴苏，告我福濂称：准噶尔厄鲁特达瓦齐前曾派人，将驻在努克木仁、科布多河、索霍克西里河等地的准噶尔乌梁海，召集带至博托和尼和罗。因无兵器长矛，故俱已遣返。达瓦齐言道：尔等莫留一男丁，俱带兵器来找我，我带尔等去追归顺大国之逃人，等语。为此驻在努克木仁、科布多河、索霍克西里等地的准噶尔乌梁海已返回故地。十二月初三、初四日，准噶尔乌梁海宰桑呼图克、扎木萨拉克等人，重新带领其乌梁海，去往博托和尼和罗寻找达瓦齐，等语。这些事俱是从我乌梁海宰桑杜塔齐听说的，等语，等语。据臣我等详思，来告的这么多言情及呈报的事务，俱不符合形势，加上准噶尔内部正在生乱，现这冬时，怎会有其他事情。即便真有，目前我等于各处陆续备有七千五百兵，且又有策凌等之四五千兵，所以毫无担心之项。然理应派人收取实情才对，是故除派协理台吉达木林，乘驿前往对应乌梁海的卡伦地方打探实情外，吩咐乌里雅苏台参赞大臣：据查，看杜塔齐及车苏荣多尔济等人前几次的呈报，思似乎正是策凌等人来时，听到掳掠其玛木特乌梁海等边境人后，借机惊恐扬言而行。今此来报者，毫无其他动静时，又在行军打仗，以此看来不可不当成事，理应确认才对，故我等已派协理台吉达木林前往卡伦地方打探。大臣亦防范各卡伦地方，再将所有闻知之处，速速来报。尚运送达青阿等所用马驼钱粮米的这期间，令达青阿甚保密其教导，不致泄露，加以预备，并令来报启程之日，等语。将此一并奏闻。俟达木林查明到来时另奏闻。为此谨奏。

乾隆十九年正月初一日，所奉朱批谕旨：知道了，已降旨，钦此。

乾隆十八年十二月二十三日

成衮札布

努三

安冲阿

额林沁多尔济

定边左副将军成衮札布奏闻达瓦齐阿睦尔撒纳联兵击败阿布克列克等情折

乾隆十八年十二月二十三日

定边左副将军扎萨克和硕亲王臣成衮札布等谨奏。为奏闻事。乌里雅苏台参赞大臣已陆续呈报乌梁海等来告之事,旋即臣我等为奏闻此事,写完奏折正要发送时,乌里雅苏台参赞大臣达青阿又呈来纳林喀喇察罕布尔噶苏卡伦前锋永德等人之呈文称:遵照大臣吩咐,曾将章京阿尔泰等派至乌梁海宰桑杜塔齐游牧地打探准噶尔消息。十二月十六日,章京阿尔泰等与杜塔齐属下乌梁海鄂诺齐、高要赖等人同来告称:我等到达杜塔齐游牧地探询时,杜塔齐告称,从准噶尔乌梁海处听得,全体曾商议称,其大台吉策妄阿喇布坦弟丹津旺布的四个儿子,阿布克列克、阿布拉克、额森、吹达什,俱是正统洪台吉之孙,达瓦齐远疏,不可即位。为此举兵征讨达瓦齐。听到消息后,阿睦尔撒纳设定计谋,稍往这边迁来,对台吉阿布克列克等人行文欺骗称:阿睦尔撒纳我先去征讨达瓦齐,尔等速速领兵来援,等语。一面又秘密致信达瓦齐,约定在塔勒奇河狭窄处,空放鸟枪,假装交战一次。十月,台吉阿布克列克等人来兵后,达瓦齐和阿睦尔撒纳两面夹击,交战一次,死尸充斥道路。其后阿布克列克差人向达瓦齐寄信称:尔乃远亲,此位没份,令尔照旧去尔游牧地居驻,等语。没听说达瓦齐是否已回信。再是,此前宰桑玛木特去支援达瓦齐时,伊游牧被台吉策凌等人掳掠,伊听到此消息后往回赶来,为追取伊之牲畜财产,谎称达瓦齐已来这附近,以此扬言欺骗乌梁海等。将杜塔齐我听到的这一消息,令尔等前去告知侍卫台吉,这期间若再获其他消息,我欲亲自前去告知,等语。章京阿尔泰等如此来告,等语。将如此呈报之处,与原文一并呈送,等语。如此送来。据查,之前臣我等曾行文乌里雅苏台参赞大臣,令重新派人查明乌梁海宰桑杜塔齐所报之处,并已转交永德。今看永德从宰桑杜塔齐处打探的消息,尚且似乎有点模样,故亦一并谨奏闻。

乾隆十九年正月初一日,所奉朱批谕旨:知道了,钦此。

乾隆十八年十二月二十三日
成衮札布
努三
安冲阿
额林沁多尔济

乾隆朝

定边左副将军成衮札布奏闻噶尔丹多尔济阿睦尔撒纳并未来追三车凌等情折

乾隆十八年十二月二十三日

　　定边左副将军扎萨克和硕亲王臣成衮札布等谨奏。为奏闻事。臣我等前曾奏称：此前乌里雅苏台参赞大臣达青阿呈文来称，喀喇占和硕巴颜朱尔克卡伦侍卫呈报称，为追击车凌等人进入卡伦的宰桑玛木特，因没能赶上车凌而返回。玛木特亲自率领四十余人，夜里由巴颜朱尔克卡伦出去。与此同时进来的人等，十五、三十人一帮，成群结队由博托和尼和罗、喀喇占和硕、庾济察罕布尔噶苏等卡伦，不分昼夜，各自逃避出去，等语。接着乌里雅苏台参赞大臣又呈来布延图卡伦侍卫泰布报文称：我扩展卡伦章京察罕来告称，准噶尔乌梁海宰桑鄂里申子德木齐扎木萨去追击车凌等人返回时，察罕我遇见并询问，听说从尔处来兵三千，今在何处，等语。对此扎木萨等人告称：车凌等人来时，掳掠了宰桑玛木特的人户，我台吉等出兵时玛木特曾前去支援，听到伊人户被掳后回来，召集我乌梁海兵，谎称兴兵三千来讨取，以便召集我乌梁海，没有来兵三千之事，等语。据察罕我看得，沿着布延图河驻扎的乌梁海，属实俱已撤回，等语。如此来报，等语。如此送来。为此事询问车凌等人时告称：我等往这边来时，属实掳掠了玛木特的牲畜，乌梁海向来不易被欺骗。噶尔丹多尔济距离远，一直伙同阿睦尔撒纳、达瓦齐，在拒战讷默库济尔噶尔。尚未分清胜负之时，岂能来追，等语。今又据卡伦侍卫等各来报称：追击投诚车凌等的乌梁海俱已撤回，等语。以此看得，因准噶尔宰桑玛木特的游牧被车凌等人掳掠，故玛木特加以愤恨，对乌梁海声称：后面噶尔丹多尔济、阿睦尔撒纳等人带兵来追，等语。遂带领几百人，尾随车凌及车凌乌巴锡来讨取，进入我卡伦，听到我处要出动预备兵丁后，急忙逃避，成群结队回去，此属实。况且为查明此等事，我已差派管旗章京莫尼扎布至卡伦外，俟莫尼扎布回来时另报明，等语。看此呈文，准噶尔宰桑玛木特，为报车凌等人往这边来时掳掠游牧之仇，妄自扬言，尾追阑入，因我处已预备，故无奈悄悄逃避散去，此属实。唯参赞大臣达青阿已派莫尼扎布前去查明，再有此前齐克辛等人所报噶尔丹多尔济已带兵前来,发现火光等处,且今据泰布等人报称:噶尔丹多尔济带兵来,乃其乌梁海之谣言,无凭无据,等语。噶尔丹多尔济是否前来,臣我等已行文前去查明,俟一并查明来报时另奏,等语。曾如此上奏,已入案。今乌里雅苏台参赞大臣报文来称:喀喇占和硕卡伦骁骑校齐克辛及管旗章京莫尼扎布等人呈文报称,大臣曾行文吩咐,据将军王等来查,据查之前齐克辛等人报称,曾见准噶尔十余名乌梁海议称,因噶尔丹多尔济带来两千兵,已至博托和尼和罗,故西山边沿看见多处火光。今又说噶尔丹多尔济、阿睦尔撒纳等人丝毫没来。这些事不可不明察,故大臣等已下令查明来报,为此尔等为查明这些事,与莫尼扎布一同前去看见火光的地方确认,或有人们宿营的灶坑,或有假装放火之处,与莫尼扎布一道共同确查后来文呈报。如此吩咐事务。九月十六日来到我卡伦后,齐克辛和莫尼扎布我等,是日即到博托霍尼卡伦西山边沿详细看得,不是厄鲁特乌梁海宿营的营帐,没有灶坑,人畜痕迹稀少,属实是假装放火,夜里妄行欺诈焚烧,以作势增其人数。再齐克辛我此前呈报的厄鲁特台吉噶尔丹多尔济、阿睦尔撒纳带兵前来之事,俱是齐克辛我从厄鲁特乌梁海道听途说的,没亲眼见过,等语。曾如此呈文来报。之前将军王大臣等曾吩咐我等,卡伦侍卫等若有从驻在卡伦外的乌梁海杜塔齐、鄂哈什等人打听到闻知之事,令速速呈报。今齐克辛我,倘若将从乌梁海听到的噶尔丹多尔济、阿睦尔撒纳之事,认为虚假不实,以此迟误不报,则又怕不合此前将军大臣等吩咐的指令,因之前有过吩咐,故呈报了从乌梁海听闻的事情。莫尼扎布于十二月十七日从我卡伦启程,去往大臣兵营,等语。如此呈报,等语。据臣我等查得,卡伦骁骑校齐克辛,虽已疏忽呈报,但因此前有过臣我等吩咐卡伦侍卫令报所有听闻事情之处,故不另议齐克辛。此外将乌里雅苏台参赞大臣达青阿所呈报的莫尼扎布确查之处,谨奏闻。

乾隆十九年正月初一日,所奉朱批谕旨:将尔等尚且不能办理之事,推卸给一卡伦侍卫,殊为厚颜无耻。无论如何,不管玛木特来,还是乌梁海偷盗,俱令萨喇尔、达青阿及车穆楚克扎布等人前去确认并酌情办理,钦此。

乾隆十八年十二月二十三日
成衮扎布
努三
安冲阿
额林沁多尔济

军机大臣舒赫德奏闻车凌等所告准噶尔内讧缘由等情片

乾隆十九年二月初二日

臣我等趁谈论之便,询问车凌等人:我等适才曾抓来玛木特,又捕获给玛木特等送来行粮的两厄鲁特,晓示情由后放回,依尔之意如何,等语。对此车凌等人告称:因玛木特阑闯卡伦,故将伊抓捕,乃是伊罪有应得。再准噶尔人因不知情由,故晓示放回,俱是合乎情理之事,等语。再询问车凌等人:我等已逮捕其边境之人,彼等是否会派兵讨取,等语。对此告称:今春绝不能来,即使前来讨取,也只赖使者来求而已,与派兵何干,等语。又询问车凌等人:据尔告称,讷默库济尔噶尔力强,可战胜达瓦齐也。今据玛木特供称:达瓦齐已处死讷默库济尔噶尔,照旧即位台吉,等语。尔有何意,等语。对此告称:讷默库济尔噶尔者,乃是曼济之子,曼济丝毫不是小策凌敦多布亲生子,而是曾与小策凌敦多布在外通奸的女人之子,因小时俊美,故领养爱护。今或因此事而众人之心不合,故才变得这样吧,等语。又询问:据玛木特供称,阿睦尔撒纳今与达瓦齐交恶,另行驻扎。此是否属实,等语。对此告称:达瓦齐与阿睦尔撒纳二人甚好,曾不轻易离异,只是达瓦齐今有约束管治准噶尔全体之心,今阿睦尔撒纳带来哈萨克,掳掠鄂毕特等五鄂托克,是故众人以阿睦尔撒纳领来哈萨克掳掠准噶尔为由进行谴责,因而达瓦齐与阿睦尔撒纳互相交恶吧,等语。又询问:据玛木特供称,达瓦齐即位台吉后,作为使者,已于正月派遣宰桑图布济尔噶朗。尔意如何,可否信赖,等语。对此告称:自去年夏,达瓦齐既已预备妥当,作为使者要派遣图布济尔噶朗,后来讷默库济尔噶尔生乱,没能差遣,今已仍旧即位台吉,自然派遣使者,依我之意,思似乎属实,等语。又询问:准噶尔兵力如何,等语。对此告称:阿尔泰这边,有近万户蒙古人,自去年至今年为止,这期间达瓦齐往来行走发动战争,且俱从彼处凑取乌拉及舒斯,故破败得不堪入目。即使是北方边境人等,也因目前发生讷默库济尔噶尔战事,而似乎俱已破败,等语。为此一并谨奏闻。

军机大臣傅恒议奏将来归之土尔扈特伯勒克等送往宁古塔安置折

乾隆十九年二月初七日

　　大学士领侍卫内大臣诚勇公臣傅恒等谨奏。为议奏事。安西提督永常送来准噶尔来投厄鲁特伯勒克四口,于是臣我等讯问厄鲁特伯勒克时供称:我是土尔扈特族,今年五十三岁,台吉色布腾属人,我妻名沙达,五十岁,我侄女策凌,四十四岁,亲生女伊利斯,十五岁。策旺多尔济纳木扎尔即位台吉后,逮捕我台吉色布腾,将我等交给管理温都逊吉萨鄂托克事务的鄂岳特宰桑为阿勒巴图。于是我兄喇嘛笋都布扎木苏言道:我等在此艰苦生活,不如去归顺大曼珠舍利主子安逸生活,等语。如此商议后,于去年五月二十三日逃出,八月来到巴里坤卡伦。从哈密地方送我等来这边时,到达甘州后,我兄喇嘛笋都布扎木苏,我侄子格苏勒索诺木桑杰,我子哈什哈尔、特古斯、鄂罗思及女儿尼玛赫海,俱已出痘而死,现只剩下我夫妇、我女儿伊利斯及侄女策凌四口人。再我此侄女策凌的女婿鄂伦楚克带其两子一女,已于巳年来投这边,请使我等骨肉团聚,安置一处,等语。再讯问伯勒克:尔业已为求大国之恩安逸生活而来投,是故将所有听闻之处,令俱如实告来,等语。对此供称:前年拉玛达尔济即位台吉后,以达瓦齐有叛心为由,即派宰桑伊锡索诺木领兵前去逮捕达瓦齐。达瓦齐收到消息后,去寻哈萨克。拉玛达尔济向哈萨克派人,去拿达瓦齐时,因没有还给,故拉玛达尔济令宰桑赛音伯勒克、讷默库济尔噶尔引兵三万去抓捕达瓦齐。达瓦齐听到此一消息后,带领阿睦尔撒纳及原先跟随的一百余人,以及平时在哈萨克地方结交的几个人逃出,来到伊原来游牧的塔尔巴哈台地方,与阿睦尔撒纳一起俱招抚原先管辖的旧人,共召集一千余人。拉玛达尔济听到后,再次派出宰桑图尔库、鄂克图、阿西尔及博第,整饬军队,以阻击达瓦齐。此四名宰桑,尚未能整饬军队时,中途遭遇达瓦齐,图尔库和鄂克图归附,因阿西尔和博第不降,故被追杀。前年十一月二十七日,来到伊犁地方,处死拉玛达尔济,达瓦齐篡夺了台吉职位。今所有事务,尚未定鼎。没听说出兵他处。按照准噶尔惯例,各处头领,于每年五月十五日,在伊犁西边的哈尔齐拉地方会商事务,商定后才派使者及商人。我等远离会商事务的地方,不知今年是否有使者及贸易。此外毫无其他闻知之处,等语。据查,已将带着眷属从准噶尔地方来投的厄鲁特,俱发遣至宁古塔、珲春、依兰哈拉等地,编为额外披甲,食用半个钱粮,并酌情发给购买家奴及田地的银子安置。再伯勒克所供叫鄂伦楚克的人,经查乾隆十四年鄂伦楚克带伊两男孩一女儿来投后,送至宁古塔将军,照例办理安置。俱已入案。今伯勒克恳请与伊女婿鄂伦楚克骨肉团聚安置,且伯勒克是带来眷属之人,亦理应安置宁古塔等地才对,是故交给该部,将伯勒克夫妇、伊女儿及伊侄女策凌共四口,酌情将一份购买家奴及田地之银分半给与,并委派一名领催,乘驿解送宁古塔将军,拟将伯勒克编为额外披甲,食用半个钱粮,令与鄂伦楚克骨肉团聚一处安置。为此谨奏请旨。

乾隆十九年二月初七日,所奉朱批谕旨:知道了,钦此。

著将此交付蒙古衙门办理。

军机大臣舒赫德等奏报乌梁海库奔来投称阿睦尔撒纳抢掠乌梁海情形折

乾隆十九年二月初七日

臣舒赫德、成衮札布谨奏。为奏闻事。二月初六日酉时到来的喀喇阿济尔罕卡伦二等侍卫佛保等人之呈文称：正月三十日，从我卡伦莫里图抓来一准噶尔乌梁海讯问时供称，我名库奔，驻在努克木仁，我宰桑名芒噶拉克，德木齐名廈济克，我无父母，有一兄长。听说大国施恩隆重，故特意来投。再讯问：尔等内部生乱，已变得如何，等语。对此供称：达瓦齐于去年十一月十五日，已重新即位台吉。听说阿睦尔撒纳等三台吉，带领三千四百兵，正要归顺大国，为此我乌梁海驻在哈都里山口，以阻截阿睦尔撒纳等人，从后面丁津诺门台吉子阿克布鲁特带领三千兵来追。阿睦尔撒纳等人在博尔烈源头额尔烈地方，构筑木质围栏驻扎。又听说我厄鲁特等内，有一群人已投奔哈萨克国，不知为首之人名，台吉赛音伯勒克已带两千三百兵去追赶，等语。为此佛保我委派章京毕鲁克及两名兵丁送往大营，等语。如此来报。再笋都勒库奎卡伦护军阿玉锡等人报称：阿玉锡我委派台吉旺庆，前往我负责看守的各处瞭影寻踪时，旺庆回来告称，我寻踪前行，在科布多河发现一赶牛人询问时供称，我是厄鲁特乌梁海，我名额斯门都，迁往纳林郭勒。我又问额斯门都：尔参军之人是否已撤回，等语。对此供称：我参军之人一半已回来。我等内部阿睦尔撒纳等四领头台吉带领军队及游牧，来到都兰喀喇地方，掳掠了驻在那里的我乌梁海人。因从后面来有追兵，故阿睦尔撒纳等人带兵前去阻截，等语，等语。为此呈报告知情由，等语。如此到来。据查，此辈小人之言，虽不可信，然前玛木特等人亦俱称达瓦齐已即位台吉，阿睦尔撒纳与达瓦齐离异等语。俟送来库奔后，臣我等审问另奏。为此谨奏闻。

乾隆十九年二月十七日，所奉朱批谕旨：知道了，钦此。

乾隆十九年二月初七日

乾隆朝

理藩院左侍郎玉保奏报押送乌梁海部玛木特途中询问准噶尔部内讧情形折

乾隆十九年二月二十三日

奴才玉保谨奏。为谨遵上谕奏闻事。奴才我带着玛木特在行进途中闲谈时询问：玛木特尔是先抛弃达瓦齐，投奔过讷默库济尔噶尔之人也，今达瓦齐重新即位台吉之事若属实，伊会轻饶尔否。尔又会驻在原来的游牧地得到安宁否，等语。对此玛木特告称：玛木特我跟随达瓦齐驻在伊犁时，讷默库济尔噶尔领兵来攻打达瓦齐，达瓦齐兵败，丢下妻孥，经由塔勒奇路逃向伊原来的游牧地，玛木特我经由博尔波尔噶苏台路逃跑，因马疲惫，没找到达瓦齐，故到我叔之子策凌达尔扎家中居住。策凌达尔扎从讷默库济尔噶尔处回来后，对我言道：讷默库济尔噶尔曾好几次询问过玛木特尔在何处之事，等语。故我寻去见了讷默库济尔噶尔。达瓦齐逃走后，讷默库济尔噶尔将军队交给其弟特古斯哈什哈去追击达瓦齐，因特古斯哈什哈兵败，故讷默库济尔噶尔离开伊犁，前往伊原来的游牧地吹、塔拉斯时，跟随讷默库济尔噶尔的人等离散，因有回往游牧地的，故玛木特我悄悄回到了游牧地。我本人与达瓦齐，从小曾在一处，达瓦齐明知我心，我本人被迫前往讷默库济尔噶尔之事，达瓦齐绝不会怀疑。我回到游牧地后的第三天，我宰桑尼玛遣伊德木齐绰诺，给我送信称：达瓦齐台吉将军队交给沙克都尔曼济及噶尔丹多尔济等人，逮捕处死了讷默库济尔噶尔，达瓦齐前往伊犁，已重新即位台吉，等语。已听如此给我送信，等语。奴才我询问玛木特：尔彼地人称尔为库克新玛木特，另有作为使者来我处的宰桑玛木特及图克玛木特也，此辈现俱驻在何处，等语。对此玛木特告称：我宰桑图克玛木特正在跟随达瓦齐。作为使者前去的玛木特，现驻在伊犁南面的特克斯，等语。奴才我曾在伊犁地方见过此库克新玛木特，丝毫不是作为使者来的玛木特。奴才我看得玛木特言谈举止，玛木特虽抛弃达瓦齐去投奔讷默库济尔噶尔，然因特古斯哈什哈兵败，故讷默库济尔噶尔离开伊犁去故地时，玛木特察知讷默库济尔噶尔不能即位台吉后逃回其游牧地，此事似乎属

445

实。为此谨奏闻。

乾隆十九年三月初三日,所奉朱批谕旨:知道了,钦此。

乾隆十九年二月二十三日

乾隆朝

军机大臣舒赫德等奏阿睦尔撒纳现在纳林布鲁勒尚未来归俟进兵乌梁海时探明缘由折

乾隆十九年三月十五日

臣舒赫德、成衮札布、萨喇尔、努三谨奏。为复奏事。三月十二日亥时接准字寄称：乾隆十九年三月初一日，钦奉上谕，舒赫德等曾奏称，逮捕乌梁海额楞色勒讯问时，供称其乌梁海五宰桑已带兵前往哈都里地方阻截阿睦尔撒纳等事。以此看得，乌梁海等一则围堵阿睦尔撒纳来路，再则尚且阻截我靠近彼地，俱未可定。倘若果真变得如此，乌梁海等围堵阿睦尔撒纳等之来路，且若再从后面来兵追击，则阿睦尔撒纳难以来投这边。今舒赫德等现前往卓克索办理驱逐乌梁海事，故彼等到达卓克索后，或派兵至乌梁海游牧地示威，以驱赶其妻孥、人户、牲畜，乌梁海等若守护其游牧地，则可分减阻截阿睦尔撒纳之兵力，或将兵马直接挺进至哈都里地方，假装办理驱赶彼等，以使乌梁海等首尾不能相顾，如此则乘我等办理驱赶乌梁海之机，阿睦尔撒纳即可见机来往这边。萨喇尔详知彼处习性形势，著寄信舒赫德等，经与萨喇尔会商，令将是否可如此办理之处，务必应机斟酌妥当办理。若应如此调遣军队，彼等兵马充足，则彼等一面速速办理，一面立即奏闻，钦此钦遵到来。依臣萨喇尔我之意，阿睦尔撒纳年轻，任性傲慢，多疑且不安分守己，达瓦齐两次即位台吉，俱靠伊力成功，所以彼二人不会轻易离异。今阿睦尔撒纳与达瓦齐交恶，前来哈都里驻扎，或是准噶尔下人等以阿睦尔撒纳带来战争折磨众生，还将被征讨者交给哈萨克为由而抱怨，是故达瓦齐为了安抚众人之心，暂将阿睦尔撒纳安置远处，或者阿睦尔撒纳等人倚仗年轻气盛，见机图谋霸占准噶尔全体，为此暂时伺机驻扎，俱未可定。不管怎样，阿睦尔撒纳目前驻扎的地方，在准噶尔游牧地东北边境，前往哈萨克，只有五日路程。阿睦尔撒纳在此地筑起栅栏，固防自己驻扎，窥探达瓦齐形势。达瓦齐若仁慈伊之效力之处，给伊封地，妥善优待，则暂不议论；达瓦齐若以折磨准噶尔全体者俱从阿睦尔撒纳而起为由谴责抱怨，从伊开始议论，试图收取众人之心，则阿睦尔撒纳定会就近引来哈萨克兵,侵害准噶尔。况且得知阿睦尔撒纳来投的消息,已有两月有余,伊若果真诚心来投,即使被追兵赶上延迟,这期间也应先派一两人来送信才对。今仅据扎哈沁厄鲁特及乌梁海等之扬言,听到阿睦尔撒纳来投这边而已,却毫无实情。以此看得,阿睦尔撒纳若不是性命受到伤害、陷入艰难窘境,则绝不会轻易来归我等,定有异志企图(朱批:朕早有此意,况且即使阿睦尔撒纳前来,亦绝不会像策凌那样白来这里安逸生活,定会依靠我力,算计其他便宜。倘若果真那样,那才是理应大办之机。朕今天才将此事明告尔等,此事只知会萨喇尔,请保密。倘若阿睦尔撒纳不来,不会有如此办理之处,或尔等到来后,再详细颁旨)。再,之前臣我等为驱逐准噶尔乌梁海,派至我乌梁海宰桑杜塔齐等处的卡伦护军伊凌阿及协理台吉达木林,三月十二日回到兵营后,臣我等审问时告称:达木林、伊凌阿我等遵照盼咐,从贝子彭苏克及公丹拜属下乌梁海达鲁噶班珠尔、博罗特、卓里克图及宰桑杜塔齐等人,带领八十兵,到达努克木仁,听到准噶尔乌梁海宰桑玛济岱及德木齐登济赖等人带领百余户人驻在古尔班齐尔格苏台、乌逊呼济尔等地后,达木林我等即差派达鲁噶卓里克图、宰桑杜塔齐等,带领十三人前去驱逐。卓里克图等人向玛济岱言道:因尔呼图克、扎木参等人带着兵器阑入我卡伦已犯错,故逮捕了呼图克、扎木参等人。要将尔游牧,驱逐至阿尔泰那边,请尔等速速迁移越过阿尔泰。尔等若有意归顺,请尔等决定,等语。对此玛济岱供称:我乌梁海宰桑图布新的鄂托克,听到已逮捕呼图克等人的消息后,因畏怯而已越过阿尔泰海拉图岭,前往额尔齐斯。雅尔图、车根、齐伦、察达克四鄂托克人,已渡过索郭克、察罕乌苏,前去罕哈屯地方,到吹、阿尔呼特、阿保哈巴齐垓等地游牧驻扎。我辈因牲畜疲惫,没来得及迁移。今因有这般教导,故我等知罪欲速迁移,越过阿尔泰、唐努之间的雅木图岭前往,等语。如此谈妥后,卓里克图及杜塔齐等人随行四天,送至吹、阿勒和硕。达木林我等经过党秀尔,到达两卓克索,派人至索郭克、察罕乌苏瞭影寻踪看得,全无新踪迹,乌梁海等俱已翻越而去。为此达木林我等奔着科布多〔一字不明〕,经过华舒鲁图、索和淖尔,进入纳密尔沙扎海卡伦。再达木林我及卓里克图、杜塔齐等,趁此之便,从准噶尔宰桑玛济岱听得:其乌梁海宰桑布珠虎及德木齐登济赖等人曾前去会见过达瓦齐,达瓦齐对布珠虎等人言道,阿睦尔撒纳曾请求占取阿尔泰贡貂之人,因没给与,故而离去。为逮捕阿睦尔撒纳,我令噶尔丹多尔济带兵一万,扎努噶尔布带兵五千派去时,因阿睦尔撒纳已进入纳林布鲁勒,故没能前去剿杀。为此令驻在阿尔泰的乌梁海等,带兵驻守哈都里山口,等语。曾如此盼咐布珠虎及登济赖等人。我乌梁海人一畏惧达瓦齐之令,二以大汗来兵边境已逮捕扎木参、呼图克等人为由,游牧人畏怯俱已迁入阿保哈巴齐垓、阿尔呼特。战争来临时,为求能保护我游牧人,在吹之召莫多及索郭克岭阴面,已驻扎两队兵马。今从尔等听得,大汗之兵并非来战我等,而是因扎木参、呼图克等人犯错,故而驱逐游牧。所以叩谢圣汗之恩,欲迁移游牧,等语。卓里克图我等又询问玛济岱:阿睦尔撒纳为何驻在纳林布鲁勒,尔等为何要以来往这边为由驻守哈都里,等语。对此玛济岱言道:纳林布鲁勒地方,非常险峻,不可多进兵,故阿睦尔撒纳与达瓦齐甚是力争,如何得知前往何处耶。达瓦齐、阿睦尔撒纳两人,从小亲密结交,互相协助而行,今为何这般交恶,亦不可知。我等乌梁海,向来是林木中人,除了贡貂外,军国大事,与我等无干。我等惧怕达瓦齐,无奈而出兵。即使阿睦尔撒纳果真前来,亦只守护我游牧地而已。除此之外,过分之事,一向可行乎,等语。杜塔齐将如此言论之事,告知了达木林我,等语。如此告知臣我等。于是臣我等审视达木林等人所言达瓦齐交给噶尔丹多尔济一万兵,前去没能剿杀阿睦尔撒纳,乌梁海等在召莫多、索郭克岭两地驻兵防范等语,噶尔丹多尔济领兵一万尚且没能剿杀阿睦尔撒纳,乌梁海等岂敢堵截伊耶。在召莫多等地驻兵,丝毫不是为了围堵阿睦尔撒纳,特是为守护其游牧地,故而驻扎瞭望两边。要问为何,召莫多、哈都里等地能够瞭望,索郭克岭能够瞭望我方军队,于是乌梁海人在此处驻人看守,哪方有情,即带其游牧,去寻险要之地,为考虑固防自己,进入寨子而已,绝不能围堵阿睦尔撒纳。况且今正是春时,我等的马匹因远行而力量俱会衰弱,不能进抵阿尔泰山脊,故臣我那般经全体详议,上奏暂撤军队之事。再据臣萨喇尔我之意,阿睦尔撒纳原游牧地在额敏,到达现在驻扎的纳林布鲁勒,顶多有三日程,达瓦齐从伊犁地方调遣噶尔丹多尔济所派之兵前来纳林布鲁勒期间,阿睦尔撒纳足可出哈都里山口进入这边,即使因乌梁海等围堵哈都里山口而不能来这边,臣萨喇尔等抓捕扎木参、呼图克后,驻扎以阻截哈都里的乌梁海听到消息,俱会回来守护各自游牧地,这期间在哈都里山口月余丝毫没人,亦应赶上此时来这边才对。有这么多能来的机会,至今为止却丝毫没来这边,仍然驻在纳林布鲁勒。以此看得,或窥伺达瓦齐情形,发动战事,或两人彼此暗中通信,安抚众人,俱未可定。这其中因暂时不能获得实情,故等到五月马匹入膘时,再进兵办理招降乌梁海等事时,阿睦尔撒纳与达瓦齐互相拒战的梗概,亦会接近尾声。那时臣萨喇尔、努三我两人留意这些事,拟详细查明应机酌情办理。臣舒赫德等人又经全体再三详议得,目前事情大概已至如此,已有益于招降乌梁海及获阿睦尔撒纳实情时酌情行事,因都有这般心思,故立即照此商定。为此谨复奏。

乾隆十九年三月二十六日，所奉朱批谕旨：考虑正是，无论如何，俟尔等来后，我等再定，钦此。
乾隆十九年三月十五日

乾隆朝

定边左副将军策楞等奏闻达瓦齐阿睦尔撒纳并未和好等情折

乾隆十九年五月二十八日

臣策楞、兆惠、成衮札布等谨奏。为奏闻事。据查,之前尚书舒赫德曾奏称:俟草青时仍照去年例,派出班扎拉克察、齐克都,借口交易马匹,前往我乌梁海地方,嘱咐杜塔齐等人,以密探准噶尔所有消息,而将所获消息,立即奏闻,等语。是故臣我等即照原奏,给班扎拉克察、齐克都办理绸缎,曾于五月派往我乌梁海地方。适才据班扎拉克察、齐克都等人报称:我等到达萨克里河源头,会见贝子彭苏克旗下乌梁海杜塔齐。据杜塔齐之言:听说阿睦尔撒纳平时驻在浩尔沁地方,达瓦齐发兵五万试图攻打阿睦尔撒纳,已越过额尔齐斯河,并交给扎努噶尔布一万兵,堵截于科布多河之华舒鲁图。再是叫塔尔巴西的宰桑前来征调乌梁海兵,已带往哈都里山口,等语,等语。如此呈报臣我等。据臣我等看得,华舒鲁图地方离我卡伦不远,扎努噶尔布若果真带兵来此堵截驻扎,其绝不仅仅是要围堵阿睦尔撒纳,必有另外捞取之意,况且在卡伦附近,从卡伦侍卫等毫未呈报臣我等来看,事情荒唐,不可立即上奏。因此臣我等即差遣蓝翎侍卫蒙固勒、章固,并秘密教导:令越过卡伦,抵至华舒鲁图,查看确认。倘真的发现驻兵踪影,请速速呈报我等,我等再办,若无踪影,尔等返回,并向该卡伦侍卫及台吉等人吩咐:这期间不时遣人前往华舒鲁图等地瞭影寻踪,等语。之后回来,等语。如此一面急速乘驿遣往之外,一面派出喀尔喀护卫布达扎布,携带十五匹绸缎,前往乌梁海地方,于交易马匹时添补使用,以此为借口,秘密写信给班扎拉克察等人曰:刚才衮楚克达什等人回来告称,据杜塔齐之言,听说达瓦齐与阿睦尔撒纳,处死两人中间挑拨之人,已互相和睦友好,但没过几日,突然又交恶,并大举兴兵。以此来看,探取的消息,前后不合,然不可不明确,是故班扎拉克察、齐克都,令尔等巧妙详细确查此次收取的消息俱是从何人听说,是否有见过踪影之人后,速速来报,等语。如此叮嘱喀尔喀护卫布达扎布后遣去。今蓝翎侍卫蒙固勒、章固回来告称:我等遵照将军大臣等之吩咐,越过笋都勒库奎卡伦,到达华舒鲁图,搜寻踪迹看得，丝毫没人，又爬到山上瞭望人影，亦毫未发现人影。为此蒙固勒我等回到卡伦，照将军大臣等之吩咐，秘密叮嘱该卡伦侍卫及台吉等人后返回，等语。接着喀尔喀护卫布达扎布来告：布达扎布我于本月二十一日，到达博罗依车地方，会见台吉班扎拉克察、章京齐克都。将带去的丝绸和文书交给彼等后，彼等言道：我等昨天从杜塔齐驻的萨克里河源地方，往这边移至鄂哈什驻的地方。我等此前将杜塔齐口供呈报将军大臣等后，又再次加以确认，将所获消息，兹具文呈给将军大臣等，请尔返回时带去呈告，等语。如此将文书交给我带来，等语。臣我等看得班扎拉克察等之呈文，其上写道：我等此前到达萨克里河地方，会见宰桑杜塔齐、鄂哈什等人，并已将从彼处听到的言语呈告将军大臣等，随后又派去探询杜塔齐、鄂哈什实情。杜塔齐等人二十日回来告称：我等到达巴斯库斯地方，到我熟人那里时，见到了宝其、扎布两人。彼等言道：阿睦尔撒纳听到达瓦齐前来后，堵截在浩尔沁山口，占据额尔齐斯渡口，不让通过。因此达瓦齐曾派出扎努噶尔布、玛木特、塔尔巴西三人，并称：令留在对岸，让阿睦尔撒纳看见踪影，以便我渡河前去攻打，等语。听说乌梁海兵俱已出发，约定二十六日到达阿睦尔撒纳地界，等语。属实已让军队启程，等语。我等听此消息后，现正欲派人前去收取其胜败之消息，等语。据臣我等核思，阿睦尔撒纳与达瓦齐交恶，不易和解，圣主早已明鉴此事。今班扎拉克察等之报告，虽前后互相不合，然塔尔巴西前来调遣乌梁海兵一项，尚且符合刚刚来投的乌梁海恩克济克等人的口供。以此看来，达瓦齐与阿睦尔撒纳两人，毫未和好，现仍在彼此用兵，似乎属实。唯查得，之前令班扎拉克察等人以交易马匹为借口，遣往乌梁海地方探取消息，此特是为使彼等移动各地，趁交易马匹之机，注意巧妙收取消息，而丝毫没让其只依赖杜塔齐、鄂哈什等人探询消息。况且适才臣我等谨承接寄信谕旨内称：著今后即使是杜塔齐，亦莫轻易派人探取准噶尔消息，钦此钦遵到来。今班扎拉克察等人不懂原派之意，抵达乌梁海地方后，即探询杜塔齐等，且接着呈文称，又要遣杜塔齐等前去明确达瓦齐与阿睦尔撒纳之胜负。前后办理的，俱已致错。在其之上，亦不符合适才所奉谕旨。为此臣我等为向班扎拉克察等人启示这些事，秘密嘱咐今后收取消息时，不仅不可特意差遣杜塔齐等，亦不可从杜塔齐等直接询问达瓦齐、阿睦尔撒纳事，只以交易马匹为借口，暗中留意巧妙探取。为此谨奏闻。

乾隆十九年六月初九日，所奉朱批谕旨：知道了，钦此。

乾隆十九年五月二十八日

策楞

兆惠

乾隆朝

成衮札布
乌勒登
努三
安冲阿
德宁
德沁扎布

定边左副将军策楞等奏闻厄鲁特巴勒桑自准噶尔来归并请解往避暑山庄折

乾隆十九年六月初七日

臣策楞、成衮札布、努三、德沁扎布谨奏。为奏闻事。六月初六日，鄂伦布拉克卡伦三等侍卫贝杜尔、台吉敏珠尔等人报文称：六月初二日，我塔布图章京扣瞭望踪影时，发现乌兰固木路有一人徒步而来。抓来询问时告称：其名巴勒桑，是从准噶尔地方来投之人，等语。为此贝杜尔我等将其交给章京阿喇布坦、披甲塔济勒，送往大营，等语。如此与人一并送来。于是臣我等讯问来投厄鲁特巴勒桑：尔是准噶尔谁之属人，尔是否有父母兄弟子妻，为何来投，等语。对此供称：我是和硕特族，原来曾是罗卜藏丹津之阿勒巴图。我十岁时，我父母带着我，跟随罗卜藏丹津，前往准噶尔地方，我父母俱已去世，我很早就有归顺之意。去年冬我子妻俱被哈萨克掳走，故于今年三月二十八日，达瓦齐派出一万五千兵，前去攻打阿睦尔撒纳，我曾替人从军。到达额尔齐斯后，达瓦齐交给台吉诺尔布、扎努噶尔布五千兵，翻越阿尔泰之库列图岭，经由科布多河源及和通呼尔哈，派至古尔班克依尔、哈都里等地堵截。我来此充军，诺尔布等人带兵往那边去时，我才得空逃来这边，等语。再讯问巴勒桑：之前达瓦齐与阿睦尔撒纳一同结交甚好，如今为何互相交恶生起战端，等语。对此供称：之前拉玛达尔济杀害策旺多尔济纳木扎尔即位台吉后，试图逮捕达瓦齐和阿睦尔撒纳等人。达瓦齐等人察觉后，曾想带领游牧来这边投诚，然被拉玛达尔济军队所打败，没能前来，从那里去往哈萨克阿布赉苏勒丹处。前年冬，达瓦齐与阿睦尔撒纳突然一起领兵来至伊犁，处死拉玛达尔济后，达瓦齐即位台吉。达瓦齐与阿睦尔撒纳两人出身曾甚好，如今为何如此交恶，即使是四卫拉特之人，亦在惊诧议论，等语。又讯问巴勒桑：我等刚听说，准噶尔塔尔巴西宰桑带领乌梁海兵，已掳掠阿睦尔撒纳等之游牧及马群。此事是否属实。再达瓦齐与阿睦尔撒纳两人业已生起战端，尔是经历军旅之人，依尔之意，这两人哪一方强势，等语。对此供称：我跟随台吉诺尔布等，到达和通呼尔哈后听说，厄鲁特乌梁海等已掳掠阿睦尔撒纳一千匹马、一噶栅人及一面咒文旗子。看得两人之情形,达瓦齐已占领准噶尔全部地方,军队人多,但有经验的只有台吉噶尔丹多尔济、诺尔布、扎努噶尔布,宰桑鄂勒锥及玛木特等几个人。阿睦尔撒纳麾下虽只有近万人,但台吉等内,除班珠尔、纳噶察、扎木参、齐木库尔、钢多尔济、额尔德尼、讷默库及德齐特等人外,还有宰桑敦多克曼济、特克勒德克等有经验的人物,且地方牢固,军士精干。又听说去年冬因哈萨克掳掠准噶尔北部边境的厄鲁特,达瓦齐遣使哈萨克言道:尔等将掳来之人归还给我,如若不给,我等约定某地相战,等语。对此哈萨克答复称:尔等想要取回掳来之人,则我等亲自送往,等语。如此议论后将使者遣回。接着阿睦尔撒纳派其兄班珠尔去哈萨克调兵,不知这期间是否已到。以此来看,哈萨克亲近阿睦尔撒纳,哈萨克若前来协助阿睦尔撒纳,两人之势力相等,何方胜出,亦未可料。若是阿睦尔撒纳取胜,则会即位台吉,倘若战败,则大概会来归大主子,等语。再询问巴勒桑:倘若阿睦尔撒纳打败达瓦齐即位准噶尔台吉,则尔等众人之心是否依从,等语。对此供称:我彼处人等,今虽依从达瓦齐者较多,但阿睦尔撒纳若果真战败达瓦齐而即位台吉,则下人等岂敢不从,等语。又讯问巴勒桑:之前玛木特进犯我卡伦,故我等将其逮捕,后来主子施恩赏赐遣回。伊是否已前往达瓦齐处,如何告知达瓦齐,达瓦齐有何言论,等语。对此供称:开春二月末,玛木特前去会见达瓦齐,我曾在蒙古包外面,听到玛木特对达瓦齐告称,因我曾带三十余人进犯卡伦,故将我抓获。后来大汗嘉许带领三十余人即入卡伦之事,赏赐貂裘及黑狐皮帽而遣回。于此达瓦齐答复玛木特的言论,甚是细密,我没听见。旋即吩咐玛木特:返回游牧并带兵堵截阿睦尔撒纳,等语。是故今玛木特带领扎哈沁三百兵,与扎努噶尔布等人一起驻扎在哈都里、古尔班克依尔地方,以堵截阿睦尔撒纳,等语。再讯问巴勒桑:听说达瓦齐已遣使我大国,此事是否属实,等语。对此供称:听说开春二月,曾以宰桑奔塔尔、图布济尔噶尔为使,遣往大国。启程之前,图布济尔噶尔病故,因此派出另一人为使,当时正是达瓦齐领兵来战阿睦尔撒纳的出发之际,所以将遣使之事交给主管四卫拉特游牧事务的四个宰桑,故不知派出何人。遣使的理由,听说是为告知达瓦齐即位台吉事,并请求与前一样贸易,于西藏做功德等事,等语。又讯问巴勒桑:今准噶尔生计如何,等语。对此供称:我准噶尔地方,从午年开始生起战端,互相拼杀争夺台吉位,征战不断,因此有经验的台吉宰桑俱已死尽,马畜亦俱损失。去年冬,北方边境之人被哈萨克掳掠,东部边境之人又被阿睦尔撒纳抢夺。今年只有回子等人稍种了些庄稼,厄鲁特人全然没能种地,甚是穷困。此次达瓦齐来战阿睦尔撒纳时,得不到马畜,所以尚且从回子及喇嘛等凑取而来,等语。再讯问巴勒桑:对归顺的三策凌,圣主大加施恩,封王贝勒,此事尔准噶尔地方是否亦已听闻,等语。对此供称:对三策凌,大汗施恩大加赏赐无数银子、丝绸及马畜之事,于准噶尔地方俱在轰动议论,而不知已封王贝勒,等语。臣我等看得厄鲁特巴勒桑,从战场逃出,且人亦开明,所有言论不为荒唐,不可与刚交给鄂讷申解送京城理藩院的厄鲁特恩克拉克等那样愚蠢的厄鲁特相比。料到军机处又会加以审问,故派出三等侍卫常泰,照例乘驿解送避暑山庄。为此谨奏闻。

乾隆十九年六月十七日,所奉朱批谕旨:知道了,已降旨,钦此。

六月初七日

定边左副将军策楞等复奏鄂勒哲依哈什哈往探准噶尔消息尚未返回等情折

乾隆十九年六月十九日

臣策楞、额林沁多尔济、德沁扎布谨奏。为遵旨复奏事。六月十九日接准大学士忠勇公傅恒字寄内开：乾隆十九年六月初九日，钦奉上谕，看策楞等之奏折，其派往乌梁海地方之人询问杜塔齐之言，前后不合，语句荒唐，不可当真，且反而将我方消息泄露给彼等，俱亦未可料。故朕之前曾颁旨令停止从杜塔齐等处收取消息。著将此寄信策楞等人，今后停止派人从杜塔齐等处收取消息。彼等倘若真有收取我方消息送给准噶尔乌梁海等的情况，一经败露，尚且可立即将其逮捕治罪。唯不可令其受委屈，若有那般事，伊是我人也，可将其唤来，亦不可用兵。将此令策楞留意。再差往卡伦地方之侍卫聊格等人约定，玛木特所遣鄂勒哲依哈什哈，二十日以内，尚来告消息。因如此约定而去，故曾暂时坐等。今间隔这么些天，不知鄂勒哲依哈什哈是否来告消息。即使尚未来告，趁此奏事之便，亦应陈奏才对。将此一并寄信询问，速速复奏，钦此钦遵到来。伏思，杜塔齐之事，圣主睿鉴甚明。臣我等除谨遵谕旨留意外，准噶尔厄鲁特鄂勒哲依哈什哈等曾约定于五月二十日以内来告消息，因在途中被水阻滞，故于逾期的五月二十七日来到卡伦，向侍卫聊格等人告称：我等不知将交易茶叶烟草之事已照我所请施恩，故只带来献给侍卫的羊。我等回去，在六月十日以内赶来百余马牛，并趁便再来告知听到的消息，等语。如此约定而回。将此臣我等曾于五月三十日奏闻。今鄂勒哲依哈什哈等仍又逾期未到，俟到来时另奏闻外，为此遵旨谨复奏。

乾隆十九年六月二十八日，所奉朱批谕旨：知道了，钦此。

六月十九日

定边左副将军策楞等奏报阿睦尔撒纳为达瓦齐所败及令乌勒登前往额尔齐斯河准备接其归附折

乾隆十九年七月初一日

臣策楞、额林沁多尔济、参赞贝勒青衮杂卜谨奏。为奏闻事。六月二十九日，纳林喀喇察罕布尔噶苏卡伦护军噶扎尔图等人报文称：六月二十三日，我乌梁海宰桑杜塔齐等来告称，杜塔齐我于五月二十八日前去准噶尔乌梁海宰桑玛济岱家中，视察其情形并探取消息询问时，玛济岱对我告称，阿睦尔撒纳曾驻牧在阿尔泰那边叫察罕达噶的地方，达瓦齐带领近一万兵，到达额尔齐斯河，于是阿睦尔撒纳听后前去阻击达瓦齐。正在酣战时，达瓦齐一面给叫诺尔布的台吉交付军队，带领其乌梁海兵，一同前去掳掠了阿睦尔撒纳驻在的游牧地。对此阿睦尔撒纳听到其游牧被掳后，返回去与诺尔布等人交战，被诺尔布打败，阿睦尔撒纳之兵阵亡许多。再准噶尔宰桑雅尔图、德勒德克、哈济噶斯等三乌梁海亦阵亡。阿睦尔撒纳带其妻孥，逃入阿尔泰那边叫包勒包勒济呼的山里。达瓦齐听到此事后，又前去追击，等语。询问玛济岱此事之真伪时，玛济岱言道：此事甚是真实，等语。杜塔齐我又看见彼等掳来的阿睦尔撒纳人之妻孥二十余口。为此将从乌梁海宰桑玛济岱处听到的言语及我所见之处告知侍卫，恳请转报，等语。如此来报，等语。臣我等审视杜塔齐口供，虽不可太当真，然我等亦将理应预备的，预备办理才对。故从此处熟悉地方之人询问阿睦尔撒纳逃去的叫包勒包勒济呼的山在何方，离哪些卡伦较近，听说包勒包勒济呼山在额尔齐斯河下游巴斯库斯附近，与我喀喇阿济尔罕对应。为此臣我等照噶扎尔图之报文抄出，立即行文驻防登方面的参赞大臣乌勒登：令其将大营照常驻扎在登方面，并酌情带领几百兵，假装打猎，抵达卡伦附近周围地方，探取消息而行。倘若有何阿睦尔撒纳归顺之消息，令估算能够立即接续兵力，提前预备，等语。此外又秘密盼咐喀喇阿济尔罕等卡伦侍卫：这期间倘若有何阿睦尔撒纳归顺之消息，令立即急速呈报驻防登方面的参赞大臣乌勒登，一刻也不可拖延时间，等语。

为此谨奏闻。

乾隆十九年七月十一日,所奉朱批谕旨:好,知道了,钦此。

乾隆十九年七月初一日

定边左副将军策楞等奏报达瓦齐与阿睦尔撒纳于额尔齐斯河交战情况折

乾隆十九年七月初一日

臣策楞、额林沁多尔济、参赞贝勒青衮杂卜谨奏。为奏闻事。据查，适才臣我等曾奏闻前去招呼借口在乌梁海地方交易马匹、派去探取消息的台吉班扎拉克察、章京齐克都立即回来之事。今六月三十日，班扎拉克察、齐克都回来，对臣我等告称：班扎拉克察我等启程回来前，乌梁海宰桑杜塔齐即来看我等，并告称，据我等刚从乌梁海宰桑玛济岱、芒噶拉听闻，达瓦齐带领一万五千兵，曾驻扎在额尔齐斯河对岸，因额尔齐斯河溢水，故达瓦齐亲领一半军队驻扎在山上，而将另一半军队，渡至额尔齐斯河这边。对此阿睦尔撒纳带领近一万军队进行攻击，正在酣战时，达瓦齐所遣的台吉诺尔布、宰桑塔尔巴西等人带领近一万兵，掳掠了在察罕达噶地方的阿睦尔撒纳游牧，是故阿睦尔撒纳返回去，与诺尔布等人交战一天一夜，复抢回一半被掳之人后，进入叫包勒包勒济呼的险峻山里，等语。此次战役，玛济岱等人亦曾带领准噶尔乌梁海兵前往。玛济岱等人回来时，将掳掠的阿睦尔撒纳之人带至其乌梁海地方，杜塔齐、鄂哈什我等曾亲眼见过，等语。班扎拉克察我等从其下人等探问时，亦如此议论。从我等带去的绸缎内，使用十四匹绸缎，交易得来七匹马，等语。臣我等看得班扎拉克察等之言，亦与纳林喀喇察罕布尔噶苏卡伦护军噶扎尔图来报的杜塔齐之言相近。为此谨奏闻。

乾隆十九年七月十一日，所奉朱批谕旨：知道了，钦此。

七月初一日

乾隆朝

定边左副将军策楞等奏报询问库克新玛木特仆人有关准噶尔内乱情形片

乾隆十九年七月初九日

臣我等讯问来投厄鲁特呼济雅尔：尔是谁属人，游牧驻在何处，为何来投，有无妻孥，达瓦齐与阿睦尔撒纳如今变得怎样，等语。对此供称：我是库克新玛木特属下，我曾游牧在车根淖尔。起初达瓦齐差遣叫呼拉盖齐的人，给库克新玛木特送来盖印文书称：尔是旧人也，我之仇敌俱已肃清，今除阿睦尔撒纳外，没人与我作对。令从扎哈沁征四百兵，从包沁调六百兵，楚门、库克新玛木特两人，经与乌梁海等全体商议，从乌梁海带领一千兵，截取哈都里山口。扎努噶尔布、博罗古特、尼玛带领一千兵，从罕达垓图到杜尔伯勒津为止堵截驻扎。巴雅尔诺颜带兵截取察罕敖包。达瓦齐我本人占取鄂德高勒和额尔齐斯。此正是逮捕阿睦尔撒纳之时机也。如此编立四队前进，则阿睦尔撒纳既不是天上飞的鸟，也不是水里游的鱼，他不被捕还有何其他办法耶，等语。如此决定于四月二十二日进兵。达瓦齐本人丝毫没带兵前来，驻扎在博罗呼济尔图，曾将军队交给车林诺颜派遣。约定的日子之前，阿睦尔撒纳既与车林诺颜互相交战，达瓦齐之巴雅尔诺颜败遁回去，达瓦齐两队人马被阿睦尔撒纳打败，俘获带兵而行的车林诺颜后，前去对达瓦齐之诺尔布诺颜言道：我已打败达瓦齐之巴雅尔诺颜，令尔归降我，如若不信，我已俘获达瓦齐之车林诺颜，并在巴尔海南边的山梁上处死，等语。于是诺尔布诺颜派人前去验看时，被杀的确是车林诺颜，故诺尔布诺颜又与阿睦尔撒纳交战，诺尔布诺颜在巴尔海淖尔东南山梁上作剪刀状镇守。库克新玛木特掳掠阿睦尔撒纳游牧时，我跟着前去图格里古勒西巴尔地方，掳掠阿睦尔撒纳游牧人等之妻孥回来，旋即于次日阿睦尔撒纳赶至巴尔海淖尔南山交战时，我库克新玛木特之兵作剪刀状防守战斗两天，因阿睦尔撒纳弃走，故玛木特带领我等撤往游牧。其后没多久，阿睦尔撒纳带兵前来，掳掠我扎哈沁一百五十户人，来往这边归顺大国。我妻孥俱被阿睦尔撒纳掳掠，故我想我在阿睦尔撒纳之前来寻大主子之恩而归顺，则安逸生活，且或能与我妻孥团聚，为此从被掳掠的游牧地急忙出发，行走三天，到达萨拉布拉克卡伦，等语。再讯问呼济雅尔：尔如何得知阿睦尔撒纳投诚之事，阿睦尔撒纳为何来投，是否真的归顺，等语。对此供称：阿睦尔撒纳掳掠完我等的游牧后，即往这边经过和通敖包，溯乌延齐①河而来，我亲眼见过。阿睦尔撒纳为何来投，我如何得知耶。猜测阿睦尔撒纳其后似乎有意来寻杜尔伯特等吧。倘若阿睦尔撒纳溯乌延齐河而来之事有错，可请处死我，等语。再讯问呼济雅尔：尔曾亲眼见过阿睦尔撒纳由乌延齐河前来，然为何尔本人已到，却全然没有消息乎。再阿睦尔撒纳后面是否有追兵，等语。对此供称：我曾尚且以为阿睦尔撒纳已比我先抵达，竟然还没到，以此看来，或是已至此地卡伦附近，休养疲惫羸弱的牲畜，缓慢来投，或是因被扎哈沁之库克新玛木特宰桑、包沁的楚门宰桑复仇，而养肥牲畜，再想回去掳掠他俩的游牧。不管怎样，现已驻在大国卡伦附近，亦未可定。扎努噶尔布、包沁之呼京德木齐、扎哈沁之和诺代阿密坦德木齐等人一同合力，带领近七百兵，前来追击阿睦尔撒纳，到达赛音西喇布拉克后，担心不能赶上而返回。除了他们，无其他追兵，等语。又讯问呼济雅尔：尔可否认识叫鄂勒哲依哈什哈的人，玛木特下人内可否有想来我卡伦买卖者，是否有玛木特来这边投诚之消息，等语。对此供称：我不认识叫鄂勒哲依哈什哈的人，亦未闻玛木特下人来卡伦做买卖之事，平时丝毫未闻玛木特想要投诚之事，却听到了其仇人谣传伊要来此归顺之事，等语。为此谨奏闻。

乾隆十九年七月二十日，所奉朱批谕旨：知道了，钦此。

---

① 此处原文是"uyunci"。

副都统御史麒麟保奏报投诚厄鲁特赛音博勒克供阿睦尔撒纳战败及令其父子团聚折

乾隆十九年七月初十日

奴才麒麟保谨奏。为奏闻事。将军策楞等送来自准噶尔来投厄鲁特赛音博勒克、鄂齐尔、鄂罗思。于是奴才我等审问时,据赛音博勒克供称:我是策凌之阿勒巴图,去年十月来投时,途中我本人被扎哈沁叫杜虎尔的人抓获。我父亲格顺,叔叔乌尔布斯、萨塔木俱已来此。鄂齐尔和鄂罗思两人是同胞兄弟,扎哈沁人,其母被策凌掳来,故我等三人偷偷商量后,于今年六月十六日夜,偷取两把矛和一支鸟枪往这边来,等语。据鄂齐尔和鄂罗思供称:我俩是同胞兄弟,扎哈沁之布鲁特族人,我母亲被策凌掳来,故我等与赛音博勒克一起偷偷商量后来投,等语。再讯问赛音博勒克等:尔等若有何听闻之处,令据实告来,等语。对此供称:玛木特于五月曾前去会见达瓦齐,途中听见阿睦尔撒纳等人被达瓦齐战败后返回来了。达瓦齐传唤玛木特带兵前来时,玛木特装病没去,派了伊孙扎木产。据闻,达瓦齐带领六千兵,在哈布地方与阿睦尔撒纳等人交战,阿睦尔撒纳等人带领四千兵没能抵挡,被达瓦齐战败。虽没听说阿睦尔撒纳等人往这边来归及投奔何地之处,然若无计可施,定会来投大国。扎哈沁人互相如此议论。玛木特回到游牧后没多久,我等本人即往这边来,故未闻其来归实情。还听彼处人等揣测议论,阿睦尔撒纳若不能敌而往这边来,则玛木特亦不能居住,可能会一起来吧。此外再无闻知之处,等语。令策凌辨认这些人时言道:赛音博勒克是格顺之子,格顺兄弟俱在此处,鄂齐尔、鄂罗思的母亲亦在策凌旗,等语。故将此辈交给策凌,以使与各自父母团聚安置。为此谨奏闻。

乾隆十九年七月十九日,所奉朱批谕旨:知道了,钦此。

乾隆十九年七月十日

定边左副将军策楞等奏报向阿睦尔撒纳询问准噶尔部内乱情况商定明年征剿达瓦齐机宜折

乾隆十九年七月二十三日

臣策楞、舒赫德、成衮扎布、额林沁多尔济等谨奏。为奏闻事。适才臣我等曾奏闻：前去迎接阿睦尔撒纳等，见面寻问阿睦尔撒纳之意，并向伊秘密晓示明年进兵之事，全体一心详议熟虑后另奏，等情。臣我等于二十日到达扎布坎，晚上王成衮扎布，参赞大臣萨喇尔、努三，带着厄鲁特台吉阿睦尔撒纳等六台吉，来至臣我军营。阿睦尔撒纳等请圣主万安后，臣我等互相问好并使其饮茶，因天色已晚，故将阿睦尔撒纳等暂时送至营帐休息。次二十一日，臣我等唤来阿睦尔撒纳等六台吉，请食饭肉，并酌量发给丝绸、茶叶、烟草后，询问彼等：尔等向往大主子仁化，从远地诚心来归，如若有何奏事，请告知我等，我等替尔等出具情由转奏，等语。对此阿睦尔撒纳言道：当初拉玛达尔济诬陷台吉策旺多尔济纳木扎尔时，理应拥立其弟穆库什才对，然伊丝毫没拥立穆库什，自己即位台吉，我等众人心意不合，故拉玛达尔济用心我等时，我与达瓦齐曾一起商量归顺大国。因于各地俱已驻兵堵截，故没能往这边来，从那里曾入哈萨克。其后我与达瓦齐一同从哈萨克出来，处死拉玛达尔济，使达瓦齐即位台吉。讷默库济尔噶尔挑起战端时，我又协助达瓦齐消灭了讷默库济尔噶尔，等语。再询问阿睦尔撒纳：尔之前曾与达瓦齐结交甚好，协助伊行事，然何故交恶，等语。对此告称：我之前曾与达瓦齐商量，现在达什达瓦正被监禁在回子地方，若释放伊，与我一起成为左膀右臂协助尔，则会像噶尔丹策零在世时那般安逸生活，等语。对此达瓦齐怀疑我与达什达瓦是一条心。后来我与我下人等俱已困顿，告称：驻牧阿尔泰附近，则野兽多，益于生活，等语。以此试想迁移时，达瓦齐以我有归顺大国之异心为由，听信他人挑唆，更加怀疑我，逮捕我所遣的使者，并派兵来攻打我，因此我两人交恶。况且达瓦齐自即位台吉以来，毫不抚养下人，每日酗酒醉闹，杀害忠良，破坏黄教，故我曾劝谏几次，全然不听我言，反而派兵几次来攻打我，俱被我杀回。曾打算去年冬天即来投,然紧要道路俱已驻兵堵截,故没能前来。今年达瓦齐又交付军队给台吉策凌、诺尔布等人,前来攻打我,于是我击杀台吉策凌并打败诺尔布,故才得以来此,等语。臣我等又询问阿睦尔撒纳:今俱已知晓尔等之来意,尔等有何打算及考虑否,等语。对此阿睦尔撒纳告称:今准噶尔地方已变得混乱,人心俱散,且黄教崩坏,众生随时都有可能遭到白帽异端人等之掳掠,若能趁此机会行动,一则吞并包沁、扎哈沁人等后宣扬军威,准噶尔人俱认为大国军队已来而生恐慌,愿意归顺之人听到消息,俱会往这边来投。二则趁此机会,俱可拯救我落下的兄弟及被掳去的人等。三则可将俘获的牲畜变作我下人等之口粮,以使过冬。此事如何办理,唯在将军大臣等之定夺,等语。臣我等向阿睦尔撒纳询问道:现于达瓦齐身边,是否有尚能信赖之干练之人,军队尚可得多少,现今实况如何,等语。对此告称:现在达瓦齐若尽力差遣,尚可得几万兵,然没有干练旧人,且人心俱散,各自顾命,俱迫于达瓦齐声威,不得已而跟从。今大主子若派去十人,众人之心即会倾向这边而已,等语。又询问阿睦尔撒纳:尔等之落下人等,俱是何人,在于何处,等语。对此告称:我等如何得知在何处耶,思玛木特已从乌梁海那里返回,落下的人中毫无我亲生兄弟,俱是族人,还有一女孩,剩下的是阿勒巴图,等语。臣我等与阿睦尔撒纳商议称:大主子统治天下,唯思安逸众生,隆兴黄教。先前噶尔丹策零在世时,恭顺大主子,是故大主子尚可施恩仁慈。其后拉玛达尔济杀害策旺多尔济纳木扎尔即位台吉,对此主子即没有赞成,然以拉玛达尔济尚为噶尔丹策零小妾所生之子,不管怎样是其苗裔为由,曾照旧施恩。今达瓦齐俱灭其旧主噶尔丹策零子嗣,自己成为台吉,且还不仁慈下人,每日酗酒醉闹,令喇嘛还俗,俱害死干练旧人,准噶尔众生俱遭苦难,因故大主子甚是动怒,怜悯准噶尔众生,轸念噶尔丹策零,正为树立大军而办理事务时,达瓦齐又遣使,于是大主子亦颁降训旨于来使等人。又敕令西路大臣等,禁止达瓦齐商队进入,明年两路大军齐进,拯救准噶尔众生于苦难,册封尔等来归较大台吉高爵,以使各自永远安逸生活于故地。因有这般决定,故于今我等亲自预备马驼,平时办理调兵之事。尔等诚心向往圣主仁化而来归,一开始便特意念及旧主噶尔丹策零,黄教崩坏,众生遭遇苦难,请求拯救。如此奏请,则符合大主子圣心。主子听到此事后,定会嘉许尔等,大加仁慈施恩,视等级册封高爵。俟明年事成之后,仍置于故地,以使安逸生活。今尔等从故地刚到,尚未瞻仰大主子金颜,还没接奉谕旨,况且尔等的下人俱已窘困至极,于此抚慰安置此辈尚属紧要。今倘若不暂时处理此等事,对尔等刚从战争中脱出之人,立即办给马畜,重新派往军前,则尔等之身体不堪忍受。非但我等不放心,即使大主子听到后,亦不忍心。况且现已是七月末，即使派兵，亦绝不能到达伊犁。照大主子之意，若不能一举成功，则多有艰难，达瓦齐反而会以尔之前入哈萨克那次给准噶尔带来战端，如今才入大国即带兵前来，看得今后定会用心于我等全体为由，惊恐后大加预备，如此则似乎对明年进兵之事大无裨益。又尔等在这期间，想必也都听说对此前来投之人大主子俱大加施恩之事，对下人等之衣食铺盖之事，有何忧哉，等语。对此阿睦尔撒纳言道：大主子轸念准噶尔人，已决定明年进兵之事，我不知此处。依我之意，若想攻取准噶尔全体，就好比吸食热稀粥一样，暂从外缘绕着吸食，再慢慢到达底部。今将军大臣等晓谕大主子神奇谋略，想一举成功，以求牢固处理，甚是也。这般大事，越牢越好，我等遵从，等语。为此事臣我等再依次询问讷默库、班珠尔等六人时，讷默库、班珠尔等全体告称：将军大臣等之商议甚是，我等众人皆同意，等语。据臣我等审视，阿睦尔撒纳之大体意向，只想趁着准噶尔之扎哈沁、包沁地方无人，放人去掳掠，以此扬威，再用俘获的牲畜财物赈济其下人，以接续口粮。阿睦尔撒纳所言十人即可成功，乃特以易于成功为由，夸大其词。即使人心再怎么离散，几万人内，不可说没有一小半可信之人，再加上不能逾期到达伊犁，且所有马畜行粮等物尚未及时办理。今阿睦尔撒纳等人刚到，尚未瞻仰主子金颜，此时即照其请而进兵，不考虑归降和反抗，只注重掳掠财物，则准噶尔人俱生恐惧，反而导致其互相团结，对明年之进兵，无多裨益。臣萨喇尔起初面见阿睦尔撒纳谈话时，俱已想到这些事，且阿睦尔撒纳是一非常重要人物，其一归顺即马上将阿睦尔撒纳派出，万一正当征战时，阿睦尔撒纳偶然身受伤害，则臣萨喇尔我亦不能接受，所关甚多也。我亦这般甚担心，将此曾俱晓示阿睦尔撒纳。因没见将军大臣等，故没决断，呈报将军大臣以商量。考虑办理明年一举成功之事，主子亦曾再三颁旨于我，今与将军大臣等全体深思熟议，则有牢于事，且可用心于大事。臣成衮札布、努三我等之意，亦无异。为此臣我等经全体商议后决定，今年暂时办理安置阿睦尔撒纳下人之事，俟明年各地兵马俱到后，再思进兵一举成功。这期间办理接济安置阿睦尔撒纳等之下人事。为此臣我等全体，将考虑前后而商定之事，谨奏闻。

乾隆十九年八月初六日，所奉朱批谕旨：误事的是你俩该死的东西，朕又能说什么呢，钦此。

乾隆十九年七月二十三日

策楞

舒赫德

成衮札布

额林沁多尔济
车布登
萨喇尔
努三
青衮杂卜

署定边左副将军班第等奏闻达瓦齐避居特克斯地方等情折

乾隆十九年九月二十六日

奴才班第、额林沁多尔济、策楞谨奏。为奏闻事。适才接准钦奉上谕：今准噶尔方面梗概如何，著打探达瓦齐在何处等事，亦给杜塔齐派人，收取实情即刻奏来，钦此钦遵。臣我等立即遵旨，一面向杜塔齐派人，以使前去询问消息，一面亦给萨喇尔等行文晓谕，令从乌梁海等探询消息。今博勒衮、衮楚克达什回来告称：我等到达杜塔齐家中，遵照大臣等之吩咐晓示，询问伊所听到的消息时，杜塔齐言道，这段时间，我没去乌梁海地方，其人亦没来我处，故未闻准噶尔概况如何，达瓦齐在何处之事，亦全然不知现在大军进发掳来彼等之事。玛济岱若躲进索罗斯毕地方，彼处原来即是其建造堡垒保护自己的，虽险峻坚固，但顶多能驻一两个月而已，非久居之地。现我去找玛济岱晓示厉害，看能否使其归顺，从那里亦探取其他消息。玛济岱亦不能自主，定会与其德木齐、达鲁噶等商量后，给我答复吧，大体会等待住几天，自此前去告知将军大臣，等语。如此于次日早晨即启程前往。看其姿态，甚是愿意前往，等语。再从萨喇尔等处，据刚刚来投的厄鲁特鄂勒木济告称：达瓦齐内外恐惧，已避至伊犁西边的特克斯地方驻下，不在伊犁，等语。我等于此处再讯问俘获的乌梁海等时亦称：达瓦齐已避至特克斯地方，定在建造堡垒居住吧，等语。为此咨呈我等问询之处，等语。如此来报。为此谨奏闻。

乾隆十九年十月十日，所奉朱批谕旨：知道了，钦此。

九月二十六日

后　　记

2018年3月16日,本人开始着手此翻译。当时正在日本早稻田大学访学的我,因在东京市区,物价昂贵,经费不足,故被迫迁至外地一间简陋的房子里,每日足不出户,静心翻译。虽偶感孤寂,然一入工作状态,便忘记所有烦恼,足可谓充实。即使后来从6月初起在日中友好会馆的帮助下搬进东京都文京区的后乐寮住宿,也没停止翻译,利用学习、报告、演讲以外的时间,每日连续,逐步向前,而至2019年1月25日为止翻译完毕。后经修改,兹将出版问世。

堂堂准噶尔,芸芸其众生,盛衰岂无凭耶。阅读此译编,想必大体可察知其盛衰过程。这本译编不仅在政权层面,即使从普通人的角度来看,当事的投诚者及逃来者,或为与家人团聚,或为安逸生活,或思念故土,或为远离争斗,或不堪忍受压迫,皆怀着自己的美好愿望和理想,冲破千难万险,奔向清朝卡伦,着实表现了这些平凡人物与命运做坚强斗争的可贵精神。这也从另一面反映出当时的准噶尔社会,因连年征战及后来发生的内讧,下层民众生活艰苦,渴望和平的美好憧憬。当然反过来说,从清朝方面逃往准噶尔的各类人物,可能也具有均质性的人生遭遇。向往美好、追求进步、更加文明,对我们人类来说,可能都是永恒的主题。另外,准噶尔哨兵一见清军马畜的强弱及行进速度的快慢,即能察知其行动目的何在,在其翻译过程中,此情给了译者很大的触动。古人在严酷的自然环境中积累下来的生活智慧和战斗经验,很值得我们这些现代人敬仰和借鉴,且准噶尔前线指挥官迅速而周密的战争动员及战斗指挥艺术,也在本译编中有所体现。

著名翻译家叶君健先生曾言:如何把一种语言转化成为另一种语言,而又将原作的思想、感情、风格,甚至行文的节奏,恰如其分地表达出来,是一项极为艰苦的工作。

因译者能力有限,虽力求精准,然在长篇翻译中出现差错,亦在所难免,在此希望各位前辈学者谅解。同时,期待这本译编,能给学术界带去方便,推动相关研究的深入发展。

　　值此，特别感谢复旦大学"高峰高原计划"的出版经费支持，感谢日本早稻田大学柳泽明教授的多方帮助，感谢复旦大学出版社王卫东总编和史立丽、赵楚月两位编辑。

　　祝愿我们的研究事业稳步向前！

2019 年 12 月

于复旦大学

图书在版编目(CIP)数据

清代准噶尔情报满文档案译编/齐光编译. —上海:复旦大学出版社,2021.5
ISBN 978-7-309-15577-8

Ⅰ.①清… Ⅱ.①齐… Ⅲ.①奏议-汇编-满语-准噶尔-清代 Ⅳ.①K249.065

中国版本图书馆 CIP 数据核字(2021)第 064858 号

清代准噶尔情报满文档案译编
齐　光　编译
责任编辑/赵楚月

复旦大学出版社有限公司出版发行
上海市国权路 579 号　邮编:200433
网址:fupnet@fudanpress.com　http://www.fudanpress.com
门市零售:86-21-65102580　　团体订购:86-21-65104505
出版部电话:86-21-65642845
江阴金马印刷有限公司

开本 787×1092　1/16　印张 30.75　字数 535 千
2021 年 5 月第 1 版第 1 次印刷

ISBN 978-7-309-15577-8/K·757
定价:198.00 元

如有印装质量问题,请向复旦大学出版社有限公司出版部调换。
版权所有　侵权必究